kma Reader
WIKOM - Verlag

Schriftenreihe: Gesundheitswirtschaft

Krankenhaus-Management,
Medizinrecht, Gesundheitsökonomie
Herausgeber Prof. Dr. Dr. Wilfried von Eiff

BAND 5

Ansgar Klemann

Management sektorübergreifender Kooperationen

Implikationen und Gestaltungsempfehlungen
für erfolgreiche Kooperationen an der Schnittstelle
von Akutversorgung und medizinischer Rehabilitation

Schriftenreihe: Gesundheitswirtschaft
Herausgeber der Buchreihe: Wilfried von Eiff

Verlag: WIKOM GmbH, Karlhäuser 6, 94110 Wegscheid
www.wikom.net

Band 5: Management sektorübergreifender Kooperationen
Implikationen und Gestaltungsempfehlungen für erfolgreiche Kooperationen an der Schnittstelle von Akutversorgung und medizinischer Rehabilitation

Hardcover, 416 Seiten, Taschenbuchformat
Ansgar Klemann
Zugl.: Münster (Westfalen), Univ., Diss., 2007

Das linke Foto der Titelseite wurde freundlicherweise vom Klinikum Ingolstadt zur Verfügung gestellt. Es zeigt das Klinikum Ingolstadt sowie den Neubau des Reha- und Geriatrie-Zentrums Ingolstadt.

Die Deutsche Bibliothek

ISBN 978-3-9811053-3-9

D6 (2007)

Alle Rechte vorbehalten

© 2007 by WIKOM GmbH, Wegscheid

Das Werk einließlich aller seiner Teile ist urheberrechtlich geschützt. Jede Verwertung außerhalb der engen Grenzen des Urheberrechtsgesetzes ist ohne Zustimmung des Verlages unzulässig und strafbar. Dies gilt insbesondere für Vervielfältigungen, Übersetzungen, Mikroverfilmungen und die Einspeicherung und Verarbeitung in elektronischen Systemen.

Printed in Germany
Druck: Bosch Druck GmbH, Landshut

Schriftenreihe: Gesundheitswirtschaft
Krankenhaus-Management, Medizinrecht,
Gesundheitsökonomie

Herausgeber: Prof. Dr. Dr. Wilfried von Eiff, Münster

Band 1
Wilfried von Eiff/Ansgar Klemann (Hrsg.)
Unternehmensverbindungen
Strategisches Management von Kooperationen, Allianzen und Fusionen im Gesundheitswesen
1. Auflage August 2005
2. Auflage November 2005 • 576 Seiten • Euro 27,- • ISBN 3-9808398-7-7

Band 2
Wilfried von Eiff (Hrsg.)
Risikomanagement
Kosten-/Nutzen-basierte Entscheidungen im Krankenhaus
1. Auflage Februar 2006
2. Auflage August 2007 • 672 Seiten • Euro 37,- • ISBN 978-3-9811053-4-6

Band 3
Bernd Högemann
Due Diligence
Prüfung und Unternehmensbewertung von Akutkrankenhäusern
1. Auflage Juni 2006
416 Seiten • Euro 37,- • ISBN 3-9808398-9-3

Band 4
Wilfried von Eiff/Kerstin Stachel
Professionelles Personalmanagement
Erkenntnisse und Best-Practice-Empfehlungen für Führungskräfte im Gesundheitswesen
1. Auflage August 2006
480 Seiten • Euro 35,- • ISBN 3-9811053-0-3

Band 5
Ansgar Klemann
Management sektorübergreifender Kooperationen
Implikationen und Gestaltungsempfehlungen für erfolgreiche Kooperationen an der Schnittstelle von Akutversorgung und medizinischer Rehabilitation
1. Auflage 2007
416 Seiten • Euro 37,- • ISBN 978-3-9811053-3-9

I. Inhaltsverzeichnis

Danksagung 9

II.   **Vorwort** 12

1   **Einleitung** 16
1.1   Problemstellung 17
1.2   Zielsetzung und Forschungskonzeption 20
1.3   Gang der Untersuchung 23

2   **Implikationen für Kooperationen zwischen Akut- und Reha-Bereich** 26
2.1   Akut- und Reha-Versorgung im deutschen Gesundheitswesen 27
    2.1.1   Situation des Gesundheitswesens in Deutschland 27
       2.1.1.1   Sektorale Trennung als globale Besonderheit 27
       2.1.1.2   Angebotsstruktur der stationären Versorgung 33
       2.1.1.3   Dienstleistungsmarkt Gesundheitswesen 37
    2.1.2   Merkmale der Akutversorgung 38
       2.1.2.1   Zielsystem der Krankenhäuser 38
       2.1.2.2   Organisations- und Leistungsstruktur der Krankenhäuser 40
          2.1.2.2.1   Organisationsstruktur 40
          2.1.2.2.2   Leistungsstruktur 44
       2.1.2.3   Finanzierung im Akutbereich 47
    2.1.3   Merkmale der medizinischen Rehabilitation 48
       2.1.3.1   Ziele der medizinischen Rehabilitation 49
       2.1.3.2   Organisations- und Leistungsstruktur der Rehabilitation 52
          2.1.3.2.1   Organisationsstruktur von Rehabilitationseinrichtungen 52
          2.1.3.2.2   Leistungsstufen der Rehabilitation 55
          2.1.3.2.3   Leistungsarten der medizinischen Rehabilitation 59
       2.1.3.3   Finanzierung von Leistungen zur medizinischen Rehabilitation 66
    2.1.4   Wandel in der stationären Gesundheitsversorgung 70
       2.1.4.1   Soziodemografische Veränderungen 71

2.1.4.2	Technologische Veränderungen	73
2.1.4.3	Wirtschaftliche Veränderungen	75
2.1.4.4	Ordnungspolitische Veränderungen	80
2.2	Allgemeine Grundlagen zur Kooperationsthematik	86
2.2.1	Begriff und Wesen von Kooperationen	86
2.2.1.1	Kooperationsformen	87
2.2.1.2	Merkmale von Kooperationen	92
2.2.2	Theoretischer Bezugsrahmen zur Erklärung von Kooperationen	100
2.2.2.1	Marktorientierter Ansatz	101
2.2.2.2	Ressourcenorientierter Ansatz	103
2.2.2.3	Transaktionskostentheorie	108
2.2.2.4	Spieltheoretischer Ansatz	113
2.2.2.5	Weitere Erklärungsansätze	115
2.2.2.6	Würdigung der theoretischen Erklärungsansätze	117
2.3	Bezugsrahmen der Arbeit	120
2.3.1	Förderung integrierter Versorgungsstrukturen	120
2.3.2	Überwindung der Schnittstellenproblematik durch Kooperationen	130
2.3.3	Charakterisierung sektorübergreifender Kooperationen	137
2.3.4	Systematik des Kooperationsmanagements	140
3	**Erfolgsorientiertes Management sektorübergreifender Kooperationen**	**144**
3.1	Konzeptionelle Grundlagen sektorübergreifender Kooperationen	145
3.1.1	Voraussetzungen für die Zusammenarbeit	145
3.1.2	Chancen sektorübergreifender Kooperationen	152
3.1.3	Risiken sektorübergreifender Kooperationen	163
3.1.4	Alternative Strategien zur Kooperation	171
3.2	Operationalisierung des Kooperationserfolgs	176
3.2.1	Erfolgsverständnis im Gesundheitswesen	176
3.2.2	Erfolg kooperativer Vereinbarungen	179
3.2.3	Erfolgskriterien und -indikatoren	183

3.3		Erfolgsfaktoren sektorübergreifender Kooperationen	190
	3.3.1	Einflüsse aus dem Kooperationsumfeld	191
	3.3.2	Leistungsfähigkeit der Kooperationspartner	192
	3.3.3	Bestehende Kooperationsbereitschaft	195
	3.3.4	Wachsende Kooperationsfähigkeit	197
	3.3.5	Erfolgsorientiertes Kooperationsmanagement	199
3.4		Phasenorientiertes Management sektorübergreifender Kooperationen	201
	3.4.1	Initiierung	202
	3.4.1.1	Identifikation des Kooperationsbedarfs	203
	3.4.1.2	Definition der Kooperationsziele	205
	3.4.1.3	Festlegung des Partneranforderungsprofils	207
	3.4.2	Formierung	211
	3.4.2.1	Partnerermittlung	211
	3.4.2.2	Kontaktaufnahme	214
	3.4.2.3	Kooperationsverhandlungen	217
	3.4.2.4	Gestaltung des Kooperationsvertrags	225
	3.4.3	Durchführung	231
	3.4.3.1	Gestaltung der Aufbauorganisation	231
	3.4.3.2	Abstimmung der Ablauforganisation	236
	3.4.3.3	Implementierung von Steuerungsinstrumenten	238
	3.4.3.4	Umsetzung der Kooperation	250
	3.4.4	Auflösung	255
4		**Empirische Analyse ausgewählter Akut-Reha-Kooperationen**	**260**
4.1		Forschungs- und Fallstudiendesign	261
	4.1.1	Auswahl des Forschungsinstruments	261
	4.1.2	Auswahl der Fallstudien	263
	4.1.3	Vorgehen der Fallstudienerarbeitung	264
4.2		Fallstudie I: RehaNetz Freiburg	267
	4.2.1	Charakterisierung der Kooperation	267
	4.2.2	Analyse der Kooperationsaktivitäten	270

4.2.2.1	Initiierung	270
4.2.2.2	Formierung	272
4.2.2.3	Durchführung	275
4.2.3	Beurteilung des Kooperationserfolgs	282
4.3	Fallstudie II: Ingolstädter Kooperationsmodell	287
4.3.1	Charakterisierung der Kooperation	287
4.3.2	Analyse der Kooperationsaktivitäten	288
4.3.2.1	Initiierung	288
4.3.2.2	Formierung	291
4.3.2.3	Durchführung	293
4.3.3	Beurteilung des Kooperationserfolgs	297
4.4	Fallstudie III: Integrierte Rehabilitation Offenbach	301
4.4.1	Charakterisierung der Kooperation	301
4.4.2	Analyse der Kooperationsaktivitäten	302
4.4.2.1	Initiierung	302
4.4.2.2	Formierung	303
4.4.2.3	Durchführung	307
4.4.3	Beurteilung des Kooperationserfolgs	312
4.5	Erkenntnisse der empirischen Analyse im Überblick	317
4.5.1	Erkenntnisse zu den Erfolgsfaktoren sektorübergreifender Kooperationen	317
4.5.2	Erkenntnisse aus den Kooperationsmanagementprozessen	318
4.5.3	Erkenntnisse zum Kooperationserfolg	327
5	**Weiterführende Handlungsempfehlungen**	**334**
5.1	Professionalisierung der Kooperationsstrukturen	336
5.2	Ablaufoptimierung durch sektorübergreifende Behandlungspfade	340
5.3	Ausschöpfung der elektronischen Vernetzungsmöglichkeiten	350
5.4	Implementierung einer Kooperations-Scorecard	355
6	**Zusammenfassung und Ausblick**	**362**
III.	**Anhang: Interviewleitfaden zur Expertenbefragung**	**370**

IV.	Literaturverzeichnis	374
V.	Rechtsquellenverzeichnis	400
VI.	Abkürzungsverzeichnis	404
VII.	Darstellungsverzeichnis	410

Danksagung

Nicht nur im unternehmenspolitischen, sondern auch im privaten Umfeld ermöglichen Netzwerke und Kooperationen die Bewältigung herausfordernder Aufgaben. So wäre die vorliegende Arbeit, die im April 2007 von der Wirtschaftswissenschaftlichen Fakultät als Dissertationsschrift angenommen wurde, ohne die persönliche und fachliche Unterstützung einer Reihe von Personen nicht zustande gekommen.

Mein erster Dank gilt meinem Doktorvater Herrn Prof. Dr. Dr. Wilfried von Eiff, dessen konstruktiven Impulse mir neue Sichtweisen im Umgang mit der Wissenschaft eröffneten. Diese trugen gemeinsam mit der Möglichkeit zur intensiven praxisorientierten Tätigkeit am Centrum für Krankenhaus-Management (CKM) zum Gelingen der Arbeit bei. Herrn Prof. Dr. Aloys Prinz vom Institut für Finanzwissenschaft gilt mein herzlicher Dank für die Übernahme des Zweitgutachtens.

Für die sehr angenehme Arbeitsatmosphäre am Institut möchte ich mich bei allen aktuellen und ehemaligen Mitarbeitern bedanken. Besonders hervorzuheben sind meine Kollegen und Freunde Norra Meyer, Conrad Middendorf und Philip Engel, die mit ihrer unermüdlichen Diskussions- und Hilfsbereitschaft den Forschungsprozess der Arbeit laufend vorantrieben.

Ein weiterer Dank gilt Marcus Weßling, den ich nicht nur als Korrektor, sondern stellvertretend für alle weiteren Freunde und Bekannte nennen möchte, die (oft unbewusst) für stete moralische Aufheiterung und damit für die nötige Abwechslung zur wissenschaftlichen Arbeit sorgten.

Ganz besonders großer Dank gebührt meinen Eltern Maria und Heinrich Klemann, deren vorbehaltsloser Unterstützung ich mir während meines gesamten Werdegangs stets ohne Einschränkung sicher sein konnte.

Der wichtigste Rückhalt ist allerdings meine Freundin Sonja Landwehr gewesen. Ihre Ehrlichkeit und Offenheit, Ihr Verständnis für so manche Nachlässigkeit, Ihre kleinen Aufmerksamkeiten und nicht zuletzt Ihr bezauberndes Lachen gaben mir in jeder Phase dieser Arbeit Antrieb und Schwung. Ich danke Ihr dafür, dass durch Sie niemals der Blick für das Wesentliche verloren geht.

Münster, im Juni 2007   Ansgar Klemann

CENTRUM FÜR KRANKENHAUS MANAGEMENT

CKM – Ideen für das Krankenhaus-Management

- Strategie- und Prozessberatung für Krankenhäuser, Rehabilitationseinrichtungen und Unternehmen der Medizinindustrie
- Turnaround Management
- Mergers- & Akquisitions-Begleitung
- Marketing und Markenmanagement
- Qualitäts- und Risikomanagement
- Personalentwicklung; Leadership-Check

- Qualifizierte Weiterbildung für Ärzte, Pflegekräfte, Juristen und Betriebswirte
- Berufsbegleitendes MBA-Studium mit Universitätsabschluss „International Health Care and Hospital Management"
- Internationales Besuchsprogramm von Best-in-Class Krankenhäusern

Centrum für Krankenhaus-Management (CKM)

Geschäftsführung: Prof. Dr. Dr. Wilfried von Eiff

Röntgenstraße 9
48149 Münster
Tel.: +49/(0)251/83 31440
Fax: +49/(0)251/83 31446
ckm@wiwi.uni-muenster.de
www.krankenhaus-management.de

Westfälische Wilhelms-Universität Münster

International Health Care+Hospital Management

Karriereperspektiven in der Gesundheitswirtschaft

Internationaler MBA-Studiengang der Universität Münster qualifiziert für den „War for Talent"

Der bewährte berufsbegleitende Studiengang unter wissenschaftlicher Leitung von Prof. Dr. Dr. Wilfried von Eiff schließt nach 24 Monaten (Vollzeitstudium) oder wahlweise nach 36 Monaten (berufsbegleitendes Studium) mit einem international anerkannten Universitätsabschluss (MBA) der Universität Münster ab und befähigt insbesondere Ärzte, Pflegekräfte, Juristen, Ingenieure und Ökonomen zur Übernahme von Führungsfunktionen in Krankenhäusern, bei Krankenkassen und in der Medizinindustrie. Besonderer Wert wird auf die Vermittlung von Schlüsselqualifikationen gelegt: Kommunikation, interkulturelles Management und Sozialkompetenz. Herauszuheben sind auch das „Meet-the-CEO-Programm" sowie die Site-Visits internationaler Best-in-Class-Hospitäler (u.a. in den USA, Singapur, Japan, Großbritannien), die einen Einblick in internationale Best Practices vermitteln und einmalige Kontakte und Netzwerkmöglichkeiten ermöglichen. Darüber hinaus beinhaltet der Studiengang den Erwerb verschiedener Zusatzzertifikate, z. B. in den Bereichen Six Sigma und Qualitätsmanagement.

Der Studiengang ist im Rahmen der „Zertifizierung der ärztlichen Fortbildung „der Ärztekammer Westfalen-Lippe mit insgesamt 612 Punkten (Kategorie H) anrechenbar.

Stipendien stehen im Einzelfall bis zu einer Höhe von 6.000,- Euro pro Person zur Verfügung. Die Förderungsmöglichkeiten werden jeweils anhand eines begründeten Antrags individuell geprüft.

Weitere Informationen erhalten Sie bei:
Westfälische Wilhelms-Universität Münster
Centrum für Krankenhaus-Management (CKM)
Röntgenstr. 9, 48149 Münster
Tel.: +49 251/83-31440
Fax: +49 251/83-31446
Internet: www.krankenhaus-management.de
e-mail: ckm@wiwi.uni-muenster.de

Westfälische Wilhelms-Universität Münster

II | Vorwort

Vorwort

Mit der Einführung der Diagnosis Related Groups (DRG) sowie der Gesetzgebung zur Integrierten Versorgung gemäß §§ 140 a-d SGB V hat der Gesetz- und Verordnungsgeber wichtige strukturelle Voraussetzung geschaffen, um die Fragmentierung und Sektorisierung des medizinischen Leistungsangebots im deutschen Gesundheitssystem zu überwinden. Insbesondere die Übergänge in der Patientenversorgung zwischen ambulantem Bereich und vollstationärem Bereich einerseits sowie vollstationärem Bereich und Rehabilitation (einschließlich Nachsorge) andererseits haben in der Vergangenheit dazu geführt, dass Patienten nicht fallgerecht medizinisch angemessen behandelt wurden; weiterhin war diese sektorale Trennung der medizinischen Leistungsangebote Ursache für den ineffizienten Einsatz diagnostischer und therapeutischer Ressourcen und führte regelmäßig zu kostentreibenden Effekten.

Insgesamt haben die Reformmaßnahmen, die seit dem GKV-Modernisierungsgesetz (GMG) im Jahr 2004 eingeleitet wurden, zu einer neuen Marktdynamik im Gesundheitswesen beigetragen, die durch Integration der Leistungssektoren einerseits, aber auch durch Intensivierung des Wettbewerbs zwischen den Leistungsanbietern in den einzelnen Sektoren andererseits gekennzeichnet ist.

Insbesondere die privaten Krankenhausketten bewirkten mit ihren Strategien der regionalen Clusterung sowie dem Aufbau vertikaler Versorgungsketten einen Zwang zur Kooperation zwischen Leistungsanbietern aus ambulantem Bereich, vollstationärem Sektor und Rehabilitation. Es kann davon ausgegangen werden, dass in Zukunft nicht nur Krankenhäuser untereinander im Wettbewerb stehen, sondern die Konkurrenz sich zwischen vertikal integrierten Leistungsketten und Versorgungsnetzwerken abspielen wird.

Diesen Veränderungen im Gesundheitsmarkt müssen sich auch die Anbieter von Rehabilitationsleistungen stellen. Dabei bestimmen die Kapazitätsüberhänge im stationären Bereich, der steigende Kostendruck und der zunehmende Kampf um Patienten das Leistungsangebot, die Preisstellung und den Marktauftritt. Hinzu kommt, dass integrierte Versorgungskonzepte dazu führen, dass Rehabilitationskonzepte an die medizinische Entwicklung im Akutbereich und an die individuellen Bedürfnisse der Patienten kontinuierlich angepasst werden können. Zur Mobilisierung von Effizienzpotentialen ist eine reibungslose Verzahnung des Rehabilitationsangebots mit der Akutversorgung eine zentrale Voraussetzung. Das Krankenhaus nimmt dabei gegenüber dem Rehabilitationsanbieter mehrere Rollen ein: Lieferant von Patienten, Konkurrent durch integriertes Anbieten von Akut- und

Rehabilitationsleistungen, aber auch als Partner mit dem gemeinsam und proaktiv Strategien und Maßnahmen zur Marktentwicklung realisiert werden können. An dieser Stelle stellt sich die Frage nach dem Zweck und den Erfolgsfaktoren von Kooperationen zwischen den Leistungserbringern in den verschiedenen Sektoren des Gesundheitswesens.

Aus dieser Herausforderung leitet der Verfasser das Ziel seiner Arbeit ab: Es geht darum, diejenigen Faktoren zu ermitteln, die den Erfolg sektorübergreifender Kooperationen zwischen Akut- und Reha-Einrichtungen maßgeblich beeinflussen. Die erfolgsorientierte Gestaltung des Kooperationsmanagements steht dabei im Vordergrund.

Um diese beiden Ziele „Ermittlung der Erfolgsfaktoren" und „Erfolgsorientierte Gestaltung des Kooperationsmanagements" zu erreichen, stellt der Verfasser seiner Arbeit zwei Erkenntnis- und vier Gestaltungsziele voran:

- Erstes Erkenntnisziel: Systematische Ableitung der Koordinationsdefizite an der Schnittstelle zwischen Akutversorgung und medizinischer Rehabilitation.

- Zweites Erkenntnisziel: Empirische Überprüfung der theoretisch-konzeptionellen Erkenntnisse.

- Erstes Gestaltungsziel: Ausarbeitung eines Vorschlags zur Überwindung der Schnittstellenprobleme.

- Zweites Gestaltungsziel: Transfer allgemeiner kooperationstheoretischer Grundlagen auf die sektorübergreifende Zusammenarbeit im Gesundheitswesen und die Operationalisierung des Kooperationserfolgs hinsichtlich seiner maßgeblichen Einflussfaktoren.

- Drittes Gestaltungsziel: Entwicklung eines idealtypischen Modells für das Management von Akut-Reha-Kooperationen, einschließlich konkreter Empfehlungen hinsichtlich der optimalen Gestaltung des Kooperationsmanagementprozesses.

- Viertes Gestaltungsziel: Ergänzung der theoretisch-konzeptionellen Erkenntnisse um erweiterte Handlungsempfehlungen für das Management an der Schnittstelle von Akutversorgung und medizinische Rehabilitation.

Um dieses thematisch weitgehende, inhaltlich umfangreiche und wissenschaftlich anspruchsvolle Arbeitsprogramm zu bewältigen, greift der Verfasser auf zwei methodische Ansätze zurück:

- Für die theoretisch-konzeptionelle Analyse wird auf Ansätze aus der gesundheitsökonomischen bzw. Krankenhausmanagement bezogenen Literatur zurückgegriffen; ergänzend fließt das Erfahrungswissen aus anderen Forschungs- und Beratungsprojekten ein, die der Verfasser im Rahmen seiner Tätigkeit im Centrum für Krankenhaus-Management mit durchgeführt hat. So z. B. die REDIA-Studie.

- Der empirische Teil der Arbeit ist durch den Einsatz der Fallstudientechnik geprägt: Hier greift der Verfasser auf verschiedene in der Praxis anzutreffende Integrationsprojekte zurück und versucht, aus den hier anzutreffenden Strukturen und Erfahrungen Erkenntnisse generischer Art zu entdecken um daraus generelle Handlungsempfehlungen für zukünftige Kooperationsvorhaben abzuleiten.

Der Verfasser legt zu einem wissenschaftlich bisher nur unbefriedigend aufgearbeiteten Thema „Kooperationsmanagement im Gesundheitswesen am Beispiel der Integrierten Versorgung an der Schnittstelle Rehabilitation und Akutkrankenhaus" eine bemerkenswerte Arbeit mit Informationswert und Erkenntnisgewinn für Wissenschaft und Praxis vor.

Von daher ist dieser Arbeit eine weite Verbreitung zu wünschen.

Münster, im Juni 2007   Wilfried von Eiff

1 Einleitung

*Zusammenkommen ist ein Beginn,
Zusammenbleiben ist ein Fortschritt,
Zusammenarbeiten ist ein Erfolg.*

Henry Ford I

1.1 Problemstellung

Im gesundheitspolitischen Geschehen in Deutschland werden seit über 30 Jahren wiederholt Stichwörter wie „Kooperation", „Integration", „Vernetzung" oder „Schnittstellenmanagement" diskutiert.[1] Dies deutet entweder auf eine fehlende Originalität hin oder darauf, dass die Thematik über die Jahre nicht an Aktualität verloren hat. In diesen Diskussionen wird konstatiert und beklagt, dass gerade sektorübergreifende Kooperationsbeziehungen viel zu selten eingegangen werden, obwohl stets unstrittig war, dass die Kooperation im Gesundheitswesen ein wesentliches Element zur Steigerung der Effektivität und Effizienz darstellt.[2] Intensiviert wurde die Diskussion in der jüngsten Vergangenheit insbesondere durch die Einführung der Diagnosis Related Groups (DRG) im Akutbereich und der von politischer Seite forcierten Etablierung der Integrierten Versorgung (IV).

Hinsichtlich der Einführung der DRG zeigen Erfahrungen in anderen Ländern und inzwischen auch in Deutschland, dass der frühestmögliche Entlassungszeitpunkt aus dem Akuthaus, insbesondere bei einer unmittelbaren Weiterverlegung in die Rehabilitation, zunehmend kritisch hinterfragt wird.[3] Infolgedessen waren dokumentierte Probleme bei der Patientenentlassung in Fällen, bei denen der Übergang in andere Versorgungsbereiche nicht zufrieden stellend gelöst wurde, Anlass für die Bundesregierung, mit dem GKV-Wettbewerbsstärkungsgesetz (GKV-WSG) einen neuen § 11 Abs. 4 SGB V einzuführen. Dieser beinhaltet einen Rechtsanspruch des Versicherten auf ein Versorgungsmanagement zur Lösung von Problemen beim Übergang in die verschiedenen Versorgungsbereiche, wobei die betroffenen Leistungserbringer mit Unterstützung der Kostenträger für eine sachgerechte Anschlussversorgung sorgen müssen.[4] In die gleiche Richtung weist die Integrierte Versorgung gemäß §§ 140 a bis d SGB V, durch die eine sektorübergreifende Medizin vorangetrieben und der Abbau bestehender Ineffizienzen sowie eine Verbesserung der Versorgungsqualität bei sinkenden Kosten erreicht werden soll.[5]

Vor diesem Hintergrund sehen sich die Leistungserbringer der Akutversorgung und der medizinischen Rehabilitation einem zunehmend wettbewerbsintensiven Markt

---

1 Vgl. WSI (1971, S. 37 ff.) oder WSI (1975, S. 56 ff.).
2 Vgl. Lettau (2000, S. 19).
3 Vgl. Eiff/Klemann/Meyer (2007, S. 9 ff.).
4 Vgl. GKV-WSG (2007, S. 3).
5 Vgl. Breuer et al. (2005, S. 7).

1.1 Problemstellung

mit immer höheren Anforderungen konfrontiert.[6] Effizienzeinbußen in der Gesundheitsversorgung durch eine mangelnde Koordination der Beteiligten sind daher in Zukunft nicht mehr tragbar. Neben der intensiveren Zusammenarbeit von ambulanter und stationärer Gesundheitsversorgung ergibt sich zwangsläufig die Suche nach innovativen Versorgungsformen bzw. strategischen Möglichkeiten zu einer engeren Verzahnung von akutstationärer Versorgung und medizinischer Rehabilitation.

Die Deutsche Krankenhausgesellschaft (DKG) spricht in ihrem Konzept für die Ausgestaltung des ordnungspolitischen Rahmens ab dem Jahr 2009 davon, dass die sektorale Trennung abgebaut werden muss, damit Krankenhäuser als integrierte Dienstleistungszentren selbst oder in Kooperation und Koordination mit anderen Leistungserbringern eine patientengerechte Steuerung der Behandlungsabläufe vornehmen können.[7] In Zeiten frei werdender Bettenkapazitäten denken Krankenhäuser in diesem Zusammenhang vermehrt darüber nach, ein eigenes Reha-Angebot zu verwirklichen. Allerdings sind derartige Vorhaben aufgrund der hohen individuellen Spezialisierung der Leistungssektoren und der damit verbundenen Aufwendungen schwer umsetzbar. Zudem stellt sich die Frage der Sinnhaftigkeit einer solchen Entwicklung unter Berücksichtigung der vorhandenen Reha-Strukturen in Deutschland.

Statt mögliche Nachteile einer Geschäftsfelderweiterung oder Akquisition in Kauf nehmen zu müssen, bietet es sich für Krankenhäuser und Reha-Einrichtungen demzufolge an, die individuelle strategische Wettbewerbsposition durch die Zusammenarbeit mit einem oder mehreren Leistungserbringern zu stärken.[8] Diese Vorgehensweise wird in der Praxis durch die wachsende Anzahl von Kooperationsvorhaben unter Beteiligung von Leistungserbringern aus Akut- und Reha-Bereich zunehmend als vorteilhaft beurteilt, so dass sich die beteiligten Akteure vermehrt als sektorübergreifende Versorgungsoptimierer – unter Ausnutzung der vorhandenen Spezialisierungen – positionieren.

Somit werden der Aufbau sektorenübergreifender Strukturen und das Management von bereits initialisierten Kooperationen für die Leistungserbringer im Gesundheitswesen immer wichtiger. Aufgrund der Anzahl der zu berücksichtigenden Elemente, der vielfältigen Beziehungen zwischen den Elementen sowie der Dynamik des Gesundheitswesens sind diese Handlungsfelder als sehr komplexe Prozesse

---

6 Vgl. Flintrop (2007, S. 131).
7 Vgl. DKG (2007, S. 100).
8 Vgl. Bleicher (1991, S. 680 f.).

anzusehen. Eine Erkenntnisgewinnung aus vorhandenen Kooperationen zur Komplexitätsreduktion ist daher sinnvoll. Allerdings legen etablierte Kooperationen zwischen Akut- und Reha-Anbietern in Deutschland in der Regel wenig Wert darauf, etwas über die Entstehung oder den Managementprozess der Kooperation publik zu machen. Dementsprechend stehen kooperationswillige Leistungserbringer aufgrund fehlender Orientierungshilfen bei der Umsetzung derartiger Kooperationen vor großen Herausforderungen. Eine frühzeitige Ermittlung, Beurteilung und Realisation von kooperationsbedingten Erfolgsfaktoren sowie die Beantwortung der Frage, welche Aspekte den Erfolg einer sektorübergreifenden Zusammenarbeit langfristig beeinflussen, haben infolgedessen für die unternehmerische Praxis eine enorme Bedeutung.

1.2 Zielsetzung und Forschungskonzeption

Obwohl bereits zahlreiche Abhandlungen und Forschungsergebnisse hinsichtlich eines erfolgsorientierten Managements von Kooperationsbeziehungen zwischen Industrie- oder Handelsunternehmen existieren,[9] wurde eine wissenschaftliche Grundlegung für das Management sektorinterner und -übergreifender Kooperationen im Gesundheitswesen bisher nur in Ansätzen verfolgt.[10] Dies ist unter anderem auf die für die Akteure relevanten ökonomischen und rechtlichen Besonderheiten zurückzuführen.

Anlässlich dieses Forschungsdefizits ist das zentrale Ziel der vorliegenden Arbeit die Ermittlung der Faktoren, die den Erfolg sektorübergreifender Kooperationen zwischen Akut- und Reha-Einrichtungen maßgeblich beeinflussen. Die erfolgsorientierte Gestaltung des Kooperationsmanagementprozesses steht dabei im Vordergrund.

Im Rahmen der Zielverfolgung werden zunächst aus den Rahmenbedingungen der stationären Gesundheitsversorgung systematisch die Koordinationsdefizite an der Schnittstelle zwischen Akutversorgung und medizinischer Rehabilitation abgeleitet (Erkenntnisziel). Basierend auf den Grundlagen der Kooperationsthematik wird ein Vorschlag zur Überwindung der Schnittstellenprobleme ausgearbeitet (1. Gestaltungsziel). Eine Annäherung an das zentrale Gestaltungsziel der Arbeit erfolgt durch den Transfer allgemeiner kooperationstheoretischer Grundlagen auf die sektorübergreifende Zusammenarbeit im Gesundheitswesen sowie der Operationalisierung des Kooperationserfolgs hinsichtlich seiner maßgeblichen Einflussfaktoren (2. Gestaltungsziel). Darauf aufbauend wird ein idealtypisches Modell für das Management von Akut-Reha-Kooperationen entwickelt, wobei zum Nutzen potenzieller Anwender konkrete Empfehlungen hinsichtlich der optimalen Gestaltung des Kooperationsmanagementprozesses erarbeitet werden (3. Gestaltungsziel). Anschließend werden die theoretisch-konzeptionellen Erkenntnisse empirisch überprüft bzw. ergänzt (empirisches Erkenntnisziel), um erweiterte Handlungsempfehlungen für das Management an der Schnittstelle von Akutversorgung und medizinischer Rehabilitation abzuleiten (4. Gestaltungsziel).

---

9 Vgl. Eisele (1995), Schäper (1997), Kraege (1997), Balling (1998), Fuchs (1999), Bott (2000), Friedli (2000), Pankau (2002), Herbst (2002), Harland (2002), Wohlgemut (2002), Eisenbarth (2003), Tjaden (2003), Baer (2004) oder Killich (2004).
10 Vgl. Gronemann (1988), Zelle (1998), Dreßler (2000) oder Coldewey (2002).

1.2 Zielsetzung und Forschungskonzeption

Im Rahmen des forschungsmethodischen Vorgehens wird neben der Literaturanalyse das in verschiedenen Forschungs- und Beratungsprojekten aufgebaute Erfahrungswissen des Autors eingesetzt.[11] Der Forschungsprozess dieser Arbeit wird daher als ein von theoretischen Absichten geleiteter, auf systematischem Erfahrungswissen basierender Lernprozess verstanden.

Ausgehend von den entwickelten theoretisch-konzeptionellen Überlegungen stellen sich zwangsläufig Fragen an die Realität, die sich aus den identifizierten Praxisproblemen als Ausgangspunkt der Forschung ergeben.[12] Mittels einer kritischen Reflexion der gewonnenen Erkenntnisse, im Zusammenspiel mit den Ergebnissen der empirischen Untersuchung, wird schließlich eine Differenzierung bzw. Abstraktion des theoretischen Verständnisses erzielt. Da sich die vorliegende Dissertationsthematik auf ein relativ unerforschtes Untersuchungsgebiet konzentriert, werden zur empirischen Erkenntnisgewinnung Fallstudien als zentrales Forschungsinstrument eingesetzt.[13]

Die Systematik des Forschungsprozesses skizziert Darstellung 1-1.

Darstellung 1-1: Forschungsprozess
Quelle: In Anlehnung an Friedli (2000, S. 10).

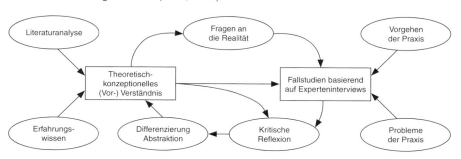

---

11 So waren die als Projektleiter durchgeführten Forschungstätigkeiten im Rahmen der REDIA-Studie zu den Auswirkungen der DRG-Einführung im Akutbereich auf die medizinische Rehabilitation ein wesentlicher Ausgangspunkt für die Beschäftigung mit der Dissertationsthematik. Zu den bisherigen Ergebnissen der REDIA-Studie vgl. Eiff/Klemann/Middendorf (2005) sowie Eiff/Klemann/Meyer (2007).
12 Vgl. Kubicek (1975, S. 14 f.).
13 In Anlehnung an Pätz (2005, S. 13). Somit wird das theoretische Verständnis in einem offenen Interaktionprozess mit der Praxis weiterentwickelt, so dass das neue theoretische Verständnis zu neuen Fragen an die Realität führt. Dementsprechend wird der Forschungsprozess bei der Veröffentlichung der Dissertation pragmatisch eingefroren. Vgl. dazu Friedli (2000, S. 8 f.).

1.2 Zielsetzung und Forschungskonzeption

Das pragmatische Wissenschaftsziel steht im Mittelpunkt der Arbeit. Hier geht es insbesondere um die praktische Anwendbarkeit der zu gewinnenden Aussagen.[14] Deshalb sollen die Ergebnisse dazu beitragen, dass Entscheidungsträger aus der Praxis vorhandene Erfahrungen sowie zielgerichtete Lösungen erschließen und auf eigene Problemstellungen in ähnlichen Zusammenhängen übertragen können (interorganisationales Lernen).[15] Unabhängig davon sollen die Fallstudien der Wissenschaft den Zugang zu einem noch jungen Forschungsgebiet erleichtern und als Grundlage für Theorien und Hypothesen sowie der Identifikation weiterer Ansatzpunkte für zukünftige Untersuchungen dienen.

---

14 In Anlehnung an Kubicek (1975, S. 29 ff.).
15 Vgl. Pätz (2005, S. 15).

1.3 Gang der Untersuchung

Ausgehend von der Problemstellung und der Zielsetzung der Arbeit wurde eine Unterteilung der Arbeit in sechs Kapitel gewählt. Nach den einleitenden Ausführungen *(Kapitel 1)* geht es im Grundlagenteil *(Kapitel 2)* darum, den Bezugsrahmen der Arbeit herzuleiten. Dazu werden zunächst die Akutversorgung und die medizinische Rehabilitation hinsichtlich ihrer wesentlichen Charakteristika sowie der strukturellen Entwicklungstendenzen erfasst, bevor die Kooperationsthematik zweckdienlich erarbeitet wird. In der Zusammenführung dieser Bereiche wird die sektorübergreifende Kooperation verbunden mit einem systematischen Management als Ansatz zur Überwindung der Schnittstellenproblematik zwischen Akutversorgung und medizinischer Rehabilitation vorgestellt.

Im *dritten Kapitel* zeigt die theoretisch-konzeptionelle Analyse auf, wie der Managementprozess im Hinblick auf den Kooperationserfolg zu gestalten ist. Vor diesem Hintergrund erfolgt neben der Darstellung der konzeptionellen Grundlagen zunächst die Operationalisierung des Erfolgs sowie die Identifikation der Erfolgsfaktoren sektorübergreifender Kooperationen. Darauf aufbauend wird der Managementprozess detailliert hinsichtlich einer geeigneten Vorgehensweise sowie potenzieller Problembereiche dargestellt, so dass im Ergebnis idealtypische Gestaltungsempfehlungen für alle Phasen einer Kooperation stehen.

Die Ausführungen des *vierten Kapitels* befassen sich mit drei ausgewählten Kooperationen zwischen Akut- und Rehabilitationseinrichtungen, die anhand der erarbeiteten Systematik des Kooperationsmanagementprozesses analysiert und anschließend hinsichtlich des Erfolgs aus der Perspektive der verschiedenen Interessengruppen beurteilt werden. Die empirischen Erkenntnisse bilden gemeinsam mit den Ergebnissen der theoretisch-konzeptionellen Untersuchung die Basis für die Ableitung weiterführender Handlungsempfehlungen *(Kapitel 5)* für das Management von Akut-Reha-Kooperationen.

Den Abschluss bildet das *sechste Kapitel* mit der Zusammenfassung der wesentlichen Ergebnisse der Arbeit sowie einem kurzen Ausblick.

Einen Überblick über den Aufbau der Arbeit gibt Darstellung 1-2.

1.3 Gang der Untersuchung

Darstellung 1-2: Gang der Untersuchung

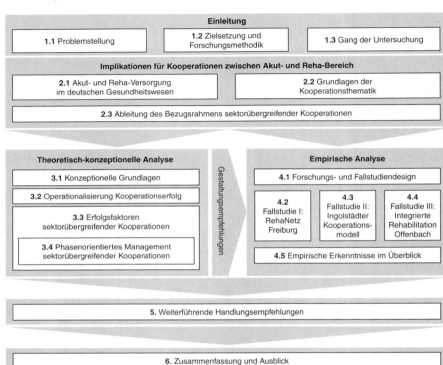

2 Implikationen für Kooperationen zwischen Akut- und Reha-Bereich

2.1 Akut- und Reha-Versorgung im deutschen Gesundheitswesen

Zur Diskussion der Schnittstellenproblematik zwischen der Akut- und Reha-Versorgung im deutschen Gesundheitswesen sowie möglicher Ansätze zur Lösung selbiger ist zunächst grundlegend zu klären, wie sich die sektorale Trennung in Deutschland gestaltet. Zudem sind die betroffenen Sektoren detailliert zu analysieren. Dazu wird zum einen die Entwicklung in den Sektoren anhand ausgewählter Indikatoren dargestellt. Zum anderen werden die Ziele, die Organisations- und Leistungsstrukturen der Leistungserbringer in Akut- und Reha-Bereich sowie die jeweiligen Finanzierungsstrukturen sektorspezifisch erörtert.

2.1.1 Situation des Gesundheitswesens in Deutschland

In Deutschland gehört das Gesundheitswesen zu den größten Dienstleistungs- und Wirtschaftsbereichen, dessen Bedeutung vor dem Hintergrund des zunehmenden Gesundheitsbewusstseins in der Bevölkerung, des demografischen Wandels sowie der Fortschritte in Medizin und Technik in Zukunft weiter wachsen wird.[1] Im Rahmen dieser Arbeit wird das Gesundheitswesen im engeren Sinne betrachtet, das den Bereich der professionellen gesundheitlichen Leistungsbereiche umfasst.[2] Als die wesentlichen Charakteristika können die qualitative und quantitative Struktur der Gesundheitsversorgung sowie die besondere Rolle des Patienten als Nachfrager bzw. Empfänger der medizinischen Leistungen identifiziert werden.[3]

2.1.1.1 Sektorale Trennung als globale Besonderheit

Das Gesundheitssystem (Gesundheitswesen) ist ein Subsystem des gesamten sozialen Bereichs, das aus allen Personen, Sachmitteln und Institutionen gebildet wird, die im Dienste der Gesundheit wirken; das heißt, die Gesundheit fördern, erhalten und wiederherstellen.[4] Diesem Zweck dienen die Teilfunktionen Prävention und Gesundheitsförderung, Behandlung, Rehabilitation, Pflege, Versorgung mit Arzneimitteln und Heil- und Hilfsmitteln, zahnmedizinische Versorgung, Krankentransport und Rettungswesen sowie gesundheitsbezogene Forschung, Lehre und

---

1 Vgl. Specke (2005, S. 193).
2 Vgl. Burchert/Hering (2002, S. 10). Die Definition des Gesundheitswesens im weiteren Sinne schließt auch die Leistungen ein, die von so genannten Laien erbracht werden, bspw. Selbsthilfegruppen oder Aktivitäten mit familiärem Bezug.
3 Vgl. Batzdorfer (2003, S. 26).
4 Vgl. Beske/Hallauer (1999, S. 49) und Haubrock/Schär (2002, S. 36).

2.1 Akut- und Reha-Versorgung im deutschen Gesundheitswesen

Ausbildung.[5] Aus diesen Funktionen lässt sich die international einmalige sektorale Gliederung des deutschen Gesundheitssystems ableiten.[6] In der Literatur wird primär nach dem Aspekt der Aufgabenverteilung zwischen den Versorgungsbereichen Prävention, Kuration und Rehabilitation unterschieden.[7] Insbesondere vor dem Hintergrund der demografischen Entwicklung in Deutschland, die in den nächsten Jahren weit reichende Veränderungen in der Bevölkerungsstruktur erwarten lässt und damit zu neuen gesellschaftlichen und individuellen Lebensbedingungen führen wird, erscheint es sinnvoll den Leistungsbereich der Pflege als zusätzlichen Sektor zu betrachten.[8]

Entsprechend der sektoralen Aufteilung können die ambulante Versorgung und die primär stationäre Versorgung, vor allem mit den Krankenhäusern und Vorsorge- und Rehabilitationseinrichtungen, unterschieden werden.[9] Eine überschneidungsfreie Zuweisung der Leistungserbringer ausschließlich in den stationären bzw. den ambulanten Sektor ist dabei nicht möglich (siehe Darstellung 2-1).

- Grundsätzlich wird unter der ambulanten Versorgung das Leistungsgeschehen verstanden, das nicht auf die Einrichtung eines Krankenhauses angewiesen ist. Diese ambulante ärztliche Versorgung beinhaltet die Tätigkeit des Arztes zur Verhütung, Früherkennung und Behandlung von Krankheiten nach den Regeln der ärztlichen Kunst und wird von niedergelassenen Ärzten (Haus- und Fachärzten) in Einzel- und Gruppenpraxen durchgeführt.[10]
- In Krankenhäusern erfolgt die stationäre kurative Behandlung primär durch ärztliche und pflegerische Leistungen, um Krankheiten, Leiden oder Körperschäden

---

5 Vgl. § 27 Abs. 1 SGB V und ergänzend Mühlbacher (2002, S. 87).
6 Zwar sind auch in anderen Ländern Fragmentierungen des Gesundheitswesens festzustellen, diese sind allerdings häufig nicht so ausgeprägt und beziehen sich vor allem auf die Trennung zwischen ambulanter und stationärer Versorgung. So ist bspw. in Frankreich eine Trennung von Rehabilitation und Pflege zur Akutversorgung nicht so stark ausgeprägt, da sowohl die Rehabilitation als auch die Pflege teilweise in das Akutgeschehen integriert sind. Die deutliche Trennung von Akutversorgung zur Rehabilitation und Pflege kann somit als deutsches Spezifikum angesehen werden. Vgl. dazu ausführlich Armbruster (2004, S. 74 f.).
7 Vgl. Tophoven (1995, S. 162). Haubrock/Schär (2002, S. 36) ergänzen die Sektoren um den Bereich Forschung, Lehre und Ausbildung. Dieser wird im Wesentlichen von Universitätskliniken bzw. von akademischen Lehrkrankenhäusern übernommen.
8 Vgl. Haubrock/Schär (2002, S. 54). Lebten zu Beginn des 20. Jahrhunderts in Deutschland etwa 4,4 Mio. Menschen, die 60 Jahre und älter waren, so sind es heute rund 16 Mio. und damit jeder fünfte Bundesbürger. Diese Entwicklung wird sich fortsetzen. Im Jahre 2030 wird in Deutschland voraussichtlich mehr als ein Drittel der Bevölkerung dieser Altersgruppe angehören.
9 Vgl. Haubrock/Schär (2002, S. 37).
10 Vgl. § 28 Abs. 1 SGB V. Zur ambulanten Versorgung vgl. ausführlich Neuffer (1997, S. 82 ff.) oder Beske/Hallauer (1999, S. 119 ff.). Als eine weitere Eigenheit existiert im deutschen Gesundheitswesen die sogenannte „doppelte Facharztschiene". Das heißt, Fachärzte (Spezialisten) arbeiten sowohl im ambulanten als auch im stationären Bereich. Dementsprechend gibt es bspw. Herzspezialisten, die in ihrer eigenen Praxis im ambulanten Bereich tätig sind, während gleichzeitig in Krankenhäusern kardiologische Spezialabteilungen mit angestellten Herzspezialisten existieren. Vgl. dazu Graf von Stillfried/Jelastopulu (1997, S.32).
11 Vgl. § 2 Abs. 1 KHG sowie § 107 Abs. 1 SGB V.

festzustellen, zu heilen bzw. zu lindern oder Geburtshilfe zu leisten.[11] Die Krankenhausbehandlung kann dabei vollstationär, teilstationär, vor- oder nachstationär sowie in Form von ambulanten Operationen erfolgen.[12] Versicherte haben erst dann einen Anspruch auf eine vollstationäre Krankenhausbehandlung, wenn das Behandlungsziel nicht durch teilstationäre, vor- oder nachstationäre oder ambulante Behandlungen einschließlich häuslicher Krankenpflege erreicht werden kann.[13]
- Der Schwerpunkt der Rehabilitation liegt im Unterschied zur akut- bzw. kurativmedizinischen Behandlung in erster Linie nicht in der (ursächlichen) Behandlung und Beseitigung einer Krankheit.[14] Vielmehr dienen Maßnahmen der medizinischen Rehabilitation dazu, im Anschluss an eine Krankenhausbehandlung den dabei erzielten Behandlungserfolg zu sichern und zu festigen. Darüber hinaus sollen sie drohenden Krankheiten oder Behinderungen vorbeugen oder aber Krankheiten heilen, ihre Beschwerden lindern bzw. ihre Verschlimmerung verhüten.[15] Die Maßnahmen können entweder stationär in einer gemäß § 111 SGB V zugelassenen Rehabilitationseinrichtung oder aber ambulant bzw. teilstationär erfolgen, wobei auch hier gilt, dass eine stationäre Behandlung nur dann stattfinden kann, wenn eine ambulante bzw. teilstationäre Behandlung nicht ausreicht.
- Aufgaben und Ziele der gesundheits- und sozialpflegerischen Dienste sind die Erhöhung und Stärkung der Fähigkeit zur selbstständigen und unabhängigen Lebensführung sowie die Betreuung bei Pflege- und Hilfsbedürftigkeit. Neben der Grund- und Behandlungspflege existieren sozialpflegerische Leistungen in unterschiedlicher Kombination als Kranken-, Alten-, Haus- und Familienpflegeangebote. Erbracht werden die Leistungen durch ambulante Pflegedienste und durch Heime, die die stationäre Betreuung übernehmen.[16]

---

12 Vgl. § 39 Abs. 1 SGB V sowie die dort angegebenen Paragraphen. Die Öffnung der Krankenhäuser für die vor- und nachstationäre Behandlung sowie für das ambulante Operieren stellen Krankenhäuser somit in Konkurrenz zum niedergelassenen Bereich. Vgl. Hajen/Paetow/Schumacher (2006, S. 182 f.).
13 Vgl. § 39 Abs. 1 SGB V.
14 Vgl. Schliehe/Zollmann (1994, S. 72).
15 Vgl. § 107 Abs. 2 SGB V, § 26 Abs. 1, SGB IX. Der Gesetzgeber unterscheidet gemäß § 107 Abs. 1 SGB V Krankenhäuser und Vorsorge- und Rehabilitationseinrichtungen. Dementsprechend werden die Vorsorgeeinrichtungen der Rehabilitationseinrichtungen zugeordnet. Vorsorgeeinrichtungen dienen gemäß § 107 SGB V der stationären Behandlung von Patienten, mit dem Ziel eine Schwächung der Gesundheit, die in absehbarer Zeit voraussichtlich zu einer Krankheit führen könnte, zu beseitigen oder einer Gefährdung der gesundheitlichen Entwicklung eines Kindes entgegenzuwirken.
16 Vgl. Beske/Hallauer (1999, S. 206 ff.). Allerdings erbringen Familienmitglieder und freiwillige Helfer die weitaus meisten Betreuungsleistungen für Hilfs- und Pflegebedürftige.

2.1 Akut- und Reha-Versorgung im deutschen Gesundheitswesen

Darstellung 2-1: Sektorale Trennung des deutschen Gesundheitswesens

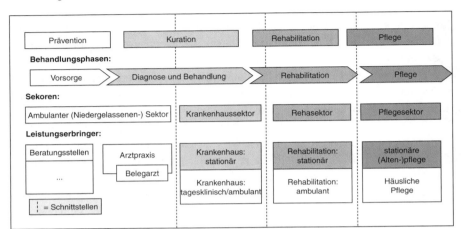

Die anhand der Unterscheidung nach den Behandlungsformen definierte sektorale Trennung wird dadurch verstärkt, dass für die Sektoren jeweils eigene Budgets bereitgestellt werden. Hinzu kommt, dass für die Finanzierung der Leistungen in den einzelnen Sektoren verschiedene Kostenträger zuständig sein können. So ist es möglich, dass die Akutbehandlung eines Patienten eine Krankenversicherung finanziert, während die anschließende medizinische Rehabilitation von einer Rentenversicherung getragen wird.[17]

Das Prinzip der sektoralen Budgets ist dadurch gekennzeichnet, dass die Kostenträger im Verbund die sektoralen Budgets aufzubringen haben und die Steuerung weitgehend über kollektive Verhandlungen erfolgt. Beim Übergang einer Leistung von einem Sektor in den anderen wird daher stets die Forderung nach entsprechender Budgeterweiterung bzw. -anpassung gestellt. Als Effekt dieses Vorgehens stellt sich im Allgemeinen ein, dass solange das Geld den sektorübergreifenden Leistungen nicht folgt, kein Sektor daran interessiert ist, Mehrleistungen zu übernehmen.[18] Da aber kein Sektor Budgetmittel abgibt, erfolgt keine systemoptimale, sondern nur eine sektoroptimale Leistungsabgabe.[19]

---

17 Die Zuständigkeit der Kostenträger für die Rehabilitation wird detailliert in Kapitel 2.1.3.3 erläutert.
18 Vgl. Neubauer (2006a, S. 45).
19 Vgl. Batzdorfer (2003, S. 29).

Zudem ist aufgrund der Vorgaben der jeweiligen sektorspezifischen Vergütungsverfahren in der Regel keine Übertragung von Mitteln in einen anderen Leistungssektor vorgesehen.[20] Sektorale Budgets behindern auf diese Weise eine medizinisch sinnvolle und wirtschaftlichere Arbeitsteilung und damit eine sektorübergreifende Zusammenarbeit, in der der Patientenversorgungsprozess als Ganzes betrachtet wird.[21] Einen Überblick über die Unterschiede zwischen den Sektoren hinsichtlich der Vergütungen und der Budgets sowie der Zuständigkeiten der Kostenträger gibt die Darstellung 2-2.

Als ein weiteres prägendes Strukturmerkmal des Gesundheitswesens gilt das Prinzip der Selbstverwaltung. Das heißt, der Staat schafft durch die Gesundheitspolitik nur die Rahmenbedingungen, während die konkrete Ausgestaltung des Rahmens Aufgabe der Beteiligten ist.[22] Dementsprechend verhandeln die Leistungserbringer, vertreten durch Körperschaften des öffentlichen Rechts (bspw. die Krankenhäuser durch die Krankenhausgesellschaften oder die Rehabilitationseinrichtungen durch verschiedene Trägerverbände), und die Kostenträger (bspw. Krankenkassen und deren Verbände) untereinander die relevanten Aspekte der Gesundheitsversorgung, indem sie die für eine bedarfsgerechte, qualitätsgesicherte und wirtschaftliche medizinische Versorgung der Versicherten erforderlichen Regelungen und Maßnahmen vereinbaren.[23] Da die Interessen der Leistungserbringer in den verschiedenen Sektoren durch unterschiedliche Organisationen vertreten werden, existiert auch in diesem Bereich eine sektorale Trennung der Zuständigkeiten (siehe Darstellung 2-2).

---

20 Vgl. Neubauer (2006a, S. 44).
21 Vgl. Beckers (2003, S. 45).
22 Vgl. Specke (2005, S. 192).
23 Vgl. Baur/Heimer/Wieseler (2003, S. 35). Zur weiteren Beschreibung der derzeitigen Marktsituation gehören darüber hinaus noch Punkte wie die Sicherstellungsaufträge, die Versicherungspflicht, die solidarische Finanzierung, das Sachleistungsprinzip und die freie Arztwahl, die hier nicht weiter ausgeführt werden.

Darstellung 2-2: Vergleich der Leistungssektoren

Kriterien	Ambulanter Sektor	Krankenhaussektor	Rehabilitationssektor	Pflegesektor
Vergütung	Einzelleistungsvergütung	Diagnosebezogene Fallpauschalen bzw. in Ausnahmefällen Tagespflegesätze	Tagespflegesätze bzw. Fallgruppen (Pauschalen)	Monatliche Abrechnung von Leistungspaketen
Budgets	regionales Budget (Regelleistungsvolumina)	Individuelles Jahresbudget	Keine Budgets	Keine Budgets
Kostenträger	i.d.R. Gesetzliche bzw. Private Krankenversicherung oder Unfallversicherung	i.d.R. Gesetzliche bzw. Private Krankenversicherung oder Unfallversicherung	i.d.R. Gesetzliche bzw. Private Krankenversicherung, Gesetzliche Rentenversicherung oder Unfallversicherung	i.d.R. Gesetzliche bzw. Private Kranken- oder Pflegeversicherung oder die Sozialhilfe
Interessenvertretungen	Kassenärztliche Vereinigungen (Auf Bundesebene: Kassenärztliche Bundesvereinigung)	Landeskrankenhausgesellschaften (Auf Bundesebene: Deutsche Krankenhausgesellschaft)	Verschiedene Träger- oder fachgebietsbezogene Verbände	Trägerverbände

Da verschiedene Sektoren mit unterschiedlichen Strukturen geschaffen wurden, die in der Regel nur marginal zusammenarbeiten, wird diese Unterteilung der Gesundheitsversorgung mit dem Begriff organisatorische Desintegration charakterisiert.[24] Die Leistungen der verschiedenen Sektoren werden unterschiedlich geplant, gesteuert und refinanziert, obwohl Patienten insbesondere die ersten drei Sektoren oft nacheinander durchlaufen. Besonders unter wirtschaftlich-organisatorischen Bewertungsmaßstäben wird diese institutionelle Eigenschaft der sektoralen Trennung als nachteilig für die Leistungsfähigkeit des deutschen Gesundheitswesens angesehen, da ein nahtloser Übergang von einer Versorgungsstufe in die nächste durch Schnittstellenprobleme erschwert wird.[25] Durch den Wechsel der ärztlichen Verantwortung im Rahmen des Behandlungsprozesses erscheint eine optimale Patientenversorgung daher nicht nur aus ökonomischer sondern auch aus medizinischer Sicht problematisch. So werden durch die vertikale Struktur und die gegenseitige Abgrenzung der Aufgabengebiete Defizite besonders bei der Koordination und Kommunikation im Gesamtbereich der medizinischen Versorgung wahrscheinlich. Ein tendenzielles Absinken der Versorgungsqualität aufgrund fehlender bzw. nur unvollständig weitergeleiteter Patienteninformationen ist daher zu befürchten.[26]

---

[24] Dahingegen wird die Trennung von medizinischer und ökonomischer Verantwortung, also das Auseinanderfallen von Leistungserbringung und Finanzierung, als ökonomische Desintegration bezeichnet. Eindeutig zu trennen sind die beiden Desintegrationsebenen nicht, da insbesondere die daraus resultierenden Konsequenzen, wie bspw. Doppeluntersuchungen, identisch sein können. Vgl. Batzdorfer (2003, S. 29) bzw. Beckers (2003, S. 43).
[25] Vgl. Middendorf (2005, S. 41).
[26] Vgl. Vincenti/Behringer (2005, Abs. 11).

2.1.1.2 Angebotsstruktur der stationären Versorgung

Die Unterteilung der stationären Versorgung in Krankenhäuser- und Vorsorge- oder Rehabilitationseinrichtungen unternimmt der Gesetzgeber gemäß § 107 SGB V. Aufgrund fließender Übergänge, Überschneidungen und inhaltlichen Ungenauigkeiten ist diese Unterscheidung nicht immer eindeutig.[27] Die letztendliche Zuordnung kann im Prinzip nur durch den Krankenhausträger selbst vorgenommen werden, wobei der grundlegende Unterschied in der ärztlich-pflegerischen Zielsetzung der jeweiligen Einrichtung liegt. Während im Krankenhaus die ärztliche Tätigkeit im Vordergrund steht, ist die pflegerische, physiotherapeutische und psychosoziale Komponente in den Vorsorge- und Rehabilitationseinrichtungen der ärztlichen gleichgestellt.[28]

Die Ausgaben für die Gesundheit betrugen im Jahr 2004 in Deutschland 10,6 % des Bruttoinlandsproduktes (BIP) und lagen damit deutlich hinter den USA mit 15,3 % aber vor allen anderen europäischen Staaten.[29] Der Anteil der Ausgaben für stationäre/teilstationäre Einrichtungen an den Gesundheitsausgaben in Deutschland belief sich im Jahr 2004 auf 36,5 %. Während die Ausgaben für Krankenhäuser 2004 ca. 25,8 % der gesamten Gesundheitsausgaben ausmachten, bezifferten sich die Ausgaben für Vorsorge- und Rehabilitationseinrichtungen auf ca. 3,1 % der Gesundheitsausgaben (siehe Darstellung 2-3).[30] Zur genaueren Quantifizierung der makroökonomischen Bedeutung der stationären Versorgung werden im Folgenden ausgewählte Daten von Krankenhäusern und Vorsorge- oder Rehabilitationseinrichtungen in Deutschland vorgestellt.[31]

---

27 Vgl. Kutschker (2004, S. 34).
28 Vgl. Haaf (2002, S. 15).
29 Vgl. DKG (2006a, S. 54 bzw. S. 66).
30 Vgl. Statistisches Bundesamt (2006).
31 Über die Struktur- und Kostenentwicklung der Krankenhäuser und der Vorsorge- oder Rehabilitationseinrichtungen, die gemeinsam den Berichtskreis der Krankenhausstatistik bilden, berichtet jährlich das Statistische Bundesamt. Auf Grundlage einer Vollerhebung, die seit 1991 bundeseinheitlich durchgeführt wird, werden auskunftspflichtige Einrichtungen zu Grund- (bspw. Betten, Fachabteilungen, Personal) und Kostendaten (Sach- und Personalkosten) sowie die Diagnosen der Patienten befragt. Die Krankenhausstatistik-Verordnung (KHStatV) bildet in Verbindung mit dem Krankenhausfinanzierungsgesetz (KHG) und dem Bundesstatistikgesetz (BStaG) die Rechtsgrundlage zur Abgabeverpflichtung der Daten durch die Leistungserbringer. Durch die Novellierung der Rechtsgrundlage im Jahr 2001 erweiterte sich das Informationsangebot im Bereich der Vorsorge- oder Rehabilitationseinrichtungen ab dem Jahr 2003 um Diagnosedaten der Patienten dieser Einrichtungen, wobei nur ab einer Bettenzahl von 100 eine diesbezügliche Berichtspflicht besteht. Vgl. dazu Rolland (2006b, S. 302).

Darstellung 2-3: Gesundheitsausgaben 2004
Datenquelle: Statistisches Bundesamt (2006).

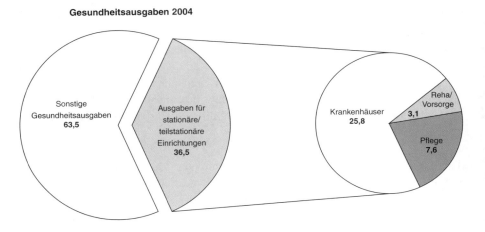

In Deutschland gab es zum 31. Dezember 2005 insgesamt 2.137 Krankenhäuser und 1.270 Vorsorge- und Rehabilitationseinrichtungen. Während sich die Zahl der Krankenhäuser seit 1991 um ca. 11% reduzierte, ging die Zahl der Vorsorge- und Rehabilitationseinrichtungen, nachdem sie bis Mitte der 90er gestiegen war, erst seit 1996 um ca. 11% zurück.

Eine noch stärkere Entwicklung ist bei den Bettenzahlen zu beobachten. So standen in den Krankenhäusern im Jahr 2005 insgesamt 523.567 Betten (1991: 665.565 Betten) zur Verfügung, die zu durchschnittlich 75,6% (1991: 84,1%) ausgelastet wurden. In den Vorsorge- und Rehabilitationseinrichtungen waren 2005 174.521 Betten (1991: 144.172 Betten, 1996: 189.888 Betten) aufgestellt, mit einer durchschnittlichen Auslastung von 73,4% (1991: 86,9%). Eine Übersicht über die prozentuale Aufteilung der Einrichtungen und Bettenzahlen auf die verschiedenen Träger im Jahr 2004 gibt Darstellung 2-4. Während die Betreiberstrukturen im Vorsorge- und Rehabilitationsbereich in den letzten Jahren relativ stabil waren, ist im Krankenhausmarkt seit Jahren eine Zunahme der privaten Einrichtungen zu verzeichnen (Privatisierungstrend).

Darstellung 2-4: Betreiberstruktur Krankenhäuser sowie Vorsorge- und Reha-Einrichtungen
Datenquelle: Statistisches Bundesamt (2006).

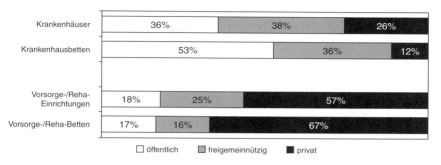

Bei den zentralen Indikatoren des Akutbereiches für den Zeitraum von 1991 bis 2005 fällt auf, dass die Zunahme der Fallzahlen im Jahr 2002 gestoppt wurde (bis dahin + 20%) und seitdem ein Rückgang zu verzeichnen ist (- 4%). Aufgrund des starken und kontinuierlichen Rückgangs der durchschnittlichen Verweildauer auf ca. 61% des Niveaus von 1991 wurden sowohl die Bettenzahl (- 21%) als auch die im Jahresdurchschnitt beschäftige Anzahl von Vollkräften (- 7%) in den Krankenhäusern laufend reduziert (siehe Darstellung 2-5).

Darstellung 2-5: Ausgewählte Kennzahlen des Krankenhaus-Bereichs
Datenquelle: Statistisches Bundesamt (2006).

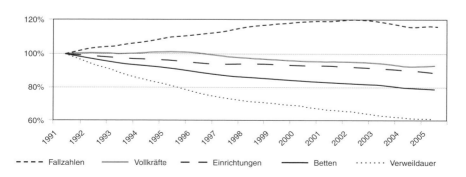

2.1 Akut- und Reha-Versorgung im deutschen Gesundheitswesen

Im Vorsorge- und Reha-Bereich erhöhten sich zwischen 1991 und 2005 die zentralen Indikatoren seit 1991 mit Ausnahme der durchschnittlichen Verweildauern (- 17%).[32] Letzteres verursachte auch einen langfristigen Rückgang der Pflegetage und der durchschnittlichen Bettenauslastung. Mittelfristig betrachtet sind allerdings ähnlich wie im Akutbereich seit dem Jahr 1996 Rückgänge bei der Anzahl der Vollkräfte im Jahresdurchschnitt (- 12%) und der Anzahl der Betten (- 11%) zu beobachten (siehe Darstellung 2-6).

Darstellung 2-6: Ausgewählte Kennzahlen des Vorsorge- und Reha-Bereichs
Datenquelle: Statistisches Bundesamt (2006).

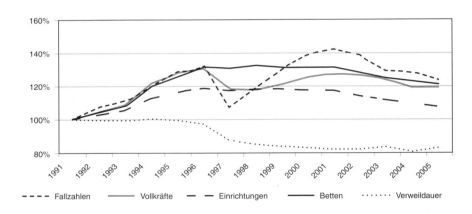

Es ist festzuhalten, dass in der stationären Gesundheitsversorgung grundlegende Veränderungen stattfinden. So ist im Akutbereich schon seit Längerem und im Rehabilitationsbereich zumindest in der mittelfristigen Perspektive aufgrund eines Rückgangs der Einrichtungs- und noch stärker der Bettenzahlen eine Marktverdichtung zu erkennen, die dazu führt, dass der Wettbewerb um die Patienten intensiver geführt wird. Von Bedeutung ist in diesen Zusammenhang das Verständnis bezüglich der Merkmale von Gesundheitsleistungen, die besondere Auswirkungen auf den Handel mit ihnen und ihre Nutzung haben. Als wesentlichstes Merkmal wird die Dienstleistungseigenschaft im folgenden Abschnitt thematisiert.

---

32 Die Entwicklung der Verweildauern ist primär durch das 1996 in Kraft getretene Beitragsentlastungsgesetz begründet, das als zentrales Element die Reduzierung der Rehabilitationsdauer von vier auf drei Wochen enthielt.
Vgl. Seitz/Wasem/Krauth (2000, S. 70).

2.1.1.3 Dienstleistungsmarkt Gesundheitswesen

Gesundheitsleistungen werden im medizinischen Bereich eingesetzt, um den Gesundheitszustand der Menschen positiv zu beeinflussen. Aus der Nachfrage nach Gesundheit leitet sich die Nachfrage nach diesen Leistungen ab.[33]

Durch die Identifikation der Gesundheitsleistung als Dienstleistung etablierte sich im Gesundheitswesen der Kundenbegriff für den Patienten. Nach dem allgemeinen Verständnis ist der Kunde Träger von Bedürfnissen, der die Leistung bestimmt, diese empfängt, die Kosten der Beanspruchung trägt und dementsprechend die Funktionen des Käufers und des Nutzers vereint.[34] Im Gegensatz dazu besteht im deutschen Gesundheitswesen kein unmittelbarer Zusammenhang zwischen der Veranlassung, dem Verbrauch und der Finanzierung der in Anspruch genommenen Leistung.[35] Zwar trifft der Patient in der Regel die Initialentscheidung einen Arzt aufzusuchen und fungiert als Leistungsempfänger, jedoch liegt die Entscheidung über die Durchführung sowie über Quantität und Qualität der medizinisch-pflegerischen Dienstleistung beim behandelnden Arzt. Die Finanzierung konsumierter Gesundheitsleistungen trägt der Patient in der Regel nicht direkt, sondern gemeinsam mit den anderen Mitgliedern der Versicherungsgemeinschaft.[36]

In der Konsequenz entsteht aus der Zweierbeziehung zwischen Leistungsanbieter und Leistungsnehmer ein Dreiecksverhältnis zwischen Kostenträger – Leistungserbringer – Leistungsnehmer. Anstelle des Tausches von Leistung und Vergütung tritt das so genannte Sachleistungsprinzip, bei dem der Versicherte durch seine Beitragszahlungen eine Berechtigung zum Leistungsempfang erwirbt.[37] Die finanziellen Ausgleiche finden zwischen Leistungserbringer und Kostenträger statt. Gleichzeitig fordern die Kostenträger Transparenz über die Wirtschaftlichkeit und die Qualität der Leistungserbringung und vertreten damit die Interessen der Kunden.[38]

Die Dienstleistung von Krankenhäusern und Rehabilitationseinrichtungen besteht grundsätzlich im umfassenden Behandlungsprozess eines Patienten, von der Aufnahme bis zur Entlassung bzw. Überweisung in weiterbehandelnde Versorgungs-

---

33 Vgl. Richard (1993, S. 32). Als Grundeigenschaften von Gesundheitsleistungen werden die Gültigkeit des Uno-Actu-Prinzips (Synchronisation von Produktion und Verbrauch), die Nichtlagerfähigkeit aufgrund von Immaterialität, die geringen Rationalisierungsmöglichkeiten, die Notwendigkeit der Vorhaltung einer bestimmten Produktionskapazität und die Existenz von Präferenzen angesehen. Vgl. Haubrock/Schär (2002, S. 29) und ausführlicher bei Neuffer (1997, S. 48 ff.).
34 Vgl. Meffert/Bruhn (1997, S. 70).
35 Vgl. Ziegenbein (2001, S. 79 f.), Eichhorn (1997, S. 131 ff.).
36 Vgl. Ziegenbein (2001, S. 80).
37 Vgl. Adam/Henke (1993, S. 350).
38 Vgl. §§ 2, 4, 12, 113, 115b, 135-139 SGB V.

einrichtungen.[39] Darüber hinaus schließt das Dienstleistungsverständnis im Rahmen der vorliegenden Arbeit neben den Leistungen, die eine direkte Gesundheitswirkung haben, auch die Leistungen ein, die von den Kostenträgern angeboten werden und die Organisation und Bereitstellung auf Seiten der Leistungserbringer betreffen, wie es z. B. bei neueren Versorgungsmodellen der Fall ist.

In diesem Zusammenhang ist zu beachten, dass die Qualität bzw. das Ergebnis der Gesundheitsleistungen vom Patienten selbst nach erbrachter Leistung nicht zweifelsfrei beurteilt werden kann und daher die Vertrauenseigenschaften überwiegen, so dass die Gesundheitsleistungen als Vertrauensgüter eingestuft werden.[40] Dementsprechend resultiert aus der hohen Verhaltensunsicherheit die Anforderung an die Leistungserbringer, dem Kunden gegenüber ein positives, durch Vertrauen, Kompetenz und Zuverlässigkeit geprägtes Image aufzubauen, um dessen Erfolgs- sowie Qualitätseinschätzung zu akzeptieren und Unsicherheiten abbauen zu können. Dabei beziehen sich die Unsicherheiten nicht nur auf den Patienten, sondern auch auf die einweisenden Institutionen, die eine qualitativ hochwertige (Weiter-)Behandlung des Patienten suchen.[41]

2.1.2 Merkmale der Akutversorgung

Als größter Arbeitgeber im Gesundheitswesen kommt dem Krankenhaussektor mit ca. 1,1 Mio. Beschäftigten und einem Umsatzvolumen von ca. 61,1 Mrd. Euro eine besondere wirtschaftliche und beschäftigungspolitische Bedeutung zu.[42] Mit der Kostenentwicklung im Gesundheitswesen geht daher auch eine Dynamik im Krankenhaussektor einher, die im vergangenen Jahrzehnt an Intensität gewonnen und zum Teil zu bedeutenden Strukturreformen geführt hat.[43]

2.1.2.1 Zielsystem der Krankenhäuser

Die Akutversorgung wird in Deutschland von den Krankenhäusern erbracht. Den Kern der Arbeit der Krankenhäuser bildet die ärztliche Behandlung in Form von Diagnostik und Therapie sowie die pflegerische Betreuung der Patienten.[44] Krankenhäuser sind dementsprechend Dienstleistungsunternehmen, in denen Produktionsfaktoren mit dem Ziel kombiniert werden, Patienten zu versorgen. Aus betriebswirtschaftlicher Sicht wird beim Ziel der Patientenversorgung zwischen

---
39 Vgl. Kutschker (2004, S. 29 f.).
40 Vgl. Schlüchtermann (1999, S. 550).
41 Vgl. Kutschker (2004, S. 31).
42 Vgl. Specke (2005, S. 263).
43 Vgl. Eiff (2000a, S. 29 ff.), Ziegenbein (2001, S. 63) oder Högemann (2006, S. 83 ff.).
44 Vgl. Eichhorn (1975, S. 13).

Sach- und Formalzielen unterschieden.[45] Während die Sachziele insbesondere eine bedarfsgerechte und kundenfreundliche, leistungs- und wettbewerbsfähige, sozial- und umweltverträgliche Versorgung von Kranken und Schwangeren in den Vordergrund stellen, knüpfen die Formalziele an die Teilnahme des Unternehmens am Wirtschaftsprozess und Geldkreislauf an.[46]

Maßgeblich für die Entwicklung der betrieblichen Zielvorstellungen ist der Krankenhausträger. Aus der Verschiedenartigkeit der Trägerschaft resultieren Unterschiede in der Zielsetzung der Krankenhäuser. Bei der überwiegenden Zahl der Krankenhäuser liegt aufgrund einer bedarfswirtschaftlichen Orientierung eine Sachzieldominanz vor.[47] Dagegen dominieren insbesondere bei den privaten Krankenhäusern die erwerbswirtschaftlichen Formalziele, die eine ausreichende Verzinsung des Eigenkapitals anstreben. Allerdings ist auch bei den öffentlichen und den freigemeinnützigen Krankenhäusern eine steigende Ausprägung der Formalziele zu verzeichnen, da in den vergangenen Jahren die Bemühungen zunahmen, mindestens die Kostendeckung als finanzwirtschaftliches Ziel anzustreben, um den jährlichen Trägerzuschussbedarf zu begrenzen.[48]

Eine Differenzierung der Krankenhäuser hinsichtlich der Art der Aufgabenstellung und unter Berücksichtigung ihrer sozialversicherungsrechtlichen Legitimation kann gemäß § 108 SGB V erfolgen. Demnach zählen Hochschulkliniken,[49] Plankrankenhäuser[50] und Krankenhäuser mit einem Versorgungsvertrag[51] zu den zugelassenen Krankenhäusern.[52] Davon sind Privatkrankenhäuser zu unterscheiden, die im materiellen Sinne als erwerbswirtschaftlich ausgerichtete Unternehmen zu verstehen

---

45 Vgl. Kosiol (1961, S. 129 ff.), Eichhorn (2000, S.60).
46 Vgl. Eichhorn (2000, S.60). Formalziele sind Rentabilität, als das Streben nach Gewinn und Unternehmenserhaltung, Liquidität, als die Aufrechterhaltung der Zahlungsfähigkeit, und Sekurität, als der Schutz vor Vermögensverlusten und Überschuldung.
47 Vgl. Haubrock/Schär (2002, S. 110) sowie Greiling (2000, S. 91).
48 Vgl. Greiling (2000, S. 91).
49 Die Hochschulkliniken weisen insbesondere aufgrund ihrer dreigliedrigen Aufgabenstellung für Forschung, Lehre und Patientenversorgung einige Besonderheiten auf und unterliegen bezüglich der Struktur und Steuerung den Bestimmungen der Hochschulgesetze der Länder. Vgl. Högemann (2006, S. 37 f.).
50 Vgl. § 108 Nr. 2 SGB V. Bei Plankrankenhäusern handelt es sich um Einrichtungen, die in den Krankenhausplan eines Landes aufgenommen wurden. Gemäß § 6 Abs. 1 KHG stellen die Länder zur Verwirklichung einer bedarfsgerechten Versorgung der Bevölkerung Krankenhauspläne auf. Bei der Planung sind die unmittelbar Beteiligten, wie die Krankenhausgesellschaft, die Landesverbände der Krankenkassen, der Verband der privaten Krankenversicherung und die kommunalen Landesverbände, einzubinden. Das Ziel der Pläne ist es, eine Abstimmung des Angebots an Krankenhäusern mit dem Bedarf an medizinischen Leistungen herbeizuführen. Vgl. dazu Haubrock/Peters/Schär (1997b, S. 12) und Beske/Hallauer (1999, S 146).
51 Der Versorgungsvertrag wird zwischen Krankenhäusern und den Verbänden der gesetzlichen Krankenversicherungen abgeschlossen, dementsprechend sind Krankenhäuser mit einem Versorgungsvertrag zur Krankenhausbehandlung von Versicherten verpflichtet. Vgl. dazu Tuschen/Quaas (2001, S. 182 f.) oder Specke (2005, S. 270 f.). Gemäß § 109 Abs. 1 SGB V gilt bei Hochschulkliniken und Plankrankenhäusern der Versorgungsvertrag kraft Gesetzes als geschlossen.
52 Vgl. § 108 Nr. 3 SGB V.

2.1 Akut- und Reha-Versorgung im deutschen Gesundheitswesen

sind und die zu ihrer Zulassung einer Konzession gemäß § 30 der Gewerbeordnung (GewO) bedürfen. Sie sind in ihrer Vertragsgestaltung grundsätzlich frei und unterliegen insbesondere nicht den gesetzlichen Entgeltbestimmungen.[53]

Entsprechend des Aufgaben- und Leistungsprofils werden die Krankenhäuser im Rahmen der Krankenhausplanung verschiedenen Versorgungsstufen zugeordnet, wobei es keine für alle Bundesländer einheitlich geltenden Versorgungsstufen gibt. Dennoch erfolgt allgemein eine Einteilung in vier Versorgungsstufen: Grund-, Regel-, Schwerpunkt- und Maximalversorgung. Einrichtungen einer höheren Stufe decken dabei stets die Aufgaben der jeweils darunter liegenden Versorgungsstufe innerhalb des Leistungsspektrums ab.[54]

2.1.2.2 Organisations- und Leistungsstruktur der Krankenhäuser

2.1.2.2.1 Organisationsstruktur

Zwei Merkmale prägen die Organisationsstruktur eines Krankenhauses. Zum einen die berufsständische Einteilung der Mitarbeiter in den Ärztlichen Dienst, den Pflegedienst und den Verwaltungsdienst und zum anderen die durch die hohe Funktionsspezialisierung entstandene Gliederung in einzelne Stationen und Funktionsbereiche.[55] Diese Funktionsspezialisierung entstand nicht aus einer bewussten Organisationsgestaltung, sondern ist das Ergebnis einer starken Arbeitsteilung sowohl in horizontaler als auch in vertikaler Hinsicht. So hat sich die Krankenhausorganisation im Laufe der Zeit ohne aktive Gestaltungsprozesse von selbst entwickelt.[56] Im Hinblick auf die hierarchische Struktur kann im Krankenhaus das Führungs- und das Ausführungssystem unterschieden werden.[57]

Führungssystem
Der Krankenhausträger ist der Eigentümer der Einrichtung. Mittels der Eigentümerschaft lassen sich die Krankenhäuser in drei Gruppen unterteilen: öffentliche, freigemeinnützige und privat kommerzielle Krankenhäuser.[58] Unabhängig von der Art der Trägerschaft legen diese im Allgemeinen die ökonomische, sachliche und soziale Grundausrichtung eines Krankenhauses fest, besetzen die oberste Managementebene, kontrollieren die Geschäftsführung bzw. die Krankenhaus-

---
53 Vgl. Högemann (2006, S. 38).
54 Vgl. Saure (2004, S. 10).
55 Vgl. zur Aufbauorganisation von Krankenhäusern Trill (2000, S. 120 ff.) oder Kühnle (2000, S. 77 ff.).
56 Vgl. Trill (2000, S. 123) oder Ziegenbein (2001, S. 113).
57 Vgl. Peters/Preuß (1997, S. 70 ff.).
58 Vgl. Greiling (2000, S. 88 ff.) mit detaillierten Ausführungen zu den einzelnen Trägerformen.

leitung[59] hinsichtlich der Effektivität ihrer Führung und beeinflussen somit das gesamte Geschehen im Krankenhaus.[60] Zur Ausübung ihrer Aufgaben setzen die Krankenhausträger je nach Ausgestaltung und Rechtsform verschiedene Aufsichtsorgane oder Gremien in Form von Krankenhausausschüssen, Beiräten oder Aufsichtsräten ein. Ihnen und ihren Mitgliedern obliegt es, grundlegende Entscheidungen im Hinblick auf die Entwicklung des Krankenhauses zu treffen sowie Handlungen der Krankenhausleitung zu kontrollieren und zu überwachen. Die Vorgaben der Trägerorgane können dabei sehr restriktiv sein und die Arbeit der Krankenhausführung stark einschränken.[61]

Die Krankenhausleitung besteht in der Regel aus dem Verwaltungsdirektor (Leiter des Verwaltungs- und Versorgungsdienstes), dem Ärztlichen Direktor (leitender Krankenhausarzt) und der Pflegedienstleitung (leitende Krankenpflegekraft).[62] Der Verwaltungsdirektor ist für die Bereitstellung der erforderlichen Ressourcen (bspw. Einkauf, Logistik oder Personalwesen), die Koordination und Kontrolle der Leistungserbringung (bspw. durch Controlling und Rechnungswesen) sowie für die Organisation interner Dienstleistungsfunktionen (bspw. Speisenversorgung, Reinigungsdienst oder Haustechnik) zuständig. Als oberste Instanz des Pflegedienstes besitzt die Pflegedienstleitung Weisungsrecht gegenüber dem gesamten Pflegepersonal. Sie hat die Aufgaben der Dienstaufsicht über das Pflegepersonal, der Personalbereitstellung und Einsatzplanung im Pflegedienst sowie die Koordination der Fort- und Weiterbildung der Pflegekräfte. Der Ärztliche Direktor hat die Verantwortung bzw. Fachaufsicht über den gesamten ärztlichen und pflegerischen Leistungsbereich, den medizintechnischen Dienst und die diagnostisch-therapeutischen Funktionen. Während der Verwaltungsdirektor und die Pflegedienstleitung ihre Posten hauptamtlich besetzen, fungiert der ärztliche Direktor insbesondere in kleineren Häusern in der Regel neben seiner ärztlichen Tätigkeit als „primus inter pares".[63] Die Krankenhausleitung ist für die Ausführung des Leistungsgeschehens nach dem allgemeinen Zielsystem sowie nach den Vorgaben des Trägers zuständig. Die konkrete Ausgestaltung der Verantwortung und der Kompetenzen hängt dabei stark von der jeweiligen Rechtsform sowie von den Vorgaben der Trägerorgane ab.[64]

---

59 Die Bezeichnung unterscheidet sich zwischen den Bundesländern. Gemäß § 35 Abs. 1 des Krankenhausgesetzes für das Land Nordrhein-Westfalen (KHG NRW) heißt es Betriebsleitung.
60 Vgl. Kleinfeld (2002, S. 123).
61 Vgl. Middendorf (2005, S. 51 f.) oder Damkowski/Meyer-Pannwitt/Precht (2000, S. 30).
62 Die Betriebsleitung in Form dieses Dreiergremiums ist in vielen Bundesländern gesetzlich festgeschrieben, vgl. bspw. § 35 Abs. 1 KHG NRW.
63 Vgl. Middendorf (2005, S. 52) sowie Pflüger (2002, S. 15).
64 So schreibt bspw. § 35 Abs. 1 KHG NRW für die Krankenhäuser in NRW vor, dass der Krankenhausträger die Aufgaben der Betriebsleitung sowie die Zuständigkeiten ihrer Mitglieder regelt. Vgl. dazu auch Trill (2000, S. 125).

Ausführungssystem
Die medizinischen Spezialisierungen bestimmen die Arbeitsteilung in horizontaler Hinsicht, durch die Gliederung des Krankenhauses in verschiedene Teileinheiten wie bspw. Chirurgie, Innere Medizin, Gynäkologie/Geburtshilfe, Pädiatrie, Radiologie, Anästhesiologie, usw. Während die Teileinheiten in kleineren Häusern selbstständige Fachabteilungen bilden, werden sie in größeren Häusern weiter nach ihren Subspezialisierungen in verschiedene Kliniken und Institute unterteilt, bspw. Unterteilung der Chirurgie in die Allgemeinchirurgie, Unfallchirurgie sowie Herz-, Gefäß- und Thoraxchirurgie, die jeweils von einem Chefarzt geleitet werden. In den bettenführenden Abteilungen erfolgt eine fachbereichsbezogene Versorgung der Patienten auf den Stationen, wohingegen die in der Regel nicht bettenführenden Fachabteilungen, wie bspw. Radiologie, eine Querschnitts- und Dienstleistungsfunktion für das gesamte Krankenhaus übernehmen.[65]

Die stark hierarchisch-geprägten Strukturen innerhalb der verschiedenen Berufsgruppen sorgen für eine Arbeitsteilung in vertikaler Hinsicht. Dabei ist der ärztliche Dienst durch die beschriebenen Spezialisierungen in den Fachabteilungen gekennzeichnet, die in der Regel von einem Chefarzt geleitet werden, der die zentrale organisatorische und therapeutische Verantwortung trägt. Er vertritt seine Fachabteilung medizinisch selbstständig und entscheidet frei über Art und Ausmaß der diagnostischen und therapeutischen Leistungen der zu behandelnden Patienten, auch wenn er den globalen Vorgaben der Betriebsleitung untersteht.[66] Aufgrund der strikten Vorschriften für die Weiterbildung ist der ärztliche Bereich stark hierarchisch gegliedert, wobei insbesondere die fachliche Qualifikation als wichtigstes Kriterium für den Aufstieg gilt und Sozial- und Führungskompetenz eher eine untergeordnete Rolle bei der Besetzung spielt.[67] In der Regel arbeiten unter der chefärztlichen Leitung Oberärzte, Assistenzärzte sowie Medizinstudenten im praktischen Jahr, denen je nach Qualifikation Aufgaben übertragen werden können und für die der Chefarzt die Weisungsbefugnis sowie eine entsprechende Organisations- und Überwachungsverantwortlichkeit besitzt.[68]

Der Pflegebereich eines Krankenhauses dient der pflegerischen Versorgung der Patienten, wobei die Pflegekräfte neben der Grund- und Behandlungspflege die ärztlichen Anweisungen aus der Visite umzusetzen haben.[69] Zudem gehören haus-

---
65 Vgl. Middendorf (2005, S. 53).
66 Vgl. Pflüger (2002, S. 17).
67 Vgl. Kühnle (2000, S. 78).
68 Vgl. Pflüger (2002, S. 17).
69 Vgl. Middendorf (2005, S. 54).

wirtschaftliche Pflichten zum Erhalt der Sauberkeit und der allgemeinen Hygiene der Station sowie administrative Funktionen im Rahmen der pflegerischen Tätigkeit zum Aufgabengebiet der Pflege.[70] Der Pflegedienst stellt die größte Berufsgruppe im Krankenhaus (siehe Darstellung 2-7). Er hat durch den Dienst auf den Stationen den meisten Kontakt zu den Patienten. Daneben existieren Spezialisierungen für den Funktionsdienst wie bspw. OP und Anästhesie oder spezielle pflegerische Bereiche wie die Intensivpflege. Im Allgemeinen gliedert sich der Pflegedienst von der Pflegedienstleitung, Stationsleitung, Pflegekraft und den Pflegehilfen bis zu den Schwesternschülerinnen. Die Stationsleitungen sind der Pflegedienstleitung in der Regel direkt unterstellt, tragen die Verantwortung für den reibungslosen Ablauf sowie eine angemessene pflegerische Versorgung der Patienten auf den Stationen und sind für die Umsetzung der ärztlichen Anweisungen sowie für den Einsatz der Pflegekräfte auf den Stationen zuständig.[71]

Darstellung 2-7: Personalstruktur der Krankenhäuser
Datenquelle: Statistisches Bundesamt (2006).

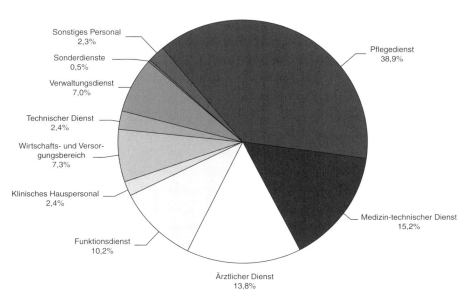

70 Vgl. Kleinfeld (2002, S. 126).
71 Vgl. Beske/Hallauer (1999, S. 145).

Der Wirtschafts- und Verwaltungsbereich ist in seiner funktionalen und personellen Struktur heterogener als der ärztliche und der pflegerische Dienst und verantwortet alle Funktionen, die sich aus der Unterbringung und Versorgung der Patienten ableiten und den Querschnittsfunktionen zur Sicherstellung der Krankenhausleistungen ergeben.[72] Die Verwaltung greift mit dem Ziel eines reibungslosen Ablaufes im Krankenhaus steuernd und kontrollierend ein. Sie erbringt zum einen patientenbezogene Leistungen wie bspw. die administrative Patientenaufnahme und zum anderen patientenferne Aufgaben wie die Buchhaltung und die Kosten- und Leistungsrechnung. Aufgrund der zunehmenden Orientierung an den Formalzielen werden steuernde Funktionsbereiche wie das Controlling und die Einrichtung von ergänzenden Leistungsbereichen wie das Marketing immer bedeutender.[73]

2.1.2.2.2 Leistungsstruktur

Der Prozess der Leistungserstellung im Krankenhaus wird typischerweise als zweistufiger Produktionsprozess dargestellt.[74] Primär geht es dabei um die Verbesserung des Gesundheitszustandes des Patienten (Primär-Output). Dieses Ziel wird durch den Einsatz von Diagnose-, Therapie-, Pflege-, Versorgungs- sowie Verwaltungsleistungen infolge der Kombination der elementaren Produktionsfaktoren Arbeitsleistung, Sachgüter, Betriebsmittel und Informationen erreicht. Das zielorientierte Zusammenwirken der eingesetzten Produktionsfaktoren ist somit die wesentliche Voraussetzung der Leistungserstellung im Krankenhaus.[75]

Da die Erbringung der Primärleistung letztlich das Ergebnis einer Kombination vorgeschalteter materieller Leistungsprozesse ist, werden die patientennahen diagnostischen, therapeutischen und pflegerischen Leistungen (Primär-Input) auch als Kern- bzw. Primärprozesse bezeichnet. Dabei lösen diese Kernprozesse wiederum eine Nachfrage nach einer Reihe weiterer patientenbezogener (indirekter) Nebenleistungen aus (abgeleitete Nachfrage). Diese so genannten Sekundärprozesse können entweder medizinischer (bspw. Labordiagnostik, Bereitstellung Medikamente oder Medikalprodukte) oder nicht-medizinischer Art (bspw. Wäsche- und Speisenversorgung oder Unterkunft) sein und stellen den Sekundär-Input für die medizini-

---

[72] Wird der Einteilung in Darstellung 2-7 gefolgt, gehören Verwaltungsdienst, Wirtschafts- und Versorgungsdienst, Funktionsdienst, technischer Dienst, Sonderdienste, klinisches Hauspersonal und das sonstige Personal zum Wirtschafts- und Verwaltungsbereich.

[73] Vgl. Middendorf (2005, S. 54). Das medizin-technische Personal, bspw. Apothekenpersonal oder therapeutisches Personal, hat in fachlicher Hinsicht den ärztlichen Anweisungen zu folgen, während sie hierarchisch oft dem Verwaltungs- und Versorgungsbereich zugeordnet sind. Vgl. Kleinfeld (2002, S. 127).

[74] Vgl. Seelos (1993, S. 109), Eichhorn (1997, S. 7 ff.) sowie Haubrock/Schär (2002, S. 114 ff.). Bei einem Prozess handelt es sich um „die Erstellung einer Leistung oder die Veränderung eines Objektes durch eine Folge logisch zusammenhängender Aktivitäten". Vgl. Schulte/Zurhausen (1995, S. 41).

[75] Vgl. Haubrock/Schär (2002, S. 115).

schen Kernprozesse dar.[76] Somit haben die Sekundärprozesse die Aufgabe, die für die Erbringung der Kernleistung benötigten Ressourcen bereitzustellen. Leistungen, die nur der Schaffung und Aufrechterhaltung des Krankenhausbetriebs dienen, also z. B. verwalterische Tätigkeiten, die Personalausbildung oder Forschung und Lehre, werden als Tertiärprozesse bezeichnet.[77]

Gemäß § 39 SGB V lässt sich die Primärleistung des Krankenhauses nach verschiedenen Behandlungsstufen differenzieren, die im Folgenden kurz erläutert werden:[78]

- Eine *vollstationäre Behandlung* erfolgt, wenn die Aufnahme eines Patienten nach Prüfung durch das Krankenhaus erforderlich ist, weil das Behandlungsziel nicht durch teil-, vor- bzw. nachstationäre oder ambulante Behandlungen einschließlich häuslicher Krankenpflege erreicht werden kann.[79]
- Die *teilstationäre Behandlung* bietet sich als Alternative zur vollstationären Leistung an, wenn zwar eine intensive und spezialisierte medizinische Behandlung mit dem Know-how eines Krankenhauses erforderlich ist, der Patient aber bspw. über Nacht nicht im Krankenhaus verbleiben muss. Mit dieser für die Krankenkassen kostengünstigeren Form können die individuellen Bedürfnisse des Patienten berücksichtigt werden.[80]
- Die *vor- und nachstationäre Behandlung* wird vom Krankenhaus bei medizinisch geeigneten Fällen ohne Unterkunft und Verpflegung durchgeführt, um die Erforderlichkeit einer vollstationären Krankenhausbehandlung zu klären oder vorzubereiten bzw. im Anschluss an eine vollstationäre Behandlung den Behandlungserfolg zu sichern oder zu festigen.[81]
- *Ambulant durchführbare Operationen* und sonstige *stationsersetzende Eingriffe* werden zwischen den Spitzenverbänden der Krankenkassen, der Kassenärztlichen Bundesvereinigung und der Deutschen Krankenhausgesellschaft vereinbart und betreffen die medizinisch geeigneten Fälle, bei denen keine voll- oder teilstationäre Behandlung im Krankenhaus erforderlich ist.[82]

---

[76] Vgl. Walther (2005, S. 65).
[77] Vgl. Ziegenbein (2001, S. 118 f.). Die Planung, Steuerung und Kontrolle innerhalb der Leistungsprozesse im Krankenhaus erfolgt nicht durch die Verwaltung, sondern durch die am Leistungserstellungsprozess direkt beteiligten Ärzte und Pflegekräfte. Vgl. dazu Eiff (2000b, S. 14 ff.).
[78] Vgl. § 39 SGB V, § 2 KHEntgG. Die Behandlungsstufen umfassen allgemeine Krankenhausleistungen und Wahlleistungen. Unter Berücksichtigung der Leistungsfähigkeit des Krankenhauses sind die allgemeinen Krankenhausleistungen die Leistungen, die im Einzelfall nach Art und Schwere der Krankheit für die medizinisch zweckmäßige und ausreichende Versorgung des Patienten notwendig sind. Vgl. § 2 Abs. 1 und 2 KHEntgG in Verbindung mit den §§ 17 und 18 KHEntgG.
[79] Vgl. 39 Abs. 1 SGB V.
[80] Vgl. dazu ergänzend die §§ 115 und 121 SGB V.
[81] Vgl. § 115a SGB V.
[82] Ambulante Operationen werden von Krankenhäusern oder ermächtigten Vertragsärzten durchgeführt. Vgl. § 115b SGB V. Ein Leistungskatalog ist in dem im April 2005 in Kraft getretenen Vertrag „Ambulantes Operieren und stationsersetzende Eingriffe im Krankenhaus" vereinbart worden. Darüber hinaus werden ambulante Leistungen in Hochschulambulanzen, psychiatrischen Institutsambulanzen und sozialpädiatrischen Zentren erbracht. Vgl. §§ 117, 118 und 119 SGB V.

Aufgrund des immateriellen Charakters des Primär-Outputs ist es schwierig, den Zielerreichungsgrad der Leistungserstellung zu messen. Einer Quantifizierung der eingesetzten Produktionsfaktoren (bspw. Anzahl geleisteter Arbeitsstunden oder der Wert eingesetzter Sachgüter) erscheint wenig sinnvoll, so dass nur eine Beurteilung der Leistungsfähigkeit durch Berücksichtigung einer quantitativen Komponente (Art und Anzahl der behandelten Patienten) sowie einer qualitativen Komponente (Behandlungsergebnis) in Betracht kommt.[83] Außerdem sollten die Leistungs- und die Kostenwirtschaftlichkeit des Versorgungsprozesses bewertet werden.[84] Dabei ist zu beachten, dass nicht nur die direkte Patientenbehandlung zu den Leistungen eines Krankenhauses gehört, sondern bereits die Bereitschaft zur Leistungserbringung. Daher sind zur Gewährleistung einer umfassenden Versorgung mit Gesundheitsleistungen hohe Vorhalteleistungen unumgänglich.[85]

Die menschliche Arbeitskraft, also hochqualifiziertes Personal aus verschiedenen Fachgebieten, ist der wichtigste Produktionsfaktor im Krankenhaus.[86] So ist es für die Leistungserbringung im Krankenhaus notwendig, dass die Beteiligten einerseits einen spezifischen Ausbildungsstand aufweisen und andererseits aber auch im Rahmen ihrer Tätigkeit eine organisatorisch komplexe Abfolge von unterschiedlichen Handlungen und Tätigkeiten zu vollziehen und zu durchschauen haben.[87] Aufgrund der Breite des medizinischen Spektrums ist eine Spezialisierung insbesondere der Ärzte, aber auch des Pflege- und Funktionspersonals notwendig, um spezifische Krankheitsbilder gezielt diagnostizieren und behandeln zu können. Daher werden im Rahmen der Patientenbehandlung viele Teilprozesse von unterschiedlichen Abteilungen und Berufsgruppen an verschiedenen Arbeitsplätzen durchgeführt.[88] Die steigende Anzahl an multimorbiden Patienten, die unter mehreren Krankheiten leiden, führt dabei zu einem komplexeren Patientengut und verlangt eine immer intensivere Zusammenarbeit mehrerer Fachdisziplinen.

---

83 Die Tatsache, dass die Krankenhausleistungen zeitlich und räumlich simultan direkt am Patienten erbracht und konsumiert werden, verhindert eine nachträgliche Qualitätskontrolle im Sinne einer Fertigungsendkontrolle.
Vgl. Seelos (1993, S. 109) und die Ausführungen in Kapitel 2.1.1.3.
84 Vgl. Seelos (1993, S. 114 f.), Eichhorn (1997, S. 10). Nach Haubrock/Schär (2002, S. 116) handelt ein Krankenhaus wirtschaftlich, wenn die in der ärztlich-pflegerischen Zielsetzung festgelegten Leistungen in hoher und gesetzlich geforderter Qualität unter möglichst geringem wirtschaftlichen Aufwand an Betriebsmitteln, Personal und Sachgütern durchgeführt werden.
85 Vgl. Seelos (1997, S. 224).
86 Vgl. Seelos (1993, S. 113).
87 Vgl. Saure (2004, S. 12).
88 Vgl. Middendorf (2005, S. 56).

2.1.2.3 Finanzierung im Akutbereich

Die Krankenhausfinanzierung wird in Deutschland durch das Krankenhausfinanzierungsgesetz (KHG) geregelt, mit dem Zweck der wirtschaftlichen Sicherung der Krankenhäuser, um eine bedarfsgerechte Versorgung der Bevölkerung mit leistungsfähigen und eigenverantwortlich wirtschaftenden Krankenhäusern sicher zu stellen.[89] Dies soll durch ein System gewährleistet werden, bei dem die Investitionskosten der zugelassenen Krankenhäuser[90] durch öffentliche Fördermittel aus dem Haushalt des zuständigen Bundeslandes übernommen werden und die laufenden Betriebskosten über Entgelte der Benutzer bzw. deren Kostenträger finanziert werden.[91] Beides zusammen genommen konstituiert das so genannte „duale System" der Krankenhausfinanzierung, nach dem zwei voneinander unabhängige Quellen den Gesamtbetrieb eines Krankenhauses im Grundsatz finanzieren: Mittel der Länder, aufgebracht über Steuern, und Mittel der Kostenträger, aufzubringen über Beiträge der Versicherten.[92]

Die Kostenträger bzw. Krankenkassen vertreten dabei die Interessen der Versicherten, die ihrerseits monatliche Beiträge an die Kostenträger entrichten, um im Krankheitsfall gegen Vorlage der Versichertenkarte mit dem behandelnden Krankenhaus einen Behandlungsvertrag abzuschließen, aus dem das Krankenhaus einen Vergütungsanspruch gegenüber der versichernden Krankenkasse erhält. Bei Inanspruchnahme einer Krankenhausbehandlung gilt für das Verhältnis zwischen Versicherung und Krankenkasse das Sachleistungsprinzip, das heißt, das Krankenhaus stellt nach Behandlung des Patienten dem zuständigen Kostenträger die erbrachten Leistungen in Rechnung.[93]

In der Konsequenz des GKV-Gesundheitsreformgesetzes 2000 sieht der Gesetzgeber seit Beginn 2004 die Finanzierung der Betriebskosten durch ein durchgängiges, leistungsorientiertes und pauschalierendes Entgeltsystem (DRG-System) für alle voll- und teilstationären Leistungen vor.[94] Das davor geltende Mischsystem, das hauptsächlich auf der Vergütung durch tagesgleiche Pflegesätze sowie Fallpauschalen

---

89 Vgl. § 1 KHG.
90 Gemäß § 108 SGB V und unter der Voraussetzung, dass sie nicht gemäß § 5 KHG von der Förderung ausgeschlossen werden.
91 Grundvoraussetzung für die Investitionsförderung ist die Aufnahme in den Krankenhausplan bzw. in das Investitionsprogramm eines Landes (Vgl. § 8 KHG). Vgl. dazu ausführlich Eiff/Klemann (2006, S. 18 ff.).
92 Gemäß § 4 KHG in Verbindung mit § 2 KHG.
93 Vgl. § 2 SGB V.
94 Vgl. § 17b KHG und § 7 KHEntgG bzw. das GKV-Gesundheitsreformgesetz 2000 vom 22. Dezember 1999, BGBl. I S. 2626. Die Selbstverwaltungspartner, also die Deutsche Krankenhausgesellschaft, die Spitzenverbände der Krankenkassen und der Verband der privaten Krankenversicherung, haben sich für ein Vergütungssystem auf der Grundlage der German Diagnosis Related Groups (G-DRG) entschieden. Als Basis des deutschen DRG-Systems diente das australische DRG-System AR-DRG (Australian Refined Diagnosis Related Groups). Allerdings wurde eine Vielzahl von Adaptionen der AR-DRG vorgenommen, um ein adäquates, auf die spezifisch deutschen Verhältnisse zugeschnittenes German-DRG-System zu entwickeln. Vgl. dazu Rochell/Roeder (2002, S. 1 ff.).

und Sonderentgelten basierte, wurde damit abgeschafft.[95] Lediglich Einrichtungen der Psychiatrie sowie der Psychosomatik und Psychotherapie wurden von der Einführung ausgenommen und werden bis auf Weiteres durch tagesgleiche Pflegesätze vergütet.[96] Das Vergütungssystem wurde zwar für alle Krankenhäuser verbindlich zum 1. Januar 2004 eingeführt, jedoch befindet sich das System in den Jahren 2005 bis 2009 in einer Konvergenzphase, die eine stufenweise Anpassung der krankenhausindividuellen Erlösbudgets vorsieht.[97] Dementsprechend entfaltet die Einführung der DRG-Fallpauschalen durch die Konvergenzphase erst nach und nach ihre Wirkung.[98]

Hinsichtlich ambulanter Erlösquellen sind den Krankenhäusern durch das Inkrafttreten des GKV-Modernisierungsgesetzes (GMG) zu Beginn 2004 zwar viel versprechende Möglichkeiten eröffnet worden, allerdings sind aufgrund dadurch wegfallender meist höherer stationärer Leistungsentgelte unter Umständen Erlöseinbußen zu verzeichnen.[99] Bei vor- und nachstationären Leistungen wurde die Befugnis zum Abschluss von Vergütungsregelungen auf die Landesverbände der Krankenkassen und die Landeskrankenhausgesellschaften beschränkt.[100] So wurde mit dem Krankenhausentgeltgesetz (KHEntgG) die Erlösrelevanz dieser Leistungen reduziert, so dass vorstationäre Behandlungen neben einer DRG-Fallpauschale nicht mehr berechenbar sind, und nachstationäre Behandlungen nur dann, wenn die obere Grenzverweildauer der DRG-Fallpauschale überschritten wird.[101]

2.1.3 Merkmale der medizinischen Rehabilitation
Die Struktur des heutigen Rehabilitationsmarktes ist das Ergebnis von Reformen in den neunziger Jahren. Infolge des Wachstums- und Beschäftigungsförderungsgeset-

---

95 Zur historischen Entwicklung des Krankenhausfinanzierungsrechts und insbesondere zur Vergütung der Krankenhausleistungen vor 2004 vgl. Tuschen/Quaas (2001, S. 1 ff.).
96 Gemäß § 17b KHG.
97 Die stufenweise Anpassung erfolgt dabei durch einen Übergang von der Vergütung auf Basis krankenhausindividueller auf landesweit einheitliche Baserates. Der aktuelle Gesetzesstand bezieht sich auf das zweite Fallpauschalenänderungsgesetz (2. FPÄndG) vom 20. Dezember 2004, BGBl. I, Jg. 2004, S. 3429 ff. in Verbindung mit den §§ 3, 4 und 6 KHEntgG.
98 Die Zuordnung eines klinischen Behandlungsfalles zu einer DRG erfolgt auf Basis ausgewählter Patientenstammdaten und aller dokumentierten Behandlungsdatensätze eines Patienten. Zu den Patientenstammdaten zählen insbesondere Alter, Geschlecht, Aufnahmegewicht, Verweildauer in der stationären Behandlung, Dauer der maschinellen Beatmung und der Entlassungsgrund. Zu den Behandlungsdatensätzen zählen neben der Hauptdiagnose, alle relevanten Nebendiagnosen und Prozeduren. Die Verschlüsselung von Diagnosen ist in der „International Statistical Classification of Diseases and Related Health Problems (ICD)"' kodifiziert und findet international Verwendung. Jede Krankenhausbehandlung sowie jede ambulante Behandlung bedarf einer ICD-Verschlüsselung. Prozeduren sind in Deutschland in dem so genannten Operationen- und Prozedurenschlüssel (OPS)-Katalog definiert. Jede Prozedur benennt die vorgenommene Eingriffsart. Vgl. Högemann (2006, S. 54). Zu möglichen Anreizwirkungen von Fallpauschalen vgl. ausführlich Foit/Vera (2006, S. 246 ff.).
99 Vgl. Specke (2005, S. 268 f.).
100 Vgl. § 115 a Abs. 3 SGB V.
101 Vgl. § 8 Abs. 2 Nr. 4 KHEntgG.

zes[102] sowie des Beitragsentlastungsgesetzes[103] erfuhren insbesondere die privaten Einrichtungen starke Auslastungsrückgänge, da die Rehabilitationsträger über ihre Zuweisungshoheit ihre eigenen Einrichtungen bevorzugten. Die dadurch verursachte zunehmende Wettbewerbsdynamik im Reha-Markt hält bis heute an und verstärkt den Kostendruck und den Kampf um Patienten.[104] Die Tatsache, dass Rehabilitationsleistungen nicht ausschließlich in ausgewiesenen Rehabilitationseinrichtungen erbracht werden, sondern auch in Einrichtungen, die primär anderen Zwecken dienen, wie bspw. Krankenhäusern, wird bei den folgenden Erläuterungen berücksichtigt.

2.1.3.1 Ziele der medizinischen Rehabilitation

Gemäß § 1 SGB IX erhalten Behinderte und von Behinderung bedrohte Menschen[105] Leistungen zur Rehabilitation, um ihre Selbstbestimmung und gleichberechtigte Teilhabe am Leben in der Gesellschaft zu fördern, Benachteiligungen zu vermeiden oder ihnen entgegenzuwirken. Zur Erreichung dieser Ziele kommen neben der medizinischen Rehabilitation Leistungen zur Teilhabe am Arbeitsleben, unterhaltssichernde und andere ergänzende Leistungen sowie Leistungen zur Teilhabe am Leben in der Gemeinschaft in Betracht.[106] Somit kann nach heutigem Verständnis der Rehabilitation eine Einteilung in Maßnahmen der beruflichen/sozialen Rehabilitation sowie der medizinischen Rehabilitation vorgenommen werden.[107] Trotz der oft nicht überschneidungsfreien Trennung zwischen diesen beiden Bereichen wird im Rahmen dieser Arbeit der Schwerpunkt auf die medizinische Rehabilitation gelegt.

Trägerübergreifend sollen Leistungen der medizinischen Rehabilitation mit dem Ziel erbracht werden, Fähigkeitsstörungen möglichst früh zu beseitigen bzw. zu vermindern oder Beeinträchtigungen aufgrund krankheitsbedingter Schädigungen zu vermeiden, zu beseitigen bzw. zu vermindern.[108] Dementsprechend ergibt sich

---

102 Durch das Wachstums- und Beschäftigungsförderungsgesetz (WFG) wurde eine strikte Budgetierung der Ausgaben für den Bereich der Rehabilitation eingeführt, so dass das Rehabilitationsbudget der Rentenversicherungsträger um mehr als 1 Mrd. Euro gekürzt wurde. Vgl. Seitz/Wasem/Krauth (2000, S. 70) und Hartmann (2002, S. 2).
103 Das Beitragsentlastungsgesetz (BEG) enthielt drei wesentliche Elemente: die Reduzierung der Rehabilitationsdauer von vier auf drei Wochen, die Erhöhung des Zeitintervalls zwischen zwei stationären Rehabilitationsbehandlungen von drei auf vier Jahre und die Verdopplung der Zuzahlungen für Rehabilitation. Vgl. Seitz/Wasem/Krauth (2000, S. 70).
104 Vgl. Messemer/Margreiter (2003, S. 147) oder Adomeit et al. (2001, S. 209).
105 Gemäß § 2 Abs. 1 SGB IX sind Menschen behindert, wenn ihre körperliche Funktion, geistige Fähigkeit oder seelische Gesundheit mit hoher Wahrscheinlichkeit länger als sechs Monate von dem für das Lebensalter typischen Zustand abweicht und daher ihre Teilhabe am Leben in der Gesellschaft beeinträchtigt ist. Sie sind von Behinderung bedroht, wenn die Beeinträchtigungen zu erwarten sind.
106 Vgl. § 5 SGB IX.
107 Vgl. Seitz (2002, S. 25).
108 Vgl. dazu ausführlich Gerkens/Schliehe/Steinke (2006/ S. 6-4 f.). Durch die Neuordnungen des SGB IX ist das vordringliche Ziel der medizinischen Rehabilitation nicht mehr nur die Erlangung der individuell bestmöglichen physischen und psychischen Gesundheit, sondern die Förderung der Selbstbestimmung und gleichberechtigten Teilhabe am Leben in der Gesellschaft sowie die Vermeidung von Benachteiligungen. Vgl. Fuchs (2003, S. 188).

eine klare Unterscheidung zwischen den auf die Erreichung einer bestmöglichen Gesundheit ausgerichteten Leistungen der Krankenversorgung und den darüber hinausgehenden Leistungen der medizinischen Rehabilitation.[109] Im gestuften Versorgungssystem sind Rehabilitationsleistungen angezeigt, wenn Maßnahmen der kurativen Versorgung nicht ausreichen und komplexe interdisziplinäre Leistungen notwendig sind, so dass vor allem im Anschluss an eine Krankenhausbehandlung der erzielte Behandlungserfolg gesichert oder gefestigt werden soll.[110]

Die medizinische Rehabilitation umfasst zielgerichtete funktionsspezifische Rehabilitationsmaßnahmen auf der Grundlage von diagnosespezifischen Behandlungskonzepten, sonstigen Heilmitteln, insbesondere aktivierende Maßnahmen der physikalischen Therapie (bspw. Bewegungstherapie und Krankengymnastik) sowie verhaltenssteuernde Maßnahmen einschließlich der Maßnahmen der Gesundheitsbildung und der Möglichkeiten zur psychologischen und sozialen Betreuung und Beratung.[111] Gemäß § 10 SGB IX sind die Rehabilitationsträger dafür verantwortlich, in Abstimmung mit dem Rehabilitanden die nach dem individuellen Bedarf voraussichtlich erforderlichen Rehabilitationsleistungen funktionsgerecht abzuleiten.[112] Entsprechend haben sie die Leistungen nach Lage des Einzelfalls so vollständig, umfassend und in gleicher Qualität zu erbringen, dass Leistungen eines anderen Trägers möglichst nicht erforderlich werden.[113] Die Zuständigkeit eines Sozialversicherungsträgers für die Leistungen zur medizinischen Rehabilitation ist abhängig vom Status des Versicherten und der jeweiligen Ursache der Behinderung bzw. der Erkrankung.[114]

Neben der Leistungsverantwortung, die auch die Entwicklung von Behandlungskonzepten und Leistungen einschließt, haben die Rehabilitationsträger aufgrund ihrer Planungs- und Strukturverantwortung im Rahmen der Selbstverwaltung die Aufgabe, in den einzelnen Krankheitsbereichen ein in qualitativer und quantitativer

---

109 Vgl. Welti (2001, S. 146 f.).
110 Ziele dabei sind, eine drohende Behinderung und eine damit einhergehende eingeschränkte Erwerbsfähigkeit oder Pflegebedürftigkeit abzuwenden, zu beseitigen, zu mindern, auszugleichen, ihre Verschlimmerung zu verhüten oder ihre Folgen zu mildern. Zudem soll der vorzeitige Bezug von laufenden Sozialleistungen vermieden oder zumindest gemindert werden. Vgl. § 26 Abs. 1 SGB IX in Verbindung mit § 107 Abs. 2 Nr. 1b SGB V oder auch Haaf (2002, S. 16).
111 Vgl. Gerkens/Schliehe/Steinke (2006, S. 6-27).
112 Vgl. § 10 Abs. 1 SGB IX. Mit der Verpflichtung der Rehabilitationsträger, den Leistungsbedarf funktionsgerecht festzustellen, gibt der Gesetzgeber einen Hinweis auf die Maßstäbe zur Beurteilung der Bedarfsgerechtigkeit der Rehabilitationsleistungen und stellt so den sprachlichen und inhaltlichen Zusammenhang mit der International Classification of Functioning, Disability and Health (ICF) der WHO her. Vgl. Fuchs (2003, S. 189 f.).
113 Vgl. § 4 Abs. 1 und 2 SGB IX.
114 Primär sind das die Renten- und Krankenversicherungen, aber auch die Sozialhilfeträger oder das Jugendamt können zuständig sein. Drohen Gesundheitsschäden infolge eines Arbeitsunfalls stehen die Unfallversicherungsträger in der Verantwortung. Vgl. Hartmann (2002, S. 84).

Hinsicht angemessenes Rehabilitationsangebot vorzuhalten. Da die Kapazitäten in den eigenen Einrichtungen in der Regel dafür nicht ausreichen, haben die Träger Versorgungsverträge mit anderen Betreibern von Rehabilitationseinrichtungen über zusätzliche Bettenkapazitäten zu schließen.[115]

Die Zielsetzung der Rehabilitationseinrichtungen als Erbringer der Leistungen der medizinischen Rehabilitation und der Rehabilitationsträger unterscheiden sich insofern, als dass neben den Sachzielen (einer bedarfsgerechten Versorgung der Rehabilitanden) auch Formalziele relevant sind.[116] Parallel zu den Krankenhäusern sind auch im Rehabilitationsbereich die Träger der Einrichtungen entscheidend bei der Entwicklung der betrieblichen Zielvorstellungen. Die überwiegende Durchführung von Rehabilitationsleistungen in Einrichtungen privater Trägerschaft lässt im Vergleich zu anderen Versorgungsbereichen des Gesundheitswesens einen stärkeren „Markteinfluss" und dementsprechend insgesamt eine stärkere Formalzieldominanz bei den Rehabilitationseinrichtungen erwarten.[117] Bei den öffentlichen und freigemeinnützigen Trägern im Rehabilitationsbereich ist ähnlich wie im Akutbereich, aufgrund des allgemeinen Kostendrucks, ein Bedeutungszuwachs der finanzwirtschaftlichen Ziele zu verzeichnen.[118]

Im Unterschied zur Krankenhausplanung werden in Verhandlungen mit den Anbietern der Rehabilitationsleistungen vor allem die qualitativen Standards der Rehabilitationseinrichtungen (Strukturqualität) festgelegt, während der quantitative Umfang weit gehend dem Risiko der Einrichtungsträger überlassen ist. Bei der grundsätzlichen Zusage der Belegungsbereitschaft durch die Rehabilitationsträger ist somit ein flexibles Instrument zur Steuerung der Versorgungsstruktur gegeben.[119] Von den Rentenversicherungsträgern wurde für die qualitative Steuerung der Rehabilitationseinrichtungen das Instrument der Leistungsstufen entwickelt. Danach wird aufgrund des Spezialisierungsgrades zwischen Kur- bzw. Fachkliniken und Schwerpunktkliniken unterschieden.[120] Das Konzept einer funktionsorientierten Kategorisierung unterstellt, dass mit zunehmendem Schweregrad von Krankheiten oder Behinderungen eine höher spezialisierte Einrichtung erforderlich ist. Insofern

---

115 Vgl. Schliehe/Zollmann (1994, S. 74).
116 Zur Definition der Formalziele vgl. Fußnote 46 in diesem Kapitel.
117 Vgl. Schliehe/Zollmann (1994, S. 77).
118 Vgl. Greiling (2000, S. 91).
119 Vgl. Schliehe/Zollmann (1994, S. 77).
120 Kur- bzw. Fachkliniken verfügen über einen mittleren Spezialisierungsgrad. Das heißt, sie sind auf bestimmte Diagnosegrundgruppen mit einer entsprechend spezialisierten Ausstattung ausgerichtet, können aber auch auftretende Nebendiagnosen behandeln. Sanatorien als weitere Leistungsstufe mit niedrigem Spezialisierungsgrad werden aufgrund ihrer geringen Bedeutung nicht mehr aufgeführt. Vgl. Beske/Hallauer (1999, S. 202 f.) sowie Schliehe/Zollmann (1994, S. 78).

2.1 Akut- und Reha-Versorgung im deutschen Gesundheitswesen

eignen sich insbesondere die höher spezialisierten Schwerpunktkliniken, aufgrund ihrer umfangreichen indikationsspezifischen diagnostischen und therapeutischen Ausstattung, für Rehabilitationsmaßnahmen, die unmittelbar nach einem Akutaufenthalt folgen.[121]

2.1.3.2 Organisations- und Leistungsstruktur der Rehabilitation

2.1.3.2.1 Organisationsstruktur von Rehabilitationseinrichtungen

Wie im Krankenhausbereich kann die Organisationsstruktur einer Rehabilitationseinrichtung anhand der berufsständischen Einteilung und der Funktionsspezialisierung charakterisiert werden. Bei der berufsständigen Einteilung tritt neben dem ärztlichen Dienst, dem Pflegedienst und dem Verwaltungsdienst zusätzlich der therapeutische Dienst, der dem medizin-technischen Dienst zugeordnet wird und die größte Personalgruppe darstellt (siehe Darstellung 2-8). Eine Funktionsspezialisierung innerhalb einer Rehabilitationseinrichtung besteht, sobald Leistungen aus mehr als einer Fachdisziplin angeboten werden.

Darstellung 2-8: Personalstruktur der Vorsorge- und Rehabilitationseinrichtungen 2004
Datenquelle: Statistisches Bundesamt (2006).

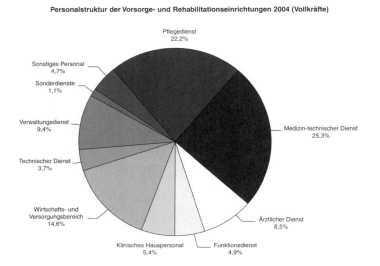

[121] Vgl. Beske/Hallauer (1999, S. 202 f.).

Bezüglich der hierarchischen Struktur wird zwischen Führungs- und Ausführungssystem unterschieden, wobei für beide Systeme grundsätzlich die Erläuterungen zur Organisationsstruktur im Akutbereich gelten.[122] Im Folgenden wird daher lediglich auf die abweichenden Besonderheiten eingegangen.

Die Organisationsstrukturen in den Reha-Einrichtungen sind aufgrund der Abhängigkeit von den angebotenen Indikationen sehr unterschiedlich. Oft gilt die Dreisäulenstruktur wie im Akutbereich, jedoch hat die Pflegedienstleitung, aufgrund des im Vergleich zum Akutbedarf geringeren Pflegebedarfs der Patienten und des entsprechend kleineren Anteils an Pflegekräften, eine weniger wichtige Rolle. Sie ist daher nicht immer in der Betriebsleitung etabliert und stattdessen der ärztlichen Leitung untergeordnet.[123]

Aufgrund der vergleichsweise großen Bedeutung im Rahmen der Leistungserbringung zur medizinischen Rehabilitation kommt es vor, dass die therapeutische Leitung einer Rehabilitationseinrichtung mit besonderen Mitspracherechten und teilweise sogar mit Führungsverantwortung ausgestattet ist und daher auch als vierte Säule im Rehabilitationsbereich gewertet wird.[124] Grundsätzlich ist aber auch der therapeutische Bereich durch die Letztverantwortung in Bezug auf Verordnung und Therapieerfolg der ärztlichen Dienstaufsicht unterstellt.

Der Verantwortungsbereich der Verwaltungsleitung erstreckt sich wie im Krankenhaus auf den gesamten Wirtschafts- und Verwaltungsbereich.[125] Die Leitung der Rehabilitationseinrichtung ist für die Ausführung des Leistungsgeschehens nach dem allgemeinen Zielsystem sowie nach den Vorgaben des Trägers der Einrichtung zuständig. Auch im Rehabilitationsbereich hängt dabei die konkrete Ausgestaltung der Verantwortungs- und Kompetenzbereiche von der jeweiligen Rechtsform sowie von den Vorgaben der Einrichtungsträgerorgane ab.[126]

Im Ausführungssystem einer Rehabilitationseinrichtung gilt in horizontaler Sicht eine Arbeitsteilung nach den vorhandenen medizinischen Indikationen, sobald Leis-

---

[122] Vgl. die Ausführungen in Kapitel 2.1.2.2 sowie Peters/Preuß (1997, S. 70 ff.).
[123] Vgl. Kühnle (1999, S. 87).
[124] Insbesondere in Einrichtungen die aus der Tradition der Kurkliniken hervorgegangen sind, finden sich oft eigenständige Therapieabteilungen ohne personelles Unterstellungsverhältnis gegenüber dem ärztlichen Dienst. Vgl. Kühnle (1999, S. 87).
[125] Wird der Einteilung in Darstellung 2-8 gefolgt, gehören Verwaltungsdienst, Wirtschafts- und Versorgungsdienst, der Funktionsdienst, der technische Dienst, die Sonderdienste, das klinische Hauspersonal und das sonstige Personal zum Wirtschafts- und Verwaltungsbereich.
[126] Vgl. dazu auch Trill (2000, S. 125).

tungen aus mehr als einem Indikationsbereich in der Einrichtung angeboten werden. Das heißt, in den jeweiligen Indikationen wie bspw. Orthopädie, Kardiologie, Neurologie oder Onkologie erfolgt jeweils unter der Leitung eines Chefarztes eine fachbereichsbezogene Versorgung der Rehabilitanden.

Ähnlich wie im Krankenhaus sorgen die starken hierarchischen Strukturen innerhalb der verschiedenen Berufsgruppen für eine Arbeitsteilung in vertikaler Hinsicht. Dabei vertritt die ärztliche Leitung seine Fachabteilung medizinisch selbstständig und entscheidet über Art und Ausmaß der diagnostischen und therapeutischen Leistungen der Rehabilitanden, gegebenenfalls nach Rücksprache mit der therapeutischen Leitung.[127]

Aufgrund der vielfältigen Aufgaben der medizinischen Rehabilitation und im Hinblick auf ein zielgerichtetes Vorgehen ist es im Rehabilitationsbereich unumgänglich, dass die unterschiedlichen Professionen ihre Kompetenzen in interdisziplinären Teams vereinen.[128] Dem Rehabilitationsarzt kommt als verantwortlichem Ansprechpartner für die Rehabilitanden und für die anderen Teammitglieder und als Koordinator der Aktivitäten entsprechend dem Rehabilitationsplan eine zentrale Rolle zu.[129] Die weitere Zusammensetzung des Teams ist abhängig von der Indikation, der Art der Funktionsstörung bzw. Beeinträchtigung des Rehabilitanden, den Begleiterkrankungen und dem individuellen Rehabilitationsziel.[130] Eine beispielhafte Teamzusammensetzung zeigt Darstellung 2-9.

---

127 Vgl. Pflüger (2002, S. 17).
128 Vgl. Schliehe/Zollmann (1994, S. 72), Enders (1997, S. 16).
129 Vgl. Delbrück/Haupt (1996a, S. 117). Die Arbeit in interdisziplinären Teams verdeutlicht, dass neben der ärztlichen Behandlung ein breit gefächertes und indikationsspezifisch ausgestaltetes Therapiespektrum zu den wichtigsten Leistungen der medizinischen Rehabilitation gehört. Dabei haben passive Angebote, wie Thermo-, Hydro-, Balneo-, Massagen und Elektrotherapie und noch mehr aktive Behandlungen, wie bspw. Sport- und Bewegungstherapie, Ergo- oder Physiotherapie, ebenso wie Information, Motivation, Schulung und psychologische Betreuung/Beratung eine hohe Bedeutung. Vgl. Winnefeld/Klosterhuis (2002, S. 7).
130 Vgl. Hackhausen (1999, S. 45).

Darstellung 2-9: Beispielhafte Zusammensetzung eines interdisziplinären Rehabilitationsteams
Quelle: In Anlehnung an Delbrück/Haupt (1996, S. 117) sowie Enders (1997, S. 23).

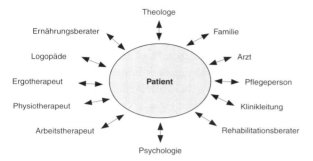

2.1.3.2.2 Leistungsstufen der Rehabilitation

Der Wandel im Krankheitsspektrum der Bevölkerung, gekennzeichnet durch die starke Zunahme chronischer Erkrankungen sowie durch die demografische Entwicklung, führt zu einem steigenden Bedarf an kontinuierlicher rehabilitativer Behandlung und erfordert ein gestuftes System von rehabilitativen Leistungen.[131] Bei den Stufen der medizinischen Rehabilitation wird zwischen ambulanter/teilstationärer[132] und (voll-) stationärer Rehabilitation unterschieden. Im Gegensatz zur stationären Rehabilitation wird bei der ambulanten Rehabilitation der Patient nicht rund um die Uhr in der Rehabilitationseinrichtung behandelt bzw. betreut, sondern er sucht die Einrichtung nur während der Therapiezeiten auf und bleibt die Nächte und Wochenenden in seiner häuslichen Umgebung.[133]

- Überwiegend werden die Leistungen der medizinischen Rehabilitation *stationär* erbracht. Dies hängt unter anderem damit zusammen, dass in diesem Bereich bundesweit ausgebaute Strukturen vorhanden sind.[134] So sind Rehabilitationsein-

---

[131] Vgl. dazu Gerkens/Schliehe/Steinke (2006, S. 6-7). Eine konkrete Darstellung des Leistungserstellungsprozesses in einer Rehabilitationseinrichtung wird an dieser Stelle nicht vorgenommen, da die Ausführungen zur Leistungsstruktur im Krankenhaus in Kapitel 2.1.2.2.2 unter Berücksichtigung der besonderen Bedeutung der therapeutischen Leistungen grundsätzlich auf den Rehabilitationsbereich übertragbar sind.

[132] Die Grenzen zwischen teilstationärer und ambulanter Versorgung sind fließend. Zudem werden die Begrifflichkeiten nicht immer einheitlich verwendet. Oft spricht die Literatur von teilstationären Behandlungen, wenn der Patient in einer sonst stationären Einrichtung nicht die Leistung der Unterkunft in Anspruch nimmt. Vgl. Haaf et al. (2002, S. 86) oder Bürger/Buschmann-Steinhage (2000, S. 145). Im Allgemeinen bezeichnet „ambulante Rehabilitation" als Oberbegriff die nicht-vollstationären Angebote (ambulante, teilstationäre und mobile Rehabilitation). Daher wird im Folgenden der Terminus „ambulant" verwandt, auch wenn diese Vereinheitlichung die Unterschiede zwischen den möglichen nicht-vollstationären Angebotsformen nicht deutlich machen kann. Vgl. Koch/Morfeld (2004, S. 288).

[133] Vgl. Hartmann (2002, S. 93).

[134] Vgl. Bürger/Buschmann-Steinhage (2000, S. 141).

richtungen aus historischen Gründen zu einem großen Teil in traditionellen Kurorten errichtet worden.[135] Die Übernachtung der Patienten in der Einrichtung und die damit verbundene Möglichkeit einer dauerhaften Betreuung und medizinischen Überwachung sowie die Beobachtung und Kontrolle auch außerhalb der Therapiezeiten gelten als die wesentlichen Unterschiede im Vergleich zu alternativen rehabilitativen Versorgungsformen. Entsprechend ist bei vielen Erkrankungen bzw. Erkrankungsfolgen die stationäre medizinische Rehabilitation für den Behandlungserfolg unerlässlich, wie bspw. bei Patienten mit eingeschränkter Mobilität bzw. intensivem Therapie- und Betreuungsbedarf oder bei einer frühen Verlegung nach dem Akutereignis und noch bestehender reduzierter Belastbarkeit. Ebenso kommt ein stationäres wohnortfernes Angebot für Patienten in Frage, bei denen eine ausgeprägte Alltagsbelastung den Gesundungsprozess behindern könnte.[136]

- Die Etablierung der *ambulanten* wohnortnahen Rehabilitation begann erst Mitte der neunziger Jahre, um unter den gegebenen Herausforderungen das Ziel einer bedarfsgerechten Versorgung durch eine Ergänzung bzw. Erweiterung der stationären Angebote zu erreichen.[137] Die Rehabilitationsträger legten dabei großen Wert auf eine gleich bleibende Qualität. Daher sollten die ambulanten Einrichtungen die bereits entwickelten Konzepte für die stationäre medizinische Rehabilitation berücksichtigen und der in der stationären Rehabilitation verwirklichte Rehabilitationsansatz sollte beibehalten werden. Substanzielle und systematische Unterschiede der Wirksamkeit zwischen ambulanter und stationärer Rehabilitation konnten im Rahmen von wissenschaftlichen Studien nicht nachgewiesen werden.[138] Als Vorteile der ambulanten Rehabilitation werden die bessere Umsetzbarkeit reintegrativer Zielsetzungen durch wohnortnahe Rehabilitation im gewohnten beruflichen und sozialen Umfeld des Rehabilitanden,[139] eine engere Anbindung an die Akutbehandlung und Nachsorge sowie die geringeren Kosten genannt.[140]

---

135 Vgl. Schliehe/Zollmann (1994, S. 73).
136 Vgl. Bürger/Buschmann-Steinhage (2000, S. 142) sowie Gerkens/Schliehe/Steinke (2006, S. 6-64/2). Der wohnortfernen Rehabilitation liegt der Gedanke zu Grunde, Patienten aus ihrem häuslichen Umfeld herauszunehmen, um dadurch therapeutische Vorteile zu nutzen, die die Behandlung erleichtern und eine Gesundung sowie den Prozess der Krankheitsverarbeitung und -bewältigung fördern. Vgl. dazu Linden et al. (2005, S. 83).
137 Vgl. Schliehe/Zollmann (1994, S. 79). Zunächst verfolgten und realisierten Rentenversicherungen und Krankenkassen unterschiedliche Konzepte der ambulanten Rehabilitation. Erst später traten sie in eine enge Kooperation und vereinbarten die Erprobung von gemeinsamen ambulanten Modellen in ausgewählten Indikationsbereichen, die im Jahr 2000 letztendlich zur Verabschiedung von Rahmenempfehlungen zur ambulanten medizinischen Rehabilitation führten. Vgl. Koch (2002, S. 73).
138 Vgl. Bürger et al. (2002, S. 93 ff.).
139 So sollen die vorhandenen Selbsthilfepotenziale unter alltagsnahen Bedingungen erschlossen werden. Vgl. Haaf et al. (2002, S. 86).
140 Vgl. ausführlich Gerkens/Schliehe/Steinke (2006, S. 6-62 f.).

- Allerdings kommt die ambulante wohnortnahe Rehabilitation nicht nur als eigenständiges interdisziplinäres Konzept anstelle einer stationären Rehabilitationsmaßnahme in Betracht, sondern sie kann vielmehr auch als Ergänzung im Anschluss an eine stationäre Rehabilitationsmaßnahme eingesetzt werden.[141] Ein Zusammenwirken der Vorteile der ambulanten und der stationären Rehabilitation soll für ein patientenorientiertes Angebot sorgen und den Rehabilitanden eine den individuellen Fähigkeitsstörungen entsprechende Reintegration in ihr soziales und häusliches Umfeld ermöglichen.[142] Solche *Kombinationsmodelle*, mit dem Ziel die stationär begonnene Therapie zugunsten einer ambulanten Weiterbehandlung ohne Qualitätseinbußen zu verkürzen, werden allerdings auch bei medizinischer Sinnhaftigkeit bisher kaum praktiziert.[143]

Die mögliche Kostenreduktion bei ambulanter Leistungserbringung ist auch der Hintergrund für die gesetzliche Forderung[144] im Rahmen eines gestuften Versorgungssystems dem Prinzip „ambulant vor stationär" Rechnung zu tragen.[145] Seit dem Aufbau der ambulanten Rehabilitation stieg der Anteil am Gesamtaufkommen rehabilitativer Leistungen laufend, erreichte aber bis 2005 bei der Rentenversicherung lediglich 7%.[146] Die gegenwärtige Entwicklung findet vor allem in den Ballungsräumen statt und stellt sich in den einzelnen Indikationen sehr unterschiedlich dar.[147] Dennoch gehen die Rentenversicherungsträger davon aus, dass mittelfristig 20% aller medizinischen Rehabilitationsleistungen zumindest in den Ballungszentren ambulant realisiert werden können.[148]

Neben den Maßnahmen in stationären Rehabilitationseinrichtungen kann zwischen ambulanter Rehabilitation an einer Reha-Klinik und ambulanter Rehabilitation in

---

141 Vgl. Gerkens/Schliehe/Steinke (2006, S. 6-7).
142 Vgl. Rische (2006, S. 81) oder Mootz/Kahnert (2004, S. 848).
143 Ein Beispielprojekt für die „Kombi-Reha" im orthopädischen Bereich wird von Binz (2006, S. 181 ff.) beschrieben. Bei Karoff (1999, S. 67 ff.) wird das „Ennepetaler Modell" als Beispielprojekt für den kardiologischen Bereich veranschaulicht.
144 So ergibt sich für die Krankenversicherung aufgrund der Vorgaben des Gesundheitsreformgesetzes und des Gesundheitsstrukturgesetzes unter Beachtung der Grundsätze der Wirtschaftlichkeit und Sparsamkeit die gesetzliche Verpflichtung, auch ambulante Rehabilitationsleistungen für ihre Versicherten vorzuhalten. Vgl. dazu Gerkens/Schliehe/Steinke (2006, S. 6-7).
145 Vgl. § 40 Abs. 1 SGB V sowie Bürger et al. (2002, S. 93). So werden mit dem Wegfall der Hotelleistungen geringere Personal-, Investitions- und Unterhaltskosten erwartet. Jedoch konnten die Erwartungen, dass ambulante rehabilitative Leistungen grundsätzlich kostengünstiger erbracht werden können, noch nicht bestätigt werden. Evaluiert ist nur, dass bei vergleichbaren Patienten und vergleichbaren Ergebnissen die durch die Kostenträger zu erstattenden Entgelte bei ambulanten Rehabilitationseinrichtungen niedriger als bei stationären Einrichtungen liegen. Vgl. dazu Koch/Morfeld (2004, S. 290).
146 Vgl. Rische (2006, S. 81).
147 Bei den Skelett- und Muskelerkrankungen konnte die Rentenversicherung vereinzelt in Ballungsgebieten bereits im Jahr 2005 einen ambulanten Anteil von mehr als 20% erreichen. Vgl. Rische (2006, S. 81).
148 Vgl. Rische (2006, S. 81), Schillinger (2001, S. 45 ff.) oder Koch/Morfeld (2004, S. 289).

eigenständigen ambulanten Zentren unterschieden werden.[149] Die Zentren können wiederum nach Einrichtungen unterschieden werden, die sich mit organisatorischer und konzeptioneller Unterstützung einer Rehabilitationsklinik entwickelt haben[150] und solchen Einrichtungen, die unabhängig von Reha-Kliniken bspw. aus einer Gemeinschaftspraxis von niedergelassenen Therapeuten bzw. Ärzten entstanden sind.[151] Zusätzlich werden unter dem Begriff „mobile Rehabilitation" Angebote zusammengefasst, die vor Ort bzw. im häuslichen Umfeld des Patienten erbracht werden und sich vor allem an ältere Personen richten.[152]

Da die ambulanten Organisationsformen mit Ausnahme der Variante „ambulante Rehabilitation in einer Klinik" schon aus ökonomischen Gründen auf Ballungszentren angewiesen sind, führen sie nicht zu einer flächendeckenden Versorgung der ambulant zu rehabilitierenden Patienten. Somit ist in weniger dicht besiedelten Regionen ein ambulantes Rehabilitationsangebot nicht verfügbar. Als eine Option für die Zukunft könnte die ambulante Rehabilitation an bestehende flächendeckende Systeme der Gesundheitsversorgung angeknüpft werden.[153] Bereits jetzt existieren in Deutschland – internationalen Vorbildern folgend – ambulant-rehabilitative Angebote an Akutkrankenhäusern. Wobei insbesondere die frühzeitige und nahtlose, umfassende und wohnortnahe Weiterführung der Akutbehandlung als wesentlicher Vorteil angesehen wird.[154] Allerdings erfüllen die Krankenhäuser häufig nicht die personellen, räumlichen und qualitativen Voraussetzungen, um adäquate rehabilitative Leistungen anzubieten.[155]

Dennoch bestehen von Seiten der Krankenhäuser Überlegungen zur Umwidmung leerstehender Kapazitäten gemäß § 108 SGB V.[156] Dies betrifft sowohl ambulante als auch stationäre medizinische Rehabilitationsmaßnahmen, die nur erbracht werden dürfen, wenn Versorgungsverträge für stationäre oder ambulante Leistungen der medizinischen Rehabilitation im Sinne des § 40 Abs. 1 SGB V existieren. Allerdings sind Rehabilitationsangebote nicht im, sondern am Krankenhaus nur als

---

149 Voraussetzung für die Durchführung rehabilitativer Maßnahmen ist das Vorliegen eines Versorgungsvertrages gemäß § 111 SGB V zwischen den Krankenversicherungsverbänden und der Rehabilitationseinrichtung bzw. gemäß § 21 SGB IX zwischen Rentenversicherungsträger und der Rehabilitationseinrichtung jeweils in Verbindung mit § 107 Abs. 2 Nr. 2 SGB V.
150 Diese Variante könnte bspw. darin bestehen, dass wohnortfern gelegene Rehabilitationskliniken entsprechende Einrichtungen („Satellitenzentren") in nahe liegenden Ballungsräumen unterhalten.
151 Vgl. Haaf et al. (2002, S. 86).
152 Vgl. Bürger/Buschmann-Steinhage (2000, S. 148).
153 Vgl. Koch/Morfeld (2004, S. 291).
154 Vgl. Bruckenberger (1998a, S. 820). So verfügt bspw. der Vivantes-Konzern in Berlin über eigene ambulante Reha-Zentren. Vgl. Gaede (2006a, S. 24).
155 Vgl. Bürger/Buschmann-Steinhage (2000, S. 148).
156 Vgl. Fuchs (2003, S. 196), Bürger/Buschmann-Steinhage (2000, S. 143 f.).

wirtschaftlich und organisatorisch selbstständige, gebietsärztliche geleitete Rehabilitationseinrichtung gestattet.[157] Außerdem müssen die Struktur- und Prozessanforderungen erfüllt sein, so dass die gleiche Ausstattung und Qualität wie in einer indikationsspezifisch ausgerichteten Rehabilitationsklinik vorzuhalten ist.[158]

Aufgrund der dadurch erforderlichen und nicht unerheblichen finanziellen Investitionsmittel kommt die Entwicklung eines eigenen Rehabilitationsangebots nur für wenige Krankenhausträger in Frage.[159] Hinzu kommt, dass öffentliche Fördergelder, die im Rahmen der Investitionsfinanzierung für Bau und Einrichtung des Krankenhauses gezahlt wurden, juristisch gesehen nicht für ein rehabilitatives Angebot verwandt werden dürfen.[160]

2.1.3.2.3 Leistungsarten der medizinischen Rehabilitation

Art, Dauer, Umfang, Beginn und Durchführung der Rehabilitationsleistungen bestimmt der Leistungsträger nach den medizinischen Erfordernissen des Einzelfalls nach pflichtgemäßem Ermessen.[161] Als Arten der medizinischen Rehabilitation werden die Frührehabilitation, die Anschlussheilbehandlung (AHB) und die allgemeine medizinische Rehabilitation in Form der Heilbehandlung (HB) unterschieden, die jeweils bestimmten Versorgungsphasen zugeordnet sind.[162] Während die Anschlussheilbehandlung im Anschluss an einen Krankenhausaufenthalt erfolgt, ist die Durchführung einer allgemeinen medizinischen Rehabilitation in Form der Heilbehandlung unabhängig von einem Krankenhausaufenthalt.[163] Aus diesem Grund wird die Heilbehandlung aus den weiteren Untersuchungen ausgeschlossen.[164]

Bezüglich der eindeutigen Trennung der einzelnen Versorgungsstufen ergeben sich Probleme beim Übergang des Patienten vom Krankenhaus in den Bereich der Rehabilitationseinrichtung, da keine gesetzliche Abgrenzung zwischen Akutbehandlung und medizinsicher Rehabilitation in einer Reha-Klinik existiert.[165] Ein Indiz für eine

---

157 Vgl. § 111 Abs. 6 SGB V.
158 Vgl. §§ 107 Abs. 2, 111 Abs. 2 SGB V in Verbindung mit §§ 17, 20 SGB IX.
159 Vgl. Fuchs (2003, S. 196), Blatt (2002, S. 7) oder Mootz/Kahnert (2004, S. 848).
160 Vgl. Gaede (2006a, S. 24).
161 Vgl. hierzu für die Krankenversicherung § 40 Abs. 3 SGB V und für die Rentenversicherung § 13 SGB VI.
162 Medizinische Rehabilitationsleistungen sind von der Prävention, insbesondere der Kur, abzugrenzen. Mit der Änderung im SGB V vom 22.12.1999 wurde der Begriff „Kur" für die medizinische Rehabilitation gestrichen und ist somit dem Bereich der Vorsorge zuzuordnen. Damit fallen Kurleistungen in den alleinigen Verantwortungsbereich der Krankenversicherungen, da die Rentenversicherungen ausschließlich für die Rehabilitation im Sinne der Nachsorge zuständig sind. Vgl. dazu ausführlich Hartmann (2002, S. 115 ff.).
163 Vgl. ausführlich Hartmann (S. 109 ff.).
164 Als weitere Form der medizinischen Rehabilitation werden vereinzelt die stationären Rehabilitationsleistungen für Mütter und Väter bzw. Mutter-/Vater-Kind-Maßnahmen differenziert, die hier ebenfalls nicht weiter betrachtet werden. Vgl. Gerkens/Schliehe/Steinke (2006, S. 6-5).
165 Vgl. Bruckenberger (1999, S. 323 ff.).

2.1 Akut- und Reha-Versorgung im deutschen Gesundheitswesen

inhaltliche Abgrenzung der beiden Bereiche ergibt sich aus der Rechtsprechung. So kann die Abgrenzung zwischen stationärer Krankenhausbehandlung und medizinischer Rehabilitation im Wesentlichen nur nach der Art der Einrichtung, den Behandlungsmethoden und dem Hauptziel der Behandlung getroffen werden, die sich auch in der Organisation der Einrichtung widerspiegeln.[166]

Als weiterer Hinweis der Rechtsprechung findet sich der Hinweis, dass eine akute Behandlungsbedürftigkeit dann vorliegt, wenn die Maßnahmen am Patienten im Wesentlichen unter aktiver Einwirkung des Arztes unter Zuhilfenahme der technischen Apparaturen des Krankenhauses sowie unter ständiger Assistenz, Betreuung und Beobachtung fachlich geschulten Pflegepersonals erfolgen.[167] Dagegen zielen Rehabilitationsmaßnahmen auf die positive Beeinflussung des Patienten sowie auf die Mobilisierung seiner Abwehrkräfte durch seelische und geistige Einwirkung unter Zuhilfenahme von Heilmitteln ab. Daher sind der ärztliche Einfluss, die Nutzung der technischen Apparaturen sowie die Intensität und Qualität der pflegerischen Betreuung entscheidend dafür, ob eine Akutbehandlung oder eine medizinische Rehabilitationsmaßnahme vorliegt.[168] Für die Rentenversicherungsträger gilt, dass medizinische Rehabilitationsleistungen nicht während der Phase einer akuten Behandlungsbedürftigkeit bzw. anstelle einer akuten Behandlungsbedürftigkeit erbracht werden dürfen.[169]

Frührehabilitation im Akuthaus

Eine adäquate frührehabilitative Behandlung in der stationären Versorgung setzt voraus, dass der Patient während der Krankenhausbehandlung rechtzeitig an aktivierenden Maßnahmen teilnimmt. Unmittelbar nach einer Operation bzw. dem Akutereignis sind rehabilitative Therapieelemente sinnvoll und erhöhen die Chancen einer zügigen Wiedereingliederung in Arbeit, Beruf und Gesellschaft. Solche frührehabilitativen Maßnahmen können eingeleitet werden, wenn der Patient nicht mehr dauerbeatmungspflichtig und ausreichend kreislaufstabil ist. Dementsprechend befindet sich der Patient in der Regel auf einer Normalstation und ist körperlich und seelisch in der Lage, aktiv an Therapiemaßnahmen zur eigenen Mobilisierung teilzunehmen.[170]

---

166 Vgl. Nösser (2005, S. 879 ff.).
167 Die Prognoseentscheidung des Krankenhausarztes über die stationäre Behandlungsbedürftigkeit, die aus seiner vorausschauenden Sicht unter Zugrundelegung der im Entscheidungszeitpunkt bekannten oder erkennbarer Umstände beurteilt werden muss, ist nur dann nicht vertretbar, wenn sie im Widerspruch zur allgemeinen oder besonderen ärztlichen Erfahrung steht oder medizinische Standards verletzt. Vgl. Nösser (2005, S. 879).
168 Vgl. Regler (1996, S. 222 ff.).
169 Vgl. § 13 Abs. 2 Nr. 1 SGB VI.
170 Vgl. Eiff/Klemann/Freese/Lewers (2005, S. 820 ff.).

In der Fallpauschalen-Verordnung 2004 und dem dazugehörigen Katalog wurden für den Bereich der Frührehabilitation im Krankenhaus erstmals separate DRG-Positionen festgelegt.[171] Diese Einführung sollte nach Aussagen des ehemaligen Bundesministeriums für Gesundheit und Soziale Sicherung (BMGS)[172] bezwecken, dass Patienten nicht zu früh in die Rehabilitation verlegt werden und dementsprechend eine „Akutisierung der Rehabilitation" verhindern.[173] Auf diese Weise sollte dem Grundsatz, dass ein Patient erst in einem rehabilitationsfähigen Zustand in eine Rehabilitationseinrichtung aufgenommen werden darf, entsprochen werden. Allerdings wurden die Änderungen bereits mit dem Fallpauschalenkatalog 2005 teilweise zurückgenommen, so dass nur noch neurologische und geriatrische Frühreha-DRG mit konkreten Bewertungsrelationen hinterlegt wurden.

Bei der durch die Aufnahme der Frühreha-DRG in den Fallpauschalenkatalog verursachten Diskussion über den geeigneten Leistungsort der Frührehabilitation waren sich die verschiedenen Interessengruppen der Reha- und der Akutseite einzig darin einig, dass eine praktikable Abgrenzung für die Bereiche der akutstationären Krankenhausbehandlung, der Frühmobilisation, der Frührehabilitation und der medizinischen Rehabilitation bisher fehlte.[174] Erst auf Basis einer solchen Abgrenzung kann die inhaltliche Diskussion der Zuständigkeiten sachgerecht geführt werden. Zudem könnten durch eine solche klare Definition der Schnittstellen auch Risikoverlagerungen zwischen den Sektoren durch gezielte Verlegungsplanung vermieden werden.[175] Ende 2004 wurde diese Problematik auch vom BMGS erkannt, so dass in der Konsequenz ein mit den Ländern abgestimmtes Abgrenzungspapier verfasst wurde.[176]

Die Frühmobilisation umfasst demnach die möglichst frühzeitig eingeleiteten pflegerischen und therapeutischen Maßnahmen im Akuthaus.[177] Die Begründung zur Änderung des § 39 SGB V erklärt zudem die Rehabilitation zu einem integralen Bestandteil der medizinischen Versorgung im Krankenhaus, womit über die Leistungen der Frühmobilisation hinausgehende frührehabilitative Leistungen als Teil der Krankenhausbehandlung definiert sind.[178] Da die Behandlung in Rehabilitationseinrichtungen nicht

---

171 Vgl. BGBl. (2003, S. 1995).
172 Mit dem Amtsantritt der neuen Bundesregierung im Jahr 2005 sind einige Bundesministerien neu zugeschnitten worden. Entsprechend wurden Arbeitsbereiche des ehemaligen BMGS neu zugeordnet zwischen dem Bundesministerium für Gesundheit (BMG) und dem neu gebildeten Bundesministerium für Arbeit und Soziales (BMAS).
173 Vgl. Tuschen (2003, S. 566).
174 Vgl. Eiff/Klemann/Freese/Lewers (2005, S. 823).
175 Vgl. Roeder (2005, S. 165.)
176 Vgl. Tuschen (2004).
177 Es ist zu beachten, dass für die Neurologie besondere Voraussetzungen gelten, die aus versorgungspolitischen Gründen eine Aufnahme in die Reha-Klinik auch vor Beendigung der Frühmobilisation empfiehlt. Vgl. Gerkens/Schliehe/Steinke (2006, S. 9-1).
178 Vgl. Tuschen (2004, S. 117).

2.1 Akut- und Reha-Versorgung im deutschen Gesundheitswesen

als Frührehabilitation, sondern als Rehabilitation einzustufen ist,[179] stellt das Positionspapier die Frührehabilitation als ausschließliche Leistung der Krankenhäuser dar. Allerdings dürfen Leistungen der Frührehabilitation im Krankenhaus nur solange erbracht werden, wie eine akutstationäre Versorgung des Patienten erforderlich ist.

Anschlussheilbehandlung

Als eine besondere Art der medizinischen Rehabilitation gewährleistet die Anschlussheilbehandlung (AHB)[180] einen direkten, zeitnahen und unbürokratisch gestalteten Übergang von der Akutbehandlung im Krankenhaus in eine Rehabilitationseinrichtung.[181] Dieses Rehabilitationsverfahren erfüllt somit die Forderung des Gesetzgebers nach Verzahnung aufeinander folgender Therapieabschnitte in der gesundheitlichen Versorgung und nach Zusammenarbeit verschiedener Rehabilitationsträger.[182] Vorgeschrieben ist der Übergang spätestens nach 14 Kalendertagen, jedoch wird in der Praxis auf Wunsch des Patienten und nach Rücksprache mit dem Kostenträger auch eine längere Übergangszeit akzeptiert.[183]

Als Voraussetzungen für die AHB in geeigneten Rehabilitationseinrichtungen werden die Rehabilitationsbedürftigkeit, die Rehabilitationsfähigkeit und eine positive Rehabilitationsprognose genannt. Die Rehabilitationsbedürftigkeit wird vom Krankenhausarzt bzw. vom Medizinischen Dienst der Krankenversicherung (MDK) geprüft. Dieser stellt fest, ob eine stationäre oder eine ambulante Rehabilitation durchzuführen ist, um das den einzelnen Leistungsträgern gesetzlich vorgegebene Ziel der Rehabilitation zu erreichen.[184] Das Kriterium der Rehabilitationsfähigkeit bezieht sich auf den Gesundheitszustand des Patienten und setzt voraus, dass keine akute Behandlungsbedürftigkeit mehr besteht.[185] Der Patient muss für die Rehabilitation ausreichend belastbar sowie bereit sein, aktiv an der Maßnahme teilzunehmen (Reisefähigkeit, Belastbarkeit, Motivation).[186]

---

[179] Gemäß §107 Abs. 2 Nr. 1b SBG V.
[180] Synonym wird oft der Begriff Anschlussrehabilitation verwendet, der zwar nicht identisch, aber praktisch im Wesentlichen deckungsgleich ist. So ist die Anschlussrehabilitation nicht auf Indikationen beschränkt, die im AHB-Katalog der Rehabilitationsträger zusammengefasst sind. Vgl. Gerkens/Schliehe/Steinke (2006, S. 10-9 f.).
[181] Das Verfahren der Anschlussheilbehandlung wurde Mitte der 70er Jahre von Renten- und Krankenversicherung gemeinsam entwickelt. Anlass war die Zielvorstellung, dass bei bestimmten Indikationen der Reha-Erfolg nur erreicht werden kann, wenn die Rehabilitation unmittelbar an die Akutbehandlung anschließt. Vgl. Winnefeld/Klosterhuis (2002, S. 1).
[182] Vgl. § 112 Abs. 2 Nr. 5 SGB V.
[183] Vgl. § 40 Abs. 6 SGB V in Verbindung mit Voeller/Buhlert (2005, S. 3).
[184] Gemäß § 275 Abs. 2 Nr. 1 Satz 1 SGB V.
[185] Vgl. Gerkens/Schliehe/Steinke (2006, S. 10-13).
[186] Der Begriff der Rehabilitationsfähigkeit erfordert somit nach dem allgemeinen Verständnis, dass sich der Patient allein versorgen kann, sich zumindest in begrenzter Form fortbewegen kann bzw. gehfähig ist, im öffentlichen Verkehrsmitteln transportfähig ist, für eine medizinische Rehabilitation ausreichend motiviert ist und aufgrund seiner psychischen und körperlichen Verfassung aktiv an der medizinischen Rehabilitation mitwirken und diese praktisch umsetzen kann. Vgl. Haaf (2002, S. 16) und Hartmann (2002, S. 104). Die Verpflichtung zur aktiven Teilnahme des Patienten an der medizinischen Rehabilitation ergibt sich aus § 1 SGB V bzw. § 9 Abs. 2 SGB VI.

Die Rehabilitationsprognose ist eine medizinisch begründete Wahrscheinlichkeitsaussage auf der Basis der Erkrankung, des bisherigen Verlaufs und der Rückbildungsfähigkeit unter Beachtung und Förderung der persönlichen Ressourcen (Rehabilitationspotenzial) über die Erreichbarkeit eines festgelegten Rehabilitationsziels durch eine geeignete Rehabilitationsmaßnahme in einem notwendigen Zeitraum.[187] Dementsprechend stellt bspw. für die Rentenversicherung die Aussage, dass die Rehabilitation voraussichtlich zu einer wesentlichen Besserung der Erwerbsfähigkeit des Versicherten führt, eine positive Rehabilitationsprognose dar.[188]

Zur Gewährleistung eines einheitlichen Zugangs zur AHB haben sich die Rehabilitationsträger auf inhaltliche und formale Rahmenbedingungen verständigt, die sich auch aus den vorherigen Ausführungen ergeben. Hierzu gehören insbesondere:[189]

- Abstimmung eines einheitlichen Indikationskataloges,
- Qualifizierung der AHB-Klinik,
- rechtzeitige Einleitung während des Krankenhausaufenthalts,
- Beginn in zeitlicher Nähe zur Krankenhausbehandlung,
- Festlegung der Kriterien der Rehabilitationsfähigkeit (Abschluss der Frühmobilisation) sowie
- wohnortnahe bzw. regionale Auswahl der Rehabilitationskliniken.

Aufgrund der besonderen Anforderungen der AHB hinsichtlich der Zuweisung sowie der Diagnostik und Therapie vor der Aufnahme der Patienten in die Rehabilitationsklinik kommt dem Krankenhausarzt eine Schlüsselrolle zu. Dementsprechend wird das Antragsverfahren der AHB in der Regel durch den behandelnden Krankenhausarzt eingeleitet, indem dieser einen ärztlichen Befundbericht und einen von dem Versicherten unterschriebenen AHB-Antrag in Zusammenarbeit mit dem Sozialdienst bei dem zuständigen Leistungsträger einreicht.[190] Der zuständige Rehabilitationsträger behält sich vor, eine bestimmte Reha-Einrichtung in Abhängigkeit von der Indikation zur Durchführung der Anschlussheilbehandlung zu benennen. Dies bedeutet jedoch nicht, dass diese rechtlich verbindlich vorgegeben wird. Vielmehr empfiehlt in der Praxis der Arzt bzw. der Sozialdienst im Krankenhaus eine Rehabilitationseinrichtung und nimmt in Abstimmung mit dem Patienten Kontakt

---

187 Vgl. Dietrich/Henze/Biet (2004, S. XII-3).
188 Vgl. dazu Fuchs (2005, S. 171).
189 Vgl. Gerkens/Schliehe/Steinke (2006, S. 10-10).
190 Die Zuständigkeit für die Zustimmung zur AHB ist abhängig von dem Erwerbsstatus des Versicherten. Vgl. dazu ausführlich Hartmann (2002, S. 205 f.).

mit der vorgeschlagenen Einrichtung auf und vereinbart einen Aufnahmetermin.[191] Allerdings behält sich der Kostenträger ein Zustimmungsrecht vor und wählt gegebenenfalls eine andere Einrichtung, insbesondere wenn mit der vorgeschlagenen Reha-Einrichtung kein Versorgungsvertrag besteht.[192]

Zur direkten Verlegung vom Akuthaus in die AHB-Klinik wurden zur verwaltungstechnischen Abwicklung vereinfachte Antragsverfahren entwickelt, um den nahtlosen Übergang sicherstellen zu können:

- Bei der *Direkteinweisung* (Direktverfahren) findet – ohne vorherige Prüfung der Zuständigkeit durch den Leistungsträger – eine direkte Überweisung des Patienten durch das Krankenhaus in eine Reha-Einrichtung mit Zustimmung bzw. auf Antrag des Patienten statt. Die Reha-Klinik erhält in diesem Fall vom Krankenhaus einen AHB-Befundbericht, in dem für die Rehabilitation wichtige Informationen stehen, wobei der Sozialdienst des Krankenhauses vielfach die notwendigen Vorbereitungen übernimmt. Wird festgestellt, dass die vom Krankenhaus bzw. der Reha-Einrichtung ausgefüllten AHB-Antragsunterlagen beim nicht zuständigen Leistungsträger eingereicht wurden, werden die gemäß der Vorleistungsverpflichtung übernommenen Kosten später vom endgültig zuständigen Leistungsträger erstattet. Als Vorteil dieses Verfahrens wird angesehen, dass der Krankenhausarzt rechtzeitig vor Abschluss der Akutbehandlung mit dem Reha-Arzt Kontakt aufnehmen kann.[193]
- Beim *Schnelleinweisungsverfahren* erfolgt die Zuständigkeitsprüfung vor der Überweisung aufgrund eines Kurzantrages durch den Patienten und des AHB-Befundberichts der Klinik. Zusätzlich wird häufig eine bestimmte AHB-Klinik vorgeschlagen, auch wenn sich der Leistungsträger die Bestimmung von Termin und Ort der Durchführung der Rehabilitation vorbehält.[194] Als Vorteil dieses Verfahrens wird die Entlastung der Krankenhäuser von organisatorischen Aufgaben gesehen.[195]

Zusammenfassend werden die alternativen Verfahrensabläufe in der Darstellung 2-10 systematisch abgebildet.

---

191 Vgl. Winnefeld/Klosterhuis (2002, S. 1).
192 Vgl. Hartmann (2002, S. 98). Praktiker berichten, dass Kostenträger die Patientenzuweisung auch nach dem Preis bzw. Pflegesatz steuern und das Wunsch- und Wahlrecht des Patienten gemäß § 9 SGB IX bei der Wahl der Rehabilitationseinrichtung unberücksichtigt bleibt. Vgl. Clade (2005, S. 3157) oder Schwing (2004a, S. 49).
193 Vgl. Gerkens/Schliehe/Steinke (2006, S. 10-11).
194 Vgl. Hartmann (2002, S. 108).
195 Von Gerkens/Schliehe/Steinke (2006, S. 10-13) wird der in der Regel bessere Überblick der Rehabilitationsträger über geeignete AHB-Kliniken sowie deren Auslastung als positiv angesehen.

Darstellung 2-10: AHB-Einweisungsverfahren
Quelle: In Anlehnung an Gerkens/Schliehe/Steinke (2006, S. 10-12).

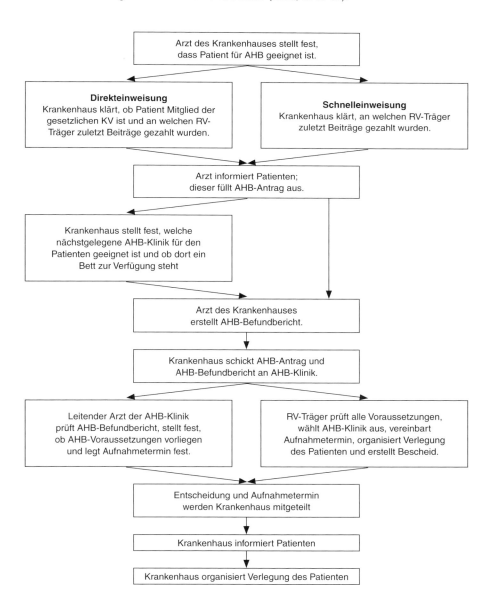

Die Dauer der AHB ist abhängig von der Indikation und dem Rehabilitationsverlauf, umfasst aber in der Regel drei Wochen im stationären bzw. 15 Behandlungstage im ambulanten Bereich. Eine Verkürzung der Dauer erfolgt, wenn das anvisierte Rehabilitationsziel früher bzw. gar nicht erreicht werden kann. Eine AHB-Verlängerung kann nur auf Antrag erfolgen, wenn aus medizinischen Gründen ein längerer Aufenthalt zur Erreichung der Rehabilitationsziele notwendig ist.[196] Darüber hinaus ist es für ein optimales Rehabilitationsergebnis wichtig, bereits während der AHB die individuelle Nach- und Langzeitbehandlung zu planen. Entsprechend werden Leistungen zur intensivierten Rehabilitationsnachsorge (IRENA) der Rentenversicherungsträger oder andere Nachsorgeangebote, wie bspw. ambulante Herzgruppen oder Angebote von Selbsthilfegruppen, Krankenkassen, Volkshochschulen oder Sportvereinen zum Teil durch die Kostenträger der AHB mitfinanziert.[197]

2.1.3.3 Finanzierung von Leistungen zur medizinischen Rehabilitation

Als Folge des Grundsatzes „Reha vor Rente" werden Rehabilitationsleistungen, erbracht in Rehabilitationseinrichtungen, bei Berufstätigen grundsätzlich von den Rentenversicherungen finanziert.[198] Ziel der Leistungen ist die Vermeidung des vorzeitigen Ausscheidens aus dem Erwerbsleben bzw. die dauerhafte Wiedereingliederung in das Erwerbsleben.[199] Ist der Versicherte aus dem Erwerbsleben ausgeschieden, sind in aller Regel die Krankenversicherungen die zuständigen Kostenträger. Dementsprechend geht es bei den medizinischen Rehabilitationsleistungen primär um die Vermeidung einer Behinderung bzw. einer Pflegebedürftigkeit entsprechend dem Rehabilitationsziel „Reha vor Pflege".[200]

Zur Finanzierung der medizinischen Rehabilitationsleistungen in Rehabilitationseinrichtungen finden sich im Gegensatz zum Akutbereich keine gesetzlichen Vorgaben, so dass die Vergütung sowohl in ihrer Form als auch in ihrer Höhe zwischen den Rehabilitationsträgern und den Einrichtungsbetreibern frei ausgehandelt werden kann.[201] Grundsätzlich erfolgt die Vergütung der Leistungserbringer über tagesgleiche, vollpauschalierte Pflegesätze, die die einzelnen

---

196 Vgl. § 40 Abs. 3 SGB V bzw. § 15 Abs. 3 SGB VI.
197 Vgl. Winnefeld/Klosterhuis (2002, S. 8).
198 Vgl. § 13 Abs. 2 Nr. 1 SGB VI. Eine Ausnahme von dieser Regelung liegt nur dann vor, wenn bei der Erbringung von Leistungen der medizinischen Rehabilitation eine akute Behandlungsbedürftigkeit auftritt. Denn es ist nicht möglich, dass Leistungen zur medizinischen Rehabilitation anstelle einer sonst erforderlichen Krankenhausbehandlung durchgeführt werden. Vgl. § 13 Abs. 2 Nr. 2 SGB VI.
199 Vgl. § 9 Abs. 1 SGB VI.
200 Gemäß § 11 Abs. 2 SGB V.
201 Vgl. Haaf (2002, S. 17 f.).

Einrichtungen meist jährlich mit den Kostenträgern vereinbaren.[202] Anders als beim dualistischen Finanzierungssystem im Akutbereich werden bei den Pflegesätzen sowohl Betriebs- als auch Investitionskosten berücksichtigt (monistisches Finanzierungssystem). Dementsprechend enthalten die Pflegesätze alle Leistungen, die im Rahmen einer Rehabilitationsmaßnahme zu erbringen sind.[203] Zwar müssen sich die Kostenträger hinsichtlich der Vertragsgestaltung nicht abstimmen, jedoch wurde bisher in der Regel der zwischen dem Hauptbelegungsträger und einer Rehabilitationseinrichtung ausgehandelte Pflegesatz nach dem Federführungsprinzip von den anderen Kostenträgern übernommen. Von Seiten der Krankenversicherungen wird dieses Verfahren allerdings zunehmend in Frage gestellt, indem diese häufiger eigenständige Preisverhandlungen führen.[204] Dabei werden von den Krankenkassen vermehrt verweildauerabhängige Fallpauschalen eingesetzt, die in der Regel mittlere Behandlungszeiten unter den üblichen drei Behandlungswochen vorgeben.[205]

Die wachsende Bedeutung der ökonomischen Perspektive in der Rehabilitation rückte die Vergütung mit tagesgleichen Pflegesätzen wiederholt in die Kritik, da diese neben der fehlenden Transparenz das differenzierte Leistungsgeschehen in der Rehabilitation nicht abbilden. Kritisiert wird vor allem, dass die Festlegung von einrichtungsspezifischen Pflegesätzen zu intransparenten Marktverhältnissen führt und sich die Höhe des Pflegesatzes an strukturellen Merkmalen wie Sach- und Personalausstattung ausrichtet statt an den tatsächlich erbrachten Leistungen.[206]

Mit der Umstellung der Vergütung im Akutbereich hat sich die Diskussion um eine entsprechende Anpassung des Vergütungssystems in der Rehabilitation verstärkt,[207] da internationale Erfahrungen mit der Einführung von DRG-Systemen für die angrenzenden Versorgungsbereiche Pflege und Rehabilitation das Erfordernis belegen, ebenfalls Patientenklassifikationssysteme zu entwickeln und ein-

---

202 Vgl. Bihr (1997, S. 305). Mit Bewilligung einer beantragten Reha-Leistung verpflichtet sich der Rehabilitationsträger zur Zahlung eines Pflegesatzes an die behandelnde Einrichtung, dessen Höhe aufgrund von Pflegesatzverhandlungen vereinbart worden ist. Vgl. dazu ausführlich Gerkens/Schliehe/Steinke (2006, S. 11-8).
203 Vgl. Bihr (1997, S. 306) und Haaf (2002, S. 18).
204 Vgl. Haaf (2002, S. 18).
205 Vgl. Eiff/Klemann/Middendorf (2005, S. 84) oder Hempel (2003, S. 904). Clade (2005, S. 3157) berichtet, dass die Rentenversicherungsträger und die Krankenkassen ihre Belegungs- und Vertragspolitik mit den Rehabilitationskliniken insoweit neu positioniert haben, dass Pflegesatzverhandlungen zumindest bei einem Teil der Krankenkassen völlig suspendiert wurden und Preise stattdessen weitgehend diktiert werden.
206 Vgl. Haaf (2002, S. 20).
207 Vgl. Haaf (2002, S. 15). Die Initiative geht dabei nicht wie im Akutbereich vom Gesetzgeber aus, sondern es sind vielmehr die Leistungserbringer und die Kostenträger, die in Kooperation mit der Wissenschaft Konzepte und Modelle für Reha-Klassifikationssysteme entwerfen und in Pilotprojekten auf Machbarkeit prüfen. Vgl. Rapp (2006, S. 663).

zuführen.[208] So existieren schon seit Längerem Überlegungen, insbesondere für die Anschlussheilbehandlung Fallpauschalen als primäres Vergütungsinstrument einzusetzen.[209] Ein DRG-System scheint allerdings für die Rehabilitation nicht geeignet, da ein ausschließlicher Indikations- und Schweregradbezug die Rehabilitation nicht abbildet und insbesondere ein höherer Schweregrad nicht zwingend mit einem höheren Ressourcenverbrauch verbunden sein muss, wenn für den Rehabilitanden aufgrund einer nicht ausreichenden Belastbarkeit eine geringere Therapieintensität medizinisch indiziert ist.[210]

Auch das Gutachten des Sachverständigenrates für die Konzertierte Aktion im Gesundheitswesen aus dem Jahr 2003 bestätigt, dass zeitinvariante Fallpauschalen in der weiterführenden medizinischen Rehabilitation kein geeignetes Instrument zur Verbesserung der Qualität der medizinischen Rehabilitation darstellen.[211] Gefordert wird daher ein Patientenklassifikationssystem, aus dem der Rehabilitations- bzw. Ressourcenbedarf des Patienten in rehabilitativer Sicht abgeleitet werden kann.[212]

Mit dem Grundsatz der Gestaltung eines einheitlichen und differenzierten Patientenklassifikationssystems, das eine Zuordnung der Patienten zu bestimmten Gruppen ermöglicht, haben sich drei Systemideen in der wissenschaftlichen Diskussion herauskristallisiert, deren Eignung uneinheitlich bewertet wird:

- Zum einen die in den USA entwickelten *Functional Related Groups (FRG)* die schwerpunktmäßig auf den Grad der Funktionseinschränkungen bzw. der Höhe des Rehabilitationsbedarfes eines Patienten abzielen, woraus eine Fallschwere abgeleitet wird, an der die Vergütung orientiert werden kann. Allerdings eignen sich die FRG aufgrund der starken Pflegeausrichtung eher für schwere Fälle und sind daher vor allem in pflegeintensiven Indikationen wie der Geriatrie denkbar.[213]
- Zum anderen die von Neubauer entwickelten *Rehabilitationsbehandlungsgruppen (RBG)*, bei der anhand von Ist-Kostendaten der Leistungserbringer homogene

---

208 Vgl. Fuchs et al. (2002, S. 22). Allerdings stellen funktionierende Klassifikationssysteme für die Rehabilitation im Ausland eher die Ausnahme dar. Lediglich in Australien und den USA sind rudimentäre Modelle etabliert. Entsprechend besteht prinzipiell nicht die Möglichkeit auf ein ausländisches Reha-Klassifikationssystem zurückzugreifen. Zudem haben die vorhandenen ausländischen Systeme einen sehr hohen Bezug zum pflegerischen Aufwand eines Patienten und sind nicht in der Lage, die breiten Rehabilitationsinhalte der deutschen Reha-Landschaft abzubilden.
Vgl. Rapp (2006, S. 663 ff.).
209 Vgl. Rauwolf (1997, S. 69).
210 Vgl. Haaf (2002, S. 17).
211 Vgl. SVR (2003, S. 41).
212 Vgl. Bublitz (2004, S. 852) sowie Rapp (2005, S. 812 f.).
213 Vgl. Rapp (2006, S. 665 f.).

Gruppen identifiziert und anschließend differenziert werden. Dabei soll eine medizinische Plausibilität im Hinblick auf den vermuteten reha-medizinischen Behandlungsbedarf der Patienten sowie eine ökonomische Homogenität bezogen auf den behandlungsabhängigen Ressourcenverbrauch erzielt werden.[214]
- Beim dritten Ansatz, den von Müller-Fahrnow entwickelten *Rehabilitanden-Management-Kategorien (RMK)*, stehen leistungs- bzw. bedarfsorientierte Elemente im Vordergrund, während die Kostenbewertung als nachgeordnete Aufgabe bei der Fallgruppendefinition zum Einsatz kommt.[215]

Als Gründe für die Einführung einer differenzierten Abrechnung über ein Patientenklassifikationssystem werden eine höhere Leistungsgerechtigkeit und eine deutliche Verbesserung der Leistungstransparenz in den Rehabilitationseinrichtungen angesehen, die als Grundlage für Leistungsvergleiche und Benchmarks zwischen den Leistungsanbietern dienen können. Außerdem gehen die Befürworter der Einführung davon aus, dass sich durch ein verbindliches und allgemein anerkanntes Klassifikationssystem in der Rehabilitation die Schnittstelle zwischen den Sektoren des Gesundheitssystems, insbesondere hinsichtlich der Fallsteuerung und den Abrechnungsmodalitäten, optimieren lässt.[216]

Soweit rehabilitative Leistungen voll- oder teilstationär in Krankenhäusern nach §§ 107 Abs. 1, 108 und 109 SGB V erbracht werden, sind sie direkt durch die DRG-Einführung betroffen, da sie in den Geltungsbereich des DRG-Vergütungssystems nach § 17 b KHG fallen. Ein Problem ergibt sich dabei insofern, dass die DRG für die Akutbehandlung und nicht gezielt zur Abbildung rehabilitativer Leistungen geschaffen wurden. Daher sind auch die Abbildung und Bewertung rehabilitativer Leistungen sowie chronischer Erkrankungen als Schwachstellen des DRG-Systems anzusehen.[217] Dieser Sachverhalt trifft auf die neurologischen und geriatrischen Frühreha-DRG zu, die im Fallpauschalenkatalog mit konkreten Bewertungsrelationen hinterlegt sind. Weitere – ehemals bewertete – Frühreha-DRG wurden in die Anlage des Katalogs verschoben. Für diese Fälle sind krankenhausindividuelle, fall- oder tagesbezogene Entgelte zwischen den Vertragsparteien zu vereinbaren.[218]

---

214 Im Jahr 2006 fand ein RBG-Pilotprojekt vom Verband der Privatkrankenanstalten (VPKA) Bayern unter Beteiligung mehrerer großer Krankenkassen und Leistungserbringer in der Orthopädie und der Kardiologie statt. Zu den RBG vgl. ausführlich Neubauer/Nowy (2002, S. 180 ff.).
215 Ein RMK-Modellprojekt wurde unter Beteiligung dreier großer Reha-Klinikketten und der Deutschen Rentenversicherung Bund in den Jahren 2006 bis 2007 im Bereich der Orthopädie initiiert. Vgl. Rapp (2006, S. 665).
216 Vgl. Rapp (2006, S. 663 ff.).
217 Vgl. Rochell/Roeder (2002, S. 7).
218 Gemäß § 6 Abs.1 S.1 Nr.1 KHEntgG. Vgl. dazu ausführlich Eiff/Klemann/Henke (2006, S. 880).

2.1.4 Wandel in der stationären Gesundheitsversorgung

Infolge gravierender Veränderungen in der sozialen, technologischen, ökonomischen und politisch-rechtlichen Umwelt befinden sich das Gesundheitswesen und insbesondere die stationäre Gesundheitsversorgung in einem tief greifenden Wandel, der das Wettbewerbsumfeld für die Akteure maßgeblich verändert. Zur Gestaltung einer erfolgreichen Zukunft ist es für die Leistungserbringer im Akut- und auch im Reha-Markt erforderlich, die Determinanten der dynamisierten Unternehmensumwelt und die daraus resultierenden Anforderungen im Hinblick auf die Ergreifung zielgerichteter strategischer Maßnahmen zu erkennen.[219] Dementsprechend wird im Folgenden auf die in Darstellung 2-11 abgebildeten Dynamikfaktoren eingegangen, die das Verhalten der Leistungserbringer maßgeblich beeinflussen.

Darstellung 2-11: Dynamikfaktoren in der stationären Gesundheitsversorgung

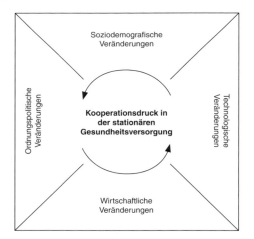

---

219 Vgl. Ziegenbein (2001, S. 63).

2.1.4.1 Soziodemografische Veränderungen

Die Bevölkerungsentwicklung zeigt, dass der Anteil älterer Menschen infolge der steigenden Lebenserwartung[220] bei gleichzeitigem Geburtenrückgang kontinuierlich zunimmt („Double-Aging-Prozess"). Angesichts dieses demografischen Wandels und der Tatsache, dass die Krankheitsbilder älterer Menschen überproportional häufig einen stationären Aufenthalt erforderlich machen, wird die Klientel in Krankenhäusern zunehmend älter.[221] Außerdem ist mit der zunehmenden Veralterung auch ein Anstieg chronischer und degenerativer Erkrankungen verbunden sowie eine steigende Anzahl multimorbider Patienten mit entsprechenden alterstypischen Begleiterkrankungen und zunehmender Behandlungsintensität.[222] Entsprechend wird für den Krankenhausmarkt langfristig eher ein Nachfrageboom als eine Nachfrageflaute erwartet.[223]

Aber nicht nur der Bedarf nach Krankenhausleistungen wird wachsen. Durch die demografisch bedingten Faktoren sowie durch das „reha-bedürftige" Alter der geburtenstarken Nachkriegsjahrgänge wird auch die Nachfrage nach Rehabilitationsmaßnahmen deutlich ansteigen.[224] Berechnungen der Rentenversicherungen gehen bis zum Jahr 2010 von besonders starken Zuwächsen in den rehabilitationsrelevanten Altersgruppen der 40 bis 54-jährigen Versicherten aus.[225] Zwar wurden auf der einen Seite die Möglichkeiten zur Genehmigung der Heilbehandlungen durch den Gesetzgeber seit Mitte der 90er Jahre stark eingeschränkt, jedoch ist auf der anderen Seite mit einem deutlichen Nachfrageschub nach qualifizierten AHB-Maßnahmen zu rechnen, der den Rückgang bei den Heilbehandlungen langfristig überkompensieren wird.[226]

Seit Einführung des AHB-Verfahrens in den siebziger Jahren hat sich der Anteil der Anschlussheilbehandlungen an allen medizinischen Rehabilitationsverfahren kontinuierlich und im Vergleich überproportional erhöht. Waren 1977 nur gut 2 % aller medizinischen Rehabilitationen der Rentenversicherung AHB-Maßnahmen, lag der

---

220 Die Lebenserwartung hat sich zwischen 1990 und 2002/2004 in der Bundesrepublik in allen Alters- und Geschlechtsgruppen erhöht. Bei Frauen stieg sie um durchschnittlich 2,8, bei Männern um 3,8 Jahre. Vgl. RKI (2006, S. 15).
221 Zur Entwicklung der Altersstruktur der Patienten in Krankenhäusern vgl. DKG (2006b, S. 59).
222 Vgl. Walther (2005, S. 69).
223 Vgl. dazu Högemann (2006, S. 93) bzw. die ausführliche Darstellung bei Ziegenbein (2001, S. 64 ff.), Storcks (2003, S. 30 ff.) oder Saure (2004, S. 23 ff.).
224 Vgl. Rische (2006, S. 81) sowie Clade (2005, S. 3157). Für die Rehabilitation ist eine Multimorbidität komplexer einzustufen als in der Akutmedizin, da mehrere Gesundheitsstörungen in unterschiedlichen Verlaufsstadien vorliegen und sich dementsprechend in der Regel ein erhöhter Behandlungsbedarf ergibt, da die Nebenerkrankungen sowohl akutmedizinisch (u. a. medikamentös) als auch rehabilitativ versorgt werden müssen. Vgl. dazu Haaf (2002, S. 17).
225 Eine andere Prognose der PROGNOS AG geht davon aus, dass bis 2015 gegenüber dem Jahr 2000 ein zusätzlicher Bedarf an Rehabilitationsleistungen von ca. 15 % entsteht. Vgl. dazu ausführlich Gerdes et al. (2003, S. 331).
226 Vgl. Schmidt (2006, S. 26).

2.1 Akut- und Reha-Versorgung im deutschen Gesundheitswesen

Anteil im Jahr 2002 bei 23%. Allein im Jahr 2002 wurden von der Rentenversicherung mehr als doppelt so viele (223%) Anschlussheilbehandlungen durchgeführt wie im Jahr 1992.[227] Bezogen auf das Gesamtmarktvolumen der Rehabilitation stieg der relative Anteil der AHB in den Jahren von 1993 bis 2000 von ca. 16% sogar auf ca. 35%.[228] Andere Kalkulationen gehen davon aus, dass der AHB-Anteil am gesamten Rehabilitationsbedarf (bei einem konstanten Marktvolumen) von 21% im Jahr 1995, über 38% im Jahr 2000 bis auf 46% im Jahr 2005 gestiegen ist, so dass von einem kontinuierlichen Rückgang bei den Heilverfahren (HV) auszugehen ist (siehe Darstellung 2-12).[229]

Darstellung 2-12: Entwicklung Rehabilitationsbedarf
Datenquelle: Schmidt (2006, S. 26).

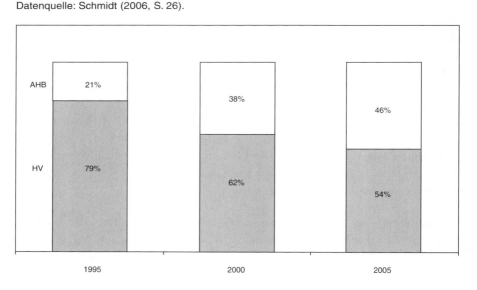

---

227 Vgl. Reimann (2003, S. 51).
228 Vgl. Winnefeld/Klosterhuis (2002, S. 11). Über 90% der AHB-Patienten sind dabei den vier Indikationsgruppen Orthopädie, Kardiologie, Neurologie und Onkologie zuzuordnen, wobei die orthopädischen Erkrankungen mit Abstand an erster Stelle liegen, gefolgt von den Krebserkrankungen.
229 Vgl. Schmidt (2006, S. 26). Diese Entwicklung zu Gunsten der Anschlussheilbehandlungen dürfte sich aufgrund deren geringeren medizinischen „Angreifbarkeit" im Zusammenspiel mit der zu erwartenden Notwendigkeit der Kostenoptimierung im Gesundheitswesen fortsetzen. Vgl. Messemer/Margreiter (2003, S. 154).

Aufgrund der demografischen Entwicklung sind Maßnahmen zur Prävention und eine multidisziplinäre rehabilitative Versorgung – besonders chronischer Krankheiten – den Herausforderungen der Gesundheitssicherung entgegenzustellen.[230] Zu diesem Zweck soll gemäß des Jahresgutachtens des Sachverständigenrates aus dem Jahr 2003 anstelle eines Phasenmodells der Versorgung eine simultan verzahnte Intervention erfolgen, wobei durch ein fachkundiges Case-Management flüssige Übergänge zwischen den Sektoren organisiert werden sollen.[231] Das heißt, besonders durch die Multimorbidität älterer Menschen ist eine sektorenübergreifende Zusammenarbeit erforderlich, die Prävention, Kuration und Rehabilitation in einer patientenorientierten Versorgungslandschaft integriert.

Neben der demografischen Entwicklung als Einflussfaktor auf die zukünftige Nachfrage ist auch der gesellschaftliche Wertewandel von Bedeutung. So erreicht der Wandel vom Verkäufer- zum Käufermarkt, der die wirtschaftliche Entwicklung im Industrie- und Dienstleistungsbereich prägt, auch das Gesundheitswesen. Kennzeichen dieses Wertewandels sind[232]
- ein wachsendes Gesundheitsbewusstsein der Bevölkerung,
- ein zunehmender Grad an Informiertheit der Patienten,
- eine zunehmende Mobilität und
- ein steigendes Anspruchsdenken gegenüber Gesundheitsleistungen.

Durch die beschriebenen soziodemografischen Entwicklungen zeigt sich der zukünftige wachsende Bedarf sowohl an Akut- als auch an Reha-Leistungen, wobei insbesondere der Qualität der Gesundheitsleistungen ein immer höherer Stellenwert zukommt. Es stellen sich daher neue Herausforderungen an die Leistungserbringer, die an der Schnittstelle zwischen Akut- und Reha-Sektor zu neuen Dienstleistungsangeboten führen (werden).

2.1.4.2 Technologische Veränderungen

Der wachsende Stellenwert von Gesundheit sowie qualitativ hochwertiger Diagnose- und Therapiemöglichkeiten im Bewusstsein der Bevölkerung fördert die Medizininnovationen, die in den vergangenen Jahren bspw. die Möglichkeiten einer Operation im hohen Alter stark verbesserten. Entsprechend führt die Erweiterung des medizinisch Machbaren bzw. des Behandlungsspektrums dazu, dass die Lebenserwartung der Bevölkerung und damit wiederum die Behandlungshäufigkeit steigt.[233] Zwar

---

230 Vgl. Haaf/Volke/Schliehe (2004, S. 320).
231 Vgl. Schwing (2004b, S. 119 f.).
232 Vgl. Walther (2005, S. 70) sowie zu den Auswirkungen des gesellschaftlichen Wertewandels auf die Rehabilitation Hartmann (2002, S. 197 ff.).
233 Vgl. Walther (2005, S. 71).

2.1 Akut- und Reha-Versorgung im deutschen Gesundheitswesen

können einerseits durch medizin-technische Innovationen kürzere Verweildauern und teilweise sinkende Behandlungskosten erreicht werden, andererseits resultiert daraus eine zunehmende Komplexität des medizinischen Leistungsprozesses. Letzteres bedingt in der Regel höhere Investitionen und höher qualifiziertes Personal.[234] Somit stellt der technologische Innovationsschub im Bereich der Medikalprodukte und bei den Großgeräten neben den demografischen Veränderungen einen zweiten wichtigen Nachfrage- aber auch Kostentreiber für das Gesundheitswesen dar.[235]

Grundsätzlich wird die medizinische Rehabilitation vom medizin-technischen Fortschritt weniger beeinflusst als der Akutbereich. Dennoch sind Konsequenzen auch dort zu bedenken. Kommen die Patienten aufgrund neuer Behandlungsmethoden im Akutbereich zu einem früheren Zeitpunkt zur AHB in die Rehabilitationseinrichtungen, sind auch dort Anpassungsmaßnahmen im Therapiespektrum erforderlich. So sind immer komplexer werdende Therapien zu erwarten, aus denen für die Rehabilitationseinrichtungen höhere Kosten für Medikamente und technische Apparaturen resultieren können.[236]

Darüber hinaus wird die Gesundheitsversorgung stark von Entwicklungen im Bereich der Informations- und Kommunikationstechnologie (IuK) beeinflusst. Wesentliche Themengebiete dabei sind die Entwicklung von (Krankenhaus-) Informationssystemen,[237] elektronischen Patientenakten[238] oder telemedizinischen Anwendungen.[239] Entsprechend sind die medizinischen Leistungsprozesse zunehmend von technologischen Veränderungen geprägt.[240] So kann durch Methoden der Telemedizin die örtliche Gebundenheit einzelner Leistungen wegfallen oder professionelle Zweitmeinungen können leichter eingeholt werden.[241] Der Austausch von Informationen und Dienstleistungen, der eine bessere Vernetzung zwischen verschiedenen Leistungssektoren ermöglicht, wird dadurch immer bedeutender. Dabei spielen nicht nur Kostenüberlegungen eine Rolle, sondern ebenso die Generierung möglicher Wettbewerbsvorteile.

---

234 Vgl. Saure (2004, S. 26).
235 Vgl. Pätz (2005, S. 39).
236 Zu den Auswirkungen der Entwicklungen in der Medizintechnik bzw. der Pharmazie auf die Rehabilitation vgl. ausführlich Hartmann (2002, S. 192 ff.).
237 Krankenhausinformationssysteme (KIS) sind speziell für den Krankenhausbetrieb modellierte Anwendungssysteme, die nicht nur Informations- und Kommunikationsprozesse verbessern und rationalisieren, sondern vor allem die krankenhausbetrieblichen Managemententscheidungen qualifizieren sollen. Vgl. dazu ausführlich Schröder (2000, S. 517 ff.).
238 Die elektronische Patientenakte (ePA) enthält Daten über Befunde, Diagnosen, Therapiemaßnahmen, Behandlungsberichte sowie Impfungen für eine fall- und einrichtungsübergreifende Dokumentation über den Patienten. Vgl. § 291 a Abs. 3 Satz 1 Nr. 4 SGB V.
239 Anwendungen der Telemedizin wie Telediagnostik, Teleradiologie oder Telekonsultation tragen dazu bei, dass Patienten nicht unnötig transportiert werden müssen. Vgl. dazu Specke (2005, S. 555).
240 Vgl. Braun von Reinersdorff (2002, S. 147).
241 Vgl. Walther (2005, S. 79).

2.1.4.3 Wirtschaftliche Veränderungen

Die Zunahme der Gesundheitskosten durch den demografischen Wandel und den medizin-technischen Fortschritt bei gleichzeitig verringertem Wirtschaftswachstum und niedriger Erwerbsquote hat die Finanzierungsspielräume von Bund, Ländern und Kommunen stark eingeschränkt. In der Folge kommt die öffentliche Hand immer weniger ihrer Verpflichtung nach, die Investitionsmaßnahmen im Krankenhaussektor zu finanzieren, so dass sich ein erheblicher Investitionsstau gebildet hat. Daher sind die Leistungserbringer im Akutbereich verstärkt auf der Suche nach alternativen Finanzierungsquellen, um zumindest die notwendigen Investitionen zur Erhaltung ihrer Wettbewerbsfähigkeit tätigen zu können.[242] Die Privatisierung von Krankenhäusern ist für die öffentlichen Betreiber eine mögliche Konsequenz. Aber auch strategische Alternativen zur Verbesserung der eigenen Marktposition, wie bspw. die Zusammenarbeit mit anderen Leistungserbringern, sind bei der Suche nach Auswegen aus der Finanzierungskrise in Erwägung zu ziehen.[243]

Kosten- und Leistungsdruck der Kostenträger

Aufgrund der Leistungsexplosion im Gesundheitswesen und des niedrigen Beschäftigungsniveaus steht auf Seiten der Krankenversicherungen, als Finanzierer der laufenden Kosten im Krankenhaus, der Blick auf die Kosten im Vordergrund. Verstärkt werden Leistungskontrollen durchgeführt und es wird versucht, einen stärkeren Einfluss auf das Leistungsangebot im Krankenhaus zu nehmen. Ein Beispiel für die Nachfragemacht der Krankenkassen liefert § 110 Abs. 2 SGB V, der den Krankenkassen die Kündigung des Versorgungsauftrags für Plankrankenhäuser einräumt, was zur Folge haben kann, dass die laufenden Leistungen nicht oder nur eingeschränkt von den Kostenträgern erstattet werden.[244] Eine andere Maßnahme wurde durch den im Rahmen der Gesundheitsreform 2000 vereinbarten Ausbau der Patientenrechte etabliert, mit dem Ziel der Stärkung der Mitbestimmung des Patienten bis hin zur Selbstbestimmung.[245] Der Gesetzgeber und auch die Krankenkassenverbände hoffen durch aufgeklärte und gut informierte Patienten, die Koordination und Effizienz von Behandlungen zu verbessern, um somit einen zusätzlichen Mechanismus zur Kostenreduzierung zu implementieren.[246]

Andere Untersuchungen, die einen Zusammenhang von Qualität und Leistungsmenge indizieren, führten zu Mindestmengenregelungen in ausgewählten Indi-

---
242 Vgl. dazu ausführlich Eiff/Klemann (2006, S. 18 ff.).
243 Zu den Privatisierungstendenzen vgl. die in Kapitel 2.1.1.2 dargestellte Betreiberstruktur.
244 Vgl. Saure (2004, S. 35).
245 Vgl. Gouthier (2001, S. 58).
246 Vgl. § 65 b SGB V oder auch Storcks (2003, S. 42).

kationen.[247] Dementsprechend wird Krankenhäusern bei Unterschreitung einer festgelegten Mindestmenge das Behandlungsspektrum um die betroffene Indikation gekürzt.[248] Spezialisierungen innerhalb des Leistungsspektrums erscheinen notwendig. Gleichzeitig sind aufgrund beschränkt verfügbarer Patientenklientel in einzelnen Indikationen Konzentrationsprozesse zur Erreichung der erforderlichen Operationsfrequenz zu erwarten.

Auch in den Rehabilitationseinrichtungen sind wirtschaftliche Zwänge aufgrund der finanziellen Rahmenbedingungen spürbar, besonders wenn der ökonomische Druck von Seiten der Krankenversicherungen bspw. durch die Vereinbarung tagesbezogener Pauschalen erhöht wird.[249] Dementsprechend wird mit den steigenden quantitativen und qualitativen Anforderungen der Kostenträger die Diskrepanz zu den verfügbaren Finanzmitteln zunehmend größer. In der Folge können die Rehabilitationseinrichtungen vielfach nicht das indizierte komplette Repertoire der Rehabilitationsmedizin und der physikalischen Therapie erbringen.[250] Vor diesem Hintergrund – und aufgrund der eigenen Finanzlage – kommt es auch in der Rentenversicherung insgesamt zu einer „Schere" zwischen Bedarf und Finanzierungsmöglichkeiten im Bereich der Rehabilitation. Als Lösungsstrategien bieten sich zwei Varianten an. Einerseits könnte versucht werden, durch eine Verschärfung der Bewilligungskriterien die Zahl der genehmigten Anträge an das verfügbare Budget anzupassen. Allerdings ist diese Strategie insbesondere bei den Anschlussheilbehandlungen aus medizinischen und aus juristischen Gründen problematisch und nicht zielführend.[251] Daher könnte andererseits angestrebt werden, die durchschnittlichen Fallkosten zu senken.

Ein gangbarer Weg zur Kostenreduktion ist der – auch vom Gesetzgeber priorisierte – Ausbau der Maßnahmen zur ambulanten Rehabilitation. Dieser lässt Kosteneinsparungen von bis zu 40% bei einer zur stationären Rehabilitation vergleichbaren Qualität erwarten.[252] Entwicklungspotenzial ist in diesem Bereich, trotz der steigenden

---

247 So wurden im Dezember 2003 zunächst fünf Leistungskomplexe (Stammzellen-, Nieren-, Lebertransplantation, Komplexe Eingriffe am Organsystem Pankreas bzw. Ösophagus) mit Mindestmengen für Krankenhäuser bzw. für Ärztinnen und Ärzte über eine OPS-Liste definiert. Später kamen weitere Leistungskomplexe wie bspw. die Knie-TEP dazu. Eine Analyse zu den Auswirkungen der Mindestmengenregelungen auf die Versorgungsstrukturen findet sich bei Roeder/Fürstenberg/Heumann (2004, S. 427 ff.).
248 Vgl. § 137 Abs. 1 SGB V.
249 Vgl. Eiff/Klemann/Meyer (2007, S. 105).
250 Vgl. Clade (2005, S. 3157). Die durch die steigenden AHB-Zahlen verursachten Mehrbelastungen müssten bei gleich bleibenden Budgets der Kostenträger zu Lasten der allgemeinen Antragsverfahren für chronisch Kranke einhergehen. Vgl. Haaf/Volke/Schliehe (2004, S. 314).
251 Vgl. Gerdes et al. (2003, S. 330 f.).
252 Vgl. dazu die Ausführungen in Kapitel 2.1.3.2.2. Medizinische Kontraindikationen gegen eine ambulante Durchführung, wie Multimorbidität oder erhöhte Komplikationsgefahr, sollte auch bei den AHB-Patienten nur einen relativ geringen Anteil betreffen. Vgl. Gerdes et al. (2003, S. 335).

aber immer noch sehr geringen Inanspruchnahme ambulanter Angebote, vorhanden. Ein alleiniger Ausbau der ambulanten Rehabilitation würde allerdings zu massiven strukturellen Veränderungen führen und zahlreiche stationäre Reha-Kliniken zur Schließung zwingen.[253] Zudem könnte das gesetzlich verankerte „Wunsch- und Wahlrecht der Leistungsberechtigten" eine derartige Entwicklung abschwächen, falls die Patienten die stationäre Rehabilitation bevorzugen.[254]

Insgesamt gesehen wird daher, aufgrund der ungünstigen finanziellen Rahmenbedingungen in beiden Leistungssektoren, vermehrt die Frage nach dem effizientesten Einsatz der verfügbaren Mittel und somit nach der Wirtschaftlichkeit der Leistungserbringung aufgeworfen. Ein verstärkter Verdrängungswettbewerb ist die Folge.

Sektorinterner Verdrängungswettbewerb
Die Verschärfung des Wettbewerbs im Krankenhaussektor wird sich durch die geänderten Rahmenbedingungen in Zukunft weiter steigern. Insbesondere im Zuge der DRG-Einführung erhöht sich der Konkurrenzdruck, der einerseits durch das Ausscheiden von Grenzanbietern[255] sowie durch die Bildung von Klinikketten den Konzentrationsprozess intensivieren und andererseits Spezialisierungstendenzen bei den Anbietern verstärken wird.[256]

Hinzu kommt, dass die gestiegene Mobilität der Patienten für das einzelne Krankenhaus Chancen und Risiken bietet, da die Krankenhauswahl nicht mehr primär von regionalen Gesichtspunkten oder der Empfehlung des Hausarztes abhängt. So lassen sich die Patienten zunehmend von ihrer eigenen Einschätzung leiten, hinsichtlich der Vorteile einzelner Krankenhäuser im Vergleich zu den Wettbewerbern. In der Konsequenz werden nur die Krankenhäuser am Markt bestehen, die die unterschiedlichen Bedürfnisse der Patienten, der einweisenden Ärzte und der anderen Stakeholder qualitativ hochwertig und zugleich wirtschaftlich effizient erfüllen können.[257] Die Suche nach geeigneten Differenzierungsstrategien wird von den Akteuren intensiviert, wobei in der Gesundheitsversorgung insbesondere die Spezialisierung, bspw. auf bestimmte Teilgebiete oder Operationen, oder die Integration in vor- oder nachgelagerte Versorgungsstufen als geeignete Maßnahmen angesehen werden.

---

253 So müsste zur Kompensation eines Fallzahlanstiegs von 15% die stationäre Rehabilitation um 30% abgebaut und die ambulante Rehabilitation auf das 10fache des Standes von 2003 ausgebaut werden. Vgl. Gerdes et al. (2003, S. 330 f.).
254 Vgl. § 9 Abs. 1 SGB IX.
255 Vgl. dazu den in Kapitel 2.1.1.2 dargestellten Rückgang der Zahl der Krankenhäuser in Deutschland.
256 Vgl. Braun von Reinersdorff (2002, S. 120).
257 Vgl. Walther (2005, S. 95 f.).

Auf dem Rehabilitationsmarkt ist ebenfalls ein zunehmender Verdrängungswettbewerb zu konstatieren. Die derzeitige Situation in der medizinischen Rehabilitation ist durch ein Überangebot an Betten und eine zunehmende Konkurrenz um die Belegung durch die Reha-Träger gekennzeichnet. Der größte Teil der deutschen Reha-Kliniken ist nicht voll belegt und ein nicht unerheblicher Teil der Kliniken hat trotz der Optimierung interner Abläufe wirtschaftliche Schwierigkeiten.[258] Besonders betroffen sind die klassischen stationären „Kurkliniken". Auch wenn sie ausreichend auf die Anforderungen der AHB ausgerichtet sind, werden sie oft nicht an den steigenden AHB-Fallzahlen partizipieren können. Gründe dafür sind die in der Regel größeren Entfernungen zum einweisenden Krankenhaus oder zum Wohnort der Patienten.

Für Rehabilitationseinrichtungen in bevorzugten Lagen mit Anbindung an große Ballungsräume kann die Ergänzung um ein ambulantes Angebot zweckmäßig sein, um Belegungsrückgänge im stationären Bereich zu kompensieren. Ausschließlich stationäre Rehabilitationseinrichtungen werden nur überlebensfähig sein, wenn sie mit wettbewerbsfähigen Preisen eine hohe operative Leistungsfähigkeit gewährleisten können und sich zudem eine gute Auslastung, bspw. über privilegierte Zuweisernetze, gesichert haben.[259]

Beim Kampf um eine hohe Auslastungsquote sind die Eigenbetriebe der Kostenträger grundsätzlich im Vorteil, da von Kostenträgerseite auf den Nachfragerückgang mit einer verstärkten Steuerung der Patienten in die eigenen Reha-Einrichtungen reagiert werden kann. Dennoch kommt es auch bei diesen Einrichtungen zunehmend zu Bettenkürzungen und Stationsschließungen bei unwirtschaftlichen Einrichtungen, die auf Subventionen der Träger angewiesen sind.[260] Grund dafür ist der steigende Druck auf die Kostenträger, die Eigenbetriebe wettbewerbsfähig zu führen und die Versicherten in kostengünstigen Einrichtungen behandeln zu lassen. Vereinzelt leiteten Kostenträger daraufhin einen Betreiberwechsel von Eigenbetrieben ein, um sich von unwirtschaftlichen Überkapazitäten zu trennen. Diese Situation nutzten vor allem private Betreiber, um ihr Angebot auszuweiten. Mit dem Ziel der Optimierung der Betriebsgrößen verstärkt sich somit der Trend zur horizontalen Konzentration und der Marktanteil der größeren privaten Ketten wird wachsen.[261]

---

258 Vgl. Jäckel (2006, S. 79) und Kapitel 2.1.1.2 zur Auslastungsentwicklung im Reha-Bereich.
259 Vgl. Messemer/Margreiter (2003, S. 156).
260 Vgl. Adomeit et al. (2001, S. 220).
261 Vgl. Messemer/Margreiter (2003, S. 157 f.).

Auf einem enger werdenden Rehabilitationsmarkt mit einem starken Verdrängungswettbewerb sehen sich viele Rehabilitationskliniken vor der Notwendigkeit, diejenigen Leistungsmerkmale in ihrer Bedeutung für die Patienten zu ermitteln, durch die eine Differenzierung gegenüber der Konkurrenz möglich ist.[262] Die Spezialisierung auf anspruchsvolle Indikationen bzw. auf Bereiche, bei denen ein steigender Bedarf zu erwarten ist, z. B. in der Onkologie oder der Psychosomatik sowie die Bildung von Nischenangeboten wird in diesem Zusammenhang als geeignete Überlebensstrategien genannt.[263] Die Leistungsanbieter sind außerdem gehalten mit anderen Leistungserbringern, also Krankenhäusern, niedergelassenen Ärzten und anderen Reha-Kliniken zusammenzuarbeiten und dabei die eigene Leistungskompetenz durch qualitativ hoch stehende Komplettangebote möglichst transparent zu gestalten.[264]

Substitutionsgefahr durch neue Anbieter
Im Allgemeinen lässt sich feststellen, dass der Wettbewerb innerhalb einer Branche verschärft wird, wenn branchen- oder marktfremde Unternehmen eindringen.[265] Im Bereich der Rehabilitationsversorgung treten vor allem Krankenhäuser als neue Konkurrenten in den Markt ein. Neben der möglichen Konkurrenzsituation im Bereich der Frührehabilitation, die aufgrund der aktuellen Entwicklung in diesem Bereich derzeit nicht abschließend geklärt ist,[266] agieren Krankenhäuser in Deutschland zunehmend als Anbieter von medizinischen Rehabilitationsleistungen. Trotz der Zugangsbarrieren bestehen für Krankenhäuser aufgrund frei werdender Kapazitäten vermehrt Überlegungen zur Umwidmung leerstehender Akutbetten in Reha-Betten. Auch der Anbau einer Reha-Einheit oder der Neubau einer eigenständigen Reha-Klinik am Akuthaus sind mögliche Handlungsalternativen.[267]

Die Substitutionsgefahr durch neue Anbieter besteht auch im Akutsektor. So erkennen nicht nur etablierte Marktteilnehmer, wie bspw. private Krankenhauskonzerne oder internationale Krankenhausketten, die Chancen der neuen Marktdynamik im Akutsektor, sondern ebenso andere Gesundheitseinrichtungen aus vor- und nachgelagerten Stufen der Versorgungskette sowie industrielle Allianzpartner aus komple-

---

262 Vgl. Hartmann (2002, S. 216).
263 Vgl. Bidder (2006, S. 14). So sind neue Geschäftsfelder wie Medical Wellness oder Präventions- und Reha-Angebote für die Belegschaft von Industrieunternehmen zu besetzen. Zu Möglichkeiten eines Medical Wellness-Angebots und konkreten Praxisbeispielen vgl. Gaede (2006b, S. 25 ff.). Beispiele für Kooperationen von Reha-Anbietern mit Industrieunternehmen werden bspw. bei Bidder (2006, S. 15) genannt.
264 Vgl. Clade (2005, S. 3157).
265 Vgl. Porter (1999, S. 422).
266 Vgl. die Ausführungen zur Frührehabilitation in Kapitel 2.1.3.2.3.
267 Vgl. Messemer/Margreiter (2003, S. 158 f.).

mentären Branchen. Entsprechend intensiviert sich der Verdrängungswettbewerb, so dass sich der Substitutionsdruck in einzelnen Bereichen auf die traditionellen Anbieter erhöht. Dabei spielen neben den Anbietern ambulanter Gesundheitsleistungen oder industriellen Dienstleistungsunternehmen auch Anbieter aus dem Bereich der Alternativmedizin eine Rolle.[268]

Darüber hinaus ist die stationäre Gesundheitsversorgung durch die Öffnung der europäischen Gesundheitsmärkte einer zusätzlichen Dynamik ausgesetzt. Infolge des mit dem GKV-Modernisierungsgesetzes (GMG) 2004 eingeführten § 140 e SGB V dürfen Krankenkassen zur Versorgung ihrer Versicherten Verträge mit Leistungserbringern nach § 13 Abs. 4 SGB V im Geltungsbereich des Vertrages zur Gründung der Europäischen Gemeinschaft schließen.[269] Somit sind Versicherte berechtigt, auch Leistungserbringer in anderen Staaten des Geltungsbereichs des Vertrages in Anspruch zu nehmen.[270]

Durch die „Europäisierung" der medizinischen Leistungen besteht im Gegenzug in Deutschland, die Möglichkeit mit ausländischen Patienten eine nicht der inländischen Budgetierung unterliegende Einnahmequelle zu erschließen. Das heißt, deutsche Krankenhäuser und Reha-Einrichtungen können insofern von dieser Entwicklung profitieren, als sie das Wahlrecht haben, die Leistungen an ausländischen Patienten außerhalb ihres Budgets abzurechnen und somit zusätzliche Erlöse zu erwirtschaften.[271]

2.1.4.4 Ordnungspolitische Veränderungen

Die für die stationäre Gesundheitsversorgung relevanten gesetzlichen Rahmenbedingungen zeichnen sich, im Vergleich zu anderen Branchen, durch eine hohe Komplexität und Dynamik aus. Seit Beginn der siebziger Jahre liegt die primäre Herausforderung für Gesetzgebung und Politik in der Bekämpfung überproportional steigender Gesundheitsausgaben bei gleichzeitiger Förderung einer steigenden

---

268 Vgl. dazu ausführlich Walther (2005, S. 87 f.).
269 Vgl. BGBl. I (2003, S. 2190 ff.). Im Hinblick auf die Anwendung des § 140 e SGB V auf sämtliche Rehabilitationsträger im Sinne des § 6 Abs. 1 Nr. 2-7 SGB IX ist der Vorbehalt abweichender Regelungen nach § 7 SGB IX zu berücksichtigen. Vgl. dazu Fuhrmann/Heine (2005, S. 2).
270 Im Rehabilitationsbereich lässt sich bspw. trotz fehlender Wohnortnähe und kulturell-sprachlichen Barrieren bereits eine zunehmende Tendenz dahingehend feststellen, dass Leistungsberechtigte Rehabilitationsmaßnahmen, insbesondere im Rahmen der Heilbehandlung, im europäischen Ausland durchführen und sich im Anschluss daran die angefallenen Kosten von den jeweiligen Krankenkassen erstatten lassen. Gefördert wird dieser Trend durch einzelne Rehabilitationsträger, insbesondere Krankenkassen, welche mit gezielten Marketingmaßnahmen die Rehabilitationserbringung vor allem im benachbarten Ausland fördern. Vgl. Fuhrmann/Heine (2005, S. 1). Eine Darstellung der aktuellen Entwicklungen insbesondere bei der Inanspruchnahme von Heilbehandlungen im Ausland sowie ein Überblick über die von Krankenkassen mit ausländischen Anbietern geschlossenen Verträge findet sich bei Prettin (2006, S. 24).
271 Vgl. Ziegenbein (2001, S. 73).

Qualität. Zu diesem Zweck wurden zahlreiche gesundheitspolitische Reformansätze entwickelt, die allerdings in der Regel als kurzfristig angelegte Sofortmaßnahmen keiner klaren strategischen Entwicklungslinie folgten und somit keine Lösungsansätze für die ursächlichen strukturellen Probleme boten.[272] In ihrer Gesamtheit haben diese Reformbemühungen zu neuen ordnungspolitischen Rahmenbedingungen geführt.[273]

Eine wesentliche Rolle bei der Neugestaltung des Krankenhauswesens spielt die Einführung des fallpauschalierten DRG-Systems. Auswirkungen sind aufgrund der kurzen Laufzeit des Systems zunächst aus den Erfahrungen anderer Länder mit der DRG-Einführung abzuleiten.[274] Die Studie von Forgione und D'Annunzio, die in insgesamt 29 OECD Staaten die Auswirkungen von DRG untersuchte, kam zu folgenden Ergebnissen:[275]

- Es findet ein signifikanter Rückgang der Verweildauer statt. (In den untersuchten Staaten sank die mittlere Verweildauer von 1984 bis 1996 von 8,1 auf 6,5 Tage.)
- Die Produktivität[276] der Akuthäuser steigt deutlich an.
- Die durchschnittliche ökonomische Fallschwere (CMI – Casemix-Index)[277] steigt an.
- Die Krankenhausausgaben gehen bei konstanten Gesundheitsausgaben zurück.[278]

Auch in Deutschland ist durch die Umstellung von einer mengenbezogenen Vergütung auf Basis vollstationärer Pflegetage auf eine diagnoseorientierte Vergütung mit ähnlichen Entwicklungen zu rechnen. Verweildauerreduktionen sind bereits erkennbar,[279] so dass bedingt durch den Wegfall kostengünstiger Behandlungstage am Ende des Krankenhausaufenthalts die Leistungsdichte pro Behandlungstag

---

272 Vgl. hierzu eine ausführliche Darstellung der Gesetzesinitiativen bei Goedereis (1999, S. 27 ff.) oder Gorschlüter (1999, S. 9 ff.).
273 Vgl. Eiff (1996, S. 818 ff.).
274 Vgl. Koehler (2002, S. 10 ff.) oder Rochell/Roeder (2002, S. 8 f.).
275 Vgl. Forgione/D'Annunzio (1999, S. 66 ff.).
276 Dies bedeutet den Anstieg der Fallzahl bei gleichzeitiger Reduzierung der Fallkosten.
277 Der CMI ergibt sich aus der Summe aller DRG-Kostengewichte (Casemix) dividiert durch alle Behandlungsfälle eines Krankenhauses. Der CMI ist damit ein Indikator für die durchschnittliche Ressourcen-Intensität der in einem Krankenhaus behandelten Fälle. Vgl. ausführlich bei Friedrich/Günster (2006, S. 153 ff.).
278 Ein Vergleich der auf das Bruttoinlandsprodukt (BIP) bezogenen Gesundheits- und Krankenhausausgaben zwischen 1995 und 1997 ergab einen Rückgang der Krankenhausausgaben bei den DRG-Ländern um 0,16% BIP (Länder ohne DRG verzeichneten lediglich einen Rückgang um 0,04% BIP). Gleichzeitig blieben die Gesundheitsausgaben konstant. DRG-Erfahrungen aus den USA bestätigen diese Aussage. Hier konnten in der Akutversorgung erhebliche Einsparungen erzielt werden (Rückgang des Ausgabenanteils von 67% im Jahre 1980 auf 49% im Jahre 1995), ohne dass die Gesundheitsausgaben insgesamt gesunken waren. Vgl. Forgione/D'Annunzio (1999, S. 66 ff.).
279 Es ist zu berücksichtigen, dass die durchschnittliche Verweildauer von 1993 bis 2003 um 29% zurückging. Vgl. Rolland (2006a, S. 239). Zudem wurden bereits Mitte der neunziger Jahre für einzelne Krankenhausleistungen Fallpauschalen eingeführt. Vgl. dazu Tuschen/Quaas (2001).

ansteigt. Dementsprechend ergibt sich für die Krankenhäuser die Notwendigkeit sich auf Kernbehandlungsprozesse zu konzentrieren, um die Effizienz innerhalb einzelner Abläufe zu maximieren.

Die Leistungserbringung im stationären Akutbereich im Zeitablauf macht deutlich, dass bereits in den letzten Jahren eine permanente Leistungs- und Effizienzsteigerung mit einem ständigen Kapazitätsabbau einhergeht. So müssen immer mehr Patienten in immer kürzerer Zeit von immer weniger Krankenhäusern versorgt werden. Allerdings wurde bei Versicherten der Allgemeinen Orts-Krankenkassen (AOK) ein Absinken der Fallzahlen im Zeitraum zwischen 2002 und 2004 verzeichnet, der aber nicht zu einer Verringerung des Leistungsvolumens führte, da die CMI-Steigerung den Fallzahlrückgang überkompensierte.[280] Sinkende Fallzahlen bei steigendem CMI können ein Indiz für die Verlagerung von niedrig bewerteten Leistungen in den Bereich der ambulanten Versorgung sein. Dementsprechend forciert die zunehmende Verlagerung von stationären Leistungen in den ambulanten Bereich den Kapazitätsabbau. Für den Kostenträger resultieren im Falle ambulanter Substitution Mehrkosten aufgrund der außerbudgetären Abrechnungen von Leistungen gemäß § 115 b SGB V.[281]

Ein Rückgang der Krankenhausausgaben im deutschen Gesundheitswesen ist dementsprechend bisher nicht zu verzeichnen. Allerdings erfolgen während der Konvergenzphase Umverteilungen der stationären Erlösvolumina, zunächst beschränkt auf die Krankenhäuser eines Bundeslandes. Das Ausmaß und die Richtung der Umverteilung bemessen sich nach der Differenz zwischen krankenhausindividuellen und landesweiten Fallkosten. Daher werden alle Krankenhäuser bemüht sein, ihre durchschnittlichen Fallkosten zu senken und/oder Fallzahl sowie Fallerlöse zu steigern.[282]

Das Management eines Krankenhauses wird vor diesem Hintergrund bestrebt sein, durch ressourcensparenden Einsatz von Sach- und Personalkapazitäten die Produktionskosten für erbrachte Leistungen zu minimieren. Aufgrund der im Vergleich zu anderen Ländern hohen durchschnittlichen Verweildauern in fast allen Leistungsdisziplinen, scheint Optimierungspotenzial im deutschen Akutbereich zu bestehen. Die Annahmen bezüglich noch zu erwartender Reduktionen variieren zwischen

---

[280] Vgl. Friedrich/Günster (2006, S. 166 ff.). Dementsprechend wurde bei AOK-Krankenhausfällen im Zeitraum von 2002 bis 2004 eine Steigerung des Casemix-Index (CMI) um 10, 7% festgestellt.
[281] Vgl. Friedrich/Günster (2006, S. 170) sowie die Ausführungen in Kapitel 2.1.1.2.
[282] Vgl. Högemann (2006, S. 80).

20% und 40% der derzeitigen stationären Verweildauer. Die Verweildauerrückgänge infolge der DRG-Einführung lassen einen steigenden Behandlungsbedarf in den dem Krankenhaus vor- und nachgelagerten Behandlungsstufen erwarten.[283] So muss aus Krankenhaussicht zur Erreichung kürzerer Behandlungszeiten vorausgesetzt werden, dass der Patient im ambulanten Bereich optimal vorbereitet wird sowie nach der Entlassung reibungslos bspw. in eine Rehabilitations- oder Pflegeeinrichtung übergeht. Eine intensivere Zusammenarbeit mit den Akteuren der anderen Sektoren ist daher notwendig.

Neben der Verweildauerreduktion werden die Krankenhäuser durch eine Fallzahlausweitung versuchen, eine Degression des zur Aufrechterhaltung der Betriebsbereitschaft notwendigen und nicht schnell reduzierbaren Fixkostenniveaus zu erreichen.[284] Dabei ist insbesondere die Spezialisierung auf perspektivisch markt- und deckungsbeitragsfähige Leistungen mit der möglichen Erzielung von Skaleneffekten zu erwarten.[285] Da Fallmengen derzeit in Verhandlungen mit den Kostenträgern festgelegt werden und eine Überschreitung zu Abschlägen bei den Fallerlösen führt, ist eine Fallzahlausweitung nur zum Teil zweckmäßig. Sinnvoller erscheint es, durch die Ausnutzung neuer gesetzlicher Regelungen eine höhere Kapazitätsauslastung zu erreichen und sich gleichzeitig neue Erlösquellen zu sichern.

Auswirkungen der DRG-Einführung betreffen aber nicht nur den Akutbereich. Aufgrund der DRG-Einführung ist ebenso mit einem wachsenden Bedarf an AHB-Maßnahmen zu rechnen.[286] So wird das DRG-System mittelbar mit den Behandlungen in Rehabilitationseinrichtungen interferieren. Es ist vermehrt mit AHB-Empfehlungen seitens der Krankenhäuser zu rechnen, damit diese ihre frühzeitigen Entlassungen medizinisch absichern können. Der Sachverständigenrat für die Konzertierte Aktion im Gesundheitswesen erwartet in seinem Gutachten 2003 mittelfristig veränderte Behandlungsstrukturen, so dass aufgrund der intensiveren Patientenklientel im Akutbereich die rehabilitativen Einrichtungen vermehrt

---

283 Vgl. Neubauer (2006b, S. 260 f.).
284 Vgl. Tuschen/Rau (2006, S. 388).
285 Aufgrund des Kontrahierungszwanges der Krankenhäuser im Rahmen der Versorgungsverträge ist ein Ausschluss nicht deckungsbeitragsfähiger Leistungen nicht möglich, wobei die im Rahmen des 2. Fallpauschalenänderungsgesetzes eingeräumten Möglichkeiten, von den Krankenkassen verpflichtend zu finanzierende Leistungsveränderungen zu vereinbaren, eine gewisse Ausnahme bilden. Vgl. dazu § 4 Abs. 4 KHEntgG.
286 Vgl. Reimann (2003, S. 56) sowie Gerdes et al. (2003, S. 331). Eine Modellrechnung für Deutschland von Neubauer und Nowy kalkuliert mit einer durchschnittlichen Verweildauerreduktion im Akutbereich infolge der DRG-Einführung von 4 Tagen. Unter der Annahme, dass 5% (bzw. 10 bzw. 20%) der Verweildauerverkürzung auf die Rehabilitation verlagert werden und dass demografiebedingt die Fallzahl im Akutbereich auf 19 Mio. Fälle im Jahr ansteigt, kommt die Studie zu dem Ergebnis, dass im Jahr 2010 im Bereich der Rehabilitation bezogen auf die Leistungstage im Jahr 2000 eine Mehrbedarf an Leistungstagen von 7,2% (bzw. 14,4 bzw. 28,8%) besteht. Vgl. Neubauer/Nowy (2002, S. 179 f.) in Verbindung mit SVR (2003, S. 439).

akutstationäre Aufgaben übernehmen müssen, die im Grundsatz nicht mit der im SGB IX fixierten Aufgabenstellung einer qualitätsgesicherten Rehabilitation vereinbar sind.[287] Diese Vermutungen konnten in der Kurzfristperspektive zum Teil durch die REDIA-Studie des Instituts für Krankenhausmanagement bestätigt werden.[288]

Parallel zur Verlagerung von Krankenhausleistungen ist mit einem Anstieg der Kosten zu rechnen, insbesondere aufgrund eines erhöhten apparativen und personellen Aufwands.[289] So leisten die Reha-Einrichtungen mit einem rund um die Uhr besetzten fachärztlichen Dienst und examinierten Krankenschwestern sowie hoch spezialisierten Therapeuten Zusatzaufgaben, die bisher im Akuthaus erbracht wurden, bspw. im Bereich der Wundversorgung.[290]

Hinsichtlich der frührehabilitativen Leistungen im Krankenhaus ist festzuhalten, dass ein DRG-System im Ergebnis nicht dazu führen darf, dass ein Krankenhaus aus ökonomischen Gründen heraus nicht (mehr) alle Leistungen erbringt, die medizinisch notwendig sind. Primär liegt es in der Eigenverantwortung der Krankenhäuser, Prozesse und Strukturen so zu organisieren und zu optimieren, dass rechtzeitig und in ausreichendem Maße alle notwendigen Leistungen – also auch die Frührehabilitation – berücksichtigt werden.[291]

Anders stellt sich die Situation in den Fällen dar, in denen Krankenhäuser die Verweildauer auf ein medizinisch nicht vertretbares Maß reduzieren und somit die in einer Pauschale einkalkulierten Leistungen nicht bzw. nicht in angemessener Weise erbringen. Es liegt im originären Interesse der Kostenträger solchen Bestrebungen entgegenzuwirken, da sie in diesen Fällen Leistungen bezahlen, die de facto nicht erbracht wurden.[292] Eine sektorübergreifende Zusammenarbeit im frührehabilitativen Bereich könnte auch aus Sicht der Kostenträger einen geeigneten Lösungsweg darstellen. Wie sich die Leistungsverteilung im Bereich der Frührehabilitation zwi-

---

287 Vgl. SVR (2003, S. 442 f.).
288 Vgl. Eiff/Klemann/Meyer (2007, S. 240 ff.).
289 Bezüglich der Personalaufwendungen sind zudem die enormen Aufwandssteigerungen durch die neuen Tarifverträge sowie die Umstellung der Arbeitszeitorganisation zu berücksichtigen. Vgl. dazu ausführlich Eiff/Stachel (2006, S. 65 ff.).
290 Vgl. Clade (2005, S. 3157) oder Eiff/Klemann/Meyer (2007, S. 6).
291 Vgl. Blatt (2002, S. 4 f.).
292 Aus Sicht des Verbandes der Angestellten-Krankenkassen/Arbeiter-Ersatzkassen-Verbandes (VdAK/AEV) existieren derzeit genügend Mechanismen bzw. Regelungen die den Bestrebungen der Krankenhäuser entgegenwirken. Dazu zählen insbesondere die gesetzlich definierten Abrechnungsregeln (bspw. die untere Grenzverweildauer) und die zukünftig noch weiter auszubauenden Qualitätssicherungsverfahren im stationären Akutbereich. Zudem hat der Gesetzgeber die Krankenhausträger mit dem neuen § 17 c KHG ausdrücklich dazu verpflichtet durch geeignete Maßnahmen darauf hinzuwirken, dass „(...) eine vorzeitige Entlassung aus wirtschaftlichen Gründen unterbleibt." Krankenhäuser handeln also gegen geltendes Recht und verstoßen gegen ihren Leistungsauftrag, wenn sie Patienten aus ökonomischen Gründen heraus zu früh entlassen. Dies wird durch erweiterte Prüfkompetenzen des Medizinischen Dienstes (MDK) (§ 17 c Abs. 2 KHG) flankiert. Vgl. Blatt (2002, S. 4 f.).

schen Akut- und Reha-Einrichtungen konkret weiterentwickeln wird, ist dabei stark von der jeweiligen Indikation und deren Rahmenbedingungen abhängig.

Mit der Einführung der Integrierten Versorgung (IV) im § 140 a bis d SGB V im Rahmen der GKV-Gesundheitsreform 2000 erweiterte der Gesetzgeber für die Krankenkassen und die Leistungserbringer, die Möglichkeiten starre Versorgungsstrukturen zu überwinden. Diese Maßnahme zielt darauf ab, eine verbesserte Koordination der Aktivitäten zwischen den einzelnen Leistungserbringern zu erreichen und ist als Ansatz des Gesetzgebers zu interpretieren, durch Änderungen der gesetzlichen Rahmenbedingungen die sektorübergreifende Zusammenarbeit zu unterstützen. Somit hat die Integrierte Versorgung für die Zusammenarbeit zwischen Akut- und Reha-Einrichtungen im Bereich der ordnungspolitischen Veränderungen eine besondere Bedeutung. Als Teil des Bezugrahmens der Arbeit und basierend auf den im folgenden Kapitel dargestellten Grundlagen der Kooperationsthematik wird sie in Kapitel 2.3.1 detailliert analysiert.

2.2 Allgemeine Grundlagen zur Kooperationsthematik

Allen freiwilligen Kooperationen geht die Einsicht voraus, dass die gemeinsame Leistungsfähigkeit größer ist als die Summe der Einzelleistungen (Synergie) und somit durch Kooperationen eine bessere Wettbewerbsposition erreichbar ist. Dementsprechend nehmen die Kooperationsbemühungen im Gesundheitssystem in unterschiedlichsten Ausprägungen laufend zu, obwohl die Sozialökonomie die Leistungen des Gesundheitssystems insgesamt als meritorische Güter deklariert, die sich aus dem Sozialstaatsprinzip ergeben und den Mechanismen des Marktes weit gehend entziehen.[293]

Vor diesem Hintergrund ist eine Beschäftigung mit den theoretischen Überlegungen zur Kooperationsthematik unumgänglich. Die folgenden Abschnitte beschäftigen sich daher mit dem Terminus der Kooperation, den möglichen Ausgestaltungsformen sowie Erklärungsansätzen, über die sich die Existenz von Kooperationen begründen lässt. Soweit es möglich ist, wird bei den Ausführungen ein Bezug zur Gesundheitsversorgung hergestellt.

2.2.1 Begriff und Wesen von Kooperationen

Der Begriff „Kooperation" stammt aus dem Lateinischen und bezeichnet im allgemeinen Sprachgebrauch jede Form der Zusammenarbeit zwischen Institutionen und Personen.[294] In der Betriebswirtschaft wird der Begriff enger gefasst und mit einer Zusammenarbeit zwischen Unternehmen bzw. Organisationseinheiten gleichgesetzt, mit dem Kennzeichen der Harmonisierung oder der gemeinschaftlichen Erfüllung von (betrieblichen) Aufgaben.[295] Dabei spielt es zunächst keine Rolle, ob die Zusammenarbeit temporär oder dauerhaft angelegt ist bzw. die Gesamtheit oder Teile der betroffenen Organisationseinheiten einbezieht.[296]

Hinsichtlich der beteiligten Organisationseinheiten kann zwischen einer inner- und einer zwischenbetrieblichen Zusammenarbeit unterschieden werden.[297] Bei einer

---

[293] Vgl. Georg (2005, S. 107).
[294] Vgl. Wohlgemut (2002, S. 11) sowie Herbst (2002, S. 10).
[295] Vgl. Wohlgemut (2002, S. 11).
[296] Vgl. Fischer (2006, S. 25).
[297] Vgl. Ellerkmann (2003, S. 15). Die Form der überbetrieblichen Kooperationen wird hier nicht näher betrachtet. Sie beschreibt die Zusammenarbeit zwischen in der Regel einer großen Anzahl an Beteiligten mit einer relativ geringen Bindungsintensität ohne Gewinnerzielungsabsicht und zielt nicht auf die Erstellung einer am Markt verwertbaren Leistung. Typische Beispiele sind Wirtschaftsverbände, wie Industrie- und Handelskammern.

innerbetrieblichen Kooperation sind verschiedene Organisationseinheiten innerhalb einer Gesamtorganisation beteiligt, wobei die Beteiligten einer solchen Kooperation in der Regel über die Teilnahme nicht frei entscheiden können. Dementsprechend kann auch die enge Zusammenarbeit zwischen Unternehmen eines Konzerns als innerbetriebliche Kooperation interpretiert werden, da durch die einheitliche Führung der Konzernleitung trotz der rechtlichen Selbstständigkeit der Konzernunternehmen die wirtschaftliche Autonomie verloren geht. Allerdings verschwimmen die Grenzen zwischen innerbetrieblichen und zwischenbetrieblichen Kooperationen je weniger der Handlungsspielraum der Konzernunternehmen eingeschränkt wird.[298]

2.2.1.1 Kooperationsformen

Bei Kooperationen handelt es sich um zwei oder mehrere Unternehmen,[299] die ihre Aktivitäten bzw. Nutzung von Ressourcen aufeinander abstimmen, um gegenüber den Einzelgängern einen Wettbewerbsvorsprung zu erlangen.[300] Zwar wird die rechtliche Selbstständigkeit der Kooperationspartner nicht angetastet, jedoch ist in den der Kooperation unterliegenden Bereichen eine partielle Aufgabe der wirtschaftlichen Selbstständigkeit erforderlich.[301]

Abzugrenzen von der Koordinationsform der Kooperation sind die hierarchische und die Marktkoordination. Bei der Koordinationsform der Hierarchie übernimmt ein Unternehmen die wesentlichen Teile der Aktivitäten entlang der Wertschöpfungskette („Selbermachen"). Allerdings sind mit der internen Erledigung des gesamten Wertschöpfungsprozesses auch Risiken und Probleme wie hohe Investitionsaufwendungen und eine eingeschränkte Flexibilität bei Marktveränderungen verbunden. Die Marktkoordination stellt indessen die Beziehungen zu Zulieferern und Abnehmern in den Vordergrund („Fremdbezug"). Dementsprechend kann sich ein Unternehmen unter verschiedenen Gesichtspunkten (Kosten, Zeit, Qualität) den jeweils vorteilhaftesten Lieferanten auswählen, gelangt dabei aber in gestiegene Abhängigkeitsverhältnisse und schränkt seinen Einfluss auf den Wertschöpfungsprozess ein.[302]

Zwischen den Kooperationsalternativen „Selbermachen", also eines völligen Erhalts der rechtlichen und wirtschaftlichen Selbstständigkeit, und der vollständi-

---

298 Vgl. Wohlgemut (2002, S. 13).
299 Ein zunehmendes Verschwimmen der Unternehmensgrenzen führt dazu, dass eine exakte Abgrenzung von Unternehmen nach rechtlichen, wirtschaftlichen und funktionalen Kriterien erschwert wird. Vgl. dazu Herbst (2002, S. 11). Im Folgenden wird vereinfachend der Begriff Unternehmen für die möglichen Kooperationspartner benutzt, gleichwohl auch Unternehmensteile als autonome Organisationseinheiten eine Kooperation eingehen können.
300 Vgl. Killich (2005, S. 13).
301 Vgl. Braun/Güssow (2006, S. 69).
302 Vgl. Rautenstrauch/Generotzky/Bigalke (2003, S. 8 f.).

2.2 Allgemeine Grundlagen zur Kooperationsthematik

gen Unterstellung unter eine einheitliche Leitung bei rechtlicher Selbstständigkeit (Konzernbildung) sowie der vollständigen Aufgabe der rechtlichen und wirtschaftlichen Selbstständigkeit (Fusion), besteht ein breites Spektrum unterschiedlicher Kooperationsformen. Da die Anzahl der unterschiedlichen Kooperationsformen nahezu unbegrenzt ist, kann die Darstellung 2-13 lediglich einen Überblick geben, bevor ausgewählte Kooperationsformen kurz dargestellt und voneinander abgegrenzt werden.

Darstellung 2-13: Kooperation als Koordinationsfunktion zwischen Markt und Hierarchie

	Allgemein				
	Tauschgeschäft	Supply Cain Management		Joint Venture	Akquisition
		Arbeitsgemeinschaft	Strategische Allianz		100%ige Tochter
	Kaufvertrag	Konsortium	Unternehmensnetzwerk		
		Interessengemeinschaft	Franchising	Virtuelles Unternehmen	Fusion
Gesundheitswesen	Unabhängige Gesundheitseinrichtungen	Einkaufsgemeinschaft	Krankenhauskooperationen		Gesundheits-AG
		Krankenhausverbund	Medizinisches Versorgungszentrum	Gesundheitsnetzwerke	Krankenhauskonzern/ -kette
	Lieferanten-/Wartungsvertrag	Apparategemeinschaft	Belegarztkliniken		
		Arztnetzwerke	Integrierte Versorgung		

⇐ **Markt** — **Kooperation** — **Hierarchie** ⇒

Als einfachste Kooperationsform kann die *lose* oder *informelle Kooperation* angesehen werden, bei der es keine festen Absprachen und Regelungen gibt. Dies ist der Fall, wenn bspw. der Orthopäde eines Krankenhauses seine Patienten nach der Hüftgelenksimplantation aufgrund guter Erfahrungen stets an eine bestimmte Reha-Einrichtung überweist bzw. empfiehlt.[303]

Eine *Interessengemeinschaft* dient der Vertretung und/oder Durchsetzung gemeinsamer Interessen mehrerer Unternehmen.[304] Dementsprechend kann eine Inter-

---
303 Vgl. Brede (2006, S. 99).
304 Vgl. Plüss/Huber (2005, S. 6).

essengemeinschaft bei Leistungserbringern im Gesundheitswesen in Form einer gemeinsamen Arbeitgebervertretung auftreten, wie bspw. bei einer Tarifgemeinschaft kommunaler Krankenhäuser.

Unter *Franchising* wird ein Vertriebssystem verstanden, mit dem Waren, Dienstleistungen und/oder Technologien vermarktet werden. Das Franchising gründet sich auf einer engen und fortlaufenden Zusammenarbeit rechtlich und finanziell selbstständiger Unternehmen; dem Franchise-Geber und seinen Franchise-Nehmern.[305] Während der Franchise-Geber die Planung, Durchführung und Kontrolle eines erfolgreichen Betriebssystems übernimmt und das unternehmerische Gesamtkonzept erstellt, setzt der Franchise-Nehmer das Konzept selbstständig an seinem Standort um.[306] Im Gesundheitswesen sind insbesondere im Bereich der Pflege Franchising-Konzepte denkbar.[307]

Bei einem *Konsortium oder einer Arbeitsgemeinschaft* handelt es sich um eine Projektorganisation, in der sich die kooperierenden Unternehmen verpflichten, ein Projekt gemeinsam durchzuführen. Daher werden sie in der Regel für einen begrenzten Zeitraum gegründet. Die Partner bleiben unabhängig.[308] Bei einer Zusammenarbeit mit strategischer Ausrichtung, bspw. mit dem Ziel der Optimierung des Patientenbehandlungsprozesses, ist eine projektbezogene Arbeitsgemeinschaft als suboptimal einzustufen.

Das *Supply Chain Management* ist die prozessorientierte Gestaltung, Lenkung und Entwicklung aller Aktivitäten eines Geschäftsprozesses (Supply Chain) von der Beschaffung der Rohmaterialien bis zum Verkauf an den Endverbraucher. Dementsprechend endet das Konzept nicht innerhalb einer Abteilung oder eines Unternehmens, sondern bezieht alle am Wertschöpfungsprozess beteiligten Unternehmen ein. Auf diese Weise soll zwischen ausgewählten Kooperationspartnern eine langfristige und partnerschaftliche Win-Win-Beziehung aufgebaut und in das Wertschöpfungssystem des Unternehmens mit seinen unterschiedlichen Aktivitäten integriert werden.[309] Entsprechend verlagert sich auch der Wettbewerb zwischen isolierten Einheiten des Gesundheitswesens vermehrt zu einem Wettbewerb zwischen Versorgungsketten, so dass eine Vorteilsgenerierung besonders durch ein Versorgungsketten-Management der integrierten Unternehmen erreicht werden kann.[310]

---

305 Vgl. Plüss/Huber (2005, S. 7).
306 Vgl. Killich (2004, S. 9).
307 Vgl. Mühlbacher (2002, S. 162 f.).
308 Vgl. Plüss/Huber (2005, S. 7).
309 Vgl. Beckmann (2004, S. 4).
310 Vgl. Eiff (2000e, S. 794).

2.2 Allgemeine Grundlagen zur Kooperationsthematik

Dabei bezieht sich das Supply Chain Management nicht nur auf die Gestaltung einzelner Schnittstellen, sondern auf die optimale Gestaltung von vor- und nachgelagerten Versorgungsströmen einschließlich ihrer netzwerkartigen Verflechtungen.[311]

Die *Strategische Allianz* beschreibt das Zusammengehen von mehreren selbstständigen Unternehmen mit dem Ziel, die individuellen Stärken einzelner Geschäftsfelder zu vereinen. Sie ist somit auf bestimmte Geschäftsfelder von Unternehmen derselben Branchen beschränkt. Als besondere Form der Unternehmenskooperation findet die strategische Allianz auf der gleichen Wertschöpfungsebene, also zwischen aktuellen oder zumindest potenziellen Konkurrenten statt und ist zudem oft zeitlich befristet.[312] Insbesondere von Krankenhäusern werden strategische Allianzen mit anderen Krankenhäusern als eine der wichtigsten Entwicklungsoptionen angesehen. So war die Strategische Allianz bei einer Umfrage im Krankenhausbereich mit 77% das am häufigsten genannte Instrument zur zukünftigen Ausrichtung.[313]

Ein *Joint Venture bzw. Gemeinschaftsunternehmen* zeichnet sich dadurch aus, dass in der Regel zwei, selten mehr als vier Unternehmen eine neue gesellschaftsrechtliche Einheit gründen oder ein bereits bestehendes, rechtlich selbstständiges Unternehmen erwerben und diese gemeinsam führen. Joint Ventures sind zeitlich und sachlich unbefristet angelegt, wobei das Beteiligungsverhältnis zwischen den Partnern unterschiedlich sein kann.[314] Während das Joint Venture in vielen Branchen eine weit verbreitete Form der zwischenbetrieblichen Kooperation ist, spielt es in der stationären Gesundheitsversorgung eine untergeordnete Rolle.[315] Ein Beispiel für ein Joint Venture im Gesundheitswesen ist die Zusammenarbeit von Sunrise Senior Living, der weltweit größte Betreiber von Seniorenwohnheimen, mit Pramerica Real Estate Investors, dem Immobilien-, Investment- und Beratungsgeschäft von Prudential Financial, in Großbritannien.[316]

Ein *Unternehmensnetzwerk*[317] zeichnet sich durch kooperative und relativ stabile Beziehungen zwischen mehr als zwei rechtlich selbstständigen, wirtschaftlich jedoch meist abhängigen Unternehmen aus.[318] Die Zusammenarbeit ist zeitlich

---
311 Vgl. Braun von Reinersdorff (2002, S. 312 f.).
312 Vgl. Killich (2004, S. 10).
313 Vgl. dazu Praeckel/Wittstock/Wybranietz (2005, S. 66).
314 Vgl. Wohlgemut (2002, S. 16).
315 Vgl. dazu die Umfragewerte bei Praeckel/Wittstock/Wybranietz (2005, S. 66).
316 Vgl. o. V. (2007, S. 1).
317 Anders als bei den anderen Kooperationsformen ist die Konsolidierung des Begriffsverständnisses für die Unternehmensnetzwerke in der Literatur bisher nicht abgeschlossen. Daher werden trotz der Unterschiede im Detail hier die wesentlichen charakteristischen Merkmale aufgeführt, über die weitgehend Einigkeit herrscht. Vgl. dazu Wohlgemut (2002, S. 17).
318 Vgl. Pfohl (2004b, S. 4).

und sachlich unbefristet und erfolgt in der Regel auf Grundlage formloser oder schriftlicher Vereinbarungen.[319] Die Netzwerkpartner können unterschiedliche, aber wechselseitige Interessen und Ressourcenabhängigkeiten vorhalten, welche dem Informationsaustausch, der Lösung eines gemeinsamen Problems, der Abwicklung eines Projekts, der gegenseitigen Unterstützung oder der gemeinsamen Interessensformulierung dienen.[320] Als grundlegende Voraussetzung für die Bildung von Netzwerken wird der Ausgleich der Nutzen aller am Netzwerk beteiligten Unternehmen genannt und damit die Schaffung einer Win-Win-Situation, wobei sich die Ressourceneinsätze und die erwirtschafteten Gewinne der Netzwerkpartner innerhalb eines Netzwerks weit gehend entsprechen müssen.[321] Ein Beispiel für ein Netzwerk im internationalen Gesundheitswesen ist das Schlaganfallmanagement des Barrow Neurological Institute in Phoenix, bei dem ein gemeinsamer Leistungsverbund mit niedergelassenen Ärzten und Notfalldiensten zur zentralen Maximalversorgung und dezentralen qualifizierten Sofortversorgung gebildet wurde.[322]

Neben der Bezeichnung Unternehmensnetzwerk werden die Begriffe Unternehmensverbund, virtuelle Unternehmen oder virtuelle Organisationen oft synonym verwandt.[323] Darüber hinaus existiert mit den so genannten Clustern, als regionale Standortverbünde von Unternehmen, eine weiterentwickelte Netzwerkorganisation im Gesundheitswesen, die in Verbindung mit virtuellen Kompetenzzentren einen wichtigen Zukunftstrend in Deutschland abbilden.[324]

Die aktuellen Entwicklungen im Gesundheitswesen zeigen insgesamt eine große Vielfalt von verschiedenen Formen der interorganisationalen Zusammenarbeit, die auch speziell an der Schnittstelle zwischen Akut- und Reha-Bereich zu beobachten ist. Die Art der Ausgestaltung der Kooperationen hängt von mehreren Einflussfaktoren ab, wie bspw. der Branchenentwicklung, dem Verhalten der Konkurrenten, Komplementären und Kunden sowie den unternehmensindividuellen Zielen. Darüber hinaus zeigt die Praxis, dass zwischen den einzelnen Kooperationsformen häufig Beziehungen bestehen und zwar dergestalt, dass zwischen Kooperationspartnern kombinierte Kooperationsformen auftreten oder dass Kooperationsformen zeitlich aufeinander folgen. Ein zeitlicher Zusammenhang zwischen Kooperationen

---

319 Vgl. Wohlgemut (2002, S. 17).
320 Vgl. Plüss/Huber (2005, S. 6).
321 Vgl. dazu Pfohl (2004b, S. 4).
322 Vgl. dazu ausführlich Eiff (2005a, S. 22).
323 Eine detaillierte Abgrenzung der unterschiedlichen Begriffe findet sich bei Rautenstrauch/Generotzky/Bigalke (2003, S. 25 ff.).
324 Vgl. dazu ausführlich Eiff (2005b, S. 147 ff.).

herrscht insofern, als Formen mit schwächerer Bindungsintensität und geringerer strategischer Bedeutung oft als Vorstufe zu solchen mit intensiverer Verflechtung und größerer strategischer Relevanz eingegangen werden.[325]

2.2.1.2 Merkmale von Kooperationen

Unabhängig von der Kooperationsform können interorganisationale Beziehungen durch verschiedene Merkmale klassifiziert werden. Deren Kombination führt allerdings nicht zu eindeutigen Abgrenzungskriterien, da aus der Verschiedenartigkeit der Betrachtungsperspektive und der Systematisierungsdimensionen eine Undifferenziertheit resultiert. Ausgewählte Dimensionen und ihre Ausprägungen werden daher anhand des morphologischen Kastens in der Darstellung 2-14 vorgestellt und im Folgenden erläutert.[326]

Darstellung 2-14: Morphologischer Kasten der Kooperationsdimensionen

Dimensionen	Ausprägungen			
Motiv	Erschließung von Ressourcen	Qualitätssteigerung	Kostensenkung	Risikobeschränkung
Intensität der Zusammenarbeit	Erfahrungs-/ Informationsaustausch	Absprachenkooperation	Austauschkooperation (reziprok)	Gemeinschaftskooperation (redistributiv)
Art der Bindung	formlos	vertraglich		Kapitalbeteiligung
Anzahl der Partner	bilaterale Kooperation		Unternehmensnetzwerk	
Aktivitätsgrad der Partner	proaktiv		reaktiv	
Zutritts-/Austrittsmöglichkeiten	offen		geschlossen	
Kooperationsrichtung	horizontal	vertikal		lateral/diagonal
Räumlicher Aspekt	lokal	regional	national	international
Zeitlicher Aspekt	kurzfristig (< 1 Jahr)	mittelfristig (1-5 Jahre)	langfristig (> 5 Jahre)/ unbefristet	
Unternehmensbereiche	Nicht-medizinischer Bereich		Medizinischer Bereich	
	Verwaltungs- und Versorgungsbereich		Primärbehandlung	Medizinische Hilfsleistungen

---

325 Vgl. Friese (1998, S. 164 f.).
326 Die gewählten Dimensionen unterscheiden sich in ihrer Begrifflichkeit von anderen Quellen und die Ausprägungen der einzelnen Dimensionen erheben keinen Anspruch auf Vollständigkeit. Vgl. Dreßler (2000, S. 58), Rautenstrauch/Generotzky/Bigalke (2003, S. 13) oder Killich (2005, S. 18).

Die *Motive* von Kooperationen können sehr vielschichtig sein. Explizit soll hier auf die Erschließung von Ressourcen des Kooperationspartners hingewiesen werden. Dies könnten bspw. personelle oder technische Ressourcen sein. Bei einer Kooperation zwischen Akut- und Reha-Einrichtungen könnten für das Krankenhaus einerseits die personellen Ressourcen im Bereich des therapeutischen Fachpersonals einer Reha-Einrichtung von Nutzen sein. Andererseits verfügt ein Krankenhaus in der Regel über eine bessere medizin-technische Ausstattung, bspw. im Bereich der Großgeräte, die im Kooperationsfall eher für die Reha-Einrichtung nutzbar wären. In der Konsequenz kann es kooperationsbedingt zu Qualitätsvorteilen im Behandlungsprozess kommen, die sich auch in sinkenden Kosten niederschlagen können. Weiterhin ist durch die Zusammenarbeit eine Risikobeschränkung denkbar.

In der Dimension der *Kooperationsintensität* wird nach dem Ausmaß der Einschränkung von Handlungsvollmachten und Entscheidungskompetenzen der Kooperationspartner durch die Kooperation unterschieden:

- Der Erfahrungs- und Informationsaustausch mit dem Ziel, von den Erfahrungen und Informationen des Kooperationspartners zu profitieren, ist die loseste Form der Zusammenarbeit (bspw. in Form eines Ärztestammtisches).[327]
- Weiter gehend ist die Absprachenkooperation, bei der die Partner ihren Entscheidungs- und Handlungsspielraum freiwillig einschränken, ohne dass weitere Interaktionen erfolgen.[328] Ein Beispiel hierfür ist die Abstimmung bzw. Koordination von regionalen Angebotsstrukturen, also bspw. Bettenkapazitäten für bestimmte Fachabteilungen, die sowohl auf horizontaler als auch auf vertikaler Ebene stattfinden kann.[329]
- Zwischen der Austausch- und der Gemeinschaftskooperation liegt ein wesentlicher Unterschied in der Zielidentität. Ist der Kooperationspartner bspw. der optimale Lieferant für die Lösung des eigenen Problems, liegen die Partnerstärken dort, wo die eigenen Schwächen gefunden werden, so dass es zum Austausch von Leistungen bspw. aufgrund einer wechselseitigen Spezialisierung kommt (reziproke Kooperation).[330] Dies kann in einer Mitbenutzung von Einrichtungen (bspw. eines therapeutischen Schwimmbades), von Personal (bspw. gegenseitige konsiliarische Tätigkeiten) oder der technischen Ausstattung (bspw. diagnostische Hochleistungsgeräte) des Kooperationspartners münden.

---

327 Vgl. Merschbächer (2000, S. 146).
328 Vgl. Rautenstrauch/Generotzky/Bigalke (2003, S. 15).
329 Vgl. Merschbächer (2000, S. 147).
330 Vgl. Killich (2005, S. 20).

2.2 Allgemeine Grundlagen zur Kooperationsthematik

- Eine Gemeinschaftskooperation liegt vor, wenn dasselbe Ziel angesteuert wird. Das heißt, dass Schwächen der Partner durch Zusammenlegung der Ressourcen behoben werden (redistributive Kooperation). Im Gesundheitswesen ist eine solche hohe Kooperationsintensität bei einem von mehreren Leistungserbringern gemeinsam gegründeten Unternehmen, bspw. ein Logistikzentrum, zu beobachten.[331]

Die intensivste Form der Zusammenarbeit ist die freiwillig akzeptierte Übernahme der Geschäftsführung durch einen Kooperationspartner, die ein hohes Maß an Vertrauen voraussetzt und bspw. zur Krisenabwendung bzw. Existenzsicherung durchgeführt wird.[332]

Die *Art der Bindung* entscheidet in der Regel über die Verbindlichkeit einer Kooperation. Während lose Kooperationen mit geringem Risiko eher formlos auf mündlichen Absprachen beruhen, werden engere Bindungen mit einem stärkeren Engagement durch Kooperationsverträge geregelt. Die formlosen Kooperationen werden dann geschlossen, wenn keine rechtlichen Ansprüche gegenüber dem Partner entstehen sollen. Als Beispiel wäre hier ein Erfahrungs- und Informationsaustausch gleicher Branchen oder medizinischer Fachdisziplinen, organisiert durch die beruflichen Dachverbände zu nennen.[333] Verträge regeln in schriftlicher seltener in mündlicher Form die Kooperationsziele, die Aufgabenverteilung und die Verrechnung von Aufwendungen und Erträgen. Grundsätzlich ist in Kooperationsbeziehungen ein gewisser Formalisierungsgrad anzuraten, um die Verbindlichkeit des Abkommens zu unterstreichen und den Konsens unmissverständlich festzuhalten.[334] Eine kapitalmäßige Verflechtung ist die intensivste Form der Bindung zwischen den Kooperationspartnern, die im extremsten Fall zum Verlust der wirtschaftlichen Selbstständigkeit eines Unternehmens führt, so dass dann ein Unternehmenszusammenschluss vorliegt.[335]

Grundsätzlich steigen die formalen und rechtlichen Anforderungen mit der angestrebten Intensitätsstufe der Kooperationsbeziehung, die wiederum abhängig von der Zielsetzung der Kooperation unterschiedlich gestaltet werden kann.[336] In Anlehnung an Lingenfelder/Kronhardt lassen sich die unterschiedlichen Zielsetzungen zu verschiedenen Ebenen von Grundsatzzielen zusammenfassen, die idealtypisch

---

331 Eine detaillierte Erläuterung zu der Funktionsweise und den Synergiepotenzialen eines gemeinsamen Logistikzentrums am Beispiel des Medical-Order-Centers in Ahlen findet sich bei Goedereis (2005, S. 445 ff.).
332 Vgl. Merschbächer (2000, S. 148).
333 Vgl. Rautenstrauch/Generotzky/Bigalke (2003, S. 15).
334 Vgl. Oberender/Fleckenstein (2005, S. 11).
335 Vgl. Killich (2005, S. 20).
336 Vgl. Oberender/Fleckenstein (2005, S. 11 f.).

aufeinander folgen. Je nach angestrebter Zielebene werden in den verschiedenen Kooperationen unterschiedliche Gestaltungselemente und Leistungsangebote kombiniert (siehe Darstellung 2-15).[337]

Darstellung 2-15: Ebenen von Grundsatzzielen
Quelle: In Anlehnung an Lingenfelder/Kronhardt (2001, S. 318).

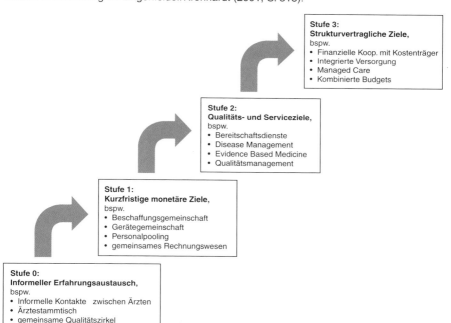

Die *Anzahl der Partner* ist bei bilateralen Kooperationen auf zwei Unternehmen beschränkt, die ihre Aktivitäten in der Regel unmittelbar koordinieren. Dagegen sind bei Unternehmensnetzwerken mehrere Partner eingebunden.

Der *Aktivitätsgrad* der Beteiligten während der Kooperationsinitiierung ist als ein weiteres Differenzierungsmerkmal zu sehen. So kann ein Unternehmen durch die Evaluierung von Voraussetzungen und Zielen die Partnersuche aktiv gestalten oder die Kooperationsoption erst dann berücksichtigen, wenn sich aus einem Angebot eines potenziellen Partners die Möglichkeit hierzu bietet.[338]

---

337 Vgl. Lingenfelder/Kronhardt (2001, S. 317 f.).
338 Vgl. Rautenstrauch/Generotzky/Bigalke (2003, S. 16).

2.2 Allgemeine Grundlagen zur Kooperationsthematik

Die *Zutritts- und Austrittsmöglichkeiten* beschreiben die Barrieren, die den Unternehmen bei Ein- bzw. Austritt aus einer Kooperationsbeziehung oder einem Netzwerk entgegenstehen. Beispiele sind der zwingend notwendige Erwerb von Geschäftsanteilen beim Eintritt oder mögliche Sanktionen beim Austritt eines Partners aus der Kooperation.[339]

Die *Kooperationsrichtung* gibt an, auf welcher Wertschöpfungsstufe bzw. in welcher Branche die Kooperationspartner agieren.[340] Unterscheiden lassen sich die horizontale, die vertikale und die laterale bzw. diagonale Zusammenarbeit (siehe Darstellung 2-16):

- Von einer horizontalen Kooperation spricht man, wenn beide Unternehmen in derselben Branche bzw. auf der gleichen Versorgungsstufe tätig sind. Häufig sind sie Konkurrenten, die eine größere Marktmacht bspw. gegenüber Lieferanten oder die Koordinierung bzw. Durchführung bestimmter Funktionen erreichen wollen. Ein typisches Beispiel für diese Form ist eine Einkaufsgemeinschaft von mehreren Krankenhäusern, die über Mengeneffekte auf eine bessere Verhandlungsposition und dadurch auf Kostensenkungen abzielen.[341]
- Unternehmen verschiedener, aufeinander folgender Wertschöpfungs- bzw. Versorgungsstufen werden durch vertikale Kooperationen, bspw. zwischen niedergelassenen Ärzten und Krankenhäusern oder Rehabilitationseinrichtungen und Krankenhäusern, zusammengeführt. Dabei können die Kooperationen abhängig von der Ausdehnung des Tätigkeitsfeldes auf vor- oder nachgelagerte Produktionsstufen rückwärts oder vorwärts gerichtet sein.[342] Auf diese Weise sollen bspw. Patientenströme besser gesteuert und Versorgungsprozesse besser koordiniert werden. Darüber hinaus werden durch Know-how-Transfer integrierte Verbundleistungen mit größerem Patientenservice ermöglicht.[343]
- Laterale bzw. diagonale Kooperationen bestehen im Gegensatz dazu aus Unternehmen unterschiedlicher Branchen, die weder in einem direkten Leistungs- noch in einem Konkurrenzverhältnis zueinander stehen.[344] Dabei geht es seltener um standardisierte Dienstleistungen, als vielmehr um die Integration verschiedener Wissensbestände zur Entwicklung neuer Produkte und Dienstleistungen oder betriebsindividuelle Problemlösungen.[345] Ein Beispiel ist die Zusammenarbeit

---

339 Vgl. Rautenstrauch/Generotzky/Bigalke (2003, S. 16).
340 Vgl. Killich (2005, S. 18).
341 Vgl. Praeckel/Wittstock/Wybranietz (2005, S. 71).
342 Vgl. Rautenstrauch/Generotzky/Bigalke (2003, S. 14).
343 Vgl. Georg (2005, S. 107).
344 Vgl. Rautenstrauch/Generotzky/Bigalke (2003, S. 15).
345 Vgl. Georg (2005, S. 107 f.).

Allgemeine Grundlagen zur Kooperationsthematik | 2.2

zwischen Krankenhausärzten und Medizintechnikern mit dem Ziel der Entwicklung innovativer bildgebender Verfahren in der Diagnostik oder die Kooperation von Reha-Einrichtungen mit einem Wellness-Unternehmen zur positiven Verstärkung des subjektiven Lebensgefühls der Patienten.[346]

Darstellung 2-16: Kooperationsrichtungen im Gesundheitswesen
Quelle: In Anlehnung an Nguyen/Oldenburg (2006, S. 19).

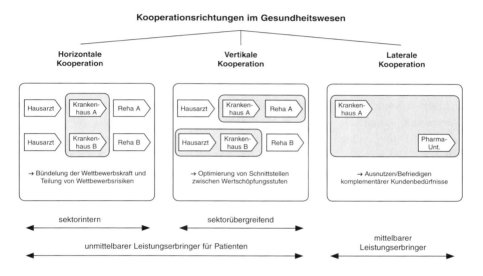

Gemäß dem Wirkungsgebiet in der *räumlichen Betrachtungsebene* können Kooperationen lokal begrenzt, regional, national oder international sein. Dabei ist zwischen der Herkunft der Partnerunternehmen und dem Geltungsbereich der Zusammenarbeit zu unterscheiden. Dementsprechend können zum einen zwei internationale Unternehmen auf einem bestimmten regionalen Markt kooperieren. Zum anderen ist es möglich, dass zwei lokale Unternehmen auf internationalen Märkten zusammenarbeiten.[347]

Hinsichtlich der *zeitlichen Dauer* lassen sich grundsätzlich befristete und unbefristete Formen der Zusammenarbeit differenzieren. Entscheidend ist dabei der

---
346 Vgl. dazu ausführlich Eiff (2005a, S. 24 f.).
347 Vgl. Rautenstrauch/Generotzky/Bigalke (2003, S. 16).

Geschäftszweck, der bei einer starken Projektbezogenheit sachlich und zeitlich begrenzt ist. Tendenziell beinhalten Projekte ein größeres Risiko, da sich die Kooperationspartner gegen Ende des Projektes opportunistisch verhalten. Dagegen werden die Partner in zeitlich unbefristeten Kooperationen opportunistische Verhaltensweise eher vermeiden, da sich diese zukünftig auf die eigenen Handlungen negativ auswirken können.[348]

Kooperationen können sich grundsätzlich auf alle *Funktionsbereiche eines Unternehmens* beziehen und die gesamte Palette an Dienstleistungen am Patienten sowie auch die für deren Organisation notwendigen Leistungen umfassen.[349] Daher bietet sich die Unterteilung in medizinische und nicht-medizinische Kooperationsbereiche an (siehe Darstellung 2-17). Zu den nicht-medizinischen Leistungen zählen die Nebenleistungen der medizinischen Behandlung, also vor allem die aus dem Versorgungs- und Verwaltungsbereich. In der Regel sind Kooperationen in diesem Bereich operativer Natur und auf kurzfristige Erfolgsziele ausgelegt. So ergeben sich in der Verwaltung Potenziale der Zusammenarbeit beim Einkauf und der Beschaffung, beim Marketing und der Öffentlichkeitsarbeit, der EDV und des Rechnungswesens, bei der Sicherheit und dem Umweltschutz sowie der Fort- und Weiterbildung des Personals.[350] Im Versorgungsbereich liegen die Kooperationsfelder besonders in der Logistik, der Lagerhaltung und der Wartung. Da medizinische Dienstleister in diesem Bereich keine genuinen Wettbewerbsvorteile besitzen und es sich nicht um den Kernkompetenzbereich der Patientenversorgung handelt, bietet sich hier auch die Outsourcingalternative an.[351] In diesem Zusammenhang sind Kooperationen denkbar, die in den klassischen Outsourcingbereichen, wie Wäscherei, Speisenversorgung und Reinigung, bspw. zur Gründung einer gemeinsamen Servicegesellschaft führen können.

---

348 Vgl. Killich (2005, S. 20).
349 Vgl. Rautenstrauch/Generotzky/Bigalke (2003, S. 14) sowie Oberender/Fleckenstein (2005, S. 13).
350 Vgl. Oberender/Fleckenstein (2005, S. 14) oder Gronemann (1988, S. 32 f.).
351 Zum Outsourcing im Krankenhausbereich vgl. Eiff (2000d, S. 82 ff.).

Darstellung 2-17: Kooperationsbereiche zwischen Akut- und Reha-Einrichtungen

```
                                    Krankenhaus
    ┌──────────────────────┐  ┌──────────────────────────────────┐
    │ Nicht-medizinischer  │  │     Medizinischer Bereich         │
    │       Bereich        │  │                                   │
                              │ Medizin-technischer Bereich │ Medizinische Behandlung │

    • Einkauf &                  • Labor              • Orthopädie
      Beschaffung                • Radiologie         • Kardiologie
    • IT-Strukturen              • Apotheke           • Neurologie
    • ReWe                       • Physiotherapie     • Geriatrie
    • Wäscherei                  • ...                • ...
    • Catering
    • Reinigung
    • ...

  Outsourcing-Partner                                      Kostenträger

                              Rehabilitationseinrichtung
```

Im Kernkompetenzbereich der Leistungserbringer im Gesundheitswesen umfasst die medizinische Primärbehandlung die Diagnostik, die Therapie und die Pflege, die je nach Versorgungsstufe unterschiedlich stark ausgeprägt sind. Kooperationen im medizinischen Bereich bestimmen langfristig den Unternehmenserfolg, da durch die Koordination von Angebotsstrukturen das Leistungsprogramm determiniert wird.[352] So kann ein regionales Behandlungsangebot durch die Erbringung unterschiedlicher Leistungen oder durch die gegenseitige Abstimmung bestimmter Abschnitte innerhalb des Leistungserstellungsprozesses aufgeteilt werden, wie z. B. bei der Sicherstellung der Notfallversorgung für Schlaganfallpatienten. Im medizinisch-technischen Bereich (bspw. Labor, Apotheke, Radiologie oder Physiotherapie) erscheinen Kooperationen besonders attraktiv, da sie nicht unmittelbar zur Kernkompetenz eines Leistungserbringers im Gesundheitswesen gehören (siehe Darstellung 2-17). So bietet sich neben der Kooperation mit spezialisierten externen Anbietern gerade bei investitionsträchtigen Medizintechnologien eine Zusammenarbeit der Leistungserbringer an, bspw. durch eine gemeinsame Ressourcennutzung, über eine Koordination der Gerätestandorte oder durch Liefervereinbarungen.[353] Die Zusammenarbeit ist dabei nicht auf einen einzigen Bereich beschränkt, sondern gleichzeitig auf mehreren Feldern möglich.

---
352 Vgl. Oberender/Fleckenstein (2005, S. 13).
353 Vgl. Oberender/Fleckenstein (2005, S. 14). Eine ausführliche Darstellung der Synergiepotenziale verschiedener Funktionsbereiche im Krankenhaus findet sich bei Goedereis (2005, S. 443 ff.).

2.2 Allgemeine Grundlagen zur Kooperationsthematik

2.2.2 Theoretischer Bezugsrahmen zur Erklärung von Kooperationen

Aufgrund einer fehlenden ganzheitlichen und konsistenten Theorie zur Erklärung der Entstehung von Kooperationen muss eine Gesamtbetrachtung verschiedener relevanter Theorien erfolgen, die sich auf die Entstehung von Kooperationen, die Organisation der Zusammenarbeit sowie die Begründung kooperativer Wettbewerbsvorteile beziehen.[354] Die Gefahr einer solchen Theorievielfalt liegt darin begründet, dass zu viel über die verschiedenen „... Scheinwerferpositionen und deren Ein- und Ausschalten (Metatheorien) ..."[355] gesprochen wird und dabei die praktischen Probleme nicht mehr ausreichend wahrgenommen werden. Allerdings steht dieser Gefahr der Vorteil gegenüber, dass nicht nur eine Perspektive fokussiert und so eine gewisse Fehlerblindheit vermieden wird. Weiterhin weisen die verschiedenen theoretischen Ansätze unterschiedliche Ausgangspunkte und Denkmuster auf, die vermuten lassen, dass entsprechend der Mehrdeutigkeit der Realität unterschiedliche Wirklichkeiten aufgedeckt werden, die insgesamt ein erweitertes Verständnis für die Ausgangsfragestellung bieten und einen kritischen Umgang mit den Lösungsansätzen erlauben.[356] Eine Totalanalyse aller kooperationserklärenden Theorieansätze ist aufgrund ihrer Vielfalt aufwendig, so dass es zielführender erscheint, die Untersuchung auf die relevantesten Ansätze einzuschränken.[357]

Die Darstellung 2-18 gibt einen systematischen Überblick über diejenigen Theorien, die bei der Entwicklung des theoretischen Bezugsrahmens für diese Arbeit im Mittelpunkt stehen. Primär sind das der marktorientierte Ansatz, die Transaktionskostentheorie, der ressourcenorientierte und der spieltheoretische Ansatz. Aufgrund ihrer verschiedenen Relevanz für das vorliegende Kooperationsthema werden die Ansätze im Folgenden unterschiedlich ausführlich erläutert, zudem wird auf ergänzende theoretische Ansätze in Kurzform eingegangen.

---

[354] Das Ziel von Theorien ist die Orientierung in einer komplexen Wirklichkeit. Da sie nur Teilaspekte der Wirklichkeit abbilden, fokussieren einzelne Theorien besondere Faktoren bzw. Wirkungszusammenhänge innerhalb eines Organisationsproblems und vernachlässigen andere. Daher kann keine Theorie allein einen hinreichenden Beitrag zur Analyse und Gestaltung von Kooperationen leisten. Vgl. Picot/Dietl/Franck (1999, S. 27 f.).
[355] Picot/Dietl/Franck (1999, S. 34).
[356] Vgl. Hawranek (2004, S. 88).
[357] Sehr ausführliche Erläuterungen der Theorien zur Kooperationsforschung finden sich bei Zentes/Swoboda/Morschett (2005), Friese (1998), Rössl (1994), Wurche (1994), Semlinger (1993) oder Sydow (1992).

Darstellung 2-18: Theoretische Ansätze zur Erklärung von Kooperationen

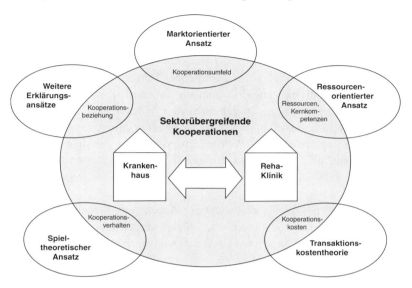

2.2.2.1 Marktorientierter Ansatz

Die von Mason und Bain[358] begründete Industrieökonomik bildet die Grundlage des marktorientierten Ansatzes und stellt industrielle Marktprozesse in den Vordergrund, so dass hinsichtlich der Erklärung von Kooperationen der Fokus eines solchen „Market-based View" auf der Ebene des Kooperationsumfeldes liegt.[359] Das „Structure-Conduct-Performance"-Paradigma bildet das Kernstück des Ansatzes. Es basiert auf der außendeterministischen Überlegung, dass Markt- bzw. Branchenstrukturen („structures") mit Merkmalen wie Unternehmenskonzentration, Eintrittsbarrieren und Kostenstrukturen eine bestimmte Wirkung auf das unternehmensstrategische Verhalten („conduct") ausüben, die das Markt- und Wettbewerbsergebnis („performance") erklären.[360] So geht die klassische Industrieökonomik aufgrund eines direkten Zusammenhangs zwischen Struktur- und Ergebnisparametern davon aus, dass sich ein dauerhafter Erfolg eines Unternehmens nur dann erzielen lässt, wenn sich die Wettbewerbsstrategie an unternehmensexternen Faktoren wie bspw. bestimmte Branchencharakteristika ausrichtet.

---

[358] Auf Basis der Arbeit von Mason (1939) wurde von Bain (1956) das klassische Paradigma der Industrial Organization-Forschung entwickelt.
[359] Vgl. Herbst (2002, S. 16).
[360] Vgl. Swoboda (2005, S. 43).

2.2 Allgemeine Grundlagen zur Kooperationsthematik

Kern des marktorientierten Ansatzes ist der Wandel von der strukturalistischen zu einer eher verhaltensorientierten Sichtweise.[361] Insbesondere Porter betont, dass der Einfluss der Branchenstrukturen nicht nur die Spielregeln im Wettbewerb, sondern auch die potenziellen Unternehmensstrategien betrifft.[362] Dementsprechend ist die Analyse des Verhaltens bzw. der Strategie eines Unternehmens zur gezielten Beeinflussung der Branchenstruktur von zunehmender Bedeutung. Daher werden die Marktstrukturen nicht als exogene Bedingungen hingenommen, sondern als Gegenstand einer Wettbewerbsstrategie konzeptionalisiert.[363] Auch wenn einem Unternehmen auf diese Weise durch eine geschickte Branchenpositionierung grundsätzlich eine nachhaltige und ertragreiche Wettbewerbsposition in Aussicht steht, ist die Abhängigkeit vom Umfeld zu berücksichtigen, in dem die beteiligten Akteure durch strategisches Handeln eine individuelle Ertragsmaximierung anstreben.[364]

Kooperationsstrategien sind als ein wichtiger Aspekt der Verhaltenskomponente hervorzuheben. Aus industrieökonomischer Sicht werden diese Strategien durch Art und Anzahl der am Markt agierenden Wettbewerber, der Höhe der existierenden Markteintritts- und Marktaustrittsbarrieren, der Qualität der den Marktteilnehmern zur Verfügung stehenden Informationen sowie den Triebkräften des Branchenwettbewerbs (Verhandlungsstärke der Lieferanten, Bedrohung durch Ersatzprodukte und -dienste, Verhandlungsmacht der Abnehmer, Bedrohung durch neue Konkurrenten sowie Grad der Wettbewerbsrivalität) beeinflusst.[365] Kooperationen sind somit als eine strategische Alternative bei sich ändernden Marktstrukturen zu interpretieren. Sie kommen aus industrieökonomischer Sicht dann zum Einsatz, wenn mit ihrer Hilfe, bspw. über eine Veränderung der Marktstrukturen, die Wettbewerbsposition des Unternehmens verbessert wird.[366] In diesem Zusammenhang sind mögliche kooperationsbedingte strategische Potenziale aber auch Kosten zu berücksichtigen:[367]

Strategische Potenziale einer Kooperation:
- Erzielung von Skaleneffekten und Voranschreiten der Lernkurve,
- Zugriff auf Technologien und Know-how des Kooperationspartners,
- Verringerung des unternehmerischen Risikos,
- Einflussnahme auf die Wettbewerbsstruktur sowie
- Aufbau von Kooperationserfahrung.

---
361 Vgl. Herbst (2002, S. 16 f.) sowie Evanschitzky (2003, S. 125).
362 Vgl. Porter (1999, S. 33).
363 Vgl. Sydow (1992, S. 174).
364 Vgl. Porter (1999, S. 33 f.).
365 Vgl. Porter (1999, S. 33 ff.) sowie Sydow (1992, S. 173).
366 Vgl. Coldewey (2002, S. 31) sowie Evanschitzky (2003, S. 128 ff.).
367 Vgl. Porter/Fuller (1989, S. 375 f.) sowie Herbst (2002, S. 19).

Strategische Kosten einer Kooperation:
- Koordinationskosten sowie die Absorption von Managementkapazität,
- Untergrabung der eigenen Wettbewerbsposition, bspw. durch unbeabsichtigten Informationstransfer, und
- Entstehung ungünstiger Verhandlungspositionen aufgrund von Machtasymmetrien zwischen den Partnern.

Der marktorientierte Ansatz erfasst die aus der Kooperationsperspektive strategierelevanten Bedingungen des Marktumfeldes und erklärt kooperative Verhaltensweisen als eine denkbare Antwort auf veränderte Marktstrukturen und Wettbewerbsbedingungen.[368] Damit eignet er sich insbesondere auch im deutschen Gesundheitswesen als Erklärungsansatz für die Entstehung von sektorinternen aber auch sektorübergreifenden Kooperationen zwischen den Leistungserbringern als Reaktion auf die dynamische Entwicklung der Rahmenbedingungen. Aussagen über die Organisation von Kooperationen werden allerdings ebenso wie soziale und kulturelle Aspekte zwischen den Kooperationspartnern vernachlässigt.[369]

Somit leistet dieser Ansatz zwar einen wichtigen Beitrag zur Aufhellung der ökonomischen Dimensionen des Kooperationsumfelds, jedoch muss er im Hinblick auf organisationale und interorganisationale Strukturen von Kooperationen durch weitere theoretische Erklärungsansätze ergänzt werden. Subjektiv betrachtet ist die Attraktivität einer Branche nicht nur eine Funktion ökonomischer Rahmenbedingungen bzw. dynamischer Umweltfaktoren, sondern auch eine Funktion unternehmensspezifischer Potenziale, um sich an die vorherrschenden Branchenbedingungen bestmöglich anpassen bzw. diese gegebenenfalls aktiv beeinflussen zu können.

2.2.2.2 Ressourcenorientierter Ansatz

Der ressourcenorientierte (oder -basierte) Ansatz[370] gehört zu den interorganisatorischen Theorien und hat die Grundidee, dass der dauerhafte Erfolg von Unternehmen nicht durch Agieren am Produktmarkt bzw. die Branchenattraktivität, sondern durch die Qualität der Ressourcenausstattung sowie deren Ausnutzung zu erklären ist.[371] Somit gelten die unternehmensinternen Faktoren als Bezugspunkt, so dass im Gegensatz zur „Structure-Conduct-Performance"-Hypothese des marktorientierten Ansatzes von der „Resource-Conduct-Performance"-Hypothese gesprochen wird.[372]

---

368 Vgl. Herbst (2002, S. 19).
369 Vgl. Swoboda (2005, S. 44).
370 Entwickelt wurde der ressourcenorientierte Ansatz (Ressource Based View) von Penrose (1959).
371 Vgl. Tjaden (2003, S. 91).
372 Vgl. dazu Fischer (2006, S. 70 ff.).

2.2 Allgemeine Grundlagen zur Kooperationsthematik

Der nicht einheitlich definierte Ressourcenbegriff umfasst materielle und immaterielle Ressourcen, die den Unternehmen in unterschiedlicher Menge und Güte zur Verfügung stehen und von ihnen zur Wertschöpfung genutzt werden können. Ressourcen lassen sich nach der folgenden Unterteilung gliedern:[373]

- *Tangible Ressourcen:* Materielle Vermögensgegenstände, die begrenzt verfügbar und abnutzbar sind (bspw. medizin-technische Ausstattung).
- *Intangible Ressourcen:* Immaterielle Vermögensgegenstände, die kaum abnutzbar sind oder durch die Verwendung wachsen (bspw. Kompetenzen in Form von Fähigkeiten bzw. Wissen).[374]
- *Finanzielle Ressourcen:* Interne und externe finanzielle Mittel sowie die freie Liquidität.[375]
- *Organisationale Ressourcen:* Informationssysteme, Planungs- und Kontrollsysteme sowie das Netzwerk an Beziehungen.

Die unternehmenseigene Ressourcenausstattung beeinflusst die Wettbewerbsposition bzw. -fähigkeit, da zum einen von einer Heterogenität der Ausstattung auszugehen ist und Unternehmen jeweils über individuelle Ressourcen verfügen. Zum anderen sind Ressourcen grundsätzlich nur begrenzt übertragbar und beschaffbar, so dass Unternehmen mit einzigartigen Ressourcen in der Lage sind, mittel- bis langfristig überdurchschnittliche Leistungen auf dem relevanten Markt anzubieten.[376] Auf Basis spezifischer Ressourcen ist somit die Erlangung schwer angreifbarer Machtpositionen möglich, die sich in einem dauerhaften Wettbewerbsvorteil niederschlagen kann.[377] Aufgabe der strategischen Unternehmensführung ist es daher, den Aufbau und die Weiterentwicklung von Ressourcen zu fördern.[378]

Die Argumentation des ressourcenorientierten Ansatzes lässt sich in besonderer Weise auf das Gesundheitswesen übertragen, da der Erfolg einer dienstleistungsorientierten Wertschöpfung entscheidend auf dem Erwerb und dem Einsatz intangibler Ressourcen basiert. So lassen sich die Dienstleistungspotenziale bspw. als krankenhausbezogene

---

373 Vgl. Blecker (1999, S. 193 f.) sowie Oelsnitz (2005, S. 187).
374 Die immateriellen Ressourcen sind von besonderer Bedeutung, da sie die tangiblen Ressourcen ergänzen und deren Wirkung nachhaltig verstärken. Sie lassen sich weiter differenzieren nach personenabhängigen Fähigkeiten der Mitarbeiter und des Managements sowie organisatorisch verankerten Fähigkeiten. Der Aspekt Know-how gilt im Gesundheitswesen als ressourcenorientierter Erfolgsfaktor. Dies zeigt sich bspw. daran, dass alle großen Krankenhauskonzerne Kooperationen mit Universitäten und Forschungseinrichtungen vorhalten. Vgl. dazu Schlüchtermann/Albrecht (2006, S. 7 ff.).
375 Die hohe Kapitalintensität in der Krankenhausbranche und die kurzen Innovationszyklen führen dazu, dass die finanziellen Ressourcen zu einem entscheidenden Wettbewerbsfaktor werden. Vgl. Schlüchtermann/Albrecht (2006, S. 7).
376 Vgl. Rautenstrauch/Generotzky/Bigalke (2003, S. 36).
377 Vgl. Swoboda (2005, S. 51 f.).
378 Vgl. Hoops/Nguyen (2006, S. 32).

Aktivposten einerseits sowie medizinische, pflegerische und administrative Kompetenzen andererseits interpretieren. Während die Aktivposten Bestandsgrößen repräsentieren, bspw. Infrastruktur, Reputation oder Kapital, stellen Kompetenzen Stromgrößen dar, die die effektive Transformation von Ressourcen in konkurrenzfähige Absatzleistungen unterstützen. Die Wettbewerbsfähigkeit der Leistungserbringer im Gesundheitswesen basiert somit entscheidend auf personal- und prozessinduzierte Wettbewerbsvorteile, für deren Aufbau und Verteidigung entsprechende Dienstleistungspotenziale in Form einzigartiger Medizin-, Pflege- und Managementkompetenzen erforderlich sind.[379]

In der Regel verfügen Unternehmen nicht über alle zur Aufgabenerfüllung notwendigen Ressourcen, die aber im Wege des Austausches von anderen Unternehmen beschaffbar sind. Durch die dabei entstehenden Abhängigkeiten wird die Autonomie der beteiligten Unternehmen reduziert.[380] Nach dem ressourcenorientierten Ansatz werden diejenigen Strategien gewählt, mit denen ein möglichst geringer Autonomie- und Machtverlust verbunden ist. Daher werden zur Kompensation der Abhängigkeiten bzw. zur Wahrung der Autonomie interorganisationale Beziehungen entwickelt.[381] Innerhalb dieser Beziehungen kommt der Vermeidung, Ausnutzung und Entwicklung von Abhängigkeiten eine zentrale Bedeutung zu, so dass der Machtaspekt in den Mittelpunkt rückt.[382]

Die strategische Entscheidung eines Unternehmens zur zwischenbetrieblichen Zusammenarbeit ist davon abhängig, inwieweit komplementäre Ressourcen bei den Kooperationspartnern vorhanden sind und zum gemeinsamen Vorteil genutzt werden können. Chancen zur Entfaltung von Ressourcen durch Unternehmenskooperationen sind also dann gegeben, wenn ein klares gemeinsames Interesse besteht und zudem die Anzahl der kooperierenden Unternehmen aufgrund des zu realisierenden Koordinationsaufwandes nicht zu groß ist.[383] So kommen für Unternehmen Kooperationen nur dann in Betracht, wenn die eigene Wettbewerbsfähigkeit durch ergänzende Ressourcen verbessert werden kann.[384] Da insbesondere Unternehmen,

---

379 Vgl. Braun von Reinersdorff (2002, S. 154 f.).
380 Vgl. Herbst (2002, S. 52). Der Grad der Abhängigkeit lässt sich anhand der Bedeutung der Ressource, dem Zugang zur Ressource und der Verfügbarkeit von Alternativen messen. Vgl. Hawranek (2004, S. 99).
381 Vgl. Swoboda (2005, S. 52).
382 Vgl. Sydow (1992, S. 197 f.). Die Ressourcenabhängigkeit kann ein- oder zweiseitig sein, wobei sich die gegenseitigen durch Interdependenz geprägten Beziehungen im Allgemeinen als stabiler erweisen. Einerseits sind das die kompetitiven Abhängigkeiten, wenn die Unternehmen auf die gleichen Ressourcen angewiesen sind. Andererseits die symbiotischen bzw. transaktionalen Abhängigkeiten, die insbesondere bei vertikalen Beziehungen vorliegen. Vor allem in Netzwerken treten beide Formen der Abhängigkeiten gemeinsam auf. Vgl. Swoboda (2005, S. 52) in Verbindung mit Herbst (2002, S. 52).
383 Vgl. Coldewey (2002, S. 33).
384 Vgl. Rautenstrauch/Generotzky/Bigalke (2003, S. 37).

2.2 Allgemeine Grundlagen zur Kooperationsthematik

die untereinander in einem vertikalen Beziehungsverhältnis stehen, über komplementäre Ressourcen verfügen, ist die Verwendung des ressourcenorientierten Ansatzes zur Erklärung vertikaler Kooperationen nahe liegend.[385]

Dessen ungeachtet wird der zu starke Unternehmensfokus bzw. die Vernachlässigung der Beziehungsebene am ressourcenorientierten Ansatz oft kritisiert. Daher wird in diesem Zusammenhang auf den Relational View von Dyer/Singh hingewiesen, der eine Erweiterung des ressourcenorientierten Ansatzes darstellt.[386] Dieser Ansatz befasst sich mit der Analyse interorganisationaler Wettbewerbsvorteile, die auf zwischenbetriebliche Beziehungen basieren. Unternehmensübergreifende Beziehungen können demnach zusätzliche Gewinne[387] generieren und sind in bestimmten Konstellationen im Vergleich zur Unternehmung das effizientere institutionelle Arrangement zur Erzielung ressourcenbasierter Wettbewerbsvorteile.[388] So bietet die Kooperation den Beteiligten die Möglichkeit spezifische Ressourcen zur gemeinsamen Bewältigung einer Aufgabe einzubringen, wodurch sich der Zielkonflikt zwischen einer hohen Spezialisierung und einem breiteren, vielfältigen Leistungsangebot auflösen lässt. In vertikalen Beziehungen funktioniert das umso besser, je komplementärer die jeweiligen Ressourcen zueinander sind, da sich die Vorteile der flexiblen Aufgabenverteilung und Kapazitätsauslastung auf Kooperationsebene mit Spezialisierungsvorteilen auf der Ebene der Wertschöpfungseinheiten verbinden lassen.[389] Allerdings ist eine effektive Steuerung der Kooperation als Voraussetzung zur Erzielung von Wettbewerbsvorteilen zu sehen. Zudem schafft die Möglichkeit eines Wissenstransfers zwischen den vertikalen Kooperationspartnern Wettbewerbsvorteile, was insbesondere in dynamischen Branchen, wie bspw. dem Gesundheitswesen, von hoher Bedeutung ist.[390]

Durch die Weiterentwicklung des ressourcenorientierten Ansatzes zum kernkompetenzbasierten Ansatz wird vor allem die Bedeutung der Kernkompetenzen für

---

385 Vgl. Fischer (2006, S. 72). Neben der vertikalen Kooperation kann die vertikale Integration bzw. Akquisition als Strategie zur Kontrolle kritischer Ressourcen unterschieden werden. Während sich durch eine Akquisition eine Abhängigkeit eliminieren lässt, ist mit der Kooperation generell verbunden, dass kooperative Verhaltensweisen dem Autonomiestreben des Einzelnen zuwider laufen. Daher wird eine Zusammenarbeit oft dann angestrebt, wenn bspw. aus der Perspektive des schwächeren Partners eine Übernahme droht. Kooperationen sind somit nicht zwingend freiwillig und die Partner befinden sich in einem ständigen Machtkampf. Dabei ist jedoch zu erwarten, dass Kooperationen als Strategie der individuellen Autonomieerhaltung oder -steigerung sehr konfliktträchtig und entsprechend instabil sind. Vgl. Swoboda (2005, S. 52) sowie Herbst (2002, S. 54).
386 Vgl. Dyer/Singh (1998).
387 Diese so genannten Relational Rents stellen sich ein, wenn kooperierende Unternehmen Ressourcen austauschen und/oder Steuerungs- und Kontrollmechanismen nutzen, welche die Transaktionskosten senken und/oder die Realisierung zusätzlicher Gewinne durch synergetische Ressourcenkombinationen zulassen. Vgl. Dyer/Singh (1998, S. 661 ff.).
388 Vgl. Fischer (2006, S. 74).
389 Vgl. Borchert/Goos/Hagenhoff (2004, S. 14).
390 Vgl. Fischer (2006, S. 74 f.).

die optimale Festlegung der Leistungstiefe eines Unternehmens betont.[391] Kernkompetenzen werden dabei als das Wissen sowie die Fähigkeiten und Erfahrungen verstanden, mit denen langfristige Wettbewerbsvorteile erzielt werden können.[392] Als die drei Wesensmerkmale müssen Kernkompetenzen
- für den Kunden erkennbar und wichtig,
- gegenüber den Konkurrenten einmalig sowie schwer imitierbar sein und
- den Zugang zu neuen Märkten eröffnen.

Da es für Unternehmen auf einem immer wettbewerbsintensiveren Markt zunehmend schwieriger wird, in vielen Bereichen oder Branchen bzw. Sektoren gleichzeitig eine Spitzenposition zu behaupten, erscheint es sinnvoll, sich auf bestimmte Kernfähigkeiten zu konzentrieren und die Erstellung solcher Leistungen, die das Unternehmen nur ebenso gut oder schlechter als der Wettbewerb beherrscht, anderen zu überlassen.[393] So ist nicht nur die Nutzung von Marktchancen und vorhandenen Ressourcen bzw. Fähigkeiten, sondern der Besitz von Kernkompetenzen für die Erlangung von Wettbewerbsvorteilen relevant.[394]

Als Effekt einer interorganisationalen Zusammenarbeit hinsichtlich der Kernkompetenzen ist nicht nur der direkte Zugriff auf die Fähigkeiten des Kooperationspartners möglich. Durch einen interorganisationalen Lernprozess kann auch eine gegenseitige Internalisierung und Verknüpfung der jeweils unternehmensspezifischen Kernkompetenzen erfolgen. So wird durch Kooperationen eine Möglichkeit geschaffen, Kernkompetenzen auf- bzw. abzubauen. Entsprechend kann nach Bestimmung der eigenen Kernkompetenzen die Wahl eines Kooperationspartners nach dessen Kernkompetenzen ausgerichtet werden, um etwaige nach- bzw. vorgelagerte Kompetenzen entlang der Wertschöpfungskette oder komplementäre Kernkompetenzen zu vereinen.[395] Der gemeinsame Aufbau von neuen Kompetenzen kann dabei einerseits zur Erstellung neuer Marktleistungen führen (bspw. in Form von integrierten Behandlungsleistungen mehrerer Leistungsanbieter) oder andererseits eine Effizienzverbesserung bestehender Prozesse (bspw. der Abläufe in der Logistik) bewirken.[396] So ermöglichen interorganisationale Kooperationen aus der Kernkompetenzperspektive einen ganzheitlich gestalteten Koordinations-

---

391 Vgl. Rautenstrauch/Generotzky/Bigalke (2003, S. 37).
392 Vgl. Prahalad/Hamel (1990, S. 79 ff.), auf die der Kernkompetenz-Ansatz zurückzuführen ist.
393 Vgl. Macharzina (2003, S. 243).
394 Vgl. Coldewey (2002, S. 33).
395 Vgl. Hoops/Nguyen (2006, S. 34). Dadurch kann ein synergetischer Effekt entstehen, den auch als „Economies of Skills" bezeichnet wird.
396 Vgl. Coldewey (2002, S. 34 f.).

prozess mit übergreifender Optimierung von Wertschöpfungsaufgaben. Ein solcher Wertschöpfungsverbund kooperierender Einheiten bietet dabei ein hohes Potenzial zur Steigerung der Qualität, Flexibilität und Reagibilität von Leistungserstellungsprozessen.[397] Allerdings wird das Zusammenbringen von komplementären Kernkompetenzen für die Partner nur dann einen zusätzlichen Gewinn bringen, wenn die Kompetenzen aufeinander abgestimmt sind sowie deren Zuordnung innerhalb der Partner bekannt bzw. geklärt ist und so zu einer neuen, spezifischen Kooperationskompetenz entwickelt werden.[398]

2.2.2.3 Transaktionskostentheorie

Die Transaktionskostentheorie bildet neben der Principal-Agent-Theorie[399] und der Property-Rights-Theorie[400] einen Pfeiler der Neuen Institutionenökonomik. Allerdings leistet vor allem die Transaktionskostentheorie einen Beitrag zur Erklärung des Zustandekommens von Kooperationen.[401] Untersuchungsobjekt der auf *Coase*[402] zurückgehenden und von *Williamson*[403] weiterentwickelten Transaktionskostentheorie sind einzelne Transaktionen zwischen spezialisierten Akteuren arbeitsteiliger Systeme, wobei als Akteure sowohl Individuen als auch organisierte Gebilde definiert werden.[404] Die Transaktion – definiert als Übertragung einer Leistung über eine technisch trennbare Schnittstelle hinweg – umfasst den Prozess der Anbahnung, Vereinbarung, Kontrolle und Anpassung des Leistungsaustausches.[405] Die zentrale Grundannahme der Transaktionskostentheorie liegt darin, dass die an dem Austauschprozess beteiligten Partner die Transaktionskosten alternativer Organisationsformen evaluieren und die wirtschaftliche Aktivität so organisieren, dass die Transaktionskosten minimiert werden. Dementsprechend soll die effizienteste

---

397 Vgl. Fischer (2006, S. 78).
398 Vgl. Tjaden (2003, S. 93).
399 Die Principal-Agent-Theorie befasst sich mit ökonomischen Anreizwirkungen in Vertretungssituationen und bietet Ansatzpunkte bei der Analyse von Kooperationsbeziehungen bei ungleich verteilten und unvollständigen Informationen zwischen den Kooperationspartnern. Wesentliche Kritikpunkte sind die fehlende Berücksichtigung langfristiger Kooperationsinteressen und die Vernachlässigung der Interdependenzen der Partner. Vgl. Swoboda (2005, S. 46) sowie Herbst (2002, S. 46 f.).
400 Die Property-Rights-Theorie thematisiert die Verteilung von Verfügungsrechten über knappe Ressourcen und die daraus resultierenden Verhaltensanreize für die betroffenen Individuen. Das Anwendungsgebiet erstreckt sich primär auf eine ökonomische Analyse von Unternehmensverfassungen und die Untersuchung von Entscheidungen, die eine Veränderung der Handlungs- und Verfügungsrechte innerhalb eines Unternehmens bewirken.
 Vgl. Picot/Reichwald/Wigand (1998, S. 40).
401 Eine ausführliche Erläuterung zur Bedeutung der Principal-Agent- und der Property-Rights-Theorie für die Kooperationsthematik findet sich bei Woratschek/Roth (2005, S. 148 ff.).
402 Vgl. Coase (1937). Er spricht allerdings noch nicht von Transaktionskosten, sondern verwendet den Begriff „marketing costs".
403 Vgl. Williamson (1985). Seine Weiterentwicklung erfolgte im Wesentlichen unter dem Einbezug rechtlicher und organisationstheoretischer Konzepte.
404 Vgl. Hawranek (2004, S. 92).
405 Vgl. Williamson (1985, S. 1).

Organisationsform zwischen den Extremen der Koordination über den Markt bzw. der Hierarchie bestimmt werden.[406] Dabei sind nicht Technologie- und Produktionskosten entscheidungsrelevant, sondern die Kosten, die für die Koordination von Austauschbeziehungen anfallen.[407] Im Wesentlichen sind dies Informations- und Kommunikationskosten, die aufgrund ihres Zustandekommens vor bzw. nach Vertragsabschluss als ex ante- bzw. ex post-Transaktionskosten differenziert werden:[408]

Ex ante-Transaktionskosten:
- Anbahnungskosten, bspw. für die Informationssuche und -beschaffung über potenzielle Transaktionspartner und ihrer Konditionen,
- Vereinbarungskosten, bspw. Verhandlungskosten in Abhängigkeit von Intensität und zeitlicher Ausdehnung der Verhandlungen, Vertragsformulierung und Einigung, sowie
- Abwicklungskosten, bspw. Transportkosten, Managementkosten der Führung und Koordination oder Kosten der Prozesssteuerung.

Ex post-Transaktionskosten:
- Kontrollkosten, bspw. Kosten der Überwachung des Vertragsinhalts und der Qualitätseinhaltung, sowie
- Anpassungskosten, bspw. Kosten aufgrund sich während der Vertragslaufzeit verändernder Bedingungen.

Die Kostenarten variieren in ihrer Höhe und können nur teilweise monetär erfasst werden. Ursächlich für die Entstehung von Transaktionskosten sind die Verhaltensannahmen der begrenzten Rationalität und des opportunistischen Verhaltens[409] der Beteiligten. Sie versuchen rational zu handeln, verfügen aber nicht über genügend Informationen sowie über eine begrenzte Informationsverarbeitungskapazität, was die Möglichkeit perfekter Kontrakte ausschließt.[410] Neben den Verhaltensannahmen sind bei der Bestimmung der Transaktionskosten daher verschiedene Einflussfaktoren zu berücksichtigen, die nicht unabhängig voneinander, sondern in ihrer wechselseitigen Abhängigkeit zu betrachten sind.[411]

---

406 Vgl. Friese (1998, S. 70).
407 Vgl. Swoboda (2005, S. 47).
408 Zur Unterscheidung zwischen ex-ante und ex-post vgl. Williamson (1985, S. 20 f.). Zur Kosteenunterscheidung vgl. Friese (1998, S. 71), Swoboda (2005, S. 47) sowie Herbst (2002, S. 36).
409 Unter Opportunismus wird das individuelle Nutzenstreben der einzelnen Akteure verstanden, die über strategisches Handeln versuchen, ihre eigenen Interessen gegebenenfalls auch zu Ungunsten anderer zu maximieren. Vgl. Richter/Furubotn (1999, S. 5).
410 Vgl. Swoboda (2005, S. 47).
411 Vgl. Herbst (2002, S. 38).

- Das *Kooperationsumfeld*, bestehend aus allen politisch-rechtlichen, ökonomischen, soziokulturellen und technologischen Rahmenbedingungen, kann eine Transaktion fördern bzw. behindern und so die Transaktionskosten senken bzw. erhöhen.[412]
- Die Eigenschaften der *Kooperationsbeziehung*, wie die Dauer der Transaktionsbeziehungen, die Erfahrungen aus vorherigen Transaktionen und insbesondere das Vertrauen zwischen den Transaktionspartnern, nehmen jeweils einen positiv korrelierten Einfluss auf die Kosten.[413]
- Der Grad der *Spezifität* von Transaktionen wird bestimmt durch die räumliche Entfernung zwischen den Vertragsparteien, dem Know-how der Arbeitskräfte, den speziell für eine Transaktion notwendigen Technologien sowie der Gefahr des Wertverlustes des Transaktionsobjektes. Je spezifischer die Transaktionsinvestitionen einer der Beteiligten sind, desto größer ist die Abhängigkeit von seinem Partner und dementsprechend wird eine Kooperationsbeendigung durch die Gefahr erheblicher Verluste erschwert.[414] Eine steigende Spezifität ist aber nicht zwingend mit steigenden Transaktionskosten verbunden. Durch symmetrische Investitionen bei beiden Partnern kann der Vertrauensbildungsprozess unterstützt, das kooperative Verhalten gefördert und die Opportunismusneigung vermindert werden.[415] Dementsprechend kann das Vertrauen zwischen den Transaktionspartnern zu stabilen oder gegebenenfalls sogar zu sinkenden Transaktionskosten führen.
- *Unsicherheit* wird durch unvollständige Informationen, nicht vorhersehbare Umweltveränderungen oder nicht berechenbare Verhaltensweisen der Transaktionspartner bedingt.[416] Die Komplexität der Transaktionssituation und die Dynamik des Transaktionsumfeldes prägt damit wesentlich die Höhe der Unsicherheit.[417] Mit steigender Zahl und Vielfalt der zu berücksichtigenden Faktoren erhöhen sich die voraussichtlichen Transaktionskosten, da zusätzliche Maßnahmen der Informationsbeschaffung durchzuführen sind und wachsende Vertragslücken laufenden Anpassungsbedarf offenbaren. Insbesondere auf Dienstleistungsmärkten bestehen hohe Unsicherheiten durch den Handel mit Leistungsversprechen, die vor Vertragsabschluss noch nicht produziert sind und deren Qualität demzufolge nicht mit Sicherheit beurteilt werden kann.[418]

---

412 Vgl. Picot/Reichwald/Wigand (1998, S. 44).
413 Vgl. Herbst (2002, S. 38).
414 Vgl. Woratschek/Roth (2005, S. 157).
415 Vgl. Herbst (2002, S. 39).
416 Vgl. Williamson (1985, S. 57 ff.).
417 Es wird unterstellt, dass bei hoher Umfeldkomplexität und -dynamik die hierarchische Integrationslösung der Kooperation überlegen ist. Dies widerspricht allerdings zahlreichen empirischen Befunden, die gerade bei einer hohen Unsicherheit eine Kooperationsbildung beobachtet haben. Vgl. Chung (1998, S. 134).
418 Vgl. Woratschek/Roth (2005, S. 157).

- Ebenfalls entfaltet die *Häufigkeit* von Transaktionen einen nachhaltigen Einfluss auf die Transaktionskostenstruktur. So sinken die Durchschnittskosten je Transaktion mit zunehmender Häufigkeit der Durchführung gleicher oder ähnlicher Transaktionen, insbesondere bei einer Spezialisierung auf bestimmte Aktivitäten, welche die Realisation von Skalen- und Verbundeffekten ermöglichen. Zudem kann das Problem opportunistischer Verhaltensweisen durch die Erhöhung der Transaktionsfrequenz abgeschwächt und der Aufbau von Reputation und Vertrauen begünstigt werden.[419]

Die Entstehung von Kooperationen als hybride Koordinationsform erklärt der Transaktionskostenansatz für den Fall, dass Leistungen, welche einerseits unternehmensintern (also hierarchisch) erstellt oder andererseits über den Markt beschafft werden können, effizienter in Kooperationen zu erbringen sind.[420] Dementsprechend sind Kooperationen dann stabil und erfolgreich, wenn sie dauerhaft einen Transaktionskostenvorteil gegenüber den anderen Formen der Koordination behaupten.[421] Zusätzlich kann ein solcher Kostenvorteil von Kooperationen durch langfristige Absprachen, leistungsfähige Informations- und Kommunikationssysteme, interorganisationales Lernen oder vertrauensbildende Maßnahmen weiter ausgebaut werden.[422]

Kooperative Organisationsformen erweisen sich daher nach Auffassung der Transaktionskostentheorie immer dann als vorteilhaft, wenn aufgrund steigender Spezifität und/oder Unsicherheit eine längerfristige Zusammenarbeit angestrebt wird. Gegenüber den marktlichen Strukturen muss die Kooperation die Kosten für die Anbahnung, Errichtung und Aufrechterhaltung der Zusammenarbeit rechtfertigen, während im Vergleich zu hierarchischen Strukturen höhere Leistungsanreize vorhanden sein müssen.[423]

Transaktionskostenvorteile bietet die Kooperation gegenüber dem Markt aufgrund
- geringerer Kosten bei der Suche nach Abnehmern und Lieferanten,
- der Einsparung von Kosten bei der Vertragsanbahnung, -vereinbarung und -kontrolle,

---

419 Vgl. Woratschek/Roth (2005, S. 158).
420 Der Grad der Spezifität spielt ebenfalls bei der Auswahl der jeweils günstigsten Koordinationsform eine wichtige Rolle. So sind in der Regel für Leistungen mit geringer Spezifität marktliche und für Leistungen mit hoher Spezifität hierarchische Koordinationsformen transaktionskostenminimal. Hybride Koordinationsformen bieten sich nur bei mittlerer Spezifität an. Vgl. Woratschek/Roth (2005, S. 157) sowie Herbst (2002, S. 39 f.).
421 Vgl. Herbst (2002, S. 41 f.).
422 Vgl. Sydow (1992, S. 141).
423 Folgende Aufzählung erfolgt in Anlehnung an Sydow (1992, S. 143).

2.2 Allgemeine Grundlagen zur Kooperationsthematik

- eines besseren Informationsflusses,
- des Transfers von Wissen und Know-how bzw. der Integration komplementärer Fähigkeiten,
- eines möglichen Verzichts auf doppelte Qualitätskontrolle und
- der rascheren Entwicklung und Durchsetzung von Innovationen.

Im Vergleich zur Hierarchie ergeben sich Vorteile wegen
- der gezielten funktionsspezifischen Zusammenarbeit,
- des reduzierten opportunistischen Verhaltens,
- der größeren Reversibilität der Kooperationsentscheidung,
- der größeren Umweltsensibilität des dezentral organisierten Gesamtsystems sowie
- der höheren Flexibilität bei Anpassungen an dynamische Umweltbedingungen.

Die Höhe der Transaktionskosten bzw. der möglichen Transaktionskostenvorteile hängt vom Intensitätsgrad der Kooperation ab. Während bei den Kosten vereinfacht ein progressiver Verlauf zu erwarten ist, tritt bei den Vorteilen eine degressive Funktion auf. Das Ziel einer Kooperation muss es daher sein, einen Integrationsgrad bei der maximalen Differenz zwischen dem aggregierten Transaktionsnutzen und -kosten zu realisieren.[424]

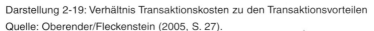

Darstellung 2-19: Verhältnis Transaktionskosten zu den Transaktionsvorteilen
Quelle: Oberender/Fleckenstein (2005, S. 27).

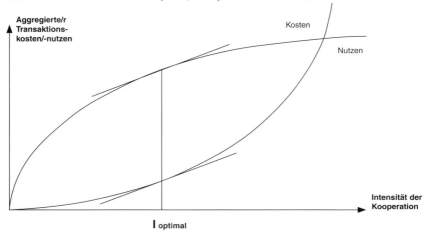

[424] Vgl. Oberender/Fleckenstein (2005, S. 26).

Gerade in einer dynamischen Umwelt, wie sie im Gesundheitswesen vorliegt, ist die für hierarchische Strukturen erstrebenswerte Stabilität nicht gegeben, wodurch sich der Rückgriff auf flexible Strukturen der Vernetzung und Kooperation mit Partnerunternehmen anbietet. Besonders vertikale Kooperationen ermöglichen eine größere Flexibilität und eine höhere Risikodiversifizierung.[425] Dementsprechend können im Rahmen der Wertschöpfungsaktivitäten im Gesundheitswesen, also der Behandlung von Krankheiten, integrierte Strukturen aus transaktionskostentheoretischer Sicht ökonomisch vorteilhafter sein. Vor allem können solche Strukturen ihr Potenzial ausschöpfen, wenn es um die Versorgung chronisch kranker Patienten bzw. allgemein um die Versorgung von Patienten mit langjährigen und von diversen Versorgungseinrichtungen zu betreuenden Krankheitsbildern und damit tendenziell hohen Transaktionskosten geht. Dabei wird die medizinische Perspektive durch die ökonomische ergänzt.[426]

Die Transaktionskostentheorie zeigt somit insbesondere rentabilitätsorientierte Entscheidungsbestandteile bei der Wahl der geeigneten Organisationsform auf, wobei das Verhältnis zwischen Transaktionskosten und anderen Kostenarten (bspw. Produktionskosten) allerdings ungeklärt bleibt.[427] Weiterhin werden weiche Faktoren wie soziale und kulturelle Bedingungen des ökonomischen Handelns sowie Machtprozesse und Konflikte nur insoweit berücksichtigt, wie sie Transaktionskosten verursachen.[428] Somit ist die Transaktionskostentheorie idealerweise um weitere Faktoren zu ergänzen, wenngleich sie grundsätzlich feste Determinanten als Bezugsgrößen liefert.[429]

2.2.2.4 Spieltheoretischer Ansatz

Als geeignete Ergänzung zu den bisher erläuterten Erklärungsansätzen ist die Spieltheorie anzusehen, die an der Verhaltenskomponente ansetzt und nicht das Zustandekommen von Kooperationen erklärt.[430] So zielen spieltheoretische Überlegungen auf eine effiziente interne Handhabung der Kooperation und damit auf die Interdependenz- und Interaktionsaspekte zwischen den Unternehmen ab. Sie berücksichtigen im Gegensatz zur Transaktionskostentheorie, welche die Kooperationsproblematik aus einer externen Perspektive analysiert, die sozialen Beziehungen innerhalb der Kooperation.[431]

---

425 Vgl. Fischer (2006, S. 65 f.).
426 Vgl. Braun/Güssow (2006, S. 66).
427 Vgl. Rössl (1994, S. 99 ff.).
428 Vgl. Sydow (1992, S. 147 ff.).
429 Vgl. Swoboda (2005, S. 48).
430 Entwickelt wurde die Spieltheorie von Neumann/Morgenstern (1961).
431 Vgl. Friese (1998, S. 73).

2.2 Allgemeine Grundlagen zur Kooperationsthematik

Die Spieltheorie beschäftigt sich mit Entscheidungssituationen unter Unsicherheit (Spielen), an denen mindestens zwei Entscheidungsträger (Spieler) beteiligt sind, welche ihr strategisches Handeln (Spielzüge) voneinander abhängig machen und dabei versuchen ihren wirtschaftlichen Ertrag zu steigern.[432] Anders als in der Entscheidungstheorie kommt es weniger auf die Entscheidungsfindung des Einzelnen an, sondern auf die strategische Interaktion mehrerer Entscheidungsträger.[433] Eine Vereinfachung im Vergleich zur Realität wird durch situationsadäquate Modellannahmen (Spielregeln) erreicht.[434] Die Akteure handeln annahmegemäß rational, verfolgen konfliktäre Zielsetzungen, verfügen über mehrere Entscheidungsalternativen und besitzen Kenntnis über die Wechselwirkungen ihrer Handlungen. So beeinträchtigt bspw. die Strategie des einen Akteurs die Zielerreichung eines anderen. Die Interdependenzproblematik steht somit im Mittelpunkt der Betrachtung und dient neben der Beschreibung des realen Verhaltens von Marktteilnehmern zur Ableitung optimaler Handlungsempfehlungen.

Hinsichtlich der Erklärung von Kooperationen zeigt die Spieltheorie Situationen auf, unter denen eine Kooperation von Marktteilnehmern zu höheren Auszahlungen führt, als wenn diese autonom handeln.[435] Die wohl am häufigsten diskutierte Spielform ist das Gefangenendilemma, bei dem es sich um ein Zwei-Personen-Spiel mit nicht konstanter Auszahlungssumme handelt. Grundsätzlich ist der Gesamtgewinn beider Spieler langfristig maximal, wenn sie kooperieren. Allerdings kann jeder Spieler auch seinen Einzelgewinn kurzfristig maximieren, wenn der andere Spieler kooperiert und er nicht.[436] Die langfristig am erfolgverprechendste Spielstrategie unter diesen Bedingungen ist das „Tit for Tat" („Wie du mir, so ich dir"), indem mit einer kooperativen Strategie begonnen und dann das jeweils vorangegangene Verhalten des Partners imitiert wird. Dies begünstigt insgesamt eine kooperative Verhaltensweise beider Partner.[437] Gleichzeitig wird dadurch der Anreiz zum Free-Rider-Verhalten[438] minimiert und die Kooperationssituation stabilisiert.[439]

Die Spieltheorie eignet sich besonders zur Erklärung von horizontalen Kooperationen, weil in einem Geschäftsfeld kooperiert wird, während in einem anderen Konkurrenzbedingungen vorherrschen.[440] Beziehungen zwischen den Partnern bspw. in

---

432 Vgl. Wohlgemut (2002, S. 73).
433 Vgl. Magin/Heil/Fürst (2005, S. 124).
434 Vgl. Rössl (1994, S. 80).
435 Vgl. Herbst (2002, S. 20).
436 Vgl. Wohlgemut (2002, S. 73).
437 Vgl. ausführlich Magin/Heil/Fürst (2005, S. 129 f.).
438 Das heißt, die Kooperationspartner versuchen mit minimalem Kooperations-Input maximal am Output zu partizipieren.
439 Vgl. Friese (1998, S. 76).
440 Vgl. Swoboda (2005, S. 45).

Form von Macht- und Einflussstrukturen, die vor allem in vertikalen Kooperationen bedeutend sind, werden vernachlässigt.[441]

2.2.2.5 Weitere Erklärungsansätze

Eine gegenseitige Ressourcenabhängigkeit wie beim ressourcenorientierten Ansatz bildet die Basis des *Netzwerkansatzes*, so dass der Erfolg nach dem Verständnis dieses Ansatzes entscheidend durch die Kooperationspartner geprägt ist.[442] Dementsprechend verdichten sich marktgerichtete Aktivitäten von Unternehmen häufig zu stabilen, sich gleichwohl wandelnden Interorganisationsbeziehungen. Das heißt, Kooperationen entstehen oft aus relativ unbedeutenden Transaktionen, die zunächst weder hohe Investitionen noch gegenseitiges Vertrauen erfordern. Dabei können Kooperationen das Ergebnis sowohl geplanter Handlungen als auch spontaner Prozesse sein.[443]

Die auf diese Weise entstehenden Beziehungen können zu einer essenziellen Ressource für das Unternehmen werden, die einerseits den Zugriff auf weitere Ressourcen und damit strategische Optionen eröffnet, andererseits jedoch auch Wahlmöglichkeiten einschränkt. Somit liefern Interaktionen zwischen den Marktteilnehmern und ihren Entwicklungen über die Zeit die Basis zur Erklärung kooperativer Verhaltensweisen.[444] Technische, ökonomische, administrative und soziale Elemente kommen in den Interaktionen zum Ausdruck, die sich im Laufe der Zeit entwickeln und sich auf Basis sozioökonomischer Beziehungen verfestigen. Die daraus resultierenden nachhaltigen Interaktionsprozesse bringen in der Regel anwachsende Interdependenzen, eine Beziehungskultur zwischen den Partnern und mit zunehmender Dauer auch ansteigende Kosten des Partnerwechsels mit sich und werden so zur Grundlage einer stabilen Kooperation.[445]

Der interaktionsorientierte Netzwerkansatz bietet eine Erklärung für die Evolution und die Organisation besonders von horizontalen aber auch von vertikalen Kooperationen und Netzwerken.[446] Betont wird dabei die Bedeutung des Aufbaus neuer sowie die Pflege bestehender interorganisationaler Beziehungen, um auf einer möglichst fundierten Vertrauensbasis in „engen" Partnerschaften Effizienzsteigerungen

---

441 Vgl. Sydow (1992, S. 171). Ausführliche Erläuterungen zur Spieltheorie finden sich bspw. bei Magin/Heil/Fürst (2005, S. 124 ff.).
442 Vgl. Herbst (2002, S. 55).
443 Vgl. Swoboda (2005, S. 55).
444 Vgl. Herbst (2002, S. 55).
445 Vgl. Swoboda (2005, S. 55) sowie Herbst (2002, S. 55 f.).
446 Vgl. Swoboda (2005, S. 55).

zu realisieren sowie das Innovationspotenzial von Unternehmen zu fördern.[447] Als ein Kritikpunkt am Netzwerkansatz wird neben der bisher fehlenden theoretischen und empirischen Fundierung die Unterschätzung der restriktiven Wirkung einer Kooperationseinbindung genannt.[448]

Der *Institutional-Theory-Ansatz* erweitert den ressourcenorientierten Ansatz und die Transaktionskostentheorie in Reaktion auf deren Defizite, indem nicht der Effizienz- oder Effektivitätsgedanke der Unternehmen zur Kooperationserklärung herangezogen wird, sondern auf die Erwartungshaltung der Umwelt abgestellt wird. Insbesondere im Gesundheitswesen, bei dem die Infrastruktur zum großen Teil eine öffentliche Aufgabe darstellt, bestehen besondere direkte und indirekte politische und gesellschaftliche Einflüsse, die das Handeln der Akteure bestimmen. So wählen die Unternehmen ihre Strategie nicht alleine mit dem Ziel, sich Wettbewerbsvorteile zu verschaffen oder die Effizienz der eigenen Institution zu steigern.[449]

Ein Indiz für den Erklärungsbeitrag der Institutional Theory für das Kooperationsverhalten zwischen Krankenhäusern und Reha-Einrichtungen kann in der gesetzlich normierten Forderung nach einem kooperativen Handeln in § 137 d Abs. 3 SGB V gesehen werden. Dementsprechend sind Effizienzüberlegungen nicht alleine entscheidungsrelevant, so dass eine Kooperationsentscheidung nicht ausschließlich auf Basis von Kosten-Nutzen-Rechnungen oder anderen Bewertungsverfahren erfolgen kann. Vielmehr wird das Kooperationsverhalten der Unternehmen auch davon beeinflusst, ob politische und gesellschaftliche Rahmenbedingungen Kooperationsbestrebungen fördern.

Der *politökonomische Ansatz* soll den Einfluss von Interessengruppen und deren Auswirkungen auf die Entwicklung von interinstitutionellen Beziehungen zeigen. Dabei wird zwischen den Kräften interner Interessengruppen und den externen Kräften wie bspw. das Gesetzgebungsverfahren unterschieden, die den Verlauf der Beziehungen beeinflussen und so wichtige Hinweise für die Kooperationsgestaltung liefern. So kann eine Kooperation die Autonomie einer Organisation erhalten, wenn die Interessengruppen eine Fusion oder Schließung erwägen. In diesem Fall ist ein sinnvolles Kooperationskonzept zu erarbeiten, um die internen und externen Interessengruppen von der Kooperation zu überzeugen. Dabei ist aktives Handeln gefragt, bspw. um die Kooperation entlang des Patientenbehandlungsprozesses als

---

447 Vgl. Herbst (2002, S. 56).
448 Vgl. Sydow (1992, S. 222 f.).
449 Vgl. Dreßler (2000, S. 70 f.).

wichtiges Instrument zur Verbesserung der Versorgungsleistung hervorzuheben.[450]

2.2.2.6 Würdigung der theoretischen Erklärungsansätze

Im Mittelpunkt der theoretischen Ansätze, mit denen Kooperationen erklärt werden können, steht die Frage, warum Unternehmen zur Leistungserstellung mit anderen kooperieren, anstatt diese Leistung selbst zu erbringen oder von Marktpartnern zu kaufen („Make-or-Buy").

Der marktorientierte Ansatz erklärt kooperative Verhaltensweisen als eine strategische Option bei dynamischen Wettbewerbsstrukturen auf sich wandelnden Märkten. Entsprechend kommt bedingt durch die dynamischen Veränderungen im Gesundheitsbereich der Analyse der externen Umfeldbedingungen eine zentrale strategische Bedeutung zu. So zeigen die Erkenntnisse der im Rahmen der Arbeit durchgeführten Marktanalysen im Akut- und Reha-Bereich[451] die Notwendigkeit struktureller Änderungen zur Erlangung von Wettbewerbsvorteilen. Allerdings haben die Leistungserbringer zur Sicherstellung ihrer Marktposition nicht nur die externen Faktoren zu beachten. Eine systematische Analyse der internen Erfolgskomponenten, also der vorhandenen Ressourcen und Kompetenzen, ist ebenso erforderlich.[452]

Vertreter des ressourcenorientierten Ansatzes führen die Entstehung von Kooperationen auf den Bedarf nach ergänzenden Ressourcen anderer Organisationen und darüber hinaus auf die Möglichkeit zurück, unter Verwendung dieser komplementären Ressourcen bzw. Kernkompetenzen neue Fähigkeiten zu schöpfen. Insbesondere die Kernkompetenzperspektive kann aufgrund der Wertschöpfungsorientierung als theoretischer Erklärungsansatz zur Entstehung und Funktionsweise vertikaler Kooperationen genutzt werden. Insofern kann in sektorübergreifenden Kooperationen durch das Zusammenbringen komplementärer Kernkompetenzen der Partner im Versorgungsprozess eine innovative Gestaltung des Patientenbehandlungsprozesses erreicht werden.

Kritisiert wird am ressourcenorientierten Ansatz häufig, dass die eindimensionale Wirkungskette der marktorientierten Sichtweise lediglich durch ein anderes eindimensionales Erklärungskonstrukt ersetzt wird und markt- und branchenspezifische Einflussfaktoren unberücksichtigt bleiben. Außerdem wird konstatiert, dass die

---
450 Vgl. Dreßler (2000, S. 71 f.).
451 Zur Analyse der Dynamikfaktoren der stationären Gesundheitsversorgung siehe Kapitel 2.1.4.
452 Vgl. Swoboda (2005, S. 44).

relative statische Betrachtungsweise auch durch die prozessual-dynamische Kernkompetenzperspektive nur bedingt in der Lage ist, die Entwicklung erfolgsgenerierender Ressourcen tiefer gehend zu analysieren. Ebenso kann die Erweiterung durch die relationale Perspektive nicht erklären, wie Ressourcenkombinationen die Wettbewerbsvorteile genau beeinflussen.[453]

Im Vergleich zur Transaktionskostentheorie bieten die ressourcenorientierten Ansätze zwar ein höheres, differenzierteres und kontextbezogeneres Erklärungspotenzial für die vermutete Vorteilhaftigkeit vertikaler Kooperationsbeziehungen, jedoch erfordert die statisch-strukturelle Analyse eine Anreicherung der Argumentation um kostenbezogene Aspekte. So leitet der Transaktionskostenansatz die Existenz von Kooperation vordringlich aus Kostenvorteilen gegenüber der marktlichen oder hierarchischen Organisationsform ab und stellt somit auf rentabilitätsorientierte Entscheidungskriterien ab. Dementsprechend können sektorübergreifende Kooperationen dadurch erklärt werden, dass die Leistungserstellungskosten eines koordinierten Behandlungsprozesses durch eine partnerschaftliche Zusammenarbeit gesenkt werden können. Dies kann durch eine klare Aufgabenverteilung, orientiert an den Kernkompetenzen der jeweiligen Partner, erfolgen, indem bspw. Doppelleistungen vermieden werden. Zudem können durch die von einem Partner bereitgestellten Kernkompetenzen Kosten zum Ausbau bzw. der Erhaltung von eigenem Know-how gespart werden.[454]

Kritisiert wird am Transaktionskostenansatz, dass eine einseitige Orientierung an Kostenaspekten stattfindet und andere Motive zur Kooperationsbildung, wie bspw. Differenzierungsstrategien mit Fokus auf die Leistungsdimensionen, vernachlässigt werden. Dementsprechend kann die Transaktionskostentheorie basierend auf dem Prinzip der Minimierung der Transaktionskosten nur die Wahl einer bestimmten Organisationsform erklären, jedoch nicht deren Ausgestaltung.[455]

Abhilfe kann in diesem Zusammenhang die Spieltheorie schaffen, die trotz der vordringlichen Ausrichtung auf horizontale Kooperationen insbesondere im Hinblick auf die Gestaltung des Interaktionsverhaltens der Kooperationspartner auch für vertikale Kooperationen von Bedeutung und bei der Ableitung konkreter Handlungsempfehlungen dienlich sein kann. Beim Netzwerkansatz ist insbesondere die Ableitung direkter Empfehlungen für das Management zur Organisationsgestaltung

---

453 Vgl. Fischer (2006, S. 80 f.).
454 Vgl. Tjaden (2003, S. 90).
455 Vgl. Fischer (2006, S. 68 f.).

von Kooperationen hervorzuheben. Während der Institutional-Theory-Ansatz und der politökonomische Ansatz die speziellen Gegebenheiten des Gesundheitsmarktes mit dem großen Einfluss der politisch-rechtlichen Unternehmensumwelt bzw. besonderer Interessengruppen berücksichtigen.

Insgesamt zeigt die vorgenommene Erörterung der vielfältigen Erklärungsansätze für Kooperationen deutlich, dass einzelne Theorien nicht in der Lage sind, einen vollständigen theoretischen Bezugsrahmen und damit ein umfassendes Verständnis hinsichtlich sektorübergreifender Kooperationen im Gesundheitswesen zu vermitteln. Vielmehr ist eine Berücksichtigung der unterschiedlichen und oft auch konkurrierenden Partialerklärungen angebracht. In diesem Sinne finden Aspekte der einzelnen Ansätze und Theorien differenziert, nach ihren jeweiligen Kernaussagen, Eingang in die Untersuchung dieser Arbeit. Darstellung 2-20 fasst die Aussagen der theoretischen Erklärungsansätze hinsichtlich der als besonders wichtig erachteten Ziele der Kooperationspartner zusammen.

Darstellung 2-20: Kooperationsziele gemäß der theoretischen Erklärungsansätze

Theoretische Ansätze	Fokussierte Kooperationsziele
Marktorientierter Ansatz	• Veränderung Marktstrukturen • Verbesserung Wettbewerbsposition • Generierung von Wettbewerbsvorteilen
Ressourcenorintierter Ansatz	• Akquisition fehlender Ressourcen • Akquisition komplementärer • Kooperationspartner • Erfolgreicher Einsatz der eigenen • Kernkompetenzen und Generierung • partnerübergreifender Kompetenzen • Gemeinsamer Aufbau neuer Kompetenzen
Transaktionskostentheorie	• Minimierung der Transaktionskosten • Erzielung Transaktionskostenvorteile gegenüber anderen Koordinationsformen • Einsatz effizienter • Koordinationsinstrumente
Spieltheoretischer Ansatz	• Maximierung des Kooperationsertrages • Erhöhung der Kooperationsstabilität
Weitere Erklärungsansätze	• Förderung der Interaktion zwischen Unternehmen • Berücksichtigung von politisch-rechtlichen und gesellschaftlichen Einflüssen

2.3 Bezugsrahmen der Arbeit

Aufbauend auf den Erläuterungen zur stationären Gesundheitsversorgung und den Grundlagen der Kooperationsthematik wird im Folgenden der Bezugsrahmen der Arbeit dargestellt. Als bedeutender Ansatzpunkt einer sektorübergreifenden Zusammenarbeit wird zunächst die Zunahme integrierter Versorgungsstrukturen im deutschen Gesundheitswesen thematisiert. Anschließend werden die – trotz dieser Bemühungen – bestehenden Schnittstellenprobleme zwischen Akut- und Reha-Bereich analysiert. Diese Analyse bildet die Basis zur Herleitung der Kooperation als geeignete Lösungsstrategie, zur Organisation einer effizienten Überwindung der Sektorengrenzen. Eine definitorische Eingrenzung des Kooperationsspektrums an der Akut-Reha-Schnittstelle sowie eine Systematisierung des Kooperationsmanagementprozesses schließen das Kapitel ab.

2.3.1 Förderung integrierter Versorgungsstrukturen

Integrierte Versorgungsstrukturen sind Ausdruck der Bemühungen des Gesetzgebers, der Krankenkassen und der Leistungserbringer den Übergang zwischen den Sektoren des deutschen Versorgungssystems effizienter zu gestalten. Sie sollen helfen, in einer alternden Bevölkerung, die zunehmend unter chronischen Erkrankungen und Multimorbidität leidet und mit einer „Über-, Unter- und Fehlversorgung" bei begrenzten Ressourcen zu kämpfen hat, das bestmögliche Ergebnis in der medizinischen Versorgung zu erzielen. Mit diesem Ziel sollen im Dienste des Patienten durch die Zusammenarbeit mehrerer Leistungserbringer auch aus verschiedenen Sektoren ganzheitliche Behandlungsabläufe ermöglicht und die Wirtschaftlichkeit erhöht werden.[456]

Integrierte Versorgung gemäß der §§ 140 a bis d SGB V
Mit dem Gesetz zur Modernisierung der Gesetzlichen Krankenversicherung (GMG), das zum Jahresbeginn 2004 in Kraft trat, wurde die rechtliche Grundlage der Integrierten Versorgung (IV) weiter entwickelt, nachdem bereits vier Jahre zuvor die Integrierte Versorgung erstmals mit der Gesundheitsreform 2000 am 1. Januar 2000 eingeführt wurde (siehe Darstellung 2-21).[457] Vor dieser Weiterent-

---
[456] Vgl. Specke (2005, S. 212).
[457] Darüber hinaus gab es insbesondere in der ambulanten Versorgung schon vor Einführung der Integrierten Versorgung Kooperationsmöglichkeiten durch die bis dahin geschaffenen Rechtsgrundlagen über neue Versorgungsmodelle, wie z.B. Strukturverträge nach § 73 a SGB V oder Modellvorhaben nach §§ 63, 64 SGB V. Zu den Unterschieden vgl. ausführlich Rachold (2000, S. 99 f.).

wicklung blieb die Umsetzung von IV-Projekten aufgrund sozial- und berufsrechtlicher Hemmnisse und fehlender Anreize für die Beteiligten auf einige modellhafte Vorhaben begrenzt. Durch dass GMG wurden die maßgeblichen Rechtsgrundlagen der §§ 140 a bis d SGB V zur Integrierten Versorgung grundsätzlich geändert und deren Umsetzung vereinfacht, um damit entscheidende Impulse zur Förderung der Integrierten Versorgung zu setzen.[458] Unter anderem bezogen sich die Änderungen durch das GMG darauf, dass auf Grundlage eines Integrationsvertrages Abweichungen vom Zulassungsstatus der Leistungserbringer möglich sind und dass integrierte Versorgungsformen in den Jahren 2004 bis 2006 finanziell gefördert werden.[459]

Darstellung 2-21: Förderung integrierter Versorgungsstrukturen in der Gesetzgebung

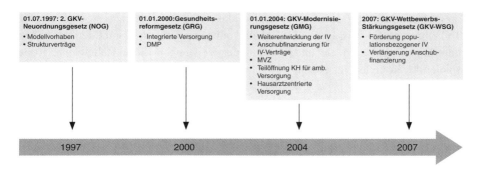

Die in § 107 SGB V definierten unterschiedlichen Aufgabenstellungen und Anforderungsprofile für Krankenhäuser (Abs. 1) sowie für Vorsorge- und Rehabilitationseinrichtungen (Abs. 2) werden durch die Regelungen zur Integrierten Versorgung nicht außer Kraft gesetzt. Das heißt, weder die Rahmenbedingungen für die Akutversorgung und die medizinische Rehabilitation noch die Regelungen des SGB V bzw. das unmittelbar geltende Rehabilitationsrecht des SGB IX werden ganz oder teilweise geändert bzw. eingeschränkt.[460]

Anders als in der Regelversorgung haben einzelne oder mehrere Krankenkassen gemeinsam die Möglichkeit, im Rahmen der gesetzlich festgeschriebenen Inte-

---
458 Vgl. Stock/Redaèlli/Lauterbach (2005, S. 17).
459 Weitere Änderungen ermöglichten die interdisziplinär-fachübergreifende Zusammenarbeit mehrerer Leistungsanbieter einer Versorgungsstufe, die Teilnahme einzelner Ärzte und Apotheken sowie die ersatzlose Streichung einengender Rahmenvereinbarungen der Vertragspartner auf Bundesebene. Vgl. DKG (2004, S. 3 ff.) oder Specke (2005, S. 213).
460 Vgl. Fuchs (2006, S. 345).

2.3 Bezugsrahmen der Arbeit

grierten Versorgung mit Leistungsanbietern des Gesundheitswesens Direkt- oder Einzelverträge über die Versorgung der Versicherten abzuschließen.[461] Die Versicherten können sich auf freiwilliger Basis für die Integrierte Versorgung einschreiben. Sie verpflichten sich, in erster Linie nur solche Leistungserbringer in Anspruch zu nehmen, die im Versorgungsnetz integriert sind, was ihre Wahlfreiheit einschränkt. Mit der Einschreibung wird den Versicherten das Recht eingeräumt, von ihren Krankenkassen oder den teilnehmenden Leistungserbringern umfassend über IV-Verträge, die vereinbarten Qualitätsstandards sowie besondere Leistungen informiert zu werden.[462] Als Gegenleistung zur Einschreibung haben die Versicherungen die Möglichkeit, den Versicherten einen Bonus zu zahlen, bspw. durch eine Ermäßigung der Zuzahlungen.[463]

Durch die Integrierte Versorgung entsteht ein Wettbewerb, der über die Sektorengrenzen hinausgeht. Dementsprechend konkurrieren die Leistungserbringer um die Teilnahme an IV-Verträgen, da die Krankenkassen keinem Kontrahierungszwang unterliegen, wobei Preise und Qualität der Leistungen die entscheidende Rolle spielen.[464] Komplexpauschalen zur integrierten Vergütung von Akut- und Reha-Leistungen sind eine bedeutende Ausgestaltungsform der Integrierten Versorgung in Deutschland. Aber auch die Gründungen von Medizinischen Versorgungszentren (MVZ)[465] und die Entwicklung von Disease-Management-Programmen (DMP)[466] sollen als Bausteine der Integrierten Versorgung den Verlauf der Patientenbehandlung im Hinblick auf Kosteneinsparungen und Qualitätssteigerungen verbessern.

---

461 Vgl. § 140 b Abs. 1 SGB V. Bisher wurden Rehabilitationsleistungen der Rentenversicherung nicht direkt in die IV einbezogen. Allerdings existieren inzwischen Rahmenvereinbarungen mit den Krankenversicherungen die eine indirekte Beteiligung an IV-Modellen zulassen. Die möglichen Vertragspartner auf Leistungserbringerseite sind in § 140 b Abs. 2 SGB V geregelt.
462 Vgl. § 140 Abs. 2 und 3 SGB V oder Stock/Redaèlli/Lauterbach (2005, S. 19).
463 Vgl. § 65 a Abs. 2 SGB V.
464 Vgl. Haaf/Volke/Schliehe (2004, S. 313).
465 Medizinische Versorgungszentren sind zur vertragsärztlichen Versorgung zugelassene, ärztlich geleitete Einrichtungen, in denen Ärzte als Angestellte oder Vertragsärzte fachübergreifend tätig sind, aber auch weitere Fachberufe wie Physiotherapeuten, Krankengymnasten oder Apotheken beteiligt sein können. Vgl. § 95 Abs. 1 SGB V. Da Rehabilitationseinrichtungen nur in Ausnahmefällen in medizinische Versorgungszentren eingebunden sind, wird diese Ausgestaltungsform der Integrierten Versorgung hier nicht detaillierter betrachtet. Vgl. Rieser (2006, S. A-2278).
466 Disease-Management-Programme sind strukturierte Behandlungsprogramme, welche die Qualität der Versorgung chronisch Kranker verbessern sollen. Dabei geht es um den Aufbau einer systematischen und sektorübergreifenden Regelversorgung auf der Basis evidenzbasierter Leitlinien. Sie werden durch den Risikostrukturausgleich gefördert und kommen nur für ausgewählte Erkrankungen, wie bspw. Diabetes mellitus, koronare Herzkrankheit oder Brustkrebs, in Frage, welche die gesetzlich geforderte Kriterien gemäß § 137 f SGB V erfüllen und vom Gemeinsamen Bundesausschuss vorgeschlagen werden. Aufgrund fehlender eigenständiger Vertragsformen für DMP, kann auf die Vertragshülle der Integrierten Versorgung zurückgegriffen werden. Vgl. Stock/Redaèlli/Lauterbach (2005, S. 24 ff.).

Leistungsgestaltung

Grundsätzlich dürfen im Rahmen der Integrierten Versorgung alle Leistungen erbracht werden, die vom Gemeinsamen Bundesausschuss (GBA) als geeignete Kassenleistungen anerkannt sind und die der Verbesserung der Versorgungsqualität dienen.[467] So können die Vertragspartner Leistungen erbringen, die im Zusammenhang mit einem bestimmten Krankheitsbild stehen (bspw. die Kardiochirurgie) oder die Verantwortung für die gesamte Versorgung (unabhängig von der Erkrankung) der sich einschreibenden Patienten einschließen.[468] Dementsprechend kann zwischen einer Produktintegration und einer Institutionenintegration differenziert werden (siehe Darstellung 2-22).[469]

Darstellung 2-22: Ebenen der Integration
Quelle: In Anlehnung an Amelung/Janus (2006b, S. 15).

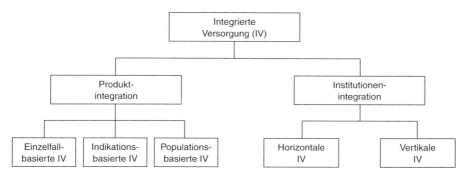

Bei der Produktintegration lassen sich mit den einzelfallbasierten Integrationsverträgen mit vereinbarten Komplexfallpauschalen, mit den indikationsbasierten Verträgen als Basis für Disease-Management-Programme und mit den populationsbasierten Verträgen drei Ausrichtungen unterscheiden. Während sich die Disease-Management-Programme auf die Optimierung der Kommunikations- und Koordinationsprozesse auf verschiedenen Leistungsebenen konzentrieren, repräsentiert die Komplexfallpauschale ein primär wirtschaftlich optimiertes Leistungsbündel für eine bestimmte Indikation. Bei entsprechenden Leistungsprozessen werden schnittstellenübergreifend Einzelleistungen koordiniert, die vorher als Einzelschritte der

---
[467] Gemäß § 140 b Abs. 3 SGB V müssen sich die Vertragspartner zu einer qualitätsgesicherten, wirksamen, ausreichenden, zweckmäßigen und wirtschaftlichen Versorgung der Versicherten verpflichten.
[468] Vgl. Stock/Redaèlli/Lauterbach (2005, S. 18).
[469] Im Folgenden wird der von Amelung/Janus (2006b, S. 14 ff.) vorgeschlagenen Unterteilung gefolgt.

Leistungserstellung isoliert wurden. In der Regel werden für die einzelfallbasierten Verträge Indikationen ausgewählt, die eine verhältnismäßig niedrige Komplexität des Leistungsprozesses aufweisen und häufig als elektive Eingriffe vorkommen (bspw. die totale Endoprothese der Hüfte oder des Knies).[470] Nachdem nach Einführung der Integrierten Versorgung primär indikationsbezogene Verträge geschlossen wurden, werden inzwischen flächendeckend indikationsübergreifende populationsbezogene Modelle für die Versorgung chronischer und komplexer Erkrankungen wie bspw. Schlaganfälle entwickelt, mit dem Ziel, eine regional abgrenzbare Versichertengruppe entweder vollständig oder in Teilen zu versorgen.[471]

Unter der Institutionenintegration wird die integrierte und systematische Versorgung von Patienten einer Region mit medizinischen Leistungen durch eine Vielzahl von Leistungsanbietern verstanden. Auf der Ebene der Institutionenintegration können mit der horizontalen und der vertikalen Integration zwei Ausrichtungen unterschieden werden. Die horizontale Integration bezeichnet die Zusammenführung mehrerer Organisationen eines Sektors mit dem Ziel, Skaleneffekte und Effizienzgewinne zu realisieren, Marktanteile zu gewinnen und die Markt- bzw. Verhandlungsmacht zu erhöhen. Ärztenetze und Krankenhausketten sind Beispiele für die horizontale Integration, bei der jedoch nur innerhalb der Institution ein kontinuierlicher Patientenfluss erreicht werden kann. Dagegen stellt die vertikale Integration eine Weiterentwicklung dar, die das angebotene Leistungsprogramm in vor- und/oder nachgelagerte Versorgungsstufen ausdehnt, um einen kontinuierlichen Patientenfluss sicher zu stellen. Als wesentliches Strukturmerkmal wird die über die rein administrativ und finanzielle Integration hinausgehende klinische Integration entlang der Versorgungskette genannt, wobei neben dem medizinischen Risiko in der Regel auch ein finanzielles Risiko von dem vertikal integrierten System übernommen wird.[472]

Zur Erreichung der Ziele der Integrierten Versorgung ist eine Steuerung der verschiedenen Prozessabläufe notwendig. So müssen die Übergänge zwischen den Behandlungsphasen koordiniert und die Honorarverteilung auf die einzelnen Leistungserbringer geregelt werden.[473] Eine vereinfachte Abrechnung wäre möglich, wenn bspw. das Krankenhaus gegenüber den Krankenkassen als „Generalunterneh-

---

470 Vgl. Amelung/Janus (2006b, S. 15), Stock/Redaèlli/Lauterbach (2005, S. 20).
471 Vgl. Glatzer (2006, S. 24). Bei populationsbezogenen Verträgen ist das regional zuständige Krankenhaus oft der wesentliche Ansatzpunkt, der die Gesundheitsversorgung bspw. durch die Anbindung eines Medizinischen Versorgungszentrums oder anderer Leistungserbringer sektorübergreifend koordiniert.
Vgl. Jendges/Oberender/Jasper/Hacker (2006, S. 70).
472 Vgl. Amelung/Janus (2006b, S. 15 f.).
473 Vgl. Haaf/Volke/Schliehe (2004, S. 320) oder Schräder/Zich (2006, S. 58 f.).

mer"[474] und einziger Vertragspartner für die gesamte Versorgungskette auftritt. In diesem Fall würde das Krankenhaus die Steuerungsfunktion für die Vor- und Nachsorge eines akuten Behandlungsereignisse übernehmen (bspw. bei einer Operation die Organisation der prä- und poststationären Diagnostik und Therapie), auf die Gewährleistung der vereinbarten Qualität hinwirken und die festgelegte Vergütung an die anderen Vertragspartner weiterleiten.[475] Grundsätzlich können neben dem Krankenhaus auch andere Leistungserbringer die Steuerungshoheit übernehmen. Allerdings sind diese in der Regel aufgrund ihrer geringeren Möglichkeiten zur Patientensteuerung weniger als navigierender Teil integrierter Versorgungsformen geeignet. Dennoch existieren in der Praxis IV-Modelle, in denen andere Leistungserbringer (bspw. eine Rehabilitationseinrichtung) das steuernde Case-Management übernommen haben.[476]

Vergütung

Die Vergütung der Integrierten Versorgung kann gemäß § 140 c SGB V in den Verträgen zwischen Leistungserbringer und Krankenkasse individuell vereinbart werden. In der Regel werden Komplexfallpauschalen, Koordinationspauschalen, Einzelleistungsvereinbarungen, kombinierte Budgets oder Pauschalen für einen Generalunternehmer gewählt.[477] Sämtliche Leistungen, die von den teilnehmenden Versicherten im Rahmen des vertraglichen Versorgungsvertrages in Anspruch genommen wurden, sind aus der Vergütung zu finanzieren. Die Übernahme der Budgetverantwortung können die Leistungserbringer insgesamt vereinbaren oder diese auf definierte Teilbereiche beschränken.[478] Für die Krankenhäuser ist von Bedeutung, dass aufgrund der Integrierten Versorgung keine zusätzliche Budgetbereinigung stattfindet. Somit besteht die Möglichkeit, zusätzliche Fallzahlen zu generieren, um so das eigene Budget auszuweiten bzw. abgezogene Budgetanteile wieder abzudecken.[479]

Zur Förderung der Integrierten Versorgung legte der Gesetzgeber im GMG die Anschubfinanzierung fest, indem die Krankenkassen zunächst in den Jahren 2004 bis Ende 2006 die Möglichkeit hatten, bis zu 1% der Rechnungsbeträge der Krankenhäuser sowie der

---

474 Als Generalunternehmer ist ein Leistungserbringer zu verstehen, der als einziger Vertragspartner im Vertrag mit den Kostenträgern genannt ist, obwohl Leistungsinhalte vereinbart sind, die er nicht selbst erbringen kann, sondern von anderen Leistungspartnern durch Unterverträge einkauft. Vgl. Neubauer (2006a, S. 46 ff.).
475 Vgl. Schräder/Zich (2006, S. 61) oder Haaf/Volke/Schliehe (2004, S. 320).
476 Ein Beispiel ist die MEDICA-Klinik für ambulante Rehabilitation und Sportmedizin in Leipzig, die als Case-Manager im Rahmen der Integrierten Versorgung auftritt. Siehe www.medica-klinik.de.
477 Vgl. Neubauer (2006a, S. 46 ff.).
478 Vgl. § 140 c Abs. 2 SGB V.
479 Vgl. Stock/Redaèlli/Lauterbach (2005, S. 20 f.).

Vergütungen der Kassenärztlichen Vereinigungen einzubehalten.[480] Inzwischen wurde die Phase der Anschubfinanzierung durch das GKV-Wettbewerbsstärkungsgesetz (GKV-WSG) bzw. das Vertragsarztrechtsänderungsgesetz (VÄndG) um weitere zwei Jahre bis Ende 2008 verlängert. Die einbehaltenen Mittel sind ausschließlich zur Finanzierung von IV-Vergütungen einzusetzen, sofern entsprechende Verträge abgeschlossen werden. Weiterhin bestimmt das Gesetz, dass diejenigen Mittel, die nicht innerhalb von drei Jahren aufgebraucht wurden, wieder zurückgezahlt werden müssen.[481]

Situationsanalyse
Das Engagement von Leistungserbringern und Krankenkassen in der IV ist sehr unterschiedlich. Es gibt Leistungserbringer und Krankenkassen, die intensiv ihre Chancen in der neuen Versorgungsform nutzen, während andere eine abwartende Haltung eingenommen haben.[482] Die Beteiligung der Krankenhäuser variiert stark in Abhängigkeit von der Krankenhausgröße (siehe Darstellung 2-23). Insgesamt nahmen Mitte 2006 ca. 33% der Krankenhäuser in Deutschland an der Integrierten Versorgung teil. Diese hatten im Durchschnitt 2,5 Integrationsverträge abgeschlossen.[483]

Darstellung 2-23: Teilnahme an der Integrierte Versorgung nach Krankenhausgröße
Quelle: In Anlehnung an Blum/Offermanns/Schilz (2006, S. 53).

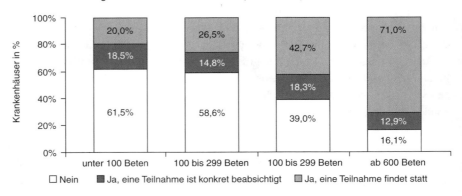

480 Vgl. § 140 d Abs. 1 SGB V. Den Abzug von 1 % erbringen die Krankenhäuser und die Kassenärztliche Vereinigungen gleichermaßen, andere Leistungserbringer jedoch nicht, obwohl diese von den Verträgen profitieren können. Vgl. Stock/Redaèlli/Lauterbach (2005, S. 20).
481 Vgl. § 140 d Abs. 1 SGB V. Auf diese Weise soll verhindert werden, dass Krankenkassen die Mittel ohne Gegenleistung einbehalten können. Damit Krankenhäuser und Kassenärztliche Vereinigungen die Möglichkeit haben, die Berechtigung der Mittelkürzung dem Grunde und der Höhe nach nachzuvollziehen, wurde von der Bundesgeschäftsstelle für Qualitätssicherung (BQS) eine Registrierungsstelle für Integrationsverträge eingerichtet. Der Anspruch der Krankenhäuser auf Rückerstattung einbehaltener und nicht verwendeter Mittel aus der Anschubfinanzierung wurde mit dem GKV-WSG für die Jahre 2004 bis 2006 aufgehoben, allerdings für die Jahre 2007 und 2008 verpflichtend vorgeschrieben.

In jedem zweiten teilnehmenden Krankenhaus war die endoprothetische Versorgung Bestandteil der Versorgungsverträge. Andere Leistungsbereiche spielten dagegen eine untergeordnete Bedeutung. So umfasste in jeweils ca. 10% der Akuthäuser die Integrierte Versorgung die onkologische, kardiochirurgische oder invasiv-kardiologische Versorgung.[484] Die klassischen Beispiele für die „Verträge der ersten Generation"[485] im Bereich der Hüft- und Knie-Endoprothetik dominieren somit weiterhin.

In der Vergangenheit gab es oft Kritik an solchen Verträgen, im Hinblick darauf, dass sie in der Regel keine neuen Versorgungsinhalte oder Prozessorganisationen einführen. Als Motive für einen Vertragsabschluss gelten weniger die Bestrebungen zur Entwicklung nachhaltiger und innovativer Konzepte, sondern vielmehr die Partizipierung an der Anschubfinanzierung sowie die Erbringung von Leistungen über der Budgetgrenze. Dementsprechend werden diese Vertragsformen auch als „Light-Varianten" der Integrierten Versorgung bezeichnet.[486]

Die primären Kooperationspartner der Krankenhäuser sind neben den niedergelassenen Ärzten (70,8%) die Rehabilitationseinrichtungen (62,9%). Zu berücksichtigen ist dabei, dass die Hälfte der teilnehmenden Krankenhäuser zwei oder mehr Integrationsverträge abgeschlossen haben und sie in der Regel mit Leistungserbringern aus mehreren Sektoren kooperieren.[487]

Die Anteile der Vertragspartnerkombinationen an den gemeldeten Verträgen zur Integrierten Versorgung auf der Leistungserbringerseite zeigt die Darstellung 2-24. Bei der BQS-Registrierungsstelle werden lediglich die direkten Vertragspartner gemeldet, nicht jedoch Leistungserbringer, die durch Unterverträge an Generalunternehmen gebunden sind. Auch wenn die Daten keinen Rückschluss auf die in der Versorgungskette kooperierenden Leistungserbringer zulassen, ist die Integration des Akut- und Reha-Bereichs in folgenden Vertragspartnerkombinationen auf Leistungserbringerseite zu vermuten (Darstellung 2-24):

---

482 Seit Anfang 2005 veröffentlicht die BQS quartalsweise die Daten registrierter IV-Verträge. Die angegebenen Werte sind dabei Planwerte der Krankenkassen bei Vertragsabschluss. Weil keine Verpflichtung zur Meldung und Offenlegung abgeschlossener Verträge besteht, wird die Einschätzung der Vertragslandschaft erschwert.
483 Vgl. Blum/Offermanns/Schilz (2006, S. 53).
484 Vgl. Blum/Offermanns/Schilz (2006, S. 53 ff.).
485 Vgl. Hildebrandt (2005, S. 6).
486 Vgl. Hildebrandt/Hallauer/Döring (2004, S. 617).
487 Vgl. Blum/Offermanns/Schilz (2006, S. 55).

2.3 Bezugsrahmen der Arbeit

- Krankenhäuser (Akut) und Reha-Einrichtungen (Reha),
- Krankenhäuser als „Generalunternehmen", indem Krankenhäuser durch Unterverträge weitere Leistungserbringer an sich binden (bspw. Reha-Einrichtungen), sowie
- „3-Sektoren-Verträge", die neben dem Akut- und Reha-Bereich auch niedergelassene Ärzte (NL) miteinbeziehen.

Darstellung 2-24: Vertragspartnerkombinationen auf Leistungserbringerseite (Stand 4. Quartal 2006); Datenquelle: BQS (2007).

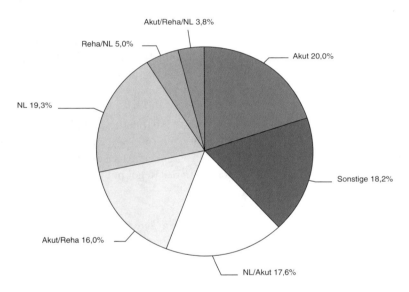

Die Zahl registrierter IV-Verträge belegt einen deutlichen Wachstumstrend. Seit der Neufassung der §§ 140 a bis d SGB V stieg die Anzahl kontinuierlich an. Während zum Jahreswechsel 2003/2004 mit dem alten § 140 a bis h SGB V erst fünf Verträge bekannt waren, wuchs die Anzahl bis Ende Dezember 2006 auf insgesamt 3.309 gemeldete Verträge.

Bei den Vertragspartnerkombinationen mit vermuteter Akut- und Reha-Beteiligung war ebenfalls ein deutlicher Anstieg zu erkennen (siehe Darstellung 2-25). So existierten am Ende des 4. Quartals 2006 531 Verträge mit direkter Akut- und Reha-Beteiligung sowie 126 Verträge, in denen zusätzlich der Niedergelassenenbereich berücksichtigt wurde. In 662 Verträgen trat ein Krankenhaus als einziger direkter Vertragspartner der Krankenkassen auf.[488]

Darstellung 2-25: Entwicklung ausgewählter Vertragspartner-Kombinationen (Stand 4. Quartal 2006); Datenquelle: BQS (2007).

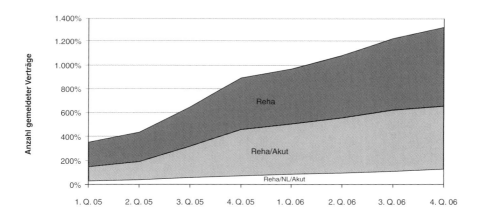

Entwicklungsperspektiven
Die Gesundheitspolitik sieht in der Integrierten Versorgung grundsätzlich ein geeignetes Instrument zur Steigerung von Wettbewerb, Transparenz, Qualität, Effizienz und Patientenorientierung. Die Fortführung der Integrierten Versorgung wird daher durch die Ausweitung der Anschubfinanzierung weiter unterstützt.[489] Es besteht jedoch der Wunsch, dass eine primäre Ausrichtung auf populationsbezogene Verträge stattfindet, so dass ein Vertragstyp, der ausschließlich die Akut- und Reha-Behandlung umfasst, bei den aktuellen Planungen der Politik eine zunehmend untergeordnete Rolle spielt. Die dadurch beabsichtigte bevölkerungsbezogene Bedarfsdeckung mit einer sektor- und indikationsübergreifenden Fokussierung auf versorgungsrelevante Volkskrankheiten soll dabei durch entsprechende regional und budgetär abgrenzbare Bevölkerungsversorgungsmodelle erreicht werden.[490]

---

488 Die Daten entstammen der Homepage der gemeinsamen Registrierungsstelle zur Unterstützung der Umsetzung des § 140 d SGB V, die unter www.bqs-register140d.de abrufbar ist.
489 Vgl. Stüve/Bischoff-Everding/Saade (2006, S. 662).
490 Vgl. BMG (2006, S. 31) in Verbindung mit Stüve/Bischoff-Everding/Saade (2006, S. 663).

Demzufolge sollen die Leistungserbringer in Zusammenarbeit mit den Krankenkassen durch solche ressourcenintensiven Versorgungsangebote möglichst die gesamte Behandlungskette abdecken und zukünftig vermehrt die Versorgungsverantwortung übernehmen. Die Zunahme komplexerer IV-Verträge wird dazu führen, dass bei einem in der Summe gedeckelten IV-Budget die Gesamtzahl an IV-Verträgen zukünftig geringer und das finanzielle Volumen je IV-Vertrag größer ausfallen wird.[491]

Darüber hinaus wird die Ausweitung bestehender Verträge gefördert. Das bedeutet, dass in Bezug auf die Zusammenarbeit zwischen Akut- und Reha-Versorgung die vorhandenen Verträge um weitere Sektoren ergänzt werden sollen. So können bspw. niedergelassene Ärzte sowohl vor- als auch nachstationär integriert werden.

Die Politik hat mit den verschiedenen gesetzgeberischen Maßnahmen zwar die Möglichkeiten eröffnet, neue und komplexere Organisationsstrukturen zu schaffen, jedoch bleibt die Realität hinter den großen Erwartungen an entsprechende Konzepte zurück. Eine schnellere Ausbreitung der Integrierten Versorgung wird unter anderem durch die Begrenzung des Finanzierungsvolumens auf die Höhe der Anschubfinanzierung behindert. Diese Beschränkung wird den komplexen Herausforderungen der neuen Versorgungsmodelle in Medizin und Management nicht gerecht.[492]

Auch wenn sich die Vertragslandschaft weiter entwickelt, bleibt zu vermuten, dass sich bei vielen Verträgen kein durchgängiges sektorenübergreifendes Denken und Handeln eingestellt hat. So sind zahlreiche IV-Konzepte durch partielle Interessen geprägt, bei denen jeder Partner versucht, seine individuelle Position zu verbessern, ohne das Gesamtkalkül des Behandlungsgeschehens zu berücksichtigen.[493] Schnittstellenprobleme zwischen den Sektoren sind trotz der sektorübergreifend organisierten Behandlungsprozesse im Rahmen der Integrierten Versorgung gemäß §§ 140 a bis d SGB V weiterhin existent.

2.3.2 Überwindung der Schnittstellenproblematik durch Kooperationen
Der Begriff „Schnittstelle" stammt aus der Informationstechnik, wo Schnittstellen die Verbindung an den Grenzen zwischen zwei Systemen kennzeichnen und sich auf den Informationsaustausch der verbundenen Elemente beziehen. Entsprechend

---
491 Vgl. Stüve/Bischoff-Everding/Saade (2006, S. 663).
492 Vgl. Weatherly et al. (2007, S. 273 f.).
493 Vgl. Mühlnikel (2005, S. 23 f.).

entstehen organisatorische Schnittstellen, wenn zwischen unterschiedlichen – durch organisatorische Kriterien getrennte – Teileinheiten bei der zielorientierten, arbeitsteiligen Erfüllung einer gemeinsamen meist komplexen Aufgabe Interdependenzen[494] auftreten. Dabei sind die Teileinheiten in gewissem Maße spezialisiert, weit gehend autonom und einander in Bezug auf die betrachtete Zusammenarbeit hierarchisch gleich geordnet. Die an der Schnittstelle auftretenden Interdependenzen bedingen den Austausch von Informationen und Leistungen bei der Lösung einer Aufgabe.[495] Neben der notwendigen Interaktion zwischen den Teileinheiten ist es charakteristisch, dass die Leistungen des anderen nicht vollständig substituierbar sind.[496]

In der Systemtheorie werden Schnittstellen als Unterbrechung zwischen Subsystemen und damit als Subsystemgrenzen interpretiert, die die Beziehungen zwischen den Subsystemen herstellen. Dies stellt die Integrationsperspektive an Schnittstellen und damit auch die Forderung nach einer stärkeren zielgerichteten Verbindung der Einheiten in den Vordergrund.[497]

Probleme und Konflikte entstehen, da die Handlungsspielräume der beteiligten Akteure nicht durch eine formale Autorität vorgegeben sind. Stattdessen sind die Zuständigkeiten unklar definiert bzw. werden unterschiedlich wahrgenommen, wodurch Möglichkeiten für bereichsbezogene Verhaltensweisen vorhanden sind.[498] Verstärkt werden diese Probleme durch Zielkonflikte, kontroverse Machtansprüche, mangelndes Vertrauen, verschiedene Verfahrensweisen, personelle Willens- und Fähigkeitsbarrieren und einer räumlichen Distanz der Teileinheiten.[499]

Im deutschen Gesundheitswesen entstehen Schnittstellen durch die Segmentierung und Strukturierung des Gesamtsystems. So wurde die Gesamtaufgabe der Patientenversorgung in interdependente Teilaufgaben zerlegt und auf mehrere spezialisierte Leistungssektoren verteilt.[500] Schnittstellen sind somit nicht das Ergebnis eines

---

[494] Interdependenzen sind zentrale Elemente von Schnittstellen und liegen vor, wenn sich mindestens zwei Entscheidungstatbestände gegenseitig beeinflussen und die Handlung einer Einheit den Handlungsspielraum der anderen zielrelevant verändert, so dass diese Auswirkungen bzw. entsprechende Rückwirkungen bei der Einzelentscheidung berücksichtigt werden müssen. Problematisch ist, dass Interdependenzen nicht immer offensichtlich sind. Vgl. Hawranek (2004, S. 45).
[495] Vgl. Meckl (1994, S. 2).
[496] Vgl. Hawranek (2004, S. 44).
[497] Vgl. Wermeyer (1994, S. 6 f.).
[498] Vgl. Röder (2001, S. 28).
[499] Vgl. Hawranek (2004, S. 46).
[500] Zur sektoralen Trennung vgl. Kapitel 2.1.1.1.

naturgesetzlich vorbestimmten Prozesses, sondern der Arbeitsteilung. Sie spiegeln zuvor getroffene organisatorische Entscheidungen wider.[501]

Für sich genommen muss die sektorale Trennung nicht zwangsläufig zu Versorgungsproblemen führen, da die Übergänge zwischen den Sektoren theoretisch fließend gestaltet werden können, so dass keine Versorgungsmängel auftreten. Die Untergliederung wird erst dann zum Problem, wenn eine durchgehende Behandlung entlang des so genannten Versorgungskontinuums nicht mehr gewährleistet werden kann (siehe Darstellung 2-26).[502] So stellen Brüche im Behandlungsprozess den Erfolg von Therapien in Frage und bewirken Unwirtschaftlichkeiten in der Versorgungskette, da Versorgungsleistungen mehrfach oder mit der fehlenden Qualifikation erbracht werden.[503] An den Schnittstellen wird somit eine bedarfsgerechte Versorgung erschwert.[504] Dementsprechend führt die charakteristische Zergliederung in Teilsektoren zu einer nicht ausreichenden Koordination von (sektorübergreifenden) Behandlungsprozessen. Diese Schnittstellen- und Koordinationsprobleme bleiben auch dann bestehen, wenn die Zusammenarbeit der Teilbereiche des Systems bspw. durch die Integrierte Versorgung verbessert wird. So kommt es zwar zur Abschöpfung von strategischen Optimierungspotenzialen, jedoch verbleiben weiterhin Wirtschaftlichkeitsreserven.[505]

Darstellung 2-26: Durchgängiger versus fragmentierter Behandlungsprozess

Zur Gewährleistung einer kontinuierlichen Behandlung sind über die genannten Schnittstellen hinweg koordinierte Behandlungsabläufe erforderlich. Daher ist eine Systemrevolution im deutschen Gesundheitswesen zur Erhaltung der Leistungsfähigkeit der gesundheitlichen Versorgung bzw. zur Verbesserung entsprechend des medizinischen Fortschritts notwendig. Die bisherigen Schwachstellen in Struktur und Organisation der medizinischen Versorgung müssen beseitigt werden, um damit

---

501 Vgl. Hawranek (2004, S. 46).
502 Vgl. Armbruster (2004, S. 78).
503 Vgl. Georg (2005, S. 108) sowie Armbruster (2004, S. 79).
504 Vgl. Batzdorfer (2003, S. 32).
505 Vgl. Rachold (2000, S. 61 f.).

die Wirtschaftlichkeitsreserven zu mobilisieren, die zu einer dauerhaften Finanzierbarkeit des Gesundheitswesens beitragen.[506] Als die wesentliche Schwachstelle wurde die traditionell gewachsene und gesetzlich verankerte vertikale Versäulung der Gesundheitssektoren mit Nachteilen für die Effektivität und die Effizienz der Gesundheitswirtschaft und demzufolge auch mit Nachteilen für den Patienten identifiziert. Neben dem Grundproblem der organisatorischen Trennung der Versorgungssektoren wird aufgrund einer Fokussierung auf Teilleistungen und Abrechnungskriterien die mangelnde Patienten- und Ergebnisorientierung kritisiert.[507]

Patientenbefragungen zeigen einen wachsenden Wunsch nach einer besseren Koordination ihrer Behandlung durch verstärkte Kooperation zwischen den Leistungserbringern.[508] Daher sollten alle Akteure bei der aktiven Gestaltung der Veränderungen neben den ökonomischen Überlegungen insbesondere den individuellen Bedarf des Patienten berücksichtigen. Es geht um eine patientenorientierte Steuerung des Behandlungsprozesses an der Schnittstelle zwischen Akut und Reha-Bereich durch eine stärkere Verknüpfung zwischen den Behandlungspfaden im Krankenhaus und den Behandlungskonzepten der Rehabilitation.[509]

Die Akut-Reha-Schnittstelle ist im Behandlungsprozess eines Patienten deshalb von besonderer Bedeutung, da die Beseitigung von Krankheitsfolgen bereits während der Akutversorgung beginnen sollte, aber die Krankenhäuser häufig keine Rehabilitationsleistungen erbringen und dadurch den Heilungsprozess unnötig verlängern.[510] Neben den ökonomischen Konsequenzen besteht für die Patienten so die Gefahr einer Chronifizierung aufgrund der verspäteten Einleitung der rehabilitativen Maßnahmen. Je eher die Rehabilitation einsetzt, desto besser gelingt es, den Eintritt von Behinderungen zu vermeiden oder die Folgen zu überwinden.[511] Die Rehabilitationsmedizin fordert daher, bereits in den Krankenhäusern die Grundvoraussetzungen für ein koordiniertes akut- und reha-medizinisches Gesamtkonzept sicherzustellen. Dementsprechend kann die Kooperation der beiden Bereiche Synergiepotenziale aktivieren.

Allerdings fördert eine oft fehlende Bereitschaft zu Kooperationen die Individualisierung und die Isolierung der einzelnen Leistungsbringer, die ihr opportunis-

---

506 Vgl. Eichhorn/Schmidt-Rettig (2000, S. 1 f.).
507 Vgl. Armbruster (2004, S. 81).
508 Vgl. Armbruster (2004, S. 81).
509 Vgl. Haaf/Volke/Schliehe (2004, S. 323).
510 Vgl. die Ausführungen zur Frührehabilitation in Kapitel 2.1.3.2.3.
511 Vgl. Beckers (2003, S. 53).

tisches Verhalten damit begründen, dass ein zusätzlicher Arbeitseinsatz (bspw. für Absprachen in der Zusammenarbeit) lediglich Kosten verursacht und sich keine zusätzlichen Erträge realisieren lassen.[512] Aufgrund hierarchisch strukturierter und tradierter Machtverhältnisse und Minderbewertungen einzelner Berufsgruppen fehlt zudem die Fähigkeit zur partnerschaftlichen Zusammenarbeit.

Im Rahmen der Ausbildung wurde dieser Fähigkeit, bspw. durch die Vermittlung von Kooperationskompetenz, bisher nur wenig Aufmerksamkeit zuteil.[513] Bestätigt wird dies durch eine Studie von Wieselhuber & Partner, in der die Leistungserbringer selbstkritisch zugaben, dass deutliche Defizite in den eigenen Kompetenzen hinsichtlich sektorübergreifender Aktivitäten bestehen.[514] Entsprechend nahmen die Betroffenen überwiegend bei sich selbst die Notwendigkeit zum Handeln wahr, statt die Verantwortung bei der Politik abzuladen. So erkannten die Leistungserbringer insbesondere Veränderungsbedarf in den eigenen Strukturen und Abläufen hinsichtlich des schnellen Erwerbs von Kompetenzen zur Steuerung von Patienten und Netzwerken, um damit innovative Versorgungsmodelle mit Leben füllen zu können.[515]

Die Politik hat erkannt, dass neben der stärkeren Fokussierung der prozessualen Gestaltungsebene auch der Reduktion von Schnittstellen eine erfolgsbestimmende Bedeutung zukommt.[516] Bezogen auf den stationären Sektor hat sie daher die Notwendigkeit der Schnittstellenoptimierung zwischen Akutversorgung, Rehabilitation und Pflege im Rahmen der Gesundheitsreform für das Jahr 2007 hervorgehoben.[517] Allerdings wurde bereits Anfang der 70er Jahre erkannt, dass die institutionelle Eigenschaft der sektoralen Trennung vor allem unter wirtschaftlich-organisatorischen Bewertungsmaßstäben nachteilig für die Leistungsfähigkeit des deutschen Gesundheitswesens ist.[518] Seitdem ist vorgesehen, dass verstärkt wettbewerbliche Elemente in das deutsche Gesundheitssystem Einzug erhalten, damit sich die Wertschöpfungsketten zur Erbringung von Gesundheitsleistungen durch strukturelle Änderungen den Erfordernissen der Umwelt anpassen.[519]

---

512 Vgl. Franz (2006, S. 9 f.).
513 Vgl. Janssen (2000, S. 203).
514 Vgl. Breuer et al. (2005, S. 25).
515 Vgl. Breuer et al. (2005, S. 25 f.).
516 Vgl. Braun von Reinersdorff (2002, S. 195).
517 Vgl. BMG (2006, S. 11).
518 Vgl. WSI (1972, S. 37 ff.).
519 Vgl. Braun (2005, S. 13).

In der jüngsten Vergangenheit zeigte sich der Paradigmenwechsel durch die neuen Möglichkeiten der Integrierten Versorgung, durch die Disease-Management-Programme oder durch die DRG-Einführung im Akutbereich. Diese Maßnahmen übertragen die ökonomische Verantwortung für sektorinterne und für sektorübergreifende Versorgungseinheiten zunehmend auf die Leistungserbringer, so dass die Trennung von Versorgung und Versicherung mehr und mehr überwunden wird. Eine zu erwartende weitere Verkürzung der durchschnittlichen Verweildauern stationärer Patienten fordert ein stärkeres Umdenken bei der Planung der Behandlungsprozesse sowie eine umfassende Um- und Neustrukturierung der gewohnten Abläufe der Beteiligten (siehe dazu Darstellung 2-27).

Darstellung 2-27: Optimierungszone zwischen Akut- und Reha-Bereich
Quelle: In Anlehnung an Neubauer (2006a, S. 48).

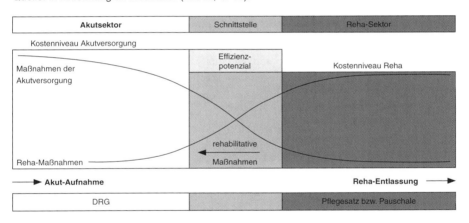

Die empirische Kooperationsforschung in anderen Branchen zeigt, dass sich gerade unter dynamischen Rahmenbedingungen häufig Partnerschaften, Kooperationen, Netzwerke und Allianzen herausbilden.[520] Da es in der Gesundheitsversorgung medizinisch und ökonomisch wenig Sinn macht, in einem Versorgungssektor Kompetenzen – zumal mit Blick auf unterschiedliche Aufgabenstellungen, Ziele und Ressourcen – neu zu entwickeln, die in einem anderen Sektor bereits in hoher Qualität und Wirksamkeit vorhanden sind, dürften Kooperationen an der Schnittstelle

[520] Vgl. Franz (2006, S. 2).

zwischen Akut- und Reha-Bereich eine besondere Wirksamkeit im Sinne einer integrierten Versorgung entfalten.[521]

Nicht zuletzt aufgrund der rasanten informationstechnologischen Entwicklungen der letzten Jahre erhält das Paradigma der Vernetzung zunehmend praktische Relevanz, so dass zu erwarten ist, dass sich das deutsche Gesundheitssystem zu einer hochgradig vernetzten Systemumwelt kooperierender Teilsysteme entwickeln wird. Neben die Arbeitsteilung muss zukünftig vermehrt die Koordination der einzelnen Unternehmen des Gesundheitswesens treten, die sich zweckmäßig am Ansatz der Wertschöpfungskette, also am sektorübergreifenden Behandlungsprozess der Patienten, orientiert. Vernetzte Versorgungsstrukturen fördern auf diese Weise eine ganzheitliche Sichtweise des Prozesses der Leistungserbringung im Gesundheitswesen und berücksichtigen im Idealfall alle Etappen einer Patientenkarriere.[522]

Für die Leistungserbringer wird eine strategische Neuorientierung in Richtung zwischenbetrieblicher Kooperationen notwendig, ohne die es sonst zu negativen Konsequenzen für die eigene Wettbewerbsposition kommen würde.[523] Jeder muss daher die eigenen Entwicklungspotenziale analysieren und strategisch entscheiden, mit welchen Leistungssegmenten er an sektorübergreifenden Versorgungsmodellen teilnehmen möchte.[524] Allerdings sind dem Aufbau von Wettbewerbsvorteilen durch geeignete Positionierungskonzepte in attraktiven Kundensegmenten Grenzen gesetzt, da eine rein wertorientierte Marktsegmentierung aus rechtlichen und ethischen Gründen im Gesundheitswesen nur bedingt möglich ist.[525]

Zusammenfassend ist festzuhalten, dass die strategische Option kooperativen Handelns an der Schnittstelle zwischen Akutversorgung und medizinischer Rehabilitation eine geeignete Möglichkeit darstellt, um einerseits Verbesserungen der Versorgungsqualität und andererseits Kosteneinsparungen im Gesundheitswesen zu erzielen.[526] Allein durch gesetzliche Vorgaben, bspw. im Rahmen der Integrierten Versorgung, wird allerdings keine Vernetzung stattfinden. Vielmehr müssen wettbewerbsorientierte Überlegungen der beteiligten Akteure die treibenden Kräfte für die Entstehung von Kooperationen sein.

---

521 Vgl. Fuchs (2006, S. 345 f.).
522 Vgl. Braun (2005, S. 15).
523 Vgl. Rautenstrauch/Generotzky/Bigalke (2003, S. 38).
524 Vgl. Melchert (2006, S. 12).
525 Vgl. Walther (2005, S. 12).
526 Vgl. dazu Armbruster (2004, S. 82 ff.).

2.3.3 Charakterisierung sektorübergreifender Kooperationen

Während die Kooperationsliteratur im Allgemeinen durch eine fokussierte Betrachtung auf einen bestimmten Kooperationstyp geprägt ist, bedingt die Analyse von Kooperationen zwischen Krankenhäusern und Rehabilitationseinrichtungen eine Offenheit bezüglich der verschiedenen Kooperationsformen und deren Ausprägungen. Bereits Mitte der 90er Jahre stellte Bruckenberger fest, dass durch eine zunehmende Kooperationsneigung die Zusammenarbeit zwischen Krankenhäusern und Rehabilitationseinrichtungen in unterschiedlichen Ausgestaltungsformen zugenommen hat.[527] Dabei wurde sowohl in den medizinischen Bereichen als auch im Bereich der medizin-technischen Leistungen eine intensivere Zusammenarbeit als im Verwaltungs- und Versorgungsbereich deutlich.[528] Auch Dreßler stellte im Rahmen seiner empirischen Untersuchungen fest, dass bei vertikalen Kooperationen schwerpunktmäßig die medizinischen Bereiche betroffen sind.[529] Dementsprechend werden im Rahmen dieser Arbeit die Kooperationsaktivitäten im medizinischen Bereich, welche die Patientenbehandlung direkt betreffen und damit Kernkompetenzcharakter besitzen, im Mittelpunkt stehen.[530]

Eine Abgrenzung zur marktlichen Transaktionskoordination gelingt durch die Spezifizierung des kooperativen Aspekts als wechselseitige Ziel-Mittel-Verflechtung.[531] Neben der in der Regel vertraglichen Grundlage wird die Kooperation dazu über eine laufende wechselseitige Abstimmung unter Berücksichtigung der partnerschaftlichen Interessen gefestigt, um eine langfristige Zusammenarbeit zu sichern.[532] Daher wird die Übereinstimmung nicht unbedingt ex ante erreicht, sondern durch die wiederholte Einordnung eigener Aktivitäten in einen unternehmensübergreifenden Kontext.[533] Bei einer demnach relativ stabilen Form der Interaktion muss die gegenseitige Verhaltens- und Erwartungsabstimmung nicht zwingend in einem symmetrischen Wechselspiel zwischen Autonomie und Kontrolle erfolgen.[534]

---

527 Vgl. Bruckenberger (1996, S. 158 f.).
528 Vor allem wurde eine medizinische Zusammenarbeit im Bereich der kardiologischen, der orthopädischen, der neurologischen sowie der Sucht-Erkrankungen festgestellt, während sich bei den Labor- und Röntgenleistungen eine steigende Zahl von Krankenhäusern abzeichnete, die diese Leistungen auch für Rehabilitationseinrichtungen erbringen. Vgl. Bruckenberger (1996, S. 158 f.) sowie Bruckenberger (1997, S. 970).
529 Vgl. Dreßler (2000, S. 211).
530 Allerdings ist additiv auch eine Zusammenarbeit in nicht-medizinischen Feldern, also zwischen den Verwaltungs- und Versorgungsbereichen, möglich. Dementsprechend können derartige Kooperationstätigkeiten von der Untersuchung nicht ausgeblendet werden.
531 Vgl. Wurche (1994, S. 47 ff.).
532 Entsprechend der Darstellung 2-15 befinden sich derartige Kooperationen auf der dritten bzw. vierten Stufe der möglichen Gestaltungsebenen.
533 Vgl. Dreßler (2000, S. 60).
534 Vgl. Semlinger (1993, S. 347).

2.3 Bezugsrahmen der Arbeit

In Abgrenzung zur hierarchischen internen Organisation soll für die Kooperation die Koordination über Selbstabstimmung stattfinden, was dem Merkmal der rechtlichen und teilweisen wirtschaftlichen Eigenständigkeit entspricht. Die Handlungsautonomie der Partner und die Entscheidungsautonomie beim Ein- und Austritt aus der Zusammenarbeit bleiben grundsätzlich erhalten. Somit können sie individuellen Einfluss auf die Entscheidungen im Kooperationsbereich nehmen.[535] Eine Sonderstellung nimmt die Verfestigung der Zusammenarbeit durch eine Kapitalverflechtung ein (bspw. durch eine gemeinsame Gründung eines ambulanten Rehabilitationszentrums), welche die wirtschaftliche und rechtliche Eigenständigkeit der jeweiligen Partner im Rahmen des Gemeinschaftsprojektes ausschließt. Mit dem Kriterium der Freiwilligkeit soll auf die dem Untersuchungsbereich dienlichen Kooperationen abgestellt werden, die zu einer Erweiterung des Handlungsspielraums der Entscheidungsträger führen.

Zur Beschreibung möglicher Kooperationsbeziehungen zwischen Akut- und Rehabilitationseinrichtungen sind von den in Kapitel 2.2.1.1 vorgestellten Kooperationsformen am ehesten das Supply Chain Management, die Strategische Allianz und das Unternehmensnetzwerk zutreffend.

- Das *Supply Chain Management*, da es die prozessorientierte und unternehmensübergreifende Gestaltung, Lenkung und Entwicklung aller Aktivitäten entlang der Versorgungskette mittels neuer Formen des Beziehungsmanagements umfasst.
- Die *Strategische Allianz*, da sie die Zusammenarbeit von mehreren Leistungserbringern beschreibt, die zur Erreichung einer besseren Wettbewerbsposition ihre Ressourcen und Kompetenzen vereinen.
- Das *Unternehmensnetzwerk*, da es sich als kooperative Beziehung zwischen mehreren Leistungserbringern auszeichnet, die ihre wechselseitigen Ressourcenabhängigkeiten zur Abwicklung einer gemeinsamen Aufgabe nutzen.

Im weiteren Verlauf der Arbeit wird aufgrund der vielfältigen Möglichkeiten der Kooperationsgestaltung an der Akut-Reha-Schnittstelle kein bestimmter Kooperationstypus fokussiert, so dass zweckmäßiger Weise zur Beschreibung der sektorübergreifenden Zusammenarbeit der weit auslegbare Begriff der Kooperation verwendet wird.

Durch die Einschränkung des Betrachtungsobjektes auf die Zusammenarbeit von Krankenhäusern und Erbringern von Rehabilitationsleistungen sind die Unter-

---

535 Vgl. Dreßler (2000, S. 60).

suchungseinheiten dieser Arbeit Organisationsformen, bei denen folgende Tatbestände erfüllt sind:

- Zwischen zwei oder mehreren Partnern besteht ein kooperatives Verhältnis.
- Die Kooperationen beruhen grundsätzlich auf Freiwilligkeit.
- Die rechtliche Eigenständigkeit der Transaktionspartner ist grundsätzlich gegeben.
- Mindestens ein Partner ist ein Krankenhaus.
- Mindestens ein Partner ist befähigt, Maßnahmen der medizinischen Rehabilitation zu erbringen.
- Der Kooperationsbereich bezieht sich auf die Verknüpfung von akutmedizinischen und medizinisch-rehabilitativen Leistungsprozessen im Rahmen der Patientenbehandlung.

Für das kooperative Verhältnis ist der Wille zum Erreichen eines gemeinschaftlichen Ziels grundlegend, wobei ein Verzicht auf ein Ausnutzen kurzfristiger Vorteile zugunsten einer längerfristigen Partnerschaft kennzeichnend ist.[536] Als Kooperationsmotiv der Partner steht insbesondere eine steigende Qualität bei tendenziell sinkenden Kosten im Vordergrund, die durch den Rückgriff auf die Ressourcen des jeweiligen Partners erreicht werden soll. Aufgrund des gegenseitigen Rückgriffs auf die Partnerressourcen sowie die wechselseitige Spezialisierung im Rahmen des medizinischen Behandlungsprozesses ist eine sektorübergreifende Kooperation zwischen Akut- und Reha-Einrichtungen als Austauschkooperation (reziproke Kooperation) zu verstehen. Gleichwohl kann die Zusammenarbeit in bestimmten Aufgabenbereichen auch als Gemeinschaftskooperation (redistributive Kooperation) ausgestaltet sein, bspw. wenn ein gemeinsames Serviceunternehmen gegründet wird, das alle Reinigungsarbeiten in den Räumlichkeiten der beteiligten Partner erledigt.

Durch die sektorübergreifende Verzahnung von zwei Versorgungsstufen im Rahmen des Patientenbehandlungsprozesses liegt eine vertikale Kooperation vor. Sie spiegelt den Grundgedanken einer integrierten Versorgungskette wider.

Aufgrund der in der räumlichen Nähe liegenden Vorteile, bspw. bei der Patientenüberleitung, ist zu vermuten, dass lokale bzw. regionale Kooperationen im Vordergrund stehen. Dafür verantwortlich ist das primär regional ausgerichtete Nachfrageverhalten der Patienten.[537] Allerdings sind nationale und auch internationale Formen der Zusammenarbeit nicht grundsätzlich auszuschließen. So ist die

---

536 Vgl. Dreßler (2000, S. 59).
537 Vgl. dazu Wettke (2007, S. 22 ff.).

Zusammenarbeit zwischen deutschen Krankenhäusern und internationalen Rehabilitationsanbietern bereits Realität.[538]

Zusammenfassend gilt für die weiteren Ausführungen folgendes Verständnis der sektorübergreifenden Kooperation an der Schnittstelle von Akutversorgung und medizinischer Rehabilitation:

Eine sektorübergreifende Kooperation ist die freiwillige Zusammenarbeit im Rahmen der Patientenbehandlung zwischen Krankenhäusern und Leistungserbringern der medizinischen Rehabilitation, die ihre wirtschaftliche Unabhängigkeit partiell zugunsten eines koordinierten Handelns aufgeben und die jeweiligen Ressourcen wechselseitig nutzen, um eine bessere Versorgungsqualität bei tendenziell sinkenden Kosten im Vergleich zum individuellen Vorgehen erreichen zu können.

2.3.4 Systematik des Kooperationsmanagements

Durch die Vereinbarung von sektorübergreifenden Kooperationen kann dem anhaltenden finanziellen Druck auf die Leistungsanbieter und dem wachsenden Qualitätsanspruch der verschiedenen Anspruchsgruppen erfolgreich begegnet werden. Vorher hat allerdings eine kontinuierliche Optimierung der Prozesse sowohl auf der Ebene der Partner, als auch im Zusammenwirken mit vor- bzw. nachgelagerten Leistungserbringern stattzufinden. Die strategische Relevanz einer sektorübergreifenden Zusammenarbeit sowie das dynamische Wettbewerbsumfeld im Gesundheitswesen erfordern zudem, dass sich die beteiligten Leistungserbringer bei der Planung und Durchführung von Kooperationsprojekten von einer systematischen Vorgehensweise im Sinne eines professionellen Kooperationsmanagements leiten lassen.[539] Dabei ist aufgrund der großen Bedeutung der medizinischen Aspekte, neben der Verwaltung insbesondere das medizinische Personal einzubeziehen.

Grundsätzlich wird unter Management ein systematischer Ansatz zur Gestaltung, Lenkung und Entwicklung zweckgerichteter Sozialsysteme verstanden.[540] Dementsprechend umfasst das Management im funktionellen Sinn strategische und operative Aufgaben, die zur Bestimmung der Ziele, der Struktur und der Handlungsweisen einer arbeitsteiligen Organisation notwendig sind, was somit sporadische Tätigkeiten oder laufende Koordinationsaufgaben, wie bspw. planen, entscheiden,

---

538 Als Beispiel ist hier die Zusammenarbeit zwischen einer deutschen Akutklinik und einer Institution im Ausland, bspw. auf Mallorca, zur Erbringung der anschließenden Rehabilitationsleistungen zu nennen. Vgl. dazu Eiff (2005a, S. 32).
539 Vgl. Wiesinger (2005, S. 57 f.).
540 Vgl. dazu Hartmann (2002, S. 11).

motivieren und kontrollieren, einschließt.[541]

Im Hinblick auf das Kooperationsmanagement ist eine Erweiterung der Managementfunktionen notwendig, da sich die Aufgaben nicht mehr nur auf die Ebene der Einzelunternehmung bzw. der Geschäfts- oder Funktionsbereiche beziehen, sondern vielmehr eine Koordination bzw. Einigung mit dem jeweiligen Partner erforderlich machen. So müssen die primär auf das Innere der Unternehmung gerichteten Managementfunktionen (Planung, Organisation, Personaleinsatz und -führung, Kontrolle) um eine beziehungsspezifische Ebene, im Sinne eines kooperationsbezogenen Managementsystems, ergänzt werden, womit ein Perspektivenwechsel von der Organisationsebene auf die Interorganisationsebene verbunden ist.[542] Dementsprechend kann zwischen dem Management der Kooperation und dem Management der einzelnen an der Kooperation beteiligten Organisationen unterschieden werden.

Durch die Fokussierung auf das Management der Kooperation darf allerdings die jeweilige Perspektive der beteiligten Organisationen nicht außer Acht gelassen werden, da diese in einem interdependenten Zusammenhang stehen und laufende Anpassungen und Abstimmungen erforderlich machen. Daher kann das Kooperationsmanagement niemals als ausschließliches Management einer Kooperation unabhängig vom Management der beteiligten Partner betrachtet werden, sondern muss beide Aspekte berücksichtigen.[543]

Hinsichtlich einer systematischen Darstellung des Kooperationsmanagements kann zwischen der Struktur- und der Prozessperspektive differenziert werden. Beide Perspektiven bedingen sich gegenseitig, da der Kooperationsprozess stets auf eine bestimmte Kooperationsstruktur gerichtet ist und die Struktur immer das Ergebnis eines Prozesses ist.[544] Das Kooperationsstrukturmanagement umfasst die strukturelle Ausgestaltung der angeführten Managementfunktionen, also Planung, Organisation, Personal, Kontrolle. Dagegen bezieht sich der Kooperationsprozess auf die einzelnen, für das Zustandekommen einer Kooperation notwendigen Schritte.[545]

---

541 Vgl. Pankau (2002, S. 52). Auf den institutionellen Managementansatz, in dessen Sinne die Personen mit Leitungs- und Führungsbefugnissen das Management bilden, wird hier nicht näher eingegangen. Vgl. dazu bspw. Eichhorn (2000, S. 61 ff.).
542 Vgl. Sydow (1999b, S. 294).
543 Vgl. Pankau (2002, S. 201 ff.).
544 Zum Zusammenhang zwischen Kooperationsstruktur und -prozess vgl. Schäper (1997, S. 126 ff.).
545 Vgl. Pankau (2002, S. 203).

2.3 Bezugsrahmen der Arbeit

Im Folgenden wird der Fokus auf ein prozessorientiertes Kooperationsmanagement gelegt. Zum einen da sich die Strukturperspektive nicht für die Analyse einer zielbezogenen Gestaltung des Kooperationsprozesses eignet und zum anderen, da ein Vorteil der prozessorientierten Sichtweise darin besteht, dass nicht nur das Ergebnis der Kooperation, sondern vielmehr diejenigen Kräfte, die zu diesem Ergebnis geführt haben, im Mittelpunkt der Betrachtungen stehen.[546]

Zur ganzheitlichen Darstellung eines prozessorientierten Kooperationsmanagements bietet sich die Form des Lebenszyklusmodells an.[547] Lebenszyklusmodelle beschreiben Kooperationen unterteilt in mehrere Phasen als die sequenzielle Folge von Problemen, den daraus resultierenden Aufgaben für die Kooperationspartner und den notwendigen Handlungen zur Lösung der Probleme.[548] Diese Phasenzuordnung ist möglich, da trotz unterschiedlicher Zielsetzungen, die mit zwischenbetrieblichen Kooperationen verfolgt werden, die Vorgehensweisen zur Erreichung dieser Ziele in vielen Bereichen und Branchen sehr ähnlich sind.[549] Daher eignet sich das Phasenkonzept auch zur systematischen Betrachtung sektorübergreifender Kooperationen im Gesundheitswesen.[550]

In der Literatur existieren verschiedene Phasenmodelle zwischenbetrieblicher Kooperationen, die sich je nach Betrachtungsschwerpunkt in Anzahl und Umfang der betrachteten Phasen unterscheiden.[551] In dieser Arbeit wird zur systematischen und ganzheitlichen Darstellung des Kooperationsmanagements in Anlehnung an Killich/Luczak ein Lebenszyklusmodell gewählt, das in die vier Entwicklungsphasen Initiierung, Formierung, Durchführung und Auflösung unterteilt ist (siehe Darstellung 2-28).[552]

---

546 In Anlehnung an Saure (2005, S. 77).
547 Daneben existieren nicht-lineare und interventionsorientierte Entwicklungsmodelle. Diese bieten zwar bezogen auf die Abbildung der Dynamik eines Kooperationsprozesses eine größere Flexibilität, sind jedoch sehr komplex und nur schwer nachvollziehbar. Zudem sind sie nicht so elaboriert wie Lebenszyklusmodelle und in der Praxis kaum vertreten. Zur ausführlichen Erläuterungen und Kritik der anderen Ansätze vgl. Killich (2004, S. 13 f.).
548 Als Hauptkritikpunkt an Lebenszyklusmodellen werden die unflexiblen Ablaufstrukturen genannt, die Anpassungen an sich verändernde Rahmenbedingungen häufig nur unzureichend ermöglichen. Zudem erfolgen die Phasenübergänge meist ohne ein gezieltes Eingreifen des Kooperationsmanagements, so dass bei einer retrospektiven Betrachtung einer Kooperation die Analyse dieser Schnittstellen schwierig ist. Vgl. dazu Killich (2004, S. 13).
549 Vgl. Killich/Luczak (2003, S. 13).
550 Entsprechend hat bspw. auch Mühlbacher (2002, S. 165) die Entstehung von Unternehmensnetzwerken im Gesundheitswesen anhand verschiedener Entwicklungsphasen dargestellt.
551 Vgl. Killich (2004, S. 13 f.).
552 Vgl. Killich/Luczak (2003, S. 13 ff.).

Darstellung 2-28: Phasenmodell des Kooperationsmanagements

Bei der gewählten Unterteilung ist zu bedenken, dass die Phasen nicht zwingend sequenziell durchlaufen werden, sondern dass vielmehr Überlappungen, Rückkopplungen und Wiederholungen einzelner Phasen oder Abschnitte vorkommen oder sogar notwendig sind.[553] Als nachteilig erweist sich daher, dass innerhalb eines solchen Rahmens phasenübergreifende Aspekte des Kooperationsmanagements schwer zu erörtern sind und eine grundlegende Diskussion dieser Aspekte nur mit Überschneidungen zwischen den einzelnen Phasen möglich ist.[554]

Vorteile der phasenbezogenen Betrachtung ergeben sich zum einen aus der Tatsache, dass sich die Einflussstärke der Erfolgsfaktoren im Zeitverlauf ändert und zum anderen, dass eine genaue Identifikation phasenspezifischer Probleme und Ziele aus Sicht des Managements erfolgen kann.[555] Außerdem kann auf diese Weise berücksichtigt werden, dass sich auch die Beziehungen zwischen den Partnern im Zeitverlauf ändern können, bspw. wenn durch eine längerfristige Interaktion eine völlig neue Qualität der Partnerbeziehung entsteht. Aufgrund dieser Vorteile eignet sich die Systematisierung für die in der Regel strategisch ausgerichteten Akut-Reha-Kooperationen, die sich in dem dynamischen Umfeld des deutschen Gesundheitswesens bewegen.

---

553 Vgl. Fuchs (1999, S. 106).
554 Vgl. Eisele (1995, S. 54).
555 Vgl. Trommsdorff/Wilpert (1991, S. 54).

3 Erfolgsorientiertes Management sektorübergreifender Kooperationen

Die fundierte Auseinandersetzung mit dem Managementprozess sektorübergreifender Kooperationen erfordert, dass zunächst die Kooperationsgrundlagen konzeptionell auf die Zusammenarbeit zwischen Akut- und Reha-Einrichtungen transferiert werden. Übergeordnetes Ziel und damit zentrales Anliegen des Managements der beteiligten Unternehmen ist die Sicherstellung des Kooperationserfolgs. Dementsprechend ist Erfolg im Kontext der Arbeit zu definieren, bevor den Fragen nachgegangen wird, welche Faktoren den Erfolg einer Kooperation langfristig beeinflussen und wie der Managementprozess einer sektorübergreifenden Kooperation optimalerweise zu gestalten ist. Zur Beantwortung der Fragen werden aus der Theorie sowie aus Plausibilitätsüberlegungen Empfehlungen abgeleitet, die zu einer erfolgreichen Gestaltung sektorübergreifender Kooperationen beitragen.

3.1 Konzeptionelle Grundlagen sektorübergreifender Kooperationen

Unabhängig davon, dass sowohl theoretische als auch praxisorientierte Überlegungen sektorübergreifende Kooperationen als geeignete Strategie zur Verbesserung der Wettbewerbsposition erachten, ist eine Garantie für das Funktionieren einer Zusammenarbeit nicht zwangsläufig gegeben. So scheitern Kooperationen zwischen Unternehmen häufig bereits in der Anbahnungsphase, weil die wesentlichen Voraussetzungen für eine erfolgreiche Zusammenarbeit nur unzureichend erfüllt sind. Aufgabe des verantwortlichen Managements der Kooperationspartner ist es daher, die Voraussetzungen für eine sektorübergreifende Zusammenarbeit nicht nur zu kennen sondern deren Vorliegen sicherzustellen. Sie bilden die Grundlage für eine gezielte Nutzung der Chancen und eine bewusste Verringerung möglicher Risiken einer Kooperation.[1]

In den folgenden Abschnitten werden zunächst die Kooperationsvoraussetzungen beschrieben, bevor die Chancen sowie die zu berücksichtigenden Hemmnisse und Risiken einer Zusammenarbeit von Akut- und Reha-Einrichtungen erläutert werden. Vor diesem Hintergrund erfolgt anschließend eine Abgrenzung der Kooperation zu alternativen Handlungsstrategien, die zur Verbesserung der eigenen Wettbewerbsposition für die Leistungserbringer im Gesundheitswesen in Frage kommen.

3.1.1 Voraussetzungen für die Zusammenarbeit

Häufig scheitern Kooperationen in den interpersonellen Bereichen der Zusammenarbeit, so dass die Voraussetzungen einer funktionierenden Kooperation primär aus bekannten Modellen der Kommunikation und Kooperation auf personeller Ebene abgeleitet werden können. Einen Überblick über die relevanten Voraussetzungen, die in den folgenden Abschnitten erörtert werden, gibt Darstellung 3-1.

---

1 Vgl. Kabel/Durst/Mühlfelder (1999, S. 93 ff.).

3.1 Konzeptionelle Grundlagen sektorübergreifender Kooperationen

Darstellung 3-1: Voraussetzungen funktionsfähiger Kooperationen
Quelle: In Anlehnung an Pfohl (2004, S. 10).

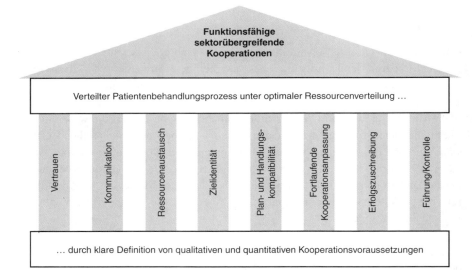

Vertrauen

Vertrauen stellt eine konstitutionelle Voraussetzung für eine kooperative Zusammenarbeit dar und wird im Zusammenhang mit Kooperationen als die Gewissheit eines Unternehmens verstanden, dass der Kooperationspartner eine ihn betreffende Aufgabe so regelt, als ob es seine eigene wäre.[2] Durch Vertrauen kann eine Reduktion von Komplexität und Ungewissheit erzielt werden, da weniger eigene und fremde Handlungsalternativen ins Kalkül gezogen und damit weniger Ressourcen gebunden werden. Grundsätzlich ist Vertrauen nur im Zusammenhang mit der Existenz eines Risikos nötig und sinnvoll. Daher ist die Abschätzung der Risiken kooperativer Verhaltensweisen eine wichtige Voraussetzung für das Zustandekommen und die Stabilität bzw. Sicherheit von Kooperationen zwischen Unternehmen.[3] Besonders bei hoch interdependenten Kooperationsprojekten wird es ohne eine ausreichende Vertrauensbasis nicht gelingen, die verschiedenen Systeme zu einem neuen, für die entsprechende Aufgabe passenden System zu vereinen. So werden die Partner in der Regel ihre eigenen Arbeitsweisen auf den Partner projizieren und

---

[2] Vgl. Pfohl (2004b, S. 9 f.).
[3] Vgl. Kabel/Durst/Mühlfelder (1999, S. 97 f.).

eventuell in ihren Erwartungen enttäuscht werden. Speziell bei neuen Partnerschaften besteht häufig das Problem einer fehlenden Vertrauensbasis bis hin zum Misstrauen, was dazu führt, dass bereits bei kleinen Negativ-Ereignissen Rückschlüsse gezogen werden, die sich als kooperationsgefährdend herausstellen können.[4]

Sowohl Vertrauen als auch Misstrauen sind Bestandteil von Risikominimierungsstrategien. Während das Misstrauen nur Ressourcen des Misstrauenden bindet und dadurch Mehraufwand verursacht, erweitert Vertrauen das Handlungspotenzial des Vertrauenden und setzt Synergien frei. Zu zwischenbetrieblichen Kooperationen wird es nur dann kommen, wenn bereits bei den Kooperationsverhandlungen Vertrauen zwischen den Partnern aufgebaut werden kann und die Quellen möglichen Misstrauens identifiziert werden.[5] Somit ist auch im Gesundheitswesen wesentlich, dass eine erfolgreiche Zusammenarbeit zwischen den Sektoren nicht nur von der effizienten Organisation, sondern auch von einem umfänglichen Vertrauen abhängt, das die Partner in die Arbeit und Kompetenz der Mitleistungserbringer haben.[6] Dabei sind nicht nur die „mentalen Kooperationsbarrieren", die durch die Sektorengrenzen vorhanden sind, zu überwinden, sondern auch die Grenzen aufgrund der starken Berufsgruppenkulturen im Gesundheitswesen, die bereits sektorintern die interdisziplinäre Zusammenarbeit stören.[7]

Kommunikation

Als Förderer von Vertrauen wird die Kommunikation als weitere Kooperationsvoraussetzung verstanden.[8] Sie dient der Vorbereitung, Koordination, Delegation sowie Nachbereitung einer Kooperation und zieht sich damit durch alle Kooperationsphasen. Im Lebenszyklus einer Kooperation führt die Kommunikation im Wesentlichen dazu, dass die anderen Kooperationsvoraussetzungen geschaffen bzw. aufrechterhalten werden.

Kommunikationsprobleme können durch mehrere Ursachen entstehen, z. B. räumliche Distanz, zeitliche Verzögerungen, mangelndes Commitment der Kooperationspartner, unzureichende Information oder psychologische Barrieren. Wird die Kommunikation in einer laufenden Kooperation abgebrochen, führt dies in der Regel zum Ende jeglicher Zusammenarbeit.[9] Ohne Kommunikation ist eine Kooperation nicht möglich.

---

4 Vgl. Schuh/Friedli/Kurr (2005, S. 41 f.).
5 Vgl. Kabel/Durst/Mühlfelder (1999, S. 98).
6 Vgl. Herzog/Koch (2006, S. 3).
7 Vgl. Amelung/Janus (2006b, S. 23) sowie zu den Berufgruppenkulturen die Ausführungen in Kapitel 2.1.2.2.1.
8 Vgl. Pfohl (2004, S. 10).
9 Vgl. Kabel/Durst/Mühlfelder (1999, S. 96 f.).

3.1 Konzeptionelle Grundlagen sektorübergreifender Kooperationen

Bei einrichtungsübergreifenden Prozessabläufen im Gesundheitswesen, insbesondere Behandlungsabläufen, sind steuernde und koordinierende Kommunikationsprozesse für den Informationsaustausch bzw. die Informationsübermittlung von entscheidender Bedeutung. Ohne geeignete Kommunikationsprozesse können weder die Grenzen der verschiedenen medizinischen Einrichtungen überwunden, noch können einrichtungsübergreifende Kernprozesse miteinander verbunden werden.[10] Bei den dabei ausgetauschten Informationen kann es sich um patientenbezogene medizinische Informationen (bspw. Befunde, Arztbriefe, Röntgenbilder, EKG-Daten etc.), abrechnungsbezogene Informationen (bspw. Leistungsdaten für die Rechnungsstellung), logistische Informationen (bspw. Überweisungs- oder Entlassungstermine) oder auch medizinisches Fachwissen (bspw. klinische Studien oder Fachartikel) handeln.

Betriebstechnische Instrumente wie Informationstechnologien zum Datenaustausch und kommunikationsorientierte Instrumente wie Qualitätszirkel[11] und Teambesprechungen sind daher organisatorisch umzusetzen. Diese ermöglichen die interdisziplinäre Zusammenarbeit und den Informationsaustausch zwischen den Kooperationspartnern auch sektorübergreifend und sind für die zukünftige Entwicklung des Gesundheitswesens von außerordentlicher Wichtigkeit.

Ressourcenaustausch

Die Möglichkeit des Zugriffs auf komplementäre Ressourcen wie Betriebsmittel, Personal, Material oder Wissen ist für Unternehmen ein wesentlicher Grund für die Beteiligung an einer Kooperation. Demnach bildet der Ressourcenaustausch die Grundlage kooperativen Handelns.[12] Bei Kooperationen zwischen Akut- und Reha-Einrichtungen scheint diese Voraussetzung durch die Möglichkeit des Zusammenbringens der komplementären Kernkompetenzen der Partner aus verschiedenen Versorgungsstufen gegeben zu sein. So kann bspw. ein mobiles Reha-Team einer Rehabilitationseinrichtung die frührehabilitative Versorgung im Krankenhaus übernehmen, während das Krankenhaus die medizin-technische Diagnostik oder ärztliche Konsiliardienste für die Reha-Einrichtung erledigt. In diesem Zusammenhang ist zu beachten, dass Unternehmen in der Regel dauerhafte Abhängigkeiten zu vermeiden versuchen. Es kommt daher nur zu zwischenbetrieblichen Kooperationen, wenn sichergestellt ist, dass für die Entwicklung des Unternehmens wichtige Ressourcen nicht von einem Partner allein kontrolliert werden.[13]

---

10 Vgl. Herzog/Koch (2006, S. 6).
11 Qualitätszirkel sind auf begrenzte Dauer angelegte, thematisch eng definierte Gesprächsgruppen von in der Regel fünf bis sieben Mitarbeitern, die sich in regelmäßigen Abständen treffen. Vgl. dazu ausführlich Eiff/Stachel (2006, S. 349 f.).
12 Vgl. dazu die Ausführungen zum ressourcenorientierten Ansatz in Kapitel 2.2.2.2.
13 Vgl. Kabel/Durst/Mühlfelder (1999, S. 101).

Zielidentität

Eine Grundvoraussetzung für das Zustandekommen von Kooperationen ist eine zumindest in Teilen übereinstimmende Zielsetzung, die sich insbesondere auf die gemeinsam festgelegten Kooperationsziele konzentriert.[14] So ist bspw. für die Entstehung von integrierten Versorgungssystemen die Verständigung der Leistungserbringer auf gemeinsame Versorgungsinhalte und Ziele als Voraussetzung anzusehen. Weiterhin ist eine Zielidentität auch auf der Ebene der direkt zusammenarbeitenden Personen, also im Fall einer Akut-Reha-Kooperation vor allem zwischen den am Behandlungsprozess beteiligten Ärzten, herzustellen.[15] Die Zielidentität erfordert eine möglichst frühzeitige Zielvereinbarung zwischen den Partnern, bspw. mithilfe eines gemeinsamen Zielworkshops, die als Grundlage für die Entwicklung einer gemeinsamen Strategie zur Zielerreichung dienen kann.[16]

Plan- bzw. Handlungskompatibilität

Eine partielle Übereinstimmung der Partnerziele ist allerdings nicht hinreichend für die Bildung von Kooperationen. Zusätzlich müssen die im Rahmen der Zielerreichung durchgeführten Handlungen zumindest teilweise abgestimmt sein. So sind bspw. kompatible Aufgaben- und Technologiepotenziale sowie die Planungs- und Handlungsvorgänge an der Schnittstelle zu koordinieren, indem bei der individuellen Handlungsplanung Eingriffspunkte bestimmt werden, an denen der eigene Handlungsplan mit dem Handlungsplan des Kooperationspartners gekoppelt wird.[17] So ist zwischen kooperierenden Akteuren das Leistungsspektrum zu vereinbaren, indem bspw. Regelungen für die Überweisung bzw. die Rückverlegung von Patienten festgelegt werden. Die Abstimmung kann dabei auf Basis von Verträgen, Ablaufplänen, Abstimmungsregeln oder Schnittstellendefinitionen erfolgen.[18] Im Gesundheitswesen sollten zur Koordination des Patientenbehandlungsprozesses im Rahmen eines medizinischen und ökonomischen Managements Steuerungsinstrumente wie das Case-Management[19] oder Behandlungsleitlinien[20] bzw. Behandlungspfade[21] eingesetzt werden.

14 Vgl. Kabel/Durst/Mühlfelder (1999, S. 99).
15 In Anlehnung an Killich (2004, S. 11).
16 Vgl. Kabel/Durst/Mühlfelder (1999, S. 99).
17 Vgl. Killich (2004, S. 11).
18 Vgl. Kabel/Durst/Mühlfelder (1999, S. 100).
19 Die „Case Management Society of America" definiert Case-Management als einen Prozess der Zusammenarbeit, in dem verschiedene Optionen und Dienstleistungen eingeschätzt, geplant, umgesetzt, koordiniert, überwacht und evaluiert werden. Ziel ist es, den gesundheitlichen Bedarf eines Patienten mit der verfügbaren Ressourcen und mittels Kommunikation, im Hinblick auf qualitativ hochwertige und kostenwirksame Ergebnisse, bestmöglich zu erfüllen. Vgl. Schwaiberger (2002, S. 17 f.).
20 Leitlinien übertragen die Ergebnisse klinisch-medizinischer Forschung in Handlungsempfehlungen für den Arzt. Sie sollen seine Entscheidungsfindung unterstützen, indem Handlungsalternativen und der begrenzte Handlungsspielraum aufgezeigt bzw. vorgegeben werden, aber keine Standards festgelegt werden. Primär dienen sie der Qualitätssicherung und dem Patientenschutz. Dementsprechend bedürfen die inzwischen über 950 von den Arbeitsgemeinschaften der Wissenschaftlichen Medizinischen Fachgesellschaften (AWMF) entwickelten Leitlinien einer ständigen Aktualisierung. Vgl. Specke (2005, S. 466).

3.1 Konzeptionelle Grundlagen sektorübergreifender Kooperationen

Fortlaufende Kooperationsanpassung
Da die Aspekte einer Kooperation nicht vorab vollständig determiniert werden können, sondern aufgrund der dynamischen Umwelteinflüsse fortlaufend Änderungen unterliegen, ist eine kontinuierliche Anpassung der Kooperationspläne und -handlungen notwendig.[22] Das bedeutet, dass Kooperationen insbesondere auf den darin ablaufenden Prozessen basieren, die einerseits wertschöpfend sind, wie die Leistungserstellung, aber andererseits soziale Prozesse umfassen, die die Art der Zusammenarbeit determinieren. Wird dabei der Tatsache, dass die Kooperation in der täglichen Arbeit von Personen getragen wird, zu wenig Betrachtung geschenkt und die Zusammenarbeit primär vorab geplant und strukturiert, werden sich die beabsichtigten Resultate kaum einstellen. Es ist wichtig, in kleinen Schritten zu planen und zu kommunizieren sowie die von der Kooperation Betroffenen konsequent zu Beteiligten zu machen.[23]

Gerade Hochleistungsorganisationen zeichnen sich durch die Fähigkeit zur Multiplikation und Delegation von Managementkompetenzen aus, um die organisatorische Handlungs- und Entscheidungsfähigkeit auf eine breite Basis zu stellen. Diese Form der Bevollmächtigung („Empowerment") impliziert für sektorübergreifende Kooperationen im Gesundheitswesen eine stärkere Einbeziehung des pflegerischen und therapeutischen Personals in die Managementkonzeption.[24] Die organisatorische Umsetzung der vereinbarten Zusammenarbeit im Verlauf der Kooperation ist daher von zentraler Bedeutung, so dass die gemeinsame Sichtweise bezüglich der notwendigen Handlungen, Entscheidungskompetenzen und Informationswege nach der anfänglichen Zielvereinbarung in regelmäßigen Reviews zu überprüfen und eventuell an die geänderten Rahmenbedingungen anzupassen ist.[25]

Erfolgszuschreibung
Eine weitere grundlegende Voraussetzung für die Kooperationsbildung ist der Ausgleich der Nutzen der Kooperationspartner und damit die Schaffung einer Win-Win-Situation, indem sich Ressourceneinsatz und die erwirtschafteten Gewinne der Kooperationspartner innerhalb der Kooperation entsprechen. Bei der Zusammenar-

---

21 Ein Behandlungspfad – auch klinischer Pfad oder Clinical Pathway genannt – ist ein berufsgruppen- und institutionenübergreifender Behandlungsablauf für einen definierten Patiententyp auf evidenzbasierter Grundlage (Leitlinien). Er berücksichtigt Patientenerwartungen, Qualitäts- und Wirtschaftlichkeitsanforderungen gleichermaßen und steuert den Behandlungsprozess. Zudem unterstützt er die Erfassung relevanter Daten zur Erhebung von organisatorischen, medizinischen und ökonomischen Abweichungen mit dem Ziel der kontinuierlichen Verbesserung. Vgl. Drumm/Achenbach (2005, S. 37 ff.).
22 Vgl. Killich (2004, S. 12).
23 Vgl. Schuh/Friedli/Kurr (2005, S. 42 f.).
24 Vgl. Braun von Reinersdorff (2002, S. 156).
25 Vgl. Kabel/Durst/Mühlfelder (1999, S. 100).

beit im Rahmen eines Integrierten Versorgungsvertrags zwischen Akut- und Reha-Einrichtungen sollte daher die Aufteilung einer Komplexpauschale in Anlehnung an den vereinbarten Leistungsverlauf bzw. Behandlungsablauf orientiert werden. Denn eine Leistung wird nur so lange zur Verfügung gestellt, wie dafür im ausreichenden Maße Anreize gegeben sind.[26] Aus diesem Grund ist eine angemessene und gerechte Erfolgszuschreibung zwischen den Unternehmen erforderlich, die möglichst vor Kooperationsbeginn zu klären und eventuell vertraglich festzuschreiben ist. Negative Auswirkungen, die aus Schwierigkeiten bei der Ergebniszuteilung resultieren, lassen sich so vermeiden. Gleichzeitig wird ein Anwachsen von gegenseitigem Misstrauen verhindert.[27]

Führung/Kontrolle
Eng verbunden mit den bisher genannten Kooperationsvoraussetzungen ist die Gestaltung der Führung. Dabei geht es um die Frage nach der Form der Kooperationssteuerung. Allerdings existiert bisher keine eindeutige Lösung, wie die Führung der Kooperation idealerweise ausgestaltet sein sollte. Fest steht aber, dass insbesondere bei divergierenden Zielen die Notwendigkeit einer vereinbarten Führung gegeben ist, um die Entwicklung und Durchsetzung einer unternehmensübergreifenden Kooperationsstrategie zu fördern.[28] So wird in der Integrierten Versorgung eine Steuerung der verschiedenen Prozessabläufe als notwendig erachtet, wobei nicht einheitlich geklärt ist, welcher Versorgungssektor die Steuerungsfunktion übernehmen soll.[29]

Bei der Führung im engeren Sinne geht es um die Beeinflussung der Mitarbeiter der jeweiligen Partnerunternehmen durch vorgesetzte Personen. Das Führungsverhalten muss sich an die Kooperationssituation anpassen, um bspw. die sinnvolle Abstimmung von (auf die Kooperationspartner) verteilten Aufgaben zu fördern und die Kooperationsbeziehungen zu pflegen.[30] Somit muss jeder Kooperationspartner die Kontrolle über die eigenen Handlungsteile und die äußeren Bedingungen haben. Das heißt, neben der internen Kontrollierbarkeit der eigenen Handlungsabläufe muss die externe Kontrollierbarkeit der externen Handlungsabläufe des Kooperationspartners ermöglicht werden. Indes ist das Ausmaß der Kontrolle von der Ausgestaltung der Kooperationsbeziehung abhängig. Es ist darauf zu achten, dass bei einer entsprechenden Regelbarkeit Anpassungen von den an der Kooperation

---
26 Vgl. Pfohl (2004, S. 4).
27 Vgl. Kabel/Durst/Mühlfelder (1999, S. 100).
28 Vgl. Pfohl (2004, S. 4).
29 Vgl. dazu auch die Ausführungen in Kapitel 2.3.1.
30 Vgl. Pfohl (2004, S. 4).

beteiligten Personen vorgenommen werden können. Entsprechend ist die Kontrolle keine Eigenschaft des Handlungsplans, sondern abhängig von der Verknüpfung von Tätigkeit und Person.[31]

3.1.2 Chancen sektorübergreifender Kooperationen

Kooperationen werden in vielen Branchen von Unternehmen als eine Art „Zauberformel" für die Zukunftsbewältigung und als geeignetes Mittel zur Erreichung von Unternehmenszielen sowie zur Lösung aktueller und zukünftiger Herausforderungen verstanden.[32] Die jeweiligen Ziele der Partner stellen – als die angestrebten zukünftigen Zustände – die Orientierungs- und Richtungsgrößen des Handelns dar und bilden die Rahmenbedingungen für die Ausgestaltung der Zusammenarbeit.

Zu Beginn einer Kooperation bestehen häufig unvollständige und unklare Zieldefinitionen auf der Ebene der einzelnen Partner, so dass der Klärung von Strategie und Position in Literatur und Praxis eine große Bedeutung zugemessen wird.[33] Allerdings liegt aufgrund der komplexen und individuellen Zielsysteme der Kooperationspartner im Gesundheitswesen gerade in der Abstimmung der Zielsysteme oft eine besondere Schwierigkeit.[34] Idealerweise sind die Zielvorstellungen der Partner in einem gemeinsamen Zielabstimmungsprozess abzuklären, wobei die Transparenz der Zielbeziehungen eine wichtige Rolle spielt. Denn nur durch eine frühzeitige Offenlegung der individuellen Zielsetzungen können Schnittstellenprobleme reduziert werden und so zum Erfolg von Kooperationen beitragen sowie letztlich die Realisierung der gebotenen Chancen ermöglichen.

Die konkrete Ausgestaltung der Ziele oder Motive von Kooperationen ist sehr vielseitig und in der Regel unternehmensindividuell, so dass eine trennscharfe Abgrenzung verschiedener Zielbereiche mit Schwierigkeiten verbunden ist.[35] Die Formulierung eines Oberziels für Kooperationen zwischen Akut- und Reha-Einrichtungen ist daher zweckmäßig, um daraus die wichtigsten Teilziele der Zusammenarbeit abzuleiten.

Wenngleich die Nachfrage nach Krankhausleistungen und AHB-Leistungen in Zukunft weiter steigen wird, verschärfen sich die Bedingungen, unter denen die Gesundheitsversorger ihre Leistungen erbringen. Insbesondere durch vertikale Kooperationen

---

31 Vgl. Killich (2004, S. 12).
32 Vgl. Coldewey (2002, S. 39 f.).
33 Vgl. Schuh/Friedli/Kurr (2005, S. 39).
34 Vgl. Herbst (2002, S. 61 f.).
35 Vgl. Liestmann et al. (1999, S. 14).

Konzeptionelle Grundlagen sektorübergreifender Kooperationen | 3.1

versuchen sie daher einen strategischen Wettbewerbsvorteil gegenüber den anderen in der Branche befindlichen Anbietern zu erzielen.[36] Somit dienen – wie in anderen Branchen auch – eher wettbewerbsorientierte Überlegungen der beteiligten Akteure als treibende Kräfte für die praktische Umsetzung sektorübergreifender Kooperationsmodelle. Entsprechend wird im Rahmen dieser Arbeit als Oberziel der Kooperation die Verbesserung der Wettbewerbsposition[37] der beteiligten Unternehmen definiert.[38]

Als wettbewerbsrelevante Teilziele, die gleichzeitig als die Hauptmotive für das Zustandekommen von Kooperationen zu verstehen sind, werden neben Kosten-, Qualitäts- und Zeiteffekten sowie Ertragssteigerungen auch der Zugang zu neuen Märkten und der Know-how-Transfer näher analysiert. Daneben existieren Ziele, die einen eher allgemeinen Charakter haben, wie bspw. die Risikoreduktion oder sozio-emotionale Ziele (siehe Darstellung 3-2).[39] Die jeweilige Bedeutung der Teilziele ist von

Darstellung 3-2: Zielsystem zwischenbetrieblicher Kooperationen
Quelle: In Anlehnung an Liestmann/Gill/Reddermann/Sontow (1999, S. 15).

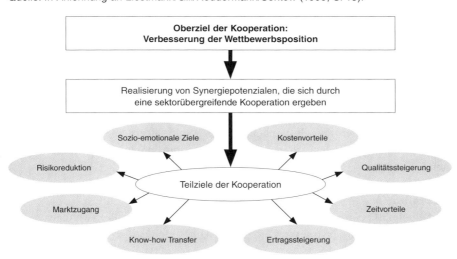

[36] Vgl. Zelle (1998, S. 157).
[37] Die Wettbewerbsposition eines Unternehmens bemisst sich an seiner relativen Position im Vergleich zu anderen Unternehmen derselben Branche. Vgl. Zelle (1998, S. 59).
[38] Parallel zu Friese (1998, S. 120), die die Realisierung von Wettbewerbsvorteilen als übergeordnetes Ziel einer jeden strategisch angelegten Kooperation identifiziert. Vgl. dazu auch die Ausführungen von Liestmann et al. (1999, S. 15) oder Pfohl (2004, S. 13).
[39] Die Auswahl der Teilziele erfolgt in Anlehnung an Coldewey (2002, S. 40), Zelle (1998, S. 51 ff.), Friese (1998, S. 120) sowie Liestmann et al. (1999, S. 15).

3.1 Konzeptionelle Grundlagen sektorübergreifender Kooperationen

Faktoren wie der Art der Zusammenarbeit oder der Branchenzugehörigkeit abhängig. Während bei industriellen Kooperationen eher die Kostenvorteile durch Skaleneffekte oder Kapazitätsausnutzung im Vordergrund stehen, dominiert im Dienstleistungsbereich häufig der Zugriff auf die Technologie- und Human-Ressourcen der Partner.[40]

Auch bei den vielfältigen Kooperationsmöglichkeiten an der Schnittstelle zwischen Akut- und Reha-Bereich variiert die Bedeutung der Teilziele. Eine konkrete Aussage zum Stellenwert der mit einer Kooperation speziell im Gesundheitswesen verfolgten Ziele ist aufgrund fehlender empirischer Untersuchungen bisher nicht möglich.[41] Zu beachten ist, dass die Leistungserbringer im Gesundheitswesen traditionell in einem Spannungsfeld zwischen medizinischen und ökonomischen Zielen agieren. In der Vergangenheit dominierte das Sachziel der Gesundheitsversorgung, während das monetäre Formalziel eher vernachlässigt wurde. Letzteres gewinnt aber aufgrund der sich ändernden Rahmenbedingungen zunehmend an Bedeutung.[42] Im Rahmen eines Ausgleichs zwischen Sachziel und Formalziel muss es mittels Kooperationsvorhaben gelingen, eine Verbesserung der Behandlungsabläufe zu erzielen, um somit dem Gedanken einer ökonomischen und zugleich patientenorientierten Versorgung Rechnung zu tragen.[43]

Obwohl die Teilziele Bestandteile eines komplexen Zielsystems und durch interdependente Beziehungen miteinander verknüpft sind, werden sie im Folgenden aus Gründen der Übersichtlichkeit isoliert erläutert. Die Reihenfolge der Betrachtung ist nicht als Wertung der jeweiligen Bedeutung zu interpretieren, da die einzelnen Teilziele in jeder Kooperation von den beteiligten individuell gewichtet werden. Den Besonderheiten des Gesundheitswesens wird – durch die Berücksichtigung von medizinischen Zielen – innerhalb der Erläuterung der einzelnen Teilziele Rechnung getragen.

Kostenvorteile
Im Mittelpunkt der meisten Kooperationsaktivitäten steht der Preiswettbewerb und damit auch die Kostenstruktur. Durch eine deutlich günstigere Kostenstruktur als

---

[40] Vgl. Coldewey (2002, S. 40 f.).
[41] Bei einer empirischen Untersuchung der Ziele von Kooperationen kleiner und mittlerer Unternehmen stellten sich die Erlössteigerung, die Kostenreduktion und die Risikoreduktion als die Hauptziele heraus. Vgl. dazu Liestmann et al. (1999, S. 18). Bei einer anderen Befragung bzgl. der Wichtigkeit der Ziele zur Teilnahme an einem Unternehmensnetzwerk wurde vor allem die Möglichkeit der Produktion bzw. das Angebot von allein nicht herstellbaren Produkten/Dienstleistungen, die Steigerung der Kundenorientierung und -zufriedenheit, der Know-how-Zuwachs durch das Lernen im Netzwerk und eine bessere Kapazitätsauslastung genannt. Vgl. dazu Plüss/Huber (2005, S. 5).
[42] Zum Zielsystem der Krankenhäuser vgl. die Ausführungen in Kapitel 2.1.2.1 und zu den Zielen der medizinischen Rehabilitation Kapitel 2.1.3.1.
[43] Vgl. Zelle (1998, S. 157).

vergleichbare Konkurrenten lässt sich eine Stärkung der Wettbewerbsposition des eigenen Unternehmens erreichen. Zudem stellen niedrigere Kosten eine wirkungsvolle Markteintrittsbarriere gegen potenzielle Wettbewerber dar.[44] Die Erzielung von Einsparpotenzialen durch gemeinsame Aktivitäten, Realisierung von Skaleneffekten, Synergienutzung oder verbesserte Koordinationsstrukturen haben einen hohen Stellenwert.[45]

Die so genannten „Economies of Scale" ergeben sich durch die Verknüpfung von unternehmerischen Ressourcen zu größeren Einheiten (Größendegressionseffekte). Im Dienstleistungsbereich sind die Ursachen für derartige Skaleneffekte zum einen Lern- und Spezialisierungseffekte der Mitarbeiter und zum anderen Skalen- bzw. Kapazitätseffekte, die bei der Zusammenfassung und Zentralisierung von Aufgaben und Unternehmensfunktionen entstehen.[46] Im Rahmen der medizinischen Patientenversorgung werden Größenvorteile vor allem über Synergieeffekte bei der gemeinsamen Anschaffung und Nutzung von kostenintensiver Medizintechnologie möglich.[47] Gleichwohl wirkt die Kostendegression auch bei allein genutzten medizin-technischen Geräten, wenn bspw. im Rahmen von IV-Verträgen zusätzliche Patienten akquiriert werden können und so eine bessere Auslastung der Kapazitäten ermöglichen.

Durch die Realisierung von „Economies of Scope" (Verbundeffekten) können ebenfalls kooperationsbedingt Kostensenkungen erzielt werden. Diese sind möglich, falls die Nutzung komplementärer Ressourcen des Partners im Vergleich zur alternativen Beschaffung zu geringeren Kosten führt.[48] Das wäre bspw. der Fall, wenn Therapeutenteams einer Reha-Einrichtung aufgrund freier Kapazitäten zu vergleichsweise günstigen Konditionen in einem Partnerkrankenhaus eingesetzt werden können.

Besonders vor dem Hintergrund der fallpauschalierten Vergütung ist für Krankenhäuser eine gute vertikale Zusammenarbeit im medizinischen Bereich für den finanziellen Erfolg unter Wahrung der Behandlungsqualität entscheidend. So sollte die Verweildauer des Patienten unter ökonomischen Aspekten so kurz wie möglich gehalten werden. Entsprechend entsteht der Anreiz, die Patienten möglichst früh in den Rehabilitationsbereich zu entlassen. Durch geeignete Vereinbarungen zwischen

---

44 Vgl. Friese (1998, S. 126 f.).
45 Vgl. Coldewey (2002, S. 42).
46 Vgl. Liestmann et al. (1999, S. 16).
47 Vgl. Dreßler (2000, S. 109 f.).
48 Vgl. Niemojewski (2005, S. 235).

3.1 Konzeptionelle Grundlagen sektorübergreifender Kooperationen

den Leistungserbringern beider Sektoren kann eine frühzeitige Verlegung in gegenseitigem Einverständnis erfolgen, um so die günstigeren Versorgungskosten pro Tag im Reha-Bereich auszunutzen und die Behandlungskosten des Patienten insgesamt zu minimieren.

Im Hinblick auf zu erzielende Kostenvorteile bei Kooperationen ist zu berücksichtigen, dass durch die Zusammenarbeit nicht nur Kosteneinsparungen möglich sind, sondern auch zusätzliche Koordinationskosten verursacht werden.[49] Zu diesen Kosten gehören zum einen abstimmungsinduzierte Kosten, die dadurch entstehen, dass sich die am Leistungsprozess Beteiligten hinsichtlich der gemeinsamen Aufgabenerfüllung absprechen bzw. Informationen austauschen müssen. Zum anderen sind risikoinduzierte Kosten relevant, die aus Umweltunsicherheiten und aus dem opportunistischen Verhalten der Beteiligten resultieren. Die Höhe der Koordinationskosten hängt von der Komplexität der zu koordinierenden Teilprozesse sowie von Art und Grad der Arbeitsteilung ab. Durch eine längerfristige Ausrichtung der Kooperation und eine sinnvolle Aufgabenteilung können die Koordinationskosten gesenkt, jedoch nicht vollständig vermieden werden.[50]

Im Gesundheitswesen können durch eine bessere Koordination der Aktivitäten zwischen den verschiedenen Sektoren nicht nur Kosteneinsparungen für die beteiligten Unternehmen erreicht werden, sondern für das gesamte Gesundheitssystem. Daher haben neben den Leistungserbringern auch die Kostenträger ein intensives Interesse an sektorübergreifenden Unternehmenskooperationen, was sich bspw. in der Förderung integrierter Versorgungsstrukturen äußert.[51]

Qualitätssteigerung

Ein weiteres Differenzierungs- und Positionierungsmerkmal im Wettbewerb stellt die Qualität von Produkten und Dienstleistungen dar. So wird die Qualität als Anknüpfungspunkt zur Gewinnung von Wettbewerbsvorteilen und damit zur Differenzierung der unternehmerischen Leistung gegenüber der Konkurrenz zunehmend wichtiger.[52] Bei der Beurteilung der Qualität einer Unternehmensleistung spielen einerseits objektiv erfassbare Merkmale, wie die wirtschaftliche Leistungsfähigkeit, eine Rolle.

---

49 Vgl. Friese (1998, S. 131) bzw. die Ausführungen zum Transaktionskostenansatz in Kapitel 2.2.2.3.
50 Vgl. Zelle (1998, S. 54 f.).
51 Vgl. dazu Kapitel 2.3.1.
52 Diese Aussage wird von zahlreichen empirischen Studien gestützt. So konnte bspw. das Strategic Planning Institute (SPI) im Rahmen des PIMS-Projektes (Profit Impact of Market Strategies) nachweisen, dass zwischen Qualität und Rentabilität ein positiver Zusammenhang besteht. Außerdem zeigt die Analyse der PIMS-Daten, dass eine relativ höhere Qualität mit relativ niedrigeren Kosten einhergeht. Vgl. dazu Buzzell/Gale (1989, S. 93 f.).

Andererseits kommt das Qualitätsurteil durch den Abgleich der Bedürfnisse und Anforderungen der Kunden mit den tatsächlichen Eigenschaften der Leistungen zustande.[53]

Durch Kooperationen können neue und verbesserte Leistungen aus einer Mischung von Attributen, Fähigkeiten oder Fertigkeiten der Partnerunternehmen entstehen. Der Rückgriff auf komplementäre Ressourcen wie bspw. das Know-how des Partners ermöglicht ein verbessertes Leistungsangebot, das sich ohne Einschränkung der strategischen Flexibilität und ohne hohe Investitionsausgaben zu einem Vorteil im Qualitätswettbewerb entwickeln kann.[54] Damit können Lücken im Angebot des Unternehmens geschlossen werden, die zu Kosteneinsparungs- und Kapazitätsauslastungseffekten sowie zur Erschließung neuer Kundenpotenziale führen können.

Die Steigerung der Ergebnisqualität, die auch aus einer Optimierung der Prozessabläufe und somit einer verbesserten Prozessqualität resultiert, ist ein wesentliches medizinisches Ziel einer versorgungsbereichsübergreifenden Kooperation. Insbesondere für chronisch kranke Patienten ist eine realisierte medizinische und wirtschaftliche Verbesserung des Behandlungsprozesses im Hinblick auf die Qualität ein wichtiges Leistungsmerkmal, da für sie aufgrund eines mehrmaligen Durchlaufens des gesamten Behandlungsprozesses der Vorteil deutlich erkennbar wird.[55] Weiterhin können durch die Abstimmung der Aktivitäten der Leistungserbringer innerhalb einer Kooperation die Prozesse entlang der Wertschöpfungskette optimiert werden, so dass der Patient eine höhere Servicequalität wahrnimmt.[56] Nutzeneffekte werden bspw. realisiert, wenn die psychischen Belastungen der Patienten durch Mehrfachbehandlungen oder die Gefahr von Nebenwirkungen infolge vermehrter Röntgenuntersuchungen gesenkt werden.[57]

Im Hinblick auf die Realisierung von Qualitätsvorteilen kann sich eine Kooperation als problematisch erweisen, wenn die Qualitätsvorstellungen der Partner unterschiedlich sind. Ein Kompromiss kann in Bezug auf die Qualität zu einer Verwässerung des Marken- oder Unternehmensimages führen.[58] Allerdings erscheint es unrealistisch, dass sich ein kooperierendes Unternehmen auf das niedrigere Qualitätsniveau eines Partners begibt.

---

53 Vgl. Friese (1998, S. 124).
54 Vgl. Coldewey (2002, S. 42 f.).
55 Vgl. Zelle (1998, S. 159).
56 Vgl. Oberender/Fleckenstein (2005, S. 17).
57 Vgl. Zelle (1998, S. 160).
58 Bei einer gemeinsamen Marktbearbeitung können die Unternehmen vom Image des jeweiligen Partners profitieren, wenn positive Ausstrahlungseffekte auftreten. So lässt sich über einen bewusst herbeigeführten Imagetransfer der Kundennutzen der angebotenen Unternehmensleistungen erheblich steigern. Vgl. Friese (1998, S. 125 f.).

3.1 Konzeptionelle Grundlagen sektorübergreifender Kooperationen

Zeitvorteile
Zeit wird zunehmend als strategische Ressource betrachtet, so dass Unternehmen vermehrt die Generierung von Zeitvorteilen („Economies of Speed") über kooperatives Verhalten anstreben.[59] „Economies of Speed" lassen sich durch Kooperationen insofern erzielen, dass durch die Aufteilung einer Gesamtaufgabe auf zwei Unternehmen eine zeitverkürzende Parallelisierung von Arbeitsgängen unter Berücksichtigung der Spezialisierungen bzw. Kompetenzen möglich wird. Durch Prozessorientierung lassen sich Zeitvorteile erreichen, indem Schnittstellen optimiert werden und die funktionsübergreifende Teamarbeit zu Zeitvorteilen durch umfassenden und schnellen Informations- und Wissenstransfer führt.[60]

Im Rahmen einer koordinierten sektorübergreifenden Patientenversorgung lassen sich Zeitvorteile generieren, indem bspw. durch eine verbesserte Kommunikation unnötige Doppeluntersuchungen oder Wartezeiten vermieden werden. Weitere zeitliche Optimierungspotenziale im Behandlungsprozess eines Patienten können durch zusätzliche Maßnahmen erreicht werden, wenn der Patient bspw. durch präoperative Einführungsveranstaltungen besser auf die anschließenden rehabilitativen Maßnahmen vorbereitet und möglichst früh nach dem Eingriff bzw. der Operation mit rehabilitativen Maßnahmen begonnen wird.[61] Derartige Leistungen könnten im Akuthaus von einer Rehabilitationseinrichtung übernommen werden, indem die reha-seitigen Kompetenzen im therapeutischen Bereich genutzt werden.

Grundsätzlich können die angeführten Zeitvorteile auch ohne Kooperationen erzielt werden, allerdings mit einer bedeutend größeren Ressourcenbindung.[62] In diesem Zusammenhang ist zu berücksichtigen, dass durch Kooperationen auch zeitverlängernde Effekte auftreten können, bspw. durch den Zeitaufwand für die Abstimmungsprozesse zwischen den Partnern oder durch zusätzlich notwendige Transportaktivitäten.[63]

Ertragssteigerung
Neben der Kostensenkung ist auch die Ertragssteigerung durch Kooperationen intendierbar. So stellt Dreßler fest, dass die Zielsetzung vertikaler Kooperationsprojekte in der Gesundheitsversorgung überwiegend auf die Generierung zusätz-

---
[59] Vgl. Herbst (2002, S. 59).
[60] Vgl. Niemojewski (2005, S. 237).
[61] Vgl. Haas et al. (2006, S. 663 ff.) bzw. die Ausführungen zu den Effekten frühzeitiger Reha-Maßnahmen in Kapitel 2.1.3.2.3.
[62] Vgl. Niemojewski (2005, S. 237).
[63] Vgl. Friese (1998, S. 133).

liche Einnahmequellen abstellt.⁶⁴ Denkbar sind organisatorische Vorkehrungen, um den Patientenfluss effektiv zu den Gunsten des Kooperationspartners zu steuern und durch diese Kundenzuweisung die Patientenbasis zu erhalten oder sogar zu erweitern.⁶⁵

Derzeit ist es für die Leistungserbringer im Gesundheitswesen durch abgeschlossene IV-Verträge möglich, neben der sektoralen Regelversorgung und außerhalb der Budgetrestriktionen eine zusätzliche Anzahl an Patienten zu behandeln und abzurechnen. Unter der Voraussetzung, dass es in der Regelversorgung zu keinen Patientenrückgängen kommt, resultieren daraus Ertragssteigerungen.⁶⁶ Besonders für kleinere Krankenhäuser oder Rehabilitationseinrichtungen bietet sich durch geeignete Kooperationsaktivitäten ein größeres Ertragspotenzial, das ihnen hilft, im Wettbewerb zu bestehen bzw. die eigene Wettbewerbsposition zu verbessern.⁶⁷

Know-how Transfer
Neben der Verknüpfung von materiellen Ressourcen wie bspw. Personal, Kapital oder Sachanlagen stellt der Austausch immaterieller Faktoren wie technologischem, führungsbezogenem oder marktbezogenem Know-how eine weitere Kooperationschance dar.⁶⁸ Vor dem Hintergrund der zunehmenden Dynamik der Märkte entwickelt sich Know-how zu einem zentralen Wettbewerbsfaktor, über den Wettbewerbsvorteile erzielt werden können.⁶⁹ In Wertschöpfungsverbünden können durch die Zusammenführung von Know-how einzelner Unternehmen zu kollektiven Kompetenzen Potenziale zur Steigerung der Qualität und Flexibilität genutzt werden.⁷⁰ Dementsprechend lassen sich vorhandene Stärken ausbauen und etwaige Schwächen ausgleichen, indem bestehende Wissensdefizite durch die Zusammenarbeit mit einem Partner behoben werden.

Als vorteilhaft erweist sich, dass Know-how über die Nutzung externer Ressourcen kostengünstiger und deutlich schneller als bei einem Alleingang erworben werden kann.⁷¹ Derartige, auf wechselseitigem Wissenstransfer basierende Beziehungen, bilden die Basis für Lernprozesse und damit die Grundlage für den gemeinsamen Aufbau von Kompetenzen. Sie tragen somit als so genannte „Economies of Com-

---
64 Vgl. Dreßler (2000, S. 212).
65 Vgl. Oberender/Fleckenstein (2005, S. 21).
66 Vgl. dazu auch die Ausführungen zur Integrierten Versorgung in Kapitel 2.3.1.
67 Vgl. Gronemann (1988, S. 50 ff.) sowie Zelle (1998, S. 157).
68 Vgl. Liestmann et al. (1999, S. 16).
69 Vgl. Prahalad/Hamel (1991, S. 68 f.).
70 Vgl. Coldewey (2002, S. 42).
71 Vgl. Herbst (2002, S. 59) sowie Liestmann et al. (1999, S. 17).

petence and Learning" bzw. „Economies of Skills" zur Verbesserung der Wettbewerbsfähigkeit der Partnerunternehmen bei.[72]

Im Gesundheitswesen können durch einen koordinierten Behandlungsprozess die Kenntnisse und Erfahrungen aller am Prozess Beteiligten zur Steigerung der Qualifikation des medizinischen Personals genutzt werden. Entsprechend kann nach der Bestimmung der eigenen Kernkompetenzen, die Wahl eines Kooperationspartners ausgerichtet werden, um etwaige nach- bzw. vorgelagerte Kompetenzen entlang der Wertschöpfungskette zu vereinen.[73]

Allerdings besteht insbesondere in der gemeinsamen Nutzung von Know-how das Risiko, dass Wettbewerbsvorsprünge verloren gehen können, wenn Partner, die gleichermaßen potenzielle Konkurrenten sind, individuell erarbeitete Kernkompetenzen im Rahmen der Zusammenarbeit kopieren können.[74] Unternehmen sind daher zur Sicherung der eigenen Wettbewerbsposition gut beraten, den Abfluss von Know-how zu steuern und zu kontrollieren.[75]

Marktzugang bzw. Sicherung bestehender und Erschließung neuer Märkte
Häufig wird durch eine Kooperation die Verkürzung der „Concept-to-Cash"-Zeit verfolgt, um möglichst schnell Marktchancen zu identifizieren und zu nutzen.[76] Dies ist z.B. durch vorhandene Marktzugänge bzw. Vertriebsnetze der (potenziellen) Partner oder durch eine gezielte Zusammenarbeit bei der Umsetzung von Innovationen am Markt möglich. Oft reicht auch die vorhandene Ressourcenausstattung eines einzelnen Unternehmens zur Entwicklung innovativer Produkte nicht aus, so dass durch Kooperationen hohe Investitionen umgangen werden können.[77] Mit dem richtigen Partner lassen sich Marktsegmente erreichen, die sonst verschlossen geblieben wären. Außerdem können durch die gemeinsame Realisierung von Kosten-, Qualitäts-, Zeit- und/oder Know-how-Vorteilen Markteintrittsbarrieren aufgebaut werden, die anderen Unternehmen eine erfolgreiche Marktteilnahme erschweren.[78]

Insbesondere die zunehmend gesättigten Märkte führen dazu, dass für viele Unternehmen die Erschließung neuer Märkte und damit neuer Wachstumsquellen an

---

72 Vgl. Herbst (2002, S. 60).
73 Vgl. Hoops/Nguyen (2006, S. 34).
74 Vgl. Coldewey (2002, S. 42).
75 Vgl. Friese (1998, S. 143).
76 Vgl. Tjaden (2003, S. 37).
77 Vgl. Niemojewski (2005, S. 232 f.).
78 Vgl. Friese (1998, S. 139 f.).

Bedeutung gewinnt. Beim Eintritt in einen neuen Markt wird ein Unternehmen auf einem produkt-, zielgruppenbezogenen und/oder geografischen Markt aktiv, der bisher nicht von ihm bearbeitet wurde.[79] Die Produkt-/Markt-Matrix von Ansoff[80] kann dabei zur näheren Charakterisierung herangezogen werden. Sie unterscheidet vier Produkt-/Markt-Kombinationen bzw. Marktfeldstrategien (siehe Darstellung 3-3).

Darstellung 3-3: Produkt-/Markt-Matrix nach Ansoff
Quelle: Ansoff (1966, S. 132).

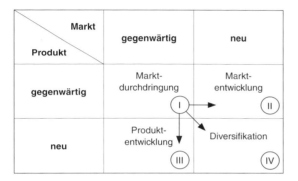

Ein Eintritt in neue Märkte erfolgt über die Strategie der Marktentwicklung bzw. Diversifikation, während ein Unternehmen bei der Marktdurchdringung bzw. der Produktentwicklung auf bereits erschlossenen Märkten agiert.[81] Traditionell sind neben der Erschließung neuer Märkte die Sicherung bzw. Ausweitung der Aktivitäten bestehender Märkte durch neue Angebote Gründe für das Zustandekommen von Kooperationen.[82] So können marktseitige Hindernisse wie bspw. fehlende Kenntnisse der Marktgegebenheiten umgangen werden, indem die eigenen Informationsdefizite durch die Marktkenntnisse des Kooperationspartners ausgeglichen werden.

Das Ziel der Sicherung der Patientenbasis ist ein Spezifikum von Kooperationen im Gesundheitswesen (Marktdurchdringung).[83] Eine solche Strategie verfolgt eine Reha-Einrichtung, die mit einem nahe gelegenen Krankenhaus kooperiert, um die

---

79 Vgl. Friese (1998, S. 134).
80 Vgl. Ansoff (1966).
81 Vgl. Friese (1998, S. 134 f.).
82 Vgl. Herbst (2002, S. 58).
83 Vgl. Dreßler (2000, S. 110).

3.1 Konzeptionelle Grundlagen sektorübergreifender Kooperationen

Einweisung von Patienten zu erreichen. Im Gegenzug könnte die Reha-Einrichtung bei eventuell notwendigen Rückverlegungen Patienten in das Partnerkrankenhaus verlegen. Auf diese Weise festigen Unternehmen ihre Marktposition durch Nutzung der Kundenkontakte des Kooperationspartners und steigern gleichzeitig ihren Bekanntheitsgrad mit geringem Aufwand.[84]

Die Marktentwicklung ist neben der Diversifikation am schwierigsten auf die Aktivitäten der Leistungserbringer zu übertragen, da das Erschließen neuer Absatzgebiete oder neuer Abnehmergruppen besonderen ordnungspolitischen Regelungen, bspw. der Krankenhausplanung der Länder, unterliegt. Werden die relevanten Märkte regional abgegrenzt, ergeben sich durch eine Kooperation mit anderen Leistungsanbietern erfolgsversprechende Strategien, um eine neue Patientenklientel in einer neuen Region zu erreichen (Marktentwicklung).[85]

Das Angebot sektorübergreifender Behandlungsprozesse kann als innovatives Leistungsangebot verstanden werden, das nur durch eine sektorübergreifende Zusammenarbeit von Akut- und Reha-Einrichtungen und die damit verbundene gemeinsame Nutzung der Ressourcen stattfinden kann (Produktentwicklung). Die daraus resultierenden Zeit- und Qualitätsvorteile können in der Folge in den Verhandlungen mit den Kostenträgern kommuniziert werden, so dass eine gute Kapazitätsauslastung des gemeinsamen Angebots erreicht werden kann.

Hinsichtlich der Diversifikation müssen die Leistungserbringer ihr Leistungsangebot erweitern und damit neue Kunden ansprechen. Derartige strategische Denkanstöße beinhalten bspw. die Diskussion über das Krankenhaus als Gesundheitszentrum, die auf eine Neupositionierung des Krankenhauses im Gesundheitswesen abzielt. Dabei übernimmt das Krankenhaus, als erste Anlaufstelle für alle Patienten, die Verteilung bzw. Weiterleitung der Patienten nach deren Behandlungsbedürftigkeit in angeschlossene Einrichtungen.[86]

Alles in allem sind Kooperationen nicht nur Instrumente zur Stabilisierung der Marktposition, sondern auch für den Ausbau oder die Erweiterung der eigenen Wettbewerbsposition geeignet. Die Erlangung von Marktmacht hat in diesem Zusammenhang als auslösendes Motiv eine besondere Bedeutung.

---

84 Vgl. Coldewey (2002, S. 43).
85 Vgl. Trill (2000, S. 80).
86 Vgl. Trill (2000, S. 80).

Risikoreduktion

Eng gekoppelt mit den erläuterten Kosten- und Zeitvorteilen ist auch die Risikoreduktion ein Beweggrund für Kooperationen. Zum einen kann das unternehmerische Risiko durch die Verteilung der Investitionsrisiken gesenkt werden, da das Risiko einer mit hoher Unsicherheit behafteten Investitionen durch eine gemeinschaftliche Vorgehensweise auf die beteiligten Partner verteilt und damit für die einzelne Organisation verringert werden kann.[87] Zum anderen kann eine Reduktion von Marktrisiken[88] erzielt werden, indem eine Diversifikation des Produkt- und Leistungsspektrums durch eine komplementäre Ergänzung bzw. Spezialisierung der jeweiligen Angebote der Kooperationspartner oder eine geografische Diversifikation der Absatz- und Beschaffungsmärkte vorgenommen wird.[89]

Sozio-emotionale Ziele

Als sozio-emotionale Motive für das Eingehen von Kooperationen werden zum einen das persönliche Macht- bzw. Prestigestreben der Führungskräfte angeführt und zum anderen das Bemühen um Absicherung der Unternehmensexistenz als Wahrnehmung der sozialen Verantwortung gegenüber den Mitarbeitern. Allerdings ist dem Macht- und Prestigestreben das Streben nach Erhalt der eigenen Unabhängigkeit und unternehmerischen Selbstständigkeit der Einrichtungsträger bzw. der Führungskräfte entgegenzuhalten. Bezüglich der sozialen Verantwortung ist anzumerken, dass diese aufgrund ihrer direkten Abhängigkeit den ökonomischen Zielsetzungen einer Kooperation unterzuordnen sind.[90]

3.1.3 Risiken sektorübergreifender Kooperationen

Hinsichtlich der beschriebenen vielfältigen Chancen ist zu bedenken, dass diese in vielen Fällen in starker Abhängigkeit zueinander stehen und umfangreiche Auswirkungen auf bestehende organisatorische Abläufe haben können. Die darin liegenden Gefahrenpotenziale sind nicht zu unterschätzen. So ist trotz möglicher positiver Effekte sektorübergreifender Kooperationen und vielfacher Forderungen nach stärkerer Vernetzung zwischen den Leistungssektoren durch Politik, Kostenträger und die Leistungserbringer der tatsächliche Umfang von Kooperationen zwischen Akut- und Rehabilitationseinrichtungen noch relativ gering.[91]

---

87 Vgl. Herbst (2002, S. 80).
88 Marktrisiken ergeben sich aus der Abhängigkeit von wenigen Produkten bzw. aus der schwankenden Nachfrage einzelner Märkte auf der einen und einem lokal begrenzten Angebot auf der anderen Seite. Vgl. Liestmann et al. (1999, S. 15).
89 Vgl. Liestmann et al. (1999, S. 15).
90 Vgl. Liestmann et al. (1999, S. 17).
91 Vgl. Merschbächer (2000, S. 154).

3.1 Konzeptionelle Grundlagen sektorübergreifender Kooperationen

Oft führen ökonomische, medizinische, rechtliche oder persönliche Hemmnisse bereits in der Anbahnungsphase einer Kooperation dazu, dass sich die Leistungserbringer gegen eine Zusammenarbeit entscheiden.[92] Insbesondere die hohe Zahl gescheiterter Kooperationen zeigt, dass vielfältige Risiken existieren.[93] Daher sind bestehende Kooperationshemmnisse sowie mögliche Nachteile hinsichtlich Kosten, Flexibilität und Eigenständigkeit sowie die Vielzahl möglicher Konflikte bei Kooperationsentscheidungen im Gesundheitswesen zu berücksichtigen. Diese Hemmnisse und Risiken sind sowohl von dem extern vorgegebenen Rahmen als auch von jedem Unternehmen individuell abhängig, so dass die nachfolgenden Ausführungen keinen Anspruch auf Vollständigkeit erheben, sondern lediglich einen systematischen Überblick geben.

Darstellung 3-4: Hemmnisse und Risiken von Kooperationen

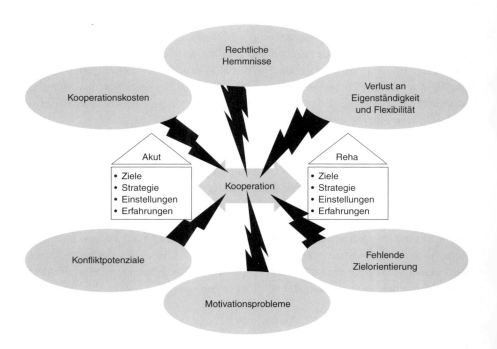

---

92 Vgl. Zelle (1998, S. 198).
93 Vgl. Eiff (2005c, S. 10).

Kooperationskosten

Transaktionskosten in Form der Koordinationskosten fallen bei jeder interorganisationalen Zusammenarbeit an. Hinzu kommen in Zusammenhang mit der Kooperation stehende Investitionskosten. Bereits bei Anbahnung einer Kooperation können notwendige Informations-, Kommunikations- und andere Koordinationskosten hemmend auf die Leistungserbringer wirken.[94] Durch Schwierigkeiten bei der Koordination der Geschäftsprozesse können die kooperationsbedingten Kosten weiter in die Höhe getrieben werden, z. B. durch nicht berücksichtigte Komplexität oder die Verwendung suboptimaler Lösungen. Gleiches gilt für Kosten, die für eventuell notwendige Kontrollsysteme anfallen, wobei die Kontroll- bzw. Monitoringkosten proportional zu dem vorhandenen Misstrauen zwischen den Kooperationspartnern ansteigen.[95] Sobald die Höhe der Koordinationskosten die Einsparung durch kooperationsbedingte Transaktionskostenvorteile überkompensiert, ist eine Infragestellung der Zusammenarbeit durch die Beteiligten wahrscheinlich.

Dementsprechend sind die Kooperationskosten bei Preisverhandlungen mit den Kostenträgern, bspw. im Rahmen des Abschlusses eines IV-Vertrages, zu berücksichtigen. Das heißt, ein Preisverfall der angebotenen Leistungen ist zu verhindern, indem durch detaillierte Kalkulationen alle mit der gemeinsamen Leistungserstellung verbundenen Kosten bei den Verhandlungen der Vergütungssätze einbezogen werden.[96] Dies betrifft neben den Koordinationskosten auch die angemessene Berücksichtigung drohender Aufwendungen, bspw. aufgrund von übernommenen Gewährleistungen.

Rechtliche Hemmnisse

Im Hinblick auf die besonderen ordnungspolitischen Hemmnisse bei sektorübergreifenden Kooperationen sind die Unterschiede der Vergütungssysteme, in der Bedarfsplanung, der Investitionsfinanzierung, der Zulassung sowie der Form der Selbstverwaltung zu berücksichtigen.[97] Oft ist es aus einzelwirtschaftlicher Perspektive günstiger, aus den verschiedenen sektoralen Budgettöpfen Mittel zu beziehen, als einen koordinierten Behandlungsverlauf zu etablieren und abzurechnen. Dies führt dazu, dass die rationale Preisfindung und Investitionsplanung zwischen den Sektoren gestört und durch gesetzliche Ausnahmeregelungen verzerrt ist, da sie ein Neben- und Gegeneinander ökonomischer Kalküle der teilverantwortlichen

---

94 Vgl. Zelle (1998, S. 198).
95 Vgl. Herbst (2002, S. 83 f.) in Verbindung mit Schuh/Friedli/Kurr (2005, S. 42).
96 Vgl. Schmitz (2006, S. 114 ff.).
97 Vgl. dazu ausführlich Kapitel 2.1.1.1.

3.1 Konzeptionelle Grundlagen sektorübergreifender Kooperationen

Partner induzieren.[98] Besonders die Erfahrungen mit der Integrierten Versorgung zeigen, dass ohne eine finanzielle Integration oft keine Anreize zur Zusammenarbeit bestehen.[99]

Weitere rechtliche Problembereiche betreffen die folgenden Bereiche:[100]
- Aus Auflagen des Datenschutzes können sich Hemmnisse ergeben, die eine Übertragung von Patientendaten zwischen den einzelnen Leistungserbringern erschweren.
- Bei Kooperationsformen höherer Intensitätsstufen können steuerliche Regelungen oder arbeitsrechtliche Besonderheiten sowie spezielle für den Gesundheitsbereich geltende Gesetze kooperationshemmend wirken.
- Kartellrechtliche Hindernisse sind bei der Bildung von Kooperationen, bspw. bei Einkaufskooperationen, nicht vollständig auszuschließen, besonders da das Bundeskartellamt verstärkt Zusammenschlüsse und Kooperationen im Gesundheitsmarkt untersucht.

Verlust von Flexibilität und Eigenständigkeit

Die Entscheidungsfreiheit und Handlungsflexibilität der Partner wird bei Kooperationen dadurch eingeschränkt, dass Entscheidungen über gemeinsame bzw. gemeinsam genutzte Ressourcen nicht mehr ohne Abstimmung und Zustimmung des Kooperationspartners getroffen werden können.[101] Daraus kann ein hohes Maß an Abhängigkeit resultieren, was gleichzeitig einen Verlust an Eigenständigkeit bedeutet. Dies kann sich negativ auf die Reaktionsfähigkeit auf Marktveränderungen auswirken.[102] Oft haben gemeinsame Investitionen so genannte „lock-in-Effekte"[103] zur Konsequenz, die das Verlassen einer Kooperation schwierig gestalten.

Inflexibilitäten entstehen durch die bei Kooperationen notwendige Preisgabe strategisch sensibler Informationen, bspw. in Form von spezifischem, unternehmensinternem Know-how oder langfristigen Planzahlen. Dieses birgt Gefahren in sich, da die Offenlegung einrichtungsinterner Daten und Überlegungen die kooperierenden Partner zu opportunistischem Verhalten verleiten kann.[104] Ein Wissens- bzw. Know-

---

98 Vgl. Oberender/Fleckenstein (2005, S. 27 f.).
99 Vgl. dazu Kapitel 2.3.1.
100 Vgl. Böge (2007, S. 47) oder Zelle (1998, S. 201) sowie ausführlicher zu den steuerlichen Hemmnisse Merschbächer (2000, S. 155 f.).
101 Vgl. Coldewey (2002, S. 44).
102 Vgl. Herbst (2002, S. 83).
103 Diese Effekte werden unter anderem im Rahmen der Transaktionskostentheorie betrachtet. Sie gehen davon aus, dass die Auflösung eines Vertrages ab einem bestimmten Punkt nur unter Inkaufnahme von Verlusten möglich ist. Vgl. dazu Williamson (1985, S. 61 f.).
104 Vgl. Coldewey (2002, S. 44).

how-Abfluss kann somit aus Partnern Konkurrenten machen und die Wettbewerbsposition des jeweils anderen Partners sowie das gesamte Kooperationsvorhaben nachhaltig gefährden.[105]

In diesem Zusammenhang ist festzuhalten, dass die gegenseitige Abhängigkeit der Beteiligten bei vertikalen Kooperationen ungleich größer ist als bei horizontalen Kooperationen, da sich die Krankenhäuser bzw. Rehabilitationseinrichtungen auf unterschiedliche Bereiche des Patientenbehandlungsprozesses konzentrieren.[106] Darüber hinaus ist im Rahmen der Patientenversorgung im Gesundheitswesen eine generelle Verschärfung der Konkurrenz- und Wettbewerbssituation denkbar, wenn sich bei einem Gesundheitsnetzwerk, in dem sowohl niedergelassene Ärzte und Krankenhäuser als auch Rehabilitationsanbieter zusammengeschlossen sind, außenstehende niedergelassene Ärzte ausgegrenzt fühlen und ihre Patientenüberweisungen in das Netzwerk auf ein Minimum reduzieren bzw. eigene Netzwerke initiieren. In einem solchen Fall können angestrebte Wettbewerbsvorteile für lokale Krankenhäuser in Extremfällen sogar zu Wettbewerbsnachteilen bis hin zur Isolation führen.[107]

Unvereinbare Ziele
Zielkonflikte entstehen bei nicht kompatiblen Zielsetzungen der Partner hinsichtlich der Kooperation. In diesen Fällen kommt es zwar häufig zu einer Einigung in Form einer gemeinsamen Zielvereinbarung, jedoch ist es denkbar, dass die Partner ihre wahren Absichten nicht offen legen und den Konfliktausbruch lediglich zeitlich nach hinten verlagern.[108] Daraus können persönliche Konflikte resultieren, die erfahrungsgemäß mit der Dauer einer Kooperation zunehmen und dabei nicht immer von Sachkonflikten zu trennen sind, da persönliche Divergenzen oft in Streitigkeiten über Details und Verfahrensfragen objektiviert werden. So finden sich in den Interaktionen zwischen den Entscheidungsträgern der beteiligten Partner häufig abwehrende Verhaltensweisen und negative Einstellungen, die kooperationserschwerend sind und zu Gegenreaktionen und Misstrauen führen.

Bei derartigen Konflikten kommt den kulturellen Inkompatibilitäten eine besondere Bedeutung zu. Kulturelle Unterschiede führen häufig dazu, dass die Realität anders wahrgenommen wird und kommunikatorische Verzerrungen auftreten.[109] Besondere

---
105 Vgl. Herbst (2002, S. 84).
106 Vgl. Zelle (1998, S. 200).
107 Vgl. Coldewey (2002, S. 45).
108 Vgl. Zelle (1998, S. 194).
109 Das ist auch der Grund, warum viele Autoren der Abklärung eines „kulturellen Fits" besondere Beachtung schenken. Vgl. Schuh/Friedli/Kurr (2005, S. 48).

Schwierigkeiten ergeben sich, wenn die Leitbilder der Unternehmen nicht kompatibel sind. So können Kooperationsansätze zwischen Leistungserbringern mit unterschiedlicher Trägerzugehörigkeit, bspw. privater und frei-gemeinnütziger, aufgrund unterschiedlicher (meta-ökonomischer) Zielsetzungen erschwert werden.[110] Daher ist für eine erfolgreiche Zusammenarbeit die Kenntnis der jeweiligen kulturellen Grundeinstellung notwendig, denn je weniger diese ausgesprochen werden, desto größer wird das Konfliktpotenzial.

Konfliktpotenziale
In Kooperationen liegt eine Vielzahl potenzieller Konflikte. Neben Machtkonflikten – innerhalb einer Unternehmung als auch innerhalb einer Kooperation – können Ziel- und Beurteilungs-, Kompetenz- und Durchsetzungs- sowie Verteilungskonflikte auftreten. Diese Konflikte wirken sich negativ aus, wenn sie sich dynamisch weiterentwickeln und schließlich eskalieren. Dabei besteht die Gefahr, dass die Wahrnehmungsfähigkeit beeinflusst sowie vorhandene Denkschemata beeinträchtigt werden und der Konflikt zunehmend auf eine emotionale Ebene verlagert wird. Das bedeutet, die Welt wird nur noch so wahrgenommen, wie sie den vorgefassten Meinungen entspricht. Eine solche einseitige Fixierung kann die langfristigen Überlebenschancen einer Zusammenarbeit deutlich verschlechtern.[111]

Unternehmensinterne Machtkonflikte treten bspw. dann auf, wenn zwischen Unternehmensleitung und Personal Uneinigkeit darüber besteht, ob eine Kooperation wünschenswert bzw. überhaupt notwendig ist. Innerhalb der Strukturen einzelner medizinischer Leistungserbringer behindert die berufsständische Organisation oft eine einheitliche Strategieausrichtung, da mehr das „Säulendenken" als die Gesamtverantwortung betont wird. Dies erschwert die notwendige Integration von ärztlichem, pflegerischem, therapeutischen Personal mit der betriebswirtschaftlichen Verantwortung in eine gesamtbetriebliche Denkrichtung.[112] Ebenso kann ein ausgeprägtes Hierarchie-Denken im Verlauf einer Kooperation eine partnerschaftliche Zusammenarbeit nachhaltig stören.[113] Kooperationsbezogene Machtkonflikte können sich zum einen auf der Unternehmensebene um die Federführung in der Kooperation und zum anderen zwischen Unternehmensleitungen und den Kooperationsträgern abspielen, wobei die Frage von Kontrolle versus Freiheit im Vordergrund steht.[114]

---

110 Vgl. Gronemann (1988, S. 180).
111 Vgl. Schuh/Friedli/Kurr (2005, S. 46 f.).
112 Vgl. Merschbächer (2000, S. 155).
113 Vgl. Oberender/Fleckenstein (2005, S. 24).
114 Vgl. Schuh/Friedli/Kurr (2005, S. 47).

Weitere Konflikte können durch eine mangelnde Abstimmung der Partner im Rahmen des Leistungsangebots oder der tatsächlichen Leistungserstellung verursacht werden.[115] In diesem Zusammenhang sind besondere medizinische Hemmnisse zu berücksichtigen, die auftreten, wenn Differenzen hinsichtlich Diagnose und Therapie bestimmter Behandlungsbilder bzw. unterschiedliche Auffassungen über Behandlung und Betreuung der Patienten bestehen.[116] Fühlen sich die Beteiligten dadurch in ihrer Behandlungsfreiheit eingeschränkt, kann dies zu einer Ablehnung bzw. Beendigung der Kooperation führen. Dabei zeigt sich, dass gerade bei Kooperationen im medizinischen Bereich im Vergleich zu Kooperationen in patientenfernen Teilbereichen ungleich mehr Emotionen freigesetzt werden können, bspw. wenn sich die Ärzte in ihrem Selbstverständnis betroffen fühlen.[117]

Motivationsprobleme
Ergänzend zu den angeführten Risiken kann eine falsche Einschätzung der Dynamik von Kooperationen zu einer Gefährdung führen. So kann es durch die Vernachlässigung des Prozesscharakters von Kooperationen dazu kommen, dass auf der Verhaltensebene kein Verständnis der operativen Prozesse des Kooperationspartners stattfindet. Auf diese Weise kann ein gegenseitiges Misstrauen ausgelöst werden, das die Kooperationsfortführung bedroht. Daher ist im Vorfeld einer Kooperation nicht nur auf die ideale Zusammensetzung der Kooperationspartner zu achten, sondern vielmehr auf die Ableitung und Kommunikation der relevanten Designparameter und die Vermittlung des Wissens darüber, dass sich die Kooperation dynamisch verändern kann und auch wird.

Aus einer Überbetonung der Ausgangskonfiguration kann resultieren, dass die Motivation zu Beginn, aufgrund der Annahme den idealen Partner gefunden zu haben, zwar hoch ist, jedoch anschließend tendenziell weniger Ressourcen für das Management der Kooperation frei gemacht werden. Daraus entwickelt sich die Gefahr, dass die Kooperationsträger schnell von der tatsächlichen Zusammenarbeit enttäuscht werden und die Zusammenarbeit gegebenenfalls frühzeitig beenden. Anders gestaltet sich die Situation mit dem Bewusstsein, vor einer dynamischen und komplexen Aufgabe zu stehen. Zwar wird die Anfangseuphorie niedriger sein, jedoch ist die Bereitschaft, gewisse Anpassungen im Ursprungsdesign im Laufe der Zusammenarbeit vorzunehmen, deutlich stärker ausgeprägt (siehe Darstellung 3-5).[118]

---

115 Vgl. Schmitz (2006, S. 116 f.).
116 Vgl. Zelle (1998, S. 200).
117 Vgl. Bruckenberger (1997, S. 969).
118 Vgl. Schuh/Friedli/Kurr (2005, S. 48).

Darstellung 3-5: Motivationsverläufe bei Kooperationen
Quelle: Schuh/Friedli/Kurr (2005, S. 48).

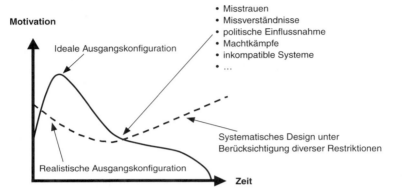

Fehlende Zielorientierung
Durch eine im Vergleich zu anderen Branchen eher schwach ausgebildete Zielorientierung der Leistungserbringer können Kooperationen in der Gesundheitsversorgung gefährdet werden. Das hängt damit zusammen, dass sowohl das strategische als auch das operative Controlling häufig nicht in dem Maße ausgebildet sind, dass Krankenhäuser und insbesondere Rehabilitationseinrichtungen über die notwendigen Informationen verfügen, um ertrags- und leistungsorientierte Kooperationspotenziale zu identifizieren.[119] Eine innerbetriebliche Leistungsverrechnung ist selten vorhanden, was einen Preisvergleich mit externen Anbietern erschwert. Weiterhin fehlen oft Überprüfungsmöglichkeiten für die Vorteilhaftigkeit einer einmal eingegangenen Kooperation.[120] Zudem fehlt durch die Vernachlässigung der strategischen Ausrichtung häufig das Bewusstsein darüber, welche langfristige Entwicklung das Unternehmen einschlagen soll. Auf diese Weise wird zum einen eine koordinierte Vorgehensweise behindert und zum anderen werden potenzielle Kooperationspartner verunsichert.[121] Ein dadurch gefördertes gegenseitiges Misstrauen kann letztlich das Zustandekommen und die Funktionsfähigkeit einer sektorübergreifenden Kooperation verhindern.

---

119 Vgl. Oberender/Fleckenstein (2005, S. 24).
120 Vgl. Merschbächer (2000, S. 154).
121 Vgl. Oberender/Fleckenstein (2005, S. 25).

3.1.4 Alternative Strategien zur Kooperation

Die in Kapitel 2.1.4 aufgezeigten dynamischen Veränderungen im Gesundheitswesen führen dazu, dass die Akteure zunehmend eine effiziente Leistungserbringung anstreben und nach geeigneten Wettbewerbsstrategien zur Erreichung einer besseren Marktposition suchen. Bei der Strategieauswahl hat das verantwortliche Management eine Abwägung der Alternativen unter Berücksichtigung der individuellen Unternehmenssituation vorzunehmen. Obwohl Kooperationen dazu geeignet sind, sich vor den Wettbewerbskräften zu schützen, sollten sie nicht um „jeden" Preis eingegangen werden.[122]

Als denkbare strategische Alternativen für die Leistungserbringer im Gesundheitswesen wird im Folgenden einerseits der „Alleingang"[123] als synergiefreie Unternehmensstrategie thematisiert. Andererseits wird auf die Akquisition/Fusion bzw. die Leistungsausweitung durch den Ausbau der eigenen Angebotsstrukturen eingegangen, die ebenso wie die Kooperation die Realisierung von Synergieeffekten ermöglichen.[124]

Alleingang

Mit der strategischen Entscheidung zu einem Alleingang beabsichtigt ein Leistungserbringer die Erhaltung seiner Unabhängigkeit, ohne Einschränkungen durch intra- oder intersektorale Kooperationsbeziehungen, bspw. bei der Auswahl der weiterbehandelnden Einrichtung, hinnehmen zu müssen. Allerdings besteht vor allem für kleine Unternehmenseinheiten der Bedarf, sich die ökonomischen Vorteile von Kooperationen zunutze zu machen, um sich langfristig am Markt zu positionieren. Es ist zu beachten, dass viele für die Patientenversorgung notwendigen Leistungsstellen, bspw. diagnostische Bereiche oder Operationseinrichtungen, eine Mindestauslastung erfordern, bei deren Unterschreitung die Kosten je Patient aufgrund eines höheren Leerkostenanteils steigen. Jeder zusätzliche Patient, der über eine Kooperation gewonnen werden kann, bringt Synergieeffekte in Form einer besseren Kapazitätsauslastung mit sich und somit einen Nutzen für den beteiligten Leistungserbringer.

---

122 Vgl. Plüss/Huber (2005, S. 20).
123 Unter dem Alleingang wird in diesem Zusammenhang verstanden, dass ein Unternehmen sich weder an einer Kooperation beteiligt noch durch eine „kooperationsersetzende" Erweiterung seines Leistungsspektrums, bspw. durch Schaffung neuer Kapazitäten, diversifiziert.
124 Vgl. Altwegg (1995, S. 169). Da sich das Outsourcing insbesondere dann eignet, wenn es sich um vorwiegend operative bzw. dem Kerngeschäft nachgelagerte Aktivitätsfelder handelt, wird diese Alternative aufgrund der Konzentration auf Kooperationen im medizinischen Bereich im Rahmen der Arbeit an dieser Stelle nicht diskutiert. Vgl. ausführlich zum Thema Outsourcing Eiff (2005a, S. 22 f.).

3.1 Konzeptionelle Grundlagen sektorübergreifender Kooperationen

Ein Vergleich der Strategien kann durch die Ermittlung des Synergiewerts erfolgen, den die Partnerunternehmen durch die Kooperation als Mehrwert im Vergleich zum Alleingang generieren. Der gesamte Synergiewert der Kooperationsstrategie kann durch Summierung aller individuellen Synergiewerte der kooperierenden Leistungserbringer festgestellt werden (siehe Darstellung 3-6).[125] Die im Rahmen der Durchführung der Kooperation entstehenden Transaktionskosten sind bei der Ermittlung des jeweiligen Synergiewertes auf Partnerebene zu berücksichtigen.

Darstellung 3-6: Wertmäßiger Vergleich zwischen Kooperation und Alleingang
Quelle: Altwegg (1995, S. 171).

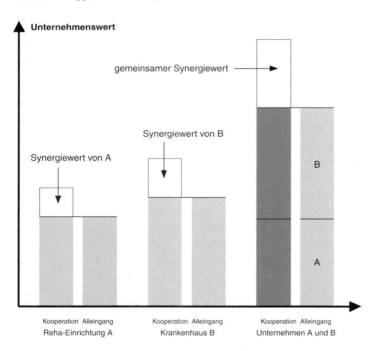

[125] Vgl. Altwegg (1995, S. 170).

In der Praxis ist es für die beteiligen Leistungserbringer problematisch, die aus der Kooperation hervorgehenden Synergieeffekte, wie bspw. kürzere Verweildauern oder zusätzliche Patientenzahlen, explizit zu quantifizieren. Die aus theoretischer Sicht interessante Möglichkeit der Ermittlung des gesamten Synergiewertes einer Kooperationsstrategie lässt sich daher nur schwierig durchführen. Hinzu kommt, dass nicht davon ausgegangen werden kann, dass die Partnerunternehmen ihre Unternehmens- und insbesondere die Synergiewerte gegenseitig offen legen.[126]

Unabhängig davon empfiehlt sich, aufgrund der zu erwartenden ökonomischen Effekte und den möglichen Qualitätsverbesserungen durch eine sektorübergreifende Zusammenarbeit im Rahmen der Patientenversorgung, die Kooperation nicht nur aus Sicht des zunehmenden Wettbewerbs zu betrachten. So wird auch von politischer Seite, sowohl in der Regelversorgung als auch im Rahmen neuer Versorgungsformen, die Kooperation dem Alleingang vorgezogen.[127] Besonders wenn der derzeit noch geringe Anteil der Integrierten Versorgung gemäß der §§ 140 a bis d SGB V an der gesamten Patientenversorgung weiter kontinuierlich steigt und sich langfristig neben der sektoralen Regelversorgung etabliert, werden Leistungserbringer, die sich nicht an sektorübergreifenden Projekten beteiligen, mit deutlichen Patientenrückgängen rechnen müssen. Gleiches gilt für die sektorübergreifende Abstimmung im Rahmen von Disease-Management-Programmen.

Gleichzeitig wird es in Zukunft auch in der Regelversorgung nicht mehr ausreichen, die Beziehung zwischen Akut- und Reha-Einrichtung als unkoordinierten Prozess der Patientenweitergabe zu interpretieren. Die Patienten werden die Vorzüge eines durchgängig organisierten Behandlungsprozesses zunehmend in ihre Erwartungshaltung aufnehmen und qualitative Einschränkungen durch Doppeluntersuchungen oder Wartezeiten nicht mehr akzeptieren und versuchen, an koordinierten Behandlungsabläufen zu partizipieren.

Akquisition bzw. Fusion
Eine weitere Alternative bietet die Möglichkeit der Akquisition oder Fusion[128] bzw. der Ausbau der eigenen Angebotsstrukturen, mit dem Ziel sich zu diversifizieren. Unter Diversifikation wird in diesem Zusammenhang die Ausdehnung der bisherigen Schwerpunkttätigkeit eines Leistungserbringers auf angrenzende oder neue

---

126 Vgl. Altwegg (1995, S. 171).
127 Vgl. die Ausführungen zum politökonomischen Ansatz in Kapitel 2.2.2.5.
128 Im Folgenden wird vereinfachend nur noch von Akquisitionen gesprochen, gleichwohl die Aussagen auch für Fusionen gelten.

Leistungsbereiche verstanden.[129] In diesem Sinne könnten bspw. Krankenhäuser ihr Leistungsprogramm um Leistungen des nachgelagerten Rehabilitationssektors erweitern.

Nach Dreßler trägt die Leistungsausweitung durch Akquisition nicht zu einer – aufgrund der Umweltdynamik – erwünschten Erhöhung der Flexibilität bei. Im Gegenteil vermindert sie durch die Steigerung der Komplexität die Flexibilität.[130] Dennoch wird die Zusammenführung der Akutbehandlung mit der ambulanten und/oder der stationären Rehabilitation im Krankenhaus in Form der Selbstbetreiberoption in vielen Fällen als geeignet angesehen. So kann ein Krankenhaus durch die Einrichtung einer eigenständigen Reha-Abteilung, bspw. durch einen Neubau in direkter Nähe oder der Umwidmung von Akut- in Reha-Betten, beide medizinischen Versorgungsbereiche aus einer Hand anbieten.[131]

Neubauer hält es für absehbar, dass Krankenhausketten sowohl vor- als auch nachgelagerte Versorgungseinheiten zu ihren Krankenhäusern dazukaufen werden, mit dem Ziel eine Region mit allen Gesundheitseinrichtungen aus einer Hand zu versorgen.[132] Diese Strategie hält er allerdings nur für kapitalstarke Leistungserbringer, bspw. private Krankenhauskonzerne, für umsetzbar, da andere Leistungserbringer, bspw. kommunale Krankenhäuser, mangels Kapitalkraft solche Zukäufe nicht oder nur sehr erschwert durchführen können. In diesem Zusammenhang spricht er auch von einer Überlegenheit der ökonomischen Bindungskraft des Kapitals gegenüber dem Kooperationswillen und auch den Kooperationsverträgen von Kommunen.[133]

Als Praxisbeispiel ist die Katholische Stiftung Marienhospital Aachen zu nennen, die durch den Zukauf einer stationären Reha-Einrichtung und die anschließende gegenseitige Abstimmung der Schwerpunkte im Akut- und Reha-Bereich zu einer Art regionalem Komplettanbieter im Raum Aachen wurde.[134] Ein anderes Beispiel bietet die Damp Gesundheitsholding, die durch intensive Akquisitionsaktivitäten Mitte 2006 unter anderem sechs Akuthäuser und vier stationäre sowie drei ambulante Reha-Kliniken in ihrem Konzern vereint. Durch eine „innige Verwobenheit von Akutmedizin und Rehabilitation unter einem Dach"[135] ermöglichen sie ihren

---

129 Vgl. Zelle (1998, S. 156) oder auch die Ausführungen zur Ansoff-Matrix in Kapitel 3.1.2.
130 Vgl. Dreßler (2000, S. 55).
131 Diese Option ist insbesondere als Konsequenz aus dem BSG-Urteil vom 23. Juli 2002 für Krankenhäuser interessant, da diese keine separate Bedarfszulassung für die Rehabilitation mehr benötigen. Vgl. Thier (2003, S. 378 ff.).
132 Vgl. Neubauer (2006b, S. 261).
133 Vgl. Neubauer (2006b, S. 262).
134 Vgl. Ploeger/Jakobs (2004, S. 34 ff.).
135 Schwing (2006a, S. 2).

Patienten an einzelnen Standorten einen Übergang in die Rehabilitation, bei dem zwar ein Stationswechsel, jedoch kein Arzt- und Therapiewechsel notwendig ist.

Entgegen der Vermutung von Neubauer entscheiden sich allerdings viele große Akutanbieter, wie bspw. die Krankenhausketten Rhön AG oder der Sana-Verbund, (bisher) bewusst gegen strategische Integrationsansätze und bevorzugen eher die Kooperation mit anerkannten Reha-Spezialisten. Mögliche Gründe dafür sind, dass der Reha-Markt aufgrund seiner Marktmechanismen als sehr speziell angesehen wird und damit einerseits relativ hohe Eintrittsbarrieren und andererseits schwierige Marktbedingungen bestehen.[136] Allerdings können mittel- bis langfristige intensive Kooperationsaktivitäten durchaus in Akquisitionen münden, da Kooperationen oft dazu dienen, eventuell einzugliedernde Betriebe auf ihre Konzerntauglichkeit zu prüfen.[137]

Als Lösungsstrategien in extrem problematischen Unternehmenssituationen, bspw. im Sanierungsfall, können durch Akquisitionen im Vergleich zu Kooperationen oft höhere Synergiepotenziale erschlossen werden. Zwar sind Synergieeffekte bei Kooperationen durchaus wahrscheinlich, jedoch sind durchschlagende Sanierungserfolge, die sowohl wirtschaftlich als auch versorgungstechnisch nachhaltig umgesetzt wurden, die Ausnahme.[138] Insbesondere wenn Kooperationen einen unverbindlichen Charakter haben und kurzfristig angelegt sind, ist eine Verbesserung der wirtschaftlichen Situation nur begrenzt möglich.

Insgesamt gesehen bietet die Kooperation als Koordinationsalternative – hinsichtlich der Forderung nach größerer Flexibilität im Management der Gesundheitsversorger unter Beachtung des Dilemmas von Qualität und Kosten – zwar häufig Erfolgspotenziale, jedoch sind stets die unternehmensspezifischen Situationen sowie die jeweils geltenden Rahmenbedingungen zu berücksichtigen, um die Frage nach der Vorteilhaftigkeit im Vergleich zu den strategischen Alternativen beantworten zu können.

---

136 Vgl. dazu die Ausführungen in Kapitel 2.1.3.2.2 und die dort angegebenen Quellen.
137 Vgl. Zelle (1998, S. 156).
138 Vgl. Willebrand (2005, S. 18 ff.).

3.2 Operationalisierung des Kooperationserfolgs

Im Folgenden werden nach begrifflichen Eingrenzungen die Grundlagen des Kooperationserfolgs einschließlich möglicher Identifikationsansätze der relevanten Erfolgsfaktoren thematisiert. Anschließend erfolgt eine Operationalisierung in Richtung der Kooperationen zwischen Akut- und Reha-Anbietern.

Ohne die Beurteilung und Messung des Kooperationserfolgs erschöpfend behandeln zu wollen, soll eine Sensibilisierung für die nähere Bestimmung des Erfolgs bei Kooperationen im Gesundheitswesen erreicht und mögliche Erfolgskriterien und -indikatoren abgeleitet werden. Damit wird die Grundlage für die Identifizierung der wesentlichen Erfolgsfaktoren geschaffen, an denen das Kooperationsmanagement anzusetzen hat.

3.2.1 Erfolgsverständnis im Gesundheitswesen

Trotz der umfassenden Bemühungen der empirischen Erfolgsfaktorenforschung seit Beginn der 80er Jahre, die versucht, die Schlüsselfaktoren des Erfolgs von Unternehmen zu ermitteln, hat sich bisher kein einheitlicher Erfolgsbegriff etablieren können.[139] Grundsätzlich wird der Begriff Erfolg als positive Wirkung oder Folge von Entscheidungen oder Handlungen verstanden. Dabei bleibt zunächst offen, ob dieses Ergebnis nur zufällig durch ein glückliches Zusammenwirken günstiger Umstände verursacht oder bewusst verfolgt wurde. Im Nachhinein ist häufig nicht feststellbar, inwieweit der Zufall half.[140] Allerdings wird im Allgemeinen nur dann von Erfolg gesprochen, wenn das erreichte Ziel auch angestrebt wurde.[141]

In wirtschaftlichen Zusammenhängen wird der Unternehmenserfolg nach der klassischen ökonomischen Tradition in der Regel als Nettogröße im Sinne einer wertmäßigen Differenz zwischen Ausbringung und Mitteleinsatz bzw. zwischen Ertrag und Aufwand verstanden.[142] Jedoch greift dieses traditionelle Erfolgsverständnis bei der heutigen Komplexität ökonomischen Handelns zu kurz, da Unternehmen vielmehr ein Zielsystem verfolgen, das monetäre und nicht-monetäre Ziele umfasst.[143] Dement-

---
139 Vgl. Dietrich (2005, S. 82).
140 Vgl. Rudolph (1996, S. 32 f.).
141 Vgl. Tjaden (2003, S. 58). Die Erfolgsfaktorenforschung beschäftigt sich nur mit diesem Erfolg.
142 Vgl. Oesterle (1995, S. 989) oder Ringle (2004, S. 57).
143 Vgl. Fritz (1995, S. 217). Als Indikatoren des monetären Unternehmenserfolgs sind der Gewinn und der Cashflow anzusehen, während nicht-monetäre Ziele bspw. ein qualitativ hochwertiges Leistungsangebot, ein gutes Image oder der Erhalt der langfristigen Wettbewerbsfähigkeit sein können.

sprechend zeigen verschiedene empirische Untersuchungen, dass das Ziel der langfristigen Gewinnerzielung im unternehmerischen Zielsystem nicht dominant ist.[144]

Außerdem kommt es bei der Erfolgsbeurteilung anhand der Frage, welche Leistungen und Kosten mit einer bestimmten Organisationsform einhergehen, häufig zu Bewertungsproblemen. Kriterien zur Effizienzmessung, wie der Return on Investment (ROI)[145] oder die Qualität und Quantität des produzierten Outputs, spiegeln nur ein relativ enges ökonomisches Erfolgskonzept wider.[146] Daher sollten besonders finanzielle Erfolgskriterien nicht unreflektiert eingesetzt werden, da ihre Aussagekraft durch unternehmensspezifische Unterschiede oft eingeschränkt ist.[147]

Als Ausweg wurden zur Erfolgsanalyse verfeinerte Ansätze entwickelt, von denen sich der konkrete Inhalt des Erfolgsbegriffs ableiten lässt. Im Folgenden werden mit dem Zielansatz, dem Systemansatz und dem Stakeholder-Ansatz die in der Literatur am häufigsten behandelten Konzepte kurz vorgestellt:[148]

- *Zielansatz: Erfolg als Grad der Zielerreichung*
  Die Existenz explizit genannter und zudem weit gehend operational formulierter Organisationsziele ist die Voraussetzung zur Nutzung des Zielansatzes. Als der unternehmerische Erfolg wird der Erreichungsgrad der im Vorfeld festgelegten Ziele definiert.[149] Somit stellt der Zielansatz die betrachtete Organisation in den Mittelpunkt und ist demnach eine subjektive Sicht auf dessen Erfolg.[150]
- *Systemansatz: Erfolg als langfristige Überlebensfähigkeit*
  Im Sinne des Systemansatzes wird das Unternehmen um die Beziehungen zwischen Organisation und Umwelt unter Berücksichtigung intern ablaufender Prozesse sowie der Organisationsziele erweitert. Der langfristige Fortbestand des Unternehmens wird dabei durch die Aneignung knapper Ressourcen und Fähig-

---

144 Vgl. Royer (2000, S. 24) sowie Ringle (2004, S. 57 f.).
145 Der Begriff Return on Investment (deutsch Kapitalrendite) soll die Rendite des eingesetzten Kapitals messen und ist definiert durch die Multiplikation von Umsatzrendite (Gewinn/Nettoumsatz) und Kapitalumschlag (Nettoumsatz/Gesamtkapital).
146 Vgl. Eisele (1995, S. 85). Die Begriffe der Effizienz und der Effektivität hängen eng mit dem Erfolg zusammen. Das heißt, sie werden oft zur Erklärung des Erfolgsbegriffs herangezogen und zum Teil mit dem Erfolgsbegriff gleichgesetzt, so dass eine klare Trennung zwischen den Begriffen nicht immer festgestellt werden kann. Vgl. dazu ausführlich Dietrich (2005, S. 83 f.).
147 Vgl. Royer (2000, S. 25).
148 Vgl. Fritz (1995, S. 218 ff.) oder Oesterle (1995, S. 989 f.). Weitere hier nicht betrachtete Ansätze sind der Kontingenzansatz, der Management-Audit-Ansatz sowie der Shareholder-Value-Ansatz.
149 Vgl. Royer (2000, S. 25) sowie Fritz (1995, S. 37). Beim Zielansatz wird es als problematisch angesehen, dass er nur bei konkreten Zielsetzungen als Erfolgsmaßstab dienen kann und das Verhalten der Unternehmen ausschließlich auf die Zielerreichung ausgelegt ist. Außerdem wird die Annahme, dass sämtliche Unternehmensziele zueinander kompatibel sind, als realitätsfern eingestuft. Vgl. Böing (2001, S. 41 f.).
150 Vgl. Evanschitzky (2003, S. 55).

3.2 Operationalisierung des Kooperationserfolgs

keiten gesichert, was dementsprechend als Erfolg interpretiert wird.[151] Somit wird nicht nur das Ergebnis, sondern auch das Zustandekommen des Ergebnisses betrachtet.[152] Da der Systemansatz die Beziehungen zur Umwelt, die intern ablaufenden Prozesse und die Ziele des Systems gleichermaßen zur Erfolgsbestimmung eines Unternehmens heranzieht, wird der Erfolg als ein abstraktes und mehrdimensionales Konstrukt angesehen, was zu erheblichen Operationalisierungsproblemen führt.[153]

- *Stakeholder-Ansatz: Erfolg als Befriedigung von Interessen*
  Nach dem Stakeholder-Ansatz ergibt sich der Unternehmenserfolg als Erfüllungsgrad der an das Unternehmen gerichteten Interessen aller internen (bspw. Mitarbeiter) und externen Interaktionspartner (bspw. Kunden, Lieferanten, Kapitalgeber, Öffentlichkeit).[154] Nur unter der Annahme, dass alle Interessengruppen zufrieden gestellt werden, kann sich ein Unternehmen seinen originären Zielen zuwenden, die bspw. durch den Zielansatz oder den Systemansatz betont werden.[155] Aufgrund der umfassenden Perspektive des Stakeholder-Ansatzes kann es zu Operationalisierungsproblemen kommen.

In der betriebswirtschaftlichen Erfolgsforschung sind der Zielansatz und der Systemansatz die vorwiegend verwendeten Ansätze.[156] Für Unternehmen im Gesundheitswesen, deren Leistungserstellung an den Interessen unterschiedlicher Anspruchsgruppen auszurichten ist, erlangt der Stakeholder-Ansatz eine besondere Bedeutung zur Messung des Erfolges. Allerdings wirft dessen Anwendung, ähnlich wie beim Systemansatz aufgrund der Operationalisierungsprobleme, erhebliche Schwierigkeiten in der Forschungspraxis auf.[157] Zudem formuliert der Stakeholder-Ansatz letztlich nur „notwendige Bedingungen" zur Erreichung eines oder mehrerer übergeordneter Ziele.[158]

Der Zielansatz erscheint insbesondere durch den Vorteil seiner großen Praxisnähe und Nützlichkeit für die empirische Forschung und trotz der angeführten Nachteile – die sich auf die Subjektivität der unternehmerischen Zielfindung beziehen – als geeig-

---

151 Vgl. Tjaden (2003, S. 59).
152 Vgl. Saure (2004, S. 96).
153 Vgl. Böing (2001, S. 42) sowie Evanschitzky (2003, S. 56). Am Systemansatz wird kritisiert, dass nur die Leistungsfähigkeit einzelner Teilkonzepte erfasst wird und offen bleibt, ob zukünftige weiterentwickelte Systemansätze eine Lösung für die Messung des Erfolges auf der Systemebene mit sich bringen. Auch soziale Phänomene wie bspw. Interessen, Macht oder Konflikte werden nicht einbezogen. Vgl. dazu Royer (2000, S. 25 f.).
154 Vgl. Tjaden (2003, S. 59).
155 Vgl. Böing (2001, S. 43).
156 Vgl. Fritz (1995, S. 220), Royer (2000, S. 35) sowie Tjaden (2003, S. 59).
157 Vgl. Saure (2004, S. 96 f.).
158 Vgl. Evanschitzky (2003, S. 57).

neter. Darüber hinaus ist es bei einer Erfolgsmessung auf der Grundlage des Zielansatzes entsprechend der realistischen Annahme, dass in Organisationen nicht nur ein Ziel sondern ein Zielbündel existiert, möglich, mehr als einen Zielerreichungsgrad in die Messung einzubeziehen.[159] Dieser Sachverhalt ist für die Leistungserbringer im Gesundheitswesen von Bedeutung, die aufgrund ihres Versorgungsauftrages bzw. -vertrages und der spezifischen gesetzlichen Vorgaben sowie der trägerspezifischen Ziele neben dem Wirtschaftlichkeitsziel zusätzlich weitere relevante Zielbestandteile zu berücksichtigen haben.[160] Während bei gewinnorientierten Unternehmen die Sachziele dem Formalziel dienen, ist bei den Leistungserbringern im Gesundheitswesen das Formalziel als notwendige Nebenbedingung des Sachziels anzusehen. Entsprechend sind zur Betrachtung des Erfolgs die konzeptionellen Unterschiede der Zielsetzung zu beachten, auch wenn aufgrund der Notwendigkeit der Verfolgung des Formalziels eine vergleichende Betrachtung von Non-Profit-Unternehmen mit gewinnorientierten Unternehmen hinreichend begründet ist.[161]

Gegenüber den anderen aufgezeigten Ansätzen kann der Zielansatz als übergeordnete Perspektive angesehen werden. Er lässt sich auf die Ebene der Gesamtorganisation beziehen und eignet sich daher für die beabsichtige Analyse des Erfolgs von Kooperationsbeziehungen zwischen Akut- und Rehabilitationseinrichtungen.[162] Außerdem können Erfolgsuntersuchungen unter Zugrundelegung des Aspekts des Zielansatzes unabhängig davon durchgeführt werden, ob Non-Profit-Unternehmen oder gewinnorientierte Unternehmen betrachtet werden.[163]

Vor diesem Hintergrund wird zur weiteren Konzeptionalisierung des Kooperationserfolgs auf den Zielansatz zurückgegriffen. Der Kooperationserfolg wird somit als Erreichungsgrad der Kooperationsziele bzw. als höheres Zielniveau gegenüber der individuellen Vorgehensweise verstanden.[164]

3.2.2 Erfolg kooperativer Vereinbarungen

Ist schon die Erfolgsbeurteilung einzelner Unternehmen von zahlreichen Schwierigkeiten gekennzeichnet, so gilt dies noch in viel höherem Maße für kooperative

---

[159] Vgl. Royer (2000, S. 35).
[160] Die Vielfalt der Ziele wird bspw. bei Helmig (2005) deutlich, der seinen empirischen Untersuchungen zum Erfolg von Krankenhäusern Erreichungsgrade von insgesamt 26 krankenhausspezifischen Unternehmenszielen zugrunde legt. Zur Ausgestaltung des Zielsystems bei Krankenhäusern vgl. Kapitel 2.1.2.1 und zu den Zielen der Rehabilitation Kapitel 2.1.3.1.
[161] Vgl. Dietrich (2005, S. 90).
[162] Vgl. Helmig (2005, S. 163).
[163] Vgl. Dietrich (2005, S. 90).
[164] Vgl. Wohlgemut (2002, S. 173) sowie Royer (2000, S. 149).

3.2 Operationalisierung des Kooperationserfolgs

Vereinbarungen zwischen mehreren Unternehmen. Durch den Einbezug mehrerer Organisationen wird die Komplexität aufgrund zusätzlicher Betrachtungsebenen und individuell zugrunde liegender Erfolgskriterien erhöht.[165] Neben den Kooperationszielen sind daher die Einzelinteressen der Partner zu berücksichtigen, wodurch bei Kooperationen häufig eine Interessenpluralität verursacht wird. Die verschiedenen Erwartungen auf Seiten der Partner sowie der Möglichkeit jedes Beteiligten, die Zusammenarbeit jederzeit in Frage zu stellen, führen dazu, dass eine Beurteilung des Erfolgs und des Misserfolgs von maßgeblicher Bedeutung ist.[166]

Der objektive Erfolg der Kooperation ist als Ganzes (Kooperations- bzw. Makroebene), im Sinne von Wettbewerbsvorteilen gegenüber anderen Einzelanbietern oder Kooperationen, vom subjektiven Erfolg der Kooperationsteilnahme für jeden Partner (Partner- bzw. Mikroebene), im Sinne des „kritischen" Beitrags zur Leistung der Kooperation, zu unterscheiden.[167] In der Konsequenz ergibt sich für die Erfolgsbestimmungen innerhalb von Kooperationen das Problem, dass die Erfolgsbestimmung entweder von jedem Partner individuell auf der Mikroebene vorgenommen und anschließend kumuliert wird, oder die Partner den Erfolg gemeinsam ermitteln (siehe Darstellung 3-7):[168]

- Auf der *Mikroebene* wird die Effektivität in Abhängigkeit von der Verwirklichung der Kooperationsmotive gemessen, so dass bei verschiedenen Motiven und Erfolgsvorstellungen der Partner die gleiche Kooperation von einem Partner als Erfolg, vom anderen hingegen als Misserfolg interpretiert wird.[169]
- Auf der *Makroebene* wird die Kooperation als eigene Organisation verstanden, so dass sich die Effektivitätsmessung an der zwischen den Beteiligten gemeinsam vereinbarten Kooperationszielsetzung orientiert.[170]

---

[165] Vgl. Eisele (1995, S. 85). Aufgrund dieser Schwierigkeiten existiert in der Literatur keine einheitliche Definition des Kooperationserfolges. Die Mehrzahl der Untersuchungen zum Kooperationserfolg beziehen sich auf Joint Ventures, wobei häufig lediglich Aussagen zu Erfolgsquoten getroffen werden. Die vereinzelt gewählten Arbeitsdefinitionen unterscheiden sich je nach Untersuchungsziel zum Teil beträchtlich. Vgl. dazu Royer (2000, S. 27).
[166] Vgl. Deike (2006, S. 31).
[167] Vgl. Oesterle (1995, S. 990) in Verbindung mit Deike (2006, S. 31).
[168] Vgl. Tjaden (2003, S. 59 f.). Die gemeinsame Ermittlung kann nur während der Zusammenarbeit erfolgen, wohingegen die getrennte Ermittlung auch ex ante oder ex post möglich ist.
[169] Der individuelle Kooperationserfolg ist als der Erfolg zu verstehen, der aufgrund der kooperativen Zusammenarbeit entsteht, abzüglich der möglichen individuellen Erfolge des Partners bei Alleingang und verringert um die Kooperationskosten. Vgl. Deike (2006, S. 31). Sowohl Dreßler (2000, S. 86 f.) als auch Wohlgemut/Hess (1999, S. 31) schlagen in diesem Zusammenhang vor, eine Kooperation erst dann als erfolgreich zu bezeichnen, wenn alle Partner erfolgreich waren. Andernfalls sprechen sie von gespaltenem Erfolg bzw. Misserfolg.
[170] Vgl. Dreßler (2000, S. 87 f.) sowie Pankau (2002, S. 186).

3.2 Operationalisierung des Kooperationserfolgs

Darstellung 3-7: Erfolgsbestimmung bei Kooperationen
Quelle: Wohlgemut/Hess (1999, S. 30).

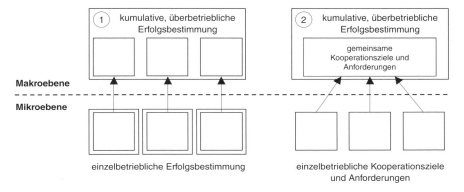

Offensichtlich ist, dass sich Unterschiede bei der Erfolgsbeurteilung von Kooperationen zwischen Krankenhäusern und Rehabilitationseinrichtungen vor dem Hintergrund verschiedener Perspektiven ergeben, da insbesondere im Gesundheitswesen die Anspruchsgruppen oft divergierende Interessen verfolgen.[171]

- Die *Träger der Leistungserbringer* sprechen bei einer unternehmensübergreifenden Zusammenarbeit von einem Erfolg, wenn der Bedarf der Bevölkerung an stationären Krankenhausleistungen in Kombination mit rehabilitativen Leistungen zu niedrigeren Kosten bei möglichst steigendem Qualitätsniveau im Vergleich zum individuellen Vorgehen gedeckt werden kann.
- Die beteiligten *Mitarbeiter* der Leistungserbringer werden auch in Kooperationssituationen ihre eigenen beruflichen und persönlichen Ziele verwirklichen wollen, die sich bspw. in einer gewissen Arbeitsplatzsicherheit, einem bestimmten Lohnniveau oder einer ansprechenden Arbeitsatmosphäre manifestieren. Sie werden den Erfolg mit einer steigenden Arbeits- bzw. Mitarbeiterzufriedenheit gleichstellen.
- *Die Patienten* werden den Erfolg einer Kooperation mit einer Verbesserung ihres Gesundheitszustandes bzw. mit einer hervorragenden weil besser koordinierten medizinischen Versorgung und einer damit einhergehenden höheren Patientenzufriedenheit gleichsetzen.

---

[171] Folgende Ausführungen orientieren sich an der Perspektivunterscheidung bei Helmig (2005, S. 158 f.).

3.2 Operationalisierung des Kooperationserfolgs

- Das Interesse der *Kostenträger* ist, dass im Rahmen von Kooperationen in der Patientenversorgung nur die notwendigen sowie sinnvollen Leistungen am und für den Patienten erbracht werden und dies auf möglichst kostengünstigem Weg geschieht.

Die Darstellung der verschiedenen Anspruchsgruppen und deren Erfolgsverständnis verdeutlicht, dass unterschiedliche Erfolgsdeterminanten eine Rolle spielen und die Perspektive, aus der die Kooperation betrachtet und anhand derer der Erfolg operationalisiert wird, von zentraler Bedeutung ist. Da bisher keine umfassende Konzeptionalisierung des Erfolgs – insbesondere nicht-privatwirtschaftlich geführter Unternehmen – existiert, wird im Rahmen der vorliegenden Arbeit primär die Sichtweise des Managements der Leistungserbringer eingenommen. Diese befinden sich im Spannungsfeld zwischen Einrichtungsträgern, Mitarbeitern, Patienten, Kostenträgern sowie den politischen Rahmenbedingungen und haben einen nicht unerheblichen Einfluss auf den Kooperationserfolg.[172] Das heißt, nur wenn die Leistungen sektorübergreifender Kooperationen von den Patienten angenommen, von den Kostenträgern akzeptiert und von den Mitarbeitern getragen werden, werden sie erfolgreich sein.

Obgleich die betriebswirtschaftliche Perspektive im Allgemeinen und damit auch bei Kooperationen vor allem auf den Individualerfolg abstellt, wird zweckmäßiger Weise nicht auf die Betrachtung des Kollektiverfolgs verzichtet. Besonders durch die gesellschaftliche Bedeutung der Gesundheitsversorgung ist der Kollektiverfolg einer Kooperation nicht zu vernachlässigen.[173] Wenn bspw. ein Krankenhaus und eine Rehabilitationseinrichtung durch eine enge Zusammenarbeit die medizinische Versorgungsqualität steigern konnten, ohne eigene Individualziele wie z. B. die Erhöhung des Patientenaufkommens oder den Wissenstransfer zu verwirklichen, so hat sich durch den Kollektiverfolg bereits ein Erfolg der Kooperation eingestellt.

Letztlich bemisst sich der Kooperationserfolg danach, inwieweit den Beteiligten durch die Zusammenarbeit Vorteile erwachsen, die nicht anderweitig beschafft werden können und die sowohl für die Verwirklichung der Kooperationsziele als auch der Individualziele von Bedeutung sind.[174] Diese Vorteile bilden den Ansatzpunkt für die Bestimmung der Kriterien, anhand derer der Kooperationserfolg beurteilt, sowie der entsprechenden Indikatoren anhand derer er gemessen werden soll (siehe Darstellung 3-8).

---

172 Vgl. dazu Helmig (2005, S. 159 f.).
173 Vgl. Dreßler (2000, S. 88).
174 Vgl. Pankau (2002, S. 186).

Darstellung 3-8: Beurteilung des Kooperationserfolgs
Quelle: Pankau (2002, S. 185).

3.2.3 Erfolgskriterien und -indikatoren

Der Erfolg einer Kooperation wird nach dem Zielansatz als Erreichungsgrad der gesetzten Ziele definiert. Zwangsläufig stellt sich die Frage, welche Erfolgsgrößen zur Messung des Zielerreichungsgrades herangezogen werden sollen. Demzufolge sind zur Operationalisierung des Zielerreichungsgrades bei Kooperationen zunächst Kriterien zu bestimmen, anhand derer die kooperationsbedingte Zustandsveränderung erfasst werden kann. Anschließend müssen diese Kriterien mittels geeigneter Indikatoren bewertet werden.[175]

Ergebniserfolg

Häufig wird der Erfolg einer Kooperation in der unternehmerischen Praxis mit Blick auf das erzielte Kooperationsergebnis beurteilt, so dass traditionell überwiegend outputorientierte Erfolgskriterien zugrunde gelegt werden. Dabei werden insbesondere finanzielle Größen in den Mittelpunkt gestellt.[176] Weiterführende Ansätze analysieren, welchen Beitrag die Kooperation zum Ausbau bzw. zur Verteidigung der Wettbewerbsposition und der Konkurrenzfähigkeit der Beteiligten leistet. Somit

---

175 Vgl. Saure (2004, S. 97).
176 Vgl. Wohlgemut (2002, S. 172). Dementsprechend argumentiert der Transaktionskostenansatz, dass anfallende Kosten durch die Kooperation geringer sind als etwa eine Eigenherstellung von Leistungen oder ein Zukauf über den Markt. Vgl. Kapitel 2.2.2.3.

3.2 Operationalisierung des Kooperationserfolgs

wandelt sich die vergangenheitsorientierte und kurzfristige zu einer zukunftsorientierten und langfristigen Betrachtungsperspektive, die neben rein quantitativen auch qualitative Größen berücksichtigt.[177] Die quantitativen Indikatoren greifen auf objektiv quantifizierbare Angaben wie Gewinn und Rentabilitätsgrößen zurück, während sich die qualitativen Kriterien an subjektiven, so genannten weichen Indikatoren („soft facts") orientieren.[178]

Hinsichtlich der Erfolgsmessung ist es problematisch, dass qualitative Erfolgsindikatoren wie bspw. Marktanteile, eine bessere Qualität oder die Erhöhung von Know-how in der Regel nicht durch verhältniskalierte Werte ausgedrückt werden können.[179] Daher werden in der Praxis, unter anderem aufgrund der einfachen Handhabung, bevorzugt die quantitativen Indikatoren zur Erfolgsbeurteilung herangezogen. Allerdings gewinnen qualitative Ziele zunehmend an Bedeutung, da sie unter anderem das steigende Qualitätsbewusstsein reflektieren.[180]

Anders gestaltet sich die Erfolgsmessung bei Gesundheitsversorgern wie Krankenhäusern und Rehabilitationseinrichtungen. Dort wird aufgrund des Unternehmenszwecks – der Verbesserung des Gesundheitszustandes von Patienten – primär die Verwendung qualitativer Erfolgsindikatoren erwartet. So zeigte eine empirische Erhebung von Helmig zum Thema „Erfolg, Erfolgsmessung und Erfolgsfaktoren in Krankenhäusern", dass am ehesten die „Erlangung von Patientenzufriedenheit", gefolgt von der „Verbesserung des Gesundheitszustandes des Patienten" sowie die „Versorgung der Bevölkerung mit Gesundheitsleistungen" mit Erfolg in Verbindung gebracht wurden.[181] Demgemäß wurde den Zielen „Patientenzufriedenheit" und „Qualität des Leistungsangebots" die höchste Bedeutung für den Unternehmenserfolg beigemessen.[182]

In einer Untersuchung von Dietrich wurde die Patientenzufriedenheit lediglich als Erfolgsbestandteil innerhalb der Qualitätsdimension identifiziert und entsprechend der Vorgaben des rechtlichen Ordnungsrahmens neben der Qualität die Wirtschaftlichkeit als wesentliche Determinante des Unternehmenserfolgs ermittelt.[183] Zudem wurde bei dieser empirischen Analyse gezeigt, dass mit zunehmender Wettbe-

---

177 Vgl. Pankau (2002, S. 187) sowie Ringle (2004, S. 58).
178 Vgl. Dreßler (2000, S. 88).
179 Vgl. Hawranek (2004, S. 39).
180 Vgl. Dreßler (2000, S. 88).
181 Vgl. Helmig (2005, S. 244).
182 Vgl. Helmig (2005, S. 184).
183 Vgl. Dietrich (2005, S. 268 f.).

werbsintensität die Qualität als Determinante des Krankenhauserfolges an Gewicht gegenüber der Wirtschaftlichkeit verliert.[184]

Aufgrund letztgenannter Ergebnisse ist bei der Erfolgsbetrachtung im Gesundheitswesen die Berücksichtigung von Qualität und Wirtschaftlichkeit als Erfolgskriterien zweckmäßig, die sich einerseits an gewinn- und rentabilitätsorientierten Indikatoren und anderseits an qualitativen Indikatoren orientieren.[185] Weiterhin sind Qualitätsverbesserungen durch Lerneffekte, aufgrund einer im Vergleich zum Wettbewerb höheren Behandlungsquote für spezifische Krankheiten, mögliche Erfolgskriterien. Eine damit verbundene kooperationsbedingte Wertsteigerung durch einen erhöhten Patientenstrom kann bspw. durch die Anzahl der Einweisungen pro Zeiteinheit gemessen werden.[186]

Weder quantitative noch qualitative Indikatoren werden allein der Beurteilung des Erfolgs von Kooperationen gerecht. Insbesondere bei einem ausschließlichen Rückgriff auf quantitative Erfolgsindikatoren kann es aufgrund einer begrenzten Aussagefähigkeit zu Fehlentscheidungen kommen.[187] So wird sich der Erfolg von Kooperationen nur in seltenen Fällen direkt an bestimmten Endergebnissen beurteilen und messen lassen.[188]

Hinzu kommt, dass eine ergebnisorientierte Beurteilung von Kooperationen nur dann erfolgen kann, wenn es gelingt, diejenigen unternehmerischen Variablen zu identifizieren, deren Veränderungen auf die Kooperation zurückgeführt werden können. Dies ist insofern schwierig, da bspw. erworbene Kompetenzerweiterungen keineswegs allein aus der Kooperationsbeziehung resultieren müssen. Entsprechend besteht auch in einem koordinierten sektorübergreifenden Behandlungsprozess die Schwierigkeit, den Wert des Outputs der Kooperation eindeutig zu definieren bzw. durch geeignete Indikatoren zu identifizieren.

Ein weiteres Problemfeld besteht darin, dass zwischen den Erfolgskriterien vielfältige Interdependenzen bestehen, die bei einer ergebnisorientierten Erfolgsermittlung zu berücksichtigen sind.[189] Daher bedingen das Einsatzgebiet und die

---

184 Vgl. Dietrich (2005, S. 269).
185 In der Qualitätsdimension führt die Schwierigkeit der Output-Messung zu einem Rückgriff auf quantifizierbare Daten wie bspw. die Verweildauern in den Einrichtungen, obgleich deren Zusammenhang zum eigentlichen Ziel des Krankenhauses nur bedingt gegeben ist. Vgl. Eichhorn (1975, S. 17).
186 Vgl. Saure (2004, S. 99).
187 Vgl. Dreßler (2000, S. 89) sowie Royer (2000, S. 27).
188 Vgl. Pankau (2002, S. 188).
189 Vgl. Saure (2004, S. 97 ff.).

3.2 Operationalisierung des Kooperationserfolgs

Organisationsstruktur von Kooperationen eine flexible Beurteilung mittels weiterer andersartiger Kriterien und Erfolgsindikatoren.[190]

Als alternativer objektiver Leistungsmaßstab wird häufig die Lebensdauer einer Kooperation und damit die Stabilität einer Kooperationsbeziehung zur Kooperationserfolgsmessung genutzt.[191] Allerdings ist zu berücksichtigen, dass stabilitätsorientierte Erfolgskriterien im Falle zeitlich befristeter Kooperationsvereinbarungen versagen. Bei einer dauerhaften Kooperation bleibt oft fraglich, ob die ursprünglich formulierten Ziele und Erwartungen geeignet sind, um den Erfolg zu beurteilen.[192] Die Dauerhaftigkeit bzw. die Stabilität einer Kooperation kann daher nicht deren alleiniger Erfolgsmaßstab sein.[193]

Prozesserfolg
Vor dem Hintergrund der Ausführungen zum Ergebniserfolg ist es sinnvoll, eine flexible Erfolgsbeurteilung in Abhängigkeit vom eigentlichen Prozess des Kooperierens einzusetzen. Besonders wenn davon ausgegangen wird, dass das Kooperationsgeschehen einen maßgeblichen Einfluss auf das Kooperationsergebnis hat.[194] Zu diesem Zweck sind Kriterien und Indikatoren für „gute" Prozessabläufe zu definieren und zur unmittelbaren Erfolgsbeurteilung heranzuziehen.

Bezogen auf das Gesundheitswesen kommt der Prozessqualität eine herausragende Bedeutung zu. Sie beinhaltet alle Interaktionen, die zwischen Arzt, pflegerischem bzw. therapeutischem Personal sowie Patienten ablaufen, und bezieht sie sich auf die Planung, Strukturierung und den Ablauf der Leistungserbringung sowie der Beurteilung der sachgerechten Durchführung.[195] Zentraler Inhalt der Prozessqualität ist auch die institutionenübergreifende Prozessorientierung. Im Rahmen von Akut-Reha-Kooperationen ist dies insbesondere unter dem Aspekt von Bedeutung, dass die Leistungen des Akuthauses die Qualität der nachfolgenden Reha-Leistungen maßgeblich beeinflussen und eine engere Koordination der Leistungen zur Steigerung der Qualität beitragen können. Entsprechend kann in diesem Zusammenhang die Optimierung von sektorübergreifenden Behandlungsprozessen bzw. die Neuorganisation ganzer Prozessketten als Erfolgskriterium angeführt werden, wobei

---
190 Vgl. Dreßler (2000, S. 89).
191 Vgl. Royer (2000, S. 29) sowie Dreßler (2000, S. 90).
192 Vgl. Pankau (2002, S. 188).
193 Vgl. Prange/Probst/Rüling (1996, S. 10).
194 Vgl. Dreßler (2000, S. 90). Der Kooperationsprozess, definiert als eine auf die Entstehung einer Kooperationsstruktur gerichtete Phasenabfolge, ist vom eigentlichen Kooperationsgeschehen, also der Kooperation als Handlungsprozess, zu unterscheiden.
195 Vgl. dazu ausführlich Gorschlüter (1998, S. 31 ff.).

als Kennzahlen bspw. die Übergangszeit zwischen Akut- und Reha-Behandlung oder die Anzahl gemeinsam entwickelter integrierter Behandlungspfade in Frage kommen.

Weiterhin kann sich ein guter Kooperationsprozess bspw. durch Konfliktfreiheit bzw. die schnelle, nachhaltige Bewältigung auftretender Konflikte auszeichnen. Schließlich sind Kooperationen in der Regel erst dann erfolgreich, wenn es gelingt, die vorhandenen heterogenen Vorstellungen der beteiligten Partner gleichermaßen zu berücksichtigen und eine gemeinsame Zielentwicklung zu ermöglichen.[196]

Erfolgspotenzial
Neben der Ausrichtung auf den Ergebniserfolg und den Prozesserfolg kann bei der Erfolgsbeurteilung von Kooperationen auch auf deren Erfolgspotenzial ausgewichen werden.[197] Durch das Eingehen einer Kooperation eröffnen sich den Kooperationspartnern vielfältige Handlungsoptionen und damit entsprechende Potenziale, die sich bspw. im Zugang zu Ressourcen bzw. im Erwerb von Know-how und damit einhergehend in Lernchancen und der Bildung neuer Kompetenzen offenbaren.[198] Ein mögliches Erfolgskriterium ist die Personalentwicklung, die darauf abzielt, das Potenzial der Mitarbeiter auf der Individual-, Team- und organisationsübergreifenden Ebene zu entfalten und sie zu befähigen, Probleme zu erkennen und zu beseitigen.[199] Als mögliche Kennzahlen sind die Anzahl neu eingerichteter sektorübergreifender Qualitätszirkel oder kooperationsinterner Fortbildungsangebote zu nennen.

Das heißt, Erfolgspotenziale entstehen, indem unternehmerische Aktivitäten hinsichtlich Produkten, Märkten und Ressourcen so gestaltet werden, dass das Unternehmen eine vorteilhafte Position im Markt erhält, die es zulässt, langfristig überdurchschnittliche Erfolge zu erwirtschaften.[200] Im Gegensatz zur ergebnisorientierten Sichtweise wird dabei eine eher inputorientierte Sichtweise deutlich, so dass nicht erst die Ergebnisse der Kooperation den Erfolg widerspiegeln.[201] Aufgrund

---

196 Vgl. Pankau (2002, S. 188).
197 Erfolgspotenziale sind als langfristig wirksame Erfolgsdeterminanten zu verstehen, die im Hinblick auf einen zukünftigen Kooperationserfolg zu berücksichtigen sind. Sie tangieren den Erfolg nicht unmittelbar, sondern implizieren die Möglichkeit von Erfolgen und können damit als strukturelle Vorabbedingung beschrieben werden. Erfolgspotenziale sind alle produkt- und marktspezifischen, erfolgsrelevanten Voraussetzungen, die spätestens dann bestehen müssen, wenn es um die Erfolgsrealisierung geht. Somit werden bspw. Fähigkeiten und Ressourcen, mit denen das Unternehmen seinen Erfolg nachhaltig beeinflussen kann, als Erfolgspotenziale bezeichnet. Vgl. Pankau (2002, S. 189) sowie Ringle (2004, S. 60 ff.).
198 Vgl. Tjaden (2003, S. 61).
199 Zum Thema Personalentwicklung im Gesundheitswesen vgl. ausführlich Eiff/Stachel (2006, S. 175 ff.).
200 Vgl. Ringle (2004, S. 62).
201 Vgl. Prange/Probst/Rüling (1996, S. 11) oder die Ausführungen zum ressourcenorientierten Ansatz in Kapitel 2.2.2.2.

3.2 Operationalisierung des Kooperationserfolgs

der Annahme, dass jede Kooperation mit Anreizen bzw. Vorteilen aber auch mit Beiträgen bzw. Nachteilen für die Partner einhergeht, stellt der Erfolg damit den Nutzwert dar, der sich durch den Vergleich von kooperationsbedingten Vor- und Nachteilen ergibt.[202]

Die konkrete Auswahl der Erfolgskriterien und -indikatoren hängt letztlich vom jeweiligen Einzelfall ab. Das heißt, die mit der Kooperation angestrebten Ziele und deren Bedeutung für die beteiligten Unternehmen müssen in Erfahrung gebracht werden. Ob eine kooperative Wettbewerbsbeziehung als erfolgreich angesehen wird, zeigt das Ausmaß der Zielerreichung bzw. inwieweit die Mehrzahl der angestrebten Ziele erreicht wurde.[203]

Grundsätzlich sollte sich die Erfolgbeurteilung von Kooperationen nicht auf das (quantitative) Kooperationsergebnis zu beschränken, sondern insbesondere an den abstrakteren Ebenen des Prozesserfolges und der Erfolgspotenziale ansetzen.[204] Die Operationalisierung der überwiegend qualitativen Kriterien in geeignete messbare Kriterien sowie deren tatsächliche Messung gestaltet sich allerdings schwierig, da die Kriterien nur begrenzt objektiv zu erfassen und damit nur eingeschränkt messbar sind.

Zusammenfassend geben die in Darstellung 3-9 angeführten Erfolgskriterien und -indikatoren eine Vorstellung davon, wie Kooperationen hinsichtlich ihres Erfolges beurteilt werden können.

---

202 Vgl. Tjaden (2003, S. 61).
203 Vgl. Royer (2000, S. 150).
204 Vgl. Pankau (2002, S. 190).

3.2 Operationalisierung des Kooperationserfolgs

Darstellung 3-9: Beispiele möglicher Erfolgskriterien und -indikatoren

	Erfolgskriterien	Erfolgsindikatoren
1. Ergebniserfolg	Wirtschaftlichkeit und Qualität des Leistungsangebots, Kompetenzerweiterung, Know-how-Erwerb, Patientenzufriedenheit, etc.	Gewinn, Rentabilität, Marktanteil, Ausmaß der Qualitätsverbesserung, Grad der Patientenzufriedenheit, Behandlungsquote, Ausmaß der Ressourcen-/Kompetenzerweiterung etc.
2. Prozesserfolg	Kooperationsbeziehung, Prozessqualität, Kommunikation, Konfliktfreiheit, gegenseitiges Lernen, Know-how-Anwendung, etc.	gegenseitige Akzeptanz, Häufigkeit und Umfang der Kontakte und Konflikte, Anzahl gemeinsam entwickelter Behandlungspfade, Zeitvorteile (Übergangszeit), Zuweisungsquote, Lerngeschwindigkeit, etc.
3. Erfolgspotenzial	Entwicklung der Mitarbeiterpotenziale (Lernchancen), gemeinsame Ressourcennutzung, Handlungsoptionen, Synergiepotenziale, etc.	Anzahl gemeinsamer Qualitätszirkel und Fortbildungsangebote, Ausbildung/Erfahrung/Verhalten der einbezogenen Mitarbeiter, Mittelausstattung, Art und Ausmaß der potenziell zu nutzenden/transferierenden Ressourcen/Kompetenzen, etc.

3.3 Erfolgsfaktoren sektorübergreifender Kooperationen

Nach der näheren Bestimmung des Kooperationserfolgs und dessen Messbarkeit stellt sich die Frage, von welchen Einflussfaktoren der Erfolg sektorübergreifender Kooperationen abhängt. Vor allem jene Faktoren sind interessant, die durch das Kooperationsmanagement positiv beeinflusst und gestaltet werden können, um die notwendigen Erfolgsvoraussetzungen zu schaffen und die genannten Erfolgskriterien zu erfüllen.[205] Dahinter steht die Überzeugung, dass Erfolge durch eine begrenzte Zahl von Einflussfaktoren erklärbar sind und die Ausrichtung an erfolgskritischen Faktoren für das Management eine komplexitätsreduzierende Wirkung hat.[206] Bei kooperationsbezogenen Erfolgsfaktoren stehen nicht wie bei den kritischen Erfolgsfaktoren eines Unternehmens bspw. Differenzierungsmerkmale gegenüber der Konkurrenz im Mittelpunkt, sondern vielmehr liegt der Fokus auf dem „Funktionieren" der Zusammenarbeit.[207]

Im Folgenden werden die kooperationsbedingten Faktoren identifiziert und analysiert, die maßgeblich für den Erfolg bzw. Misserfolg von sektorübergreifenden Kooperationen verantwortlich sind. Ein Anspruch auf Vollständigkeit wird dabei nicht erhoben.[208] Mit dem Kooperationsumfeld, dem Kooperationspartner, der Kooperationsbereitschaft und der Kooperationsfähigkeit werden zunächst jene Erfolgsfaktoren diskutiert, die zum einen den Prozesserfolg und zum anderen das Erfolgspotenzial von Kooperationen determinieren.[209] Daraus abgeleitet wird die

---

205 Vgl. Pankau (2002, S. 190).
206 Vgl. Kraege (1997, S. 76 f.). Die Erfolgsfaktorenforschung geht davon aus, dass trotz der Multidimensionalität und -kausalität des Erfolges nur einige wenige Faktoren von wesentlicher Bedeutung und strategischer Relevanz sind. Vgl. Ringle (2004, S. 58). Das bedeutendste Konzept der empirischen Erfolgsfaktorenforschung ist das PIMS-Programm (Profit Impact of Market Strategies). Dabei wurden auf Basis umfassender Geschäftsinformationen von mehr als 450 Unternehmen Zusammenhänge zwischen Rentabilität, Cashflow sowie Wachstum und strategischen Erfolgsfaktoren analysiert. Zum PIMS-Programm und dessen Ergebnisse vgl. Buzzell/Gale (1989). Bislang erfolgte die Erfolgsfaktorenforschung zumeist auf Unternehmensebene bzw. auf der Ebene einzelner Geschäftsbereiche, so dass eine Übertragung auf unternehmenspolitische Strategien nur selten stattfand. Dementsprechend ist die Erfolgsfaktorenforschung im Bereich der Kooperationen, auch aufgrund der dargestellten Komplexität von Kooperationen, noch wenig fortgeschritten. Erste Ansatzpunkte finden sich bspw. bei Eisele (1995), der die Erfolgsfaktoren von Joint Ventures untersuchte.
207 Vgl. Herbst (2002, S. 77). Abgrenzungsvorschläge zur Begrifflichkeit und verschiedene Strukturierungsvorschläge zur Kategorisierung von Erfolgsfaktoren finden sich bei Tjaden (2003, S. 62 ff.) sowie bei Daschmann (1994, S. 3 f.). Die bekannteste Strukturierung stellt das von Peters/Waterman (1984, S. 32) beschriebene 7S-Modell (von McKinsey) dar, das die Erfolgsfaktoren in sieben Kategorien untergliedert: Strategie (Strategy), Struktur (Structure), Systeme (System), Stil (Style), Stammpersonal (Stuff), Spezialkenntnisse (Skills) und Selbstverständnis (Shared Values). Zur Kritik am 7S-Modell vgl. Lankers (1997, S. 53 f.).
208 Das liegt unter anderem daran, dass bisher kein klarer und konsistenter Katalog kooperationsbezogener Erfolgsfaktoren im Allgemeinen und insbesondere auch nicht mit Bezug zu Kooperationen im Gesundheitswesen existiert. Vgl. Mellewigt (2003, S. 140).
209 Vgl. zum gewählten Vorgehen Pankau (2002, S. 191 ff.) oder Herbst (2002, S. 77 ff.).

Notwendigkeit eines an den Erfolgsfaktoren orientierten Managements, dessen Aufgabe es ist, Erfolgspotenziale aufzubauen und zu entwickeln, um sicherzustellen, dass die jeweiligen Unternehmensstärken mit den sich bietenden Chancen übereinstimmen (siehe Darstellung 3-10).[210]

Darstellung 3-10: Determinanten des Kooperationserfolgs

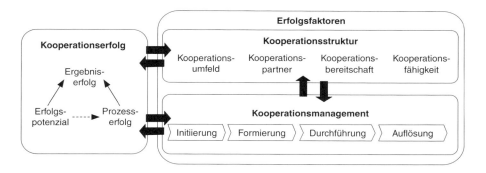

Im Rahmen der Analysen findet die Ermittlung der Erfolgsfaktoren unter Berücksichtigung der Besonderheiten des Gesundheitswesens auf den Ebenen der Leistungserbringer und der sektorübergreifenden Kooperationsaktivitäten statt. Eine Begründung der Erfolgsfaktoren mithilfe von Ergebnissen vorliegender theoretischer und empirischer Untersuchungen bei Industrie- und Handelsunternehmen erfolgt nur dann, wenn eine Übertragbarkeit der Ergebnisse auf sektorübergreifende Kooperationen im Gesundheitswesen zu rechtfertigen ist, wie bspw. bei psycho-sozialen Fragestellungen im Bereich des Personal- oder des Informations- und Kommunikationsmanagements.

3.3.1 Einflüsse aus dem Kooperationsumfeld

Anforderungen durch politische und rechtliche Rahmenbedingungen sowie der Einfluss politischer Instanzen können für geplante Kooperationsvorhaben wie auch für bestehende Partnerschaften von entscheidender Bedeutung sein.[211] Das ökonomische Umfeld, das technologische Niveau sowie soziokulturelle Einflüsse bilden in diesem Zusammenhang weitere Erfolgskriterien ab.[212] Eine Einflussnahme auf

---

210 Vgl. dazu Ringle (2004, S. 63 f.) und die Ausführungen in Kapitel 3.1.2.
211 Vgl. Herbst (2002, S. 78).
212 Vgl. Schäper (1997, S. 109 f.).

3.3 Erfolgsfaktoren sektorübergreifender Kooperationen

das Kooperationsumfeld ist nur begrenzt möglich und wirkt im positiven sowie im negativen Sinn als externe Einflussgröße.

Das politisch-rechtliche Kooperationsumfeld ist bei Kooperationen im Gesundheitswesen von besonderer Bedeutung. Auf der einen Seite ist die sektorale Trennung im deutschen Gesundheitswesen grundlegend,[213] die auf der anderen Seite durch Bemühungen der Politik überwunden werden soll. Dementsprechend werden durch derartige Bemühungen die Handlungsspielräume der Kooperationspartner erweitert, indem neue Organisationsformen mit neuen Vergütungssystemen zur Überwindung der sektoralen Differenzen gefördert werden.[214] Diese Tendenzen in Richtung sektorübergreifender Kooperationen werden zudem durch die Entwicklungen in den jeweiligen Sektoren, bspw. im soziodemografischen Bereich oder dem Gebiet der Medizintechnologie, unterstützt, da die Leistungsanbieter ihre Wettbewerbsposition nur durch Anpassungen ihres Leistungsportfolios halten und eventuell ausbauen können.[215] Von der Kundenseite forcieren nicht nur die Kostenträger sektorübergreifende Vernetzungstendenzen, sondern ebenso die Patienten, die durch sektorübergreifende Behandlungsprozesse an einer besseren Versorgungsqualität partizipieren möchten.

Insgesamt wird deutlich, dass im Rahmen einer sektorübergreifenden Zusammenarbeit den Leistungsanbietern Einflussmöglichkeiten auf das Kooperationsumfeld eröffnet werden, da sie den Kostenträgern geeignete Modelle bspw. im Rahmen der Integrierten Versorgung oder durch Komplexpauschalen vorschlagen können.

3.3.2 Leistungsfähigkeit der Kooperationspartner

Im Gegensatz zu den umfeldbezogenen Variablen lassen sich die partnerbezogenen Variablen teilweise von einer Organisation selbst beeinflussen. Dazu zählen die Quantität und die Qualität der bestehenden Kontakte zu potenziellen Partnern sowie die wahrgenommene Attraktivität einer Organisation für andere Organisationen.[216] Vorzugsweise greifen Unternehmen bei neuen Kooperationsvorhaben auf Kandidaten zurück, mit denen bereits Verbindungen bestanden bzw. die aus einer aktuellen Zusammenarbeit bekannt sind. Kenntnisse bezüglich der individuellen Fähigkeiten eines potenziellen Partners, dessen spezifischen Kompetenzen und Qualitätsniveaus sowie eine bessere Berechenbarkeit lassen einen reibungsloseren Kooperationsauf-

---

213 Vgl. dazu Kapitel 2.1.1.1.
214 Vgl. Kapitel 2.3.1.
215 Zu den Entwicklungen in der stationären Gesundheitsversorgung vgl. Kapitel 2.1.4.
216 Vgl. Pankau (2002, S. 196).

takt vermuten, als die Zusammenarbeit mit völlig unbekannten Partnern. Dementsprechend sind langjährige Beziehungen und fundamentale Kenntnisse über einen potenziellen Kooperationspartner als wichtige Voraussetzung für eine erfolgreiche Kooperation anzusehen.[217]

Im Bereich der sektorübergreifenden Kooperationen ist eine bereits vor Kooperation bestehende Zusammenarbeit, in Form der Zuweisung von Krankenhauspatienten in die Anschlussrehabilitation wahrscheinlich. Aufgrund der dabei notwendigen Kommunikation, bspw. zwischen den zuständigen Medizinern oder dem Sozialdienst, bestehen in der Regel Kenntnisse über die Arbeitsweisen und Fähigkeiten des jeweiligen Partners. Die Rehabilitationseinrichtungen können als nachgelagerte Behandlungsinstanz anhand des Rehabilitationsstatus bei Aufnahme bereits erste Rückschlüsse auf die Behandlungsqualität im Akuthaus ziehen.

Unabhängig von den Kenntnissen über den Partner wird für das Gelingen einer Kooperation ein weit gehender Strategie-, Struktur- und Kulturfit als weitere Voraussetzung interpretiert.[218] Das bedeutet, dass die Managementsysteme der beteiligten Organisationen hinsichtlich des unternehmenspolitischen Konzeptes, also der Ziele und Strategien sowie der Leistungsfähigkeiten und Verhandlungspositionen der Partner, zueinander passen müssen und auch deren Organisations- und Personalstrukturen stimmig sind und ungehinderte Informations- und Kommunikationswege ermöglichen.[219]

Darüber hinaus wird eine geringe kulturelle Distanz zwischen den Partnern bzw. das Vorhandensein von Sensibilität gegenüber der Kultur des anderen als zentraler Erfolgsfaktor gewertet. Inkompatibilitäten von Strategie, Struktur oder Kultur innerhalb einer Kooperation werden als Ausgangspunkte für Konfliktfelder gesehen und haben einen negativen Einfluss auf die Vertrauensbildung und auf die Erfolgswahrscheinlichkeit bzw. den Zusammenhalt der Kooperation.[220]

Bezüglich der Forderung nach einem Strategie-, Struktur- und Kulturfit der beteiligten Kooperationspartner ist von einer hochgradigen Kongruenz der jeweiligen Ziel-Mittel-Systeme auszugehen. Allerdings kann dies bei sektorübergreifenden Kooperationen nicht unterstellt werden, da nicht die Additivität der Ressourcen und

---

217 Vgl. Herbst (2002, S. 78 f.).
218 Vgl. Herbst (2002, S. 80) sowie Pankau (2002, S. 197).
219 Vgl. Pankau (2002, S. 197).
220 Vgl. Herbst (2002, S. 80 f.).

Kompetenzen, sondern deren Komplementarität im Vordergrund steht. Die zwischen Akuteinrichtungen und Rehabilitationsanbietern bestehenden Unterschiede hinsichtlich Aufgabenstellung und Zielsetzung im Rahmen der Patientenbehandlung[221] sind grundlegend und verursachen Unstimmigkeiten im Struktur- und im Strategiebereich. Die darin liegenden immanenten Spannungen gilt es, produktiv umzusetzen. Das heißt, strategie- und strukturbedingte Differenzen zwischen den Kooperationspartnern sind so zu überbrücken bzw. zu koordinieren, dass eine Kooperation möglich wird.

Im Hinblick auf kulturelle Differenzen, die bspw. aufgrund unterschiedlicher Trägerstrukturen der Kooperationspartner entstehen können, ist ein kulturbewusstes Kooperationsmanagement zu etablieren, das nicht auf einer Kulturadaption, sondern vielmehr auf einem Kulturpluralismus basiert. Dadurch sollen die Partner in die Lage versetzt werden, die eigenen Wert- und Verhaltensmuster proaktiv zu analysieren, die jeweils anderen Handlungslogiken zu erkennen und diese gegebenenfalls durch entsprechende Lernprozesse zu übernehmen.[222] Das heißt, passende Unternehmenskulturen sind keine zwingende Voraussetzung für den Kooperationserfolg.[223] Denn ist es mehr als schwierig ein Kooperationsleitbild zu entwickeln, indem versucht wird, aus den individuellen Leitbildern der Partner ein gemeinsames Leitbild zu erstellen. Vielmehr ist die Erarbeitung eines Leitbildes entlang einer Kooperationsleitlinie zweckmäßiger, die durch die Zielperspektiven der Kooperation selbst beschrieben wird.[224] Eine grundsätzliche Verträglichkeit der vorhandenen Unternehmenskulturen bei der Bewertung von potenziellen Kooperationspartnern ist allerdings zu berücksichtigen.

Es wird offenkundig, dass der Notwendigkeit eines Strategie-, Struktur- und Kulturfits zwischen den Partnern keine Allgemeingültigkeit zukommt. Nicht die Kompatibilität als solches stellt den Erfolgsfaktor dar, sondern der offene Umgang mit bestehenden Divergenzen. Entscheidend ist daher auch das Ausmaß an Transparenz, mit dem sich die Partner einander offenbaren (Transparenzgrad).[225]

---

221 Vgl. dazu Kapitel 2.1.2.1 bzw. Kapitel 2.1.3.1.
222 Vgl. Pankau (2002, S. 198).
223 Vgl. Kraege (1997, S. 94).
224 Vgl. Dammer (2005, S. 44).
225 Die Transparenz bezieht sich auf die externe Zugänglichkeit der jeweiligen Kompetenzen der Kooperationspartner. Bei der Suche nach dem optimalen Transparenzgrad befindet man sich auf einer ständigen Gratwanderung zwischen Offenheit und Geschlossenheit. Vgl. dazu Rasche (1994, S. 268 ff.).

3.3.3 Bestehende Kooperationsbereitschaft

Jede Kooperation bedarf einer grundsätzlichen Bereitschaft der beteiligten Unternehmen zur Zusammenarbeit. Darunter ist die unabhängig von einem konkreten Kooperationsprojekt gegebene Motivation der Partner zu verstehen, eine Zusammenarbeit als Handlungsalternative zu erwägen und gegebenenfalls auch zu realisieren.[226] Die Kooperationsbereitschaft macht sich an der Anzahl der Entscheidungsträger mit hoher Kooperationsmotivation (Quantitativer Aspekt) sowie der Höhe der Motivation der Entscheidungsträger (Qualitativer Aspekt) fest.[227] Sie setzt eine langfristige strategische Denkweise sowie eine grundsätzliche Veränderungs- und Innovationsbereitschaft bei den beteiligten Akteuren voraus.[228]

Bezogen auf die wechselseitig zwischen den Partnern stattfindenden Lernprozesse ist die so genannte Lernentschlossenheit beispielhaft hervorzuheben. Darunter ist der Antrieb zur ständigen Lernbereitschaft und Internalisierung komplementärer Fähigkeiten und Kompetenzen zu verstehen.[229] Somit gehören zu den Determinanten der Lernentschlossenheit das Wettbewerbsverhalten der Kooperationspartner, die Beschaffenheit des jeweiligen Ressourcenpools, die Erschließung von Synergiepotenzialen, die Erfolgspotenziale und Ziele der Partner sowie die Beurteilung der Abhängigkeitsverhältnisse. Dementsprechend wird die Lernmotivation umso höher sein, je größer die strategischen Lücken in der eigenen Kompetenzausstattung sind und je besser sich Synergiepotenziale erschließen lassen.[230]

Aufgrund der in der Regel unterschiedlichen und oft komplementären Ressourcenausstattung sollte bei sektorübergreifenden Kooperationen die Lernbereitschaft besonders hoch sein. Zur längerfristigen Aufrechterhaltung eines „inter-partner-learnings" ist es unerlässlich, dass zwischen den Partnern als gleichwertig empfundene Austauschprozesse stattfinden bzw. bei ungleicher Verteilung zumindest Ausgleichsregelungen gefunden werden, damit kein Partner den subjektiven Eindruck der eigenen Benachteiligung gewinnt.[231] Ein Mindestmaß an gegenseitigem Vertrauen ist dabei stets die Grundvoraussetzung.[232]

---

226 Vgl. Schäper (1997, S. 141) sowie Ringle (2004, S. 155).
227 Vgl. Herbst (2002, S. 83).
228 Vgl. Pankau (2002, S. 191).
229 Vgl. Rasche (1994, S. 262).
230 Zur Lernentschlossenheit vgl. ausführlich Rasche (1994, S. 262 ff.).
231 Vgl. Rasche (1994, S. 259). Inwieweit eine Ausgewogenheit der durch die Kooperation erzielbaren Vorteile oder das subjektive Empfinden einer solchen Ausgewogenheit eine notwendige Bedingung für den Bestand einer Kooperation ist, wird in der Literatur kontrovers diskutiert. Vgl. dazu Kraege (1997, S. 76).
232 Vgl. Pankau (2002, S. 191).

Die Bedeutung des Vertrauens rückt damit bei der Frage nach der Kooperationsbereitschaft in den Mittelpunkt.[233] Vertrauen ist aber nicht nur Ausgangspunkt, sondern auch Resultat erfolgreicher Kooperationen und vor allem in den Kooperationen von großer Bedeutung, bei denen der Output nicht exakt gemessen und der Transformationsprozess in der Zusammenarbeit nicht genau bestimmt werden kann. Es dient der Komplexitätsreduktion.[234]

Darüber hinaus kann Vertrauen an die Stelle von detaillierten Verträgen treten und auf diese Weise die Transaktionskosten reduzieren. So können Kontrollkosten zur Sicherstellung der Einhaltung von Qualitätsvereinbarungen durch stabiles Vertrauen, eventuell aufbauend auf persönlichen Beziehungen, zurückgefahren werden. Allerdings werden sich rational handelnde Akteure aufgrund des möglichen Risikos betrogenen Vertrauens nur dann gegenseitiges Vertrauen schenken, wenn es ihnen zweckmäßig bzw. lohnenswert erscheint und das gegenseitige Misstrauen gering ist.[235]

Bei Kooperationen zwischen Krankenhäusern und Rehabilitationseinrichtungen sollte es im Vergleich zu horizontalen Kooperationen leichter sein, Vertrauen zu etablieren, da die Beteiligten nicht in unmittelbarer Konkurrenz zueinander stehen. Die Möglichkeit für Krankenhäuser, ein eigenes Reha-Angebot aufzubauen und dabei auf einen kooperationsinduzierten Know-how-Zuwachs zurückzugreifen, kann allerdings der Anlass für Misstrauen auf Seiten des Rehabilitationsanbieters sein. Ebenso können frühzeitige Verlegungen der Patienten seitens der Krankenhäuser in einem nicht abgesprochenen Maße bzw. in einem eventuell noch nicht ausreichend rehabilitationsfähigem Zustand den Vertrauensaufbau stören. In diesem Zusammenhang sollten die in der Regel komplementären Individualziele der Partner und eine unternehmensübergreifende gemeinsame Zieldefinition für die Kooperation vertrauensfördernd wirken. Das Ausmaß des gegenseitigen Vertrauens dürfte somit grundsätzlich hoch sein, auch wenn keine institutionellen Organisationsstrukturen im Sinne rechtlich regulierter Normen bestehen.[236]

Vertrauen betrifft nicht nur die Erwartungen hinsichtlich einer zu erfüllenden Gegenleistung, die auf der Vorhersehbarkeit und Überprüfbarkeit von Ergebnissen der Austauschbeziehungen basiert. Es bezieht sich auch auf die Erwartungen an den

---

233 Vgl. ausführlich zum Vertrauen Kapitel 3.1.1.
234 Vgl. Pankau (2002, S. 192) sowie Herbst (2002, S. 79).
235 Vgl. Pankau (2002, S. 193).
236 Vgl. Tjaden (2003, S. 89).

persönlichen „Good Will" des Kooperationspartners, der auch als Commitment verstanden wird. Commitment bezeichnet die subjektiv empfundene Bindung an einen bestimmten Kooperationspartner, die sich in entsprechenden Handlungen äußert und letztlich dazu führt, dass die Partner bereit sind, kurzfristige Opfer zugunsten einer langfristigen Zusammenarbeit zu erbringen.[237] Entsprechend spiegelt sich dies in Werten und Handlungen wider, die auf die Verlängerung der Beziehung, die Akzeptanz der komplementären bzw. gemeinsam vereinbarten Ziele und auf die Bereitschaft, Ressourcen und Fähigkeiten in die Beziehung einzubringen, ausgerichtet sind.

Es ist festzuhalten, dass je größer die Motivation und damit die Kooperationsbereitschaft der beteiligten Akteure ist, desto eher können kritische Kooperationssituationen überbrückt sowie angestrebte gemeinsame Ziele erreicht werden und desto stabiler ist die Kooperation.[238]

3.3.4 Wachsende Kooperationsfähigkeit

Die Kooperationsfähigkeit, auch Kooperationskompetenz genannt, findet bei der Betrachtung kooperativer Austauschbeziehungen zunehmend Berücksichtigung.[239] Grundsätzlich wird darunter ein Bündel von organisationalen Fähigkeiten verstanden, die eine enge Interaktion mit dem Partner erleichtern sowie die Gefahr opportunistischen Verhaltens bzw. unerwünschten Know-how-Abflusses reduzieren.[240] Dementsprechend können die Fähigkeiten, eine Kooperation zu initiieren, sie erfolgreich zu führen oder auch nur als Partner darin zu partizipieren ebenso wie ein vertrauensförderndes Verhalten als nachhaltige Wettbewerbsvorteile interpretiert werden. Die hierfür notwendigen Kompetenzen kann sich ein Unternehmen durch mehrere Austauschbeziehungen über einen längeren Zeitraum aneignen.[241] Die Kooperationserfahrung aus anderen Kooperationsprojekten ist daher als wichtiger Indikator für die Kooperationsfähigkeit zu werten.

Grundsätzlich wird die Generierung der Kooperationsfähigkeit durch die fachlichen und sozialen Kompetenzen der beteiligten Partner unterstützt, die für den Erfolg von Kooperationen maßgeblich sind. Die fachlichen Fähigkeiten sind Qualifikationen im Kooperationsmanagement und beziehen sich unter anderem auf die Vertragsgestaltung, Planung und Organisation, Führung oder das Controlling der unter-

---

237 Vgl. Pankau (2002, S. 194).
238 Vgl. Herbst (2002, S. 83).
239 Vgl. Ringle (2004, S. 153 ff.), Pankau (2002, S. 194 ff.) oder Herbst (2002, S. 81 f.).
240 Vgl. Pankau (2002, S. 194).
241 Vgl. Herbst (2002, S. 81 f.).

nehmensübergreifenden Aktivitäten. Allerdings dominiert die soziale Kompetenz in Form von Problemlösungsfähigkeiten und -kapazitäten, welche die Fähigkeiten und Sensibilität zur Wahrnehmung und zweckentsprechenden Auseinandersetzung mit kooperationsbedingten Problemen sowie die schnelle Überwindung von Kooperationshemmnissen einschließt.[242] Dabei sollte sich die Sensibilität nicht ausschließlich auf die Interessen und Intentionen des Partners richten, sondern auch die Entwicklungen und Rahmenbedingungen des Kooperationsumfeldes berücksichtigen.

Bei der sektorübergreifenden Zusammenarbeit zwischen Gesundheitsversorgern ist es von Bedeutung, dass die direkt Beteiligten, also insbesondere die Ärzte und Pflegekräfte, die Arbeitsprozesse des jeweiligen Kooperationspartners nachvollziehen können. Es ist notwendig, dass eine gegenseitige Aufklärung bspw. über neue Operationsmethoden von der Akutseite bzw. über neue Therapiemethoden von der Reha-Seite erfolgt. Dementsprechend ist das Vorhandensein einer internen Wissensbasis die Voraussetzung für die Beurteilung und Integration von externem Wissen.[243] Diese Fähigkeit korrespondiert auf der Ebene der Kooperationsbereitschaft mit der erwähnten Lernentschlossenheit. Sobald Routinen zur Integration des in einer Zusammenarbeit vorliegenden geteilten Wissens etabliert sind, ist es möglich, individuelles in der Kooperation angereichertes Wissen in organisationalen Routinen zu verankern und dieses mit dem Partner zu teilen. Somit wird ein effizienter Wissenstransfer gewährleistet.[244]

Untersuchungen zeigen, dass Kooperationen, die mit bestehenden Gegensätzlichkeiten arbeiten, eine höhere Erfolgswahrscheinlichkeit besitzen als jene, die versuchen, die Gegensätzlichkeiten durch Kompromisse zwanghaft zu beseitigen.[245] Eine Verständigung über den Dissens ist in der Regel zweckmäßiger als eine vorab erzielte Einigkeit. So müssen Konflikte mit dem Ziel der Vertrauenserhaltung bzw. der Unterbindung von Misstrauen offensiv angegangen werden, indem sie frühzeitig anhand eines leistungsfähigen Konfliktmanagements identifiziert und kanalisiert werden.[246] Daher zählen Kommunikationsfähigkeit und Konfliktfähigkeit zur Kooperationskompetenz. Durch sie können Spannungsfelder wie bspw. Vertrauen und Kontrolle oder Autonomie und Abhängigkeit besser gehandhabt und mit konstruktiven Lösungen versehen werden.[247] Darüber hinaus können durch offene Kommu-

---
242 Vgl. Schäper (1997, S. 139).
243 Vgl. Herbst (2002, S. 30 f.).
244 Vgl. Herbst (2002, S. 82) sowie Rasche (1994, S. 277).
245 Vgl. Pankau (2002, S. 195).
246 Vgl. Herbst (2002, S. 80).
247 Eine Auflistung möglicher Spannungsverhältnisse in einer Kooperation findet sich bei Coldewey (2002, S. 53).

nikation die Anpassungskosten innerhalb einer Kooperation gesenkt werden.[248]

Die angeführten Fähigkeiten machen in ihrer Summe und Vernetzung die Kooperationsfähigkeit bzw. -kompetenz aus und sind erforderlich, um eine Kooperation erfolgreich führen zu können. Sie sind nicht nur Voraussetzung, sondern gleichermaßen Ergebnis der Kooperation und der damit einhergehenden Lernprozesse. Aus diesem Grund sollten Kooperationen auch stets darauf ausgerichtet sein, die eigene Kooperationskompetenz weiterzuentwickeln, um auch erfolgreich in und aus Kooperationen lernen zu können.[249] Dies ist besonders in jenen sektorübergreifenden Kooperationen von Bedeutung, in denen die Partner mehrere Kooperationsprojekte unabhängig voneinander durchführen.

3.3.5 Erfolgsorientiertes Kooperationsmanagement

Im Rahmen der bisherigen erfolgsfaktororientierten Untersuchungen wurde deutlich, dass die Analyse der Wechselbeziehungen innerhalb der Kooperation sowie das Verhalten der Partner an den Schnittstellen von zentraler Bedeutung ist. Das heißt, zur Realisierung von Erfolgen ist eine aktive Einflussnahme aller Beteiligten in Form eines Kooperationsmanagements unbedingt notwendig, das den grundlegenden Rahmen des Kooperationsgeschehens festlegt.[250] Wesentliche Anknüpfungspunkte für ein erfolgsorientiertes Management sektorübergreifender Kooperationen stellen die bisher erläuterten Erfolgsfaktoren dar (siehe Darstellung 3-11).

---

248 Vgl. Tjaden (2003, S. 89).
249 Vgl. Ringle (2004, S. 154), Pankau (2002, S. 196).
250 Vgl. Deike (2006, S. 32).

3.3 Erfolgsfaktoren sektorübergreifender Kooperationen

Darstellung 3-11: Anknüpfungspunkte des Kooperationsmanagements

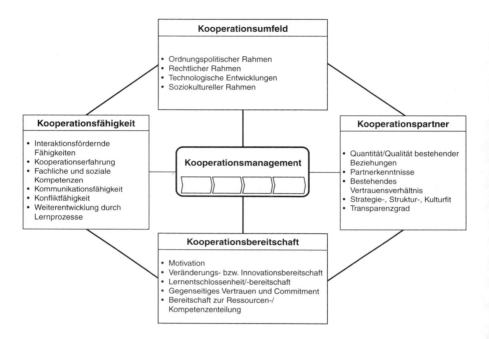

Während in den meisten Studien zur Erfolgsfaktorenforschung lediglich die Eigenschaften der agierenden Einheiten sowie die Merkmale der Situation berücksichtigt werden,[251] ist bei der Analyse des Kooperationsmanagementprozesses auch auf Probleme einzugehen, die sich speziell aus der Wechselwirkung unterschiedlicher betrieblicher, organisationaler, kultureller und marktbezogener Interaktionsmuster ergeben. So können durch ein geeignetes Kooperationsmanagement viele der in der Kooperation liegenden Hemmnisse beseitigt oder zumindest neutralisiert werden, indem bspw. Vertrauensdefizite durch die behutsame Gestaltung der Annäherung zwischen potenziellen Partnern ausgeglichen werden. Entsprechend ist das Wissen um strukturelle Determinanten der Entstehung und des Erfolgs von Kooperationen nutzlos, solange ein Kooperationsmanagement nicht davon Gebrauch macht.[252]

---

251 Vgl. Trommsdorff/Wilpert (1991, S. 52).
252 Vgl. Schäper (1997, S. 104 ff.)

3.4 Phasenorientiertes Management sektorübergreifender Kooperationen

Im Folgenden werden aufbauend auf den bisherigen Ergebnissen die Gestaltungsmöglichkeiten des Kooperationsmanagements aufgezeigt. Vor dem Hintergrund der in Kapitel 2.3.4 vorgestellten Systematik zum Management von Kooperationen werden die vier Entwicklungsphasen der Kooperation (Initiierung, Formierung, Durchführung und Auflösung) mit ihren typischen Managementfunktionen – also hinsichtlich ihrer Aufgaben und Ziele aber auch bezüglich möglicher Problembereiche – aus der Perspektive der Leistungserbringer analysiert (siehe Darstellung 3-12). Hinsichtlich der dabei für die verschiedenen Phasen erarbeiteten Gestaltungsempfehlungen ist zu berücksichtigen, dass der Idealtypus einer zwischenbetrieblichen Kooperation dargestellt wird.[253] Das heißt, in der Praxis werden die Phasen in der Regel nicht vollständig durchlaufen, so dass nicht alle angeführten Aspekte für jede Kooperation relevant sind.[254]

Darstellung 3-12: Phasenorientiertes Kooperationsmanagement

Initiierung	Formierung	Durchführung	Auflösung

• Identifikation Kooperationsbedarf
• Definition der Kooperationsziele
• Festlegung des Partneranforderungsprofil
	• Partnerermittlung
	  - Partnersuche
	  - Partnervorauswahl
	• Kontaktaufnahme
	• Kooperationsverhandlungen
	  - Zielharmonisierung
	  - Festlegung der Kooperationsarchitektur
	  - Klärung der Finanzierungsfragen
	  - Regelung von Konfliktsituationen
	• Gestaltung der Kooperationsverträge
		• Gestaltung Aufbauorganisation
		• Abstimmung Ablauforganisation
		• Implementierung von Steuerungsinstrumenten
		  - Kooperationscontrolling
		  - Qualitätsmanagement
		  - Aufbau Informations- und Kommunikationssystem
		  - Risikomanagement
		• Umsetzung der Kooperation
		  - Evaluation
		  - Kontinuierlicher Verbesserungsprozess
		  - Marketing
			• Modifikation der Kooperation
			• Identifikation der Gründe für die Beendigung
			• Reflektion der Erfahrungen
			• Durchführung von Beendigungsmaßnahmen

---

[253] Idealtypen sind Konstrukte, die wesentliche Aspekte der Realität absichtlich und zielgerichtet überzeichnen, um auf diese Weise neue Erkenntnisse zu gewinnen (Heuristik). Vgl. Bortz/Döring (2003, S. 356 ff.).

[254] So kann es bspw. im Rahmen der Partnersuche sein, dass aus unternehmensspezifischen Gründen ausschließlich regionale Partner in die Auswahl kommen. Dieser Fall ist bei einer Akut-Reha-Kooperation wahrscheinlich, die darauf abzielt, die Versorgungssituation einer Region durch eine enge Zusammenarbeit etablierter Gesundheitsversorger zu verbessern. Entsprechend liegen aufgrund der regionalen Nähe und vorhandener Verflechtungen im Rahmen der Patientenzuweisung in der Regel umfassende Informationen über die potenziellen Partner vor, so dass eine explizite Informationsbeschaffung im Rahmen der Kooperationsanbahnung nicht notwendig ist.

Weiterhin sind die einzelnen Phasen durch Bewertungs-, Lern- und Erneuerungsprozesse auf der Ebene der Leistungsanbieter gekennzeichnet.[255] Somit handelt es sich um einen dynamischen Prozess, in dem kontinuierliche und situative Veränderungen akzeptiert werden müssen, die laufende Anpassungen erforderlich machen. Demzufolge hat die Standardisierung von Kooperationen durch die Definition von Phasen dort ihre Grenzen, wo die Kommunikation und Interaktion mit dem potenziellen Partner beginnt, da es dadurch zu unerwarteten Änderungen im Kooperationsablauf kommen kann. Es geht darum, zu standardisieren, was sich standardisieren lässt, sich gleichzeitig aber ein ausreichendes Maß an Offenheit für neu eintretende Situationen zu erhalten.[256] Jede Kooperation muss daher speziell auf die situativen und individuellen Bedürfnisse der Beteiligten zugeschnitten und im Verlauf der Kooperation fortgeschrieben werden, was ein Patentrezept für die Gestaltung einer erfolgreichen Kooperation ausschließt.[257] Dementsprechend haben die im Rahmen der theoretisch-konzeptionellen Analyse erarbeiteten Empfehlungen einen idealtypischen Charakter.

Die Adressaten der Empfehlungen sind nicht ausschließlich Leistungserbringer ohne Kooperationserfahrung, die die Kooperationsstrategie als zukunftsweisende Handlungsoption erkannt haben und nach Gestaltungshinweisen für die zwischenbetriebliche Zusammenarbeit suchen. Vielmehr sollen auch kooperationserfahrenen Akteuren durch eine Systematisierung des Kooperationsprozesses neue Erkenntnisse hinsichtlich einer Optimierung der Kooperationsgestaltung vermittelt werden.

Ferner ist zu beachten, dass sich die folgenden Ausführungen primär auf das Management einer sektorübergreifenden Kooperation konzentrieren. Das heißt, es geht nicht darum, die Gesamtheit der Kooperationsaktivitäten eines Leistungserbringers mit verschiedenen Partnern zu koordinieren und zu beurteilen.[258]

3.4.1 Initiierung

Im Mittelpunkt der Initiierungsphase steht die Entscheidung zur Kooperation. Diese kann sowohl von der eigenen Unternehmung ausgehen als auch passiv auf Kooperationsüberlegungen anderer Leistungserbringer zurückzuführen sein. Im Folgenden

---

[255] Vgl. Friese (1998, S. 85) sowie Mühlbacher (2004, S. 100).
[256] Vgl. Schuh/Friedli/Kurr (2005, S. 149 f.).
[257] Vgl. Rautenstrauch/Generotzky/Bigalke (2003, S. 100 f.).
[258] Vgl. Schlosser (2001, S. 69).

wird aufgrund der komplexeren Initiierungsphase die aktive Variante betrachtet.[259]

3.4.1.1 Identifikation des Kooperationsbedarfs

Der Ausgangspunkt der Initiierung von zwischenbetrieblichen Kooperationen ist die strategische Ausrichtung des eigenen Unternehmens.[260] Gerade die Veränderungen im Wettbewerbsumfeld der Leistungserbringer im Gesundheitswesen führen dazu, dass diese ihre Ist-Situation analysieren und zukünftige Strategien und Ziele neu ausrichten bzw. entsprechend anpassen.[261] Die Strategieentwicklung schließt aufwendige unternehmensexterne und -interne Analysen von Prozessen und Strukturen ein, wobei die Identifikation von Kooperationsfeldern nur eine Möglichkeit darstellt, diesen Aufwand zu rechtfertigen.[262] So können Änderungen der Rahmenbedingungen, welche die Kosten- oder Ertragssituation verschlechtern, oder der Wille die Qualität der Versorgungsprozesse zu verbessern, Ausgangspunkte einer Kooperation sein.[263]

Unternehmenspotenziale analysieren

Ausgehend von der eigenen Unternehmensstrategie wird in der Initiierungsphase zunächst intern entschieden, in welchen Bereichen eine Kooperation sinnvoll ist und welche Zielsetzungen sich daraus konkret für eine zwischenbetriebliche Zusammenarbeit für den jeweiligen Leistungserbringer ergeben.[264] Die zentrale Fragestellung lautet, ob und in welcher Höhe ein Mehrwert im Rahmen einer Kooperation im Vergleich zu alternativen Vorgehensweisen, wie bspw. einem Alleingang oder einer Akquisition, generiert werden kann.[265]

Es sind Entscheidungskriterien zu finden, anhand derer die zu erwartenden Synergieeffekte formuliert werden können. Das heißt, die identifizierten Kooperationsbereiche sind zu analysieren und anhand ihrer Kosten-Nutzen-Relation, ihrer zeitgerechten Umsetzbarkeit sowie anderer umwelt- und unternehmensspezifischer

---

259 Vgl. Rautenstrauch/Generotzky/Bigalke (2003, S. 103). Eine aktive Kooperationsinitiative hat grundsätzlich den Charakter einer Investition mit schwer kalkulierbaren Rückflüssen. Der Initiator schafft dabei positive externe Effekte für alle, die sich später der Kooperation anschließen. In der Regel muss er die entstehenden Kosten alleine tragen. Daher werden Kooperationsinitiativen im Allgemeinen seltener ergriffen, als es volkswirtschaftlich effizient wäre.
Vgl. Schäper (1997, S. 105).
260 Vgl. Killich/Luczak (2003, S. 15).
261 Vgl. Mühlbacher (2004, S. 100).
262 Vgl. Killich/Luczak (2003, S. 15).
263 Vgl. Mühlbacher (2002, S. 166).
264 Vgl. Friese (1998, S. 87).
265 Vgl. dazu Killich (2004, S. 16) sowie die Ausführungen in Kapitel 3.1.4. Anhand der in Kapitel 2.2.2. dargestellten theoretischen Ansätze können konkrete Anwendungsfälle hinsichtlich der möglichen Koordinationsformen gegeneinander abgegrenzt werden. So kann bspw. mit Hilfe einer Transaktionskostenanalyse eine Abwägung der Vor- und Nachteile der jeweiligen Alternative vorgenommen werden.

Kriterien zu bewerten.[266] Bei der Zusammenarbeit von Akut- und Reha-Einrichtungen lässt sich als Entscheidungskriterien bspw. die Vermeidung von Doppeluntersuchungen, die gezielte Patientensteuerung, die gemeinsame Ressourcennutzung oder die Verbesserung der Behandlungsqualität ableiten. Dabei ist zu beachten, dass die Entscheidung auf mehreren Kriterien beruht und nicht ausschließlich die damit verbundenen Kosten berücksichtigt.[267] Die einzelnen Kriterien sind nicht isoliert zu betrachten, sondern in der Gesamtheit auf positive wie negative Synergien für das eigene Unternehmen zu prüfen.[268]

Die strategische Entscheidung zu einer Kooperation bzw. die Einbettung des Kooperationsprojektes in die strategische Zielplanung des eigenen Unternehmens steht im Mittelpunkt der Initiierung und basiert idealtypisch auf Analysen und Einschätzungen der umfeldbezogenen Faktoren, des Kooperationspotenzials sowie insbesondere der eigenen Wettbewerbsposition.[269] Der Umfang der durchzuführenden Analysen hängt primär von der Größe und Tragweite des identifizierten Kooperationsprojektes und den zur Verfügung stehenden Ressourcen ab.[270] Weiterhin muss festgelegt werden, inwieweit quantifizierbare Resultate benötigt werden oder ob qualitative Analysen ausreichen.

Im Rahmen der bisherigen Ausführungen konnten – im Hinblick auf die allgemeinen umfeldbezogenen Faktoren – die Kooperation als geeignete strategische Option an der Akut-Reha-Schnittstelle identifiziert und ebenso die das Kooperationspotenzial bedingenden Erfolgsfaktoren herausgestellt werden. Das bedeutet, dass im konkreten Anwendungsfall eine individuelle und qualifizierte Situationsanalyse notwendig ist. So haben die Leistungserbringer vor dem Eingehen von Kooperationen eine Bestandsaufnahme des vorhandenen Angebotsspektrums und der eigenen Leistungsfähigkeit durchzuführen sowie die Entwicklungsmöglichkeiten der gegenwärtigen Organisationsstruktur zu überprüfen.[271] Eine solche Analyse basiert auf den Stärken und Schwächen des eigenen Unternehmens bzw. des eige-

---

266 Vgl. Fuchs (1999, S. 110).
267 So kann ein neu entwickeltes Produkt von einem solchen strategischen Interesse sein, dass die selbstständige Generierung des Know-hows für das Unternehmen eine bessere Wahl ist, obwohl die kooperative Vorgehensweise die kostengünstigere Alternative darstellt. Vgl. dazu Killich/Luczak (2003, S. 15).
268 Vgl. Fuchs (1999, S. 114).
269 Vgl. Müller (1999, S. 119). Hinsichtlich der umfeldbezogenen Faktoren und dem Kooperationspotenzial, welches sich aus dem Zusammenspiel der Leistungsfähigkeit der Kooperationspartner, der bestehenden Kooperationsbereitschaft und einer wachsenden Kooperationsfähigkeit ergibt, ist auf die Ausführungen zu diesen Erfolgsfaktoren in Kapitel 3.3 bzw. auf die umfangreiche Analyse der Dynamikfaktoren in der stationären Gesundheitsversorgung in Kapitel 2.1.4 zu verweisen.
270 Vgl. Fuchs (1999, S. 111).
271 Vgl. Gohs (2005, S. 169).

nen Leistungsangebots aus denen die Chancen und Risiken im Zusammenspiel mit der Unternehmensumwelt, also unter Berücksichtigung des regionalen und überregionalen Wettbewerbsumfelds, abgeleitet werden.[272] Diese Methode wird auch als SWOT (Strength-Weaknesses-Opportunities-Threats)-Analyse bezeichnet und determiniert die strategische Position des Unternehmens.[273] Innerhalb der unternehmensbezogenen SWOT-Analyse sind zur Identifikation und Beurteilung der Stärken und Schwächen bzw. der Chancen und Risiken weitere Analysetätigkeiten hilfreich, die sich intern bspw. auf eine Analyse der Grund- und Wertvorstellung des Managements, Erstellung eines Stärken-/Schwächenprofils oder eine Potenzialanalyse beziehen, während für die externen Untersuchungen die Marktanalyse, die Konkurrenzanalyse oder die Umfeldanalyse in Frage kommen. Die dabei zu erzielenden Erkenntnisse sind für die weitere Gestaltung einer Kooperationsbeziehung als unbedingt notwendig zu erachten (siehe Darstellung 3-13).[274]

Darstellung 3-13: Identifikation des Kooperationsbedarfs

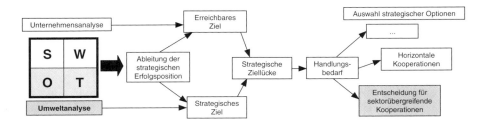

3.4.1.2 Definition der Kooperationsziele

Oft wird die Phase der Initiierung einer unternehmensübergreifenden Kooperation vernachlässigt, so dass die mit der Kooperation verfolgten Ziele zu Beginn unvollständig oder unklar definiert sind. Zwar sind die auf diese Weise festgelegten Kooperationsfelder nicht grundsätzlich zum Scheitern verurteilt, beinhalten aber zusätzliche Risiken. Fehlt bspw. dem Kooperationsprojekt die Orientierung an der strategischen Ausrichtung des eigenen Unternehmens, so kann sich im Laufe

---

272 Zum Vorgehen bei der Durchführung einer Unternehmens- und einer Umweltanalyse im Krankenhaus vgl. Pätz (2005, S. 155 ff.).
273 Vgl. Killich/Luczak (2003, S. 16).
274 Vgl. Rautenstrauch/Generotzky/Bigalke (2003, S. 103).

der Kooperation herausstellen, dass die gemeinsam festgelegten Kooperationsziele nicht mehr den eigenen Interessen entsprechen.[275] Aufgrund der in der Regel höheren Priorität der strategischen Unternehmensausrichtung im Vergleich zum Kooperationsprojekt wäre daher eine frühzeitige Kooperationsbeendigung oder zumindest eine schwindende Motivation, die Kooperation aktiv weiter voranzutreiben, die Folge. Es ist daher sinnvoll, aus den strategischen Handlungsfeldern die Kooperationsziele des eigenen Unternehmens abzuleiten, welche allerdings keinen endgültigen Charakter haben, sondern zu einem späteren Zeitpunkt gemeinsam mit potenziellen Kooperationspartnern abzustimmen sind.[276] Auch im Hinblick auf die weiteren Phasen sind klar definierte Ziele besonders wichtig und beugen späteren Konflikten während des Kooperationsprozesses vor.[277]

Ausgehend von den eigenen Kooperationszielen ist unternehmensintern die Frage zu beantworten, welche Aufgabenteilung innerhalb der Kooperation gewählt bzw. welche Anteile in Eigen- und welche in Fremdleistung erbracht werden sollen.[278] Auf diese Weise kann ein grobes Anforderungsprofil an den potenziellen Partner ermittelt werden, welches bei der späteren Partnersuche von erheblicher Bedeutung ist. Dabei ist der Einbezug der durch die zukünftige Kooperation betroffenen Fachbereiche erforderlich, damit einerseits die Erfahrungen und Fachkenntnisse der Mitarbeiter berücksichtigt werden und andererseits deren Verantwortungsgefühl und Engagement bezüglich der Kooperation gesteigert wird.[279]

Aufgrund des Umstands, dass Kooperationen in der Regel erst langfristig zum Erfolg bzw. zu einer Steigerung der eigenen Wettbewerbsfähigkeit führen, benötigen sowohl das Management als auch die betroffenen Mitarbeiter eine positive Grundeinstellung gegenüber der Kooperation.[280] Daher ist es unter Motivationsaspekten sinnvoll, hinsichtlich der Kooperation bei allen Beteiligten frühzeitig eine langfristige Erwartungshaltung aufzubauen. Dies erleichtert den Umgang mit kooperationsbezogenen Problemen und beugt einem Konkurrenzdenken vor, das häufig als Grund für mangelnde Kooperationsbereitschaft zwischen Leistungserbringern nicht nur auf der horizontalen, sondern auch auf der vertikalen Ebene genannt wird.[281]

---

275 Vgl. Killich/Luczak (2003, S. 15).
276 Vgl. Friese (1998, S. 89).
277 Vgl. Rautenstrauch/Generotzky/Bigalke (2003, S. 103 f.).
278 Vgl. Killich (2004, S. 16).
279 Vgl. Rautenstrauch/Generotzky/Bigalke (2003, S. 104 ff.).
280 Vgl. Balling (1998, S. 98).
281 Vgl. Gohs (2005, S. 168 f.).

3.4.1.3 Festlegung des Partneranforderungsprofils

Die Ermittlung und Erstellung eines Anforderungsprofils dient als Basis für die Partnersuche und -auswahl und beinhaltet die Vorstellung des suchenden Unternehmens hinsichtlich des zukünftigen Kooperationspartners.[282] Erste Ansatzpunkte ergeben sich im Rahmen der Unternehmensanalyse und des dabei identifizierten Kooperationsbedarfs.[283] So sind aus den eigenen Schwächen konkrete Anforderungen an die Stärken des potenziellen Partners abzuleiten, damit es durch die Kooperation möglich wird, eigene Defizite zu kompensieren bzw. eigene Fähigkeiten und Leistungen zu ergänzen oder zu verstärken.

Die Kriterien innerhalb des Profils gestalten sich unternehmensindividuell und sind maßgeblich von den aufgestellten Kooperationszielen abhängig.[284] Einen Überblick über die Bereiche, auf die sich die Anforderungskriterien beziehen können, gibt Darstellung 3-14.

Darstellung 3-14: Kriterien zur Erstellung eines Anforderungsprofils

Aufgabenbezogene Kriterien	Partnerbezogene Kriterien
Kooperationsbereich	**Unternehmens(-teil)größe**
• Leistungsangebot • Einzugsgebiet • Behandlungsfälle • Image • Qualität/Zertifizierung	• Anzahl Mitarbeiter • Bettenzahl • Behandlungsfälle • Umsatz/Bilanzsumme • Zugehörigkeit zu einem Konzern oder Unternehmensverbund
Ressourcen/Kompetenzen	**Unternehmensführung**
• Personelle Ausstattung • vorhandene Qualifikationen bzw. Zulassungen • Medizin-technische Infrastruktur • EDV-Infrastruktur • Räumlichkeiten	• Unternehmensleitbild • Unternehmensziele • Unternehmensstruktur • Führungsstil • Unternehmenskultur
Standort	**Persönliche Eigenschaften**
• geografische Lage • regionale Nähe • Erreichbarkeit bzw. infrastrukturelle Anbindung	• Zuverlässigkeit • Vertrauenswürdigkeit • Motivation • Teamfähigkeit • Kooperationserfahrung

---

282 Vgl. Rautenstrauch/Generotzky/Bigalke (2003, S. 107).
283 Vg. Killich/Luczak (2003, S. 18).
284 Vgl. Rautenstrauch/Generotzky/Bigalke (2003, S. 108).

Grundsätzlich kann zwischen aufgabenbezogenen und partnerbezogenen Kriterien unterschieden werden. Die aufgabenbezogenen Kriterien beziehen sich auf die Komplementarität der Kompetenzen und Ressourcen und prüfen das Vorhandensein von Variablen, die direkt mit der Zielerreichung der geplanten Kooperation verbunden sind, also bspw. regionale Nähe, medizinisches oder therapeutisches Know-how, Marktpotenzial, etc. Dahingegen sind die partnerbezogenen Kriterien eher indirekter Art und beziehen sich auf bspw. Innovationsbereitschaft, bereits bestehende Beziehungen, Kompatibilität und Vertrauen zum eigenen Management, Ähnlichkeiten in der Kultur oder das Engagement für die Kooperation.[285]

Trotz einer grundsätzlich geforderten Ausgewogenheit stehen insbesondere bei der Suche nach einem Kooperationspartner mit einer sehr spezifischen Kompetenz die aufgabenbezogenen Kriterien im Vordergrund, während bei einzelnen partnerbezogenen Aspekten Kompromisse eingegangen werden müssen.[286] Um deutlich zu machen, bei welchen Kriterien keine Kompromissbereitschaft besteht, sind die aufgaben- und partnerbezogenen Charakteristika innerhalb des Anforderungsprofils nach Muss- und Wunschkriterien zu differenzieren. Die Musskriterien sind aus dem Inhalt und den Zielen des Kooperationsvorhabens abzuleiten und beschreiben, welche Eigenschaften ein Partnerunternehmen zur Erfüllung der für ihn vorgesehenen Aufgaben besitzen muss. Während Wunschkriterien darüber hinausgehende Anforderungen an den potenziellen Partner beschreiben und stark von den spezifischen Einschätzungen und Belangen des eigenen Unternehmens bzw. der mit der Planung betrauten Personen abhängig sind. Zwar können sich die Muss- und Wunschkriterien auf jeden der in Darstellung 3-14 angeführten Bereiche beziehen, jedoch beschränken sich die Musskriterien in vielen Fällen auf aufgabenbezogene Anforderungskriterien wie der Leistungsfähigkeit des Kooperationsbereichs oder die vorhandenen Ressourcen bzw. Kompetenzen.[287]

So kann es für ein Akuthaus, das nach einem Reha-Partner für seine neurologische Abteilung sucht, unbedingt erforderlich sein, dass der potenzielle Partner über eine angemessene Reputation und genügend Know-how auf dem Gebiet der neurologischen Rehabilitation verfügt (aufgabenbezogenen Musskriterien). Wohingegen die Art der Trägerschaft des zukünftigen Partners oder seine bisherige Kooperationserfahrung zwar relevant sind, jedoch nicht zwingend den Vorgaben entsprechen müssen (partnerbezogene Wunschkriterien).

---

285 Vgl. Fuchs (1999, S. 125). Zu den Bestandteilen eines möglichen Partneranforderungsprofils vgl. ausführlich Friese (1998, S. 91 ff.). Allerdings ist zu beachten, dass die in der Literatur als Grundmuster angebotenen Anforderungsprofile in der Regel sehr allgemein und deshalb stets auf den jeweiligen Einzelfall anzupassen sind.
286 Vgl. Fuchs (1999, S. 125).
287 Vgl. Killich/Luczak (2003, S. 112 ff.).

Generell empfiehlt sich ein weitgefasster Anforderungskorridor, um die Suche nach geeigneten Partnern anhand des Anforderungsprofils nicht zu erschweren.[288] Unabhängig davon kann keine Garantie dafür übernommen werden, dass ein in der Theorie als ideal identifizierter Partner auch in der Praxis zu einem positiven Kooperationsergebnis beiträgt. Denn gerade die persönlichen Beziehungen zwischen den Partnern spielen bei Kooperationen eine große Rolle.[289]

Insgesamt ist festzuhalten, dass für das Angebot integrierter Leistungen in Kooperationen zwischen Akut- und Reha-Anbietern bereits während der Initiierung umfangreiche strategische Planungen erforderlich sind, für die auch entsprechende personelle Kapazitäten benötigt werden.[290] Es empfiehlt sich daher frühzeitig ein Projektteam zu bilden, welches sich bereits während der Initiierung mit den Kooperationsaufgaben befasst und möglichst auch verantwortliche Mitarbeiter der verschiedenen Berufsgruppen (Mediziner, Pflegekräfte und Therapeuten) des betroffenen Unternehmensbereichs berücksichtigt.[291]

Darstellung 3-15 fasst die Gestaltungsempfehlungen für die Aufgabenbereiche innerhalb der Initiierungsphase zusammen.

---

288 Vgl. Rautenstrauch/Generotzky/Bigalke (2003, S. 112).
289 Vgl. Killich/Luczak (2003, S. 112).
290 Vgl. Gohs (2005, S. 168).
291 Vgl. Fuchs (1999, S. 112).

Darstellung 3-15: Gestaltungsempfehlungen Initiierungsphase

	Aufgabe	Gestaltungsempfehlungen
Kooperationsbedarf	Analyse Ist-Situation	Durchführung Markt-, Konkurrenz- und/oder Umfeldanalyse
		Durchführung fachbereichsbezogener Patientenanalysen
		Analyse des eigenen Angebotsspektrums und der eigenen Leistungsfähigkeit sowie der Entwicklungsmöglichkeiten (SWOT-Analyse, etc.)
	Strategische Zielplanung	Identifikation der Unternehmenspotenziale
		Durchführung von Bedarfsanalysen hinsichtlich des zukünftigen Leistungsangebots
		Entwicklung einer konkreten Kooperationsidee
		Festlegung der Kooperationsbereiche
		Abschätzung der Machbarkeit
Kooperationsziele	Zielbestimmung Partnerebene	Präzisierung der eigenen Kooperationsziele
		Festlegung der gewünschten Aufgabenteilung in der Kooperation
		Kommunikation mit den verantwortlichen Mitarbeitern der betroffenen Fachbereiche bspw. in berufsgruppenübergreifenden Workshops (Förderung der Motivation)
		Förderung einer langfristigen Sichtweise hinsichtlich der Zielerreichung
Anforderungsprofil	Formulierung Partnerprofil	Bildung eines Projektteams (eventuell bereits bei der Zielbestimmung)
		Festlegung der optimalen bzw. minimalen und maximalen Partnerzahl
		Ermittlung von aufgaben- und partnerbezogenen Anforderungskriterien in Anlehnung an die Kooperationsziele (Leistungsangebot, regionale Nähe, etc.)
		Differenzierung der Anforderungen nach Muss- und Wunschkriterien
		Vermeidung eines zu eng formulierten Anforderungskorridors

Die Phase der Initiierung ist beendet, wenn im zuständigen Management und Projektteam weit gehende Einigkeit über die Kooperationsziele, die Aufteilung der Eigen- und Fremdleistung und über das Anforderungsprofil an die oder den potenziellen Partner besteht. Sobald das Anforderungsprofil fixiert ist, kann die Partnersuche als erster Schritt der Formierungsphase beginnen. Allerdings ist zu beachten, dass es im Laufe der weiteren Phasen in allen Bereichen des Anforderungsprofils zu Anpassungen kommen kann.[292]

---

[292] Vgl. Fuchs (1999, S. 121).

3.4.2 Formierung

Nach der Kandidatenauswahl erfolgt innerhalb der Formierungsphase die Abstimmung der Ziele und Inhalte der Kooperation zwischen den potenziell beteiligten Leistungserbringern in verschiedenen Gesprächs- und Verhandlungsschritten, die letztlich mit dem Abschluss von Kooperationsvereinbarungen bzw. -verträgen enden.

3.4.2.1 Partnerermittlung

Eine besondere Bedeutung in der Formierungsphase hat die Partnerermittlung, die auf dem erstellten Anforderungsprofil basiert und mit einer abschließenden Auswahl des Partners endet (siehe Darstellung 3-16). Weil das Scheitern vieler Kooperationen darauf zurückzuführen ist, dass innerhalb der Such-, Analyse- und Bewertungsphase des Partners entscheidende Fehler gemacht werden, ist unter Berücksichtigung der Kooperationsziele eine systematische Vorgehensweise anzustreben.[293]

Darstellung 3-16: Suchspirale für die Partnerermittlung
Quelle: In Anlehnung an Stüllenberg (2005, S. 185).

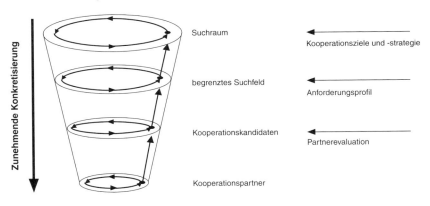

293 Vgl. Rautenstrauch/Generotzky/Bigalke (2003, S. 112).

Partnersuche

Neben dem Anforderungsprofil sind bei der Partnersuche sowohl Suchkosten als auch Partnerrisiken[294] zu beachten. Für den Initiator bieten sich zunächst Unternehmen aus dem näheren Umfeld an, mit denen er bereits erfolgreich zusammengearbeitet hat.[295] Das heißt, für eine sektorübergreifende Partnerschaft im Gesundheitswesen bieten sich zunächst Leistungserbringer an, mit denen eine Kooperation auf einem anderen Gebiet oder in einem anderen Unternehmensbereich existiert oder mit denen bereits eine Zuweiserbeziehung im Rahmen der Patientenversorgung im betroffenen Fachbereich besteht. Falls diese aber nicht die notwendigen Kompetenzen besitzen bzw. die Musskriterien nicht erfüllen, ist eine Ausweitung der Suche erforderlich.[296] So kann überregional versucht werden, bspw. durch öffentliche Ausschreibungen des Kooperationsprojektes in Fachmedien, einen geeigneten Partner zu finden.[297] Mit dieser Ausweitung steigen zwangsläufig die Suchkosten, aufgrund der aufwendigeren Informationsbeschaffung über die potenziellen Kandidaten, und auch das Partnerrisiko, das mit einer steigenden Anonymität unbekannter Partner und der daraus resultierenden Unsicherheit zunimmt (siehe Darstellung 3-17).[298]

Nachdem geklärt ist, welche Möglichkeit bei der Partnersuche genutzt wird, ist in einem zweiten Schritt zu bestimmen, wer welche Aufgaben im Suchprozess übernimmt. Sowohl die Informationsbeschaffung als auch die Informationsbewertung kann dabei entweder an ein internes Projektteam oder – zumindest teilweise – an externe Berater delegiert werden.[299]

---

[294] Partnerrisiken lassen sich als finanzielle oder imagebetreffende Risiken verstehen, die mit der Auswahl eines bestimmten Partners zusammenhängen. So ist denkbar, dass Partner trotz bester Versprechen und Beziehungen zwischen den Managern sowie einem risikoadäquaten Vertragswerk den Erwartungen nicht gerecht werden. Vgl. dazu Fuchs (1999, S. 126).
[295] Vgl. Tjaden (2003, S. 56).
[296] Vgl. Friese (1998, S. 97).
[297] Vgl. Staudt et al. (1992, S. 104 f.).
[298] Vgl. Fuchs (1999, S. 127) oder Schäper (1997, S. 106).
[299] Vgl. Mellewigt (2003, S. 80) oder Staudt et al. (1992, S. 106).

Darstellung 3-17: Ebenen der Suchstrategie
Quelle: In Anlehnung an Fuchs (1999, S. 127).

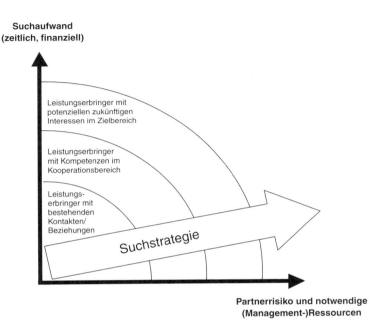

Vorauswahl potenzieller Partner treffen
Ist die Suche nach potenziellen Kooperationspartnern abgeschlossen, werden zunächst die Unternehmen von den weiteren Analysen ausgeschlossen, die die Musskriterien des Anforderungsprofils nicht erfüllen. Anschließend hat eine Bewertung der in Frage kommenden zukünftigen Partner anhand des zu realisierenden Kooperationsnutzens zu erfolgen, wobei sich zur methodischen Unterstützung bspw. Punktbewertungsverfahren (Scoring-Modelle) anbieten.[300] Zu diesem Zweck werden die im Partneranforderungsprofil zusammengefassten Wunschkriterien im Hinblick auf die mit der Kooperation angestrebten Ziele gewichtet, um den möglichen Partnern anschließend je nach Erfüllung des einzelnen Kriteriums einen Punktwert zuzuordnen. Die Summe der gewichteten Punktewerte ergibt für jedes Unternehmen einen Gesamtwert, der ein Ranking der einzelnen Kandidaten ermöglicht und dem die idealen Kooperationspartner mit der höchsten Punktzahl zu entnehmen sind.[301]

300 Vgl. Rautenstrauch/Generotzky/Bigalke (2003, S. 113).
301 Vgl. Friese (1998, S. 97 f.).

Gerade bei der pragmatischen Partnersuche, bei der die Auswahl auf den persönlichen Beziehungen der Führungsebene des Unternehmens bzw. des betroffenen Unternehmensbereiches beruht, wird häufig auf eine fundierte aufgaben- und partnerbezogene Prüfung verzichtet.[302] Dies kann sich langfristig negativ auswirken, wenn mögliche Konfliktbereiche nicht aufgegriffen und eingehend diskutiert werden.[303]

Da die Anzahl der für die Kooperation in Frage kommenden Kandidaten zu Beginn der Formierungsphase in der Regel zu groß ist, sollte mithilfe des Anforderungsprofils bzw. auf Grundlage eines erstellten Rankings eine Vorauswahl potenzieller Partner getroffen werden, damit die Kontaktaufnahme und die anschließenden Kooperationsverhandlungen mit einem vertretbaren Aufwand und einer zu gewährleistenden Sorgfalt durchgeführt werden können.

3.4.2.2 Kontaktaufnahme

Im Rahmen der Kontaktaufnahme geht es zum einen darum, die vorausgewählten Kooperationspartner von der Kooperationsidee zu überzeugen und zum anderen darauf aufbauend das jeweilige Kooperationsinteresse festzustellen sowie die gestellten Anforderungen tiefer gehend zu überprüfen.[304] Dies kann durch einen kommunikativen Prozess mit gezielten Fragestellungen, ausgehend vom erstellten Anforderungsprofil in so genannten Kontakt- und Auswahlgesprächen erfolgen. Die Einsicht in unternehmensinterne Daten (soweit erforderlich) und eine detaillierte Untersuchung der betroffenen Unternehmensbereiche geschieht parallel zu den Gesprächen, nachdem ein gewisses Vertrauensverhältnis aufgebaut worden ist.[305] Dabei bedingt das Kooperationsvorhaben und insbesondere die Kontaktaufnahme zu potenziellen Partnern auch die Offenlegung der eigenen strategischen Ausrichtung zumindest in Teilbereichen, so dass im Vorfeld unternehmensintern zu klären ist, welche Informationen weitergegeben werden sollen bzw. können.[306]

Aufgrund der problematischen Ermittlung des jeweiligen Kooperationsinteresses gilt es zunächst festzustellen, welche Bedeutung die Kooperation für das potenzielle Partnerunternehmen darstellt. Falls diese die Kooperation als wesentlichen Bestandteil der eigenen Unternehmensstrategie ansehen, kann von einem hohen Engagement des Kandidaten ausgegangen werden.[307] Wird hinsichtlich der Ko-

---
302 Vgl. Mellewigt (2003, S. 82).
303 Vgl. Rautenstrauch/Generotzky/Bigalke (2003, S. 112).
304 Vgl. Rautenstrauch/Generotzky/Bigalke (2003, S. 114).
305 Vgl. Staudt et al. (1992, S. 106).
306 Vgl. Killich/Luczak (2003, S. 20).
307 Vgl. Friese (1998, S. 94).

operationsabsicht allerdings ein opportunistischer Hintergrund vermutet, ist Vorsicht geboten. In diesem Zusammenhang ist zu klären, welcher wirtschaftliche oder politische Druck hinter der Motivation des potenziellen Partners steckt und wie sich ein mögliches Fehlschlagen der Kooperation auf dessen Wettbewerbsposition auswirkt. Besonders ist zu eruieren, welche strategischen Wahlmöglichkeiten dem Kandidaten zur Verfügung stehen.[308]

Neben der beschriebenen Analyse des strategischen Fits,[309] bei der es um die Vereinbarkeit von Zielen und Strategien der Partner geht, sind zudem erste Informationen bezüglich des ressourcen-bezogenen Fits durch Fragen nach vorhandenen Ressourcen und Kompetenzen, der finanziellen Stärke und der Kooperationserfahrung zu klären.[310]

Daher sollte das Kooperationsgespräch die in Darstellung 3-18 aktivistisch formulierten Punkte umfassen.

Darstellung 3-18: Inhalte des Kooperationsgesprächs
Quelle: In Anlehnung an Staudt/Toberg/Linné/Bock/Thielemann (1992, S. 110).

Inhalte des Kooperationsgesprächs:

✓ Erläutern Sie, was Sie vorhaben und welche Vorteile es bringt (bspw. Umsetzung innovatives Versorgungsmodell).

✓ Zeigen Sie auf, wer Sie sind, was Sie einbringen können und was Sie vom Partner erwarten.

✓ Prüfen Sie im Gespräch, ob der Gesprächspartner Ihre Erwartungen/ Anforderungen erfüllen kann.

✓ Diskutieren Sie über die Innovationsidee, die Chancen und Risiken und über die aktuelle und zukünftige Marktentwicklung.

✓ Sprechen Sie über Unternehmensziele, Strategien und Maßnahmen.

✓ Zeigen Sie Ihre Vorstellungen zum Kooperationskonzept auf und diskutieren Sie mit Ihrem Gesprächspartner über Art und Umfang der partnerschaftlichen Zusammenarbeit.

---

308 Vgl. Fuchs (1999, S. 129).
309 Vgl. Kapitel 3.3.2.
310 Vgl. Fuchs (1999, S. 130).

Als zentraler Aspekt ist durch das Gespräch zu analysieren, ob eine persönliche Vertrauensbasis zwischen den Unternehmen existiert oder aufgebaut werden kann. Dabei basieren die Vorteile einer auf wechselseitigem Vertrauen, Offenheit und Ehrlichkeit aufbauenden Kooperationsbeziehung auf einer Erhöhung der Flexibilität der Zusammenarbeit, einer Reduzierung der Transaktionskosten und einer Verbesserung der Kommunikation.[311] Somit setzt eine Zusammenarbeit einen gewissen Grad an Vertrauen voraus, während das eigentliche Vertrauensverhältnis in der Regel erst innerhalb der Kooperation sukzessiv aufgebaut wird.[312] Zur Schaffung einer Vertrauensbasis sind gegenseitige Hausbesichtigungen oder die Bildung gemeinsamer Arbeitsgruppen denkbar.[313] Ein zunächst „vorsichtiges" Kooperieren in kleineren Projekten, bspw. in ausgewählten Krankheitsbildern, ist eine weitere Möglichkeit, die aber in der Regel zeitaufwendig ist und den Start des eigentlichen Kooperationsprojektes verzögert und damit einen eventuellen Zeitvorteil gegenüber der Konkurrenz verhindern würde.

Einen Überblick über die Gestaltungsempfehlungen zur Partnerermittlung sowie der Kontaktaufnahme innerhalb der Formierungsphase gibt Darstellung 3-19.

Die jeweilige Ausgestaltung der Kontaktaufnahme hängt ähnlich wie bei der Erstellung des Anforderungsprofils entscheidend von der Art und der Intensität der angestrebten Kooperation ab. Grundsätzlich sollte aber gelten, je intensiver die langfristige Zusammenarbeit geplant ist, desto mehr Sorgfalt ist bei der Auswahl angebracht, da in dieser Phase gemachte Fehler nur schwer und sehr kostenintensiv revidiert werden können.[314] Die Partnerwahl ist daher als wichtiger Erfolgsfaktor einer Kooperation anzusehen, da sich mit einer richtigen Entscheidung schon im Vorfeld mögliche, während des Kooperationsprozesses auftretende Ziel-, Ressourcen- und Kulturdivergenzen minimieren lassen.[315] Erst wenn nach den tiefergehenden Gesprächen ein positives Grundbild des evaluierten Partners verbleibt, sollte der nächste Schritt der Kooperationsverhandlungen eingeleitet werden.

---

311 Vgl. Rautenstrauch/Generotzky/Bigalke (2003, S. 114).
312 Vgl. Rautenstrauch/Generotzky/Bigalke (2003, S. 115).
313 Zu weiteren vertrauensbildenden Maßnahmen vgl. Staudt et al. (1992, S. 112).
314 Vgl. Coldewey (2002, S. 137). Herausforderungen und Risiken der Partnerermittlung ergeben sich aus unvollständigen Informationen über die Partner, der schwierigen Abstimmung von strategischen, strukturellen und kulturellen „Fits", der Gefahr der Überbewertung quantitativer Faktoren, der Gefahr oberflächlicher Gespräche und mangelhaften Vertrauensaufbaus aufgrund von Zeitdruck. Vgl. dazu Kraege (1997, S. 92) oder Fontanari (1995, S. 123).
315 Vgl. Rautenstrauch/Generotzky/Bigalke (2003, S. 115). Eisele (1995, S. 135) hat in seiner Untersuchung internationaler Joint Ventures empirisch nachgewiesen, dass sich die Wahl eines adäquaten Partners positiv auf den Kooperationserfolg auswirkt.

Darstellung 3-19: Gestaltungsempfehlungen Formierungsphase (Teil 1)

Kooperationsformierung		
	Aufgabe	**Gestaltungsempfehlungen**
Partnerermittlung	Partnersuche	Festlegung der Suchstrategie (regionale Suche oder öffentliche Ausschreibung des Partnerprofils)
		Berücksichtigung von Suchkosten und Partnerrisiken
	Partnervorauswahl	Entwicklung eines Bewertungsrasters entlang der Auswahlkriterien, z.B. durch Nutzung eines Scoringmodells
		Erstellung eines Kandidatenrankings
Kontaktaufnahme	Gesprächsvorbereitung	Entscheidung über Anzahl der Gespräche anhand einer Kosten-Nutzen-Abwägung
		Umfassende Informationsbeschaffung über die Gesprächspartner
		Festlegung von Verhandlungsstrategie und -taktiken
		Erstellung einer Checkliste zu den Gesprächsinhalten
	Gesprächsführung	Erörterung der Kooperationsidee
		Feststellung des Kooperationsinteresses und der Motivation der Kandidaten
		Gegenseitige Offenlegung der strategischen Ausrichtung sowie der Kooperationsziele zur Feststellung des strategischen Fits
		Verifizierung des Profils (Ressourcen, Kompetenzen, finanzielle Stärken) zur Feststellung des ressourcen-bezogenen Fits
		Analyse der gegenseitigen Vertrauensbasis

3.4.2.3 Kooperationsverhandlungen

Wenn auf Basis des Anforderungsprofils und der persönlichen Gespräche geeignete und auch kooperationswillige Leistungserbringer der jeweils anderen Versorgungsstufe ermittelt werden konnten, sind Verhandlungen mit diesen zu führen, um die Ausgestaltung der Kooperation zu konkretisieren.[316] Das eigentliche Ziel dabei ist die Festlegung eines für die Partnerschaft adäquaten Rechts-, Vertrags- und Koordinationsgefüges. Das heißt, am Ende der Kooperationsverhandlungen sollte der Abschluss eines oder mehrerer Kooperationsverträge stehen.[317]

Durch optimale Verhandlungsbedingungen wird der Einigungsprozess zwischen den Partnern erleichtert. Dies bezieht sich zum einen auf die Zusammensetzung

---
316 Vgl. Friese (1998, S. 98).
317 Vgl. Mellewigt (2003, S. 84). Dabei kann es sich um einen Vertrag oder um eine Kombination verschiedener Einzelverträge handeln.

der Verhandlungsdelegation und zum anderen auf das Gesprächsklima. Hinsichtlich des Verhandlungsteams erscheint eine quantitativ und qualitativ ausgeglichene Besetzung als geeignet, die aus unterschiedlichen Fachleuten und Funktionsträgern bestehen sollte.[318] Im Fall der Kooperation zwischen Akut- und Reha-Einrichtungen bedeutet dies, dass neben dem Verantwortlichen aus dem kaufmännischen Bereich insbesondere auch die leitenden Ärzte und eventuell auch leitende Pflegekräfte und Therapeuten aus den betroffenen Fachbereichen einbezogen werden, die später die Umsetzung der Kooperation leisten müssen. Wenn zusätzlich Führungskräfte aus der Unternehmensleitung beteiligt sind, wird dem Projekt ein höherer Stellenwert verliehen, was für den weiteren Verlauf der Kooperation förderlich sein kann.

Von allen Beteiligten sollte eine durch Transparenz und Fairness geprägte Gesprächsatmosphäre geschaffen werden, damit möglichst von Beginn an der Grundstein für eine vertrauensvolle Zusammenarbeit gelegt wird.[319] Das Managementproblem besteht hierbei in der effizienten Gestaltung des Verhandlungsprozesses, wobei dies von den beteiligten Parteien selbst nur eingeschränkt geleistet werden kann. Daher bietet sich insbesondere bei bedeutsamen Kooperationen der Einbezug eines externen Moderators an.[320]

Zielharmonisierung

Ausgangspunkt der Verhandlungen sollten idealtypisch die Harmonisierung der individuellen Strategien und Ziele sowie die Festlegung gemeinsamer Kooperationsziele sein.[321] Ohne Abstimmung der Ziele besteht die Gefahr, dass nicht explizit definierte oder kompatible Ziele der Zusammenarbeit ihren zentralen Stellenwert innerhalb des Kooperationsprozesses verlieren.[322] Zu diesem Zweck werden die Ziele der einzelnen Partner, soweit möglich, sinnvoll strukturiert, operationalisiert und anschließend auf ihre gegenseitige Verträglichkeit geprüft.[323] Das heißt, konkret für den Fall der Akut-Reha-Kooperation ist eine gemeinsame Strategie der sektorübergreifenden Patientenversorgung zu formulieren. Die Kooperationsziele sind dabei auf einzelne Bereiche der Zusammenarbeit herunterzubrechen. Gleichzeitig sind aussagefähige Messgrößen für die Kontrolle der Zielerreichung festzulegen.[324]

---

318 Vgl. Friese (1998, S. 98 f.).
319 Vgl. Friese (1998, S. 99).
320 Vgl. Schäper (1997, S. 106).
321 Vgl. Mellewigt (2003, S. 85).
322 Vgl. Rautenstrauch/Generotzky/Bigalke (2003, S. 119).
323 Vgl. Fuchs (1999, S. 131).
324 Vgl. Mühlbacher (2002, S. 167).

Sind die Hauptziele potenzieller Partner zu denen des initiierenden Unternehmens konfliktär, scheiden diese Kandidaten aus oder sie müssen im Rahmen einer Iterationsschleife ihre Zielvorstellungen fundamental überarbeiten.[325] Nur mit den Kooperationspartnern, die kompatible Ziele verfolgen, werden die nächsten Entscheidungsschritte der Formierungsphase durchgeführt.

Festlegung der Kooperationsarchitektur
Nach der Einigung hinsichtlich der grundlegenden Kooperationsziele steht die Kooperationsarchitektur und damit die organisatorische Ausgestaltung der zukünftigen Kooperationsbeziehung zur Diskussion.[326] Dies umfasst die Konkretisierung der Zusammenarbeit auf der operativen Ebene, da vor der endgültigen Vertragsformulierung die gegenseitigen Rechte und Pflichten gemeinsam zu definieren sind. Alle in diesem Zusammenhang auftretenden relevanten Fragestellungen müssen bereits während der Kooperationsverhandlungen klargestellt sein, damit die Zusammenarbeit eine stabile Basis erhält.[327] Das betrifft insbesondere die Festlegung

- der Verflechtungsintensität (Dauer der Zusammenarbeit sowie Art und Umfang der Ressourcen- bzw. Kompetenzenzuordnung),
- der Arbeitsteilung (Aufgabenverteilung auf die Kooperationspartner),
- der Grobplanung der Managementstrukturen (Besetzung Schlüsselpositionen und Gremien sowie Festlegung von Informations- und Kommunikationswegen) sowie
- der Zusammenarbeitsregeln (Verfahrensregeln und Koordinationsmechanismen).[328]

Besonders aufgrund der dynamischen Entwicklungen im Gesundheitswesen ist eine ausreichende Anpassungsfähigkeit an Veränderungen der Markt- und Wettbewerbsbedingungen nicht nur für die Einzelakteure sondern auch für Kooperationen zwischen den Leistungserbringer sicherzustellen. Daher sind – zur laufenden Überprüfung der strategischen Ausrichtung sowie des Zielerreichungsgrades der Zusammenarbeit – bereits während der Kooperationsverhandlungen Vorgehen und Zuständigkeiten bei der Bewertung der Kooperationsergebnisse zu vereinbaren und zudem die Bereitstellung der dafür notwendigen Informationen für alle Kooperationspartner festzulegen. Diese Informationen sollen eine realitätskonforme Bewertung ermöglichen, mit dem Ziel die Kooperationsergebnisse gerecht zu verteilen und Verteilungskonflikten vorzubeugen.[329]

---

325 Vgl. Fuchs (1999, S. 131).
326 Vgl. Staudt et al. (1992, S. 113).
327 Vgl. Tjaden (2003, S. 57).
328 Aufzählung in Anlehnung an Büchel/Prange/Probst/Rüling (1997, S. 49), Tjaden (2003, S. 57), Mellewigt (2003, S. 85 ff.) sowie Friese (1998, S. 100 ff.).
329 Vgl. Mühlbacher (2002, S. 168).

Klärung der Finanzierungsfragen
Die Regelung der Vergütungsfrage wird in kooperativen Organisationsformen als strategische Grundlage für die Nachhaltigkeit der Zusammenarbeit angesehen.[330] Aus diesem Grund ist in den Kooperationsverhandlungen hinsichtlich der Leistungsfinanzierung zu klären, welche Art der Vergütung angestrebt wird. Einerseits können die von der Kooperation betroffenen Behandlungsleistungen im Rahmen der Regelversorgung und damit über die sektoralen Budgets finanziert werden. Andererseits können so genannte Globalbudgets, bspw. als Komplexpauschalen oder im Rahmen der Integrierten Versorgung, mit den Kostenträgern vereinbart werden, die den sektorübergreifenden Versorgungsprozess in ein entsprechendes Vergütungssystem einbetten.[331]

Bei der Finanzierung über die sektoralen Budgets rechnet jeder Leistungserbringer separat mit dem zuständigen Kostenträger seine Leistungen im Rahmen der Patientenbehandlung ab.[332] Lediglich für die Arbeitsbereiche, in denen ein Leistungsaustausch vorgesehen ist, bspw. für die Übernahme von therapeutischen Maßnahmen im Krankenhaus durch Personal des Reha-Partners oder für die Inanspruchnahme von diagnostischen Leistungen, sind Preise zwischen den Kooperationspartnern zu vereinbaren.

Von der Veränderung der traditionellen Vergütungsregelungen in Richtung der Globalbudgets wird eine stärkere Integration der Versorgung erwartet.[333] Die Umsetzung einer solchen integrierten Budgetierung stellt sich allerdings aufgrund bisher fehlender Ideallösungen als komplexe Aufgabe für die Kooperationsteilnehmer dar. In diesem Zusammenhang stellt sich besonders der ausbleibende offene Dialog zu sektorübergreifenden Vergütungsfragen in der Praxis als kontraproduktiv heraus.[334]

Grundsätzlich werden die Anforderungen an integrierte Vergütungssysteme durch die folgenden Funktionen beschrieben:[335]

- Die *Steuerungs- und Anreizfunktion* soll die Leistungserbringer veranlassen, ihre Leistungen bedarfsgerecht und wirtschaftlich zu erbringen.

---
330 Vgl. Amelung/Janus (2006c, S. 18) oder Neubauer (2006a, S. 43 ff.).
331 Vgl. Neubauer (2006a, S. 43 f.).
332 Zur Leistungsfinanzierung im Akutbereich vgl. Kapitel 2.1.2.3 und zur Finanzierung der medizinischen Rehabilitation Kapitel 2.1.3.3.
333 Vgl. Amelung/Janus (2006c, S. 18) oder Neubauer (2006a, S. 46).
334 Vgl. Amelung/Janus (2006c, S. 2).
335 In Anlehnung an Amelung/Janus (2006c, S. 4 f.).

- Die *Verteilungsfunktion* soll den beteiligten Akteuren ein leistungsgerechtes Einkommen gewährleisten, zugleich aber eine zu hohe Belastung der Kostenträger vermeiden.
- Die *Innovationsfunktion* soll die Anwendung neuer Diagnose- und Therapieverfahren und neuer Medizinprodukte fördern oder zumindest nicht behindern.

Wesentlicher Bestandteil der Vergütungssysteme sind die Vergütungsformen. Diese legen die Vergütungseinheiten fest, die als Bemessungsgrundlage dienen. Ausgewählte Formen der integrierten Vergütung, die sich für kombinierte Akut-Reha-Leistungen eignen, werden im Folgenden kurz dargestellt:[336]

- Die Koordinationspauschale beinhaltet eine erweiterte Vergütung für einen Koordinator, der die Leistungserbringung durch die vor- bzw. nachgelagerten Sektoren koordiniert. Wenn die Koordinationsinstanz eindeutig einem Kooperationspartner zugewiesen ist, werden Verrechnungsprobleme zwischen den Partnern vermieden.
- Die Komplexpauschale entspricht in der Regel den addierten vorherigen Vergütungen abzüglich eines Abschlags für die Kostenträger. Die Aufteilung der Pauschale kann entweder direkt zwischen den einzelnen Kooperationspartnern und dem Kostenträger verhandelt werden oder ein Partner tritt als Generalunternehmer gegenüber dem Kostenträger auf und koordiniert die Vergütungsaufteilung.
- Bei Episodenpauschalen ist der gesamte Behandlungsverlauf eines Patienten Gegenstand der Vergütung, wodurch sich für jedes Krankheitsbild eine unterschiedliche Vergütung ergibt. Die Kalkulation ist für die Kostenträger aufgrund der in der Regel nicht einheitlichen Krankheitsverläufe schwierig.
- Im Rahmen einer erfolgsorientierten Vergütung bemisst sich die Vergütungshöhe für die Leistungserbringer nach dem Erfolg der Behandlungsleistung. Aufgrund der problematischen Messbarkeit des Behandlungserfolgs sollte diese Vergütungsform mit anderen Formen kombiniert werden.

Generell ist bei übergreifenden Vergütungssystemen einerseits auf eine transparente und für alle Beteiligten verständliche Gestaltung zu achten, um auf diese Weise eine höhere Akzeptanz zu erreichen sowie die Verwaltungs- und Kontrollkosten gering zu halten. Andererseits sollte das System anpassungsfähig sein, da Veränderungen sonst nur mit Zugeständnissen korrigiert werden können. In jedem Fall sollten Ver-

336 In Anlehnung an Neubauer (2006a, S. 46 ff.) und Amelung/Janus (2006c, S. 5 f.).

gütungssysteme auf die individuelle Kooperationskonstellation zugeschnitten sein und zusätzlich um immaterielle Anreizkomponenten, wie Leitlinien oder Prozessstandards, ergänzt werden.[337]

Neben der Gestaltung der laufenden Finanzierung der Betriebskosten durch die Leistungsvergütung stellt sich die Frage nach der Notwendigkeit von kooperationsbezogenen Investitionen.[338] So könnte als wesentlicher Bestandteil der Kooperation bspw. die Neueinrichtung einer rehabilitativen Abteilung in einem Akuthaus festgelegt werden. Abstrahiert von potenziell einsetzbaren Fördermitteln hat daher im Bedarfsfall eine kooperationsbezogene Finanzierungs- und Investitionsplanung zu erfolgen. Zunächst ist dabei zu klären, ob die Finanzierung einer Investition von einem Partner alleine übernommen wird oder eine gemeinsame Umsetzung angestrebt wird. Besonders bei fehlender Innenfinanzierungskraft sind in diesem Zusammenhang die Außenfinanzierungsmöglichkeiten (z. B. Kredite, Beteiligung Dritter) bzw. alternative Finanzierungsmodelle (z. B. Public-Private-Partnership, Leasing, etc.) hinsichtlich ihrer Verfügbarkeit und Eignung (Volumen, Kosten, Befristung, etc.) zu prüfen.[339] Zu diesem Zweck hat eine Ansprache potenzieller Kreditgeber bzw. Investoren zu erfolgen, indem diesen das Kooperationskonzept sowie die zugehörige Finanz- und Investitionsplanung detailliert vorgestellt werden.

Regelung von Konfliktsituationen
Weiterhin ist im Rahmen der Kooperationsverhandlungen zu berücksichtigen, dass am Anfang eines Kooperationsprojektes Euphorie und Zuversicht in der Regel eine günstige Basis für die Kooperation bilden. Jedoch ist eine Dämpfung dieser Euphorie mit der zunehmenden Arbeitsbelastung der beteiligten Parteien nach Vertragsschluss zu erwarten, wodurch Konflikte zwischen den Parteien sowohl im Aufgabenbereich als auch im zwischenmenschlichen Bereich wahrscheinlicher werden.[340] Daher sollte zur Sicherung der Stabilität der Kooperation bereits bei den Kooperationsverhandlungen über Konfliktlösungsmechanismen gesprochen werden.[341] Eine Möglichkeit wäre der Einsatz von Methoden des Change-Managements, mit denen Konflikte und Probleme im Rahmen von Veränderungsprozessen beseitigt werden können.[342]

---

337 Vgl. Amelung/Janus (2006c, S. 19).
338 Vgl. Amelung/Meyer-Lutterloh et al. (2006, S. 81 ff.).
339 Vgl. ausführlich zu den Finanzierungsmöglichkeiten Eiff/Klemann (2006, S. 27 ff.).
340 Vgl. zum Motivationsverlauf während einer Kooperation die Ausführungen in Kapitel 3.1.3.
341 Vgl. Fuchs (1999, S. 145 f.).
342 Vgl. Schmitz/Gruppe (2007, S. 49 ff.).

Darüber hinaus sollten auch bei zeitlich unbefristeten Kooperationen Vorkehrungen für den Fall getroffen werden, dass sich eine Zusammenarbeit bspw. aufgrund geänderter Rahmenbedingungen nicht mehr aufrechterhalten lässt. Es bietet sich an, Trennungs- und Ausstiegsregelungen in den Kooperationsverhandlungen zu diskutieren.[343]

Für den Fall, dass Vereinbarungen aus den Kooperationsverhandlungen trotz eines vorläufigen Charakters eine Bindungswirkung entfalten sollen, bietet sich ein „Letter of Intent"[344] an. Der „Letter of Intent" bestätigt, dass die potenziellen Kooperationspartner in Verhandlungen über einen Vertragsabschluss stehen und wirkt als Absichtserklärung zwischen Verhandlungspartnern, in denen das Verhandlungsziel bereits festgehalten wird. Er begründet zwar keinerlei Rechtsansprüche, verpflichtet aber als öffentlich verwendbares Dokument die Parteien moralisch.[345]

Nach Abschluss der Kooperationsverhandlungen sollte für den Kooperationsinitiator feststehen, wer der oder die Idealpartner sind und mit welchem bzw. welchen Kandidaten in die Phase der Vertragsgestaltung eingetreten werden soll. Bezüglich der Anzahl der Kooperationspartner ist festzuhalten, dass sowohl die Vertragsverhandlungen als auch die spätere Durchführung mit zunehmender Anzahl schwieriger wird. Daher ist sorgfältig abzuwägen, in welchem Verhältnis der Mehrwert, den ein zusätzlicher Kooperationspartner der Kooperation einbringt, zu dem verursachten Mehraufwand steht.[346]

Darstellung 3-20 fasst die Gestaltungsempfehlungen, die bei der Durchführung von Kooperationsverhandlungen beachtet werden sollten, zusammen.

---

343 Vgl. Friese (1998, S. 102 f.).
344 Unter einem „Letter of Intent" (Absichtserklärung) wird eine unverbindliche Absichtserklärung einer Vertragspartei verstanden, die das Interesse am Abschluss eines Vertrages ausdrückt. Vgl. Grabow/Remmeke (2005, S. 355).
345 Vgl. Amelung/Meyer-Lutterloh et al. (2006, S. 78).
346 Vgl. Harrland (2002, S. 194).

Darstellung 3-20: Gestaltungsempfehlungen Formierungsphase (Teil 2)

Kooperationsformierung		
Aufgabe		**Gestaltungsempfehlungen**
Kooperationsverhandlungen	Verhandlungs-vorbereitung	Schaffung geeigneter Verhandlungsbedingungen (Gesprächsklima)
		Einbezug eines externen Moderators
		Zusammenstellung der Verhandlungskommission mit Entscheidungsträgern aus allen Berufsgruppen und möglichst Einbezug der Unternehmensleitung
	Ziel-harmonisierung	Gemeinsame Bestimmung der Kooperationsziele auf Basis der individuellen Strategien und Ziele im Kooperationsbereich
		Definition der Zielgruppen der Kooperation (Patienten, Kostenträger, etc.)
		Formulierung von Messgrößen zur Kontrolle der Zielerreichung
		Diskussion möglicher ergänzender Leistungen und Angebote der Kooperation
	Festlegung Kooperations-architektur	Abstimmung der Verflechtungsintensität und der Arbeitsteilung
		Grobplanung der Managementstrukturen (zentral, dezentral), der Kooperationsorgane sowie der Zusammenarbeit
		Prüfung der Vorteilhaftigkeit der Gründung einer Managementgesellschaft
		Sicherung der Anpassungsfähigkeit durch die Schaffung flexibler Strukturen
	Klärung Finanzierungsfragen	Diskussion der Vergütungsalternativen (Regelversorgung, Sondervergütungsformen, Integrierte Versorgung) zwischen den Partnern
		Diskussion des Projekts mit den Kostenträgern
		Vorkalkulation von Vergütungen und Entgelten
		Durchführung von Verhandlungen mit den Kostenträgern
		Planung der Budgetverantwortung sowie Regelung der Vergütungsverteilung
		Diskussion der Einbindung immaterieller Anreizkomponenten in die Vergütungsvereinbarungen
		Festlegung von Verrechnungspreisen für den Leistungsaustausch in Sekundär- und Tertiärbereichen zwischen den Partnern
		Präsentation des Kooperationsprojekts bei weiteren Interessengruppen (Politik, Kreditgebern, etc.)
		Verhandlung mit Kreditgebern
	Regelung Konflikte	Diskussion geeigneter Konfliktlösungsmechanismen (Change-Management-Methoden)
		Festlegung von Trennungs- und Ausstiegsregelungen
	Formulierung Letter of Intent	Klärung der Notwendigkeit
		Festlegung des Detaillierungsgrades

3.4.2.4 Gestaltung des Kooperationsvertrags

Wenn die Kooperationsarchitektur mit ihren strategischen Elementen, wie der Verflechtungsintensität oder der Aufgabenorganisation, festgelegt ist, sollte die konkrete Ausgestaltung der zwischenbetrieblichen Zusammenarbeit als Ergebnis des Verhandlungsprozesses in einem oder mehreren Verträgen fixiert werden. Diese sollen jedem zukünftigen Partner kooperative Verhaltensrichtlinien vorgeben, auf die er sich im Bedarfsfall berufen kann.[347] Dabei empfiehlt sich die Schriftform, die einen gegenseitigen Vertrauensbeweis darstellt und den Verbindlichkeitsgrad der Zusammenarbeit erhöht, da sich die Partner durch ihre Unterschrift explizit zur Einhaltung der Kooperationsabsprachen verpflichten.[348]

Zum einen ist der Vertrag das Ergebnis der Verhandlungs- und Planungsprozesse. Zum anderen soll er den Rahmen für zukünftige Gestaltungsprozesse abstecken und das Unternehmen gegen opportunistisches Handeln des Kooperationspartners absichern.[349] Gerade aufgrund dieser Doppelfunktion ergibt sich ein Zielkonflikt. Die Partner sind einerseits bestrebt, einen möglichst ausführlichen Vertrag mit einem hohen Detaillierungsgrad sowie ausführliche Regelungen für den Konfliktfall zu formulieren. Wobei eine genaue Beschreibung immer mit sehr hohem Planungsaufwand verbunden ist.[350] Andererseits ist zu vermuten, dass sich gerade ein hoher Detaillierungsgrad eher lähmend als motivierend auf die operative Zusammenarbeit auswirkt.[351] Somit erscheint eine Adaptivität und Flexibilität der vertraglichen Vereinbarungen angemessener als deren Vollständigkeit und Detaillierung.[352] Auch wenn grundsätzlich alle Aspekte der Zusammenarbeit abgesprochen werden sollten, ist es nicht erforderlich jede Einzelheit bis ins Detail auszuformulieren und schriftlich zu fixieren.[353]

Es ist nicht möglich, eine generelle Checkliste von Vertragsinhalten zu entwickeln, da die Berücksichtigung und die Bedeutung einzelner Aspekte von der spezifischen

---

347 Vgl. Staudt et al. (1992, S. 113 in Verbindung mit S. 145). Im Folgenden wird aufgrund der höheren Bindungsintensität nur vom Kooperationsvertrag gesprochen, auch wenn es grundsätzlich denkbar ist, dass eine zwischenbetriebliche Zusammenarbeit auf einer informellen Kooperationsvereinbarung beruht. So sind mündlich getroffene Vereinbarungen („Gentlemen's agreement") basierend auf dem Wort des Partners grundsätzlich möglich. Die Einhaltung der Rechte und Pflichten auf juristischen Wege sind jedoch schwer durchsetzbar. Vgl. Rautenstrauch/Generotzky/Bigalke (2003, S. 118).
348 Vgl. Staudt et al. (1992, S. 145) sowie Merschbächer (2000, S. 157).
349 Vgl. Eisele (1995, S. 143).
350 Vgl. Killich/Luczak (2003, S. 20).
351 Vgl. Eisele (1995, S. 143).
352 Vgl. Müller (1999, S. 139). Es ist wichtig, diejenigen Bereiche zu identifizieren, die opportunistische Handlungen mit großen Auswirkungen auf das Kooperationsvorhaben und insbesondere die Kooperationspartner ermöglichen. Für diese Bereiche ist anschließend von allen Partnern gemeinsam ein Kompromiss zwischen vertraglichen Regelungen und der Aufrechterhaltung der Flexibilität des Projektes zu finden und umzusetzen. Vgl. Killich/Luczak (2003, S. 20).
353 Vgl. Staudt et al. (1992, S. 146).

Situation der kooperierenden Unternehmen abhängen.[354] Die Aufnahme der in der Darstellung 3-21 aufgeführten Regelungsgegenstände wird dennoch empfohlen. Diese Liste kann als Orientierungsrahmen verwandt werden. Allerdings ist die Hinzunahme eines juristischen Beraters in der Regel unabdingbar.[355]

Darstellung 3-21: Bestandteile des Kooperationsvertrages
Quelle: In Anlehnung an DKG (2005, S. 26).

Elementare Bestandteile des Kooperationsvertrages:

✓ Bezeichnung der Vertragspartner

✓ Bezeichnung des Gegenstandes des Kooperationsvertrages mit den gegenseitigen Pflichten

✓ Zuständigkeiten und Kompetenzen der Vertragspartner

✓ Bei Bedarf Regelung zu den Aufgaben einer Managementgesellschaft

✓ Anpassung an geänderte Verhältnisse

✓ Aufnahme von neuen Kooperationsmitgliedern/Ausschluss von Kooperationsmitgliedern

✓ Finanzierung/Vergütung von Sonderleistungen/Kostenverrechnung/Vergütungsverteilung

✓ Qualitätsmanagement/Steuerungsinstrumente

✓ Gegenseitige fachliche Information

✓ Gegenseitiger Mitarbeiterschutz

✓ Gegenseitige Verwendung von Logos

✓ Regelung zur Überprüfung der Einhaltung des Vertrages durch Dritte (z.B. Wirtschaftprüfer)

✓ Gewährleistung/Haftung/Versicherungsschutz

✓ Geheimhaltung/Datenschutz

✓ Vertragsdauer/Kündigungsrechte/Regelung bei vorzeitiger Auflösung

✓ Regelung zur Beilegung von Meinungsverschiedenheiten, ggf. Schiedsgerichtsvereinbarung

---

[354] Vgl. Eisele (1995, S. 142). Entsprechend sind die Vorschläge der Deutschen Krankenhausgesellschaft zur Formulierung von Kooperationsverträgen als Leitfaden zu interpretieren. Vgl. DKG (2005, S. 26).
[355] Vgl. Amelung/Meyer-Lutterloh et al. (2006, S. 89).

Oftmals wird im Rahmen von Kooperationsverträgen zwischen Leistungserbringern im Gesundheitswesen die vorübergehende oder dauerhafte Überlassung von Personal vereinbart. Dies führt zum Einsatz fremden Personals in den Räumen des Kooperationspartners, wobei je nach Intensität sowie Ausgestaltung der Zusammenarbeit dieses Personal in die Arbeitsorganisation des Kooperationspartners eingegliedert wird und von den dortigen leitenden Mitarbeitern des Kooperationspartners fachliche bzw. organisatorische Weisungen erhält.[356] Bei diesen Personalgestellungsverträgen sind insbesondere arbeitsrechtliche (Fachaufsicht, Stellung des Dienstgebers), versicherungsrechtliche (besonders haftungsrechtliche Aspekte) und vergütungsrechtliche Regelungen (evtl. Umsatzsteuerpflicht) zu berücksichtigen.[357] Ein Beispiel für die Personalüberlassung ist ein Kooperationsvertrag über die Durchführung physiotherapeutischer Leistungen, die notwendig wird, wenn ein Krankenhaus aufgrund einer fehlenden eigenen Physiotherapie kein geeignetes Personal vorhält. In einem solchen Fall kann bspw. die Physiotherapie einer Reha-Einrichtung die Versorgung der stationären Patienten als Auftragsleistung übernehmen.[358]

Wenn Leistungs- und Lieferungsverflechtungen in einen Kooperationsvertrag aufgenommen werden, sollte eine möglichst genaue Festlegung des Leistungs- und Lieferungsprogramms inklusive qualitativer Aspekte erfolgen. Von Vorteil ist dabei eine genaue Definition der im Rahmen der Kooperationsverhandlungen besprochenen aufbau- und ablauforganisatorischen Aspekte, wie Aufgaben, Kompetenzen und Verantwortung des betroffenen Personals. Die Einhaltung aller rechtlichen Vorschriften (Gewerberecht, Sicherheitsbestimmungen, Hygienevorschriften, etc.) hat der beliefernde Partner sicherzustellen.[359]

Wird im Rahmen der Kooperation auch eine gemeinsame Gerätenutzung beschlossen, so sind neben den bisher angeführten Punkten folgende Aspekte zu beachten:[360]
- Festlegung, in welchem Ausmaß Räume, Einrichtungen, Material und Personal zusammen mit dem Gerät zur Verfügung gestellt werden,
- Klärung der haftungsrechtlichen Frage sowie
- Regelung der Verantwortlichkeiten für die Einhaltung von Schutzbestimmungen (bspw. Strahlenschutz, Gerätesicherheit, Unfallverhütungsvorschriften, etc.).

---

356 Vgl. DKG (2005, S. 22).
357 Vgl. Merschbächer (2000, S. 157) bzw. ausführlich DKG (2005, S. 22 ff.).
358 Vgl. DKG (2005, S. 59 ff.). Dort befindet sich ein Mustervertrag über die Durchführung physiotherapeutischer Leistungen. Dabei ist zu beachten, dass keine Personalgestellung vorliegt, wenn lediglich die Leitungs- und Managementfunktion auf den Vertragspartner übertragen wird, das Krankenhaus aber weiterhin eigenes therapeutisches Personal einsetzt.
359 Vgl. Merschbächer (2000, S. 157 f.). Ein beispielhaftes Muster für einen Leistungs-/Lieferungsvertrag für den Cateringbereich findet sich in DKG (2005, S. 27 ff.).
360 In Anlehnung an Merschbächer (2000, S. 158.) und in Verbindung mit DKG (2005, S. 39 ff.).

Grundsätzlich ist die Ausführlichkeit des Vertragswerks von den Vertragspartnern abhängig, sollte aber nicht zu sehr von persönlichen Faktoren, wie bspw. einer langjährig bestehenden Vertrauensbasis, berührt und eingeschränkt werden.[361]

Neben den Kooperationsverträgen zwischen den Leistungserbringern können auch Verträge zwischen den Kooperationspartnern und den Kostenträgern über Sondervergütungsformen bzw. im Rahmen der Integrierten Versorgung geschlossen werden.[362] Die innerhalb der Kooperationsverhandlungen vereinbarten Regelungen zur Vergütung sind im Bedarfsfall in geeignete Verträge mit den Kostenträgern einzubinden (siehe Darstellung 3-22). Wenn nicht alle Kooperationspartner gegenüber den Kostenträgern als direkter Vertragspartner vorgesehen sind, werden Unterverträge zwischen dem direkten Vertragspartner und den anderen Kooperationsteilnehmern notwendig.

Darstellung 3-22: Bestandteile des Integrationsversorgungsvertrages
Quelle: In Anlehnung an Amelung/Meyer-Lutterloh et al. (2006, S. 26).

Bestandteile des Integrationsversorgungsvertrages:

- ✓ Grundsätze und Ziele der Versorgung
- ✓ Teilnahme der Leistungserbringer
- ✓ Teilnahme der Versicherten
- ✓ Versorgungsauftrag/Leistungen/Behandlungsplan
- ✓ Vergütung
- ✓ Zuzahlungs- und Bonusregelungen
- ✓ Abrechnung der Vergütung
- ✓ Qualitätssicherung/Evaluation
- ✓ Dokumentation/Datenschutz

---

361 Vgl. Rautenstrauch/Generotzky/Bigalke (2003, S. 118).
362 Vgl. Gohs (2005, S. 178 f.). Die kooperierenden Leistungserbringer bilden dabei in organisatorischer Hinsicht einen gemeinsamen Vertragspartner der Kostenträger.

3.4 Phasenorientiertes Management sektorübergreifender Kooperationen

Festzuhalten ist, dass es trotz sorgfältigster Planung nicht möglich sein wird, alle zukünftig denkbaren Situationen vertraglich zu regeln, so dass dem Kooperationsvertrag in der Regel nur eine Unterstützungsfunktion zukommt, dessen Bedeutung nicht überbewertet werden sollte.[363] Gerade bei Umweltveränderungen ergibt sich häufig die Notwendigkeit, auch vertraglich nicht vorhergesehene Maßnahmen zu ergreifen bzw. unter Umständen auch bewusst gegen vertraglich vereinbarte Regelungen zu verstoßen.[364] In diesem Zusammenhang kann sich die Toleranz eines Unternehmens gegenüber vernünftig begründeten Vertragsverstößen zwar positiv auf den Kooperationserfolg auswirken, jedoch ist der Vertragsbruch stets auch mit Risiken verbunden. So kann das Vertrauensverhältnis zwischen den Kooperationspartnern nachhaltig geschädigt werden.[365]

Bevor die eigentliche Durchführung der Kooperation eingeleitet wird, sollte eine kartellrechtliche Beurteilung erfolgen. Grundsätzlich kann zwar davon ausgegangen werden, dass sich die meisten Kooperationen im kartellrechtsfreien Raum bewegen oder gemäß den Bestimmungen des Gesetzes gegen Wettbewerbsbeschränkungen (GWB) rechtlich zulässig sind. Jedoch ist einschränkend zu erwähnen, dass markt- bzw. brancheninterne Kooperationen Kartelle darstellen und daher wettbewerbsrechtlich nicht unbeschränkt zulässig sind.[366] Allerdings bedienen Akut- und Reha-Einrichtungen einen unterschiedlichen Markt, so dass es bezüglich der sachlichen Marktabgrenzung bei der Überprüfung einer sektorübergreifenden Zusammenarbeit nicht zu Überschneidungen kommt.

Würde das Kartellamt in Zukunft die Kriterien zur sachlichen Abgrenzung des relevanten Marktes ändern und das kombinierte Angebot von Akut- und Reha-Leistungen von Gesundheitsunternehmen bei der Beurteilung berücksichtigen, ist bei bedeutenden sektorübergreifenden Kooperationen, bei denen die Partnerunternehmen die anmeldepflichtigen Größenkriterien erfüllen, eine kartellrechtliche Prüfung nicht auszuschließen. Gleichzeitig erlaubt das Wettbewerbsrecht Kooperationen zwischen Leistungserbringern als Ausnahme vom Kartellverbot unter bestimmten Voraussetzungen, wie z. B. der Verbesserung der Leistungserstellung durch Zusammenarbeit.[367] Dabei müssen die Verbraucher angemessen am wirtschaftlichen Erfolg beteiligt werden und es ist zu gewährleisten, dass der Wettbewerb für einen

---

363 Vgl. Kraege (1997, S. 99). Passend dazu das Zitat bei Müller (1999, S. 139): „Der Vertrag muss sauber ausgehandelt sein und dann für immer in der Schublade verschwinden.".
364 Vgl. Eisele (1995, S. 55).
365 Vgl. Mellewigt (2003, S. 90).
366 Vgl. Staudt et al. (1992, S. 162 ff.).
367 Vgl. § 1 GWB in Verbindung mit § 2 GWB.

wesentlichen Teil der betreffenden Waren ausgeschaltet wird. Damit unterstützt das Wettbewerbsrecht unter bestimmten Voraussetzungen Kooperationsformen, die den Beteiligten wirtschaftliche Vorteile – wie bspw. Synergieeffekte durch eine effizientere Leistungserbringung oder eine höhere Leistungsqualität – bieten.[368]

In Darstellung 3-23 werden die Empfehlungen hinsichtlich der Vertragsgestaltung bei sektorübergreifenden Kooperationen zusammenfassend dargestellt.

Darstellung 3-23: Gestaltungsempfehlungen Formierungsphase (Teil 3)

	Kooperationsformierung	
	Aufgabe	Gestaltungsempfehlungen
Vertragsgestaltung	Abschluss Vertragsgefüge	Erhöhung der Kooperationsverbindlichkeit durch schriftliche Vereinbarungen
		Berücksichtigung der Mindestvertragsbestandteile und Ergänzung um kooperationsspezifische Regelungen
		Beachtung rechtlicher Sonderregelungen in Teilbereichen wie der Personalgestellung oder gemeinsamer Gerätenutzung
		Berücksichtigung steuerrechtlicher Fragestellungen
		Einbezug juristischer und steuerlicher Berater
		Prüfung möglicher kartellrechtlicher Hindernisse
		Vertragsabschluss mit ausgewählten Kostenträgern hinsichtlich finanzieller Beteiligung, Vergütung und Projekteinbindung
		Abschließende Regelung der Projektfinanzierung

In Abhängigkeit vom Kooperationsprojekt, der Anzahl der in den einzelnen Schritten einbezogenen potenziellen Kooperationspartner, der Kooperationsbereitschaft und -fähigkeit sowie der Kooperationserfahrung der Kandidaten kann der Formierungsprozess von sehr unterschiedlicher Dauer sein. Er kann zum einen stark formell, iterativ und zäh aber genauso auch unkompliziert und informell durchgeführt werden. Insbesondere eine bestehende Vertrauensbasis zwischen den Partnern kann einen unproblematischen Ablauf begünstigen.[369] Sobald die Rahmenbedingungen der Zusammenarbeit festgelegt sind und der Kooperationsvertrag geschlossen ist, kann mit der Durchführung der Kooperation begonnen werden.

---

368 Vgl. Böge (2007, S. 47).
369 Vgl. Fuchs (1999, S. 150).

3.4.3 Durchführung

In der Phase der Durchführung geht es um die Gestaltung einer geeigneten Aufbau- und Ablauforganisation für das Kooperationsprojekt sowie um die eigentliche Kooperationsumsetzung.[370] Die Hauptaufgabe dieser Phase ist der Transfer der in der Formierungsphase vereinbarten Regelungen in konkrete Gestaltungsmaßnahmen. Es geht somit um die Installation der vorgesehenen Kooperationsstrukturen, die Abstimmung der unternehmensübergreifenden Prozesse sowie die Implementierung von geeigneten Steuerungsinstrumenten.[371]

3.4.3.1 Gestaltung der Aufbauorganisation

Zur erfolgreichen Gestaltung der Kooperation empfiehlt es sich, entweder einen gemeinsamen Kooperationsmanager zu benennen oder ein Kooperationsprojektteam zu bilden, falls dies in den vorherigen Phasen noch nicht geschehen ist.[372] Diese Instanz ist für die Koordination der Zusammenarbeit verantwortlich und übernimmt die Führungsfunktion im Sinne der zielgerichteten Steuerung der Kooperationsaktivitäten und ist daher mit den notwendigen Entscheidungsbefugnissen auszustatten.[373]

Das Management der Kooperation umfasst sowohl strategische Aufgaben im Rahmen der Planung von Konzepten als auch operative Aufgaben während der Umsetzung der Konzepte.[374] Insbesondere für bindungsintensive Kooperationsbeziehungen ist die Übernahme dieser Aufgabe durch die Geschäftsführung der Partnerunternehmen neben der bestehenden Arbeitsbelastung nicht sinnvoll. Auch die Besetzung der Position durch einen externen Berater erscheint nicht zweckmäßig, da dieser häufig zu weit von den täglichen Arbeitsabläufen und -prozessen entfernt ist.[375]

Abhängig von Umfang und Intensität sollte daher besser ein von allen Partnern akzeptierter Kooperationsmanager, je nach Umfang des Kooperationsprojektes gegebenenfalls hauptamtlich, eingesetzt werden. Dieser ist für die Kooperationsbereiche der beteiligten Unternehmen weisungsbefugt.[376] Die Installation eines akzeptierten Teams ist ebenso denkbar. Als Einsatzvoraussetzungen sollten die Kooperationsmanager besonders das nötige Fachwissen im Kooperationsbereich,

---

370 Vgl. Schäper (1997, S. 106).
371 Vgl. Fuchs (1999, S. 152).
372 Vgl. Mellewigt (2003, S. 101).
373 Vgl. Rautenstrauch/Generotzky/Bigalke (2003, S. 120).
374 Vgl. Gohs (2005, S. 182).
375 Vgl. Friese (1998, S. 104).
376 Vgl. Rautenstrauch/Generotzky/Bigalke (2003, S. 120).

die Verhandlungsbereitschaft und -fähigkeit, das Verständnis von Kooperationsstrukturen sowie die Fähigkeit zur Umsetzung gemeinsamer Ziele und Strategien besitzen.[377] Zur Verstärkung der Position sollten Rechte, Pflichten und Aufgaben des Kooperationsmanagers innerhalb des Kooperationsvertrages geregelt sein.

Basiert eine strategische Kooperation lediglich auf einem Kooperationsvertrag, ohne dass eine separate organisatorische und rechtliche Einheit für die Umsetzung der Kooperationsaufgabe vorgesehen ist, entfällt oft die Möglichkeit der Einrichtung eines koordinierenden Kooperationsmanagers bzw. eines Kooperationsteams. Stattdessen kommen so genannte Verbindungsmanager in Frage, die durch regelmäßigen persönlichen Kontakt die fortlaufende Kommunikation zwischen den Kooperationspartnern sichern und der Geschäftsführung der Partner Bericht erstatten.[378] Ebenso ist denkbar, dass direkte Abstimmungsgespräche zwischen den verantwortlichen Vertretern der kooperierenden Unternehmen als Steuerungsinstrumente eingesetzt werden, in denen Entscheidungen und Maßnahmen abgestimmt oder komplexere Problemkreise erörtert werden.[379]

Im Rahmen von Kooperationen zwischen Leistungserbringern im Gesundheitswesen, die sich auf eine medizinische Zusammenarbeit verständigt haben, kommt einem Kooperationsmanager, der die gemeinsame Erstellung der medizinischen Leistungen bzw. die Patientenbehandlung organisiert, eine besondere Bedeutung zu. Denn aufgrund der Arbeitsteilung im Rahmen des Behandlungsprozesses besteht die Notwendigkeit zur Koordination, insbesondere während der Übergänge zwischen den beteiligten Einrichtungen. Folgende Aufgaben werden für den medizinischen Kooperationsmanager als wesentlich erachtet:[380]

- Koordination der Kooperationspartner und Abstimmung der Leistungen (Schnittstellenmanagement) sowie
- Kommunikation mit externen Leistungserbringern, die ebenfalls Leistungen im Rahmen des Behandlungsprozesses eines Patienten übernehmen.

Zur Erfüllung dieser Aufgaben sind zum einen umfassende Kenntnisse über die Behandlungsabläufe sowie die damit verbundenen medizinischen Leistungen unerlässlich und zum anderen betriebswirtschaftliche Kenntnisse, bspw. zum Qua-

---

377 Vgl. Gohs (2005, S. 182) sowie Balling (1998, S. 117).
378 Vgl. Mellewigt (2003, S. 102).
379 Vgl. Mellewigt (2003, S. 103).
380 Vgl. Gohs (2005, S. 183) in Verbindung mit Mühlbacher (2004, S. 92 ff.).

litätsmanagement, erforderlich.[381] Daher eignen sich für die Aufgaben insbesondere Ärzte oder Pflegekräfte sowie teilweise auch Sozialarbeiter, die über die notwendigen Zusatzkenntnisse verfügen.

Zur weiteren Unterstützung der oberen Kooperationsmanagementebene können hierarchisch tiefer angesiedelte Verantwortliche aus den beteiligten Berufsgruppen der Partnerunternehmen bestimmt und in Arbeitsgruppen zusammengefasst werden. Diesen könnten bestimmte Aufgabenbereiche und Weisungsbefugnisse zugeordnet werden. Bei der Auswahl ist insbesondere auf die persönliche Kooperationsfähigkeit der Mitarbeiter zu achten.[382]

Die Bildung von solchen unternehmensübergreifenden Teams ist gleichzeitig eine wichtige kulturbildende Maßnahme, die das Zusammenwachsen der einzelnen Organisations- und Leistungseinheiten schon vor der Umsetzung des Kooperationsprojektes fördert.[383] In diesem Zusammenhang erweist sich die Koordination durch Vertrauen als bedeutungsvoll. Gerade in Gesundheitsnetzwerken kann Vertrauen hierarchische Weisungen und Bürokratisierungsgrade teilweise ersetzen und die Effektivität anderer Koordinationsinstrumente unterstützen.[384]

Durch die Strukturierung der Verantwortlichkeiten innerhalb der Kooperation kann eine konstante Kommunikation über alle Hierarchieebenen organisiert werden. Dies ist wichtig, um alle beteiligten Mitarbeiter frühzeitig in den Kooperationsprozess einzubeziehen und so deren Akzeptanz und Motivation für die Zusammenarbeit zu steigern. Daher sollten alle Mitarbeiter auch über Ziele und Aufgaben der einzelnen Abteilungen, Projektteams und Arbeitsgruppen und die jeweiligen Ansprechpartner informiert sein.[385] So stellt im Hinblick auf einen reibungslosen Ablauf der Zusammenarbeit und der Erhöhung der Kooperationsfähigkeit des Unternehmens die fachliche Vorbereitung der an der Kooperation beteiligten Mitarbeiter ein wichtiges Kriterium dar.

Mit Hilfe von Erklärungen der Betriebs- bzw. Behandlungsabläufe, durch Praktika im Partnerunternehmen bzw. Personalaustauschprogramme („Job-Rotation") oder durch geeignete Weiterbildungsmaßnahmen zur Entwicklung der persönlichen Kompetenzen und des kooperationsfördernden Verhaltens können die fachlichen

---

[381] Vgl. Gohs (2005, S. 184).
[382] Vgl. Rautenstrauch/Generotzky/Bigalke (2003, S. 121).
[383] Vgl. Mühlbacher (2002, S. 169).
[384] Vgl. Braun/Güssow (2006, S. 80).
[385] Vgl. Rautenstrauch/Generotzky/Bigalke (2003, S. 124 f.).

Voraussetzungen bei den Mitarbeitern geschaffen werden. Gleichzeitig können durch derartige Maßnahmen Konflikte präventiv verhindert werden, da durch den Mitarbeiteraustausch zwischen den Partnern, neue Erfahrungen gesammelt und ein besseres Verständnis für das Tätigkeitsgebiet des Partners entwickelt werden kann.[386]

Organisation Wissenstransfer
Durch einen laufenden Erfahrungs- und Informationsaustausch sollte das gegenseitige Verständnis und der gemeinsame Lernprozess gefördert und somit eine Basis für eine funktionierende Zusammenarbeit gelegt werden. Im Wesentlichen geht es dabei darum, eine gemeinsame Wissensbasis aufzubauen und diese einer möglichst breiten Mitarbeiterbasis zugänglich zu machen sowie relevantes externes Wissen über Patienten, Wettbewerber, Verbände, Forschung, etc. in internes Wissen zu überführen. Dieses Wissen ist in der Organisation zu halten und zum richtigen Zeitpunkt am richtigen Ort zur Verfügung zu stellen. Das Ziel sollte sein, die Teamarbeit zu unterstützen, indem Wissensunterschiede abgebaut und Wisseninseln aufgelöst werden.[387] Denn gerade Kooperationen in der Gesundheitsversorgung leben vom Wissenstransfer, so dass ein gemeinsames Wissensmanagement – getragen von dem vorhandenen Know-how der Partner – zu einem nachhaltigen Wettbewerbsvorteil werden kann.[388]

In kooperativen Arrangements bedeutet Wissen allerdings auch Macht und das umso mehr, je weniger Transparenz besteht. Der Umgang mit bestehenden Machtgefügen spielt daher bei der Verteilung und Anwendung von Wissen eine wichtige Rolle. Gerade deshalb sind die Anstrengungen der Leistungserbringer zum strukturierten und systematischen Umgang mit Wissen im Sinne transparenter Strukturen häufig nicht sehr ausgeprägt. Mit zunehmendem wirtschaftlichen Druck und der Forcierung prozessorientierter Kooperationsstrukturen sind solche Reibungsverluste allerdings in Zukunft nicht mehr tragbar.[389]

Aufgrund dessen sind die Behandlungsprozesse das wesentliche Gestaltungsfeld des Wissensmanagements mit dem Ziel der Entwicklung einer lernenden Organisation. Zwei grundsätzliche Wissenskategorien sind in diesem Zusammenhang zu berücksichtigen:

---

386 Vgl. Rautenstrauch/Generotzky/Bigalke (2003, S. 124 sowie S. 148).
387 Vgl. Amelung (2004, S. 229).
388 Vgl. Gohs (2005, S. 189) in Verbindung mit Mühlbacher (2002, S. 173).
389 Vgl. Güssow (2005, Rn. 3).

- Das Prozesswissen bezieht sich auf die Funktionen und Verknüpfungen im Prozess und kann zu Transparenz- und Kommunikationszwecken dienen, indem bspw. Behandlungspfade dargestellt und den Mitarbeitern prozessgerecht zur Verfügung gestellt werden.[390]
- Während das Funktionswissen das zur Durchführung eines Prozessschrittes notwendige Wissen umfasst.

Aus der Tatsache das eine Vielzahl von Personen bei der Gestaltung eines Behandlungsprozesses über Wissen bezüglich eines bestimmten Prozessschrittes verfügt, ergibt sich die Notwendigkeit, Funktionswissen so darzustellen, dass auch das subjektive, auf einzelnen Erfahrungen basierende, nicht parametrisierbare Wissen der Mitarbeiter in geeigneter Form zur Verfügung gestellt wird.

Neben der Umsetzung von übergreifenden Behandlungspfaden sind daher übergreifende Informations- und Kommunikationssysteme zur Erschließung nichtparametrisierbaren Wissens als wesentliche Handlungsfelder im Hinblick auf einen integrierten Ansatz zum prozessorientierten Wissensmanagement anzusehen. Diese haben die Planung, Steuerung und Kontrolle von Abläufen unter Einbindung, Erzeugung und Transferierung von Fähigkeiten, Fertigkeiten und Kenntnissen zum Ziel.

Gerade in sektorübergreifenden Kooperationen können durch die Erzielung von Synergien bei der systematischen Entwicklung von Funktions- und Prozesswissen die Potenziale eines prozessorientierten Wissens sehr groß sein, so dass Methoden des Prozessmanagements sinnvoll durch den Wissensbezug ergänzt werden können. Allerdings ist zu berücksichtigen, dass die tatsächliche Wissensnutzung im starken Maß von der Organisationskultur der beteiligten Einrichtungen abhängig ist und Wissen, das zu einer Reorganisation der Abläufe führt, bei einer veränderungsaversen Kultur ein hohes Konfliktpotenzial mit sich bringen kann.[391]

Insgesamt ist hinsichtlich der Aufbauorganisation festzuhalten, dass eine Kooperation nur dann erfolgreich arbeitet, wenn die beteiligten Mitarbeiter aller Berufsgruppen und auf allen Hierarchieebenen die kooperativen Strategien verinnerlichen und bewusst umsetzen.

---

390 Vgl. Güssow (2005, Rn. 13).
391 Vgl. Güssow (2005, Rn. 14 ff.).

3.4.3.2 Abstimmung der Ablauforganisation

Ein weiterer Schwerpunkt der Gestaltungsphase liegt in der Prozessorganisation. Das heißt, die Prozesse der Leistungsanbieter, die von der Zusammenarbeit betroffen sind, müssen identifiziert werden und zu einem übergreifenden Prozesssystem der Kooperation aggregiert werden.[392] Ausgehend von den vertraglichen Kooperationsvereinbarungen ist es Aufgabe des Kooperationsmanagements bzw. des Managements in den beteiligten Unternehmen, dass die im Rahmen der Kooperation vorgesehenen innovativen Prozesse in Gang kommen und in Gang gehalten werden.[393]

Zu diesem Zweck ist zum einen eine Leistungsanalyse und zum anderen eine Ablaufplanung erforderlich. Während in der Leistungsanalyse die Prozessleistung der kooperativen Kernprozesse im Detail definiert wird, bestimmt die Ablaufplanung die Zuordnung der Aufgaben innerhalb der Prozesse auf die jeweiligen Aufgabenträger bei den beteiligten Leistungserbringern. So bestimmt die Ablaufplanung das „Wie" oder die Effizienz des Prozesses, im Gegensatz zur Leistungsanalyse, die das „Was" eines Prozesses und somit die Effektivität festlegt.[394] Die Organisation der gemeinsamen Leistungserstellung hat sich an den Bedürfnissen der Patienten zu orientieren, wobei es sich anbietet, dass sich die Partner auf ihre bereits vorhandenen Kernkompetenzen konzentrieren und diese in Abstimmung mit den Partnern weiterentwickeln.[395] Als Voraussetzung für die Einrichtung kooperativer Prozessstrukturen ist es notwendig, dass die Partner diejenigen organisationsinternen Prozesse offen legen, die von der Kooperation direkt betroffen sind.[396]

Zur Darstellung der Resultate der Leistungsanalyse und der Ablaufplanung bietet sich die Erstellung von Behandlungspfaden an, die sich aus der Standardisierung von Prozesselementen nach dem Baukastenprinzip ergeben. So können die Einzelleistungen der Kooperationspartner, nachdem sie definiert sind und der damit verbundene Ressourceneinsatz festgestellt wurde, zu Leistungsbündeln in Form von Teilprozessen zusammengefasst werden, die anschließend durch entsprechende Kombination den vollständigen Behandlungspfad abbilden. Auch wenn im Einzelfall aus medizinischen, pflegerischen und sozialen Gründen Abweichungen vom vorgezeichneten Behandlungspfad notwendig werden, können auf diese Weise der Behandlungsverlauf und die Verteilung der Zuständigkeiten nicht nur für das betei-

---

392 Vgl. Gohs (2005, S. 181).
393 Vgl. Harland (2002, S. 195).
394 Vgl. Fuchs (1999, S. 159 f.).
395 Vgl. Gohs (2005, S. 184).
396 Vgl. Mühlbacher (2004, S. 103).

ligte Personal, sondern auch für die Patienten transparent dargestellt werden.[397]

Die Betrachtung der Schnittstellen ist bei der Prozessgestaltung, aufgrund ihres großen Einflusses auf die Leistungsfähigkeit unternehmensübergreifender Prozesse, als sehr wichtig einzustufen.[398] So wird anhand von Art und Anzahl der Schnittstellen, die Komplexität der Steuerung von Kooperationen deutlich. Hierin unterscheiden sich Kooperationen von Einzelunternehmen, die zur Leistungserstellung in der Regel mit wenigen Schnittstellen auskommen, sowie von der Zusammenarbeit zwischen Tochtergesellschaften in einem dezentralen Konzern, wo zwar eine gleich große Anzahl von Schnittstellen existiert, deren Steuerung aber aufgrund der führungsmäßigen Durchgriffsmöglichkeit der Konzerngesellschaft einfacher gestaltet ist.[399] So ergibt sich für die Partner einer Kooperation meist eine neue Situation, wenn sie auf einen Teil der an der Kooperation beteiligten Personen – und den von diesen geführten Prozessen – nicht direkt einwirken können, aber gleichzeitig von ihrem Beitrag zur Zielerreichung abhängig sind.[400] Eine unscharfe Trennung von Aufgaben, Kompetenzen und Ressourcen zwischen den Partnern im Kooperationsbereich bildet dementsprechend ein latentes Konfliktpotenzial, weshalb insbesondere der exakten Abgrenzung durch eine klare Bezeichnung der Schnittstellen besondere Aufmerksamkeit zu schenken ist.[401]

Die Gestaltungsempfehlungen zur Aufbau- und Ablauforganisation im Rahmen der Kooperationsdurchführung werden in Darstellung 3-24 systematisch aufgelistet.

---

397 Vgl. Conen/Rieben/Holler/Rehder (2000, S. 129 f.).
398 Vgl. Mühlbacher (2002, S. 168 f.).
399 Vgl. Mellewigt (2003, S. 93).
400 Vgl. Schäper (1997, S. 106).
401 Vgl. Altwegg (1995, S. 55).

Darstellung 3-24: Gestaltungsempfehlungen Durchführungsphase (Teil 1)

Kooperationsdurchführung		
	Aufgabe	Gestaltungsempfehlungen
Aufbauorganisation	Gestaltung Kooperationsstrukturen	Installation eines Kooperationsmanagements, insbesondere Bestimmung eines Koordinators (hauptamtlich, nebenamtlich) oder Bildung Kooperationsprojektteam
		Besetzung der Kooperationsorgane (Vertreter Leistungserbringer, Kostenträger, etc.)
		Abschließende Regelung von Rechten, Pflichten und Aufgaben des Kooperationsmanagements
		Bildung von kooperationsbezogenen Arbeitsgruppen
	Organisation Wissenstransfer	Gegenseitige Aufklärung der Partner über Betriebs- und Behandlungsabläufe durch Personalaustauschprogramme oder geeignete Fort- und Weiterbildungsmaßnahmen
		Etablierung eines kontinuierlichen Erfahrungs- und Informationsaustauschs, bspw. mittels der Durchführung gemeinsamer Veranstaltungen
Ablauforganisation	Leistungsanalyse	Definition der Prozessleistung auf Partnerebene
		Gegenseitige Offenlegung der betroffenen Prozesse
	Ablaufplanung	Aggregation der Prozesse zu einem übergreifenden Prozesssystem der Kooperation
		Aufgabenzuordnung orientiert an den Patientenbedürfnissen und unter Berücksichtigung der vorhandenen Kernkompetenzen
		Entwicklung sektorübergreifender Behandlungspfade
		Eindeutige Definition der Schnittstellen zur Minimierung von Konfliktpotenzialen
		Definition von Leitlinien für das Case-Management

3.4.3.3 Implementierung von Steuerungsinstrumenten

Zur laufenden Steuerung der Kooperation ist der Aufbau geeigneter Managementsysteme anzustreben. Managementsysteme können als zusätzliche, die Basisorganisation überlagernde Organisationsschichten bezeichnet werden, die der Professionalisierung der Führung der Zusammenarbeit dienen.[402] Die Kooperationspartner müssen zu diesem Zweck eine kooperative Infrastruktur hinsichtlich eines koordinierten Controllings und Qualitätsmanagements sowie einer gemeinsamen Informations- und Kommunikationsinfrastruktur entwerfen. Zudem sollten kooperationsbezogene Maßnahmen zum Risikomanagement entwickelt werden.

---

402 Vgl. Braun/Güssow (2006, S. 79).

Koordination der Controllingaktivitäten

Zur Unterstützung des Kooperationsmanagements und zur Sicherstellung der Wirtschaftlichkeit der kooperativen Leistungserstellung bedarf es eines funktionierenden Controllings der gemeinsamen Prozesse. Es sollte daher ein unterstützendes System aufgebaut werden, das im Wesentlichen Vergleiche zwischen geplanten und realisierten Ziel- und Erfolgsgrößen sowie eine Analyse der Abweichungen durchführt und damit einen zentralen Beitrag zur Steuerung der Zusammenarbeit leistet.[403] Da ein systematisches Kooperationscontrolling in der Regel nicht vorgesehen ist, muss eine laufende Gewinnung von Informationen über Zielerreichung und Kosten der Kooperation auf der Ebene der Partnerunternehmen stattfinden. Ein Grund für diesen Mangel kann darin liegen, dass in den wenigsten Unternehmen und insbesondere nicht bei den Leistungserbringern im Gesundheitswesen systematische und langfristige Kooperationen betrieben werden und der Bedarf als niedrig angesehen wird.[404] Außerdem ist zu beachten, dass der mit dem Aufbau eines gemeinsamen Qualitäts- und Controllingsystems verbundene Aufwand in einem angemessenen Verhältnis zum Nutzen stehen sollte.[405]

Es stellt sich daher die Frage, wie die Controllingabteilungen der Partner unternehmensübergreifend zusammenarbeiten können und inwieweit es sinnvoll erscheint, eine zentrale Controllingstelle für die Kooperationsaktivitäten einzurichten. Nach Horvath muss Controlling mit zunehmender Dezentralisierung der Führungsaufgaben ebenfalls Dezentralisierungstendenzen aufweisen, allerdings eine zentral koordinierte Leitung vorhalten.[406] Entsprechend sollte das Kooperationsmanagement die Controllingaktivitäten der Partner abstimmen und koordinieren bzw. die Informationsbereitstellung durch die jeweiligen Abteilungen gewährleisten und so die Steuerungsfunktion zur Sicherstellung und Einhaltung der gesetzten Qualitäts- und Kostenziele wahrnehmen.

Eine bedarfsgerechte und wirtschaftliche Versorgung des Kooperationsmanagements mit Informationen bezüglich der Kosten und Erlöse von Kooperationsaktivitäten sowie über deren Einflussgrößen kann durch das Konzept einer Kooperationsaktivitätskostenrechnung (KAKR) von Drews systematisch dargestellt werden.[407] Das Konzept bezieht sich auf Aktivitäten, die der Kooperationsbildung und der Leistungserstellung im Rahmen der laufenden Kooperation dienen, und kann ergänzend zur bestehenden Kostenrechnung der Partner eingesetzt werden.

---

403 Vgl. Staudt et al. (1992, S. 229) sowie Mellewigt (2003, S.100).
404 Vgl. Schäper (1997, S. 106).
405 Vgl. Balling (1998, S. 112).
406 Vgl. Horvath (2003, S. 845).
407 Vgl. Drews (2001, S. 94 ff.).

3.4 Phasenorientiertes Management sektorübergreifender Kooperationen

Die Vorgehensweise des KAKR gliedert sich in vier Schritte:[408]

- Zunächst sind die Kooperationsaktivitäten abzugrenzen und zu systematisieren. Dies kann auf der Grundlage der vereinbarten Kooperationsstrukturen bzw. der Behandlungsverläufe erfolgen.
- Im zweiten Schritt sind die Kosten der kooperationsbezogenen Aktivitäten, wie die Behandlungskosten, Personalkosten des Kooperationsmanagements, etc., und deren Einflussgrößen (Kostentreiber) zu ermitteln sowie die Erlöse der Kooperationsleistungen, bspw. IV-Erlöse, zu kalkulieren.
- Auf Basis der ermittelten Kosten- und Erlösdaten ist im dritten Schritt eine kurzfristige Erfolgsrechnung durchzuführen.
- Im letzten Schritt sollte mittels einer operativen Kooperationsbudgetierung das Kooperationssystem koordiniert werden.

Begleitend können die Variablen des Kooperationsmanagements einer kostenrechnerischen Analyse in Form eines Alternativ-, Plan-Ist- oder Zeit-Vergleichs unterzogen werden.[409]

Somit ist die Bereitstellung einer ausreichenden Informationsbasis, um Entscheidungen im Rahmen der Kooperation treffen zu können, als Aufgabe der jeweiligen internen Controllingabteilung anzusehen.[410] Dabei ist es wichtig, dass die Informationen nicht erst nachträglich bereitgestellt werden und dann nicht mehr zur Entscheidungsunterstützung beitragen können, sondern das frühzeitige Erkennen von Fehlentwicklungen ermöglichen.[411]

Darüber hinaus empfiehlt sich für die beteiligten Leistungserbringer, die kooperationsbezogenen Prozesse mittels geeigneter Kennzahlensysteme zu planen, zu kontrollieren und zu steuern.[412] Dabei sind sowohl ökonomische als auch medizinische Fragestellungen zu berücksichtigen.[413] Entsprechend steht das Controlling sektorübergreifender Versorgungsstrukturen in enger Verbindung zu einem umfassenden Qualitätsmanagement und fokussiert mit diesem gemeinsam die Entwicklung von geeigneten Qualitätsindikatoren zur Beurteilung der gemeinsamen Leistungserstellung.[414]

---

408 In Anlehung an Drews (2001, S. 97 ff.).
409 Ungeklärt bleiben allerdings die Fragen der funktionalen Anbindung an die vorhandenen Kostenrechnungssysteme. Das heißt, die Einbindung der Kosteninformationen der Kooperationspartner wird zwar gefordert, jedoch werden die damit verbundenen Probleme der Informationsversorgung nicht im KAKR-Konzept erläutert. Vgl. Stüllenberg (2005, S. 230).
410 Vgl. Rautenstrauch/Generotzky/Bigalke (2003, S. 130 f.).
411 Vgl. Kraege (1997, S. 126).
412 Vgl. Mühlbacher (2002, S. 192).
413 Vgl. Braun/Güssow (2006, S. 86).
414 Vgl. Braun/Güssow (2006, S. 86).

Förderung eines sektorübergreifenden Qualitätsmanagements
Das Ziel der Etablierung eines sektorübergreifenden Qualitätsmanagements ist die Gewährleistung eines qualitativ hochwertigen Gesamtprozesses, der eine entsprechende Leistungsfähigkeit auf Seiten der Kooperationspartner voraussetzt.[415] Ein an den Einrichtungsgrenzen endendes Qualitätsmanagement der Beteiligten reicht dafür nur bedingt, da durch nicht zusammenhängende Qualitätsmanagementsysteme der Einrichtungen nur die Qualität von Teilprozessen fokussiert und weiterentwickelt wird, statt die Sicherung des Gesamtprozesses zur Optimierung der patientenbezogenen Ergebnisqualität in den Mittelpunkt zu stellen.

Der Sachverständigenrat forderte bereits in seinem Gutachten 2000/2001, dass ein ergebnisorientiertes Qualitätsmanagement nicht nur institutionenspezifisch und unter Berücksichtigung von Eigeninteressen und Einrichtungsgrenzen ausgestaltet werden darf, sondern vielmehr institutionenübergreifende Verfahren, Verlaufsbeobachtungen und -bewertungen ermöglichen muss.[416] Zudem soll mit einem übergreifenden Qualitätsmanagement eine bessere Koordination der Behandlungsleistungen mit einer gesteigerten Patienten- und Ergebnisorientierung einhergehen.[417] Daher verpflichtet der Gesetzgeber die Leistungserbringer im Gesundheitswesen sich an einrichtungsübergreifenden Maßnahmen der Qualitätssicherung zu beteiligen, die insbesondere die Ergebnisqualität verbessern sollen.[418]

Für die nach § 111 SGB V zugelassenen Rehabilitationseinrichtungen ist explizit festgeschrieben, dass im Rahmen der Qualitätssicherung die Erfordernisse einer sektorübergreifenden Versorgung angemessen zu berücksichtigen sind.[419] In der Praxis sind die vielfältigen Qualitätssicherungsansätze allerdings noch wenig koordiniert und systematisiert. So werden Qualitätsindikatoren zu gleichen Krankheitsentitäten von verschiedenen Gruppen wie Fachgesellschaften oder der Bundesgeschäftsstelle für Qualitätssicherung (BQS) entwickelt, was zu einer kaum überschaubaren Dokumentationsflut führt, deren Daten aufgrund unterschiedlicher Formate nicht einheitlich auswertbar sind.[420]

Um eine steigende Ergebnisqualität durch sektorübergreifende Kooperation zu erreichen, ist im Rahmen des Kooperationsmanagements für den übergreifenden

---
415 Vgl. Gohs (2005, S. 187).
416 Vgl. SVR (2001, Bd. II, Abs. 429).
417 Vgl. SVR (2001, Bd. II, Abs. 431).
418 Vgl. § 135a, Abs. 2, Punkt 1 SGB V.
419 Vgl. § 137d Abs. 3 SGB V.
420 Vgl. Kolbeck (2005, S. 24).

Behandlungsprozess ein effizientes Qualitätsmanagement mit geeigneten Verfahren und Standards zu entwickeln. Aufbauend auf den vorhandenen sektorinternen Qualitätssicherungsmaßnahmen und Qualitätsmanagementsystemen liegt die zentrale Aufgabe eines sektorübergreifenden Qualitätsmanagements darin, den Abstimmungsprozess zwischen den Partnern und insbesondere die Übergangsphase in geeigneter Weise zu koordinieren.[421] Ebenso ist anhand einer kontinuierlichen Überprüfung der festgelegten Qualitätsstandards die Leistungsfähigkeit der Kooperation sicherzustellen, indem mögliche Schwächen in der Prozesskette identifiziert und beseitigt werden.[422]

Es ist festzuhalten, dass die Sicherung der Qualität der sektorübergreifenden Leistungserstellung ein dynamischer Prozess ist, innerhalb dessen die kooperierenden Leistungserbringer die Leistungsqualität stetig zu verbessern haben. Entscheidend ist ein transparentes Prozessmanagement. Dies beinhaltet die Definition von Verantwortlichkeiten, indem gemeinsam festgelegt wird, wer an welcher Stelle für die Qualität zuständig ist und gegebenenfalls gegensteuern muss. Eine enge Kommunikation ist dabei eine wesentliche Voraussetzung und gleichzeitig Bestandteil des Prozessmanagements.[423]

Ein geeignetes Instrument zur Qualitätsförderung sind Qualitätszirkel, in denen Mitarbeitergruppen berufsgruppenbezogen aber auch berufsgruppenübergreifend in regelmäßigen Zusammenkünften Fortbildung und fachlichen Erfahrungsaustausch betreiben.[424] Erfolgt im Rahmen der Kooperation eine unternehmensübergreifende und damit auch sektorübergreifende Zusammensetzung von Qualitätszirkeln, können dadurch Strategien und Maßnahmen zur Verbesserung der gemeinsamen Leistungserstellung bzw. Patientenversorgung erarbeitet werden. Im Unterschied zu klassischen Fortbildungsveranstaltungen beziehen sich die meisten Lerneffekte nicht auf die Generierung neuen Wissens oder der Auffrischung von altem Wissen, sondern überwiegend auf konkrete Durchführungsprobleme, die vor allem im Zusammenhang mit der Führung des Patienten durch den Behandlungsprozess auftreten.[425]

Zur organisatorischen Einbindung eines sektorübergreifenden Qualitätsmanagements könnte an der Schnittstelle dauerhaft eine Koordinationsstelle Qualitäts-

---

421 Vgl. Müller/Weinert (2006, S. 3).
422 Vgl. Gohs (2005, S. 187).
423 Vgl. Bronner (2007, S. 93).
424 Vgl. Specke (2005, S. 469).
425 Vgl. Specke (2005, S. 469).

management (QM) eingerichtet werden. Diese steht unter der Leitung eines akzeptierten Qualitätskoordinators, der von den Qualitätsmanagement-Abteilungen des Akuthauses sowie der Reha-Einrichtung unterstützt wird. Zusätzlich kann bei Bedarf ein externer Projektbegleiter bzw. Berater hinzugezogen werden.[426] Aufgabe der Koordinationsstelle sollte es sein, die Aktivitäten der Qualitätszirkel zu koordinieren und deren Ergebnisse zu sammeln und hinsichtlich der Umsetzungsmöglichkeiten zu prüfen. Zudem kann die Koordinationsstelle Moderatoren aus den verschiedenen Berufsgruppen rekrutieren, die die Werkzeugebene des Qualitätsmanagements sowie Moderations- und Gesprächstechniken beherrschen und die Qualitätszirkel bei ihrer Arbeit unterstützen (siehe Darstellung 3-25).

Darstellung 3-25: Organisation eines sektorübergreifenden Qualitätsmanagements

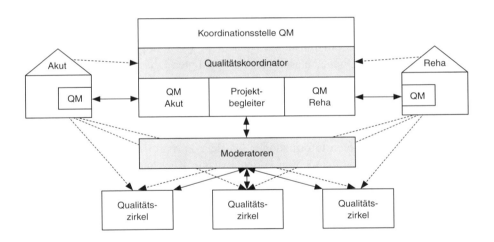

Als ein wichtiges Hilfsmittel für das sektorübergreifende Qualitätsmanagement bietet sich zur Bewertung der gemeinsamen Behandlungsleistung der Einsatz sektorübergreifender Behandlungspfade an. Anhand der Behandlungspfade können nicht nur die einzelnen Prozesselemente mit den dazugehörigen Personal- und Sachkosten bewertet und durch die Kostenträgerrechnung abgebildet werden. Ebenso können medizinische Qualitätsstandards für die einzelnen Prozessschritte

426 Vgl. Müller (2001, S. 32).

definiert werden. Dadurch erhalten die beteiligten Leistungserbringer wichtige und gleichzeitig strukturierte Informationen über die Effektivität und Effizienz der gemeinsamen Leistungsprozesse.[427]

Aufbau vernetzter Informations- und Kommunikationsstrukturen
Die vorausgegangenen Ausführungen zeigen eine starke Abhängigkeit der Zielparameter Qualität und Wirtschaftlichkeit vom Informations- und Kommunikationsverhalten der Leistungserbringer und ihrer Mitarbeiter. Daher kommt dem Informationsmanagement bei Kooperationen im Rahmen der Gesundheitsversorgung eine besondere Bedeutung zu.[428] Dies bezieht sich einerseits auf die Gestaltung der Beziehungen untereinander und damit der Überwindung der Schnittstellen sowie andererseits auf die Erfassung von Qualitäts-, Kosten- und Leistungsindikatoren.[429] Dementsprechend ist frühzeitig festzulegen, welche Informations- und Kommunikationswege im Rahmen der Zusammenarbeit genutzt werden sollen.[430] Nur durch einen schnellen und effizienten Informationsaustausch können eine gute Kommunikation und eine effektive gemeinsame Leistungserstellung gewährleistet werden. So können durch eine funktionsfähige Vernetzung bspw. doppelte Tätigkeiten und daraus resultierende Doppelbelastungen der beteiligten Leistungserbringer verhindert werden.[431]

Im Rahmen der Kooperation ist es zweckmäßig, den Aufbau einer unternehmensübergreifenden Informationsinfrastruktur voranzutreiben, damit eine hohe Verfügbarkeit von relevanten Informationen existiert. Primäre Aufgabe eines solchen Informations- und Kommunikationssystems ist die Koordination von Funktionen und Prozessen innerhalb einer Kooperation sowie die Versorgung der Partner mit bedarfs-, zeit- und qualitätsgerechten Informationen.[432] Dabei muss das Informationsmanagement gerade im Gesundheitswesen als ganzheitliche Aufgabe aller beteiligten Leistungserbringer verstanden werden. Gerade in medizinisch-pflegerischen Versorgungsprozessen, die traditionell durch Diskontinuitäten geprägt sind, ist eine Ausrichtung auf die starre Weitergabe durch bürokratische Instanzen mit dem gewohnten Formalismus nicht zweckmäßig.

---

427 Vgl. Conen/Rieben/Holler/Rehder (2000, S. 130).
428 Im Allgemeinen wird unter Informationen im Gesundheitswesen eine Auskunft über Patientendaten, die Aufklärung über Krankheitsbilder oder die Belehrung über Risikofaktoren verstanden. Vgl. Mühlbacher (2002, S. 224).
429 Vgl. Mühlbacher (2002, S. 222).
430 Vgl. Killich/Luczak (2003, S. 21).
431 Vgl. Mühlbacher (2002, S. 169).
432 Vgl. Rautenstrauch/Generotzky/Bigalke (2003, S. 132 f.).

Die Ausstattung mit neuen Hard- und Software-Systemen bzw. die Angleichung der vorhandenen Systeme der Leistungserbringer ist eine zentrale Aufgabe beim Aufbau eines gemeinsamen Informations- und Kommunikationssystems. Dieses soll den Datenaustausch bzw. den gegenseitigen Datenzugriff ermöglichen und damit den Aufwand für die Überbrückung der Unternehmensschnittstellen reduzieren.[433] Hierbei ist es sinnvoll, eine Stabsstelle oder zumindest einen Ansprechpartner zu definieren, der für den Aufbau und die Anpassung der EDV-Systeme bzw. die Schulung der Mitarbeiter zuständig ist.

Die Aufgabe des gemeinsamen Informations- und Kommunikationssystems ist es dabei nicht, primär zusätzliche Informationen bereitzustellen, sondern vielmehr die bereits vorhandenen Informationen besser zu kommunizieren und die Interaktion zwischen den Partnern zu unterstützen.[434] Im Rahmen der gemeinsamen Patientenbehandlung sollten diese Aktivitäten daher optimalerweise in der Dokumentation der Patientendaten, also der Diagnosen, Laborwerte, Röntgenbilder, etc., in einer unternehmensübergreifenden elektronischen Patientenakte münden (siehe Darstellung 3-26). Auf diese Weise können die beteiligten Leistungserbringer entsprechend ihrer Zugangsberechtigungen, die jeweils relevanten Daten einsehen bzw. fortschreiben.[435] Dieses entspräche auch den gesetzlichen Forderungen zur Integrierten Versorgung (gemäß § 140 b Abs. 3 SGB V) sowie zum Versorgungsmanagement (gemäß § 11 Abs. 4 SGB V). Diese schreiben vor, dass im Rahmen der Koordination zwischen den Versorgungsbereichen allen Beteiligten eine ausreichende Dokumentation zugänglich gemacht werden muss bzw. die Leistungserbringer der beteiligten Versorgungsbereiche den erforderlichen gegenseitigen Informationsaustausch sicherstellen müssen.

---

433 Vgl. Mühlbacher (2004, S. 103). Beide Seiten sollten also möglichst auf die gleichen Datenquellen und Informationen zugreifen können.
434 Vgl. Mühlbacher (2002, S. 232).
435 Vgl. Gohs (2005, S. 189).

3.4 Phasenorientiertes Management sektorübergreifender Kooperationen

Darstellung 3-26: Sektorübergreifende elektronische Patientenakte

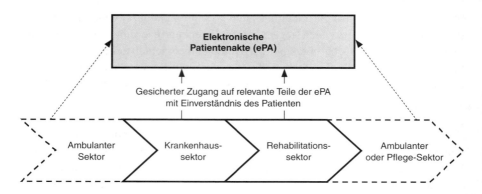

Ist zur Lösung eines Problems die persönliche Anwesenheit und eine zwischenmenschliche Kommunikation notwendig, stoßen Informations- und Kommunikationssystem an ihre Grenzen.[436] Dies ist insbesondere in Konfliktsituationen der Fall.[437] Das heißt, dass eine gute Organisation des Informations- und Kommunikationsprozesses nicht ausreicht, sondern die Kooperationspartner bereit sein müssen, durch eine offene Informationspolitik und vertrauensvolle Weitergabe von Informationen dem bestehenden Misstrauen, den Hemmungen oder der Gleichgültigkeit entgegenzuwirken.[438]

Die Aufgabe des Kooperationsmanagements ist es somit nicht nur, die für die Informationsversorgung und Kommunikation notwendige Infrastruktur aufzubauen sowie ständig nach diesbezüglichen Innovationsmöglichkeiten zu suchen. Ebenso sind alle am Kooperationsprozess beteiligten Personen an ein kooperatives und aktives Informationsverhalten heranzuführen.[439]

Maßnahmen zum Risikomanagement

Durch das Gesetz zur Kontrolle und Transparenz im Unternehmensbereich (KonTraG) aus dem Jahr 1998 werden Unternehmen und damit auch Leistungserbringer einer bestimmten Größe dazu angehalten, ihre individuellen Risiken zu

---

[436] Vgl. Rautenstrauch/Generotzky/Bigalke (2003, S. 133).
[437] Vgl. dazu ausführlich Rautenstrauch/Generotzky/Bigalke (2003, S. 145 ff.).
[438] Vgl. Mühlbacher (2002, S. 233).
[439] Vgl. Picot/Reichwald/Wigand (2003, S. 329).

erfassen, zu bewerten und zu objektivieren.[440] Im Interesse einer Risikominimierung sollte zur Beobachtung von Risiken und deren Veränderungen daher frühzeitig ein internes Steuerungsinstrument aufgebaut werden, das auch die strategischen Aktivitäten berücksichtigt, die die Unternehmensentwicklung nachhaltig beeinflussen.[441] Im Rahmen der sektorübergreifenden Kooperation sind dementsprechend in allen Kooperationsphasen, von der Initiierung bis zur Umsetzung, Maßnahmen zur kontinuierlichen Chancen- und Risikoanalyse durchzuführen.[442]

Ein geeignetes Instrument zur Darstellung von Chancen und die Risiken einer Kooperation ist die Methode des strategischen Risikomanagements.[443] Auf Basis einer Risikomatrix werden alle identifizierten Risiken erfasst, bewertet, konsolidiert und überwacht (siehe Darstellung 3-27).[444] Im Idealfall sollte dabei das Risikoausmaß mithilfe einer ökonomischen Bewertung quantifiziert werden. Allerdings ist eine exakte Bewertung durch präzise Bestimmung der Risikointensität und der entsprechenden Eintrittswahrscheinlichkeit häufig nicht möglich.[445]

---

440 Vgl. Schmitz (2006, S. 140).
441 Vgl. Middendorf (2005, S. 24 ff.).
442 Vgl. zu den Chancen und Risiken sektorübergreifender Kooperationen die Kapitel 3.1.2 sowie 3.1.3.
443 Vgl. ausführlich zum Vorgehen des strategischen Risikomanagements Schmitz (2006, S. 91 ff.). Das strategische Risikomanagement ist mit dem Einsatz von Risk Maps bzw. Risikoportfolios vergleichbar. Vgl. Stüllenberg (2005, S. 351).
444 Vgl. Schmitz (2006, S. 96 f.). Parallel kann im Rahmen der Chancenerfassung und -analyse eine Chancenmatrix erstellt werden.
445 Vgl. Stüllenberg (2005, S. 352).

3.4 Phasenorientiertes Management sektorübergreifender Kooperationen

Darstellung 3-27: Risikomatrix für sektorübergreifende Kooperationen
Quelle: In Anlehnung an Schmitz (2006, S. 114).

Risikoidentifikation		Qualitative und Quantitative Risikobewertung		Risikosteuerung		Verantwortung
Nr.	Bezeichnung Einzelrisiko	Verbale Erläuterung (besonders bei fehlender quantitativer Bewertung)	Erwartete Vermögensminderung	Maßnahme	Stand der Umsetzung	Informationsgrundlage
1.	Preisverfall der angebotenen sektorübergreifenden Leistung (Kalkulationsrisiko)	Versorgung des Patienten stellt sich kostenaufwändiger dar, weil mehr diagnostische und therapeutische Leistungen durchgeführt werden müssen als ursprünglich geplant (knappe Preiskalkulation gegenüber Kostenträger)	bis zu 100 Euro pro Patient, der im Rahmen der Kooperation behandelt wurde	Deckungsbeitragskalkulation/ Analyse des zu erwartenden Patientenklientels	geplant	Kalkulation der angebotenen Leistung/ Vertragsgestaltung
2.	Dissens zwischen den Leistungserbringern während der Umsetzungsphase	Mangelnde Abstimmung im Rahmen des Leistungsangebots und der Leistungserbringung	-	Definition der Leistungsbestandteile der Partner und der Schnittstellen durch offene Kommunikation	in Arbeit	Vertragsgestaltung/Sektorübergreifende Behandlungspfade/Modellrechnungen
3.	...	...	...	...	...	...

Durch den Einsatz von Maßnahmen zur Risiko- und Chancenanalyse können Vertrauen und Sicherheit für die Kooperationspartner sowohl nach innen als auch gegenüber den externen Interessengruppen, wie Kostenträgern oder Kapitalgebern, geschaffen werden.[446] Zur nachhaltigen Entwicklung und zur Zukunftssicherung ist ein strategisches Risikomanagement bei sektorübergreifenden Kooperationen zu empfehlen.

Alle Gestaltungsempfehlungen zum Einsatz von Steuerungsinstrumenten bei Akut-Reha-Kooperationen fasst die Darstellung 3-28 zusammen.

---

446 Vgl. Schmitz (2006, S. 140).

3.4 Phasenorientiertes Management sektorübergreifender Kooperationen

Darstellung 3-28: Gestaltungsempfehlungen Durchführungsphase (Teil 2)

Kooperationsdurchführung		
	Aufgabe	**Gestaltungsempfehlungen**
Steuerungsinstrumente	Koordination Controllingaktivitäten	Identifikation des Bedarfs einer zentralen Controllingstelle unter Berücksichtigung von Kosten-Nutzen-Aspekten
		Sicherstellung der kooperationsbezogenen Informationsgewinnung auf der Partnerebene (Kooperationskosten, Zielerreichungsgrade, etc.)
		Gewährleistung der rechtzeitigen Informationsbereitstellung für das Kooperationsmanagement
		Gegenseitige Abstimmung der Controllingaktivitäten auf den Partnerebenen
		Aufbau eines unterstützenden Systems auf Kooperationsebene (gemeinsame Zielerreichungskontrolle, Abweichungsanalyse, etc.)
		Entwicklung geeigneter Kennzahlen(-systeme) mit ökonomischen und medizinischen Indikatoren zur Planung, Kontrolle und Steuerung der gemeinsamen Prozesse
	Förderung sektorübergreifendes Qualitätsmanagement	Koordination und Systematisierung geeigneter Qualitätssicherungsansätze
		Einrichtung einer Koordinationsstelle für Qualitätsmanagement
		Einsatz institutionenübergreifender Qualitätszirkel unter Leitung geschulter Moderatoren
		Auswahl geeigneter Qualitätsindikatoren
		Nutzung der Möglichkeiten sektorübergreifender Behandlungspfade zur Qualitätsbeurteilung
		Qualitative Abstimmung der Übergangsphase zwischen Akutversorgung und Rehabilitation
	Aufbau vernetzter IuK-Technologien	Bestimmung eines Ansprechpartners für die kooperationsbezogene EDV-Vernetzung
		Festlegung von Informations- und Kommunikationswegen (Angleichung der Soft- und Hardwaresysteme, Diskussion gemeinsamer EDV-Lösungen, etc.)
		Förderung des Aufbaus unternehmensübergreifender Informationsinfrastrukturen (Ermöglichung des gegenseitigen Datenzugriffs etc.)
		Aufbau einer gemeinsamen elektronischen Dokumentation von Patientendaten (ePA)
		Förderung eines IT-gestützten Wissensmanagements
		Sensibilisierung der Mitarbeiter für technische Innovationen (Durchführung Mitarbeiterschulungen)
		Einbezug eines externen IT-Beraters
	Einsatz Risikomanagementmaßnahmen	Standardisierung der kooperationsbezogenen Risiko-/Chancenerfassung
		Durchführung Risikoanalyse und -bewertung (Einsatz strategisches Risikomanagement)
		Etablierung einer kontinuierlichen Risikoüberwachung

3.4.3.4 Umsetzung der Kooperation

Erst mit der Umsetzung werden wertschöpfende Prozesse innerhalb der Kooperation realisiert und koordinierte sektorübergreifende Leistungsprozesse der Gesundheitsversorgung durchgeführt. Dabei zeigt sich, ob die vorbereitenden Aktivitäten der bisherigen Phasen sowie die eingeleiteten Gestaltungsmaßnahmen zum Kooperationserfolg führen.[447]

Evaluation der Kooperationsaktivitäten
Mit Beginn der Zusammenarbeit sollte eine Qualitätsüberwachung in Form einer kontinuierlichen Evaluation der gemeinsamen Aktivitäten erfolgen, um den Anforderungen einer qualitativ hochwertigen und gleichzeitig effizienten Patientenversorgung dauerhaft gerecht zu werden. Da sektorübergreifende Kooperationen zwischen Akut- und Reha-Einrichtungen mit und ohne Einbindung in die Integrierte Versorgung noch nicht lange verbreitet sind, wurden geeignete Evaluationskonzepte, die nicht sektoral begrenzt sind, in Deutschland bisher nur ansatzweise entwickelt.

Grundsätzlich sind verschiedene Vorgehensweisen denkbar. Einerseits kann jedes Kooperationsmodell mit der Regelversorgung ohne Kooperation verglichen werden (Inter-Vergleich), andererseits können verschiedene Kooperationsmodelle untereinander einem Vergleich unterzogen werden (Intra-Vergleich). Da die Evaluationsforschung in diesen Bereichen noch am Anfang steht und ein notwendiges standardisiertes Vorgehen nicht existiert, sind solche Vergleiche zur Erzielung brauchbarer Rückschlüsse allerdings sehr aufwändig.[448] Dies sollte aber nicht verhindern, anhand ausgewählter quantitativen Indikatoren erste Vergleiche durchzuführen. So könnten bspw. Verweildauern, Verlegungszeiten oder Komplikationsraten nach Eingriffen, sowohl im Zeitverlauf als auch im Vergleich mit anderen Versorgungsmodellen, die entsprechende Daten publiziert haben, analysiert werden.[449]

Die begleitende Evaluation – als weitere Vorgehensweise – kommt ohne Vergleichsgruppen aus. Als Evaluationsinstrument bieten sich Patientenbefragungen an, die die Kundenzufriedenheit eruieren und Schwachstellen sowie Optimierungspotenziale aufdecken können.[450] Zu berücksichtigen ist, dass die Patientenzufriedenheit nicht

---

447 Vgl. Fuchs (1999, S. 175).
448 Vgl. Cortekar/Hugenroth (2006, S. 90 ff.). Dort findet sich ein Überblick der in den USA eingesetzten Evaluationsmethoden, die nach Expertenmeinung mit vertretbarem Aufwand auf Deutschland übertragbar sind.
449 Derartige Daten sind insbesondere in wissenschaftlichen Studien erfasst, dich sich mit aktuellen Thematiken zur Versorgungssituation des deutschen Gesundheitswesens beschäftigen. Als Beispiel ist hier auf die REDIA-Studie zu verweisen. Vgl. Eiff/Klemann/Meyer (2007).
450 Vgl. Herzog (2005, Rn. 66).

nur vom tatsächlichen Leistungsniveau abhängt, sondern auch von der subjektiven Wahrnehmung sowie dem individuellen Anspruchsniveau beeinflusst wird.[451] Als zentralem Instrument zur Zufriedenheitsmessung werden der Patientenbefragung drei Marketingfunktionen zugeordnet:[452]

- Erreichung einer Imagesteigerung, indem über die Befragung signalisiert wird, dass die sektorübergreifende Kooperation um eine patientenorientierte Versorgung aktiv bemüht ist.
- Unterstützung der Öffentlichkeitsarbeit, indem positive Befragungsergebnisse werbewirksam verbreitet werden.
- Prozessoptimierung durch Nutzung der Ergebnisse, indem das Angebot an die Präferenzen der Patienten angepasst wird.

Als weitere begleitende Evaluationsmaßnahme können Mitarbeiterbefragungen zur Kooperationsthematik durchgeführt werden. Als Analyse- und Diagnoseinstrument können diese nicht nur die Zufriedenheit der Mitarbeiter im Rahmen der sektorübergreifenden Zusammenarbeit ermitteln, sondern auch Schwachstellen im Bereich der Führung, der Aufgabengestaltung und der Kommunikation identifizieren. Mitarbeiterbefragungen stellen zudem selbst einen gestalterischen Eingriff dar, da sie die Mitarbeiterpartizipation und die Kommunikationsprozesse verbessern sowie die Distanz zwischen den Leitungsebenen der Partnerorganisationen und den am operativen Kooperationsprozess beteiligten Mitarbeitern verringern können.[453]

Aufgrund der hohen Anforderungen und der Komplexität von Evaluationsmaßnahmen sollte im Bedarfsfall auf externes Know-how von Beratern oder wissenschaftlichen Instituten zurückgegriffen werden. Aufgrund des hohen Interesses der Kostenträger an validierten Ergebnissen empfiehlt es sich, deren Bereitschaft zur Unterstützung von Evaluationsprojekten bei neuen Versorgungsmodellen zu prüfen.[454]

Etablierung eines kontinuierlichen Verbesserungsprozesses
Die Steuerung der Kooperationsprozesse ist entwicklungsoffen zu gestalten, so dass auf Basis der laufenden Evaluationen ein kontinuierlicher Verbesserungsprozess (KVP) zu etablieren ist.[455] Veränderungen der Rahmenbedingungen, wie Geset-

---
451 Vgl. dazu ausführlich Döhr (2005, Rn. 3 ff.).
452 In Anlehnung an Döhr (2005, Rn. 20).
453 Vgl. dazu ausführlich Eiff/Stachel (2006, S. 351 ff.).
454 So unterstützt bspw. die Barmer Ersatzkasse die Evaluation des Integrierten Versorgungsmodells zur Endoprothetik der St. Franziskus-Stiftung in Münster. Vgl. Lorenz (2006, S. 16 f.).
455 Vgl. Dammer (2005, S. 45).

zesänderungen oder innovative Entwicklungen im Kooperationsbereich, sind zu berücksichtigen.[456] Zu diesem Zweck müssen alle Beteiligten die Kooperationsaktivitäten mittels der eingerichteten Managementsysteme kontinuierlich kontrollieren und sich gegenseitig offen über Abweichungen der Planungen informieren sowie eventuell Gegenmaßnahmen abstimmen.[457]

Im Rahmen einer kontinuierlichen Verbesserung geht es um die permanente Optimierung der Leistungen, der Prozesse, der Organisation und der Potenziale der Kooperation. Ziel des kontinuierlichen Verbesserungsprozesses ist es eine Unternehmenskultur zu schaffen, in der jeder Mitarbeiter ständig aktiv und motiviert an der Erarbeitung und Durchsetzung von Verbesserungsmaßnahmen sowie an der Schwachstellenbeseitigung in seinem Arbeitsbereich mitwirkt. Wichtig ist in diesem Zusammenhang die Etablierung einer konstruktiven Fehlerkultur, im Rahmen derer Fehler nicht gesucht werden, um Schuldige zu benennen, sondern um Ansatzpunkte für mögliche Verbesserungen zu finden. Verbesserungspotenziale können einerseits durch Qualitätszirkel erarbeitet werden, andererseits kann ein betriebliches Ideenmanagement zu Problemlösungen beitragen.[458] Außerdem können durch ein funktionsfähiges Kooperationscontrolling, durch festgestellte Zielabweichungen, konkrete Ansatzpunkte zu Prozess- und Leistungsverbesserungsprojekten identifiziert werden. Diese Projekte zielen entweder auf eine qualitative Verbesserung oder auf die Senkung der Kosten.[459]

Gerade wenn in die Anstrengungen um kontinuierliche Verbesserungen auch externe Personen eingebunden sind, die nicht direkt an der Leistungserstellung beteiligt sind, besteht die Möglichkeit, auf ein größeres Wissens-, Verbesserungs- und Lernpotenzial zugreifen zu können. Hinsichtlich der ablaufenden Lernprozesse sind im Zeitverlauf Steigerungen bei Effizienz und Effektivität des gemeinsamen Leistungserstellungsprozesses zu erwarten.[460]

Mit zunehmender Dauer der Zusammenarbeit ist die aus anderen Organisationsformen bekannte und auch für Kooperationen zu erwartende Tendenz zur Stabilisierung und Routinisierung – gegen die grundsätzlich nichts einzuwenden ist – besondere Beachtung zu schenken. Wenn diese Tendenzen überhand nehmen, erfüllt die Kooperation ihre Zwecke in Folge zunehmender „Erstarrung" immer schlechter, so dass

---
456 Vgl. Gohs (2005, S. 193).
457 Vgl. Tjaden (2003, S. 57).
458 Vgl. Eiff/Klemann/Middendorf/Richter/Schreyer (2006, S. 503 ff.).
459 Vgl. Fuchs (1999, S. 181).
460 Vgl. Mühlbacher (2002, S. 170 f.).

es eine weitere Aufgabe der Verantwortlichen im Kooperationsmanagement ist, dem wirksam zu begegnen. Zu diesem Zweck sind flexible interne Strukturen zu etablieren, die eine regelmäßige zielbezogene Kommunikation zwischen den Berufsgruppen der beteiligten Leistungserbringer garantieren. Dabei ist die Bereitschaft zur weiteren Qualifizierung der Kooperationspartner zu unterstützen sowie die Leistungs- und auch die Organisationsentwicklung zwischen den Partnern zu diskutieren.

Erarbeitung einer Marketingkonzeption
Durchgehend sollte die Kooperation intern und extern als zukunftswichtig kommuniziert werden, so dass ein öffentlicher Anspruch an die Zukunftsfähigkeit der Kooperation ein „Einschlafen" der Kooperation verhindert.[461] Langfristig ist es allerdings für den gemeinsamen Erfolg wichtig, nicht nur die Erstarrung zu verhindern, sondern vielmehr ein Wachstum des Kooperationsprojektes zu fördern, denn letztlich gilt es für unternehmensübergreifende Projekte im Rahmen der Gesundheitsversorgung, möglichst viele Patienten für sich zu gewinnen bzw. sie in ihrer Wahl zu bestätigen. Besonders bei Modellen der Integrierten Versorgung müssen Patienten gezielt von den beteiligten Leistungserbringern informiert werden, damit sie sich für die Einschreibung in das Projekt entscheiden.[462]

Für den Patienten ist die Leistungserbringung durch eine sektorübergreifende Kooperation in der Regel ein erklärungsbedürftiges Produkt. So kann er meist weder den Inhalt der Verträge im Detail noch die versprochene Behandlungsqualität nachvollziehen und mit anderen Versorgungsmodellen vergleichen. Markenaufbau, Marketing und Kommunikation stellen unter solchen Bedingungen eine zentrale Aufgabe für die beteiligten Leistungserbringer dar, um durch eine klare Positionierung Akzeptanz und Nutzung auf Patientenseite zu generieren.[463] Aufgrund der damit verbundenen umfangreichen Aufgabenstellung sollten sich die Kooperationspartner darauf verständigen, eine zentrale Instanz (Person oder Arbeitsgruppe) einzurichten, die entsprechende Maßnahmen steuert und koordiniert.

Bei dem Versuch „Kooperationsmarken" zu etablieren, ist zu berücksichtigen, dass ähnlich wie bei der Führung von Verbundmarken (z. B. Asklepios oder Sana) Wechselwirkungen innerhalb des „Leistungserbringer-Portfolios" auftreten können. Das heißt, es ist grundsätzlich davon auszugehen, dass jede kooperierende Einrichtung

---
461 Vgl. Dammer (2005, S. 45 f.).
462 Vgl. Röwekamp (2006, S. 26). Sind die Kostenträger nicht direkt in die Kooperationsaktivitäten eingebunden, sollte durch angemessene Maßnahmen deren Unterstützung für die Weiterentwicklung der Kooperation gewonnen werden.
463 Vgl. Storcks (2006, S. 22).

mit ihrem Image und den von ihr erbrachten Leistungen die Wahrnehmung der Kooperationsmarke beeinflusst. Umgekehrt wirkt sich die Kooperationsteilnahme auch auf das regionale Image der einzelnen Partner aus.

Zur Gewährleistung der Attraktivität und Präsenz einer sektorübergreifenden Kooperation durch geeignete Marketingmaßnahmen sind finanzielle Investitionen unumgänglich. Der ökonomische Nutzen des Aufbaus einer Kooperationsmarke ist daher kritisch zu hinterfragen.[464]

Darstellung 3-29 fasst die Gestaltungsempfehlungen zur Umsetzung sektorübergreifender Kooperationen noch einmal zusammen.

Darstellung 3-29: Gestaltungsempfehlungen Durchführungsphase (Teil 3)

	Aufgabe	Kooperationsdurchführung
		Gestaltungsempfehlungen
Umsetzung	Evaluation Kooperationsaktivitäten	Sicherstellung einer laufenden Qualitätsüberwachung
		Durchführung von kooperationsbezogenen Kunden-/Patienten- und Mitarbeiterbefragungen als Basis für Zufriedenheitsanalysen
		Klärung der Bereitschaft der Kostenträger zur (inhaltlichen und finanziellen) Unterstützung von Evaluationsaktivitäten
		Nutzung von externem Know-how zur Durchführung wissenschaftlicher Evaluationen
	Etablierung kontinuierlicher Verbesserungsprozesse	Durchführung laufender Kontrollen der Kooperationsaktivitäten zur Identifikation von Schwachstellen
		Gewährleistung der Weiterentwicklung der Kooperationsprozesse und Optimierung der Schnittstellen (Förderung der berufsgruppen- und institutionenübergreifenden Kommunikation, Einbezug externer Berater, etc.)
		Förderung einer entwicklungsoffenen Unternehmenskultur sowie einer konstruktiven Fehlerkultur
		Nutzung der Möglichkeiten von Qualitätszirkeln oder des Ideenmanagements
		Prüfung der Vorteilhaftigkeit der Hinzunahme neuer bzw. des Ausschlusses bisheriger Partner (auch auf Kostenträgerseite)
	Erarbeitung Marketingkonzeption	Bestimmung eines Marketingverantwortlichen für die Kooperation
		Einleitung von kooperationsbezogenen Marketingmaßnahmen zur umfassenden Information der Kunden (Patienten, Kostenträger, Zuweiser, etc.)
		Aufbau einer „Kooperationsmarke"
		Durchführung marketingbezogener Kosten-Nutzen-Analysen (Bestimmung der optimalen Marketingintensität, Festlegung des Marketingbudgets)

---

464 Vgl. Storcks (2006, S. 24 f.).

Insgesamt ist festzuhalten, dass die Umsetzung der Kooperation nur dann als erfolgreich bezeichnet werden kann, wenn es den Kooperationspartnern dauerhaft gelingt, aus Sicht der Kunden (Patienten, Kostenträger) gemeinsam eine bessere Leistung zu erbringen als ohne Kooperation. Aus Patientensicht stellt sich primär die Frage, ob die kooperative Gesundheitsversorgung qualitativ hochwertiger ist, während für die Kostenträger zusätzlich die wirtschaftlichen Aspekte des sektorübergreifend organisierten Behandlungsprozesses von Interesse sind. Wird kein positiver Nutzen bei den Kunden wahrgenommen, sind die Verbesserungspotenziale der gemeinsamen Leistungserstellung intensiver zu prüfen.

3.4.4 Auflösung

Obwohl im Rahmen dieser Arbeit von einer strategischen, also langfristigen Kooperation zwischen Akut- und Reha-Einrichtungen ausgegangen wird und somit eine Beendigung aufgrund einer zeitlichen oder sachlichen Befristung der Zusammenarbeit (z. B. auf ein bestimmtes Projekt) ausgeschlossen wird, sollte die Entscheidung über die Zukunft der Zusammenarbeit auf Basis von Kontrollen der kooperationsbezogenen Zielerreichungsgrade getroffen werden.

Für den Fall, dass die angestrebten Kooperationsziele mit hoher Wahrscheinlichkeit erreicht werden können, ist von einer Entscheidung zur planmäßigen Weiterführung der Kooperation auszugehen. Stellt sich heraus, dass aufgrund der positiven Entwicklung bspw. eine Erweiterung auf zusätzliche medizinische Fachbereiche bzw. aufgrund des Erfolgs in Teilbereichen eine Einschränkung der Kooperationsaktivitäten auf einzelne Fachbereiche sinnvoll ist, kann es zu einer Modifikation der Kooperation kommen.[465] Allerdings können auch Ereignisse eintreten, die zu einer vorzeitigen Kooperationsauflösung führen.

Einerseits kann eine strategische Umorientierung eines Partners zu einer Schließung des von der Kooperation betroffenen Unternehmensbereichs führen, bspw. wenn sich das kooperierende Krankenhaus dafür entscheidet, Leistungen in dem von der Kooperation betroffenen medizinischen Fachgebiet aus strategischen Gründen oder aufgrund der herrschenden Konkurrenzsituation im regionalen Akutmarkt zukünftig nicht mehr anzubieten. Andererseits kann die höhere Attraktivität von Opportunitäten die Beendigung der Kooperation veranlassen.[466] Im letztgenannten Fall sind folgende Formen der Beendigung der Kooperation denkbar:[467]

---
465 Vgl. Mellewigt (2003, S. 105).
466 Vgl. Rautenstrauch/Generotzky/Bigalke (2003, S. 151 f.).
467 In Anlehnung an Mellewigt (2003, S. 106).

- Übernahme der gemeinsamen Aktivitäten durch einen der Partner, bspw. wenn das Krankenhaus in Zukunft auch Reha-Leistungen des Kooperationsbereiches anbietet und die Leistungen des bisherigen Reha-Partners nicht mehr benötigt werden.
- Akquisition des Partnerunternehmens, bspw. wenn der Reha-Partner in eine bestehende Unternehmensgruppe eingegliedert wird, die aufgrund eigener Akutkapazitäten in der Kooperationsregion keine Weiterführung der Zusammenarbeit mit dem bisherigen Akutpartner wünscht.
- Fusion der Partnerunternehmen zu einem neuen Gesundheitskonzern, wodurch keine Kooperation mehr zwischen zwei selbstständigen Unternehmenseinheiten besteht, sondern eine unternehmensinterne Leistungsverflechtung entsteht.
- Verkauf der gemeinsamen Aktivitäten an eine dritte Unternehmung, indem das entwickelte und abgestimmte Versorgungskonzept im Kooperationsbereich bspw. von einem bestehenden Gesundheitskonzern übernommen und weitergeführt wird.

Zwar führen diese Formen nicht zwingend zur Beendigung der operativen Zusammenarbeit der bisher kooperierenden Bereiche, jedoch sorgen sie dafür, dass diese unter geänderten Rahmenbedingungen zusammenarbeiten, bspw. innerhalb eines Unternehmens oder Konzerns.

Modifikation der Kooperation
Im Rahmen der Modifikation einer Kooperation ist, bspw. aufgrund einer strategischen Neuausrichtung oder der positiveren Erfolgsaussichten, die Hinzunahme neuer bzw. der Ausschluss bisheriger Partnerunternehmen denkbar. Diese Möglichkeit wird insbesondere in Unternehmensnetzwerken genutzt, wenn sich ein Partner wiedererwartend nicht als leistungsfähig herausstellt oder nicht die notwendige Kooperationsbereitschaft aufweist und daher die Kooperation insgesamt nicht weiterbringt. Dies wäre der Fall, wenn einer von mehreren Partnern auf der Reha-Seite aufgrund fehlender personeller und materieller Voraussetzungen nicht in der Lage ist, Patienten frühzeitig aus dem Akuthaus zu übernehmen bzw. adäquat zu versorgen, so dass sich Rückverlegungen ins Akuthaus häufen. In diesen Fällen wird von einer Rekonfiguration der Kooperation gesprochen.[468]

Abhängig von der Ausgangskonfiguration und dem Umfang der Änderung der Partnerzusammensetzung unterscheiden die in der Kooperation verbleibenden

---

[468] Vgl. Fuchs (1999, S. 184 f.).

Unternehmen die Fortführung oder die Beendigung der bisherigen Kooperation. Während der Austausch eines Partnerunternehmens in einem Unternehmensnetzwerk in der Regel die Fortführung der bisherigen Kooperation erlaubt, bedingt der Austausch eines Partners in einer bilateralen Kooperation die Beendigung der bisherigen Zusammenarbeit bzw. den Aufbau einer neuen Kooperation.

Identifikation der Ursachen der Kooperationsauflösung
Der Hauptgrund für das Kooperationsende ist die ausbleibende Realisierung eines Mehrwerts für die beteiligten Leistungserbringer durch die Kooperation. Diese Situation ist wahrscheinlich, wenn
- die gemeinsamen Ziele als auch die partnerindividuellen Kooperationsziele nicht erreicht worden sind oder
- einzelne Partner die Erfolgsaussichten der Kooperation negativ beurteilen, bspw. aufgrund interner Konflikte oder Veränderungen im Umfeld der Kooperation.[469]

In diesen Fällen ist die Beendigung der Kooperation sinnvoll, da keiner der beteiligten Leistungserbringer von einem weiteren Engagement strategisch und wirtschaftlich profitiert bzw. profitieren wird.[470]

Vor der endgültigen Entscheidung zur Kooperationsauflösung sollte eine Ursachenanalyse von den beteiligten Leistungserbringern durchgeführt werden, damit die möglichen Gründe für die festgestellten bzw. zu erwartenden Zielabweichungen detailliert untersucht werden. Dabei können sich sowohl offene als auch verborgene Konflikte, Vertrauensbrüche und ein mangelndes Commitment als bedeutende Barrieren für eine funktionierende Zusammenarbeit herausstellen. Ob diese durch einen objektiven Dialog überwunden werden können und eine Leistungskorrektur ermöglichen, ist zu prüfen. Scheitert die Kooperation dennoch, kann zumindest die Kooperationskompetenz der jeweiligen Partner im Hinblick auf zukünftige Kooperationsprojekte weiterentwickelt werden, insbesondere wenn bei der Ursachenanalyse nicht nur objektive Kontrollgrößen, sondern auch kulturelle und personenbezogene Aspekte diskutiert werden.[471]

---

[469] In Anlehnung an Fuchs (1999, S. 183) und Mellewigt (2003, S. 106).
[470] Vgl. Mühlbacher (2002, S. 171). Gohs (2005, S. 194) führt in diesem Zusammenhang den Fall an, dass trotz eines fehlenden Nutzens für die Beteiligten grundsätzlich eine Verbesserung der Gesundheitsversorgung und damit eine „übergeordnete Zielsetzung" erreicht werden könnte.
[471] Vgl. Harland (2002, S. 206 f.).

Durchführung Beendigungsmaßnahmen

Für den Fall, dass die Kooperation ausschließlich auf einem Vertragsgefüge basiert, reichen zur Beendigung der Kooperation die vertragsgemäße Kündigung sowie die Auflösung der kooperationsbezogenen Interaktionskanäle für den Vollzug aus.[472] Die Auflösung betrifft in der Regel die spezifischen kooperationsbezogenen Aktivitäten, wie bspw. Beendigung der IT-Vernetzung bzw. des Datenaustausches zwischen den Partnern, und nicht den Abbruch sämtlicher Bereiche der Zusammenarbeit zwischen den Unternehmen. Bei der Aufteilung der Kooperationsressourcen ist es von Vorteil, wenn in der Formierungsphase Vereinbarungen hinsichtlich einer vorzeitigen Beendigung getroffen wurden. Dabei ist zu berücksichtigen, dass die Unternehmen durch einen Auflösungsvertrag einen Schutz des jeweiligen Know-hows des Partners gewährleisten müssen.[473]

Ist die Kooperation beendet, kann jeder der beteiligten Partner für sich eine Bilanz über den Nutzen und die Kosten der Kooperation ziehen und für sich entscheiden, ob und in welcher Form eine Kooperation auch in Zukunft zur Erreichung von Unternehmenszielen geeignet ist.[474] Allerdings kann es schwierig sein, die beteiligten Mitarbeiter wieder für ein Kooperationsprojekt zu begeistern, insbesondere wenn diesen die Gründe des Scheiterns der vorausgegangenen Kooperation nicht bewusst gemacht werden. Wenn diese Mitarbeiter aufgrund ihrer Qualifikation in möglichen späteren Kooperationsprojekten nicht einfach durch andere Personen ersetzbar sind, kann dies zu Nachteilen für die zukünftigen unternehmensübergreifenden Kooperationsaktivitäten führen.[475]

Die Empfehlungen, die im Falle einer Kooperationsauflösung beachtet werden sollten, werden zusammenfassend in Darstellung 3-30 aufgelistet.

---

472 Vgl. Fuchs (1999, S. 185). In der Praxis verlaufen Kooperationen häufig im Sand, so dass keine strukturierte „Auflösungsphase" stattfindet oder sich diese nur auf Teilbereiche des Kooperationsprojektes beschränkt. Vgl. Killich/Luczak (2003, S. 22).
473 Vgl. Rautenstrauch/Generotzky/Bigalke (2003, S. 154).
474 Vgl. Fuchs (1999, S. 185 f.).
475 Vgl. Killich/Luczak (2003, S. 23).

Darstellung 3-30: Gestaltungsempfehlungen Auflösungsphase

	Kooperationsauflösung	
	Aufgabe	**Gestaltungsempfehlungen**
Kooperationsende	Modifikation Kooperation	Beurteilung der Fortführung im Vergleich zur Neugestaltung der Kooperation mittels geeigneter Kriterien
	Identifikation Ursachen	Durchführung Ursachenanalyse auf Basis festgestellter Zielabweichungen
		Abwägung von Strategien zur Ursachenbeseitigung
		Diskussion von kulturellen und personenbezogenen Aspekten zur Weiterentwicklung der eigenen Kooperationskompetenz
	Durchführung Beendigungsmaßnahmen	Zeitnahe Kündigung der Verträge
		Auflösung der kooperationsbezogenen Interaktionskanäle
		Aufteilung der Kooperationsressourcen gemäß der Vereinbarungen

4 Empirische Analyse ausgewählter Akut-Reha-Kooperationen

Nachdem die bisherige Analyse der Kooperationsbeziehungen zwischen Akut- und Rehabilitationsanbietern und deren Erfolgsfaktoren primär auf Basis von theoretischen Erkenntnissen, Plausibilitätsüberlegungen sowie situationsspezifischem Wissen erfolgte (theoretisch-konzeptionelle Untersuchung), richten sich die folgenden Ausführungen auf reale Ausprägungen sektorübergreifender Kooperationen im Gesundheitswesen und damit auf Erfahrungswissen (empirische Untersuchung).[1] Eine Erkenntnisgewinnung auf der Basis empirischer Forschungsmethoden ist notwendig, um ein für die Praxis relevantes und auch anwendbares Wissen zu generieren.[2]

Bevor drei ausgewählte Kooperationen systematisch untersucht werden, wird das Design der empirischen Untersuchung vorgestellt. Am Ende des Kapitels erfolgt eine zusammenfassende Darstellung der wesentlichen Erkenntnisse der empirischen Analyse. Diese Erkenntnisse bilden gemeinsam mit den Erkenntnissen der theoretisch-konzeptionellen Untersuchung des vorherigen Kapitels die Basis für die Ableitung weiterführender praxisrelevanter Handlungsempfehlungen für das Management von Akut-Reha-Kooperationen.

---

1 Zur grundlegenden Unterscheidung zwischen theoretisch-konzeptionellem und empirischem Vorgehen vgl. ausführlich Bortz/Döring (2003, S. 34 ff.).
2 Die Untersuchung von praxisrelevanten Problemstellungen, für die es derzeit keine befriedigende Lösung gibt, wird als konstitutives Merkmal der anwendungsorientierten Wissenschaft angesehen. Vgl. Coldewey (2002, S. 15 ff.).

4.1 Forschungs- und Fallstudiendesign

4.1.1 Auswahl des Forschungsinstruments

Intention und Methodik der empirischen Forschung auf der Ebene einzelner Unternehmen lassen sich auf kooperative Organisationsformen übertragen. Es wird lediglich ein anderer Bezugspunkt gewählt und statt des Gesamterfolges der Unternehmung oder einzelner Geschäftseinheiten die Ausgestaltung einer unternehmenspolitischen Strategie, hier die Kooperationsstrategie, in den Mittelpunkt gestellt.[3] Entsprechend stellt sich die Kooperationsforschung der Aufgabe, die wesentlichen und langfristig gültigen Erfolgsfaktoren von Kooperationen auf empirischem Weg zu identifizieren.

Zur Systematisierung der Vorgehensweise im Rahmen einer empirisch geleiteten Kooperationsforschung eignen sich die folgenden drei Kriterien:[4]

- Erhebungsmethodik (qualitative vs. quantitative Forschung),
- Auswertungsmethodik (direkte vs. indirekte Forschung) und
- Theorieleitung (explorative vs. konfirmatorische Forschung).

Innerhalb der *Erhebungsmethodik* beschreibt die qualitative Forschung eine Datenerhebung auf niedrigem Abstraktionsniveau mit Methoden wie Fallstudienforschung und Analogien, während sich die quantitative Forschung auf hohem Abstraktionsniveau durch große repräsentative Stichproben auszeichnet. Entsprechend stehen der interpretativen Verarbeitung verbaler Daten in der qualitativen Forschung statistische Datenerhebungs- und Datenanalyseverfahren der quantitativen Forschung gegenüber. Eine eindeutige Trennung zwischen den beiden Bereichen ist nicht immer möglich.[5]

Die Unterscheidung nach der *Auswertungsmethode* ist dahingegen eindeutig. Einerseits findet beim direkten Verfahren eine Befragung von Experten statt, andererseits erfolgt beim indirekten Verfahren die Generierung der relevanten Informationen durch die ganzheitliche Prüfung des Zusammenhangs zwischen spezifischen Indikatoren und deren Wirkungen auf den Kooperationserfolg.[6]

---

3 Vgl. Eisele (1995, S. 33).
4 Analog zu Böing (2001, S. 15).
5 Vgl. Bortz/Döring (2003, S. 295 ff.).
6 Vgl. Böing (2001, S. 16).

4.1 Forschungs- und Fallstudiendesign

Hinsichtlich der *Theorieleitung* werden explorative und konfirmatorische Forschungsansätze unterschieden. Bei der strukturentdeckenden, explorativen Methode wird versucht, Zusammenhänge und Strukturen aufzudecken. Das heißt, aus einer Vielzahl von Variablen werden diejenigen identifiziert, die einen maßgeblichen Einfluss auf den Kooperationserfolg haben. Dagegen werden bei der strukturerklärenden, konfirmatorischen Methode auf Basis theoretischer Erkenntnisse Hypothesen über Erfolgsfaktoren gebildet und anschließend geprüft.[7]

Die drei Kriterien Erhebungsmethodik, Auswertungsmethodik und Theorieleitung können beliebig kombiniert werden, so dass sich insgesamt acht verschiedene Methoden zur Ermittlung von Erfolgsfaktoren unterscheiden lassen. Da sich alle acht Methoden grundsätzlich dazu eignen, Erfolgsfaktoren im Rahmen von wissenschaftlichen Studien zu ermitteln,[8] ist zu klären, welches Vorgehen auf sektorübergreifende Kooperationen zwischen Akut- und Reha-Bereich angewandt werden sollte.

Die Tatsache, dass erst in jüngster Vergangenheit der Trend in Richtung verbindlich vereinbarter sektorübergreifender Kooperationen im Gesundheitswesen zu verzeichnen ist, führt dazu, dass die Grundgesamtheit bereits umgesetzter Kooperationen zwischen Akutkrankenhäusern und Rehabilitationseinrichtungen in Deutschland keine ausreichend große Stichprobe für ein quantitatives Vorgehen darstellt. Die Vielfalt und die unterschiedliche Intensität der Kooperationsaktivitäten an der Akut-Reha-Schnittstelle erschweren die Durchführung von aussagefähigen statistischen Auswertungen zusätzlich. Qualitative Methoden lassen sich dahingegen bereits bei einem geringen Stichprobenumfang realisieren und erlauben außerdem eine umfassendere Tiefe der Untersuchung, wodurch Forschungsfragen bezüglich des „Wie" und „Warum" von Prozessen und Zusammenhängen beantwortet werden können.[9]

Bisher liegen keine umfassenden Untersuchungen zu den Erfolgsfaktoren sektorübergreifender Kooperationen, bspw. auf Basis von durchgeführten Auswertungen zu Kosten- und Qualitätsdaten, vor. Ein direktes Vorgehen ist daher eine geeignete Methode zur Beurteilung von Kooperationsprozessen zwischen Akut- und Reha-Einrichtungen. Zwar sind Befragungen subjektiv und oft Beschränkungen oder Verzerrungen ausgesetzt, jedoch sind sie als Ergänzung zur theoretischen Ableitung der Erfolgsfaktoren sinnvoll.[10]

---

7 Vgl. Eisele (1995, S. 32).
8 Vgl. Böing (2001, S. 17 ff.).
9 Vgl. Pätz (2005, S. 181).
10 Vgl. Royer (2000, S. 28).

Vor diesem Hintergrund werden Fallstudien aufbauend auf Experteninterviews als Forschungsinstrument eingesetzt, um das Spektrum verschiedener sektorübergreifender Kooperationstypen zu erfassen. Die Experteninterviews bieten als entscheidenden Vorteil eine bidirektionale, persönliche Kommunikation mit den Beteiligten, was die flexible Erfassung neuer, zusätzlicher Perspektiven ermöglicht.[11] Zusätzlich sind die direkten Auswertungen möglichst materiell zu unterstützen, indem neben den Befragungen, durch dokumentengestützte Inhaltsanalysen, Informationen über das jeweilige Fallbeispiel und dessen Erfolgsfaktoren generiert werden.

Dieser Forschungsansatz soll primär zum „Verstehen" von Zusammenhängen beitragen, so dass das „Erklären" in den Hintergrund tritt.[12] Entsprechend ist das Ziel der vorliegenden empirischen Untersuchung nicht die Prüfung von Hypothesen, sondern vielmehr die Fundierung und Erweiterung der theoretischen Erkenntnisse sowie die Entdeckung neuer Aspekte, welche die erfolgreiche Zusammenarbeit von Akut-Reha-Kooperationen beeinflussen.

4.1.2 Auswahl der Fallstudien

Eine adäquate Auswahl der zu untersuchenden Kooperationen ist die notwendige Voraussetzung für die spätere Ableitung empirisch fundierter Aussagen. Im Rahmen dieser Arbeit werden aus den bekannten sektorübergreifenden Kooperationen zwischen Akut- und Reha-Anbietern repräsentative Beispiele ausgewählt. Zu diesem Zweck wurden in einer Suchphase zunächst alle der Charakterisierung in Kapitel 2.3.3 entsprechenden Kooperationen in Deutschland erfasst.[13] Als notwendiges Kriterium in der folgenden Auswahlphase wurde die strategische Relevanz des Kooperationsprojektes für die beteiligten Unternehmen eingesetzt. Das heißt, die beteiligten Unternehmen sollten im Rahmen ihrer Informationspolitik, also durch Pressemitteilungen, Informationsbroschüren, Geschäftsberichte oder Internetauftritt, die sektorübergreifende Zusammenarbeit als Mittel zur strategischen Zielerreichung hervorheben. Zudem sollten im Betrachtungszeitraum die Kooperationsaktivitäten im betreffenden Bereich soweit fortgeschritten sein, dass fundierte Aussagen zur Umsetzungsphase und auch zum Erfolg der Zusammenarbeit zu

---

11 Vgl. Pätz (2005, S. 182). Auf diese Weise wird auch der Forderung von Sydow, für Forschungsarbeiten an Kooperationen bzw. Netzwerken eine „mikroskopisch-prozessorientierte empirische Forschung" durchzuführen, entsprochen. Vgl. Sydow (1992, S. 318). Zu den forschungsmethodischen Restriktionen und Gütekriterien von qualitativen Ansätzen vgl. Pätz (2005, S. 185 f.). Die dort angeführten Maßnahmen, mit denen den methodikbedingten Restriktionen begegnet wurde, wurden im Rahmen der vorliegenden empirischen Untersuchung übernommen.
12 Vgl. Lamnek (1995, S. 4 ff.).
13 Zu diesem Zweck wurden die im Rahmen von Fachtagungen oder in der Literatur publizierten Beispielprojekte um die dem Verfasser bekannten bzw. von befragten Experten zusätzlich genannten Fälle ergänzt. Aufgrund der einzigartigen Sektorentrennung im deutschen Gesundheitswesen und den speziellen ordnungspolitischen Rahmenbedingungen ist eine Ausweitung des Analysespektrums auf vergleichbare Kooperationen im Ausland nicht zielführend.

erwarten waren. Zum Erhebungszeitpunkt wurde eine Mindestlaufzeit von einem Jahr angesetzt, seit dem die ersten Patienten im Rahmen des Kooperationsprojektes behandelt wurden.

Darüber hinaus sollten die ausgewählten Praxisprojekte die Vielfalt möglicher Kooperationen an der Schnittstelle zwischen Akut- und Reha-Einrichtungen erfassen, so dass gezielt verschiedene Kooperationsformen mit unterschiedlicher Intensität und Ausgestaltung der Zusammenarbeit, aus unterschiedlichen medizinischen Fachdisziplinen, ausgewählt wurden.

Aufgrund der Unterschiede in der Ausgestaltung der Kooperationen sowie der betroffenen medizinischen Fachdisziplinen, die zudem die beim Übergang vom Akut- in den Reha-Bereich am häufigsten auftretenden Indikationsfelder repräsentieren,[14] vermitteln die folgenden drei Kooperationsprojekte einen umfassenden Eindruck des breiten Spektrums realer Kooperationskonstellationen an der Schnittstelle zwischen Akut- und Reha-Bereich:

- *Regionales RehaNetz Freiburg,* für die Orthopädie, Kardiologie, Neurologie, Onkologie und Geriatrie.
- *Ingolstädter Kooperationsmodell,* für die Orthopädie und die Neurologie.
- *Integrierte Rehabilitation Offenbach,* für die Neurologie insbesondere die Schlaganfallversorgung.[15]

4.1.3 Vorgehen der Fallstudienerarbeitung

Die Fallstudien entstanden hauptsächlich auf Basis persönlicher Interviews. Zur Gesprächsvorbereitung wurden Recherchen zu den jeweiligen Kooperationsprojekten in Fachzeitschriften, im Internet oder in Unternehmenspublikationen, wie bspw. dem jeweiligen Qualitätsbericht, durchgeführt. Anschließend wurden die für die Kooperation verantwortlichen Entscheidungsträger der ausgewählten Praxismodelle zunächst telefonisch bzw. via E-Mail kontaktiert und mit dem Forschungsvorhaben bekannt gemacht. Ausgehend von diesem Erstkontakt wurden bei allen drei Modellen mit Projektverantwortlichen auf Akut- und Reha-Seite, die den Kooperationsprozess in der Regel vollständig begleitet haben, Experteninterviews

---

14 Die Orthopädie ist das mit Abstand größte Indikationsgebiet (gemessen an den Behandlungsfällen pro Jahr) in der Rehabilitation, danach folgen die Kardiologie, Onkologie und die Neurologie. Vgl. Rolland (2006b, S. 319).
15 Der Schlaganfall ist mit ca. 250.000 Fällen jährlich in Deutschland die häufigste neurologische Krankheit und nach dem Herzinfarkt und Krebs die häufigste Todesursache sowie ein Hauptgrund für die Pflegebedürftigkeit im Erwachsenenalter. Außerdem ist zu berücksichtigen, dass aufgrund des demografischen Wandels beim Schlaganfall mit weiter steigenden Erkrankungszahlen zu rechnen ist. Vgl. RKI (2006, S. 27 f.).

geführt. Als ergänzende Informationsquellen konnten von den Gesprächspartnern überlassene interne Unterlagen genutzt werden.

Den Rahmen der Interviews bildete ein Interviewleitfaden, der im Bedarfsfall durch komplettierende Fragen ergänzt wurde.[16] Der Aufbau des Leitfadens orientierte sich im Wesentlichen am dem in Kapitel 3.4 verwendeten Phasenmodell zur systematischen Darstellung des Kooperationsmanagements.[17] Im Anschluss an die Erörterung der entsprechenden Fragenkomplexe wurden die Interviewpartner zudem um ihre Einschätzung gebeten, welche Faktoren für den Erfolg bzw. Misserfolg der jeweiligen Kooperation ausschlaggebend sind und welche Planungen hinsichtlich der weiteren Entwicklung der Kooperation bestehen.

Die Erarbeitung der einzelnen Fallstudien kann durch die folgenden fünf Schritte zusammenfasst werden:[18]

- Analyse der extern verfügbaren Unterlagen,
- Durchführung der Experteninterviews,
- Transkription des Interviews und Auswertung überlassener Unterlagen,
- Entwurf der Fallstudie,
- Prüfung der Fallstudie durch die Interviewpartner.

Die Schritte wurden bei den einzelnen Fallstudien zeitlich versetzt durchgeführt, um sowohl Vorarbeiten sicherzustellen als auch geeignete Interviewtermine zu finden. Die Interviews erfolgten von September bis November 2006; die Prüfung der Fallstudien von Dezember 2006 bis Januar 2007.

Um eine übergreifende Auswertung der Praxisbeispiele zu erleichtern, werden die analysierten Fallstudien entsprechend der folgenden Systematik dargestellt:

- Im *ersten Unterkapitel* wird die Kooperation anhand wesentlicher Merkmale charakterisiert, indem die Art der strukturellen Einbindung in das Unternehmensgeschehen der Partner sowie die beteiligten Leistungserbringer selbst vorgestellt werden.

---

16 Siehe Anhang.
17 Neben Fragen zur Entwicklung und zum strategischen Hintergrund der Kooperation sind folgende Themengebiete Gegenstand der Untersuchung: Kooperationsvorbereitung (Initiierung), Partnerauswahl, Kooperationsverhandlungen, Vertragsgestaltung, Prozess- und Organisationsgestaltung, Art der Qualitätssicherung, Kommunikationsmanagement, Konfliktmanagement, Ausgestaltung der Informations- und Kommunikationssysteme, Personalmanagement, Wissensmanagement und Kooperationserfolg.
18 In Anlehnung an Tjaden (2003, S. 121).

- Im *zweiten Unterkapitel* werden die Kooperationsaktivitäten anhand des in Kapitel 2.3.4 eingeführten Phasenmodells analysiert, wobei die Auflösungsphase außen vorbleibt. Beschränkt sind die einzelnen Analysen durch die Offenheit der Interviewpartner bzw. durch die ihnen von der Geschäftsführung oder aus Verträgen mit Dritten auferlegten Verschwiegenheitspflichten. Daher ist bei einzelnen Aspekten der analysierten Fallstudien ein unterschiedlicher Detaillierungsgrad unvermeidlich. Ergänzt werden die Analysen durch die integrierte Prüfung des Vorliegens der in Kapitel 3.3 identifizieren Erfolgsvoraussetzungen.
- Anschließend wird im *dritten Unterkapitel* eine Beurteilung des Kooperationserfolgs vorgenommen. Da bisher konkrete Evaluationsergebnisse aus internen Auswertungen oder extern durchgeführten wissenschaftlichen Begleitanalysen bei allen Fallstudien fehlen, basieren die Beurteilungen primär auf den Aussagen der Interviewpartner sowie Plausibilitätsüberlegungen. Neben der Erfolgsanalyse aus Sicht der Unternehmensleitung der Leistungserbringer werden die Perspektiven weiterer Anspruchsgruppen berücksichtigt, da sich der Erfolg sektorübergreifender Kooperationen nur dann einstellt, wenn die Zusammenarbeit von den beteiligten Mitarbeitern gelebt, von den Patienten angenommen und von den Kostenträgern akzeptiert bzw. gefördert wird. Zuletzt wird kurz die Weiterführung der jeweiligen Kooperationsmodelle thematisiert.

Die Erkenntnisse der Auswertungen werden im Kapitel 4.5 systematisch zusammengefasst. Zu diesem Zweck werden die Fallstudien hinsichtlich der identifizierten Erfolgsvoraussetzungen sowie des Vorgehens im Kooperationsmanagementprozess vergleichend nebeneinander gestellt. Eine fallstudienübergreifende Beurteilung des Kooperationserfolgs aus den verschiedenen Perspektiven wird mittels tabellarischer Auswertungen ermöglicht, die die Zielerreichung in den jeweiligen Beispielen anhand geeigneter Kriterien visualisieren.

4.2 Fallstudie I: RehaNetz Freiburg

4.2.1 Charakterisierung der Kooperation

Das „Regionale RehaNetz" wurde am 1. Juli 2003 vom Universitätsklinikum Freiburg (UKF) zusammen mit 13 Reha-Kliniken für fünf Indikationsgebiete (Orthopädie, Kardiologie, Neurologie, Onkologie und Geriatrie) gegründet. Da das Reha-Netz zu Beginn als offene Kooperation gestaltet war – das heißt, es sollte grundsätzlich möglich sein, weitere Leistungserbringer aufzunehmen – wurden nach der Gründung zwei weitere Reha-Kliniken in das RehaNetz integriert. Wesentlicher Gegenstand der Kooperation ist die vertrauensvolle Zusammenarbeit im Rahmen der Patientenversorgung.[19]

Das Universitätsklinikum Freiburg (UKF) ist mit 1.749 Betten (davon 120 teilstationär) ein Krankenhaus der Maximalversorgung in der öffentlich-rechtlichen Trägerschaft des Landes Baden-Württemberg. Mit über 8.000 Mitarbeiter/innen ist das UKF der größte Arbeitgeber der Region. Im Jahr 2004 wurden in den 40 klinischen Abteilungen knapp 59.000 Patienten stationär/teilstationär und ca. 335.000 Patienten ambulant behandelt.[20] Folgende Kliniken bzw. Abteilungen des UKF sind am RehaNetz beteiligt:

- Medizinische Universitätsklinik,
- Chirurgische Universitätsklinik,
- Department für Orthopädie und Traumatologie,
- Neurologische Universitätsklinik,
- Neurochirurgische Universitätsklinik,
- Radiologische Universitätsklinik,
- Department Universitäts-Frauenklinik,
- Zentrum für Geriatrie und Gerontologie.

Auf der Reha-Seite sind 15 Einrichtungen beteiligt (Stand: Ende 2006), die teilweise auch in mehreren Indikationsgebieten im RehaNetz vertreten sind. Insgesamt gibt es im orthopädischen Bereich acht Netzwerkpartner, in der Kardiologie und

---

[19] Unabhängig davon bestanden bereits vor der RehaNetz-Gründung Kooperationen des UKF mit einzelnen Reha-Kliniken des Netzwerkes im Bereich der Apotheken- und/oder der Materialversorgung.
[20] Für weitere Informationen zum Universitätsklinikum siehe www.uniklinik-freiburg.de, insbesondere den dort verfügbaren Qualitätsbericht.

4.2 Fallstudie I: RehaNetz Freiburg

der Onkologie jeweils vier sowie in der Neurologie und der Geriatrie jeweils zwei Partner.[21] Die Darstellung 4-1 gibt einen Überblick über die eingeschlossenen Reha-Kliniken. Auf eine detaillierte Betrachtung der einzelnen Kliniken wird verzichtet. Die sektorübergreifende Kooperation im RehaNetz kann als regionales strategisches Unternehmensnetzwerk definiert werden, da es sich um eine zeitlich unbefristete Zusammenarbeit von mehr als zwei rechtlich selbstständigen, in regionaler Nähe befindlichen Leistungserbringern handelt. (Die beteiligten Reha-Einrichtungen liegen im Umkreis von maximal 70 km um das Universitätsklinikum Freiburg.). Durch eine vertragliche Fixierung der Zusammenarbeit wird deutlich, dass die Zusammenarbeit über einen Erfahrungsaustausch oder eine Absprachenkooperation hinausgeht und aufgrund der wechselseitigen Spezialisierung des Uni-Klinikums auf der einen und der Reha-Einrichtungen auf der anderen Seite als reziproke Austauschkooperation zu charakterisieren ist.

21 Nach der Gründungsphase wurden zwei zusätzliche onkologische Reha-Einrichtungen aufgrund des Bedarfs in dieser Indikation und auf Wunsch der Kostenträger in den Netzwerkverbund aufgenommen.

Fallstudie I: RehaNetz Freiburg | 4.2

Darstellung 4-1: Reha-Partner im RehaNetz Freiburg

Name	Bettenzahl	Träger	Ort	Homepage
Orthopädie				
AOK-Klinik Stöckenhöfe	130	AOK Klinik GmbH	79299 Wittnau	www.aokklinik-stoeckenhoefe.de
Breisgau-Klinik	173	RHK Reha-Klinik GmbH & Co.	79189 Bad Krozingen	www.breisgau-klinik.de
Mooswaldklinik	80	Mooswaldklinik Kliniksbetriebs- und managementgesellschaft Freiburg o. Br. mbH	79111 Freiburg	www.mooswaldklinik.de
Reha-Klinik Hausbaden	221	RHK Reha-Klinik GmbH & Co.	79410 Badenweiler	www.reha-klinik-hausbaden.de
Rheintalklinik	270	Rheintalklinik GmbH & Co.	79189 Bad Krozingen	www.rheintalklinik.de
Schwarzwaldklinik Orthopädie	196	Schwarzwaldklinik Bad Krozingen KG, Reha Grundstücksgesllschaft mbH & Co.	79189 Bad Krozingen	www.median-kliniken.de
Seidel-Klinik Bad Bellingen	79	MediClin AG	79415 Bad Bellingen	www.mediclin.de
Theresienklinik Bad Krozingen	347	Theresienklinik Bad Krozingen II Rehabilitations-Klinik für Orthopädie und Kardiologie GmbH	79189 Bad Krozingen	www.theresienklinik.de
Kardiologie				
Hochrhein- und Eggbergklinik	340	Hegau-Bodensee-Hochrhein-Kliniken GmbH	79713 Bad Säckingen	www.hbh-kliniken.de
Klinik Lazariterhof	162	Reha-Klinik Sinnighofen KG, Correal Grundstücks- und Beteiligungsgesellschaft GmbH & Co. KG	79189 Bad Krozingen	www.median-kliniken.de
Klinik Baden	119	Reha-Klinik Sinnighofen KG, Correal Grundstücks- und Beteiligungsgesellschaft GmbH & Co. KG	79189 Bad Krozingen	www.median-kliniken.de
Theresienklinik Bad Krozingen	347	Theresienklinik Bad Krozingen II Rehabilitations-Klinik für Orthopädie und Kardiologie GmbH	79189 Bad Krozingen	www.theresienklinik.de
Onkologie				
AHB- & Rehabilitationsklinik Park-Therme	130	Hamm Kliniken GmbH	79410 Badenweiler	www.hamm-kliniken.de
Asklepios Klinik Triberg	140	Asklepios Kliniken Verwaltungsgesellschaften mbH	78098 Triberg	www.asklepios-triberg.de
Klinik für Tumorbiologie Freiburg	120	KTB Klinik für Tumorbiologie GmbH & Co. KG	79106 Freiburg	www.median-kliniken.de
St. Georg Vorsorge- und Rehabilitations-kliniken	170	St. Georg Vorsorge- und Rehabilitationskliniken GmbH und Co. KG	79862 Höchenschwand	www.porten.de
Neurologie				
Neurologische Klinik Elzach	200	Bundesverband für Rehabilitation und Interessenvertretung Behinderter e.V. (BDH)	79215 Bad Elzach	www.neuroklinik-elzach.de
Schwarzwaldklinik Neurologie	188	Schwarzwaldklinik Bad Krozingen KG, Reha Grundstücksgesllschaft mbH & Co.	79189 Bad Krozingen	www.median-kliniken.de
Geriatrie				
MEDIAN Klinik Geriatrie	90	Schwarzwaldklinik Bad Krozingen KG, Reha Grundstücksgesllschaft mbH & Co.	79189 Bad Krozingen	www.median-kliniken.de
Neurologische Klinik Elzach	200	Bundesverband für Rehabilitation und Interessenvertretung Behinderter e.V. (BDH)	79215 Bad Elzach	www.neuroklinik-elzach.de

4.2.2 Analyse der Kooperationsaktivitäten

4.2.2.1 Initiierung

Bereits vor der Netzgründung im Jahr 2003 war die Zusammenarbeit zwischen den verschiedenen Sektoren im Gesundheitswesen ein großes Anliegen des Universitätsklinikums Freiburg. Allerdings gingen die Vertragsabschlüsse in der Regel auf einzelne Abteilungsleiter zurück, so dass ab 2001 ein systematischer Ansatz entwickelt wurde, der darauf abzielte, die einzelnen Leistungsbereiche des Gesundheitsmarktes auf die Möglichkeit und Sinnhaftigkeit des Abschlusses von Kooperationsverträgen zu untersuchen. Der Rehabilitationssektor wurde aufgrund der folgenden Aspekte als erster Kooperationsschwerpunkt ausgewählt:[22]

- Empfehlungen des Wissenschaftsrates waren die Grundlage für Planungen zum Ausbau der Forschung und Lehre in der Rehabilitation.
- Mit der Abteilung für Qualitätsmanagement und Sozialmedizin verfügt das UKF über ein Kompetenzzentrum mit langjähriger Erfahrung in der Rehabilitationsforschung und -praxis sowie vielfältigen Kooperationen mit Rehabilitationsträgern.
- Eine seit 1999 bestehende Abteilung für medizinische Kooperationen im Geschäftsbereich Patientenangelegenheiten begleitet die Abschlüsse von Kooperationsverträgen auf der administrativen und konzeptionellen Ebene.
- In dem vom Bund und den Rentenversicherungen geförderten Rehabilitationswissenschaftlichen Forschungsverbund Freiburg/Bad Säckingen sind mehr als 100 Einrichtungen als Kooperationspartner vertreten.
- Vor der Netzgründung bestanden sehr unterschiedlich ausgestaltete Kooperationsverträge zwischen UKF und Reha-Kliniken der Region, die aufgrund von Unzufriedenheit der Partner langfristig eine Neuordnung der vertraglichen Beziehungen notwendig gemacht hätten.

Der eigentliche Auslöser der Netzwerkgründung war der Wandel im deutschen Gesundheitswesen. Insbesondere im Zusammenhang mit der DRG-Einführung wurde der Bedarf einer intensiveren Zusammenarbeit mit den nachgelagerten Leistungssektoren aufgrund des zu erwartenden Verweildauerrückgangs im Akutbereich gesehen, der eine zeitnahe Verlegung der Patienten in die Reha-Kliniken erforderlich macht. Um den Reha-Kliniken gleichzeitig die Sicherheit zu geben, dass sie innerhalb einer Kooperation mit dem UKF nicht mit einer zunehmenden Zahl komplexerer („blutiger") Patienten rechnen müssen, sollte gemeinsam für die

---

22 Vgl. Enste/Jäckel/Ritzenthaler (2003, S. 929).

häufigsten AHB-verursachenden Diagnosen der Verlegungszustand und -zeitpunkt im Rahmen der gesetzlichen Bestimmungen definiert werden.

Ein geeignetes Kooperationsumfeld für sektorübergreifende Kooperationen ist nicht nur durch die Rahmenbedingungen im deutschen Gesundheitswesen, sondern auch in regionaler Hinsicht vor allem auf der Reha-Seite gegeben, da aufgrund der hohen Dichte an Reha-Einrichtungen in der südbadischen Region der Verdrängungswettbewerb sehr intensiv ist und für die einzelnen Akteure strategische Partnerschaften gerade mit dem UKF, als größtem Akuthaus der Region, als existenziell zu bezeichnen sind.

Als Oberziel aller Netzwerkpartner wurde die qualitative und wirtschaftliche Optimierung der sektorübergreifenden Versorgung der Patienten durch die Vermeidung von Wartezeiten, Doppeluntersuchungen und Informationsverlusten festgeschrieben. Dadurch sollte eine Verbesserung der Langzeitergebnisse bei den gemeinsam behandelten Patienten erreicht werden. Vom UKF wurde in diesem Zusammenhang betont, dass es nicht beabsichtigt war, die Patienten in bestimmte Reha-Einrichtungen zu steuern, da dies die Aufgabe der Rehabilitationsträger sei.[23] Die Integrierte Versorgung gemäß §§ 140 a bis d SGB V spielte zu keinem Zeitpunkt der Initiierungsphase eine Rolle und war somit auch kein Kooperationsauslöser für die Partner.

Auf Seiten der Reha-Einrichtungen war eine stärkere Patientengenerierung aus dem UKF ein bedeutendes Ziel der Kooperation. Die Patientenbindung spielte ebenso im UKF eine Rolle. Durch die engere Zusammenarbeit mit den Reha-Einrichtungen sollte erreicht werden, dass die Patienten im Bedarfsfall in das UKF und nicht in ein anderes Akuthaus verlegt werden.

Neben der abgestimmten Patientenversorgung wurde die Zusammenarbeit in der Forschung und Lehre als weiteres Kooperationsziel festgelegt. Durch gemeinsame Forschungsprojekte, den Einbezug der Reha-Kliniken in die Ausbildung der Medizin-Studenten und die gemeinsame Durchführung von Fortbildungsveranstaltungen soll in den Fächern Rehabilitation und physikalische Medizin der Ausbau der Fachkompetenz am Universitätsstandort Freiburg forciert werden. Die Reha-Einrichtungen versprechen sich von dieser Maßnahme ein höheres Maß an wissenschaftlicher Reputation.

Zur Koordination der Kooperationsaktivitäten wurde am UKF frühzeitig eine Projektgruppe eingerichtet, die aus dem Leiter des Geschäftsbereichs Patientenangele-

---

23 Informationen entstammen einer Pressemitteilung der Universität Freiburg vom 19.09.2003 zur Gründung des RehaNetzes. Vgl. Ritzenthaler (2003, S. 1).

genheiten, dem Leiter der Abteilung Medizinische Kooperationen und dem Direktor der Abteilung für Qualitätsmanagement und Sozialmedizin bestand. Diese Gruppe war auch maßgeblich dafür verantwortlich, dass von Seiten des UKF für das regionale RehaNetz die fünf wichtigsten AHB-Indikationsgebiete bei der Akut-Reha-Verlegung ausgewählt wurden. Entsprechend war neben der regionalen Nähe ein vorhandenes Reha-Angebot in der Orthopädie, Kardiologie, Onkologie, Neurologie oder Geriatrie ein Musskriterium innerhalb des Anforderungsprofils der zukünftigen Partner. Als weitere Kriterien wurden unter anderem folgende Aspekte in den Anforderungskatalog aufgenommen:

- Fallzahlen der bisherigen Verlegungen aus dem UKF,
- Erfahrungen aus der bisherigen Zusammenarbeit,
- Bestehende Versorgungsverträge der Reha-Kliniken,
- Entfernung bzw. Erreichbarkeit vom UKF sowie
- Beurteilung durch die Rehabilitationsträger.

Hinsichtlich der Partnerzahl wurde in Absprache mit den Rehabilitationsträgern die Zusammenarbeit mit mehreren Kooperationspartnern je Indikationsfeld angestrebt, um eine Monopolisierung auf der Reha-Seite in den einzelnen Indikationen zu vermeiden.

4.2.2.2 Formierung

Innerhalb des UKF wurden von der Projektgruppe alle betroffenen Abteilungen über die Planungen hinsichtlich des Netzwerkes informiert und zu einer Beteiligung aufgefordert. Da das RehaNetz als Dienstleistungsangebot für die medizinischen Abteilungen des UKF verstanden wurde, bestand kein Teilnahmezwang. So nahm die Abteilung für Thoraxchirurgie nicht an dem Netzwerk teil, obwohl ein für das RehaNetz passendes Leistungsspektrum vorgehalten wird. Grund waren etablierte Kooperationsbeziehungen zu Rehabilitationsanbietern sowie verhältnismäßig geringe Fallzahlen in den relevanten Indikationsgebieten, die eine darüber hinausgehende Zusammenarbeit mit dem Reha-Bereich nicht notwendig machten.

Im Rahmen der Partnerauswahl auf der Reha-Seite wurden vom UKF in einem ersten Schritt zahlreiche Reha-Kliniken in den ausgewählten Indikationsfeldern aus der Region angeschrieben, mit der Bitte ihr Leistungsspektrum und die jeweilige Zahl der verlegten Patienten aus dem UKF mit zuteilen. Bei den Rückmeldungen stellte sich heraus, dass die gemeldeten Verlegungszahlen der Reha-Kliniken höher waren als die internen Zahlen aus der eigenen Statistik. Als Fehlerquelle wurden dafür die nicht direktverlegten Patienten identifiziert, die aufgrund eines Zwischenaufenthalts zu Hause nicht in der Reha-Verlegungsstatistik des Uni-Klinikums auftauchten.[24]

Parallel wurden die Ärztlichen Leiter der beteiligten Abteilungen im UKF in Einzelgesprächen nach ihren Erfahrungen in der Zusammenarbeit mit einzelnen Reha-Kliniken befragt. Die Rehabilitationsträger wurden in die Kooperationsaktivitäten einbezogen, indem sie um eine Stellungnahme bezüglich der Klinikauswahl gebeten wurden. Auf diese Weise sollten Akzeptanz und Unterstützung von Seiten der Kostenträger frühzeitig für die Netzwerkaktivitäten gewährleistet werden. Die Zusammenarbeit mit den Reha-Trägern erwies sich dabei als komplexitätssteigernd, da sie unabhängig vom Auswahlverfahren des UKF zusätzliche Reha-Einrichtungen für die Einbindung in das Netzwerk vorschlugen.

Die Ansprache durch das UKF wurde von allen Reha-Einrichtungen positiv aufgenommen.[25] Die positive Resonanz ging dabei soweit, dass nicht nur alle kontaktierten Einrichtungen zur Zusammenarbeit bereit waren, sondern sich nach erfolgter Gründung darüber hinaus weitere Reha-Einrichtungen um die Teilnahme bewarben. Anhand der Zusammenführung der Informationen aus den verschiedenen Quellen erstellte die Projektgruppe am UKF für jedes Indikationsfeld eine Rangliste der für das Netzwerk geeignetsten Reha-Einrichtungen, mit der eine Vorauswahl potenzieller Partner erfolgte.

Durch das strukturierte Vorgehen konnte im Rahmen der Partnerauswahl die Leistungsfähigkeit der potenziellen Reha-Partner trotz des Einflusses der Reha-Träger insgesamt sichergestellt werden. Die Leistungsfähigkeit des UKF als Partner der Reha-Einrichtungen konnte durch die strategische Ausrichtung auf sektorübergreifende Kooperationen und den dafür bereitgestellten Ressourcen als positiv eingestuft werden. Auf der Ebene einzelner Abteilungen waren in Abhängigkeit von den beteiligten Personen Unterschiede hinsichtlich der individuellen Leistungs- und auch Kooperationsfähigkeit zu berücksichtigen.

In einem nächsten Schritt wurden die ausgewählten Reha-Kliniken vom UKF zu einer Informationsveranstaltung eingeladen, bei der die Ziele sowie das geplante weitere Vorgehen vorgestellt wurden. Hinsichtlich der organisatorischen Gestaltung teilte das UKF den Reha-Kliniken mit, dass neben der bestehenden Projektgruppe

---

24 Vgl. Enste/Jäckel/Ritzenthaler (2003, S. 930).
25 Unabhängig von den Aktivitäten des UKF im Rahmen der Kooperationsinitiierung waren vor Kooperationsbeginn auch Kontaktbemühungen einzelner AHB-Einrichtungen zum UKF festzustellen, die sich eine engere Zusammenarbeit mit der Uniklinik wünschten, bspw. im Rahmen der Übernahme der Physiotherapie im Akuthaus oder einer gemeinsamen Gründung eines ambulanten Reha-Zentrums.

4.2 Fallstudie I: RehaNetz Freiburg

im UKF die Einrichtung einer hauptamtlichen Koordinierungsstelle vorgesehen wurde, die von allen zukünftigen Kooperationspartnern gemeinsam zu finanzieren sei. Weiterhin sollten mit einer Vertreterversammlung, einem Beirat und indikationsspezifischen Arbeitsgruppen weitere Gremien des Rehabilitationsnetzwerkes installiert werden. Während die Vertreterversammlung die Grundsätze für die Zusammenarbeit und die jeweiligen Arbeitsschwerpunkte festlegt, sollte der Beirat eine beratende Funktion insbesondere zur Wahrung der Interessen der Kostenträger einnehmen und zudem das Projekt auch überregional bekannt machen.

Die Umsetzung der Vorgaben von Vertreterversammlung und Beirat in den einzelnen Indikationen wurde als Aufgabe der Arbeitsgruppen bestimmt, die sich zusätzlich mit der Erarbeitung von Behandlungskonzepten einschließlich der Indikationen und Kontraindikationen für die Verlegung zu befassen haben. Entsprechend wurde als gemeinsames Nebenziel aller Beteiligten beschlossen, ein Versorgungsangebot mit abgestimmten Behandlungspfaden zu etablieren, um den Patienten eine höhere Versorgungsqualität bieten zu können. Dokumentiert wurde diese Kooperationsstruktur in einem ersten Entwurf des Kooperationsvertrages, den die Reha-Kliniken mit der Bitte um Ergänzungen oder Änderungen im Rahmen der Informationsveranstaltung erhielten.

Der Informationsveranstaltung folgte eine fast einjährige Phase intensiver Gespräche und Verhandlungen mit einzelnen Kliniken und Rehabilitationsträgern. Primär ging es dabei um den Abbau von Vorbehalten gegenüber der Kooperation und der damit verbundenen finanziellen Beteiligung an den Kooperationsstrukturen.

Die letztendliche Auswahl der Reha-Partner wurde insbesondere durch die intensive Konkurrenzsituation zwischen den Reha-Kliniken der Region erschwert. Dieser Wettbewerbsdruck verhinderte darüber hinaus die Einrichtung einer vom UKF gewünschten Lenkungsgruppe, bestehend aus je einem Vertreter jeder Arbeitsgruppe, der Projektgruppe und der Koordinierungsstelle, da ein Teil der Reha-Kliniken in diesem Gremium den Verlust direkter Einflussmöglichkeiten befürchtete.

Die vertragliche Struktur des Netzwerks wurde so konzipiert, dass das UKF mit jeder der ausgewählten Reha-Kliniken einen gleichlautenden schriftlichen Vertrag schloss. Zwischen den beteiligten Reha-Kliniken bestand im Sinne des RehaNetzes keine Notwendigkeit einer vertraglichen Beziehung. Die Kostenträger wurden aufgrund der fehlenden Verknüpfung zur Integrierten Versorgung nicht in die Vertragsgestaltung einbezogen. Die Vertragsformulierungen beinhalteten die beschriebenen

Maßnahmen zur organisatorischen Gestaltung und orientierten sich im Wesentlichen an den Vorschlägen der Deutschen Krankenhausgesellschaft zu den Formulierungen im Kooperationsvertrag.[26] Dementsprechend wurden folgende Aspekte bei der Vertragskonstellation berücksichtigt:

- Bezeichnung von Vertragspartner und -gegenstand,
- Ausgestaltung der Zusammenarbeit im medizinischen Bereich,
- Zusammenarbeit in Forschung und Lehre,
- Prüfung von Kooperationsmöglichkeiten in anderen Bereichen,
- Einrichtung einer Koordinierungsstelle am UKF,
- Regelung zur Außendarstellung der Kooperation,
- Finanzielle Regelungen,
- Datenschutzbestimmungen,
- Vertragsdauer und Kündigungsregelungen sowie
- Schlussbestimmungen.

4.2.2.3 Durchführung

Im Anschluss an die Vertragsunterzeichnung wurde Anfang September 2003 die Koordinierungsstelle für das RehaNetz durch einen Arzt besetzt. Diese Stelle wurde organisatorisch der Abteilung Medizinische Kooperationen am UKF zugeordnet. Als Aufgaben der Koordinierungsstelle wurden im Kooperationsvertrag unter anderem festgelegt:

- Koordination und fachliche Unterstützung der indikationsspezifischen Arbeitsgruppen,
- Organisation der Vertreter- und Beiratsversammlungen,
- Evaluation der Zusammenarbeit und regelmäßige Berichterstattung sowie
- Öffentlichkeitsarbeit für das RehaNetz.

Die Vertreterversammlung wurde aus den Verwaltungsdirektoren der Reha-Kliniken, vier Vertretern des UKF sowie dem Koordinator konstituiert und fand sich erstmals im Oktober 2003 zusammen. Sie tagt seitdem ein- bis zweimal im Jahr. Durch eine von der Vertreterversammlung beschlossene Geschäftsordnung wurden die Aufgaben für die Vertreterversammlung fixiert, die im Wesentlichen die Festlegung der Rahmenbedingungen der Zusammenarbeit, die Definition der Arbeitsschwerpunkte der Arbeitsgruppen sowie die Weiterentwicklung des Netzwerkes umfassen.

---

26 Vgl. DKG (2005, S. 26) bzw. die Ausführungen in Kapitel 3.4.2.4.

4.2 Fallstudie I: RehaNetz Freiburg

Weiterhin traf sich der Beirat, bestehend aus Vertretern der Kostenträger,[27] erstmalig im März 2004 im UKF. Er diskutierte (bisher) schwerpunktmäßig die Einbindung der Netzwerkaktivitäten in die gesundheitspolitischen Rahmenbedingungen und betrachtet dabei nicht nur die regionale Ebene. Da der Beirat nur einmal jährlich zusammenkommt, wurde der Koordinator als Ansprechpartner für die im Beirat vertretenen Institutionen bestimmt, um eine laufende Abstimmung und Klärung aktueller Problemstellungen, bspw. zur AHB-Überleitung oder der Prozessgestaltung in einzelnen Indikationen, zu gewährleisten.

Die fünf indikationsspezifischen Arbeitsgruppen setzen sich aus ärztlichen Vertretern der beteiligten Reha-Kliniken und der im Netz vertretenen Abteilungen des UKF zusammen. Bereits Ende 2003 kamen die Gruppen je zweimal und in den Folgejahren drei- bis fünfmal zusammen. Die größere Motivation der Reha-Mediziner zur aktiven Mitarbeit am Netzwerk wurde durch eine im Vergleich zu den Akutmedizinern stärkere Beteiligung an den Arbeitsgruppensitzungen deutlich. Damit kann die Bereitschaft zur Kooperation auf Seiten der Reha-Anbieter als durchgehend hoch bezeichnet werden, während die Kooperationsbereitschaft des UKF aufgrund des unterschiedlich großen Engagements zur aktiven Mitarbeit der verschiedenen Abteilungen auf der operativen Ebene als teilweise eingeschränkt zu beurteilen ist. Gründe für diese Einschränkung sind zum einen in der zunehmenden Arbeitsverdichtung und zum anderen in den – im Vergleich zu anderen Akuthäusern – hohen Personalfluktuationsraten in den Abteilungen einer Universitätsklinik zu vermuten.

Die Umsetzung der Ergebnisse der Arbeitsgruppen wird zwar vom Koordinator eingeleitet, erfolgt aber letztendlich auf der operativen Arbeitsebene zwischen den betroffenen Mitarbeiter der kooperierenden Abteilungen, die weiterhin für die Überleitung der Patienten vom Akut- in den Reha-Bereich zuständig sind. In diesem Zusammenhang sollte durch die Einrichtung von gemeinsamen Visiten oder gegenseitigen Hospitationen eine weitere Intensivierung der Zusammenarbeit auf der operativen Ebene ermöglicht werden. Allerdings wurden diese Angebote aufgrund der hohen Arbeitsbelastung auf beiden Seiten bisher nur vereinzelt wahrgenommen.

Die Ausgestaltung der vertraglich geregelten Zusammenarbeit zur Forschung und Lehre ist sowohl in den Arbeitsgruppen als auch in der Vertreterversammlung ein zentrales Thema. Primär läuft die Einbindung der Rehabilitation in die klinische

---

27 Die Vertreter kommen von der AOK, dem Verband der Angestellten-Krankenkassen (VdAK), der Deutschen Rentenversicherung Baden-Württemberg, der Deutschen Rentenversicherung Bund und den Berufsgenossenschaften.

Forschung bzw. die klinische Reha-Forschung über die Abteilung für Qualitätsmanagement und Sozialmedizin (AQMS) am UKF, die unter anderem im Jahr 2004 eine Erhebung zur Strukturqualität bei den Reha-Partnern im Netzwerk durchführte. Auch in der Lehre bildet die AQMS die Schnittstelle zwischen den Partnern, die seit dem Sommersemester 2005 in Zusammenarbeit mit den Reha-Partnern Veranstaltungen in Form von Praxismodulen durchführt.[28]

Weiterhin werden vom RehaNetz Fortbildungsveranstaltungen für Ärzte/innen, Therapeuten und leitende Pflegekräfte organisiert. Ziel ist die Vermittlung der medizinischen Inhalte aus Sicht der Akutmedizin bzw. aus Sicht der rehabilitativen Weiterbehandlung. Bei Fortbildungen in den Reha-Kliniken werden zudem Führungen für die Akutmediziner durch das jeweilige Haus mit einer Darstellung des Leistungsspektrums angeboten.

Ablauforganisation
Um eine enge Zusammenarbeit zwischen Koordinator und den für die Überleitung der Patienten verantwortlichen Mitarbeitern der Abteilungen im UKF zu gewährleisten, erfolgt nicht nur eine gegenseitige Informationsweiterleitung, sondern der Koordinator nimmt bei Bedarf an den Sitzungen der Sozialdienste im Klinikum teil und zudem ist er Mitglied in einer Lenkungsgruppe zum Entlassmanagement. Umgekehrt werden die Mitarbeiter des Sozialdienstes zu Veranstaltungen des Reha-Netzes eingeladen.

Da das RehaNetz innerhalb des UKF eng mit dem Entlassungsmanagement verknüpft ist, ist der Koordinator auch in der Lenkungsgruppe Entlassmanagement vertreten, die sich mit der Neustrukturierung einer patienten- und mitarbeiterorientierten Entlassungsplanung befasst. Seine Aufgabe ist es, die Anforderungen an eine strukturierte Überleitung in die AHB einzubringen. Verbesserungen im Ablauf ergaben sich in diesem Zusammenhang vor allem durch die Einführung eines EDV-basierten Anforderungsmoduls zum Entlassmanagement im UKF, mit dessen Hilfe die Kernbetreuer der Patienten, also insbesondere der Sozialdienst aber auch Hilfsmittelversorger und Pflegepersonal, per E-Mail zielgenau angefordert werden können. Die Reha-Partner sind bei der Entlassungsplanung zwar nicht

---

28 Die Veranstaltungen finden im Querschnittsbereich „Rehabilitation, Naturheilverfahren und Physikalische Medizin" am UKF statt, in dem die Inhalte der Rehabilitation außer durch Vorlesungen und Seminare auch durch das Angebot von Exkursionen in die Reha-Einrichtungen des RehaNetzes vermittelt werden. Vgl. dazu die Informationen in der Rubrik „Lehre Medizin" auf der Homepage der AQMS (www.uniklinik-freiburg.de/aqms). Das Angebot wird von den Studenten sehr gut angenommen und ist eine geeignete Ergänzung zu den etablierten Verknüpfungen in der Lehre, im Rahmen der Lehraufträge von Reha-Chefärzten am UKF.

direkt eingebunden, werden jedoch vom Koordinator über alle diesbezüglichen Entwicklungen am UKF informiert.

Der enge Kontakt zu den beteiligten Einrichtungen wird durch die laufende Kommunikation sowie durch regelmäßige persönliche Besuche des Koordinators in jeder Partnerklinik sichergestellt. Bei der Koordination der Zusammenarbeit im Reha-Netz und der gemeinsamen Interessensabstimmung erweist sich dabei insbesondere die große Partneranzahl als komplexitätssteigernd. Zudem wird mit zunehmender Partnerzahl wahrscheinlicher, dass einzelne Partner ihre Individualziele über die gemeinsam vereinbarten Netzwerkziele stellen. Entsprechend ist festzustellen, dass mit steigender Partnerzahl auch der Aufwand steigt, der für die Überzeugungsarbeit hinsichtlich einer gemeinsamen Zielabstimmung notwendig ist.

Zur Optimierung der sektorübergreifenden medizinischen Versorgung wurde die Entwicklung einvernehmlicher Behandlungs- und Organisationskonzepte im Kooperationsvertrag vereinbart. In diesem Zusammenhang konnte das RehaNetz auf bereits bestehende Behandlungsabläufe zwischen Akut- und Reha-Bereich aufbauen. Allerdings waren diese Beziehungen oft wenig koordiniert und unstrukturiert. Insbesondere eine gezielte Kommunikation zwischen den Partnern stellte sich als problematisch heraus. Zum einen waren keine festen Ansprechpartner für Rückfragen der Reha-Kliniken im UKF definiert, bspw. bei fehlenden medizinischen Unterlagen. Zum anderen fand eine Absprache „schwieriger" Patienten zwischen Medizinern der Akutseite und den aufnehmenden Reha-Medizinern vor der Verlegung häufig nicht statt. Daher war die Erstellung und Verteilung von Kontaktlisten mit den Daten der Ansprechpartner auf beiden Seiten eine wichtige Maßnahme zur Gewährleistung einer schnellen Kommunikation innerhalb des Netzwerkes.

Wesentliche Verbesserungen der gegenseitigen Kommunikation konnten zudem durch die Zusammenarbeit in den Gremien des RehaNetzes geschaffen werden, die gleichzeitig das Vertrauen untereinander stärkte. Aufbauend auf den enger werdenden Beziehungen zwischen den Partnern konnten auch erste Ergebnisse in den Arbeitsgruppen erzielt werden, indem die notwendigen Verlegungsunterlagen zur lückenlosen Weiterbehandlung der Patienten in der Reha-Klinik definiert wurden. Weiterhin wurden in den Arbeitsgruppen neue und bessere Regelungen festgelegt, die den Reha-Medizinern einen größeren Handlungs- und Beurteilungsspielraum gewähren, z.B. hinsichtlich der Wiedervorstellungen der Rehabilitanden beim Akutmediziner.

Die Erstellung von gemeinsamen Behandlungspfaden zur sektorübergreifenden Ablaufoptimierung befindet sich in Bearbeitung der indikationsspezifischen Arbeitsgruppen. Im Rahmen der Erstellung sollen die in den meisten Reha-Kliniken verfügbaren Behandlungsleitlinien der Reha-Träger mit den Abläufen im UKF abgestimmt werden. Trotz knapper Ressourcen und Vorurteilen einzelner Mediziner bezüglich der Einschränkung der medizinischen Handlungsfreiheit wurden im Akutbereich im Jahr 2006 erste standardisierte Pfade durch eine akutinterne Arbeitsgruppe implementiert. Anfang 2007 wurde darauf aufbauend der erste sektorübergreifende Behandlungspfad für Patienten mit einer koronaren Herzerkrankung (KHK) bzw. nach einer Herzklappen-OP eingeführt. Mithilfe der Erfahrungen aus dem institutionenübergreifenden Einsatz dieses Pfades, soll sich die Pfadeinführung in den anderen Indikationsbereichen des Netzwerkes möglichst zeitnah anschließen.

Dem Koordinator des RehaNetzes kommt als Mitglied der akutinternen Arbeitsgruppe zur Pfaderstellung die Aufgabe zu, die Weiterführung der Behandlungspfade über die Sektorengrenzen zu organisieren, indem er in Zusammenarbeit mit den Reha-Partnern und den Reha-Trägern die Akut-Reha-Schnittstelle bearbeitet. Dabei ist die unterschiedliche Handhabung der Krankheitsbilder in Akut- und Reha-Bereich zu regeln, die insbesondere aufgrund der Verwendung der diagnosebezogenen ICD-Klassifizierung[29] im Akutbereich und der funktionsorientierten ICF-Klassifizierung[30] im Reha-Bereich entsteht.

Ein Ziel der Pfaderstellung soll sein, in den indikationsspezifischen Arbeitsgruppen des RehaNetzes eine krankheitsbild-individuelle Schnittstellendefinition zur Überleitung von Patienten aus dem UKF in die AHB zu verabschieden. Dementsprechend werden in den Arbeitsgruppen auch Indikationen und Kontraindikationen für Verlegungen diskutiert. Dabei werden am Beispiel von Einzelfällen Bedingungen abgesprochen, unter denen Patienten noch nicht verlegt werden können, bspw. hinsichtlich der Wundverhältnisse, des infektiologischen Status oder des individuellen Therapiestands.

Alle über die gemeinsame Erstellung von Behandlungspfaden hinausgehenden Aktivitäten, die der Qualitätssicherung zugeordnet werden können, werden von den Partnern intern im Rahmen der sektorbezogenen Qualitätssicherung unternommen. Dementsprechend sind die Qualitätsbeauftragten zwar über die sektorübergreifenden Aktivitäten im Netzwerk informiert, aber nicht direkt eingebunden.

---

29 Vgl. dazu die Ausführungen in Kapitel 2.1.2.3.
30 Vgl. dazu die Ausführungen in Kapitel 2.1.3.1.

4.2 Fallstudie I: RehaNetz Freiburg

Unabhängig von den gemeinsamen Aktivitäten der Leistungserbringer kann es, aufgrund bisher nicht vollständig kompatibler Abläufe bei den Leistungserbringern und den Reha-Trägern hinsichtlich der Bewilligungsprozesse, beim Übergang vom Akut- in den Reha-Bereich zu zeitlichen Verzögerungen kommen. Mögliche Folgen sind Kostensteigerungen durch eine nicht medizinisch bedingte längere Verweildauer im Akuthaus. Zwar wird intensiv an der Abstimmung der Prozesse gearbeitet, jedoch konnte noch keine allgemein gültige Lösung, bspw. in Form einer standardisierten, antragsfreien Verlegung oder zumindest einer Vereinheitlichung der Antragsformulare erzielt werden. Um dennoch eine schnelle Verlegung und einen Behandlungsbeginn in der Rehabilitation ohne Wartezeiten für den Patienten zu erreichen, hat sich das UKF entschlossen, bei fehlender Zusage der Reha-Träger hinsichtlich der Kostenübernahme und dringendem Verlegungsbedarf der betroffenen Abteilung eine Ausfallbürgschaft für die ersten zwei Tage des Reha-Aufenthalts bei einem Netzwerkpartner zu übernehmen.

Eine andere Maßnahme des UKF zur Verbesserung der Zusammenarbeit im Reha-Netz umfasst die Kostenübernahme von Untersuchungen, die von den verlegenden Akutabteilungen angeordnet werden oder sich aus einer akutbedingten Komplikation ergeben. Als Nebeneffekt dieser vertrauensbildenden Maßnahme erreicht das UKF, dass bestimmte Untersuchungen in Abteilungen des UKF durchgeführt werden und nicht bei anderen Anbietern, die die entsprechenden Leistungen kostengünstiger anbieten wie bspw. Niedergelassene oder kleinere Krankenhäuser.

Zur Unterstützung der sektorübergreifenden Abläufe befindet sich ein umfassendes elektronisches Informations- und Kommunikationssystem zur Vernetzung des UKF mit den Reha-Partnern im Aufbau. Nachdem die Datenschutzprobleme bereits gelöst sind, wird mittels eines Pilotprojektes innerhalb einer Indikation zwischen einer UKF-Abteilung und einer Reha-Einrichtung die elektronische Vernetzung getestet. Der Reha-Einrichtung wird dabei die Befundeinsicht durch den direkten Zugriff auf Patientendaten, Diagnostik- und Therapieleistungen auf dem Befundserver des UKF ermöglicht. Eine solche Vorgehensweise der gemeinsamen elektronischen Abbildung der Patientenkarriere würde auch die Einrichtung von sektorübergreifenden Forschungsdatenbanken ermöglichen. Zur Weiterentwicklung des sektorübergreifenden Dokumententransfers befindet sich der Koordinator in einem intensiven Dialog mit dem Rechenzentrum des UKF, das sich unter anderem mit der EDV-Vernetzung zu Kooperationspartnern des UKF befasst.

Ein umfassendes Netzwerkcontrolling existiert bisher nicht. Da die Vergütung der

Leistungen sektorbezogen erfolgt, sind diesbezügliche gemeinsame Aktivitäten auch nicht zwingend. Allerdings ist beabsichtigt, durch die Möglichkeiten der elektronischen Vernetzung in Zukunft verstärkt gemeinsame Controllingaktivitäten im Netzwerk durchzuführen. Derzeit laufen die Daten zur Dokumentation und Steuerung der Zusammenarbeit beim Koordinator zusammen, indem die Controllingabteilungen der Partner die relevanten Daten, wie bspw. netzwerkbezogene Patientenströme, an den Koordinator übermitteln. Dieser übernimmt die Auswertung der gesammelten Daten, die unter anderem dazu dienen, die Aufteilung der Kosten für die Kooperationsinfrastruktur auf die Partner zu regeln.

Hinsichtlich der Außendarstellung des RehaNetzes wurden verschiedene Marketingmaßnahmen eingeleitet. Zum einen wurde ein RehaNetz-Logo entwickelt, so dass die Netzwerkmitglieder durch Einbindung des Logos in Briefköpfe oder Vortragsfolien mit der Netzbeteiligung werben können. Diese Möglichkeit wird nicht von allen Reha-Einrichtungen genutzt, da einzelne Reha-Einrichtungen die Zusammenarbeit mit anderen Kooperationspartnern aus dem Akutbereich nicht negativ beeinflussen möchten. Darüber hinaus wurde ein RehaNetz-Flyer zur Patienteninformation konzipiert sowie ein umfassendes Internetangebot zum Netzwerk erstellt.[31]

Konfliktpotenziale in der Durchführung der Kooperation entstehen auf der Akutseite häufig durch die fehlende Kenntnis und das dadurch verursachte mangelnde Verständnis hinsichtlich der Leistungsfähigkeit und Bedeutung der Rehabilitation im Rahmen des Behandlungsprozesses eines Patienten. Gründe dafür liegen in der nicht standardisierten Einbindung des Reha-Themas in das medizinische Lehrprogramm. Hinzu kommt, dass zwar alle Reha-Mediziner zumindest im Rahmen ihrer Ausbildung bereits im Akutbereich gearbeitet haben, jedoch die Akutmediziner in der Regel über keine Reha-Erfahrungen verfügen.

Auf der Reha-Seite entstehen insbesondere Konflikte, wenn sich die Patientenzuweisungen aus dem UKF nicht in dem gewünschten Rahmen bewegen und aufgrund dessen die Bevorzugung anderer Reha-Kliniken im Netzwerk vermutet wird. In solchen Fällen ist der Koordinator dafür zuständig, den Konflikten möglichst frühzeitig durch Aufklärung bzw. Klarstellung der Sachverhalte zu begegnen. Zunehmend werden derartige Konflikte – dank der verbesserten Kommunikation im Netzwerk – direkt zwischen den Partnern angesprochen.

---

31 Siehe www.uniklinik-freiburg.de/RehaNetz.

Hinsichtlich der Kooperationsfähigkeit sind aufgrund der in der Regel bereits vor der Netzgründung bestehenden Zusammenarbeit und speziell auf der Reha-Seite auch durch andere Kooperationen mit Akutanbietern Kooperationserfahrungen vorhanden, die durch die Arbeit im RehaNetz erweitert werden. Auch bei der Förderung der Kooperationsfähigkeit leistet der Koordinator besonders für die Akutseite einen entscheidenden Beitrag, da er eine reibungslose Kommunikation innerhalb des UKF und auch zwischen den Partnern sicherstellt und zudem auftretenden Konflikten bereits im Ansatz begegnet, wenn diese nicht auf der Abteilungsebene oder unter den Partnern direkt geregelt werden können.

4.2.3 Beurteilung des Kooperationserfolgs

Der Kooperationserfolg des RehaNetzes wird primär anhand der Aussagen der befragten Personen auf Akut- und Reha-Seite bewertet, da zum Zeitpunkt der Befragung keine Analysen zur Messung der Ergebnisqualität im RehaNetz existierten. Auch wurde eine detaillierte wirtschaftliche Beurteilung der Kooperationsaktivitäten durch eine Gegenüberstellung der kooperationsbedingten Kosten und des Zusatznutzens aufgrund der darin liegenden Komplexität bisher nicht vorgenommen.

Aus Sicht der Beteiligten kann von einer erfolgreichen Zusammenarbeit im Reha-Netz gesprochen werden, allein aus dem Grund, dass sich die Kooperation in der konzipierten Form in der Praxis etabliert hat und nicht nur in der Theorie bzw. „auf dem Papier" existiert. Dies belegen auch die Verlegungsstatistiken. So wurden die gesamten Verlegungen im Netzwerk im Jahr 2004 im Vergleich zum Vorjahr um ca. 8% gesteigert und im Jahr 2005 um weitere knapp 3% erhöht. Um den bisherigen Erfolg des RehaNetzes detaillierter zu betrachten, wird im Folgenden eine Erfolgsbeurteilung aus den Perspektiven der unterschiedlichen Anspruchsgruppen vorgenommen.

- Der *Akutseite* entstehen neben den anteilig zu tragenden Kosten für die Netzwerkkoordination Kosten für vertraglich zugesagte Leistungen, denen keine direkten Erlöse gegenüberstehen, bspw. für Leistungen während des Reha-Aufenthalts, die bereits in der Akutphase verordnet wurden. Demgegenüber ist durch die Zentrierung der sektorübergreifenden Aktivitäten auf den Koordinator von Kosteneinsparungen auf Abteilungsebene auszugehen, die dadurch vergrößert werden, dass der Koordinator die Aufgaben durch die Ausnutzung von „Economies of Scale" bzw. „Economies of Scope" voraussichtlich effektiver erledigen kann.

Weiterhin gewährleisten die Reha-Partner dem UKF eine zeitnahe und reibungslose Übernahme der Patienten, die eine optimale Ausnutzung der jeweiligen DRG-Pauschale ermöglichen. Zusätzliche positive Effekte auf die Kostensituation können durch die in den gemeinsamen Gremien erarbeiteten Behandlungspfade erreicht werden, wenn auf deren Basis eine Prozessoptimierung in der Patientenbehandlung realisiert wird. Gleichzeitig kann auf diese Weise eine höhere Versorgungsqualität erzielt werden, die ebenso wie die für den Bedarfsfall vertraglich vereinbarten Rückverlegungen ins UKF zu einer höheren Patientenbindung und damit zu einer besseren Kapazitätsauslastung im Akuthaus beitragen kann.[32]

Bessere Kapazitätsauslastungen mit positiver Wirkung auf die Erlössituation des UKF werden auch durch Kooperationen in anderen Unternehmensbereichen, wie bspw. im Rahmen der Apothekenversorgung, erreicht, die teilweise aus der engeren Zusammenarbeit im RehaNetz entstanden sind. Darüber hinaus konnte durch die Einbindung des Reha-Themas und der Reha-Partner in das Lehrangebot der Universität eine Art Alleinstellungsmerkmal mit entsprechenden Reputationseffekten installiert werden, da vergleichbare Lehrangebote an anderen medizinischen Fakultäten bisher nicht existieren.

- Auch von den *Reha-Partnern* sind die Kosten der Netzwerkkoordination anteilig zu tragen. Ein Nutzen entsteht nur für den Fall, dass auf Grundlage der Kooperation zusätzliche Fallzahlen für die jeweiligen Einrichtungen aus dem UKF generiert werden können und gleichzeitig die Zuweisungen aus anderen Akuthäusern stabil bleiben. Voraussetzung für eine erfolgreiche Zusammenarbeit ist für die Reha-Partner, dass die Durchführung der Anschlussheilbehandlung zu den geltenden Vergütungssätzen auch bei einer frühzeitigen Übernahme der Patienten für die Reha-Einrichtung wirtschaftlich vorteilhaft bleibt. In diesem Zusammenhang kann sich der verbesserte Informationsaustausch bzw. die Datenweitergabe zwischen den Partner, bspw. durch die Vermeidung von Doppeluntersuchungen, positiv auswirken, wobei diese Effekte besonders durch die im Aufbau befindliche elektronische Vernetzung weiter verstärkt werden können.

Ähnlich wie die Akutseite kann die Reha-Seite durch eine höhere Behandlungsqualität auf Basis besser abgestimmter Prozesse eine höhere Patientenbindung erreichen und seine Marktposition verbessern. Die Kooperation mit einem

---

32 Vgl. dazu ausführlich Kapitel 3.1.2.in Verbindung mit Kapitel 2.2.2.2.

4.2 Fallstudie I: RehaNetz Freiburg

Uni-Klinikum kann zwar positive Reputationseffekte für eine Reha-Einrichtung einbringen, jedoch gleichzeitig die Zusammenarbeit mit anderen Akuteinrichtungen behindern. Außerdem werden durch gemeinsam durchgeführte Fortbildungsveranstaltungen Vorteile für die Reha-Seite generiert, indem insbesondere das Vorgehen und auch die Bedeutung der rehabilitativen Nachsorge im Rahmen des Behandlungsprozesses stärker in das Bewusstsein der Beteiligten auf Akutseite gedrängt wird.

- Für die beteiligten *Mitarbeiter* in den Abteilungen des UKF und den Reha-Einrichtungen werden durch die Festlegung der Ansprechpartner und der Einrichtung der Koordinatorstelle einerseits Arbeitserleichterungen erzielt. Andererseits entsteht durch die Mitarbeit in den Gremien eine zusätzliche Arbeitsbelastung, die allerdings bei entsprechenden Ergebnissen, bspw. bei erfolgreicher Einführung von Behandlungspfaden, zu Arbeitserleichterungen auf der operativen Ebene führen kann.

- Aus *Patientensicht* liegen die Vorteile in einer gesteigerten Versorgungsqualität aufgrund der besseren Koordination der Aktivitäten der Leistungserbringer, so dass unnötige Wartezeiten sowie belastende Doppeluntersuchungen vermieden und der gesamte Behandlungsprozess zügiger durchlaufen werden können. Zudem wird die Ausnutzung des Wunsch- und Wahlrechts einer Reha-Einrichtung durch die Vorauswahl des RehaNetzes und der diesbezüglichen Informationsbereitstellung erleichtert.

- Auf Seiten der *Kostenträger* sind nur indirekte Effekte zu vermuten. Die Leistungsvergütung ist nach Netzwerkgründung unverändert geblieben, so dass mögliche Einspareffekte nicht an die Kostenträger weitergegeben werden. Führen die Qualitätseffekte langfristig zu einem besseren Patientenoutcome, profitiert der Kostenträger von geringeren Nachbehandlungskosten der Patienten. Andererseits erleiden die Kostenträger möglicherweise Einschränkungen ihrer Steuerungshoheit, da sowohl Akuthaus als auch Patienten verstärkt darauf hinwirken eine Verlegung innerhalb des Netzwerkes zu erreichen.

Als wichtigster Erfolgsfaktor wurde von den Experten die Einstellung des Koordinators genannt, der nicht nur die Informationsweitergabe an die Partner regelt, sondern eine funktionierende gegenseitige Kommunikation sicherstellt und im Bedarfsfall, bspw. bei auftretenden Konflikten, als übergeordnete Instanz klärend eingreifen kann. Da der letztendliche Erfolg durch die Zusammenarbeit auf der

Ebene der Patientenbehandlung erreicht wird, liegen weitere Schlüsselfunktionen bei den betroffenen Ärzten, Pflegekräften und Therapeuten. Eine Standardisierung von Abläufen durch die Etablierung von Behandlungspfaden sowie die Unterstützung durch eine elektronische Vernetzung der Partner ist in diesem Zusammenhang besonders wichtig.

Als erfolgshemmend hat sich die große Zahl der beteiligten Reha-Einrichtungen herausgestellt, welche die Koordination sehr komplex macht. So ist besonders eine gleichmäßige Patientenverteilung auf die einzelnen Reha-Einrichtungen der jeweiligen Indikationen unter Berücksichtigung der Patientenwünsche und nach Rücksprache mit dem Reha-Träger schwierig umzusetzen und gleichzeitig mögliche Ursache für entstehende Konflikte auf der Reha-Seite. Da ein nachträglicher Ausschluss einzelner Einrichtungen nur schwer umzusetzen ist, wäre eine zahlenmäßige Begrenzung in den einzelnen Indikationen bereits bei Netzwerkgründung zweckmäßig gewesen.

Insgesamt kann – trotz der fehlenden Evaluation – die koordinierte medizinische Behandlung und die organisatorische Vernetzung im RehaNetz als ein Erfolgsmodell bezeichnet werden, das sowohl wirtschaftliche als auch qualitative Vorteile für die Beteiligten bringt. Hervorzuheben ist die in Deutschland einmalige Verknüpfung derartiger Versorgungsmodelle mit der Forschung und Lehre, die den Kooperationserfolg nachhaltig unterstützt.

Ausblick
Die Einbindung der Netzwerkaktivitäten in die Integrierte Versorgung gemäß § 140 a bis d SGB V wird von den Kostenträgern und insbesondere von den Reha-Partnern gefordert. Auch die Akutseite steht nach anfänglicher Skepsis dieser Möglichkeit bei einzelnen Krankheitsbildern positiv gegenüber, so dass eine zukünftige Einbindung besonders bei orthopädischen und kardiologischen Krankheitsbildern zu erwarten ist.

Weiterhin soll die Zusammenarbeit des Netzwerkes mit anderen Leistungssektoren des Gesundheitswesens intensiviert werden; zum einen mit dem Niedergelassenenbereich und zum anderen mit dem Pflegebereich, bspw. durch Kooperationen mit dem am UKF vorhandenen Pflegeverbund. Erste Pilotprojekte wurden in der Neurologie durchgeführt, mit den Zielen die Patienten in den Pflegeverbund des Klinikums zurückzuführen und durch eine verbesserte sektorübergreifende Kommunikation eine Optimierung des Übergangs für den Patienten zu erreichen.

4.2 Fallstudie I: RehaNetz Freiburg

Darüber hinaus sollen die guten Kontakte innerhalb des RehaNetzes zur Erweiterung der Zusammenarbeit in den nicht-medizinischen Unternehmensbereichen genutzt werden, mit dem Ziel weitere Synergiepotenziale zwischen den Partnern zu erschließen.

4.3 Fallstudie II: Ingolstädter Kooperationsmodell

4.3.1 Charakterisierung der Kooperation

Die Basis des Ingolstädter Kooperationsmodells bildet ein im Juni 2005 eröffneter Neubau eines Geriatrie- und Reha-Zentrums, das vom Klinikum Ingolstadt in Zusammenarbeit mit dem Geriatriezentrum Neuburg und dem Reha-Zentrum Bad Gögging direkt am Akuthaus errichtet wurde. Die ca. 4.000 Quadratmeter Bruttofläche des Zentrums werden im Erdgeschoss für Therapie- sowie Technikräume, eine Bibliothek und einen Verbindungsflur zur Akutklinik genutzt. Im ersten Stockwerk befindet sich ein Geriatriezentrum mit 32 Betten und im zweiten Stock betreibt das Reha-Zentrum Ingolstadt, als Tochterunternehmen des Reha-Zentrums Bad Gögging, seit der Eröffnung die stationäre Rehabilitation mit 40 Betten für orthopädische Anschlussheilbehandlungen und neurologische Rehabilitationsmaßnahmen. Bereits seit Beginn des Jahres 2005 bietet das Reha-Zentrum darüber hinaus ambulante Rehabilitationsmaßnahmen im – direkt in der Nachbarschaft angesiedelten – Hollis-Gesundheitscenter an.[33] Im Rahmen des Kooperationsmodells zwischen Reha-Zentrum und Klinikum Ingolstadt sollte zur Sicherstellung einer hochwertigen Versorgung nach der Akutentlassung ein ans Akuthaus eng angebundenes Rehabilitationsangebot geschaffen werden.[34]

Das Klinikum Ingolstadt ist ein Haus der Maximalversorgung und verfügt als größtes Krankenhaus der Region über 1.103 Betten in 18 Fachabteilungen. Im Jahr 2004 wurden von den über 3.000 Mitarbeitern 36.512 stationäre und 5.215 teilstationäre Patienten behandelt sowie 2.620 ambulante Operationen durchgeführt. Als Klinikum Ingolstadt GmbH ist das Klinikum Teil des Krankenhauszweckverbands Ingolstadt, dessen Anteile zu 76,6% von der Stadt Ingolstadt und zu 23,4% vom Bezirk Oberbayern gehalten werden. Die Einrichtungen des Krankenhauszweckverbands Ingolstadt, das Klinikum Ingolstadt, das Medizinische Schulzentrum Ingolstadt, das Pflegeheim Ingolstadt und die Entwöhnungseinrichtung Ingolstadt, sind zu einem Eigenbetrieb zusammengefasst.[35]

---
33 Eine Auflistung aller Erkrankungen die im Reha-Zentrum Ingolstadt behandelt werden, befindet sich unter www.reha-zentrum-ingolstadt.de.
34 Die weiteren Ausführungen konzentrieren sich primär auf die Zusammenarbeit zwischen Reha-Zentrum und Klinikum Ingolstadt, so dass die Darstellung der Kooperation zwischen Geriatriezentrum und dem Klinikum nur auf die wesentlichen Daten beschränkt wird.
35 Für weitere Informationen zum Klinikum Ingolstadt siehe www.klinikum-ingolstadt.de, insbesondere den dort verfügbaren Qualitätsbericht.

4.3 Fallstudie II: Ingolstädter Kooperationsmodell

Die Reha-Zentrum Ingolstadt GmbH ist ein Tochterunternehmen des Reha-Zentrums Bad Gögging, einer Einrichtung der Reha-Zentren Passauer Wolf GmbH mit Sitz in Bad Griesbach.[36] Der private Unternehmensverbund bietet an insgesamt vier Klinikstandorten in Südbayern stationäre und ambulante Behandlungsmöglichkeiten jeweils in mehreren Indikationsgebieten an.[37] Im Reha-Zentrum Bad Gögging, das 40 km von Ingolstadt entfernt liegt und ca. 350 stationäre Betten vorhält, werden neben ambulanten und stationären Rehabilitationsmaßnahmen in der Orthopädie und der Neurologie auch Leistungen in den Indikationen Innere Medizin, HNO-Phoniatrie und Geriatrie angeboten.[38]

Die Zusammenarbeit des Klinikums mit dem Reha-Zentrum Bad Gögging ist als eine bilaterale Kooperationsbeziehung zu charakterisieren, die sich regional auf den Großraum Ingolstadt konzentriert. Eine Ausweitung der Kooperation durch die Hinzunahme weiterer Akut- oder Reha-Partner ist von keiner Seite vorgesehen.

4.3.2 Analyse der Kooperationsaktivitäten

4.3.2.1 Initiierung

Wesentlicher Auslöser für das Klinikum Ingolstadt sich mit dem Thema Rehabilitation am Akuthaus auseinander zu setzen, war die mit der DRG-Einführung zu erwartende Verweildauerverkürzung und ein damit einhergehender Mehrbedarf an Anschlussheilbehandlungen. Zudem wurde in einem extern erarbeiteten Strategiegutachten aus dem Jahr 2001 die Zusammenarbeit mit dem Reha-Bereich als wesentlicher Bestandteil der Entwicklung des Klinikums Ingolstadt zu einem „Integrierten Gesundheitszentrum" herausgearbeitet. Im Rahmen dieser Strategie soll langfristig die gesamte Versorgungskette der Gesundheitsversorgung am Klinikstandort angeboten werden.

Unter einem Gesundheitszentrum wird in der Regel ein Strukturmodell einer ganzheitlichen und vollintegrativen Versorgung verstanden, in dessen Mittelpunkt der Patient steht.[39] Bei mehreren zeitgleich oder nacheinander zu befriedigenden Patientenbedürfnissen wird versucht, durch die Vernetzung und räumliche Zusammenführung verschiedener Leistungserbringer mehr Qualität und mehr Effizienz in der Patientenversorgung zu erreichen. Dementsprechend soll für die Bevölkerung

---

36 Für weitere Informationen zum Reha-Zentrum Ingolstadt siehe www.reha-zentrum-ingolstadt.de.
37 Für weitere Informationen zum Passauer Wolf-Unternehmensverbund siehe www.passauerwolf.de.
38 Für weitere Informationen zum Reha-Zentrum Bad Gögging siehe www.klinikum-bad-goegging.de.
39 Vgl. Vincenti/Behringer (2005, Z. 74).

in der Region Ingolstadt zukünftig ein solches Angebot am Standort des Klinikums entwickelt werden, dass sie wohnortnah durch eine medizinisch und therapeutisch abgestimmte Behandlungskette optimal versorgt.[40] Die niedergelassenen Ärzte sollen primär durch das GO-IN-Ärztenetz,[41] mit dem bereits eine Notfallpraxis im Klinikum installiert wurde, in die Zentrumsstrategie eingebunden werden, (siehe Darstellung 4-2). Diese Umgebung bietet insgesamt ein geeignetes Kooperationsumfeld, welches die Kooperationsbereitschaft besonders auf Seiten des Klinikums positiv beeinflusst.

Darstellung 4-2: Gesundheitszentrum Ingolstadt

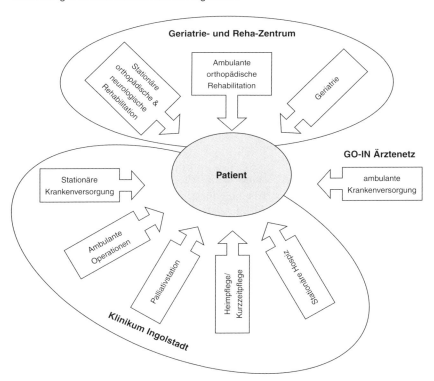

---

40 Vgl. Schneider (2005, S. 295 f.).
41 Das GO-IN-Ärztenetz wurde im Jahr 2000 auf Grundlage der §§ 63 bzw. 73 SGB V gegründet und versorgt mit 518 Ärzten ca. 270.000 eingeschriebene Patienten in der Region Ingolstadt.

4.3 Fallstudie II: Ingolstädter Kooperationsmodell

Als wesentliches Ziel aus Sicht des Klinikums soll die Kooperation eine nahtlose und wohnortnahe Weiterversorgung der Patienten nach dem Aufenthalt im Akuthaus sichern, indem eine gezielte Patientensteuerung verbunden mit frühzeitigen aber gleichzeitig qualitativ abgesicherten Verlegungen ermöglicht wird. Entsprechend versucht man, die Patienten möglichst zum Zeitpunkt der unteren Grenzverweildauer der jeweiligen DRG zu verlegen und dabei die Versorgungssicherheit für die Patienten durch die im Bedarfsfall schnelle Eingriffsmöglichkeit von der Akutseite zu gewährleisten.

Um im Hinblick auf diese Zielsetzung verschiedene Lösungsmodelle kennen zu lernen, näherte sich die Akutseite der Thematik zunächst theoretisch durch Besuche von Fortbildungsveranstaltungen und Seminaren. Die Möglichkeit Rehabilitationsleistungen im Akuthaus zu erbringen, indem freie Kapazitäten genutzt werden, wurde aufgrund der Fördermittelproblematik und der zu erwartenden hohen Umbaukosten zur Erreichung der Zulassungsvoraussetzungen für die Rehabilitation als zu aufwendig beurteilt. Dagegen erwies sich ein Neubau ohne den Einsatz von öffentlichen Fördermitteln als vorteilhafter, bei dem zudem größere Freiheiten bei der Gestaltung des zukünftigen Leistungsangebots des Klinikums gesehen wurden. Zur Finanzierung des Neubaus wurde die innovative Finanzierungsform des Public-Private-Partnerships (PPP) gewählt.[42]

Hinsichtlich der Betreiberfrage bestanden die Alternativen, sich als Akuthaus die Reha-Kompetenz in einem längerfristigen Prozess selbst aufzubauen oder diese durch Kooperation mit einem kompetenten Rehabilitationsanbieter zu beschaffen. Aufgrund der zu erwartenden zunehmenden Spezialisierung der Leistungsanbieter im Gesundheitswesen wurde die Kooperationsvariante gewählt. Hinsichtlich der Einrichtung eines Gesundheitszentrums wird dabei dem Leitgedanken „Alles unter einem Dach, aber nicht aus einer Hand" gefolgt.[43]

Innerhalb des Partneranforderungsprofils wurde vom Klinikum die Bereitschaft der potenziellen Partner zur Verwirklichung der Reha-Lösung am Klinikum-Standort als Musskriterien für eine Zusammenarbeit definiert. Neben der Suche nach einem geriatrischen Partner sollte ein Reha-Partner für das Kooperationsmodell gefunden werden, der mit seinem Leistungsspektrum die Indikationen Orthopädie, Neurologie und möglichst auch Kardiologie abdeckt und in diesen Feldern über eine ange-

---

[42] Beim Public-Private-Partnership geht es um die langfristige und vertraglich fixierte Zusammenarbeit von öffentlichen Trägern bzw. Krankenhäusern und privaten Geldgebern. Vgl. dazu Eiff/Klemann (2006, S. 33).
[43] Vgl. Schneider (2005, S. 295).

messene Reputation verfügt. Weitere Anforderungskriterien betrafen insbesondere qualitative Aspekte und auch Erfahrungen aus bestehenden regionalen und überregionalen Kooperationen sowie daraus resultierenden Patientenströmen.

4.3.2.2 Formierung

Die Partnersuche wurde breit angelegt, indem durch intensive Marktbeobachtung eine Liste potenzieller Kooperationspartner unter Berücksichtigung der Kriterien des Anforderungsprofils entwickelt wurde. Allen Kandidaten der Liste wurden die Pläne des Klinikums mitgeteilt, verbunden mit der Bitte bei Kooperationsinteresse ein Angebot einzureichen. Aus den zahlreichen Bewerbungen wurde vom Klinikum zunächst auf der Grundlage der gelieferten qualitativen und quantitativen Daten eine Vorauswahl von circa 20 potenziellen Reha-Partnern getroffen. Diesen wurde im nächsten Schritt durch eine klinikinterne Projektgruppe, bestehend aus einem leitenden Mediziner und dem verantwortlichen Vertreter der Verwaltung, ein Besuch abgestattet. Zudem wurden die ausgewählten Einrichtungen einer Detailanalyse anhand der definierten Kriterien des Anforderungsprofils unterzogen.

In der Folge verblieben nur noch sechs Einrichtungen in der engeren Auswahl, mit denen auf Basis der Anforderungskriterien Verhandlungsgespräche geführt wurden. Im Rahmen der Verhandlungen wurde deutlich, dass es den Reha-Kandidaten primär um die Zuweisungssicherung vom größten Akuthaus der Region ging und das Klinikum dementsprechend eine sehr gute Verhandlungsposition zur Durchsetzung seiner Wunschkonfiguration, besonders durch die gleichzeitigen Verhandlungen mit mehreren Partnern, behaupten konnte. Auf diese Weise konnten einzelne Kandidaten, die bereits in regional günstiger Lage zum Klinikum lagen, von der Neubaulösung am Akuthaus überzeugt werden. Ebenso konnte die bereits vor der Partnersuche ermittelte Bettenkapazität des neuen Reha-Zentrums sowie die Forderungen hinsichtlich der personellen Ausgestaltung der Kooperation, bspw. der Einsatz der vorhandenen Akuttherapeuten im Reha-Bereich, vom Klinikum durchgesetzt werden. Somit fand eine Verhandlung der Kooperationsarchitektur nur in Detailfragen zwischen den potenziellen Partnern statt, da die wesentlichen Rahmenbedingungen der zukünftigen Zusammenarbeit bereits vor der Partnerauswahl von Seiten des Akuthauses fixiert waren.

Diejenigen Kandidaten, die sich in den Verhandlungen nicht auf die Anforderungen des Akuthauses einlassen wollten bzw. auf ihrer eigenen Strategie beharrten, schieden aus dem Auswahlverfahren aus, so dass neben zwei Kandidaten für die Geriatrie noch drei Kandidaten für die anderen vorausgewählten Indikationen verblieben.

4.3 Fallstudie II: Ingolstädter Kooperationsmodell

Mit diesen wurden die Gespräche in einer nächsten Runde intensiviert.

Schließlich entschied sich die Geschäftsführung der Klinikum Ingolstadt GmbH nach eingehender Prüfung der Sachverhalte durch die Finanz- und Rechtsabteilung des Klinikums und nach Rücksprache mit der Geschäftsleitung des Krankenhauszweckverbandes Ingolstadt nach einem ca. einjährigen Auswahlprozess für die Reha-Zentren Passauer Wolf am Standort Bad Gögging als Partner für die Indikationen Orthopädie und Neurologie. (Gleichzeitig fiel die Entscheidung in der Geriatrie auf das Geriatriezentrum Neuburg.) Zwar existierten mit dem Reha-Zentrum Bad Gögging keine Kooperationsvereinbarungen, jedoch bestanden durch die vorherigen Patientenzuweisungsverflechtungen etablierte Beziehungen auf der Chefarztebene sowie der Ebene der Sozialdienste.

Als das primäre Kooperationsziel des Reha-Zentrums Bad Gögging wurde die Sicherstellung des Patientenflusses aus dem Klinikum Ingolstadt sowohl für den neuen Standort am Klinikum als auch für den Hauptstandort in Bad Gögging und möglichst auch für die anderen Standorte des Unternehmensverbundes festgelegt. Aufgrund dieser Zielsetzung war ein hohes Engagement des Unternehmensverbundes Passauer Wolf für das Kooperationsprojekt wahrscheinlich, so dass die Leistungsfähigkeit der Reha-Seite gewährleistet war.

Nach eingehender Diskussion der Standpunkte der Partner in mehreren Gesprächen wurden die Kooperationsziele sowie Regelungen zur sektorübergreifenden Zusammenarbeit in einer übergeordneten Kooperationsvereinbarung eingearbeitet. Über die Bereitstellung der Räumlichkeiten des Neubaus durch das Klinikum wurde ein Mietvertrag mit dem Reha-Partner geschlossen. Mit verschiedenen Dienstleistungsverträgen wurde die Inanspruchnahme der weiteren Infrastruktur des Klinikums durch das Reha-Zentrum geregelt. Diese beinhalteten unter anderem Leistungen der Krankenhausapotheke und der Diagnostik, der physikalischen und der Ergotherapie, der Logopädie, der IT-Betreuung, der Versorgungsdienste sowie des Ärztlichen Bereitschaftsdienstes. Weiterhin wurden Personalgestellungsverträge notwendig, aufgrund der Mitnutzung der physikalischen Therapie oder des Bewegungsbades im Klinikum durch das Reha-Zentrum.[44]

Aufgrund fehlender Verträge zur Integrierten Versorgung gemäß § 140 a bis d SGB V bzw. fehlender Sondervergütungsregelungen spielten die Kostenträger bei

---

44 Zu den Regelungsinhalten von Verträgen zur Personalüberlassung vgl. DKG (2005, S. 22 ff.) sowie zu Vertragsmustern insbesondere im Rahmen von Leistungs-/Lieferungsverträgen vgl. DKG (2005, S. 27 ff.).

der Vertragsgestaltung keine Rolle. Lediglich die Zulassung der (neuen) ambulanten und stationären Reha-Einheiten, um darauf aufbauend Versorgungsverträge gemäß § 111 SGB V zu schließen, oblag den Kostenträgern. Die Rentenversicherungen versagten dabei der stationären Rehabilitation die Zulassung, aufgrund des vorhandenen Bettenüberschusses in der Region. Dementsprechend wird die stationäre Rehabilitation am Standort Ingolstadt nur von den Krankenversicherern belegt, während in der ambulanten Rehabilitation auch Patienten von Rentenversicherungsträgern und den Berufsgenossenschaften behandelt werden.

4.3.2.3 Durchführung

Zur Schaffung einer direkten Verknüpfung von Akut- und Reha-Bereich und zur Etablierung abgestimmter Behandlungsverläufe wurden die Kompetenzbereiche der Chefärzte der beteiligten Einrichtungen aus dem Akuthaus auf den Reha-Bereich in Form eines ärztlichen Beirats ausgeweitet. Das heißt, es wurde eine eigene ärztliche Leitung für das Reha-Zentrum Ingolstadt installiert, jedoch stimmt diese ihre Aktivitäten eng mit den Akutmedizinern ab.

Eine gemeinsame Verwaltungsinstanz oder Koordinationsstelle der Kooperationspartner existiert nicht, so dass beide Seiten die kooperationsbezogenen (kaufmännischen) Tätigkeiten in den eigenen Verwaltungsbereichen koordinieren. Vom Reha-Zentrum werden dabei die bestehenden Strukturen wie Finanz-, Controlling-, Einkaufs- und Logistik- oder Personalabteilung des Reha-Zentrums Bad Gögging genutzt.

Für die Zwecke einer sektorübergreifenden therapeutischen Betreuung wurde das im Akuthaus vorhandene Institut für physikalische und rehabilitative Medizin aus der Struktur des Klinikums herausgelöst und als Leistungszentrum ausgegliedert, das als Dienstleister für die internen Fachabteilungen, bspw. für Frühreha-Behandlungen, sowie für externe Anspruchsgruppen in Erscheinung tritt. Dementsprechend wird das Reha-Zentrum Ingolstadt im Delegationsverfahren in Teilbereichen durch die Therapeuten des Instituts betreut (bspw. Sprachtherapie oder in der Neuro-Psychologie). Durch diese Entkopplung vom Krankenhausgeschehen wird gewährleistet, dass interne und externe Nachfragergruppen gleichrangig behandelt bzw. bedient werden.

Ein sektorübergreifender Pflegedienst existiert nicht. Allerdings sorgt eine am Klinikum eingerichtete Gruppe von Fallmanagern nicht nur für einen abgestimmten Behandlungsverlauf im Sinne einer bedarfsorientierten Versorgung von Patienten im Akuthaus, sondern auch für die Koordination der Patientenüberleitung in die nachgelagerten Sektoren. Schwerpunktmäßig kommen die Fallmanager aus der Pflege und besitzen eine Zusatzausbildung hinsichtlich sozialrechtlicher Fragestellungen. Durch Gespräche und Informationsaustausch mit allen beteiligten Berufs- und Interessengruppen sind die Informationen bezüglich des Behandlungsverlaufs bei den Fallmanagern gebündelt, die auf diese Weise eine medizinisch-pflegerische Kontinuität auch nach der Akutentlassung sicherstellen. Neben den Fallmanagern sind die im Sozialdienst des Klinikums tätigen Sozialarbeiter und -pädagogen an der Überleitung der Patienten in die nachgelagerten Sektoren beteiligt und dabei insbesondere für das Antragswesen und die weitere Administration zuständig. So ist der Sozialdienst nach Rücksprache mit den Fallmanagern und den betreuenden Ärzten dafür verantwortlich, den Reha-Bewilligungsantrag bei den Kostenträgern unter Berücksichtigung des Patientenwunsches zu stellen. Beide Gruppen arbeiten aufgrund der bestehenden Schnittmengen an Informationen eng zusammen und koordinieren gemeinsam die Patientenüberleitung in das Reha-Zentrum.

Weiterhin findet im pflegerischen Bereich im Rahmen der Personalgestellung oder durch Mitarbeiteraustauschprogramme eine direkte Zusammenarbeit zwischen den Kooperationspartnern statt. Auf diese Weise wird ein besseres Verständnis für die Arbeitsweise und ?schwerpunkte des Partners geschaffen. Zudem wird durch den Abbau von Berührungsängsten sowie eine intensivere Kommunikation die gegenseitige Vertrauensbasis gestärkt. Vereinzelt erfolgen auch Personalwechsel im Pflege- oder Therapiebereich zwischen den Einrichtungen, so dass dadurch die Kooperation auf der Personalebene „engmaschiger" wird.

Um die Zusammenarbeit zu intensivieren, wird die laufende Kommunikation zwischen den Partnern durch regelmäßige persönliche Zusammenkünfte sichergestellt. In diesen Treffen befassen sich die verantwortlichen Vertreter aus allen Berufsgruppen unter anderem mit auftretenden Konflikten, die auf der betroffenen operativen Ebene nicht beseitigt werden konnten.

Der sektorübergreifenden Kommunikation vorgelagert ist die Kommunikation auf der Ebene der Partner. Insbesondere auf Seiten des Klinikums war zu Kooperationsbeginn aufgrund der Unternehmensgröße ein hohes Maß an Überzeugungsarbeit notwendig, um den Mitarbeitern die enge Kooperation zum Reha-Partner bewusst zu machen, damit diese auch die Interessen des Kooperationspartners bei ihren Aktivitäten berücksichtigten. Von der Akutseite wurden daher alle mit der Kooperation zusammenhängenden Maßnahmen sofort nach Abschluss der Partnerauswahl intern kommuniziert, bspw. durch die interne Veröffentlichung der Baupläne des Neubaus oder der geplanten konzeptionellen Abläufe. Auf diese Weise konnten Kooperationsvorbehalte oder Umsetzungsängste frühzeitig beseitigt werden.

Auch auf der Seite des Reha-Partners ging es zu Kooperationsbeginn zunächst darum, Ängste der Mitarbeiter durch eine angemessene Kommunikation auszuräumen. Von Mitarbeitern des Reha-Zentrums Bad Gögging wurde vereinzelt die Befürchtung geäußert, dass durch den neuen Standort Konkurrenz im eigenen Verbund geschaffen wird, der einen Rückgang der Patientenzahlen verursachen könnte. Informationsveranstaltungen mit Vertretern des Partners sowie gemeinsame Pressetermine waren in diesem Zusammenhang sehr hilfreich.

Zur sektorübergreifenden Ablaufoptimierung werden gemeinsame Behandlungspfade erschlossen, die unter Beteiligung von Medizin- und Pflegecontrolling und den leitenden Medizinern der betroffenen Abteilungen sowie den verantwortlichen Reha-Medizinern entwickelt werden. Der Festlegung von Entlassungsstandards kommt dabei eine besondere Bedeutung zu, wobei Messinstrumente wie der Barthelindex[45] bereits während des Akutaufenthalts zur Bestimmung des optimalen Verlegungszeitpunkts eingesetzt werden. Die praktische Umsetzung einheitlicher Pfade gestaltet sich allerdings aufgrund der Vielzahl der zu koordinierenden Schnittstellen grundsätzlich sehr schwierig, auch wenn sich die intensive Kommunikation der Akut-Chefärzte mit der ärztlichen Leitung des Reha-Bereichs sowie gegenseitige Konsile bzw. Visitenbegleitungen in diesem Zusammenhang als vorteilhaft erweisen.

Positive Effekte gehen zudem von der Organisation der therapeutischen Betreuung aus. Somit wird durch die durchgängige Behandlungsmöglichkeit durch ein Reha-Team von Akutaufnahme bis zur Reha-Entlassung möglichen Interessenkonflikten auf der Akutseite hinsichtlich der Intensität der Therapie, also die Abwägung zwischen minimalem therapeutischen Aufwand und einer optimalen Reha-Vorbereitung, vorgebeugt.

Im Rahmen einer sektorübergreifenden Qualitätssicherung bestehen neben dem Einsatz der Fallmanager und der Entwicklung von Behandlungspfaden verschiedene sektorübergreifende Qualitätszirkel mit Vertretern beider Partner. Darüber

---

45 Der Barthelindex ist ein anerkanntes und international stark verbreitetes Verfahren zur Bewertung von Fähigkeitsstörungen bei Alltagsverrichtungen bzw. zur Messung der Selbstversorgungsfähigkeiten im Alltag. Vgl. zur Anwendung Eiff/Klemann/Middendorf (2005, S. 95).

hinaus wurde bei den sektorinternen Aktivitäten des Qualitätsmanagements auf beiden Seiten zunehmend die Optimierung der Schnittstelle zwischen den Sektoren thematisiert.

Qualitätsfördernde Effekte sollen langfristig durch die in der Implementierungsphase befindliche elektronische Vernetzung der Partner erreicht werden, die primär durch die EDV-technische Anbindung des Reha-Zentrums an das Klinikum erfolgt. Grundsätzlich ist beabsichtigt, dass die Reha-Mediziner neben Zugriffsrechten auch Schreibrechte besitzen, damit sie medizinische Daten patientenindividuell ergänzen können. Probleme bei der Umsetzung der gemeinsamen elektronischen Dokumentation bestehen aus datenschutzrechtlichen Gründen, da bisher technisch nicht gewährleistet werden konnte, dass die Reha-Ärzte ausschließlich auf Patientendaten (bspw. Röntgenbilder) von tatsächlich in Behandlung befindlichen Rehabilitanden zugreifen können. Bereits im Einsatz befindet sich die sektorübergreifende Therapiesteuerung auf Basis einer gemeinsamen Software-Lösung, die im Wesentlichen aus dem vorhandenen System des Reha-Partners entwickelt wurde und beiden Partner die gleichberechtigte Buchung von Therapie- und Raumzeiten ermöglicht. Alle Aktivitäten im EDV-Bereich wurden durch eine enge Zusammenarbeit der IT-Abteilungen der Partner bewältigt.

Hinsichtlich eines sektorübergreifenden Wissensmanagements wird durch partnerübergreifende Veranstaltungen sowie durch pflegerische und ärztliche Fort- und Weiterbildungen ein gemeinsames Lernen gefördert. Darüber hinaus erfolgen gegenseitige Einladungen zu internen Veranstaltungen auf Ebene der Partner, die den gegenseitigen Erfahrungsaustausch voranbringen und den Gesundheitszentrumsgedanken mit Leben füllen sollen. So werden bspw. Akutmediziner vom Reha-Partner eingeladen, um diesen neue Therapieverfahren oder auch Reha-Assesments näher zu bringen.

Die Kooperationsfähigkeiten der Partnerorganisationen sind grundsätzlich durch die vorhandenen Ressourcen auf beiden Seiten sichergestellt. Da einerseits auf der Akutseite ein eigener Aufgabenbereich für die Kooperationsaktivitäten existiert, der die verschiedenen Kooperationen des Klinikums koordiniert und für deren Einbindung in das strategische Zukunftskonzept des regionalen Gesundheitszentrums verantwortlich ist. Andererseits kann die langjährige Erfahrung des Reha-Unternehmensverbunds speziell mit sektorübergreifenden Kooperationen genutzt werden.

4.3.3 Beurteilung des Kooperationserfolgs

Konkrete Daten zur Veränderung der Versorgungsqualität bzw. der Kosteneffizienz durch das Kooperationsmodell wurden bisher nicht erfasst bzw. noch nicht publiziert. Belegungsstatistiken und Auslastungsdaten der neu geschaffenen Reha-Kapazitäten existieren zwar, werden aufgrund der Datensensibilität allerdings nicht weitergegeben. Zur groben Orientierung wurde von den befragten Gesprächspartnern eine Durchschnittsauslastung von ca. 90% im ambulanten und stationären Reha-Bereich genannt. Hinsichtlich durchgeführter Patientenbefragungen im Reha-Zentrum Ingolstadt wird bei einer Rücklaufquote von 50 bis 60% von einer sehr guten Gesamtbewertung der abgefragten Items zu den unterschiedlichen Therapieabteilungen, der ärztlichen Betreuung und der Servicebereiche berichtet.

Die folgenden Ausführungen zum Erfolg der Kooperation aus den verschiedenen Perspektiven basieren auf den subjektiven Aussagen der Gesprächspartner und darauf aufbauenden Plausibilitätsüberlegungen:

- Die *Akutseite* profitiert in wirtschaftlicher Hinsicht von der frühzeitigen Verlegung der Patienten, die aufgrund der Trockenanbindung und der jederzeitigen Eingriffsmöglichkeit des Akutbereichs auch in einem tendenziell „reha-kritischen" Zustand verlegt werden können. Durch die Standardisierung von Prozessen durch Behandlungspfade und der Festlegung von Entlassstandards sowie der Einbindung von Fallmanagern wird dabei nicht nur die sektorinterne sondern auch die sektorübergreifende Koordination qualitativ verbessert. Gleichzeitig werden durch die Leistungsabgabe an das Reha-Zentrum in den nicht-medizinischen Bereichen zusätzliche Erlöse generiert. Zudem kommt das Klinikum durch die direkte Anbindung des Reha-Zentrums seinem strategischen Ziel näher in der Region nicht nur als Akuthaus, sondern als ganzheitlicher Versorger anerkannt zu werden. Daraus resultierende Marketingeffekte können die Basis für die Gewinnung zusätzlicher Patienten sein, die an dem Vorteil einer wohnortnahen „Rund-um-Versorgung" teilhaben möchten.

- Für den *Reha-Partner* hat sich auf Basis der Kooperation einerseits im Reha-Zentrum Ingolstadt eine hohe Auslastung ergeben, die zu fast 80% aus dem Klinikum stammt. Andererseits waren am Hauptstandort in Bad Gögging keine Belegungseinbrüche zu verzeichnen. Aufgrund dessen ist von einem wirtschaftlichen Erfolg der Kooperation für die Reha-Seite auszugehen, der durch Synergieeffekte in den medizinischen und nicht-medizinischen Kooperationsbereichen zusätzlich unterstützt wird. So spart der Reha-Partner in Ingolstadt neben Personalkosten auch Investitions- und Vorhaltekosten für teure medizin-technische Ausstattung, die im Klinikum vorhanden sind und mitgenutzt werden können. Weitere Vorteile im Behandlungsprozess werden durch die Standardisierung des Überleitungprozesses in die Rehabilitation erreicht. Allerdings besteht durch die enge Anbindung an das Klinikum für den Reha-Partner insbesondere am Standort Ingolstadt ein erhöhtes Abhängigkeitsrisiko, das dann zum Tragen kommt, wenn die Patientenzuweisungen nicht im gewünschten Maß erfolgen.

- Für die beteiligten *Mitarbeiter* wurde durch die enge personelle Anbindung des Reha-Zentrums an das Akuthaus teilweise eine Ausweitung der Verantwortung auf den Behandlungsprozess bis zur Reha-Entlassung vorgenommen. Derartige Maßnahmen können sich motivationssteigernd auswirken. Zudem profitieren die Mitarbeiter von der verbesserten Kommunikation zwischen den Partnern, insbesondere durch die Festlegung von Ansprechpartnern und Handlungsleitlinien, was bspw. die Rücksprache bei Einzelfallproblemen oder fehlenden Patientenunterlagen vereinfacht. Die Durchführung von Mitarbeiteraustauschprogrammen erwies sich im Hinblick auf die Förderung des gegenseitigen Verständnisses für das Arbeitsgebiet des Anderen als geeignete vertrauensbildende Maßnahme.

- Aus *Patientensicht* kann von einem qualitativen Fortschritt durch das Kooperationsmodell im Rahmen der Behandlung ausgegangen werden, da nach Aussagen der Reha-Seite die Zusammenarbeit vom Patienten als sehr positiv empfunden wird. Derartige Qualitätseffekte lassen sich auch an den Rückverlegungsquoten aus der Rehabilitation ins Akuthaus festmachen, die nach Aussage des Klinikums im Kooperationsmodell trotz frühzeitiger Verlegungen niedriger liegen, als bei der Zusammenarbeit mit anderen Reha-Einrichtungen. Neben den Vorteilen aus abgestimmten Tätigkeiten im medizinischen und therapeutischen Bereich kann dem Patienten durch die enge Anbindung an das Akuthaus jederzeit eine schnelle und umfassende Akutintervention gewährleistet werden. Darüber hinaus ermöglichen die neu geschaffenen stationären und ambulanten Reha-Möglichkeiten am Standort Ingolstadt für viele Patienten eine wohnortnahe Versorgung.

- Da das Kooperationsmodell bisher weder in Verträge zur Integrierten Versorgung eingebunden wurde, noch Sondervereinbarungen hinsichtlich der Vergütung getroffen wurden, bestehen aus der Sicht der *Kostenträger* keine direkten Wirkungen. Kooperationsbedingte Einschränkungen in der Steuerungsmacht bei der Patientenweiterleitung in die Rehabilitation sind wahrscheinlich, da sowohl die verantwortlichen Stellen im Klinikum als auch der Patient auf eine Verlegung in das angeschlossene Reha-Zentrum hinwirken werden.

Zusammenfassend werden die Vorteile der Konzentration der gemeinsamen Leistungserbringung auf einen Standort unter Beibehaltung der Spezialisierung und der Kernkompetenzen der Partner als die wichtigsten Erfolgsfaktoren des Kooperationsmodells angesehen. Im Rahmen der Umsetzung wird insbesondere die gute Kommunikation basierend auf abgestimmten Behandlungsprozessen und unterstützt von einer funktionierenden elektronischen Vernetzung als erfolgsfördernd beurteilt.

Ausblick
Hinsichtlich der bestehenden Planungen, die auf die Verwirklichung von Komplexpauschalen bspw. im Rahmen der Integrierten Versorgung gemäß der § 140 a SGB V durch das Kooperationsmodell abzielen, werden Gespräche mit den Kostenträgern geführt. Voraussichtlich werden derartige Vergütungsmodelle innerhalb der Orthopädie zunächst den Einsatz von Endoprothesen im Akuthaus mit anschließender stationärer und ambulanter Rehabilitation umfassen. Aufgrund möglicher Einspareffekte durch die Zusammenlegung der Vergütung drängen die Kostenträger auf den Abschluss solcher Verträge. Als Gegenleistung könnten den Leistungserbringern Patientenkontingente zugesagt werden, so dass eine gezielte Patientensteuerung und Mengenausweitung außerhalb des Krankenhausbudgets möglich wäre.

Die hohe Auslastung des Reha-Zentrums und dadurch auftretende Kapazitätsengpässe führen dazu, dass von Akutseite ein Ausbau der Reha-Kapazitäten am Klinikstandort in Erwägung gezogen wird. Die Möglichkeit, dabei Reha-Leistungen direkt im Akuthaus anzubieten, bspw. auf einer frei werdenden Station, wird trotz der Fördermittelproblematik nicht ausgeschlossen.

Darüber hinaus konzentriert sich das Klinikum bei seinen weiteren sektorübergreifenden Aktivitäten auf den vorstationären Sektor, indem der Bau eines Ärztehauses auf dem Klinikgelände realisiert wird. In diesem Zusammenhang wird zukünftig mit den Niedergelassenen eine verstärkte Leistungsabstimmung, bspw. bei den präoperativen Leistungen, stattfinden, um auch an dieser Schnittstelle Doppeluntersuchungen zu vermeiden.

Hinsichtlich der übergreifenden organisatorischen Koordination der sektorübergreifenden Aktivitäten bestehen im Ansatz Überlegungen, eine Managementgesellschaft zu installieren. Die Managementgesellschaft würde dabei als Dachgesellschaft fungieren, die – nach dem Top-Down-Prinzip – die Zusammenarbeit steuert, ohne dabei von partiellen Interessen gelenkt zu werden, wodurch eine bessere Ausrichtung auf einen sektorübergreifenden Prozess erreicht werden könnte (siehe Darstellung 4-3).

4.3 Fallstudie II: Ingolstädter Kooperationsmodell

Darstellung 4-3: Managementgesellschaft als Dachorganisation

Während sich die Managementgesellschaft um administrative und fachfremde Aufgaben kümmert, könnten sich die Leistungserbringer auf ihre Kernkompetenzen in der Gesundheitsversorgung konzentrieren. Allerdings wäre dabei zu beachten, dass die Leistungserbringer durch ihre Einbindung in die Gesellschaft ihre Unabhängigkeit und ihre Kompetenz verlieren, den Behandlungsprozess autonom zu steuern.[46] Insbesondere wenn zukünftig Komplexpauschalen für das Kooperationsmodell mit den Kostenträgern vereinbart werden, wäre es einfacher diese über eine Managementgesellschaft abzurechnen und anschließend zwischen den Kooperationspartnern zu verrechnen.

[46] Vgl. Freytag/Elmhorst (2006, S. 11 f.).

4.4 Fallstudie III: Integrierte Rehabilitation Offenbach

4.4.1 Charakterisierung der Kooperation

Im Rahmen des Kooperationsmodells „Integrierte Rehabilitation" wurde in Zusammenarbeit zwischen der Klinikum Offenbach GmbH und dem neuro-orthopädischen MediClin-Reha-Zentrum Bad Orb am Standort Offenbach – auf Basis der Integrierten Versorgung gemäß §§ 140 a bis d SGB V – ein Kompetenzzentrum zur Akut- und Reha-Versorgung von Schlaganfallpatienten entwickelt und aufgebaut.[47] Nach Abschluss der Akutbehandlung in der neurologischen Abteilung des Klinikums beginnt in Räumlichkeiten des Klinikums die stationäre Rehabilitation, bevor die Patienten bei Bedarf zur weiteren rehabilitativen Behandlung in die 60 kilometerentfernte „Kurstadt" Bad Orb übergeleitet werden. Als Glied dieser Versorgungskette wurde im Oktober 2004 das MediClin-Reha-Zentrum Offenbach mit dem Angebot stationärer und ambulanter neurologischer Rehabilitationsleistungen eröffnet. Das Reha-Zentrum befindet sich im 12. Obergeschoss des Klinikums Offenbach und verfügt über 20 Betten.[48] Auf der gleichen Etage wurde im Januar 2005 von MediClin ein Angebot zur Kurzzeitpflege mit 14 Betten in Betrieb genommen.[49]

Die Klinikum Offenbach GmbH ist ein kommunales Großkrankenhaus der Maximalversorgung mit 917 Betten, das sich in Trägerschaft der Stadt Offenbach am Main befindet. In den 19 Fachabteilungen wurden im Jahr 2004 ca. 34.000 Patienten stationär und ca. 27.000 Patienten ambulant behandelt. Der Schlaganfall war im Jahr 2004 mit etwa 760 Patienten die dritthäufigste Diagnose des Klinikums.[50]

Das Reha-Zentrum Bad Orb ist ein interdisziplinäres Versorgungszentrum mit stationärem und ambulantem Leistungsangebot in den Fachbereichen Neurologie mit klinischer Neuropsychologie sowie Konservativer Orthopädie mit Physikalischer Therapie. Die Einrichtung verfügt über circa 300 Betten, wovon etwa zwei Drittel

---

47 Vgl. Wandschneider/Hessel (2006, S. 538 f.).
48 Um den Patienten den Übergang von der Akut- in die Reha-Behandlung innerhalb des Klinikums deutlich zu machen, wurde durch geeignete Umbaumaßnahmen, wie bspw. die Einrichtung von Therapieräumen und eine andere Farbgestaltung der Räumlichkeiten, auf der Reha-Station das „Akut-Klima" durch eine „Reha-Atmosphäre" ersetzt, um auf diese Weise dem Patienten seine Fortschritte im Gesundungsprozess bewusst zu machen.
49 Vgl. Wandschneider/Schmidt et al. (2005, S. 41).
50 Für weitere Informationen zur Klinikum Offenbach GmbH siehe www.klinikum-offenbach.de, insbesondere den dort verfügbaren Qualitätsbericht.

auf die Neurologie und ein Drittel auf die Orthopädie entfallen. Die MediClin AG, als privater Träger des Reha-Zentrums, ist einer der großen Reha-Klinik-Betreiber in Deutschland und darüber hinaus ein wichtiger Träger von Akuteinrichtungen. Der Reha-Anteil beträgt ca. 60%, der Akutanteil knapp 40% am Umsatz.[51]

Die bilaterale Kooperation des Klinikums Offenbach mit dem MediClin-Konzern ist aufgrund des Einbezugs des Reha-Zentrums Bad Orb in die gemeinsame Leistungserstellung nicht nur lokal auf den Standort Offenbach fixiert, sondern regional ausgelegt. Im Rahmen der Akut-Reha-Verknüpfung ist ein Einbezug weiterer Reha-Partner nicht vorgesehen, vielmehr soll die zweiseitige Beziehung an der Schnittstelle langfristig bestehen bleiben.

4.4.2 Analyse der Kooperationsaktivitäten

4.4.2.1 Initiierung

Auf Seiten des Klinikums Offenbach entstand die Idee zum Aufbau eines Kompetenzzentrums Schlaganfall im Rahmen der Überlegungen zur strategischen Weiterentwicklung des Klinikums. In diesem Zusammenhang sollte durch die Fokussierung auf einen Kooperationspartner in der Schlaganfallversorgung die Verankerung von durchgängigen medizinischen Standards von der Akutversorgung bis zur medizinischen Rehabilitation ermöglicht werden. Daher waren die Hauptmotive des Klinikums, qualitative Verbesserungen durch innovative und individuelle sektorübergreifende Versorgungsabläufe zu erzielen und möglichst daraus auch wirtschaftliche Vorteile zu generieren, die unter anderem durch kürzere Verweildauern im Akutbereich erreicht werden sollten.

Der Handlungshintergrund aus Sicht des Klinikums ist die Stärkung von strategischen sektorübergreifenden Partnerschaften, mit denen die Strukturen für eine bessere Steuerung von Versorgungsabläufen geschaffen und gleichzeitig auch Zuweisungen ins Klinikum gesichert werden sollen. In diesem Zusammenhang sollten unter anderem Verträge zur Integrierten Versorgung geschlossen werden, mit denen einerseits ein qualitätsgesichertes Angebot gestaltet und andererseits der für die IV-Anschubfinanzierung zu leistende Abzugsbetrag refinanziert werden sollte. Aufgrund der geplanten Einbindung in die Integrierte Versorgung waren die Kostenträger bereits bei der Initiierung des Modells und der Diskussion der möglichen Ausgestaltung des zukünftigen Angebots beteiligt.

---

51 Für weitere Informationen zum Reha-Zentrum Bad Orb sowie zum gesamten MediClin-Konzern siehe www.mediclin.de, insbesondere die dort verfügbare Leistungsübersicht des Unternehmens.

Dementsprechend ist das Kooperationsumfeld des Modells durch die aktive Teilnahme der Kostenträger positiv beeinflusst. Hinzu kommt, dass nicht nur das allgemeine ordnungsrechtliche und wirtschaftliche Umfeld im Gesundheitswesen die sektorübergreifende Zusammenarbeit forciert, sondern speziell in der Schlaganfallversorgung eine enge Verzahnung der Aktivitäten der beteiligten Leistungserbringer den Anteil der durch Schlaganfall pflegebedürftig gewordenen Menschen bzw. sogar die Sterblichkeitsrate nach einem Schlaganfall senken kann.[52]

4.4.2.2 Formierung

Eine Partnersuche von Seiten des Klinikums anhand eines definierten Anforderungsprofils fand nicht statt. Die bereits langjährig bestehende Zusammenarbeit zwischen dem Klinikum Offenbach und dem Reha-Zentrum in Bad Orb im neurologischen Bereich war der Anlass, dass die aufgrund von DRG-Umstrukturierungen frei werdenden Flächen und die Idee einer Angebotserweiterung in gemeinsamen Gesprächen Anfang 2004 zu dem Konzept führten, eine Reha-Station im Klinikum einzurichten. Dabei wurde der Gedanke des Klinikums aufgegriffen, eine Kurzzeitpflegestation selbst oder durch einen externen Anbieter zu betreiben. Aufgrund der guten und intensiven Erfahrungen im Rahmen der Patientenverflechtung mit dem Reha-Zentrum Bad Orb und der Kompetenz des MediClin-Konzerns im Pflegebereich, durch den Betrieb von sieben Seniorenresidenzen und einer Kurzzeitpflege (Stand Ende 2006), entschloss sich das Klinikum zu einer umfassenden Partnerschaft mit MediClin in beiden Bereichen.

Das Hauptziel des Reha-Partners in der Kooperation ist die Belegungssicherung für den neuen Standort in Offenbach und den Hauptstandort in Bad Orb. Da die gewünschte Patientensteuerung in die Kooperationseinrichtungen auch vom Wahlrecht des Patienten abhängt, sollen diese durch gut funktionierende Prozessabläufe und eine hohe Behandlungsqualität von den Vorteilen der Zusammenarbeit überzeugt werden. In diesem Zusammenhang ist die sektorübergreifende Ablaufoptimierung durch kürzere Kommunikationswege und einem verbesserten Informationsaustausch beabsichtigt. Als ein weiteres Motiv ist die Marketingstrategie des MediClin-Konzerns zu nennen, die vorsieht, durch derartige „Leuchtturmprojekte" die Kompetenz, Leistungsfähigkeit und Innovationsbereitschaft des Unternehmens in der Öffentlichkeit hervorzuheben.

---

52 Vgl. RKI (2006, S. 27).

4.4 Fallstudie III: Integrierte Rehabilitation Offenbach

Als gemeinsames Kooperationsziel der Partner wurde die systematische Erschließung von Synergien in medizinisch hochwertigen und abgestimmten Leistungsprozessen von der Akutbehandlung bis zur medizinischen Rehabilitation definiert. Damit sollte sowohl in medizinisch-therapeutischer als auch in wirtschaftlicher Hinsicht ein Referenzmodell für eine zukunftsweisende Versorgung von Schlaganfallpatienten entwickelt werden. Das heißt, durch die sektorübergreifende Verzahnung sollen qualitative und wirtschaftliche Effizienzsteigerungen durch abgestimmte Behandlungsstrategien, Vermeidung von Doppeluntersuchungen, Beseitigung von Schnittstellenproblemen sowie bedarfsgerechte und zeitnahe Verlegungen erreicht werden.

Die Leistungsfähigkeit des Akutpartners war durch die Größe des Klinikums unter qualitativen und quantitativen Aspekten bzw. hinsichtlich der Ausstattungsmerkmale als auch der zu generierenden Patientenzahl vorhanden. Die ursprüngliche Kooperationsbereitschaft des Klinikums war wesentlich durch die Gelegenheit zur alternativen Kapazitätsauslastung sowie durch die Möglichkeit, sich durch die Einbindung des Reha-Zentrums im Klinikum zu einem Kompetenzzentrum in der Schlaganfallversorgung zu entwickeln, beeinflusst. Auf der anderen Seite kann das Reha-Zentrum in Bad Orb durch die Zugehörigkeit zum MediClin-Konzern neben den eigenen Erfahrungen auch auf die Erfahrungswerte des Konzerns zurückgreifen, der sich durch seine Kompetenz auf dem Akut- und Reha-Markt auszeichnet und so die Leistungsfähigkeit des Reha-Partners innerhalb der Kooperation sicherstellt.

In diesem Zusammenhang ist auch die Vernetzungsstrategie des Konzerns von Bedeutung, im Rahmen derer die Vernetzung der verschiedenen Sektoren als Notwendigkeit für eine zukünftige effiziente Patientenbehandlung angesehen wird.[53] Somit wird die Kooperationsbereitschaft des Reha-Partners, die durch den Verdrängungswettbewerb auf dem Reha-Markt bereits im hohen Maß vorhanden ist, nachhaltig unterstützt. Positiv wirkte sich dabei das durch die vorherigen Patientenverflechtungen aufgebaute gegenseitige Vertrauen aus, das besonders dadurch zum Ausdruck kam, dass nicht nur auf eine breite Partnerauswahl verzichtet, sondern der Reha-Partner in einem frühen Projektstadium in die Planungen eingebunden wurde.

Die Kooperationsarchitektur und somit auch die personelle Besetzung der Leitungsaufgaben des neuen Reha-Zentrums im Klinikum wurden von den Partnern

---

53 Vgl. MediClin (2006, S. 9).

gemeinsam erarbeitet. Als Ergebnis dieser Verhandlungen wurde in einem Kooperationsvertrag unter anderem die Aufbaustruktur vereinbart, indem dort die Fragen zur ärztlichen und pflegerischen Leitung des Reha-Zentrums und auch die Organisation des ärztlichen Bereitschaftsdienstes geregelt wurden. So wurde von der neurologischen Station des Klinikums die medizinische und pflegerische Leitung des Reha-Zentrums im Rahmen eines Managementvertrages übernommen, während der ärztliche Bereitschaftsdienst in Form eines gemeinsamen Pools ausgestaltet wurde. Alle weiteren Mitarbeiter des Reha-Zentrums wurden direkt bei der MediClin angestellt.

Darüber hinaus wurden verschiedene Einzelverträge für die weiteren Kooperationsbereiche zwischen den Partnern geschlossen, wie bspw. ein Mietvertrag für die Station sowie Dienstleistungsverträge über Leistungen, die das Reha-Zentrum beim Klinikum einkauft, wie Diagnostik, Pflegeverbrauchsartikel, Medikamente, Laborleistungen, Wäscherei oder auch Verpflegung (siehe Darstellung 4-4).

Darstellung 4-4: Kooperationsarchitektur Offenbach
Quelle: In Anlehnung an Wandschneider/Schmidt et al. (2005, S. 42).

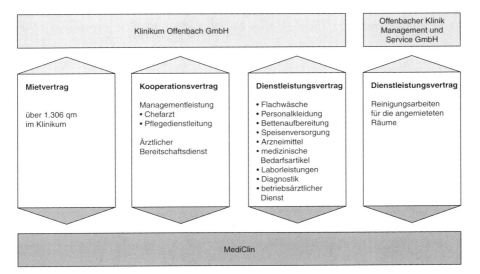

4.4 Fallstudie III: Integrierte Rehabilitation Offenbach

Zur finanziellen Absicherung des Kooperationsmodells wurde frühzeitig ein IV-Vertrag mit der Barmer Ersatzkasse abgeschlossen, die die Modellkonzeption sehr konstruktiv aufnahm und teilweise mitentwickelte. Der Vertrag beinhaltet die Versorgung von Schlaganfallpatienten durch das Klinikum Offenbach, das Neuroorthopädische Reha-Zentrum Bad Orb sowie die Nachbetreuung durch niedergelassene Ärzte.

Ende 2005 wurde die Kooperation durch einen IV-Vertrag zwischen dem Klinikum und der AOK Hessen erweitert. Durch diesen Vertrag ist langfristig neben der besseren Koordination von Vertragsärzten, Krankenhaus und Reha-Einrichtung auch die Einbindung von Sanitätshäusern für die Ausstattung mit Hilfsmitteln vorgesehen. Ein weiterer Vertrag zur Integrierten Versorgung in der Schlaganfallversorgung wird voraussichtlich Anfang 2007 mit den Betriebskrankenkassen geschlossen, bei denen allerdings die Nachsorgeprogramme nicht berücksichtigt werden.

Obwohl die IV-Verträge nur zwischen dem Klinikum und den Kostenträgern geschlossen wurden, beteiligte sich die Reha-Seite hinsichtlich der eigenen Leistungs- und Vergütungsanteile aktiv an der Vertragsgestaltung. Das heißt, aufbauend auf einem Basisvertrag zwischen Kostenträger und Krankenhaus regeln Kooperationsverträge zwischen Krankenhaus und den anderen Leistungserbringern des Versorgungsmodells die Zusammenarbeit im Rahmen der Patientenversorgung. Für die Basisverträge wurde nicht auf einen Einheitsvertrag zurückgegriffen, sondern es wurden jeweils individuelle Aspekte eingearbeitet, die aufgrund des innovativen Charakters durch eine gegenseitige Verschwiegenheitserklärung der Vertragspartner hinsichtlich der Vertragsinhalte geschützt sind. Einheitlich wurde bei den Verträgen lediglich die Vergütung mit Komplexpauschalen geregelt, mit denen die Kosten für sämtliche Leistungen des Versorgungsmodells zusammengefasst werden. Die Verrechnung der Kosten bzw. Leistungen mit den anderen beteiligten Leistungserbringern erfolgt durch das Klinikum auf der Grundlage des jeweiligen Kooperationsvertrages.

Patienten außerhalb der Integrierten Versorgung werden aufgrund der noch im Genehmigungsverfahren befindlichen Zulassung des Reha-Zentrums Offenbach nach § 111 SGB V nicht im Rahmen des Kooperationsmodells behandelt. Allerdings ist eine Ausweitung auf diese Patienten beabsichtigt. Da die Rentenversicherungsträger in der Regel eigene Steuerungs- und Zuweisungsmechanismen etabliert haben, muss die Steuerung der Patienten innerhalb des Kooperationsmodells diese Zuweisungskriterien berücksichtigen.

4.4.2.3 Durchführung

Im Kooperationsmodell Integrierte Rehabilitation wurde nach Absprache mit den Kostenträgern dem Klinikum Offenbach die Koordinationsfunktion zur Steuerung aller internen und sektorübergreifenden Aufgaben im Netzwerk der beteiligten Partner übertragen. Zu diesem Zweck wurde mit finanzieller Unterstützung der AOK Hessen die Vollzeitstelle des Prozessmanagers am Klinikum eingerichtet, die aufgrund der notwendigen Kenntnisse zu den Behandlungsverläufen in der Neurologie durch eine leitende Pflegekraft des Klinikums besetzt wurde.

Der Prozessmanager hat zum einen die Aufgabe, alle im Klinikum am Versorgungsmodell beteiligten Schnittstellen über die Abwicklung und die Prozesse der Integrierten Versorgung zu informieren. Das betrifft neben den Mitarbeitern der Neurologie auch die aufnehmenden Einheiten, den Sozialdienst und die Abrechnungsstelle in der Verwaltung. Zum anderen koordiniert der Prozessmanager die Zusammenarbeit mit externen Partnern, indem er die niedergelassenen Ärzte und Rettungsdienste über die neuen Behandlungsmöglichkeiten im Rahmen der Integrierten Versorgung informiert und gleichzeitig versucht, mit diesen Vereinbarungen zu treffen, um die Über- bzw. Einweisungen für das Integrierte Versorgungsmodell im Klinikum zu steigern. Ebenso stellt er den reibungslosen Behandlungsverlauf nach der Akutbehandlung sicher, indem er die Zusammenarbeit mit den Reha-Einrichtungen oder anderen Nachsorgeangeboten koordiniert. Im Rahmen dieser Aufgabenbereiche organisiert der Prozessmanager als unterstützende Maßnahme Fortbildungsveranstaltungen zur Thematik der Integrierten Versorgung.

Andere Aufgaben des Prozessmanagers betreffen die Entwicklung von übergreifenden Behandlungsstandards, die Einrichtung von Qualitätszirkeln mit Vertretern aller Sektoren sowie langfristig die elektronische Vernetzung zwischen den Partnern. Ebenso hat er die begleitenden Projektsitzungen zwischen Kostenträger und Leistungserbringer zu organisieren. Für alle Aktivitäten stehen dem Prozessmanager von Seiten der Kostenträger definierte Ansprechpartner zur Verfügung, die ihn im Bedarfsfall bei Detailfragen unterstützen und mit dem notwendigen Informationsmaterial ausstatten. Dementsprechend regelt der Prozessmanager auch die verwaltungstechnische Abwicklung des Kooperationsmodells im Rahmen der Integrierten Versorgung, so dass keine darüber hinausgehende Zusammenarbeit auf der Verwaltungsebene zwischen Akut- und Reha-Partner stattfindet. Die kaufmännische Leitung des Reha-Zentrums Offenbach wird in Personalunion von der Leitung des Reha-Zentrums Bad Orb mitübernommen.

4.4 Fallstudie III: Integrierte Rehabilitation Offenbach

Während der Prozessmanager die übergeordneten Abläufe koordiniert, sind die Mitarbeiter der betroffenen Abteilungen im Akuthaus sowie der Reha-Zentren im Klinikum und in Bad Orb für die operative Umsetzung des Kooperationsmodells verantwortlich. Zu Beginn der Akutbehandlung geht es darum, die Patienten, deren Aufenthalt von am Kooperationsmodell beteiligten Kostenträgern finanziert wird, von der freiwilligen Teilnahme zu überzeugen, indem diese über die Vorteile des Kooperationsmodells aufgeklärt werden. Argumentiert wird in diesem Zusammenhang mit der engen Zusammenarbeit zwischen der neurologischen Abteilung des Klinikums und der Rehabilitationsabteilung. Dabei werden neben der Doppelzuständigkeit des Chefarztes und der Pflegedienstleitung für Akut- und Reha-Phase auch die Oberarztleistungen angesprochen, die vom Reha-Zentrum Offenbach beim Klinikum eingekauft werden. Außerdem wird die frühe Integration der Reha-Therapeuten in der Akutphase angeführt, durch die Ergotherapeuten oder Logopäden des Reha-Zentrums bereits auf der Akutstation mit Therapiemaßnahmen beginnen können.

Grundsätzlich orientiert sich die Versorgung der Schlaganfall-Patienten an dem Phasenmodell für die Neurologie,[54] wobei die Phase B, also die Rehabilitation mit hohem Anteil an Einzelförderung und Intensivmedizin, im Kooperationsmodell nicht einbezogen ist. Allerdings wird der Großteil der Patienten nach einem Schlaganfall direkt nach der Akutphase (Phase A) in der Phase C versorgt.[55] Für die Patienten, die dennoch der Phase B zugeordnet werden, wird vom Klinikum eine Verlegung in eine andere Klinik vorgenommen.

Durch die Möglichkeit zur ambulanten Rehabilitation (Phase E) in den Reha-Zentren Offenbach oder Bad Orb, die in der Regel nach den stationären medizinischen Reha-Leistungen in Anspruch genommen wird, wird einem Großteil der IV-Patienten die wohnortnahe Versorgung ermöglicht. Pflegerische Leistungen gemäß

---

54 Auch wenn die Phasen von Experten häufig unterschiedlich definiert werden, kann zur Gewährleistung des Verständnisses der Zusammenhänge in der vorliegenden Kooperation auf das von den Rentenversicherern entwickelte trägerübergreifende Phasenkonzept für die neurologische Behandlung/Rehabilitation zurückgegriffen werden. Folgende Phasen werden dabei unterschieden: A - Akutbehandlungsphase; B - Behandlungs-/Rehabilitationsphase, in der noch intensivmedizinische Behandlungsmöglichkeiten vorgehalten werden müssen; C - Behandlungs-/Rehabilitationsphase, in der die Patienten bereits in der Therapie mitarbeiten können, aber noch kurativmedizinisch und mit hohem pflegerischen Aufwand betreut werden müssen; D - Rehabilitationsphase nach Abschluss der Frühmobilisation (klassische medizinische Rehabilitation); E - Behandlungs-Rehabilitationsphase nach Abschluss einer intensiven medizinischen Rehabilitation, nachgehende Rehabilitationsleistungen und berufliche Rehabilitation; F - Behandlungs-/Rehabilitationsphase, in der dauerhaft unterstützende, betreuende und/oder zustandserhaltende Leistungen erforderlich sind. Die Bestimmung der Phasen erfolgt anhand mehrerer Kriterien, die allerdings aufgrund eines oft unterschiedlichen Krankheitsverlaufs nicht immer eine eindeutige Zuordnung der Patienten zulassen. Der Patient durchläuft nicht zwingend alle Phasen, sondern kann abhängig vom Krankheitsverlauf einzelne Phasen überspringen. Vgl. dazu ausführlich Gerkens/Schliehe/Steinke (2006, S. 9-3 ff.).
55 Vgl. Wandschneider/Schmidt et al. (2005, S. 43).

der Phase F wurden trotz bestehender Überlegungen auf der Reha-Seite bisher nicht in das integrierte Versorgungsmodell aufgenommen. Dahingegen wurde eine definierte Anzahl von Nachuntersuchungen bei niedergelassenen Ärzten oder im Akuthaus in der Vergütungsvereinbarung mit den Kostenträgern berücksichtigt. Die Darstellung 4-5 zeigt den idealtypischen Behandlungsverlauf eines Schlaganfall-Patienten im Kooperationsmodell „Integrierte Rehabilitation".

Darstellung 4-5: Behandlungsverlauf im Kooperationsmodell „Integrierte Rehabilitation"
Quelle: In Anlehnung an MediClin (2006, S. 31).

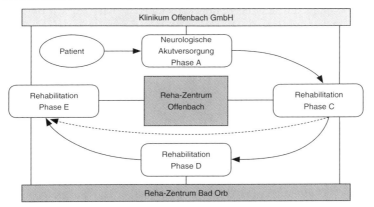

Die Abstimmung der Behandlungsverläufe zwischen Offenbach und Bad Orb erfolgt primär auf der Ebene der leitenden Ärzte begleitet durch die Pflege- und Sozialdienste, die für die Patientensteuerung verantwortlich sind. Eine geplante Rotation zwischen Ärzten in Offenbach und Bad Orb zur Intensivierung der Zusammenarbeit und zur Steigerung des gegenseitigen Verständnisses hinsichtlich der jeweiligen Tätigkeitsgebiete konnte aufgrund der Arbeitsbelastung auf beiden Seiten bisher nicht umgesetzt werden. Im Rahmen des Projektverlaufs wurde die Kommunikation zwischen Akut- und Reha-Bereich in Offenbach sowie mit dem Reha-Zentrum in Bad Orb durch laufenden Informationsaustausch verbessert, wobei sich regelmäßige Teambesprechungen zwischen den Verantwortlichen auf Akut- und Reha-Seite als vorteilhaft erweisen.

Das Case-Management des Modells wurde übergreifend konzipiert, obwohl es schwerpunktmäßig vom Klinikum Offenbach durchgeführt wird. Verbesserungen im Behandlungsverlauf wurden durch das Case-Management bereits erreicht, allerdings besteht weiterhin Optimierungsbedarf hinsichtlich der Abstimmungsprozesse. Einerseits ist die Verteilung der Verantwortlichkeiten im Prozess besonders für die Patienten nicht vollständig transparent gestaltet. Andererseits sind die Überleitungspunkte zwischen den Phasen zwar grundsätzlich abgesprochen und aufgrund des Phasenmodells festgelegt, jedoch für die Kooperation noch nicht abschließend definiert und dokumentiert. Aufgrund der dafür notwendigen Detailkenntnis in den Prozessen kann diese Aufgabe ausschließlich von den beteiligten Mitarbeitern, insbesondere den Medizinern in den betroffenen Abteilungen, übernommen werden. Der Prozessmanager kann diese Aktivitäten lediglich begleiten bzw. koordinieren. Allerdings beschränken sich die Teambesprechungen zwischen den Beteiligten auf individuelle Behandlungsprozesse einzelner Patienten und zielen nicht auf eine einheitliche Gestaltung des Gesamtprozesses ab.

Der Entwicklung von übergreifenden Behandlungspfaden kommt daher im Rahmen des Kooperationsmodells eine besondere Bedeutung zu und ist zudem in den Vereinbarungen zur Integrierten Versorgung enthalten. So soll durch die Erarbeitung gemeinsamer Behandlungsleitlinien die medizinische Qualität für die beteiligten Akut- und Reha-Bereiche auf hohem Niveau bei tendenziell sinkenden Kosten garantiert werden, indem Doppeluntersuchungen vermieden und die administrativen Schnittstellenroutinen durch abgestimmte Prozessstandards weiterentwickelt werden. Zur Erfüllung dieser Aufgabe wird primär von Seiten des Klinikums versucht, mit externer Unterstützung Behandlungspfade im Rahmen des Kooperationsmodells zu integrieren, so dass die Behandlungen nach einem festgelegten und einheitlichen Qualitätsstandard erfolgen. Während auf der Partnerebene jeweils mit eigenen detaillierten Behandlungspfaden bzw. -leitlinien gearbeitet wird, regelt ein übergeordneter Pfad die organisatorische Verknüpfung zwischen den Partnern, indem dieser den organisatorischen Ablauf von Akutaufnahme bis zur Reha-Entlassung abbildet.

Eine weitere Detaillierung dieses sektorübergreifenden Pfades zur Abbildung der relevanten medizinisch-pflegerischen und therapeutischen Prozesse wird diskutiert, damit insbesondere auch die Übergangspunkte zwischen den einzelnen Phasen anhand medizinischer Kriterien explizit festgelegt werden. Derartige Fragestellungen sollen unter anderem in einem sektorübergreifenden Qualitätszirkel geregelt werden, in dem sich Vertreter aller Berufsgruppen von allen am Versorgungsprozess beteiligten Leistungserbringern über Fragestellungen und Probleme der Integrierten Versorgung austauschen. Als Nebeneffekt soll durch die Zusammenarbeit im

Qualitätszirkel eine verbesserte Kommunikation erreicht und darauf aufbauend das gegenseitige Vertrauen gestärkt werden.

Als weiterer wesentlicher Bestandteil der Qualitätssicherung nehmen sowohl Akut- als auch Reha-Partner an der externen Qualitätssicherung der Schlaganfallversorgung in Hessen teil. Während sich das Klinikum Offenbach in Erfüllung der gesetzlichen Verpflichtung nach § 137 SGB V an den dort vorgesehenen Maßnahmen der Qualitätssicherung beteiligt, ist die Teilnahme der Rehabilitationseinrichtungen in Offenbach und Bad Orb freiwillig.[56] Durch die Beteiligung soll das interne Qualitätsmanagement unterstützt werden, indem auf Basis von vergleichenden Analysen Qualitätsdefizite identifiziert werden. Auf diese Weise soll die Indikationserstellung der Leistungserbringung, die Angemessenheit der Leistung, die Erfüllung der strukturellen und sächlichen Voraussetzungen zur Erbringung der Leistung und die Ergebnisqualität auf hohem Niveau gewährleistet werden.

Zu diesem Zweck nimmt die Geschäftsstelle für Qualitätssicherung Hessen (GQH) die Daten entgegen, die bei den Leistungserbringern patientenbezogen durch verschiedene Erhebungsbögen erfasst werden,[57] wertet diese statistisch aus und koppelt sie an die Leistungserbringer zurück bzw. publiziert die Ergebnisse in anonymisierter Form. Treten bei teilnehmenden Leistungserbringern Auffälligkeiten auf, bspw. aufgrund von signifikanten Wertabweichungen einzelner Qualitätsindikatoren, durch fragliche Datenvalidität oder mögliche Strukturdefizite, beginnt – im Akutbereich zwangsläufig – ein Auffälligkeitsverfahren. Dabei wird der Leistungserbringer mit den identifizierten Qualitätsdefiziten konfrontiert und muss Gegenmaßnahmen zur Behebung der Defizite einleiten.[58] Eine sektorübergreifende Koordination der externen Qualitätssicherung ist aufgrund der nach den Behandlungsphasen getrennten Dokumentation nicht zwingend, geschieht in Offenbach aber automatisch aufgrund der Doppelfunktion der leitenden Ärzte für den Akut- und Reha-Bereich.[59]

---

56 Seit dem 01.01.2007 besteht auch für alle stationäre Einrichtungen, die eine Neurologische Frührehabilitation gemäß der Phase B bei Schlaganfall-Patienten vornehmen, eine Dokumentationspflicht der Behandlungsdaten im Rahmen der externen Qualitätssicherung. Eine Dokumentationspflicht für die Phasen C und D besteht weiterhin nicht.
57 Im Akutbogen werden umfassende Daten von Aufnahme bis Behandlungsende erfasst, wie bspw. Basisdaten, Befundinformationen, Scorebewertungen, durchgeführte therapeutische, medikamentöse oder diagnostische Maßnahmen, klinischer Verlauf, Risikofaktoren und Komplikationen, etc. Ähnliche Daten werden auch in der Reha-Phase erfasst. Allerdings liegt dort der Schwerpunkt auf der Dokumentation des Patientenzustands mittels verschiedener medizinischer Scores, wie bspw. Frühreha-Barthel, Barthel-Index oder funktionalem Selbstständigkeitsindex (Functional Independence Measure – FIM). Die Erhebungsbögen sind unter www.gqhnet.de abrufbar.
58 Für weitere Informationen zum Verfahren der externen Qualitätssicherung siehe www.gqhnet.de.
59 Der MediClin-Konzern führt Auswertungen auf Basis der Daten des Qualitätssicherungsprojektes durch, die für das Reha-Zentrum Offenbach zum Erhebungszeitpunkt der Fallstudie allerdings noch nicht abgeschlossen waren.

4.4 Fallstudie III: Integrierte Rehabilitation Offenbach

Bezüglich der elektronischen Vernetzung zwischen den Partnern bestehen noch Dokumentationsbrüche. Der Patient wird im Reha-Zentrum in Offenbach in der Regel im EDV-System des MediClin-Konzerns aufgenommen, so dass seine Fallnummer auch in Bad Orb gleich bleibt. Darüber hinaus findet weiterhin eine doppelte Aktenvorhaltung in Offenbach und Bad Orb statt. Das heißt, die Zusammenarbeit im Kooperationsmodell wird im Wesentlichen durch den Einsatz von nicht-elektronischen Arztbriefen geregelt. Zwar nutzt das Reha-Zentrum Offenbach die EDV-Ressourcen des Klinikums und kann auch auf Akutdaten zugreifen, jedoch ist dies primär darauf zurückzuführen, dass die leitenden Mediziner gleichzeitig im Akutbereich tätig sind und automatisch über die Zugriffsrechte des Akutbereichs verfügen. Ein separates EDV-Tool zur Abbildung von integrierten Versorgungsprozessen existiert nicht.[60]

Die grundlegende Kooperationsfähigkeit der Partner wird durch die in Personalunion tätigen Führungskräfte sichergestellt, die eine enge Koordination der Aktivitäten auf der operativen Ebene gewährleisten. Unterstützt wird deren Arbeit durch den Prozessmanager, der als zentraler Kommunikator die Koordination mit anderen Interessengruppen der Kooperation, wie bspw. den Kostenträgern oder den niedergelassenen Ärzten, durch laufende Informationsweitergabe oder Weiterbildungsmaßnahmen regelt und damit die Funktionsfähigkeit der Kooperation sicherstellt und weiterentwickelt. Durch die Einrichtung von sektorübergreifenden Qualitätszirkeln ist eine weiter wachsende Kooperationsfähigkeit bei allen Beteiligten zu erwarten, wenn es gelingt, die sektorübergreifende Kommunikation und das gegenseitige Vertrauen auf diese Weise zu stärken.

4.4.3 Beurteilung des Kooperationserfolgs

Nachdem die erhofften Patientenzahlen zu Beginn der Zusammenarbeit im Reha-Zentrum nicht zu verzeichnen waren, konnte nach zweijähriger Projektlaufzeit durch konstante Steigerungsraten eine Auslastung des im Klinikum integrierten Reha-Zentrums von ca. 80% erreicht werden.

Konkrete Informationen zu den finanziellen Auswirkungen der Zusammenarbeit auf der Ebene der Partner liegen bisher ebenso wenig vor wie Daten zur Qualität des Behandlungsprozesses aus dem internen oder dem externen Qualitätsmanagement, auf Basis dessen Vergleiche mit den Ergebnissen anderer Einrichtungen durchge-

---

60 Die Nutzung eines solchen Tools durch die Medizinerseite wird in diesem Zusammenhang als problematisch angesehen, da diese neben der elektronischen Dokumentation im Hauptinformationssystem dem Einsatz eines zweiten EDV-Programms erfahrungsgemäß ablehnend gegenüberstehen.

führt werden könnten. Zunächst stehen für die Kooperationspartner die funktionierenden Abläufe auf der operativen Ebene im Vordergrund, erst dann sollen intensive Evaluationsmaßnahmen thematisiert werden.

Die folgenden Ausführungen zum Erfolg aus der Perspektive der verschiedenen Anspruchsgruppen basieren daher auf den Aussagen der befragten Personen sowie aus Plausibilitätsüberlegungen zum Gesamtzusammenhang des Kooperationsmodells:

- Der *Akutseite* entstehen durch die Kooperation Vorteile in qualitativer und wirtschaftlicher Hinsicht. Qualitative Effekte sind vor allem durch den abgestimmten Behandlungsprozess möglich. Wirtschaftliche Vorteile ergeben sich zum einen durch die frühzeitige Verlegung der Patienten von der Akut- auf die Reha-Station und zum anderen durch die zusätzlichen Erlöse, die durch die Vermietung der Reha-Station und die Leistungsverflechtung in den sekundären und tertiären Leistungsbereichen des Klinikums eingenommen werden. Insgesamt kann durch die innovative Art der Gründung eines Kompetenzzentrums zur Schlaganfallversorgung ein positives Image bei den verschiedenen Interessengruppen des Klinikums erzeugt werden, wodurch eine wachsende Reputation und eventuell auch zusätzliche Patienten im Kooperationsbereich und in angrenzenden Fachbereichen des Klinikums generiert werden können.

  Durch die Einbindung des Kooperationsprojektes in die Integrierte Versorgung kann die für die Anschubfinanzierung zu leistende Zahlung des Klinikums teilweise refinanziert werden. Da die verschiedenen Verträge durch individuelle Vereinbarungen auf die jeweiligen Wünsche und Anforderungen der Kostenträger passgenau zugeschnitten wurden, erhöht sich die Komplexität und damit der administrative Aufwand des Kooperationsprojektes. Allerdings wird dieser Aufwand durch die neu geschaffene Stelle des Prozessmanagers abgefangen, die von den Kostenträgern mitfinanziert wird.

- Der *Reha-Seite* war es durch das Kooperationsmodell möglich, aufgrund der vorhandenen Ressourcen im Klinikum mit geringem Aufwand in einer bevölkerungsstarken Region einen neuen Standort in einem zukunftsträchtigen Indikationsfeld zu gründen. Dabei werden nicht nur Patientenzahlen (und damit Umsätze) am Standort in Offenbach erschlossen, sondern gleichzeitig ein garantierter Patientenfluss und entsprechende Umsätze für den Standort in Bad Orb sichergestellt. Auf operativer Ebene sind durch die Maßnahmen zur Prozessoptimierung Qualitäts- und Kostenvorteile wahrscheinlich. Allerdings ist zu berücksichtigen, dass durch die frühe Übernahme der Patienten zusätzliche Aufwendungen entstehen können.

Bei weiterhin gutem Verlauf der Kooperation könnten die anderen Indikationen am Hauptstandort des Reha-Zentrums in Bad Orb oder auch andere Einrichtungen des MediClin-Konzerns von dem geschaffenen Vertrauen profitieren, indem weitere gemeinsame Kooperationsprojekte mit dem Klinikum angebahnt werden. Aufgrund der Größe und des Angebots des Klinikums als Haus der Maximalversorgung dürfte hierfür Spielraum vorhanden sein. Darüber hinaus kann das Kooperationsmodell durch die positive Beurteilung der beteiligten Leistungserbringer und aufgrund des innovativen Charakters der Zusammenarbeit als geeignetes Marketinginstrument für eine positive Außendarstellung des MediClin-Konzerns in der Öffentlichkeit zum Einsatz kommen.

- Für die *Mitarbeiter* ist die räumliche Nähe von Akut- und Reha-Station in Offenbach ein besonderer Vorteil, da die Informationsweitergabe und die gegenseitige Kommunikation erleichtert werden. Zudem werden die Tätigkeiten in Offenbach durch die gemeinsame medizinische und pflegerische Leitung besser aufeinander abgestimmt, so dass weniger Unklarheiten, bspw. über bereits geleisteten Tätigkeiten existieren. Verbleibende Unklarheiten bezüglich des Behandlungsverlaufs, sowohl medizinischer als betriebswirtschaftlicher Art, können bei Bedarf mit den festgelegten Ansprechpartnern oder auch über den Prozessmanager geklärt werden, so dass eine besser strukturierte Kommunikation zu Arbeitserleichterungen auf Abteilungsebene führt. Weitere Vorteile sind durch die Optimierung der elektronischen Vernetzung realisierbar, die zum Erhebungszeitpunkt noch durch Dokumentationsbrüche zwischen den einzelnen Behandlungsphasen gekennzeichnet ist.

- Die *Patienten* profitieren in qualitativer Hinsicht von einem abgestimmten Behandlungsprozess, da die medizinische Verantwortung über die Behandlung in der Akutphase und der Phase C den gleichen leitenden Personen in Pflege und Ärzteschaft obliegt. Zudem werden auf diese Weise belastende Doppeluntersuchungen oder unnötige Wartezeiten vermieden. Gleichzeitig kann durch die frühe Integration der Reha-Therapeuten ein durchgängiges therapeutisches Konzept umgesetzt werden, das sich am individuellen Patientenzustand ausrichtet. Wird der gesamte Prozess durch die in Arbeit befindlichen Behandlungspfade derartig standardisiert festgelegt, dass diese von den Patienten verstanden werden, kann zudem eine erhöhte Transparenz des Behandlungsverlaufs erzielt werden. Ebenso ist eine erhöhte Transparenz der Behandlungsqualität durch die Beteiligung von Akut- und Reha-Seite an der Qualitätssicherung in der Schlaganfallversorgung in Hessen gegeben.

Durch die Einbindung der Reha-Station in das Klinikum hat der Patient die Sicherheit, dass ihm bei jeder Art von Komplikation schnelle und professionelle Hilfe von der Akutseite garantiert werden kann. Weiterhin wird die Koordination zur stationären Rehabilitation in Bad Orb (Phase D) durch verschiedene organisatorische Maßnahmen, bspw. die übergreifende Betreuung durch den Prozessmanager, sichergestellt. Da die anschließende Phase E zur ambulanten Weiterbehandlung sowohl in Offenbach als auch in Bad Orb stattfinden kann, ist eine wohnortnahe Rehabilitation bei vielen Patienten möglich.

Darüber hinaus können die Patienten durch die Einbindung des Gesamtkonzeptes in die Integrierte Versorgung von vereinbarten Zusatzleistungen profitieren, wie bspw. die Gewährleistung einer langfristigen Nachbetreuung durch niedergelassene Ärzte oder geldwerte Vorteile in Form eines von den Kostenträgern gewährten Nachlasses bei den Zuzahlungen.

- Für die beteiligten *Kostenträger* bietet das Kooperationsmodell nicht nur qualitative Vorteile für die eigenen Kunden, sondern auch wirtschaftliche Vorteile durch die Einbindung in die Integrierte Versorgung, da der vereinbarte Gesamtvergütungssatz für die Leistungserbringer unter dem Betrag liegt, der in der Summe bei einer sektoralen Vergütung der beteiligten Einrichtungen fällig wäre. Zudem bietet das gebildete Kompetenzzentrum eine gute Basis für die Entwicklung ganzheitlicher Konzepte, bei denen weitere Leistungserbringer, bspw. zur Heil- und Hilfsmittelversorgung, eingebunden werden können. Diese langfristige Ausrichtung kann einen besseren Patientenoutcome und damit eventuell sinkende Gesamtbehandlungskosten von Schlaganfallpatienten bewirken. Dementsprechend werden sich Investitionen in eine intensive Nachbetreuung und weiterführende Präventionsmaßnahmen sowie die finanzielle Unterstützung bei der Einrichtung von koordinierenden Stellen in strategischer Hinsicht rentieren. Des Weiteren können derartige Maßnahmenprogramme von den Kostenträgern als Marketinginstrument zur langfristigen Kundenbindung oder zur Akquise von Neukunden genutzt werden.

Zusammenfassend können die Sicherstellung der Kommunikation zwischen den zuständigen Leistungserbringern der verschiedenen Behandlungsphasen und die laufende Überprüfung des Gesamtprozesses als die wichtigsten Erfolgsfaktoren angesehen werden. Dabei spielt die Personalunion für die leitenden Funktionen in der Akut- und Reha-Phase in Offenbach ebenso wie die Einrichtung des Prozessmanagers als übergeordnete und koordinierende Instanz eine entscheidende Rolle. So agiert der Prozessmanager sowohl für die dem Akutbereich vorgelagerten als auch für die nachgelagerten Sektoren als zentrale Anlaufstelle, der die Koordination aller Behandlungsschritte im Versorgungsprozess übernimmt und dadurch eine kontinuierliche Betreuung auf einem hohen Qualitätsniveau ermöglicht. Der weiterführenden Ausarbeitung von übergreifenden Behandlungspfaden sowie einer funktionierenden elektronischen Vernetzung zwischen den beteiligten Leistungserbringern kommt in diesem Zusammenhang eine unterstützende Funktion zu.

Ausblick

Die sektorübergreifenden Aktivitäten im Kooperationsmodell „Integrierte Rehabilitation" soll zum einen durch die Beteiligung weiterer Kostenträger ausgeweitet werden. Zum anderen sollen die integrierten Versorgungskonzepte durch den Einbezug weiterer Leistungserbringer, wie bspw. Heil- und Hilfsmittelerbringer, umfassender werden (siehe Darstellung 4-6).

Darstellung 4-6: Integrierte Schlaganfallversorgung Offenbach

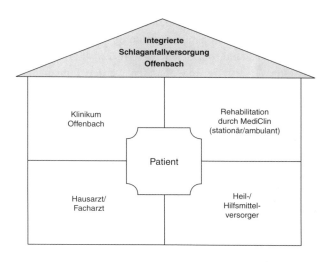

4.5 Erkenntnisse der empirischen Analyse im Überblick

Der Überblick über die empirischen Ergebnisse gliedert sich in drei Teile. Zunächst werden die Erkenntnisse hinsichtlich der in Kapitel 3.3 abgeleiteten Erfolgsfaktoren (Kooperationsumfeld, Kooperationspartner, Kooperationsbereitschaft und Kooperationsfähigkeit) vorgestellt, folgend die in den verschiedenen Kooperationsphasen tatsächlich durchgeführten Aktivitäten zusammenfassend erläutert und abschließend der zum Erhebungszeitpunkt realisierte Erfolg der untersuchten Beispielprojekte dargestellt. Zur besseren Nachvollziehbarkeit der Notwendigkeit von Handlungsempfehlungen in bestimmten Bereichen werden die wesentlichen Erkenntnisse der einzelnen Abschnitte zusammengefasst.

4.5.1 Erkenntnisse zu den Erfolgsfaktoren sektorübergreifender Kooperationen

Hinsichtlich der Erfolgsfaktoren bzw. -voraussetzungen des Kooperationsumfelds, der Leistungsfähigkeit der Kooperationspartner, der bestehenden Kooperationsbereitschaft sowie der wachsenden Kooperationsfähigkeit kann festgehalten werden, dass diese in allen Fallstudien vorhanden waren. In Darstellung 4-7 werden die Erfolgsvoraussetzungen der jeweiligen Fallstudien bewertet. Die Bewertung erfolgt in drei Stufen: Erfolgsvoraussetzung vorhanden (+); eingeschränkt vorhanden (+/-) und nicht vorhanden (-).

Darstellung 4-7: Beurteilung Kooperationsvoraussetzungen

	RehaNetz Freiburg		Ingolstädter Kooperationsmodell		Integrierte Rehabilitation Offenbach	
Erfolgsvoraussetzungen	Akut	Reha	Akut	Reha	Akut	Reha
Geeignetes Kooperationsumfeld	+	+	+	+	+	+
Leistungsfähigkeit Kooperationspartner	+	+/-	+	+	+	+
Kooperationsbereitschaft	+/-	+	+	+	+	+
Kooperationsfähigkeit	+	+/-	+	+	+	+
Erkenntnis der Notwendigkeit eines erfolgsorientierten Kooperationsmanagements	+	+	+	+	+	+

4.5 | Erkenntnisse der empirischen Analyse im Überblick

Da sich die Fallstudien durch die einbezogenen Indikationsgebiete, die speziellen regionalen Gegebenheiten sowie die strukturellen Eigenschaften der beteiligten Leistungserbringer unterscheiden, ist zu berücksichtigen, dass jeweils individuelle Aspekte die einzelnen Erfolgsvoraussetzungen beeinflussen. Allgemein gültige Aussagen zu den Voraussetzungen sind daher anhand der analysierten Fallstudien nicht ableitbar.

Auffällig sind die Einschränkungen hinsichtlich der Leistungsfähigkeit bzw. der Kooperationsfähigkeit der Reha-Partner sowie der Kooperationsbereitschaft der Akutseite im RehaNetz Freiburg. Diese sind primär auf die Komplexität, die durch die große Partnerzahl auf Akut- (bezogen auf die beteiligten Klinikabteilungen) und Reha-Seite verursacht wird, zurückzuführen. Die Bereitschaft zu einer engen Zusammenarbeit ist aufgrund einer begrenzten Motivation bei gleichzeitig hoher Arbeitsbelastung in einzelnen Akutabteilungen nur eingeschränkt vorhanden. Durch Mitspracherechte der Kostenträger bei der Auswahl der Reha-Partner konnte dem erstellten Anforderungsprofil nicht in allen Fällen entsprochen werden, so dass dadurch die Leistungsfähigkeit der Kooperationspartner sowie deren Kooperationsfähigkeit beeinträchtigt wurde.

Die Notwendigkeit eines erfolgsorientierten Kooperationsmanagements wurde von allen Beteiligten der analysierten Kooperationsmodelle erkannt, so dass stets ein strukturiertes Vorgehen im Rahmen der Kooperationsgestaltung gewählt wurde. Eine detaillierte Zusammenfassung der Erkenntnisse zu den einzelnen Phasen des Kooperationsmanagements erfolgt im nächsten Unterkapitel.

4.5.2 Erkenntnisse aus den Kooperationsmanagementprozessen

Die Rolle des aktiven Kooperationsinitiators lag in allen drei Praxisbeispielen beim Akuthaus, weshalb die fallstudienübergreifende Auswertung des Kooperationsmanagementprozesses primär aus der Sicht der Akutpartner erfolgt. Im Folgenden werden die phasenbezogenen Besonderheiten bzw. Erkenntnisse thematisiert. Anschließend wird das Vorgehen der Akteure in den drei Praxisbeispielen anhand tabellarischer Darstellungen systematisch für jede Kooperationsphase zusammengefasst.[61]

---

61 Da sich alle analysierten Kooperationen noch in Betrieb befinden, sind empirischen Aussagen zur Auflösungsphase nicht möglich.

4.5 Erkenntnisse der empirischen Analyse im Überblick

Zusammenfassende Erkenntnisse bei der Kooperationsinitiierung und -formierung
Im Vorlauf zur Kooperationsanbahnung wurde lediglich beim Ingolstädter Modell der sektorübergreifende Kooperationsbedarf durch ein Strategiegutachten einer externen Beratung identifiziert. In den beiden anderen Fällen basierte die Entscheidung auf unternehmensinternen Analysen, die auch Ausgangspunkt der Festlegung der individuellen Kooperationsziele waren. Während im Modell Integrierte Rehabilitation eine Partnersuche aufgrund der frühen Festlegung auf einen vertrauten Reha-Partner nicht erforderlich war, wurde in den beiden anderen Fällen aufbauend auf den Kooperationszielen von einem Projektteam ein Anforderungsprofil für die Partnersuche mit Muss- und Wunschkriterien erarbeitet (siehe Darstellung 4-8).

Darstellung 4-8: Vorgehen Kooperationsinitiierung im Überblick

	Aufgabe	RehaNetz Freiburg	Ingolstädter Kooperationsmodell	Integrierte Rehabilitation Offenbach
Kooperationsbedarf	Analyse Ist-Situation	Durchführung interner Analysen im UKF; Empfehlung Wissenschaftsrat	Beauftragung eines externen Strategiegutachtens durch das Klinikum	Eigene Überlegungen zur strategischen Weiterentwicklung im Klinikum
		Feststellung der fehlenden Koordination der Kooperationen; Identifikation des geeigneten Kooperationsumfelds im Reha-Bereich	Feststellung des Bedarfs der Entwicklung eines Integrierten Gesundheitszentrums für die Region am Klinikstandort	Identifikation freier Kapazitäten im Klinikum die für neue Nutzungsmöglichkeiten verfügbar sind
	Strategische Zielplanung	Feststellung des Bedarfs zur Zusammenarbeit mit nachgelagerten Sektoren aufgrund der DRG-Auswirkungen	Identifikation der Kooperation mit dem Reha-Bereich als wesentlicher Bestandteil der Zentrumsstrategie	Feststellung des Bedarfs nach strategischen sektorübergreifenden Partnerschaften zur besseren Steuerung von Versorgungsabläufen
			Sammlung von Konzeptideen durch Besuch von Fortbildungen und Seminaren	Abstimmung mit den Kostenträgern aufgrund der geplanten IV-Einbindung
		Entwicklung Kooperationsidee: Abstimmung Verlegungszustand und -zeitpunkt mit Reha-Partnern in den häufigsten AHB-Diagnosen sowie Zusammenarbeit in Forschung und Lehre	Entwicklung Kooperationsidee: Neubau eines Reha-Geriatrie-Zentrums am Klinikum, Betrieb durch spezialisierte Partner	Entwicklung Kooperationsidee: Aufbau eines Kompetenzzentrums Schlaganfall mit direkter Reha-Anbindung in Zusammenarbeit mit einem spezialisierten Partner
Kooperationsziele	Zielbestimmung Partnerebene	Festlegung Zielschema auf Akutseite	Festlegung der zukünftigen Strategie auf Akutseite	Festlegung der zukünftigen Strategie auf Akutseite
		Oberziel: Qualitative und wirtschaftliche Optimierung der sektorübergreifenden Versorgung	Oberziel: „Alles unter einem Dach, aber nicht aus einer Hand" (Entwicklung Integriertes Gesundheitszentrum)	Oberziel: Qualitätsverbesserungen durch innovative sektorübergreifende Versorgungsabläufe
		Nebenziele: Intensivierung der Patientenverflechtungen sowie Zusammenarbeit in Forschung und Lehre	Nebenziele: Zeitnahe, qualitativ abgesicherte und wohnortnahe Weiterversorgung der Patienten nach Akutaufenthalt	Nebenziel: Refinanzierung der Anschubfinanzierung für die Integrierte Versorgung
Anforderungsprofil	Formulierung Partnerprofil	Bildung Projektgruppe (3 Pers. aus Verwaltung und Medizin) auf der Akutseite	Bildung Projektteam (2 Pers. aus Geschäftsführung und Medizin) auf Akutseite	
		Bestimmung von Muss- und Wunschkriterien für die zukünftigen Reha-Partner	Bestimmung von Muss- und Wunschkriterien des Reha-Partners	Festlegung Mindestanforderungen von der Akutseite
		Musskriterien: Vorhandenes Angebot in den betroffenen Indikationen sowie regionale Nähe	Musskriterien: Akzeptanz der Neubaulösung am Akuthaus sowie Reputation in den gewünschten Indikationen	Musskriterien: Nutzung von Klinik-Kapazitäten sowie Nachweis der Leistungsfähigkeit
		Wunsch nach mehreren Reha-Partnern je Indikation	Wunsch nach einem geriatrischen Partner und einem Reha-Partner	Festlegung eines strategischen Reha-Partners für die Schlaganfallversorgung

4.5 Erkenntnisse der empirischen Analyse im Überblick

Die eigentliche Partnersuche wurde im Ingolstädter Modell bewusst breit, also auch überregional, angelegt, während beim RehaNetz Freiburg ausschließlich Reha-Anbieter der Region in den gesuchten Indikationsfeldern mit einer definierten Mindestgröße kontaktiert wurden. Das weitere Vorgehen der Partnerauswahl entsprach im Wesentlichen dem in der theoretisch-konzeptionellen Analyse beschriebenen Ablauf. Das heißt, anhand des erstellten Profils entstand ein erstes Ranking, so dass eine Vorauswahl geeigneter Partner getroffen werden konnte, um die weiteren Kontaktgespräche auf einen realistischen Kandidatenkreis bzw. einem akzeptablen Aufwand reduzieren zu können. Dabei wurde in keinem Fall ein Scoringmodell eingesetzt (siehe Darstellung 4-9).

Darstellung 4-9: Vorgehen Kooperationsformierung im Überblick (Teil 1)

	Aufgabe	RehaNetz Freiburg	Ingolstädter Kooperationsmodell	Integrierte Rehabilitation Offenbach
Partnerermittlung	Partnersuche	Information der Klinikabteilung verbunden mit der Aufforderung zur Teilnahme	Erstellung Kandidatenlisten anhand des Anforderungsprofils durch umfassende Marktanalyse	Keine Partnersuche, da das Reha-Zentrum Bad Orb bzw. MediClin frühzeitig als Kooperationspartner feststand
		Anfrage der Leistungsdaten an alle vom Profil her passenden Reha-Einrichtungen der Region	Anfrage an alle Kandidaten	
		Kommentierungsmöglichkeiten für Klinik-Chefärzte und Kostenträger zur Vorauswahl	Übermittlung des Leistungsprofils der interessierten Kandidaten	
	Partnervorauswahl	Erstellung Ranking geeigneter Reha-Kandidaten für jede Indikation	Vorauswahl von ca. 20 Kandidaten	nicht relevant
Kontaktaufnahme	Gesprächsvorbereitung	Einladung der Reha-Kandidaten zu einer Informationsveranstaltung durch das UKF	Informationsbeschaffung über die Kandidaten	Informationsbeschaffung über die Leistungsfähigkeit des Reha-Partners
	Gesprächsdurchführung	Kommunikation der Netzwerkziele und der geplanten Kooperationsstrukturen	Kommunikation der eigenen Verhandlungsposition	Gemeinsame Diskussion der Projektkonzeption
			Identifikation der Kooperationsziele der Kandidaten	Einbezug der Kostenträger
			Diskussion von Alternativen zur Neubaulösung	
			Detailanalyse der Kandidaten	

Innerhalb der Kooperationsverhandlungen konnten die Akutpartner bei der Zielharmonisierung sowie bei der Diskussion der zukünftigen Kooperationsarchitektur aufgrund ihrer starken Verhandlungsposition ihre Wunschkonfiguration gegen die Kandidaten der Reha-Seite in der Regel durchsetzen. Entsprechend basiert die letztendliche Vertragsgestaltung primär auf den Vorstellungen der Akutseite. Aus den Experteninterviews und den internen Unterlagen war zu entnehmen, dass die im theoretischen Teil angeführten Punkte für die Verhandlungsgespräche (siehe

Darstellung 3-18) sowie die vorgeschlagenen Bestandteile eines übergeordneten Kooperationsvertrages (siehe Darstellung 3-21) weitestgehend berücksichtigt wurden (siehe Darstellung 4-10).

Darstellung 4-10: Vorgehen Kooperationsformierung im Überblick (Teil 2)

	Aufgabe	RehaNetz Freiburg	Ingolstädter Kooperationsmodell	Integrierte Rehabilitation Offenbach
Kooperationsverhandlungen	Verhandlungsvorbereitung	Diskussion von Details in einer einjährigen Verhandlungsphase	Reduktion der Kandidatenzahl (ca. 6 Kandidaten)	
	Zielharmonisierung	Festlegung Kooperationsziel: Etablierung eines abgestimmten Versorgungsangebots zur Erreichung einer höheren Versorgungsqualität	Keine Zielharmonisierung: Zentrumsstrategie dominiert auf der Akutseite; Reha-Seite zielt primär auf eine Sicherstellung des Patientenflusses ab	Festlegung Kooperationsziel: Systematische Erschließung von Synergien in medizinisch hochwertigen sektorübergreifend abgestimmten Leistungsprozessen
	Festlegung Kooperationsarchitektur	Festlegung der Kooperationsstrukturen durch das UKF; Kommentierungsmöglichkeiten für die Reha-Seite	Definition der Rahmenstruktur durch das Klinikum aufgrund der Verhandlungsmacht	Gemeinsame Abstimmung der Kooperationsstrukturen und der personellen Ausgestaltung
		Einrichtung einer hauptamtlichen Koordinatorstelle am UKF, Vertreterversammlung, Beirat und indikationsspezifischer Arbeitsgruppen	Koordination der Kooperationsaktivitäten durch verantwortliche Stellen bei den Partnern	Einrichtung einer koordinierenden Prozessmanagerstelle am Klinikum (finanziert durch Kostenträger)
				Übernahme der ärztlichen und pflegerischen Leitung des neuen Reha-Zentrums im Klinikum durch Akutpersonal sowie gemeinsame Organisation des Bereitschaftsdienstes
		Regelung der Zusammenarbeit in Bereichen wie Apotheke, Materialwirtschaft, etc. mit Teil der Reha-Einrichtungen	Abstimmung der weiteren Ressourcennutzung (Medizinische Geräte, Versorgungsdienste, etc.)	Abstimmung der weiteren Ressourcennutzung (Medizinische Hilfsleistungen, Versorgungsdienste, etc.)
	Klärung Finanzierungsfragen	Weiterführung der sektoralen Vergütung	Weiterführung der sektoralen Vergütung	Verhandlung IV-Vergütung (Pauschale) zwischen Kooperationspartnern und Kostenträger
		Einbindung in die IV in einzelnen Indikationen langfristig möglich	Planung der Vereinbarung einer Komplexpauschale	Klinikum ist alleiniger Vertragspartner in der IV und agiert als „Generalunternehmer"
		Individuelle Preisvereinbarungen hinsichtlich der weiteren Ressourcennutzung	Individuelle Preisvereinbarungen hinsichtlich der weiteren Ressourcennutzung	Individuelle Preisvereinbarungen hinsichtlich der weiteren Ressourcennutzung
		Finanzierung der Kooperationskosten durch alle Partner	Finanzierung des Neubaus durch das Klinikum	Finanzierung Umbauarbeiten im Klinikum durch Reha-Seite
Vertragsgestaltung	Abschluss Vertragsgefüge	Abschluss identischer Kooperationsverträge zwischen UKF und den einzelnen Reha-Partnern	Abschluss eines Kooperationsvertrages zu Kooperationszielen und Regeln der Zusammenarbeit	Abschluss eines Kooperationsvertrages zur Kooperationsorganisation
				Abschluss IV-Vertrag
			Abschluss Mietvertrag über Räumlichkeiten des Neubaus	Abschluss Mietvertrag für Reha-Räumlichkeiten im Klinikum
		Abschluss Dienstleistungs-, Arzneimittelversorgungsverträge, etc. nach Bedarf	Abschluss Dienstleistungs- sowie Personalgestellungsverträge	Abschluss verschiedener Dienstleistungsverträge

Insgesamt kann festgehalten werden, dass sowohl in der Initiierungsphase als auch in der Formierungsphase in allen drei Fallstudien dem theoretisch-konzeptionell erarbeiteten, idealtypischen Vorgehen gefolgt wurde. Lediglich in Teilbereichen wurden Anpassungen an die individuelle Kooperationssituation vorgenommen.

4.5 Erkenntnisse der empirischen Analyse im Überblick

Erkenntnisse bei der Kooperationsdurchführung
Die in der Formierungsphase getroffenen Vereinbarungen zur personellen Ausgestaltung der Kooperation wurden in der Durchführungsphase, soweit es den operativen Bereich betraf, sofort umgesetzt, während vereinbarte projektbegleitende Gremien, wie Arbeitsgruppen oder Qualitätszirkel, oft erst mit zeitlicher Verzögerung eingerichtet wurden. Im Offenbacher Kooperationsmodell wurde die Funktion des Prozessmanagers bzw. die Koordinatorfunktion erst nach über einjähriger Laufzeit der Kooperation besetzt und durch einen neuen IV-Partner auf der Kostenträger-Seite finanziert. Insgesamt wurde somit in zwei Fällen eine Koordinatorstelle in Vollzeit eingerichtet, die aufgrund ihrer medizinischen bzw. pflegerischen Ausbildung in der Lage ist, eine patientenorientierte Ablaufsteuerung der Behandlungsprozesse übergreifend zu koordinieren. Im dem Kooperationsmodell ohne eigenständigen Koordinator muss die ärztliche Leitung nach Absprache mit den verantwortlichen Verwaltungsinstanzen auf der Partnerebene diese Koordinationsfunktion übernehmen.

Darüber hinaus hat sich in allen Kooperationsmodellen die Festlegung von Ansprechpartnern auf den hierarchisch tiefer angesiedelten Ebenen der Partnerorganisationen für kooperationsbedingte Fragen und Probleme bei der wechselseitigen Kommunikation und auch bei der Lösung von Konflikten als vorteilhaft erwiesen. Die Einrichtung kooperationsbegleitender Arbeitsgruppen, die Durchführung von Personalaustauschprogrammen und Maßnahmen zum Wissensmanagement wurden bisher nur ansatzweise initiiert, stellten sich aber als positiv hinsichtlich einer verbesserten Kommunikation zwischen den Beteiligten sowie eines größeren gegenseitigen Vertrauens heraus.

Grundsätzlich wurde in allen Fallbeispielen gemäß dem im Theorieteil vorgeschlagenen Schema zur Gestaltung der Prozessorganisation gehandelt, indem basierend auf Leistungsanalysen auf der Partnerebene eine Ablaufplanung für die von der Kooperation betroffenen Prozesse durchgeführt wurde. Zu diesem Zweck werden in allen analysierten Modellen Behandlungspfade entwickelt, die sich bisher primär auf die jeweilige Partnerebene konzentrieren. Vollständige sektorübergreifende Pfade werden nur in Ansätzen genutzt. In diesem Zusammenhang wird der Bestimmung der optimalen Übergangspunkte zwischen den Leistungserbringern (Schnittstellen) besondere Aufmerksamkeit geschenkt, indem in Einzelfällen versucht wird, den Übergangsstatus anhand bestimmter Charakteristika wie bspw. medizinischen Scores zu definieren. Allerdings konzentriert sich die detaillierte Abstimmung von Entlassungsstandards vor allem auf die Akutebene, so dass ein übergreifender

Abstimmungsprozess mit den Reha-Partnern in der Regel ausgeblieben ist. Zudem bieten die ablauforganisatorischen Gestaltungsmaßnahmen keine angemessene Transparenz, so dass die Abläufe für externe Anspruchsgruppen wie Patienten oder deren Angehörige nicht nachvollziehbar sind (siehe Darstellung 4-11).

Darstellung 4-11: Vorgehen Kooperationsdurchführung im Überblick (Teil 1)

	Aufgabe	Vorgehen während der Kooperationsdurchführung		
		RehaNetz Freiburg	Ingolstädter Kooperationsmodell	Integrierte Rehabilitation Offenbach
Aufbauorganisation	Gestaltung Kooperationsstrukturen	Besetzung der Koordinatorstelle	Definition der Verantwortlichen auf Partnerebene	Besetzung Prozessmanagerstelle
		Besetzung der Kooperationsorgane (Kostenträger und Kooperationspartnervertreter)	Einrichtung Beirat mit Akutmedizinern zur Unterstützung medizinischer Reha-Leitung	Besetzung Pflegeleitung und Ärztliche Leitung des neuen Reha-Zentrums
		Festlegung Aufgabenverteilung auf Kooperationsorgane gemäß Vertrag		Regelung Aufgabenverteilung: Prozessmanager zentraler Ansprechpartner zum IV-Modell
	Organisation Wissenstransfer	Koordination der Aktivitäten der Kooperationsorgane durch den Koordinator	Organisation regelmäßiger Treffen von Verantwortlichen der beteiligten Berufsgruppen beider Partner	Organisation von Projektsitzungen zwischen Leistungserbringer und Kostenträger
		Entwicklung von Fortbildungsveranstaltungen für RehaNetz-Partner; Enge Zusammenarbeit in Forschung & Lehre	Organisation gemeinsamer Veranstaltungen sowie medizinischer Fort- und Weiterbildungen	Organisation Fortbildungsveranstaltungen durch Prozessmanager, bspw. zur IV-Thematik
		Planung von gemeinsamen Visiten und gegenseitige Hospitationen	Durchführung von Personalaustauschprogrammen	Planung einer Ärzterotation zwischen Akut- und Reha-Bereich
Ablauforganisation	Leistungsanalyse	Analyse der betroffenen Leistungsprozesse zunächst auf Partnerebene	Analyse der betroffenen Leistungsprozesse zunächst auf Partnerebene	Übergreifende Analyse und Koordination der Behandlungsabläufe durch Prozessmanager
		Abstimmung Leistungsprozesse durch die indikationsspezifischen Arbeitsgruppen	Abstimmung der medizinischen Leistungen zwischen ärztlichem Beirat und Reha-Medizinern	Abstimmung Behandlungsverläufe auf Ebene der leitenden Ärzte begleitet durch Pflege- und Sozialdienst
	Ablaufplanung	Erarbeitung Kommunikationskonzept zur Regelung der Verantwortlichkeiten für Teilprozesse und Übergänge	Organisation einer ganzheitlichen therapeutischen Betreuung	Organisation des Therapiebeginns bereits in der Akutphase durch Reha-Personal
		Diskussion und Abstimmung der Verlegungsbedingungen mit Sozialdienst des UKF im Rahmen des Entlassmanagement	Koordination der Patientenüberleitung durch Fallmanager und Sozialdienst im Klinikum (Entlassungsstandards)	Abstimmung der Überleitungszeitpunkte durch leitende Ärzte mit Unterstützung des Case-Managements im Klinikum
		Entwicklung sektorübergreifender Behandlungspfade in den Arbeitsgruppen	Entwicklung gemeinsamer Behandlungspfade durch Medizin- und Pflegecontrolling sowie leitenden Medizinern	Entwicklung und Integration Behandlungspfade mit externer Unterstützung

Eine Implementierung von eigenständigen Steuerungsinstrumenten im Rahmen eines Kooperationscontrollings oder einer sektorübergreifenden Qualitätssicherung hat in keinem der Praxismodelle stattgefunden. Zwar werden kooperationsbezogene Controllingaufgaben vereinzelt von dem jeweiligen Koordinator übernommen, jedoch wird das eigentliche Controlling ebenso wie die kaufmännische Führung der Kooperation sektorintern von den zuständigen Abteilungen auf Partnerebene erledigt.

Gleiches gilt für das Qualitätsmanagement, für das in keinem Kooperationsmodell ein ausgeprägter sektorübergreifender Ansatz verfolgt wird. Die diesbezüglichen Aktivitäten konzentrieren sich auf die Abstimmungsprozesse in sektorübergreifenden Arbeitsgruppen und Qualitätszirkel, indem dort Probleme der Kooperation thematisiert oder sektorübergreifende Behandlungspfade diskutiert werden. In diesem Zusammenhang ist zu berücksichtigen, dass die Einrichtung eigener Instanzen in Form eines übergeordneten Kooperationscontrollings bzw. Qualitätsmanagements aufgrund der Dimension sektorübergreifender Kooperationen oft nicht zweckmäßig ist. Vielmehr bietet sich die Zuweisung entsprechender Aufgaben auf vorhandene Kooperationsinstanzen und -gremien an.

In allen Praxisbeispielen wurde die besondere Bedeutung einer funktionierenden elektronischen Vernetzung zwischen den Partnern bzw. der Einsatz sektorübergreifender Informations- und Kommunikationstechnologien erkannt, mit der unter anderem auch eine engere Zusammenarbeit im Controlling und im Qualitätsmanagement gefördert werden soll. Derzeit befindet sich die elektronische Vernetzung in allen untersuchten Modellen in einem entwicklungsfähigen Zustand, da Medienbrüche bzw. fehlende EDV-technische Zugriffsmöglichkeiten eine durchgängige elektronische Dokumentation der übergreifenden Behandlungsprozesse verhindern. Eine Weiterentwicklung in diesem Bereich wurde von allen befragten Experten als Voraussetzung für den langfristigen Erfolg der Zusammenarbeit gesehen (siehe Darstellung 4-12).

Darstellung 4-12: Vorgehen Kooperationsdurchführung im Überblick (Teil 2)

	Aufgabe	Vorgehen während der Kooperationsdurchführung		
		RehaNetz Freiburg	Ingolstädter Kooperationsmodell	Integrierte Rehabilitation Offenbach
Steuerungsinstrumente	Koordination Controllingaktivitäten	Durchführung von kooperationsbezogenen Controllingaktivitäten auf der Partnerebene	Durchführung von kooperationsbezogenen Controllingaktivitäten auf der Partnerebene	Durchführung von kooperationsbezogenen Controllingaktivitäten auf der Partnerebene
		Koordinator sammelt/analysiert kooperationsbezogene Daten aller Partner zur Kalkulation der Kostenverrechnung		Prozessmanager überwacht IV-bezogene Verrechnungsprozesse
		Planung gemeinsamer Aktivitäten bei funktionierender EDV-Vernetzung	Abstimmung der Aktivitäten im Rahmen der Partnertreffen	Abstimmung der Aktivitäten im Rahmen der Partnertreffen
	Förderung sektorübergreifendes Qualitätsmanagement	Gemeinsame Qualitätssicherung durch sektorübergreifende Behandlungspfade	Sektorübergreifende Qualitätssicherung durch Fallmanager und Behandlungspfade	Einsatz Behandlungspfade als Qualitätssicherungsinstrument
		Information der Qualitätsbeauftragten auf Partnerebene zu den Kooperationsaktivitäten	Einrichtung sektorübergreifender Qualitätszirkel	Planung sektorübergreifender Qualitätszirkel mit Vertretern der beteiligten Berufsgruppen
			Diskussion der Übergänge im Rahmen der sektorinternen Qualitätssicherung	Teilnahme an externer Qualitätssicherung zur Identifikation von Qualitätsdefiziten
	Aufbau vernetzter IuK-Technologien	Förderung der EDV-Vernetzung durch Koordinator und EDV-Verantwortliche am UKF	Enge Zusammenarbeit der IT-Abteilungen beider Partner	
			EDV-Anbindung des Reha-Zentrums ans Klinikum	EDV-Anbindung des neuen Reha-Zentrums ans Klinikum
		Planung und Aufbau eines IuK-Systems zur elektronischen Vernetzung der Partner	Aufbau einer sektorübergreifenden elektronischen Vernetzung	Getrennte elektronische Patientendokumentation
		Unterstützung der Behandlungsprozesse durch Zugriffsmöglichkeiten der Reha-Partner auf Patientendaten	Planung von Zugriffs- und Schreibrechten auf der Reha-Seite auf die Patientendokumentation des Klinikums	Zugriff auf Akutdaten des Patienten im Reha-Bereich aufgrund der Doppelfunktion der Ärzte
		Planung von gemeinsamen elektronischen Forschungsdatenbanken	Einsatz einer sektorübergreifenden Therapiesteuerung auf Basis einer gemeinsamen Software-Lösung	

Da sich alle untersuchten Kooperationen noch in einer frühen Phase befinden, haben die Beteiligten ihre Aktivitäten bisher primär darauf ausgerichtet, die Kooperationsprozesse in Gang zu setzen und am Laufen zu halten. Dementsprechend wurden Maßnahmen zur Evaluation der Kooperationen unter Qualitäts- und Kostengesichtspunkten zwar eingeleitet, lieferten jedoch bislang keine konkreten Ergebnisse.

Hinsichtlich der Etablierung von Maßnahmen zur kontinuierlichen Verbesserung der Kooperationsprozesse besteht ebenfalls Entwicklungsbedarf. Die Kooperationsaktivitäten und die auftretenden Probleme werden lediglich in den Kooperationsgremien diskutiert, die damit für die Weiterentwicklung und Verbesserung der Kooperationen verantwortlich sind.

Bei den projektbegleitenden Marketingmaßnahmen bestehen nicht nur zwischen den Modellen, sondern auch innerhalb der Modelle zwischen den Partnern erheb-

4.5 Erkenntnisse der empirischen Analyse im Überblick

liche Unterschiede in deren Ausgestaltung und deren Intensität (siehe Darstellung 4-13).

Zusammenfassend ist festzuhalten, dass in den Beispielmodellen Maßnahmen zur Evaluation der Zusammenarbeit, zur kontinuierlichen Verbesserung oder zum Marketing, entsprechend der Empfehlungen im theoretisch-konzeptionellen Teil der Arbeit, eingeleitet bzw. weiterentwickelt werden sollten.

Darstellung 4-13: Vorgehen Kooperationsdurchführung im Überblick (Teil 3)

	Aufgabe	RehaNetz Freiburg	Ingolstädter Kooperationsmodell	Integrierte Rehabilitation Offenbach
Umsetzung	Evaluation Kooperationsaktivitäten	Steuerung Evaluationsmaßnahmen durch den Koordinator	Erfassung von Qualitätsindikatoren auf Partnerebene (z.B. Rückverlegungsquote)	Einsatz des Prozessmanagers zur laufenden Qualitätsüberwachung
				Nutzung der Daten der externen Qualitätssicherung
		Planung von kooperationsbezogenen Patienten-zufriedenheitsanalysen	Durchführung Patientenbefragungen im neuen Reha-Zentrum	Durchführung Patientenbefragungen im neuen Reha-Zentrum
	Etablierung kontinuierlicher Verbesserungsprozesse	Sicherstellung der Weiterentwicklung des Netzwerks durch den Koordinator sowie die laufende Kommunikation zwischen den Partnern	Weiterentwicklung der Kooperation durch laufende Kommunikation zwischen den Partnern	Weiterentwicklung der Behandlungsprozesse durch Prozessmanager und beteiligte Mitarbeiter in Zusammenarbeit mit den Kostenträgern
		Informationsgewinnung hinsichtlich Verbesserungs-potenziale und Schwachstellen durch Arbeitsgruppen, Vertreter-versammlung und Beirat	Informationsgewinnung hinsichtlich Verbesserungspotenziale und Schwachstellen durch Qualitätszirkel	Informationsgewinnung hinsichtlich Verbesserungspotenziale und Schwachstellen durch Qualitätszirkel
	Einsatz Marketingmaßnahmen	Koordinator steuert Marketingaktivitäten	Abstimmung der Öffentlichkeitsarbeit zwischen den Partnern	Prozessmanager koordiniert Marketingmaßnahmen
		Markenbildung durch Entwicklung Netzwerk-Logo und gezielte Patienteninformation	Gemeinsame Darstellung der Kooperation gegenüber externen Anspruchsgruppen	Gemeinsame Darstellung der Kooperation als Modell- bzw. Leuchtturmprojekt
			Information der Kostenträger im Hinblick auf innovative Vergütungsmodelle	Durchführung eines kooperationsbezogenen Zuweisermarketings sowie Förderung der Patienteneinschreibung

4.5.3 Erkenntnisse zum Kooperationserfolg

Für eine systematische Darstellung des Kooperationserfolgs der Beispiele bietet sich ein kriteriengestützter Vergleich der analysierten Perspektiven an. Die einzelnen Kriterien werden anhand der Ausführungen zu den jeweiligen, durch die sektorübergreifende Zusammenarbeit eintretenden Veränderungen bewertet. Die Bewertung wird in drei Stufen vorgenommen. Nachhaltig positive bzw. positive Auswirkungen werden durch „++" bzw. durch „+", nachhaltig negative bzw. negative Effekte durch „--" bzw. „-" und keine Veränderungen werden durch „+/-" gekennzeichnet. Obwohl die Auswahl der Kriterien sowie die Bewertungen der einzelnen Kooperationsbeziehungen einen subjektiven Charakter haben, ist eine Beurteilung der Modelle zweckmäßig. Das standardisierte Vorgehen soll die Möglichkeit eröffnen, die wesentlichen Aspekte von Kooperationsmodellen aus den unterschiedlichen Perspektiven zu erfassen und vor allem die individuelle Bewertung dieser oder anderer sektorübergreifender Projekte erleichtern.[62]

Perspektive der Leistungserbringer
Für die beteiligten Leistungserbringer bieten sich die in Kapitel 3.1.2 erarbeiteten Kooperationspotenziale als geeignete Beurteilungskriterien an, da das Erreichen der relevanten Kooperationsziele die Bedingung für eine Kooperationsbeteiligung darstellt. Abgeleitet wurden die Kriterien Versorgungsqualität, Kostensituation, Ertragssteigerung, Know-how-Transfer und sozio-emotionale Ziele (Image/Bekanntheitsgrad). Bei der Ertragssteigerung wird eine Differenzierung zwischen dem Umsatz im Kerngeschäft, also den Erträgen durch zusätzliche Patienten, und den Umsätzen in Sekundär- und Tertiärbereichen, bspw. durch die Leistungsabgabe in nicht-medizinischen Bereichen, vorgenommen. Die Beurteilung der Kooperationsauswirkungen auf die Wettbewerbsposition der Beteiligten vervollständigt das Schema.

Mit der Kooperation besteht in den untersuchten Modellen ein wesentlicher Vorteil für den Akutbereich darin, dass zunehmend zeitnahe und abgesicherte Verlegungen möglich sind. In diesem Zusammenhang leisten insbesondere die Entwicklung und der Einsatz von Behandlungspfaden einen Beitrag zur Qualitätsverbesserung. Mögliche Kosteneinsparungen sind den Kooperationskosten, die für die Koordination anfallen und selbst zu tragen sind, gegenüberzustellen. Bessere Kapazitätsauslastungen mit positiver Wirkung auf die Erlössituation werden zum einen durch Vereinbarungen zu Rückverlegungen von den Reha-Partnern zum Akutpartner im

---

62 In Anlehnung an den Beurteilungsansatz von Weatherly et al. (2007, S. 3 ff.).

4.5 Erkenntnisse der empirischen Analyse im Überblick

Kernbereich der Patientenbehandlung erreicht, zum anderen in medizinischen und nicht-medizinischen Sekundär- und Tertiärbereichen, in denen die Akutseite den oder die Partner mit versorgt. Darüber hinaus ist durch eine gesteigerte Versorgungsqualität im Rahmen einer innovativen Vorgehensweise von einem Marketingeffekt auszugehen, der sich nicht nur positiv auf die Außendarstellung auswirkt, sondern zudem das Patienteninteresse bzw. das Interesse der Kostenträger steigert, Behandlungsangebote – nicht nur im Kooperationsbereich – in Anspruch zu nehmen. Insgesamt resultiert aus der Kooperation für die Akutseite in allen Praxisbeispielen eine bessere Wettbewerbsposition (siehe Darstellung 4-14).

Darstellung 4-14: Kooperationserfolg aus der Akutperspektive

	Perspektive der Akutseite		
Kriterien	RehaNetz Freiburg	Ingolstädter Kooperationsmodell	Integrierte Rehabilitation Offenbach
Versorgungsqualität	+	+	+
Kostensituation	+/-	+	+
Umsatz im Kerngeschäft	+	+	++
Umsatz im Sekundär-/ Tertiärbereich	+	++	++
Know-how-Transfer	++	+	+
Image/Bekanntheitsgrad	+	+	+
Wettbewerbsposition	+	+	+

Die Reha-Seite profitiert in den Beispielfällen von einem gesicherten und in der Regel höheren Patientenzufluss aus dem Partnerkrankenhaus, wobei aus den zunehmenden zeitnahen Übernahmen der Patienten in Einzelfällen Aufwandssteigerungen resultieren können. Qualitätsverbesserungen sowie Kosteneinsparungen sind einerseits durch die bessere Abstimmung der primären Leistungsprozesse und andererseits durch die teilweise enge Anbindung an die Sekundärprozesse des Akuthauses möglich. Reputationseffekte, resultierend aus einer funktionierenden sektorübergreifenden Kooperation, werden von fast allen Reha-Partnern angenommen (siehe Darstellung 4-15).

Darstellung 4-15: Kooperationserfolg aus der Reha-Perspektive

Kriterien	Perspektive der Reha-Seite		
	RehaNetz Freiburg	Ingolstädter Kooperationsmodell	Integrierte Rehabilitation Offenbach
Versorgungsqualität	+	+	+
Kostensituation	+/-	+	+
Umsatz im Kerngeschäft	+	++	++
Umsatz im Sekundär-/Tertiärbereich	+/-	+/-	+/-
Know-how-Transfer	++	+	+/-
Image/Bekanntheitsgrad	+	+	+
Wettbewerbsposition	+	+	+

Mitarbeiterperspektive

Zur Kooperationsbeurteilung aus der Sicht der direkt am Kooperationsprozess beteiligten Mitarbeiter sind die Aspekte von Bedeutung, die deren Bereitschaft und deren Motivation zur aktiven Unterstützung der Kooperation beeinflussen. Sehen die Akteure im Kooperationsmodell die Möglichkeit, ihren inhaltlichen Anspruch an die medizinische Versorgung besser umsetzen zu können, wird die Bereitschaft sich einzubringen deutlich größer sein.[63] Voraussetzung dafür ist die Transparenz der Kooperationskonstellation, da ohne ein Verstehen der Kooperationsstrukturen die Akzeptanz bei den Mitarbeitern kaum zu erreichen ist. Darüber hinaus sind kooperationsbedingte Änderungen der Arbeitsbedingungen, bspw. Arbeitserleichterungen durch die Festlegung von Prozessstandards, sowie der individuellen beruflichen Entwicklungsmöglichkeiten, bspw. aufgrund einer Kompetenzausweitung auf einen anderen Leistungssektor, für die Erfolgsbeurteilung relevant (siehe Darstellung 4-16).

Darstellung 4-16: Kooperationserfolg aus der Mitarbeiterperspektive

Kriterien	Mitarbeiterperspektive		
	RehaNetz Freiburg	Ingolstädter Kooperationsmodell	Integrierte Rehabilitation Offenbach
Arbeitsinhalte	+/-	+/-	+
Transparenz	+	+	+
Arbeitsbedingungen	+	+	+
Entwicklungsmöglichkeiten	+/-	+	+

---

63 Vgl. Weatherly et al. (2007, S. 24).

4.5 Erkenntnisse der empirischen Analyse im Überblick

Für die Mitarbeiter der Leistungserbringer kommt es durch die sektorübergreifende Kooperation zu Arbeitserleichterungen. Durch eine bessere Abstimmung der Prozesse, die Festlegung von Ansprechpartnern bzw. die Einstellung eines Kooperationskoordinators wird eine strukturiertere Zusammenarbeit zwischen Akut- und Reha-Seite ermöglicht. Um diese Verbesserungen zu erreichen bzw. weiter auszubauen, sind von den Mitarbeitern allerdings zusätzliche Vorleistungen zu erbringen, indem sie in Arbeitsgruppen oder anderen Gremien aktiv an der Weiterentwicklung der Kooperation mitarbeiten. Dies kann aber nicht nur als zusätzliche Belastung, sondern auch als motivationssteigernd für die Zusammenarbeit angesehen werden. So kann auf hierarchisch tiefer angesiedelten Kooperationsebenen durch die Möglichkeit zur Teilnahme an Personalaustauschprogrammen oder Fortbildungsveranstaltungen die Motivation zur aktiven Mitarbeit gesteigert sowie die individuelle berufliche Qualifikation Einzelner verbessert werden.

Patientenperspektive
Das bedeutendste Kriterium für die Patienten ist die Verbesserung der Versorgung, die aus Patientensicht durch eine erwartete höhere Ergebnisqualität oder einer gefühlten Sicherheit aufgrund koordinierter Behandlungsprozesse erreicht werden kann. Auch die Generierung von Zeitvorteilen durch eine Verkürzung des Behandlungsprozesses kann für die Patienten von Bedeutung sein. Ein weiteres Beurteilungskriterium ist die Nachvollziehbarkeit der Kooperation, damit der Patient die Kooperationsstruktur und insbesondere den Unterschied zur Situation vor der Kooperation nachvollziehen kann. In diesem Zusammenhang stellt sich die Frage, ob durch die Kooperation für den Patienten die Wahlmöglichkeiten im Behandlungsprozess eingeschränkt oder erweitert werden. Zudem sind mögliche finanzielle Vorteile für den Patienten von Interesse (siehe Darstellung 4-17).

Darstellung 4-17: Kooperationserfolg aus der Patientenperspektive

Patientenperspektive			
Kriterien	RehaNetz Freiburg	Ingolstädter Kooperationsmodell	Integrierte Rehabilitation Offenbach
Behandlungsqualität	+	+	+
Behandlugssicherheit	+	++	++
Zeitvorteile	+/-	+	+
Nachvollziehbarkeit	+	+/-	+
Wahlmöglichkeiten	+/-	+/-	-
Finanzielle Anreize	+/-	+/-	+

Aus Patientensicht lässt der durchgängig abgestimmte Behandlungsprozess in den Fallstudien eine gesteigerte Behandlungsqualität erwarten, da Doppeluntersuchungen oder unnötige Wartezeiten eher vermieden werden. Im Rahmen der untersuchten bilateralen Kooperationen kann dem Patienten durch die enge Anbindung des Reha-Zentrums an das Akuthaus zudem die Sicherheit gegeben werden, im Bedarfsfall durch eine schnelle Akutintervention versorgt zu werden. In allen Kooperationen ist eine effektivere Behandlung möglich, die in der Regel zu einer Verkürzung der Gesamtbehandlungsdauer führt und den Patienten im IV-Modell in Offenbach darüber hinaus finanzielle Vorteile bringt. Als Gegenleistung für den finanziellen Vorteil kann der Verzicht auf das Wunsch- bzw. Wahlrecht interpretiert werden, da der Behandlungsverlauf im IV-Modell vordefiniert ist. Allerdings wird dem Patienten dies vor der Einschreibung ausführlich kommuniziert.

Perspektive der Kostenträger
Die Versorgungsverbesserung der Versicherten ist das originäre Interesse der Kostenträger und daher deren bedeutendstes Beurteilungskriterium. Der Innovationsgrad, in diesem Zusammenhang das Ausmaß der Verbesserung, wird durch den Einsatz geeigneter Koordinationsstrukturen im Rahmen der Prozessoptimierung beeinflusst. Das Kriterium der Nachhaltigkeit bezieht sich auf die Zukunftsträchtigkeit der betroffenen Krankheitsbilder und damit auf die langfristige Perspektive der Kooperation. Neben der Nachhaltigkeit ist die Transparenz der Kooperationsstrukturen von Bedeutung, die ähnlich wie bei den anderen Interessengruppen als Voraussetzung für die Akzeptanz gilt und die Entscheidung der Kostenträger hinsichtlich der aktiven Unterstützung der Kooperation beeinflusst. Ein weiteres Kriterium für die Kostenträger sind finanzielle Effekte. Diese sind generierbar, wenn die kooperationsbedingten Einsparungen im Behandlungsprozess an die Leistungsfinanzierer weitergegeben werden. Unter Machtaspekten spielt für die Kostenträger zudem die Steuerungshoheit, hinsichtlich der Auswahl der im Behandlungsprozess beteiligten Leistungserbringer, eine Rolle (siehe Darstellung 4-18).

4.5 Erkenntnisse der empirischen Analyse im Überblick

Darstellung 4-18: Kooperationserfolg aus der Perspektive der Kostenträger

Kriterien	Perspektive der Kostenträger		
	RehaNetz Freiburg	Ingolstädter Kooperationsmodell	Integrierte Rehabilitation Offenbach
Versorgungssituation	+	+	+
Innovationsgrad	+/-	+	+
Nachhaltigkeit	+	+	++
Transparenz	+	+/-	+
Leistungsfinanzierung	+/-	+/-	+
Steuerungshoheit	-	-	+

Die festgestellte Versorgungsverbesserung führt zu besseren Langzeitergebnissen sowie einer höheren Kundenzufriedenheit. Nachhaltig dürfte sich das vor allem in der Schlaganfallversorgung auswirken, da in diesem Bereich in Zukunft mit einem stark steigenden Versorgungsbedarf zu rechnen ist.[64] Finanzielle Vorteile ergeben sich für die Kostenträger lediglich durch die IV-Einbindung des Offenbacher Modells, solange die Vergütungsvorteile nicht durch übernommene Kooperationskosten überkompensiert werden. Als nachteilig kann von der Kostenträgerseite empfunden werden, dass sie ihre Steuerungshoheit hinsichtlich des Rehabilitationsortes ihrer Kunden nur noch eingeschränkt wahrnehmen können.

Insgesamt ist festzuhalten, dass trotz fehlender datenbasierter Auswertungen zu qualitativen und kostenmäßigen Veränderungen bei den ausgewählten Praxisbeispielen und unabhängig von der gewählten Beurteilungsperspektive ein Kooperationserfolg feststellbar ist. Dies wird dadurch bekräftigt, dass alle Kooperationen in Zukunft weitergeführt und intensiviert werden sollen.

---

64 Vgl. RKI (2006, S. 27).

5 Weiterführende Handlungsempfehlungen

Um zukünftig komplexe sektorübergreifende Kooperationen erfolgreich umsetzen zu können, bedarf es Verbesserungen in organisatorischer, prozessualer, fachlicher und technischer Hinsicht. Neben den Hinweisen aus dem theoretisch-konzeptionellen Teil der Arbeit sind daher weiterführende Handlungsempfehlungen zweckmäßig, die ausgehend von den Erkenntnissen der empirischen Analysen diejenigen Bereiche betreffen, für die eine tiefer gehende Betrachtung notwendig erscheint. Da sich die theoretischen Hinweise für die Initiierungs- und die Formierungsphase als hinreichend erwiesen haben[1] und die Auflösungsphase nicht weiter betrachtet werden soll,[2] beziehen sich die Empfehlungen ausschließlich auf die Durchführungsphase im Rahmen des Kooperationsmanagementprozesses. Sie dienen der Konkretisierung bzw. Erweiterung der Gestaltungsempfehlungen in Kapitel 3.4.3 und gliedern sich in vier Abschnitte:

- Zur effektiven Gestaltung der Aufbauorganisation werden ergänzende Empfehlungen hinsichtlich eines professionellen Personal- und Beziehungsmanagements gegeben.
- Zur Optimierung der Ablauforganisation wird eine systematische Vorgehensweise zur Implementierung von sektorübergreifenden Behandlungspfaden sowie zur Nutzung eines Entlassungsmanagements vorgestellt.
- Zur Förderung der elektronischen Vernetzung zwischen den beteiligten Leistungserbringern werden hinsichtlich der sich aktuell und zukünftig bietenden technischen Möglichkeiten Handlungsempfehlungen gegeben.
- Zur strategischen Führung einer sektorübergreifenden Kooperation wird der Einsatz einer Kooperations-Scorecard erläutert.

---

1 Vgl. die Ausführungen in Kapitel 3.4.1 bzw. in Kapitel 3.4.2.
2 Aufgrund fehlender empirischer Erkenntnisse können für die Auflösungsphase keine Handlungsempfehlungen abgeleitet werden, so dass für diesen Bereich auf die Hinweise in Kapitel 3.4.4 verwiesen wird.

Die Umsetzung dieser Handlungsempfehlungen erzeugt in der Regel Overheadkosten, die sich aus dem Bedarf an personellen, materiellen und finanziellen Ressourcen ableiten lassen. Kosten-Nutzen-Überlegungen spielen daher eine wichtige Rolle und sind von den Entscheidungsträgern der Kooperation zu berücksichtigen. Schließlich sollen die Overheadkosten nicht dauerhaft die Synergieeffekte einer Kooperation überkompensieren.

5.1 Professionalisierung der Kooperationsstrukturen

Der Großteil der Koordinationskosten einer sektorübergreifenden Kooperation entfällt auf das Management des Kooperationsgeschehens, denn die Führungskapazitäten werden durch die aktive Mitarbeit an einer Kooperation besonders beansprucht. Das Ausmaß der Beanspruchung hängt von der Partnerzahl und den resultierenden potenziellen Partnerbeziehungen ab, die als die wesentlichen Komplexitätstreiber gelten. Durch sie steigen der Abstimmungsbedarf und die Wahrscheinlichkeit von opportunistischen Verhaltensweisen einzelner Mitglieder, da die soziale Kontrolle mit steigender Komplexität abnimmt und Bereichsegoismen eher unentdeckt bleiben.[3] Dementsprechend beginnt die Komplexitätsbewältigung in einer sektorübergreifenden Kooperation mit der Festlegung der Mitgliederzahl. Grundsätzlich gilt, dass an einer Kooperation nur so viele Partner teilnehmen sollten, wie zur Erreichung der Kooperationsziele notwendig sind.

Eng verbunden mit der Partnerzahl ist die Abstimmung der Verantwortlichkeiten für die Koordinationsaufgaben zwischen den Partnern. Während eine Selbstabstimmung in dualen Partnerschaften noch umsetzbar ist, wird mit zunehmender Partnerzahl eine eigenständige Koordinationsinstanz bzw. der Einsatz eines Kooperationsmanagers notwendig. Diese Instanz kann entweder aus der Organisation des dominanten Partners rekrutiert oder zur Vermeidung von Machtkämpfen durch einen neutralen Externen besetzt werden.[4]

Professionalisierung des Personalmanagements
Die Ausführungen im theoretisch-konzeptionellen Teil zur Gestaltung der Aufbauorganisation in Kapitel 3.4.3.1 machen deutlich, dass der Einsatz eines Kooperationsmanagers bei der Koordination der Aktivitäten eine besondere Bedeutung hat. Dies zeigten auch die Praxisbeispiele, bei denen in zwei Fällen ein hauptamtlicher Kooperations- bzw. Prozessmanager ausschließlich mit kooperationsbezogenen Aufgaben beauftragt wurde.[5]

---

3 Vgl. Roth (2004, S. 217 f.).
4 Vgl. Roth (2004, S. 224).
5 Dies entspricht dem in der CKM-Studie zum Personalmanagement im Krankenhaus festgestellten Wandel von der Arbeitsorganisation hin zur Prozessorganisation. Vgl. Eiff/Stachel (2006, S. 67 f.).

In diesem Zusammenhang müssen die Personalverantwortlichen in der Kooperation für die Akquise und Förderung von hochqualifiziertem Humankapital sorgen, das in der Lage ist, die komplexen Kooperationsaktivitäten unter medizinischen und betriebswirtschaftlichen Aspekten zu steuern.[6] Diese Anforderungen beziehen sich unter anderem auf die Optimierung der Schnittstellen, die ohne fundiertes medizinisches Wissen nicht erreicht werden kann. Eine Möglichkeit, die dafür notwendige Managementkompetenz aufzubauen, ist die Förderung von Doppelqualifikationen. Zu diesem Zweck werden zunehmend MBA-Studiengänge und andere relevante Fortbildungen angeboten.[7] Diese richten sich besonders an Mediziner und Pflegekräfte, die weiterhin im medizinischen Bereich arbeiten, aber gleichzeitig auf der Managementebene qualifiziert sein müssen.[8]

Die Wahrnehmung von Managementaufgaben durch einen der Partner oder durch eine neue Instanz sollte von den Kostenträgern als Leistung der Kooperation honoriert werden.[9] Es empfiehlt sich, die Kostenträger von der Kooperation zu überzeugen, damit sich diese an der Finanzierung der Koordinationskosten beteiligen. Im Gegenzug können die Kostenträger in die Gremienarbeit der Kooperation integriert werden. Auf diese Weise kann – durch eine größere Transparenz hinsichtlich Prozessqualität und -kosten – das gegenseitige Vertrauen gestärkt sowie die zukünftige Verhandlungsposition der Leistungserbringer gegenüber den Kostenträgern verbessert werden. Zudem kann das vorhandene Fach- bzw. Erfahrungswissen der Kostenträger aus anderen Projekten genutzt werden.

Falls die Neueinstellung eines hauptamtlichen Koordinators von den Kooperationspartnern aus betriebswirtschaftlichen Gründen oder aufgrund der geringen Komplexität der Zusammenarbeit als nicht notwendig erachtet wird, bietet es sich an, Aufgabenfelder des bestehenden Personals auszuweiten, nachdem dieses im Hinblick auf seine Koordinationsfunktion innerhalb der Kooperation in geeigneter Weise weiterqualifiziert wurde (Personalentwicklung).[10] Grundlegend für den Kooperationserfolg ist eine zügige Etablierung eines professionellen, wirkungsvollen und akzeptierten Managements.[11]

---

6 Vgl. Janus/Amelung (2004, S. 653).
7 Der Master of Business Administration (MBA) ist ein akademischer Grad, der meist durch einen postgradualen Studiengang der Betriebswirtschaft erlangt wird. Vgl. Eiff/Stachel (2006, S. 78 f.).
8 Vgl. Amelung (2004, S. 229 ff.) oder Schrappe (2007, S. 177 ff.), der anregt, im Hinblick auf die Prozessorientierung über einen Neuzuschnitt der Berufsgruppen im Gesundheitswesen nachzudenken.
9 Vgl. Braun/Güssow (2006, S. 88).
10 Personalentwicklungsmaßnahmen umfassen die Aus-, Fort- und Weiterbildung sowie die generelle Mitarbeiterförderung die erforderlich sind, wenn Diskrepanzen zwischen Fähigkeiten und Anforderungsprofil bestehen. Vier Gruppen von Personalentwicklungsaktivitäten werden unterschieden: into-the-job, on-the-job/ along-the-job, near-the-job und off-the-job. Vgl. dazu ausführlich Eiff/Stachel (2006, S. 175 ff.).
11 Vgl. Coldewey (2002, S. 133).

5.1 Professionalisierung der Kooperationsstrukturen

Im Rahmen des Personalmanagements sollte weiterhin beachtet werden, dass nur ein komplexer Mix aus monetären und sozialen Anreizmechanismen eine gleichzeitig kooperative und autonome Koordination ermöglicht. Ein wesentlicher Anteil der Anreize muss in einem sektorübergreifend abgestimmten Behandlungsprozess auf den Gesamterfolg ausgerichtet sein. Der Fokus verschiebt sich zunehmend in Richtung sozialer Mechanismen, die die Unternehmenskultur, die Kommunikation und das Vertrauen hervorheben.[12] So behindern kulturelle Aspekte oder Einstellungen, wie bspw. eine geringe Akzeptanz der Ärzte gegenüber Mitgliedern anderer Gesundheitssektoren, häufig eine reibungslose Zusammenarbeit auf der klinischen Ebene. Die Schaffung einer kooperativen Unternehmenskultur ist daher von zentraler Bedeutung, aber nur möglich, wenn ein gewisser Grad an Vertrauen zwischen den Partnern besteht.[13] Auf der anderen Seite unterstützt eine starke Unternehmenskultur die Vertrauensatmosphäre und diese fördert wiederum den Informationsaustausch zwischen den Partnern.

Hinsichtlich der Kommunikation ist es wichtig, dass die Entscheidungsträger der Kooperation die verfolgten Strategien und Ziele allen Beteiligten erklären und diese frühzeitig in die Kooperationsaktivitäten einbinden. Ähnlich wie in den analysierten Fallstudien sollten zur Unterstützung des Kooperationsmanagements Gremien mit Mitarbeitern hierarchisch tiefer angesiedelter Ebenen gebildet werden, die sich vor allem mit der Abstimmung und Weiterentwicklung der medizinischen Behandlungsprozesse befassen. Bei den einbezogenen Mitarbeitern sollte es sich um diejenigen Ärzte, Pflegekräfte, Therapeuten und Sozialarbeiter handeln, die die Kooperationsaktivitäten letztendlich durchführen.[14] Neben der Bildung von unternehmensübergreifenden Teams empfiehlt sich dabei die Einrichtung unternehmensinterner Teams, wodurch die übergreifenden Teams „schlank" gehalten werden können und für den Partner nicht relevanten Fragestellungen vorab intern geklärt werden können.

Etablierung eines Beziehungsmanagements
Neben der Verantwortlichkeit für die Koordinationsaufgaben ist die Koordinationsart für die Koordinationskosten und letztendlich auch für den Kooperationserfolg ausschlaggebend. Das Beziehungsmanagement wird infolgedessen innerhalb der Kooperation zum Erfolgsfaktor, so dass geeignete Maßnahmen zu etablieren sind, die auf die Dauerhaftigkeit einer sektorübergreifenden Zusammenarbeit hinwirken.

---

12 Vgl. Braun/Güssow (2006, S. 81).
13 Vgl. Janus/Amelung (2004, S. 653).
14 Vgl. Killich/Luczak (2003, S. 181).

Das Beziehungsmanagement sollte sich zunächst auf interne Beziehungen beziehen, da so opportunistische Verhaltensweisen reduziert, Unstimmigkeiten vermieden bzw. beendet und gegenseitige Interaktionsprozesse gefördert werden. Gerade im klinischen Bereich ist die informelle Organisation entscheidend für den Informationsaustausch und die Schaffung einer informationsgesteuerten Organisation, besonders im Hinblick auf die Einbindung von Ärzten in eine kooperative Versorgungsstruktur. Um die wechselseitige Vertrauenswürdigkeit abzuschätzen, kann ein Beziehungsfragebogen in den betroffenen Unternehmensbereichen eingesetzt werden. Die Auswahl der abzufragenden Aspekte der Vertrauenswürdigkeit und die Formulierung einzelner Fragen sind unternehmensindividuell und kooperationsspezifisch nach gegenseitiger Abstimmung zwischen den Partnern vorzunehmen.[15]

Anschließend sind externe Beziehungen zu berücksichtigen, um eine Kooperationsreputation bei Patienten und Kostenträgern zu erlangen bzw. um diese zu erhöhen.[16] Besonders bei einer Einbindung in die Integrierte Versorgung gemäß §§ 140 a bis d SGB V ist die freiwillige Beteiligung des Patienten Voraussetzung für den Erfolg, so dass die Beziehungspflege zum Patienten einen zentralen Stellenwert einnimmt. Eine optimale Patientensteuerung durch ein funktionierendes Case Management zur Koordinierung der Behandlungsschritte ist für eine qualitativ und wirtschaftlich effiziente Patientenversorgung daher unverzichtbar.[17] Dementsprechend wird der Einsatz von Fallbetreuern bzw. Fallmanagern von der Akutaufnahme bis nach der Reha-Entlassung empfohlen, damit die Patienten spürbar besser informiert und betreut werden.[18] Darüber hinaus sollten Patienten, die innerhalb der Kooperation behandelt werden, möglichst in einer 12-monatigen Verlaufsevaluation einbezogen werden, um Schwachstellen und Verbesserungspotenziale im Behandlungs- bzw. Kooperationsprozess identifizieren zu können.

---

15 Vgl. Weber/Hirsch/Matthes/Meyer (2004, S. 22 ff.).
16 Vgl. Janus/Amelung (2004, S. 653).
17 Vgl. Eiff/Stachel (2006, S. 85) sowie Mühlbacher (2002, S. 133 ff.).
18 Vgl. Lorenz (2006, S. 16).

5.2 Ablaufoptimierung durch sektorübergreifende Behandlungspfade

Im Rahmen der Prozessoptimierung in der Gesundheitsversorgung werden Behandlungspfade als geeignetes Instrument angesehen, um den geänderten Rahmenbedingungen im Bereich der Patientenbehandlung Rechnung zu tragen. Erst durch die Festlegung der Verantwortlichkeiten entlang der sektorübergreifenden Versorgungskette kann die Kooperation im Spannungsfeld zwischen Qualität und optimalen Ressourceneinsatz erfolgreich umgesetzt werden. Demgemäß finden Behandlungspfade eine zunehmend breitere Beachtung, so dass neben Fachpublikationen auch vermehrt Seminare und Beratungsleistungen zu diesem Thema angeboten werden.[19]

Obwohl Behandlungspfade gerade im Akutbereich seit dem Jahr 2000 ein viel diskutiertes Instrument zur Standardisierung von Behandlungsprozessen sind, behinderte der mit der DRG-Einführung einhergehende Umbruch sowie der große personelle Ressourcenbedarf oftmals die tatsächliche Einführung. Ebenso sorgte eine häufig fehlende elektronische Vernetzung für Probleme, die die Pfaderstellung im „Papierstadium" enden ließ.[20]

Hinzu kommt, dass die Wirksamkeit von Behandlungspfaden weltweit sehr kontrovers diskutiert wird. Mittlerweile mehren sich allerdings die empirischen Belege dafür, dass Behandlungspfade durch kürzere Verweildauern und sinkende Kosten eine bessere Patientenversorgung erreichen.[21] Diese Belege beziehen sich primär auf den Akutsektor, da für die medizinische Rehabilitation bisher keine derartigen Nachweise erbracht werden konnten.[22] Die Untersuchungen für den Reha-Sektor befinden sich noch in einer frühen Phase, da in Deutschland die ersten Prozessleitlinien[23] für die Einrichtungen der stationären und ambulanten Rehabilitation, mit dem Ziel die Rehabilitationsbehandlungen zu standardisieren, erst im Jahr 2005 publiziert wurden.[24]

---

19 Vgl. Liebsch/Henze et al.(2005, S. X 1).
20 Vgl. Schwing (2006b, S. 1006 f.).
21 Vgl. Rotter/Kugler/Koch/Gothe (2006, S. 656 ff.).
22 Vgl. Rotter/Kugler/Koch/Gothe (2006, S. 657).
23 Die Prozessleitlinien sind immer für eine Gruppe von Rehabilitanden in einer Reha-Einrichtung gültig und beschreiben nicht nur die Behandlung eines einzelnen Patienten. Vgl. Lutzmann (2006, S. 872).
24 So genannte Leitlinienprojekte wurden zwar seit 1998 von den Rentenversicherungsträgern initiiert, jedoch unterscheiden sich diese deutlich von den „neuen" Prozessleitlinien, von denen ein wesentlicher Beitrag zur Standardisierung von Rehabilitationsmaßnahmen erwartet wird. Vgl. Lutzmann (2006, S. 872 ff.).

Obwohl sich in Deutschland immer mehr Leistungserbringer dazu entscheiden Behandlungspfade zu nutzen und parallel die Entwicklung von Prozessleitlinien im Reha-Bereich weiter voranschreitet, besteht auf diesem Gebiet erheblicher Handlungsbedarf. Dies bestätigen auch die empirischen Ergebnisse der vorliegenden Arbeit, die insbesondere hinsichtlich der sektorübergreifenden Ausrichtung der Behandlungspfade in Richtung der akutnahen Rehabilitation Verbesserungspotenziale identifizierten. Aus diesem Anlass wird trotz der bereits in Kapitel 3.4.3.2 festgestellten Eignung von Behandlungspfaden zur Leistungsanalyse und zur Ablaufplanung in Kooperationsprozessen im Folgenden eine weiterführende Konkretisierung der Thematik vorgenommen.

Entwicklung und Einführung sektorübergreifender Behandlungspfade
Behandlungspfade stellen eine Möglichkeit dar, strukturelle wie ökonomische Vorgaben logisch in Verbindung zu setzen und daraus Prozessabläufe zu entwickeln, die besonders bei häufig auftretenden Krankheitsbildern – die in der Regel den Kern von sektorübergreifenden Kooperationen zwischen Akut- und Reha-Einrichtungen bilden – ihren Nutzen haben können. Als interdisziplinäres Konzept tangiert ein klinischer Behandlungspfad alle zentralen Bereiche des Behandlungsprozesses und dient allen involvierten Professionen als Orientierungs- und Entscheidungshilfe für Diagnostik und Therapie bis hinein in die Pflege und Nachsorge.[25]

Dementsprechend sollten Pfade das Ergebnis der Diskussionen in einem interdisziplinären Team sein, das aus Mitgliedern aller am Behandlungsprozess beteiligten Berufsgruppen besteht.[26] Zunächst empfiehlt sich die Abstimmung in Arbeitsgruppen auf Ebene der Partner um die sektorbezogenen Prozesse festzulegen, bevor in einem sektorübergreifenden Gremium die Verknüpfung der dort erarbeiteten Pfade diskutiert wird. Auf diese Weise wird die Arbeit in den Kooperationsgremien vereinfacht und beschleunigt. Im Ergebnis sollte die detaillierte Beschreibung des sektorübergreifenden Behandlungsverlaufs erreicht werden, welche die Aufgaben-, Durchführungs- und Ergebnisverantwortlichkeiten festlegt und somit späteren Unstimmigkeiten vorbeugt.[27]

Um die Arbeit mit Behandlungspfaden strukturiert darzustellen, wird auf die Vorgehensweise des Uni-Klinikums Münster (UKM) zurückgegriffen. Zwar bezieht sich diese auf den Akutbehandlungsprozess, jedoch kann sie auf sektorübergreifende

---
25 Vgl. Rotter/Kugler/Koch/Gothe (2006, S. 657) sowie Schwing (2006b, S. 1007).
26 Vgl. Liebsch/Henze et al.(2005, S. X 2).
27 Vgl. Liebsch/Henze et al.(2005, S. X 7).

5.2 Ablaufoptimierung durch sektorübergreifende Behandlungspfade

Behandlungsprozesse adaptiert werden. Im Folgenden wird daher in Anlehnung an die von der Stabstelle Medizincontrolling am UKM entwickelte Systematik, die Arbeit mit sektorübergreifenden Behandlungspfaden in vier Phasen erläutert:[28]

- Jedes Pfadvorhaben beginnt mit einer *Planungsphase (Phase 0)*, in der festgelegt wird, für welche Erkrankung/Therapie im Kooperationsbereich ein Behandlungspfad entwickelt wird.[29] Anschließend wird eine Arbeitsgruppe mit Vertretern aller an der Behandlung beteiligten Berufsgruppen zunächst auf sektorinterner und dann auf sektorübergreifender Ebene zusammengestellt. Bei Bedarf können externe Experten einbezogen werden. So ist es in der Regel sinnvoll, bei der Erstellung eines endoprothetischen Behandlungspfades Mitarbeiter des Prothesenlieferanten einzubeziehen.[30]
- Die *Entwicklungsphase (Phase I)* schließt sich unmittelbar an und verläuft in vier Stufen:
  - In der *ersten Stufe* erfolgt sektorintern eine Ist-Auswertung anhand von Aktenanalysen und/oder strukturierten Interviews, mit dem Ziel den Behandlungsverlauf detailliert hinsichtlich der Behandlungsschritte, der jeweils verantwortlichen Personen und der notwendigen Arbeitsmittel zu erfassen. Aus den Ergebnissen wird ein chronologisches Flussdiagramm erarbeitet, das die Entscheidungsknotenpunkte, die Dauer der Teilprozesse, die dafür Verantwortlichen sowie die Schnittstellen visualisiert.[31] Das Flussdiagramm sollte mit der üblichen Symbolik erstellt werden und in verschiedene Spalten aufgeteilt sein, die jeweils für die verschiedenen Berufsgruppen stehen, um durch die Differenzierung der Prozessschritte die Verantwortlichkeiten eindeutig zuzuordnen. Verweise auf begleitende Dokumente wie Checklisten, Standards und Handbücher sind zu integrieren (siehe Darstellung 5-1).
  - Im Rahmen der *zweiten Stufe* erfolgt in den sektorinternen Arbeitsgruppen die Soll-Konzeption des Behandlungspfades, indem der Ist-Zustand Schritt für Schritt kontrolliert und auf Optimierungspotenziale hinsichtlich einer Ablauf- und Patientenorientierung, der Ausrichtung an vorhandenen Leitlinien, an Standards oder der evidenzbasierten Medizin (EBM) sowie Verbrauchsmaterialien, Standardmedikation und Laboranforderungen überprüft wird.

---

[28] Vgl. Küttner et al. (2006, S. 842 ff.). Es wird ein Maximalmodell vorgestellt, dass sich auf die Situation bezieht, in der noch keiner der Partner mit der Entwicklung von Behandlungspfaden für die betroffenen Krankheitsbilder begonnen hat. Existieren bereits vor der Kooperation Behandlungspfade auf der Partnerebene oder befinden sich welche für die betroffenen Krankheitsbilder im Aufbau, beginnt die sektorübergreifende Pfaderstellung in Abhängigkeit vom Entwicklungsstand in einer späteren Phase.

[29] Die Zuordnung kann diagnoseorientiert (ICD) oder anhand der geplanten Prozedur (OPS) unter Berücksichtigung von Alter und Komorbiditäten erfolgen (Einschlusskriterien). Die Festlegung von Ausschlusskriterien stellt sicher, dass die Behandlungspfade bei einer möglichst homogenen Patientengruppe Anwendung finden. Vgl. Müschenich (2005, S. 167).

[30] Vgl. Haas et al. (2006, S. 663).

[31] Vgl. Liebsch/Henze et al.(2005, S. X 8).

- Bevor die Soll-Konzeption in der *dritten Stufe* in die sektorübergreifende Arbeitsgruppe getragen wird, sollte intern geklärt werden, an welcher Stelle des Prozesses der Übergang vom Akutbereich zur rehabilitativen Nachsorge stattfinden soll und anhand welcher Kriterien, bspw. medizinische Scores in Verbindung mit Selbsteinschätzungsbögen der Patienten, der Übergangsstatus des Patienten definiert wird. Anschließend sind im sektorübergreifenden Gremium die Standpunkte der Kooperationspartner hinsichtlich des optimalen Überleitungszeitpunkts zwischen den Einrichtungen abzustimmen und die sektorinternen Pfade zu einem sektorübergreifenden Behandlungspfad zu verknüpfen. Erweist sich die Festlegung einer medizinisch eindeutig definierten Schnittstelle zwischen Akut- und Reha-Behandlung als schwierig, kann unter bestimmten Voraussetzungen auf Modellrechnungen zur Bestimmung des optimalen Verlegungszeitpunktes zurückgegriffen werden.[32]
- Auf Basis der Soll-Konzeption erfolgt in der *vierten Stufe* die Pfaderstellung, indem durch die Entwicklung von Dokumentationsbögen ein anwendbares Dokumentationsinstrument zur Verfügung gestellt wird. Dadurch kann die bisherige komplexe Patientendokumentation hinsichtlich der durchgeführten medizinischen Leistungen, der Pflegeeinstufung, der Mobilitätsunterstützung, des Wundstatus und der therapeutischen Maßnahmen größtenteils ersetzt werden. Dabei empfiehlt sich eine Gliederung nach zeitlichen (bspw. dem 3. postoperativen Tag) oder inhaltlichen (bspw. der Anamnese) Behandlungsabschnitten sowie nach Berufsgruppen. Begleitend ist die Integration in das EDV-System anzustreben, um die Kommunikation des Pfades unter den Mitarbeitern und eine zeitnahe, EDV-gestützte Dokumentation der Aktivitäten am Patienten zu ermöglichen.[33]

---

32 Vgl. dazu Fleßa/Ehmke/Herrmann (2006, S. 1018 ff.).
33 Vgl. Haas et al. (2006, S. 667).

5.2 | Ablaufoptimierung durch sektorübergreifende Behandlungspfade

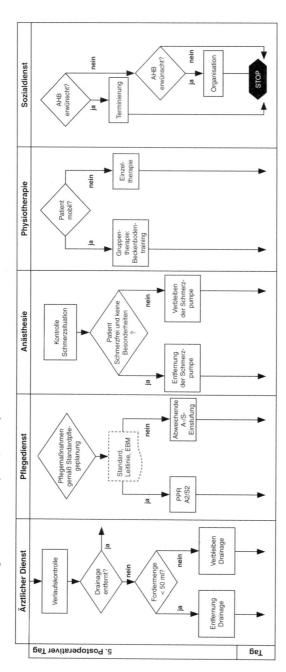

Darstellung 5-1: Ausschnitt Flussdiagramm
Quelle: In Anlehnung an Küttner et al. (2006, S. 845).

- Vor der *Einführung des Pfades (Phase II)* haben die Arbeitsgruppenmitglieder alle an der Behandlung beteiligten Kollegen zu informieren und für das Pfadprojekt zu motivieren. Anschließend sollte eine Testphase gestartet werden, die auf eine bestimmte Anzahl von Patienten begrenzt ist. Auf diese Weise können zu einem vertretbaren Aufwand erste Erfahrungen gesammelt werden, die in Feedbackgesprächen als Grundlage für erste Änderungen, bspw. hinsichtlich der Festlegung des optimalen Verlegungszeitpunktes, genutzt werden können.
- Im Rahmen des *Pfadmanagements (Phase III)* sollte durch regelmäßige Überprüfungen und Anpassungen der internen Ablauforganisation eine Weiterentwicklung der Behandlungspfade erfolgen. Dabei ist in regelmäßigen Abständen ein Abgleich mit den aktuellen, wissenschaftlichen Erkenntnissen vorzunehmen. Zur kontinuierlichen Verbesserung der Prozessabläufe empfiehlt sich die Einrichtung von sektorinternen sowie -übergreifenden Qualitätszirkeln.

Mit der laufenden Koordination sowie der Organisation der Pfadweiterentwicklung sollte der Kooperationskoordinator bzw. ein Case-Manager beauftragt werden. Dieser muss als ständiger Ansprechpartner für interne und externe Interessengruppen alle Tätigkeiten, die den Behandlungsprozess betreffen, eng mit den Entscheidungsträgern der von der Kooperation betroffenen Abteilungen abstimmen.

Für die Pfadimplementierung ist es von Vorteil, wenn die Aktivitäten zur Umsetzung der sektorübergreifenden Pfade von den Leitungsinstanzen der beteiligten Einrichtungen verbindlich geregelt und autorisiert werden.[34] Außerdem ist die Rückendeckung der Klinikleitung hilfreich, um den Einsatz der entwickelten Pfade besser kontrollieren und individuelle Variationen aufgrund fehlender Akzeptanz des erarbeiteten Standards verhindern zu können. In diesem Zusammenhang ist darauf hinzuweisen, dass zur Erzielung einer hohen Akzeptanz für Behandlungspfade bei Mitarbeitern und Patienten nicht nur die organisatorischen Rahmenbedingungen, sondern auch kulturelle Faktoren für eine erfolgreiche Pfadarbeit eine bedeutende Rolle spielen. Transparenz, Anwenderorientierung, Veränderungsbereitschaft, Fehlerkultur und Patientenorientierung sind daher erforderlich, um einer rein ökonomisch orientierten Anwendung entgegenzuwirken.[35]

Außerdem sollte die Pfaderstellung und -umsetzung laufend durch die Ressourcen der IT-Abteilung unterstützt werden.[36] Solange keine elektronische Vernetzung

---

34 Vgl. Berghöfer (2005, S. 280).
35 Vgl. dazu ausführlich Kahla-Witzsch (2006, S. 1 ff.).
36 Vgl. Schwing (2006b, S. 1009).

zwischen den Partnern zur Verfügung steht, ist zu gewährleisten, dass alle für Diagnostik- und Therapieentscheidungen benötigten Informationen in analoger Form mit dem Patienten durch das System wandern.[37]

Einsatz von Behandlungspfaden als Kommunikationsinstrument
Neben den Möglichkeiten von Behandlungspfaden im Rahmen der Prozessorientierung zur optimalen Koordination der Leistungen der Kooperationspartner finden sich noch weitere Nutzungsmöglichkeiten. Gerade bei Kooperationsprojekten, die mit der Integrierten Versorgung gemäß §§ 140 a bis d SGB V verknüpft sind, können Behandlungspfade in der Vorbereitung und während der Verhandlungen mit den Kostenträgern eine Schlüsselposition einnehmen. Denn durch einen festegelegten Behandlungspfad wird die von dem Leistungserbringer angebotene Leistung gegenüber dem Kostenträger genau definiert. Außerdem kommt der Qualitätsstandard der Behandlung deutlich zum Ausdruck, so dass sich die Verhandlungspartner in ihren Gesprächen am Pfadinhalt orientieren bzw. die Behandlungspfade direkt in die Verträge integrieren können.[38]

Gleiches gilt für die Patienten und deren Angehörige, für die ein Behandlungspfad den Ablauf einer Behandlung verständlicher macht. So kann der Pfad als eine Art Marketinginstrument genutzt werden, um bei den Patienten ein größeres Vertrauen sowie eine höhere Akzeptanz der Behandlung zu erzielen. Dies kann durch eine umfassende Information der Patienten geschehen, indem durch eine Patientenbroschüre das Krankheitsbild sowie der geplante Behandlungsverlauf detailliert dargestellt werden. Die medizinische Leistung sollte dabei in einer allgemein verständlichen Sprache für jeden Tag des Behandlungspfades offen gelegt werden.[39]

Weiterhin können Motivationseffekte bei den Patienten erreicht werden, wenn bei elektiven Eingriffen durch die Zusammenfassung von Patienten in homogene Behandlungsgruppen möglichst viele Leistungen des Behandlungspfades als Gruppenleistung erfolgen. Durch ein solches standardisiertes Vorgehen, bei dem alle Patienten einer Behandlungsgruppe am gleichen Tag aufgenommen und auch operiert werden, kann dafür gesorgt werden, dass sowohl Aufklärungsgespräche und Übungen vor der OP als auch Therapien nach der OP im Optimalfall bis zum Ende der Rehabilitation in den gleichen Gruppen stattfinden. Auf diese Weise können sowohl prä- als auch postoperative Aufwendungen der Leistungserbringer

---

[37] Vgl. Herzog (2005, Rn. 54).
[38] Vgl. Liebsch/Henze et al.(2005, S. X 6 f.).
[39] Vgl. Haupt/Wahn/Helff (2007, S. 20 f.).

minimiert werden.[40] Problematisch kann die Gruppenbildung sein, wenn sich bei einem Ausscheiden eines Patienten aus dem Behandlungspfad, bspw. aufgrund von Komplikationen oder Nebenerkrankungen, ein größeres Frustrationspotenzial einstellt. Die Definition von geeigneten Ausschlusskriterien zur Vermeidung solcher Effekte vor Beginn der Behandlung ist daher zweckmäßig.[41]

Nutzung von Behandlungspfaden im sektorübergreifenden Controlling
Der Einsatz von Behandlungspfaden richtet sich zwar primär auf die Behandlungsqualität aus, jedoch kann durch die Integration von Controllingelementen der Nutzen von Behandlungspfaden erweitert werden. So können im Rahmen einer prozessorientierten Kostenrechnung Behandlungspfade als Kostenträger verwendet werden, die indirekt den Patienten abbilden.[42] Dazu sollten die Behandlungspfade um bisher unbetrachtete Teilleistungen, bspw. Verwaltungstätigkeiten, erweitert werden. Anschließend sind die Personalkosten, die Sachkosten, die Kosten der medizinisch-technischen Dienste sowie die Kosten der nicht-medizinischen Bereiche aller in einem Behandlungspfad enthaltenen Teilprozesse zu ermitteln, die in der Summe die Gesamtkosten eines Behandlungsfalls widerspiegeln.[43]

Auf diese Weise können die Kosten der „Standardbehandlung", des mithilfe des Behandlungspfades beschriebenen Krankheitsbildes, nachvollzogen werden. Eine solche Nachvollziehbarkeit ist insbesondere bei einer sektorübergreifenden Zusammenarbeit von Bedeutung, wenn es darum geht, die Leistungsbestandteile der Partner mit den zugehörigen Kosten zu hinterlegen und für den Partner transparent zu machen. Voraussetzung dafür ist der interdisziplinäre Informationsaustausch zwischen dem medizinischen Personal und den Controllern.

Zudem sind durch einen Vergleich der Gesamtkosten eines Falles mit den fallbezogenen Erlösen fundierte Aussagen zur wirtschaftlichen Durchführung einer Behandlung möglich, so dass diese Erkenntnisse bei Verhandlungen mit den Kostenträgern im Rahmen der Integrierten Versorgung und bei der Aufteilung der Erlöse auf die Leistungserbringer berücksichtigt werden können.[44]

---

40 Vgl. Haas et al. (2006, S. 664 f.).
41 Vgl. Haas et al. (2006, S. 663 f.). Ausschlusskriterien können das Lebensalter, der Body-Mass-Index, eine eingeschränkte Mobilität oder Demenzerkrankungen des Patienten sein.
42 Vgl. Liebsch/Biet et al. (2005, S. XI 1 ff.).
43 Vgl. Stibbe/Jusczak/Güsgen/Salomon (2006, S. 41).
44 Vgl. Liebsch/Biet et al. (2005, S. XI 6).

5.2 Ablaufoptimierung durch sektorübergreifende Behandlungspfade

Etablierung eines Entlassungsmanagements

Trotz der engen Verknüpfung zur Einführung von Behandlungspfaden wird das Entlassungsmanagement separat thematisiert, da die Sicherung der Behandlungskontinuität nach der Entlassung vor dem Hintergrund kürzer werdender Akutverweildauern zu einer vordringlichen Aufgabe der Krankenhäuser wird. Die Optimierung des Entlassungsmanagements ist für diese Aufgabe unabdingbare Voraussetzung, so dass weiterführende Handlungsempfehlungen zweckmäßig sind.

Gerade Versorgungsbrüche bei der Entlassung bergen gesundheitliche Risiken und führen zu unnötigen Belastungen von Patienten und Angehörigen. So hängt die Einschätzung der Qualität von sektorübergreifend organisierten Behandlungsprozessen durch den Patienten maßgeblich von der Planung und Umsetzung der Überleitung zwischen den Einrichtungen ab. Besonders der wahrgenommene Gesundheitsstatus bei der Entlassung, die Durchgängigkeit der Versorgung und nicht zuletzt die allgemeine Zufriedenheit mit der Verlegung prägen das Bild des Patienten von der Kooperation.[45]

Ein koordiniertes Entlassungsmanagement umfasst die Organisation, die Unterstützung, die Beratung und die Begleitung der Patienten in allen Angelegenheiten, die insbesondere die Akut- aber auch die Rehabilitationsbehandlung betreffen und während des Aufenthalts in der jeweiligen Einrichtung zu veranlassen sind.[46] So sind basierend auf dem sozialen und gesundheitlichen Status des Patienten die individuellen Anforderungen an eine Weiterbehandlung zu identifizieren und notwendige organisatorische, technische und informatorische Maßnahmen einzuleiten, um Schnittstellenprobleme zwischen den Versorgungssektoren zu vermeiden.[47] Grundlegend ist dabei der nationale Expertenstandard „Entlassungsmanagement in der Pflege" vom Deutschen Netzwerk für Qualitätsentwicklung in der Pflege (DNQP), der in den beteiligten Einrichtungen umgesetzt werden sollte.[48] Der Standard fokussiert den zu erwartenden Versorgungsbedarf des Patienten und trägt dazu bei, dass die Leistungserbringer Maßnahmen für eine koordinierte Entlassung definieren und einführen.[49]

---

45 Vgl. Ziegenbein/Hennes/Engeln (2006, S. 43 f.).
46 Vgl. Prange/Zschemisch (2006, S. 102).
47 Vgl. Ziegenbein/Hennes/Engeln (2006, S. 43).
48 Die Standardaussage des Expertenstandards lautet: „Jeder Patient mit einem poststationären Pflege- und Unterstützungsbedarf erhält ein individuelles Entlassungsmanagement zur Sicherung einer kontinuierlichen bedarfsgerechten Versorgung." Vgl. DNQP (2004, S. 49).
49 Der Standard ist zwar für das Krankenhaus ausgearbeitet worden, kann jedoch auf nachsorgende Einrichtungen hinsichtlich notwendiger Qualitätsentwicklungen adaptiert werden. Vgl. Deutscher Caritasverband (2005, S. 9).

Das Entlassungsmanagement kann einerseits zentral organisiert sein, indem die Koordinationsverantwortung für den Prozess der Überleitung ganz oder teilweise von spezialisierten Pflegekräften übernommen wird, die über eine besondere fachliche Qualifikation verfügen. Andererseits kann ein dezentrales Organisationsmodell gewählt werden, bei dem das Entlassungsmanagement durch den Bezugspflegenden in enger Abstimmung mit den anderen Berufsgruppen auf den Stationen erfolgt.[50]

Unabhängig von der gewählten Organisationsform sollte das Entlassungsmanagement folgende Arbeitsschritte berücksichtigen:[51]
- Bei Aufnahme des Patienten (innerhalb von 24 Stunden) erfolgt mit einer gezielten Informationssammlung zur Lebens- und Versorgungssituation durch standardisierte Assessmentinstrumente eine Einschätzung des zu erwartenden Unterstützungsbedarfs des Patienten.
- Die Einschätzung wird unter Einbezug des Patienten und der Angehörigen kontinuierlich fortgeschrieben.
- Anschließend wird eine individuelle Entlassungsplanung vorgenommen, indem gemeinsam mit dem Patienten der voraussichtliche Entlassungstermin abgestimmt wird.
- Spätestens 24 Stunden vor der Entlassung wird die Entlassungsplanung überprüft und im Überleitungsbogen dokumentiert.
- Innerhalb von 48 Stunden nach der Verlegung erfolgt eine Rücksprache mit der weiterbetreuenden Einrichtung oder direkt mit dem Patienten.

Bei den verwendeten Assessmentinstrumenten sollten Konzepte hinterlegt werden, die einen pflegewissenschaftlichen oder einen medizinisch-epidemiologischen Hintergrund haben, wie bspw. der Barthelindex oder der FIM.[52] Die Auswahl und der Umfang der Assessmentinstrumente orientieren sich an den einrichtungsindividuellen Anforderungen sowie an den Erfordernissen der jeweiligen Indikation.[53]

---

50 Zur ausführlichen Darstellung der verschiedenen Organisationsmodelle des Entlassungsmanagements vgl. DNQP (2004, S. 68 ff.).
51 Vgl. DNQP (2004, S. 49).
52 Vgl. Deutscher Caritasverband (2005, S. 16 f.). Zum Barthelindex vgl. Fußnote 45 zum FIM vgl. Fußnote 57 jeweils in Kapitel 4.
53 Anwendungsbeispiele zum Entlassungsmanagement im Krankenhaus unter Einsatz verschiedener Assessmentinstrumente befinden sich bei Ziegenbein/Hennes/Engeln (2006, S. 43 ff.) sowie bei Bühler (2006).

5.3 Ausschöpfung der elektronischen Vernetzungsmöglichkeiten

In den theoretisch-konzeptionellen Analysen zu den Steuerungsinstrumenten des Kooperationsmanagements wurde bereits auf die Notwendigkeit des Aufbaus kooperationsbezogener Informations- und Kommunikationstechnologie (IuK) hingewiesen.[54] Obwohl grundsätzlich die Vermutung nahe liegt, dass bei sektorübergreifenden Kooperationen vermehrt elektronische Medien zur Kommunikation zwischen den Partnern zum Einsatz kommen, wurde in der empirischen Untersuchung nachgewiesen, dass sich der Nutzungsgrad gemeinsamer IuK-Technologie auf einem niedrigen Entwicklungsstand bewegt.

Zu einem ähnlichen Ergebnis kam eine Forschungsgruppe der Fachhochschule Osnabrück in ihrem IT-Report Gesundheitswesen zur Frage des Einsatzes von Informations- und Kommunikationstechnologie im Rahmen der Integrierten Versorgung nach § 140 a bis d SGB V. Es wurde festgestellt, dass der Datenaustausch bei 50,3% der IV-Verträge auf Papierbasis, bei 31,2% der Verträge als Mischform (sowohl papierbasiert als auch elektronisch) und nur bei 18,5% ausschließlich elektronisch durchgeführt wurde.[55]

Da sowohl die Untersuchungen der vorliegenden Arbeit als auch Entwicklungen anderer Länder zeigen,[56] dass die elektronische Vernetzung ein entscheidender Faktor bei der Umsetzung kooperativer Versorgungskonzepte ist, werden im Folgenden erweiterte Handlungsempfehlungen für den Einsatz von Informations- und Kommunikationstechnologien bei sektorübergreifenden Kooperationen angeführt.

Förderung einer durchgängigen elektronischen Behandlungsdokumentation
Zur Realisierung einer sektorübergreifenden Behandlungsdokumentation individueller Krankheitsverläufe bedarf es geeigneter IT-Lösungen, um patientenindividuelle Informationen behandlungsbezogen zusammenzuführen. Zu diesem Zweck müssen die vorhandenen sektorinternen elektronischen Patientenakten verzahnt werden. Dementsprechend gilt für die kooperierenden Leistungserbringer die Einführung

---
54 Vgl. dazu Kapitel 3.4.3.3.
55 Vgl. Sellemann (2006, S. 2 f.).
56 Vgl. Janus/Amelung (2004, S. 654) sowie Sellemann (2006, S. 3).

sicherer Telematik-Infrastrukturen und funktionsfähiger Kommunikationsplattformen als Erfolgsfaktor.[57]

Im Rahmen eines Praxistests im September 2006 wurde festgestellt, dass inzwischen zwar sektorübergreifende Software-Produkte auf dem Markt sind, eine umfassende IT-Lösung für integrierte Versorgungsprozesse allerdings noch ausstehe. Zum einen wurden dabei Portallösungen untersucht, bei denen das Krankenhaus dem Kooperationspartner einen (Online-) Arbeitsplatz zur Verfügung stellt, so dass dieser Patientendaten einsehen, strukturiert Daten erfassen und Termine anfragen bzw. buchen kann. Zum anderen ging es um eine zusätzliche elektronische Patientenakte, die zwischen die IT-Systeme der Partner eingefügt wurde und sich von allen Partnern sowohl interaktiv als auch über Schnittstellen bedienen lässt.[58]

Eine wichtige Voraussetzung für die sektorübergreifende elektronische Kommunikation bildet die Festlegung von Kommunikationsstandards. So geht die Behandlungsdokumentation in den beteiligten Einrichtungen mit verschiedenen Systemanwendungen oft mit unterschiedlichen Formaten (bspw. für Röntgenbilder) einher. Diese erschweren den Kommunikationsprozess bzw. den Informationsaustausch. Aufgrund fehlender Standardisierungsvorschriften sollten sich die Partner möglichst auf einheitliche Dateiformate verständigen, die die Akzeptanz des elektronischen Vernetzungsprozesses bei den Anwendern erhöhen würde. Die Einführung von standardisierten elektronischen Schnittstellen kann dabei zu erheblichen Rationalisierungseffekten in der Kooperation beitragen.[59]

Die Herausforderung für die Kooperationspartner besteht unter diesen Bedingungen darin, geeignete technologische Konzepte zu identifizieren, gegebenenfalls im Hinblick auf die individuellen Anforderungen weiterzuentwickeln sowie anschließend zu implementieren. Zu diesem Zweck sollten sowohl sektorintern als auch sektorübergreifend Arbeitsgruppen gebildet werden, die aus den von der Kooperation betroffenen Mitarbeitern und Vertretern der IT-Abteilungen der Partner bestehen. Weiterhin ist eine enge Abstimmung mit den Arbeitsgruppen, die sich mit den sektorübergreifenden Behandlungspfaden beschäftigen, notwendig. Inhaltlich hat sich die IT-Arbeitsgruppe mit den relevanten Fragestellungen hinsichtlich der IT-Vernetzung in der Kooperation

---

57 Wesentliche Ausprägungen der angestrebten Telematik-Infrastrukturen sind die elektronische Patientenakte, die elektronische Gesundheitskarte, das elektronische Rezept und der elektronische Arztbrief. Vgl. Oppermann/Funk (2006, S. 47).
58 Vgl. Stausberg/Bürkle (2006, S. 70).
59 Bspw. wäre eine Anlehnung an den EDIFACT-Standard zweckmäßig. EDIFACT (Electronic Data Interchange for Administration, Commerce and Transport) ist ein branchenübergreifender internationaler Standard für das Format elektronischer Daten im Geschäftsverkehr. Vgl. Oppermann/Funk (2006, S. 47).

5.3 Ausschöpfung der elektronischen Vernetzungsmöglichkeiten

und um die sich dabei bietenden Möglichkeiten aber auch den Grenzen der Informations- und Kommunikationstechnologie auseinander zu setzen. Aufgrund der vielfältigen Aufgaben ist der Einbezug externer IT-Dienstleister hilfreich.

Bei Diskussionen über mögliche Maßnahmen zur Verbesserung der vernetzten IuK ist berufsgruppen- und institutionenübergreifend der Schulungsbedarf der betroffenen Mitarbeiter zu beachten. Das heißt, bei geplanten IT-Investitionen ist die Durchführung von adäquaten Fortbildungs- und Schulungsmaßnahmen die Voraussetzung für eine effiziente Gestaltung von IT-Projekten.

Nutzung der Vorteile der elektronischen Gesundheitskarte

Im Zusammenhang mit den Überlegungen zur Vernetzung der IuK sind besonders die Entwicklungen im Zuge der Einführung der elektronischen Gesundheitskarte (eGK) gemäß § 291 a SGB V zu beachten, da diese die zukünftigen sektorübergreifenden IT-Konzepte stark beeinflussen werden.[60] So kann die Verfügbarkeit der Daten und Informationen für die Kooperationspartner ermöglicht werden, indem die Sicherheit und der Schutz der personenbezogenen Daten mithilfe des Zwei-Schlüssel-Prinzips gewährleistet werden. Von der Leistungserbringerseite wird die Legitimation für den Zugriff auf die digitale Patientenakte mittels des Heilberufsausweises (HBA) in Verbindung mit der Institutskarte (SMC- Secure Module Card) erledigt, nachdem der Patient seine Einwilligung durch die Übergabe der elektronischen Gesundheitskarte und der Eingabe der Geheimnummer gegeben hat. Auf diese Weise werden die Daten entschlüsselt und personalisiert, so dass dem Leistungserbringer durch die auf der Gesundheitskarte enthaltenen Querverweise ein Zugriff auf die zentral gespeicherten Gesundheitsdaten gestattet wird.

Voraussetzung für die Nutzung der Möglichkeiten der Gesundheitskarte ist zunächst eine Anpassung der elektronischen Informationssysteme der Leistungserbringer an die neue Umgebung. Der so genannte Konnektor[61] übernimmt dabei die Funktion eines Knotenpunktes zwischen der zentralen Telematik-Infrastruktur und dem internen Netz beim Leistungserbringer, also im Krankenhaus oder der Rehabilitationseinrichtung. Er schafft eine sichere Kommunikationsumgebung und schützt zentrale Applikationen und Patientendaten vor unberechtigten Zugriffen aus dem Internet.[62]

---

60 Mit der Einführung, Pflege und Weiterentwicklung der elektronischen Gesundheitskarte und ihrer Infrastruktur ist die Gesellschaft für Telematikanwendungen der Gesundheitskarte mbH verantwortlich. Umfassende Informationen zur elektronischen Gesundheitskarte und zum Stand der Einführung finden sich unter www.gematik.de.
61 Der Konnektor koordiniert die Kommunikation zwischen Primärsystem, eGK, HBA/SMC und Telematik-Infrastruktur. Vgl. Meyer/Hönick (2006, S. 508).
62 Vgl. Meyer/Hönick (2006, S. 508).

Ausschöpfung der elektronischen Vernetzungsmöglichkeiten | 5.3

Zur Regelung der Zugriffsrechte werden Infrastrukturdienste eingesetzt, die den sicheren Zugriff bzw. die sichere Datenspeicherung gewährleisten und notwendige Services, bspw. Zertifikats-, Verzeichnis- und Berechtigungsdienste, bereitstellen. Der Abgleich von Daten zwischen den einzelnen, in einer Einrichtung bereits vorhandenen Verzeichnissen wird über so genannte Meta Directories[63] ermöglicht. Diese sorgen dafür, dass bei höchsten Sicherheitsanforderungen, wie bspw. bei elektronischen Patientenakten (ePA), die Datenspeicherung anonymisiert erfolgt und erst bei Datenabruf eine Zuordnung zum Patienten erfolgt.

Eine weitere Basisfunktion der Telematik-Infrastruktur wird die Bereitstellung der Versichertenstammdaten durch den zuständigen Kostenträger über einen Versichertenstammdatendienst (VSDD) sein, mit dessen Hilfe die Leistungserbringer das Versicherungsverhältnis online auf Gültigkeit und Umfang prüfen können.[64]

Die Vernetzungsmöglichkeit zwischen Krankenhäusern und Reha-Einrichtungen durch die mit der Einführung der elektronischen Gesundheitskarte veranlasste Telematik-Infrastruktur wird in Darstellung 5-2 skizziert.

Darstellung 5-2: Ausschnitt Telematik-Infrastruktur

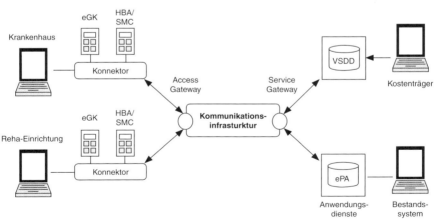

---

63 Meta-Directories ermöglichen die Konsolidierung und Integration von Identitätsdaten aus verschiedenen Quellen in einem zentralen Profil. Vgl. Meyer/Hönick (2006, S. 509).
64 Vgl. Meyer/Hönick (2006, S. 509 f.).

5.3 Ausschöpfung der elektronischen Vernetzungsmöglichkeiten

Um die vielfältigen Vorteile der elektronischen Gesundheitskarte tatsächlich nutzen zu können, wird eine breitbandig vernetzte und serverbasierte Telematik-Infrastruktur zur Unterstützung durchgängiger elektronischer Prozesse im Gesundheitswesen benötigt. Neben der Erfüllung von Anforderungen, wie Interoperabilität, Verfügbarkeit, Verlässlichkeit und Informationssicherheit muss die Infrastruktur anwenderfreundlich, zukunftssicher und wirtschaftlich sein und sich zusätzlich an offenen Standards sowie dem Prinzip der Plattformunabhängigkeit orientieren.[65]

Aufgrund dieser Anforderungen haben die Leistungserbringer bei der sektorübergreifenden Zusammenarbeit im Gesundheitswesen dafür zu sorgen, dass alle Beteiligten über eine moderne IT-Ausstattung verfügen, um sich an die zukünftigen Telematik-Infrastrukturen kostengünstig anschließen und diese effizient nutzen zu können. Gleichzeitig sind die Mitarbeiter auf die Einführung der elektronischen Gesundheitskarte vorzubereiten und zu schulen, damit Einführungshindernisse, bspw. aufgrund einer ablehnenden Haltung, frühzeitig ausgeräumt werden.

Gerade im übergreifenden Einsatz innovativer Technologien zur Optimierung von Behandlungspfaden liegen die zentralen Optionen für fundamentale Fortschritte und Effizienzgewinne in der Kooperation.[66] Zur Ausnutzung dieser Optionen müssen die Leistungserbringer sowie die Kostenträger aktiv werden, während den Technologieanbietern lediglich eine unterstützende Funktion zukommt.

---

65 Vgl. Meyer/Hönick (2006, S. 507).
66 Vgl. Holtmann/Rashid (2006, S. 65).

5.4 Implementierung einer Kooperations-Scorecard

Aufgrund der Prozessorientierung vernetzter Strukturen benötigen die beteiligten Leistungserbringer ein an den medizinischen und betriebswirtschaftlichen Prozessen orientiertes integriertes Management.[67] Im Rahmen der empirischen Erhebungen wurde festgestellt, dass standardmäßig noch keine Instrumente zum Einsatz kommen, die die komplexen Anforderungen sektorübergreifender Kooperationen umfassend bewältigen können. Ein Denkansatz zum strategischen Management mit dem Ziel der Sicherung des mittel- und langfristigen Kooperationserfolges ist daher zweckmäßig. Dieser sollte möglichst alle erfolgsrelevanten Bereiche berücksichtigen und die Partner sowohl bei der strategischen als auch der operativen Planung und Steuerung einer Kooperation unterstützen.

Während in Industrie und Handel häufig komplexe Managementsysteme zu finden sind, existieren selbst bei großen Akut- und Reha-Anbietern selten ganzheitliche Steuerungsansätze.[68] Für sektorübergreifende Kooperationen im Gesundheitswesen ist die Implementierung solcher Managementsysteme eine neue Herausforderung.[69] Der Einsatz von Scorecard-Konzepten stellt aufgrund der Erwartung, eine effiziente Leistungserbringung mit einer optimalen Behandlungsqualität in einem Ansatz integrieren zu können, in diesem Zusammenhang eine interessante Option dar.[70]

Die Balanced Scorecard (BSC) als Grundform aller Scorecard-Konzepte ist ein Instrument zur strategischen Führung, mit dem Visionen und Ziele für den betrieblichen Alltag transparent gemacht werden.[71] Die Verknüpfung der Unternehmensstrategie mit dem operativen Geschäft gelingt, indem in einem kontinuierlichen Prozess mittels geeigneter Kennzahlen die Zielerreichung und die Strategieumsetzung überprüft werden. Die Prozesssteuerung findet durch Aktionen bzw. Maßnahmen unter Einbindung der betroffenen Mitarbeiter statt.

---

67 Vgl. Braun (2005, S. 17).
68 Vgl. Büttner/Kunze-Neidhardt/Holden (2006, S. 2).
69 Vgl. Braun/Güssow (2006, S. 79).
70 Vgl. Greulich (2005, S. 107). Bereits im Jahr 1994 wurde in den USA die Zweckmäßigkeit des Einsatzes von Scorecard-Konzepten bei vertikalen Kooperationen im Gesundheitswesen erkannt. Vgl. Devers et al. (1994, S. 7 ff.).
71 Über die BSC wird Leistung als Gleichgewicht (balance) zwischen verschiedenen Perspektiven auf einer Anzeigentafel (scorecard) visualisiert. Der Ansatz der Balanced Scorecard wurde Anfang der 90er-Jahre von Kaplan und Norton entwickelt. Vgl. ausführlich Kaplan/Norton (1997).

5.4 Implementierung einer Kooperations-Scorecard

Kennzahlen sind die zentralen Elemente einer Balanced Scorecard und umfassen neben finanziellen Maßstäben insbesondere verschiedene operative, immaterielle Werte. Diese ermöglichen den Entscheidungsträgern ein Gesamtbild über die Organisation.[72] In der klassischen Balanced Scorecard werden die Wirkungszusammenhänge zwischen quantitativen und qualitativen Zielen auf der Finanz-, der Prozess-, der Mitarbeiter-/Innovations- sowie der Kundenperspektive gleichermaßen berücksichtigt:[73]

- In der *Finanzperspektive* werden die finanziellen Wirkungen der Unternehmensstrategie abgebildet. Die finanziellen Ziele und Kennzahlen definieren die finanzielle Leistung, die durch die Strategie realisiert werden soll. Mögliche Kennzahlen sind die IV-Erlöse, der Cash Flow oder der Return on Investment.
- Die *Prozessperspektive* fokussiert die Prozesse der Leistungserstellung, die das Ziel haben, die Kundenwünsche möglichst optimal zu erfüllen. Dieses Ziel muss sich in den verwendeten Kennzahlen, wie bspw. der Anzahl der eingeführten Behandlungspfade, den Wartezeiten oder den Komplikationsraten, widerspiegeln.
- Das Ziel der *Kundenperspektive* ist die Identifikation der Kunden- und Marktsegmente, in denen das Unternehmen seine Wettbewerbsvorteile erzielt. Sie dient somit der Beurteilung der Kundenbeziehungen und Marktverhältnisse. Häufig werden als Kennzahlen die Kundenzufriedenheit (Patienten- bzw. Kostenträgerzufriedenheit) oder die Marktdurchdringung in der Region eingesetzt.
- Die *Mitarbeiter- bzw. Innovationsperspektive* verdeutlicht den Stellenwert des organisationalen Lernens und des Lernens auf der Mitarbeiterebene. Die Mitarbeiter stehen als wesentliche Ressource im Mittelpunkt der Kennzahlen, indem bspw. die Mitarbeiterzufriedenheit, die Anzahl der Verbesserungsvorschläge je Mitarbeiter oder die Zahl der durchgeführten Fortbildungen bzw. im Hinblick auf die Innovativität, die Zahl der neuen Diagnose- und Therapieverfahren pro Jahr gemessen wird.

Gerade die Zielfixierung der Balanced Scorecard, welche für jede Ebene durchzuführen ist, wird als großer Vorteil des Konzeptes angesehen. Diese ermöglicht dem Management eine frühzeitige Orientierung (ex ante-Betrachtung) und kann die Mitarbeiter über aktuelle Anforderungen und Erwartungen der Kooperation informieren. Das strategische Denken nimmt durch die Berücksichtigung der vier Ebenen insgesamt zu, so dass ein gemeinsamer Austausch über die Ziele und damit eine Konsensfindung ausgelöst wird.

---

72 Vgl. Schwarz (2004, S. 76).
73 In Anlehnung an Stüllenberg (2005, S. 292).

Hinsichtlich der Zielsetzungen der verschiedenen Ebenen ist zu beachten, dass diese häufig in Ursache-Wirkungsbeziehungen und teilweise sogar in Konkurrenz zueinander stehen. So erfordert die Balanced Scorecard von den Beteiligten die Fähigkeit zum prozessorientierten Denken und Verhalten, da einerseits die Prozessabläufe Einfluss auf die Ergebnisse haben und sich anderseits Rückkopplungen aus den erzielten Ergebnissen auf die Prozessabläufe ergeben können.[74]

Im Rahmen einer Kooperation stellt sich die Frage, wie die Erfolgswirkungen sektorübergreifender Kooperationen im Konzept der Balanced Scorecard abgebildet werden können. Einerseits kann eine Integration der Kooperationsaspekte in die klassischen vier Perspektiven durch eine inhaltliche Erweiterung der Einzelebenen erfolgen. Andererseits kann eine strukturelle Anpassung der Balanced Scorecard durch die Definition einer speziellen Kooperationsperspektive vorgenommen werden. Das letztgenannte Vorgehen entspricht den Vorstellungen von Kaplan und Norton, die explizit darauf hinweisen, dass weitere Perspektiven einer Balanced Scorecard spezifisch zu definieren bzw. zu substituieren sind, wenn durch sie die Unternehmensstrategie kurz- und langfristig erheblich beeinflusst wird.[75]

Trotz der möglichen Vorteile einer Perspektivenerweiterung,[76] wie bspw. der direkten Darstellung der erfolgskritischen Kooperationskennzahlen, wird zur Darstellung der Einsatzmöglichkeiten einer Scorecard bei sektorübergreifenden Kooperationen aus Gründen der Vereinfachung die Integrationsvariante gewählt. Auf diese Weise bleibt die vorgeschlagene Kooperations-Scorecard schlüssig und handhabbar, so dass potenzielle Anwender in der Praxis frei entscheiden können, ob für die eigene Kooperationssituation eine zusätzliche Perspektive entwickelt werden soll.

Auch wenn es für die Partner aufgrund der individuellen Ausrichtung und Gewichtung der Zielvorstellungen im Rahmen einer Kooperation sinnvoll sein kann, jeweils eine partnerbezogene Scorecard für den Kooperationsbereich zu entwickeln, wird im Folgenden die Erarbeitung einer übergreifenden Kooperations-Scorecard skizziert, die für alle Partner Gültigkeit haben kann (siehe Darstellung 5-3).

---

74 Vgl. Küpper et al. (2006, S. 130). Von der Auseinandersetzung mit der Zielkonformität durch eine Analyse der Ursachen-Wirkungsketten, bei der alle Ziele daraufhin überprüft werden, ob sie mit ihrer Zielerreichung ein anderes Ziel der gleichen oder höheren Ebene unterstützen, wird an dieser Stelle und bei der Entwicklung der Kooperations-Scorecard abgesehen. Vgl. dazu Greulich (2005, S. 118 ff.).
75 Vgl. Kaplan/Norton (1997, S. 33).
76 Vgl. dazu Stüllenberg (2005, S. 296 ff.).

5.4 Implementierung einer Kooperations-Scorecard

Darstellung 5-3: Kooperations-Scorecard mit klassischen Perspektiven
Quelle: In Anlehnung an Eiff (2005, S. 35) sowie Kaplan/Norton (1997, S. 9).

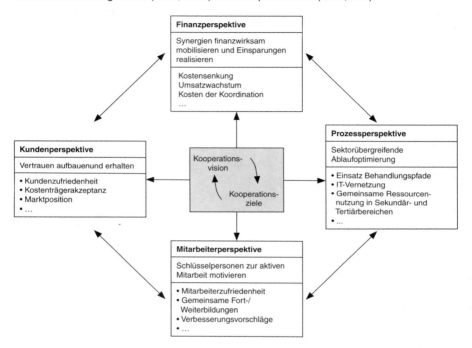

Zur Implementierung einer Scorecard für den Bereich einer sektorübergreifenden Zusammenarbeit sind zunächst Vision und Ziele sowie anschließend die spezifischen Kennzahlen von den an der Kooperation beteiligten Mitarbeitern zu erarbeiten.[77] Es empfiehlt sich daher die Einrichtung einer Arbeitsgruppe mit Vertretern aus allen Berufsgruppen, die gegebenenfalls durch externe Berater bei der Scorecard-Erstellung angeleitet werden. Die Erarbeitung sollte in den folgenden vier Schritten verlaufen:[78]

- *Festlegung von Vision und Zielen:*
  Auch wenn die Vision und die Ziele der Kooperation grundsätzlich bereits feststehen, sollten diese durch die Arbeitsgruppe weiter spezifiziert werden,

---

[77] Die oft in der Literatur beschriebene Top-Down-Vorgehensweise bei der Einführung einer Scorecard, bei der die oberen Führungsebenen die Rahmendaten vorgeben, wird, aufgrund der Nachteile wie mangelnde Akzeptanz und fehlende Identifikation auf Mitarbeiterseite, an dieser Stelle nicht verfolgt. Vgl. dazu auch Küpper et al. (2006, S. 130).
[78] In Anlehnung an Küpper et al. (2006, S. 130 ff.) in Verbindung mit Büttner/Kunze-Neidhardt/Holden (2006, S. 12 ff.).

um damit bei den Partnern bzw. den verschiedenen Berufsgruppen ein einheitliches Verständnis zu erreichen. Anschließend sind die Ziele den Perspektiven der Scorecard zuzuordnen (bspw. Steigerung der Erlöse zur Finanzperspektive). Vorher ist zu entscheiden, ob die Perspektivenauswahl in Anlehnung an die klassische Struktur erfolgt (vgl. Darstellung 5-3) oder individuelle (Kooperations-) Perspektiven hinzugefügt werden.

- *Festlegung von Messindikatoren:*
Ausgehend von den festgesetzten Zielen werden für die verschiedenen Perspektiven geeignete Messindikatoren entwickelt, die eng mit den Strukturen, Arbeitsinhalten und Prozessen der Kooperation verbunden sind (bspw. Patientenzahl oder Patientenzufriedenheit). Die Anzahl der Messindikatoren je Perspektive sollte bei fünf bis sieben Indikatoren liegen, um die Komplexität und den Erfassungsaufwand des Instruments in Grenzen zu halten und eine verständliche Darstellung zu gewährleisten.

- *Zuordnung von Ist- und Sollwerten zu den Indikatoren:*
Den entwickelten Messindikatoren sind im nächsten Schritt Ist- und Soll-Werte zuzuordnen. Vorher ist für jeden Indikator festzulegen, wie die Zielerreichung gemessen und dargestellt werden soll (bspw. Anzahl oder Prozent). Die Ist-Werte sind mit Unterstützung der anderen Unternehmensbereiche auf Ebene der Partner (bspw. der Controllingabteilung) zu ermitteln. In diesem Zusammenhang ist zu regeln, wie häufig die entsprechenden Daten erhoben werden sollen (bspw. monatlich oder vierteljährlich). Die Soll-Werte werden nach Rücksprache mit den verantwortlichen Entscheidungsträgern aller beteiligten Leistungserbringer festgelegt.
Um den aktuellen Status Quo, also den Stand der Zielerreichung zu verdeutlichen, kann eine Bewertung durch die Farben einer Ampel innerhalb der einzelnen Zielbereiche erfolgen. Steht die Ampel auf „grün", sollte der erreichte Zustand stabilisiert werden. Das „gelbe" Signal sollte Anlass für gezielte Optimierungsmaßnahmen sein, während bei „rot" ein kritischer Zustand vorliegt, aufgrund dessen eine deutliche Veränderung in Erwägung zu ziehen ist.

- *Vereinbarung von Maßnahmen zur Zielerreichung:*
Im Rahmen der Zielverfolgung in den verschiedenen Perspektiven sind Maßnahmen und Aktionen zur erarbeiten, mit denen die Erreichung der Sollwerte der einzelnen Ergebnisindikatoren unterstützt wird. So kann der Einsatz eines sektorübergreifend tätigen Case-Managers eine Maßnahme zur Steigerung der Patientenzufriedenheit im Kooperationsprozess sein.

5.4 Implementierung einer Kooperations-Scorecard

Die Funktionsweise und die Inhalte der Kooperations-Scorecard sind von den Mitgliedern der Arbeitsgruppe an alle von der Kooperation betroffenen Mitarbeiter zu kommunizieren und im Bedarfsfall zu diskutieren, um über eine transparente Darstellung eine breite Akzeptanz des Instruments zu erzielen. Dies sollte durch eine Übertragung der erarbeiteten Inhalte in eine Scorecard-Matrix erfolgen, die als eine Art Anzeigentafel allen zugänglich gemacht wird und den Entwicklungsstand der Kooperation visualisiert (siehe Darstellung 5-4).

Darstellung 5-4: Ausschnitt Kooperations-Scorecard

Strategische Ziele	Messindikator	Soll-Wert	Ist-Wert	Status	Maßnahmen
Kundenperspektive					
Kundenzufriedenheit	Zufriedenheit Patienten	80%	70%	gelb	Einsatz eines Case-Managers
	Weiterempfehlungsquote	60%	55%	grün	Erstellung Patientenbroschüren
	Zufriedenheit Zuweiser	90%	50%	rot	Einsatz Zuweisermarketing
	Anzahl Einweisungen der Region A pro Jahr	120	100	gelb	Informationsveranstaltung für Niedergelassene
Kostenträger-akzeptanz	Anzahl Partner auf Kostenträgerseite	...	...	...	...
	Zufriedenheit der Kostenträger	...	...	...	...
Marktposition	Marktanteil im Kooperationsbereich in der Region	...	...	...	...
	Bekanntheitsgrad der Kooperation in der Region	...	...	...	...
etc.	...	...	...	...	...

Die Pflege und Weiterentwicklung der Scorecard ist durch die durchgängige Bereitstellung von personellen Ressourcen sicherzustellen, die die Datenlage laufend aktualisieren sowie Überprüfungs- und Anpassungsmaßnahmen durchführen. Darüber hinaus sollte in regelmäßigen Abständen eine Art Check-Up mit den betroffenen Mitarbeitern stattfinden, innerhalb dessen die strategischen Ziele, die Sollwerte und die Maßnahmenkataloge überprüft und gegebenenfalls angepasst werden. Durch den Einsatz geeigneter Software-Produkte kann der Einsatz und die Pflege der Scorecard vereinfacht und der Aufwand begrenzt werden.

Der Erfolg der Kooperations-Scorecard zeigt sich zunächst in einer verbesserten, weil strukturierten und ergebnisorientierten Kommunikation der verschiedenen Interessengruppen der Kooperation. Langfristig bietet der Einsatz eine gute Grundlage für eine funktionierende sektorübergreifende Zusammenarbeit. Allerdings steht und fällt der Erfolg mit der Bereitschaft, sich auf die Diskussion und vor allem die echte Partizipation der betroffenen Mitarbeiter einzulassen. Hierzu bedarf es sehr viel Engagement und Verständnis bei den verantwortlichen Personen, so dass es nicht verwundert, dass die Quote der erfolgreich umgesetzten BSC-Projekte branchenübergreifend unter 50% liegt.[79]

---

[79] Vgl. Greulich (2005, S. 126 f.).

6 Zusammenfassung und Ausblick

Krankenhäuser stehen nicht zuletzt aufgrund der Einführung der DRG sowie der Integrierten Versorgung gemäß §§ 140 a bis d SGB V zunehmend vor der Aufgabe, ihre Leistungskompetenzen gegenüber den anderen Akteuren in der Gesundheitsversorgung abzugrenzen. Ähnlich wie in anderen Branchen wird sich der Wettbewerb der Krankenhäuser untereinander bzw. mit vor- und nachgelagerten Anbietern von Gesundheitsdienstleistungen zukünftig verstärkt zu einem Wettbewerb der Versorgungsketten bzw. Netzwerke entwickeln. Das Ausloten von Kooperationsmöglichkeiten und der Aufbau von Kooperationsprojekten werden zu Erfolgsfaktoren der nachhaltigen Existenzsicherung.

Den Veränderungen im Markt müssen sich auch die Anbieter von Rehabilitationsleistungen stellen. Besonders Kapazitätsüberhänge im stationären Bereich, der steigende Kostendruck und der Kampf um Patienten bestimmen das Geschehen. Zudem erfordern der wachsende Stellenwert der AHB-Maßnahmen sowie die Integrierte Versorgung eine kontinuierliche Anpassung der Rehabilitationskonzepte an die medizinische Entwicklung im Akutbereich und an die Bedürfnisse der Patienten. Zur Mobilisierung von Effizienzpotenzialen ist eine bessere Verzahnung mit der Akutversorgung unausweichlich, so dass das Krankenhaus nicht mehr nur als Lieferant oder möglicher Konkurrent anzusehen ist, sondern vielmehr als Partner, mit dem gemeinsam proaktiv neue Wege beschritten werden können.

Vor diesem Hintergrund wurde im Rahmen der Arbeit aufgezeigt, dass eine sektorübergreifende Zusammenarbeit zunehmend als Möglichkeit gesehen wird, die Koordinationsdefizite an der Schnittstelle zwischen Akutversorgung und medizinischer Rehabilitation zu überwinden. Die Ausgestaltung der Zusammenarbeit ist vielfältig und richtet sich primär an den verfolgten Zielen der Partner aus. Abgesehen von der Möglichkeit bilateraler Beziehungen ist auch der Aufbau komplexerer Netzwerke denkbar. Unabhängig davon kann die Teilnahme an integrierten Versorgungsmodellen ein wesentlicher Bestandteil des Kooperationsrahmens sein. Sie ist aber nicht zwingend notwendig.

Der entscheidende Erfolgsfaktor ist die funktionierende Zusammenarbeit zwischen den Sektoren. Die Voraussetzungen für funktionierende Kooperationen wurden primär aus theoretischen Modellen der Kommunikation und Kooperation auf personeller Ebene abgeleitet. Neben dem bestehenden Vertrauen und der laufenden Kommunikation zwischen den Partnern wurden die Bereitschaft zum Ressourcen- und Kompetenzenaustausch sowie die Zielidentität und die

6 Zusammenfassung und Ausblick

Plan- und Handlungskompatibilität in den Kooperationsaktivitäten identifiziert. Zudem sind beim Kooperationsaufbau durch anpassungsfähige Kooperationsstrukturen die dynamischen Rahmenbedingungen des deutschen Gesundheitswesens zu berücksichtigen und vorab Regelungen zur Steuerungsverantwortung und der leistungsgerechten Erfolgszuschreibung zu vereinbaren.

Ausgehend von dem Kooperationsoberziel – der Verbesserung der Wettbewerbssituation – wurden verschiedene Teilziele ermittelt, deren Bedeutungen bei den vielfältigen Kooperationsmöglichkeiten an der Akut-Reha-Schnittstelle variieren. Grundsätzlich agieren die Leistungserbringer im Gesundheitswesen in einem Spannungsfeld zwischen medizinischen und ökonomischen Zielen, so dass das Kooperationsvorhaben, durch eine Verbesserung der Behandlungsabläufe, dem Gedanken einer ökonomischen und zugleich patientenorientierten Versorgung Rechnung tragen muss. Die kooperationsbezogenen Synergiepotenziale bei der sektorübergreifenden Zusammenarbeit beziehen sich somit primär auf Kosten- und Qualitätsaspekte. Daneben besteht die Chance, Zeitvorteile, Ertragssteigerungen oder Risikoreduktionen zu erzielen; den Know-how-Transfer zwischen den Partnern und den Eintritt in neue Märkte voranzutreiben oder sozio-emotionale Ziele zu realisieren.

Allerdings sind mögliche Hemmnisse und Risiken zu berücksichtigen, die dazu führen können, dass sich die Leistungserbringer gegen eine Zusammenarbeit entscheiden bzw. viele Kooperationen scheitern. Erläutert wurden in der vorliegenden Arbeit entstehende Kooperationskosten, mögliche Einschränkungen in Eigenständigkeit und Flexibilität, rechtliche Hemmnisse, interne und externe Konfliktpotenziale, Motivationsprobleme sowie eine fehlende Zielorientierung. Aufgrund dieser drohenden Nachteile sind von den potenziellen Partnern vor Kooperationsbeginn Alternativen zur Kooperationsstrategie zu prüfen, indem ein Vergleich zum autarken Vorgehen ohne jegliche Kooperationsverpflichtung bzw. zur Akquisition des fokussierten Unternehmens aus dem anderen Versorgungsbereich angestrebt wird.

Im Rahmen der Operationalisierung des Kooperationserfolgs wurden die Unterschiede zwischen dem individuellen und dem gemeinsamen Erfolg auf Basis des Zielansatzes herausgearbeitet. Dabei zeigte sich, dass besonders im Gesundheitswesen die gewählte Perspektive bei der Erfolgsbeurteilung von Bedeutung ist. Zur Bewertung des Kooperationserfolgs wurden verschiedene Kriterien in Verbindung mit geeigneten Messindikatoren vorgestellt, die sich auf die drei Erfolgsebenen des Ergebniserfolgs, des Prozesserfolgs und der Erfolgspotenziale beziehen.

Bei der Ermittlung des Kooperationserfolgs stellt sich für das Management zwangsläufig die Frage nach den relevanten Einflussfaktoren. In einem nächsten Analyseschritt wurden daher diejenigen Erfolgsfaktoren identifiziert, die direkt oder indirekt das Erreichen der Kooperationsziele begünstigen. Dabei lag der Fokus auf dem „Funktionieren" der Zusammenarbeit, so dass das Kooperationsumfeld, die Leistungsfähigkeit der Kooperationspartner, die Kooperationsbereitschaft und die Kooperationsfähigkeit als Faktoren herausgestellt wurden, die zum einen den Prozesserfolg und zum anderen das Erfolgspotenzial von Kooperationen determinieren.

Gerade aufgrund der in der Regel nicht bestehenden unmittelbaren Konkurrenzsituation zwischen Krankenhäusern und Rehabilitationseinrichtungen und der Möglichkeit der komplementären Verknüpfung von Ressourcen stellen diese Erfolgsfaktoren die wesentlichen Anknüpfungspunkte für das Kooperationsmanagement dar. Basierend darauf wurde der Aufbau bzw. die Entwicklung von Erfolgspotenzialen als Aufgabe des Kooperationsmanagements abgeleitet, welche die jeweiligen Unternehmensstärken mit den sich in der unternehmerischen Umwelt bietenden Chancen in Einklang bringen. Als Schwerpunkt der Arbeit wurde dementsprechend der idealtypische Kooperationsmanagementprozess entlang des Lebenszyklusses einer sektorübergreifenden Zusammenarbeit systematisch dargestellt:

- Für die *Initiierungsphase* wurden verschiedene Wege zur Identifizierung des Kooperationsbedarfs, relevante Aspekte bei der Definition der Kooperationsziele sowie das Vorgehen bei der Erstellung des Partneranforderungsprofils erläutert.

- Darauf aufbauend wurde für die *Formierungsphase* zunächst der idealtypische Verlauf der Partnerauswahl unter Einsatz geeigneter Hilfsinstrumente beschrieben, bevor ein Leitfaden für die Gesprächsvorbereitung und -führung mit den Kooperationskandidaten erstellt wurde. Bei den Ausführungen zu den Kooperationsverhandlungen standen besonders der Prozess der Zielharmonisierung zwischen den Partnern, die Erarbeitung einer gemeinsamen Kooperationsarchitektur sowie die Klärung der Finanzierungsfragen im Vordergrund. Bei Übereinstimmung in den wesentlichen Kooperationsfragen erfolgt der Übergang zur Vertragsgestaltung. Für diese wurden Vorschläge hinsichtlich der Rahmenbedingungen und Besonderheiten sowie der konkreten inhaltlichen Ausgestaltung der Einzelverträge erarbeitet.

- Als ein Schwerpunkt der *Durchführungsphase* wurde der Transfer der vereinbarten Regelungen in Gestaltungsmaßnahmen zur Aufbau- und Ablauforganisation thematisiert. Hinsichtlich der personellen Gestaltung wurde dabei die Einrichtung einer Koordinatorstelle bzw. eines Kooperationsteams empfohlen. Diese Instanz hat zunächst dafür zu sorgen, dass die beteiligten Mitarbeiter aller Berufsgruppen und Hierarchieebenen die kooperativen Strategien verinnerlichen und bewusst umsetzen.

Als weitere Aufgabe des Kooperationsmanagements wurde die Gestaltung der Prozessorganisation erkannt, die mit der Leistungsanalyse auf Ebene der Partner beginnt und – orientiert an den Patientenbedürfnissen – in einer sektorübergreifenden Ablaufplanung enden sollte. In diesem Zusammenhang wurden die Entwicklung und der Einsatz von sektorübergreifenden Behandlungspfaden als geeignetes Hilfsmittel zur Prozessoptimierung identifiziert, das zudem im Kooperationscontrolling sowie im Rahmen eines sektorübergreifenden Qualitätsmanagements von Nutzen sein kann. Daneben wurden die elek-tronische Vernetzung durch ein gemeinsames Informations- und Kommunikationssystem sowie der Einsatz von Risikomanagementmethoden als erfolgsrelevante Maßnahmen hervorgehoben.

Für die Umsetzung der Kooperation wurden die qualitative und die wirtschaftliche Evaluation der Zusammenarbeit erörtert, um darauf aufbauend einen kontinuierlichen Verbesserungsprozess in Gang zu setzen. Dieser sollte sich durch eine laufende Kommunikation zwischen den Partnern auf alle Prozesse, Aktivitäten und Maßnahmen der Kooperation beziehen. Zur langfristigen Existenzsicherung sollte darüber hinaus eine kooperationsbezogene Marketingkonzeption entwickelt werden.

- In einer möglichen *Auflösungsphase* sollte es den beteiligten Leistungserbringern nicht nur darum gehen, die notwendigen Beendigungsmaßnahmen durchzuführen. Vielmehr sollte – insbesondere bei gescheiterten Kooperationen – versucht werden, Erkenntnisse und Lehren für zukünftige Kooperationsprojekte zu ziehen, indem die Gründe für das Ende der Zusammenarbeit hinterfragt und die Kooperationserfahrungen detailliert reflektiert werden.

Auf der Basis der detaillierten Analyse des Kooperationsmanagementprozesses wurde für jede Phase ein Bündel von Gestaltungsempfehlungen erarbeitet. Diese sind – aufgrund der großen Vielfalt möglicher Kooperationsformen an der Schnittstelle zwischen Akut- und Reha-Bereich – für die erfolgreiche Umsetzung in der Praxis an die jeweilige unternehmensindividuelle Kooperationsstrategie sowie an die spezifische Kooperationssituation anzupassen.

Vor diesem Hintergrund wurde durch die empirische Untersuchung von drei ausgewählten Kooperationsprojekten (RehaNetz Freiburg, Ingolstädter Kooperationsmodell und Integrierte Rehabilitation Offenbach) zunächst aufgezeigt, welche Rahmenbedingungen in der Praxis zu sektorübergreifenden Kooperationen an der Akut-Reha-Schnittstelle führen. Anhand des theoretisch erarbeiteten Phasenmodells wurde anschließend untersucht, welche Aspekte bei welcher Kooperationskonstellation von Bedeutung sind und zum Kooperationserfolg beitragen.

Dabei wurde festgestellt, dass ein passendes Kooperationsumfeld, die Leistungsfähigkeit der Kooperationspartner, die Kooperationsbereitschaft sowie die Kooperationsfähigkeit vorhanden waren. Lediglich im Netzwerk-Modell lagen komplexitätsbedingte Einschränkungen vor. Die Notwendigkeit eines erfolgsorientierten Kooperationsmanagements wurde in allen Beispielen erkannt, so dass jeweils ein strukturiertes Vorgehen im Rahmen der Gestaltung der Kooperationsmanagementprozesse festgestellt wurde.

In den Phasen der Initiierung sowie der Formierung wurde größtenteils dem im theoretisch-konzeptionellen Teil der Arbeit erarbeiteten Vorgehen gefolgt. Gleiches gilt für die Etablierung einer kooperationsbezogenen Aufbau- und Ablauforganisation zu Beginn der Durchführungsphase. Bis auf vereinzelte Variationen bei der Entscheidung für eine zentrale bzw. dezentrale Ausrichtung der Kooperationsstruktur war das Vorgehen in allen Beispielen vergleichbar.

Eigenständige Steuerungsinstrumente im Rahmen des Kooperationscontrollings bzw. einer sektorübergreifenden Qualitätssicherung wurden bisher in keinem Modell implementiert. Begründet wurde das mit dem Ausmaß und der Intensität der sektorübergreifenden Kooperationsaktivitäten, die die Entwicklung kooperationsbezogener Instrumente trotz der sich bietenden Vorteile aus Effizienzüberlegungen bisher nicht rechtfertigen. Ähnliches gilt für die Nutzung vernetzter Informations- und Kommunikationsstrukturen. Diese wurden zwar von den Beteiligten neben dem Einsatz von Controlling- und Qualitätsmaßnahmen als nachhaltiger Erfolgsfaktor angeführt, befinden sich jedoch in allen Beispielen erst in der Entwicklungsphase, so dass ein umfassender elektronischer Datenaustausch nicht stattfindet.

Die empirischen Erkenntnisse zeigen, dass sich die analysierten Kooperationsprojekte noch in einer frühen Phase befinden. Die Beteiligten richten ihre Aktivitäten primär darauf aus, die Kooperationsprozesse in Gang zu setzen bzw. am Laufen zu halten. Dementsprechend wurden Maßnahmen zur Evaluation sowohl unter

6 Zusammenfassung und Ausblick

Qualitäts- als auch unter Kostenaspekten eingeleitet, führten allerdings bisher zu keinen konkreten Ergebnissen. Insofern besteht in diesem Bereich ebenso bei den Aktivitäten zur kontinuierlichen Verbesserung der Zusammenarbeit als auch den kooperationsbezogenen Marketingmaßnahmen Handlungsbedarf.

Zur Beurteilung des Kooperationserfolgs wurde ein kriteriengeleitetes Vorgehen entwickelt, das die wesentlichen Aspekte sektorübergreifender Kooperationen aus Sicht der verschiedenen Anspruchsgruppen erfasst. Trotz der in Teilbereichen noch ungenutzten Möglichkeiten sowie der fehlenden Evaluationsergebnisse konnte bei den analysierten Praxisbeispielen, unabhängig von der gewählten Beurteilungsperspektive, ein Kooperationserfolg festgestellt werden.

Aufbauend auf den empirischen Erkenntnissen hinsichtlich der Optimierungspotenziale innerhalb der Durchführungsphase sowie zur Ergänzung bzw. Erweiterung der theoretischen Hinweise wurde der Bedarf weiterführender Handlungsempfehlungen für das Management sektorübergreifender Kooperationen identifiziert. Diese beziehen sich auf

- die Professionalisierung des Personal- und Beziehungsmanagements,
- die Implementierung von sektorübergreifenden Behandlungspfaden sowie die Nutzung eines Entlassungsmanagements,
- die Förderung der elektronischen Vernetzung zwischen den Leistungserbringern und
- die strategische Führung einer sektorübergreifenden Kooperation durch den Einsatz einer Kooperations-Scorecard.

In der Summe geben die vorliegenden theoretisch-konzeptionellen Empfehlungen, ergänzt um die empirischen Erkenntnisse und die weiterführenden Handlungsempfehlungen, den an sektorübergreifenden Kooperationsprozessen beteiligten Akteuren eine ganzheitliche Orientierung zur erfolgreichen Gestaltung des Managementprozesses. Durch die systematisch erarbeiteten Empfehlungen wurde ein Gestaltungsrahmen entwickelt, der die Komplexität von Kooperationsbeziehungen reduziert und die Erfolgswahrscheinlichkeit der Zusammenarbeit an der Schnittstelle von Akutversorgung und medizinischer Rehabilitation nachhaltig sichert bzw. erhöht.

Ausblick

Die vorliegenden Ausführungen sind als Ausgangspunkt für weitere anwendungsorientierte Untersuchungen im deutschen Gesundheitswesen zu verstehen, die zum Ziel haben, der unternehmerischen Praxis Methoden und Instrumente vorzustellen, mit denen die vorhandenen Kooperationspotenziale, besonders an den Schnittstellen der Versorgungsprozesse, erschlossen werden können. Obwohl durch die Arbeit vielfältige Aspekte eines erfolgsorientierten Kooperationsmanagements abgedeckt werden, besteht im Bereich der sektorübergreifenden Zusammenarbeit im Gesundheitswesen weiterhin erheblicher Forschungsbedarf. Relevante Fragestellungen könnten dabei sein:

- Unter welchen Voraussetzungen lohnt es sich für Krankenhäuser bzw. Rehabilitationseinrichtungen, Kooperationen mit den Leistungserbringern der nach- bzw. vorgelagerten Sektoren einzugehen?
- Wie ist die Kooperationsarchitektur in Abhängigkeit von der Art, Größe und Entwicklungsstufe der Kooperation idealerweise zu gestalten?
- Welche Aspekte müssen bei der Konzeption kooperationsbezogener Steuerungsinstrumente einbezogen werden?
- Welchen Anforderungen müssen sektorübergreifende Informations- und Kommunikationssysteme gerecht werden?
- Welche Methoden und Instrumente eignen sich zur Evaluation innovativer Versorgungsstrukturen?
- Welche Kosten- und Qualitätsverbesserungen ergeben sich durch sektorübergreifende Kooperationen aus Sicht der Leistungserbringer, der Kostenträger bzw. der Volkswirtschaft?
- Wie kann der Einfluss der Faktoren, die für den Erfolg bzw. Misserfolg einer sektorübergreifenden Kooperation verantwortlich sind, quantifiziert werden?

Bei allen Forschungsfragen ist zu berücksichtigen, dass der Patient immer weiter in den Mittelpunkt der Betrachtung rückt. Seine Wahrnehmung hinsichtlich einer steigenden Versorgungsqualität und optimierter Behandlungsabläufe hat für die Leistungserbringer oberste Priorität. Schließlich möchte der Patient nicht nur an einem „Sparmodell" teilnehmen, sondern von Vorteilen gegenüber der traditionellen Versorgungsstruktur profitieren. Schon aus diesem Grund ist es für die langfristige Existenz eines Kooperationsprojektes unverzichtbar, dass sich die teilnehmenden Partner von ihren individuellen Perspektiven lösen, um den gesamten Behandlungsprozess stärker an den Bedürfnissen des Patienten auszurichten.

III Anhang: Interviewleitfaden zur Expertenbefragung

Der folgende Interviewleitfaden bildete den Rahmen der Gespräche mit den Entscheidungsträgern auf Akut- und Reha-Seite in den ausgewählten Beispielkooperationen. Im Bedarfsfall wurde er durch komplettierende Fragen ergänzt.

Ausgangssituation
1. Beschreiben Sie bitte in welcher Art und Weise ihre Einrichtung mit dem Akutbereich bzw. dem Reha-Bereich kooperiert.

Kooperationsstrategie
2. Welche konkreten Ziele verfolgen Sie mit der Kooperation?
3. Existiert eine übergeordnete Kooperationsstrategie? Wenn ja, bitte erläutern Sie diese Strategie.

Anbahnungsphase
4. Wie hat sich Ihre Einrichtung auf die Kooperation vorbereitet?
5. In welchen Schritten erfolgte die Partnerauswahl?
6. Auf welchen vertraglichen Grundlagen basiert die sektorübergreifende Zusammenarbeit? Bitte beschreiben Sie den Prozess der Festlegung der vertraglichen Inhalte.
7. Welche besonderen Probleme traten in der Anbahnungsphase zur Kooperation auf (bspw. bei der Vertragsgestaltung)?

Kooperationsablauf
8. Sind für Sie Struktur- und Organisationsveränderungen bei den beteiligten Leistungserbringern erkennbar, die aus der sektorübergreifenden Kooperation resultieren?
9. Welche Aktivitäten werden zur besseren Abstimmung der Behandlungsabläufe unternommen und wer ist für die Koordination und Steuerung der Behandlungsabläufe verantwortlich?
10. Auf welche Art und Weise findet die sektorübergreifende Qualitätssicherung statt?
11. Wie werden die sektorübergreifenden Aktivitäten vergütet und wie erfolgt die Verrechnung der Vergütung zwischen den Kooperationspartnern?
12. Welches sind aus Ihrer Sicht die wesentlichen Erfolgsfaktoren und Risiken in Bezug auf den Ablauf des Kooperationsprozesses?

Kommunikation

13. Auf welche Weise wurde die Kooperation innerhalb Ihrer Einrichtung seit der ersten Kontaktaufnahme kommuniziert?
14. Welche Rolle spielt das Vertrauensverhältnis zwischen den Partnern für die Kooperation und welche Bedeutung hat dabei aus Ihrer Sicht die jeweilige Unternehmenskultur?
15. Wo treten aus Ihrer Sicht die stärksten Konflikte im Rahmen der sektorübergreifenden Kooperation auf und wie begegnen Sie diesen?
16. Welchen Zusammenhang sehen Sie zwischen dem Kommunikations- bzw. Konfliktmanagement im Rahmen der Kooperation und dem Erfolg der Kooperation?

Informations- bzw. Kommunikationssystem

17. Wie ist die Datenübermittlung zwischen den Kooperationspartnern organisiert?
18. Welchen Zusammenhang sehen Sie zwischen der Vernetzung der Informations- bzw. Kommunikationssysteme im Rahmen der Kooperation und dem Erfolg der Kooperation?

Personalmanagement bzw. Wissensmanagement

19. Welche Personen bzw. Berufsgruppen nehmen aus Ihrer Sicht eine Schlüsselrolle im Rahmen der sektorübergreifenden Kooperation ein?
20. Wie ist die ärztliche bzw. pflegerische Zusammenarbeit ausgestaltet?
21. Findet ein Austausch von Wissen zwischen den beteiligten Einrichtungen statt?
22. Welchen Zusammenhang sehen Sie zwischen dem Personal- bzw. Wissensmanagement im Rahmen der Kooperation und dem Erfolg der Kooperation?

Kooperationserfolg

23. Ist die sektorübergreifende Kooperation Ihrer Einrichtung bezogen auf die ursprünglich verfolgten Ziele erfolgreich (besonders im Hinblick auf Wirtschaftlichkeit und Qualität der Patientenbehandlung)?
24. Was sind aus Ihrer Sicht die wesentlichen Erfolgsfaktoren einer sektorübergreifenden Zusammenarbeit?
25. Was sind aus Ihrer Sicht die wesentlichen Misserfolgsfaktoren einer sektorübergreifenden Zusammenarbeit?

Perspektive
26. Planen Sie zukünftig weitere sektorübergreifende Kooperationen?
27. Wie sehen Sie die zukünftige Entwicklung von sektorübergreifenden Kooperationen im deutschen Gesundheitswesen?

IV Literaturverzeichnis

A

Adam, H./Henke, K.-D. (1993), Gesundheitsökonomie, in: Hurrelmann/Laaser (1993), S. 347-360.

Adomeit, A./Kilian, P. H./Messemer, J./Salfeld, R./Schmid, A. (2001), Der deutsche Reha-Markt: strategische Optionen für Träger und Betreiber, in: Salfeld/ Wettke (2001), S. 209-221.

Altwegg, R. (1995), Strategiebewertung und Ermittlung des Synergiewertes bei Kooperationen - Ein strategischer Kooperationsbewertungsansatz, Basel.

Amelung, V. E. (2004), DRGs und integrierte Versorgungssysteme: Neue Herausforderungen an das Personalmanagement von Krankenhäusern, in: Henke/Rich/ Stolte (2004), S. 214-236.

Amelung, V. E./Janus, K. (2006a), Erfolgsfaktoren für die Integrierte Versorgung unter Einbeziehung von Erfahrungen aus den USA, in: Hellmann (2006b), Kapitel 4.1.6, S. 1-26.

Amelung, V. E./Janus, K. (2006b), Modelle der integrierten Versorgung im Spannungsfeld zwischen Management und Politik, in: Klauber/Robra/Schellschmidt (2006), S. 13-25.

Amelung, V. E./Janus, K. (2006c), Budgetverteilung in der Integrierten Versorgung im Kontext von Erfahrungen aus den USA - Welche Modelle haben eine Chance?, in: Hellmann (2006b), Kapitel 5.2.4, S. 1-20.

Amelung, V. E./Meyer-Lutterloh, K./Schmid, E./Seiler, R./Weatherly, J. N. (2006), Integrierte Versorgung und Medizinische Versorgungszentren – Von der Idee zur Umsetzung, Berlin.

Ansoff, H. I. (1966), Management Strategie, München.

Ansorg, J./Diemer, M./Schleppers, A./Heberer, J./Eiff, W. von (Hrsg.) (2006), OP-Management, Berlin.

Armbruster, S. (2004), Versorgungsnetzwerke im französischen und deutschen Gesundheitswesen - Eine vergleichende Studie unter Berücksichtigung rechts- und gesundheitswissenschaftlicher Aspekte, Stuttgart.

Arnold, M./Klauber, J./Schellschmidt, H. (Hrsg.) (2002), Krankenhaus-Report 2002 - Schwerpunkt: Krankenhaus im Wettbewerb, Stuttgart.

Arnold, M./Paffrath, D. (Hrsg.) (1997), Krankenhausreport ,97 – Schwerpunkt: Sektorübergreifende Versorgung – Aktuelle Beiträge, Trends und Statistiken, Stuttgart/Jena/Lübeck/Ulm.

B

Baer, M. (2004), Kooperationen und Konvergenz – Eine vergleichende empirische Untersuchung von unternehmensspezifischen Kooperationsportfolios und branchenspezifischen Konvergenzentwicklungen am Beispiel der Informations- und Kommunikationsindustrie, Frankfurt am Main.

Bain, J. S. (1956), Barriers to New Competition: Their Character and Consequences in Manufacturing Industries, Cambridge (Mass.).

Balling, R. (1998), Kooperation: Strategische Allianzen, Netzwerke, Joint Ventures und andere Organisationsformen zwischenbetrieblicher Zusammenarbeit in Theorie und Praxis, 2. Auflage, Frankfurt am Main.

Batzdorfer, L. (2003), Übertragbarkeit des Managed Care Ansatzes: Disease Management in der Gesetzlichen Unfallversicherung am Beispiel der Berufsdermatosen, Münster.

Baur, R./Heimer, A./Wieseler, S. (2003), Gesundheitssysteme und Reformansätze im internationalen Vergleich, in: Böcken/Butzlaff/Esche (2003), 23-149.

Becker, T./Dammer, I./Howaldt, J./Killich, S./Loose, A. (Hrsg.) (2005), Netzwerkmanagement – Mit Kooperation zum Unternehmenserfolg, Berlin/Heidelberg/New York.

Beckers, A. (2003), Integrierte Gesundheitsversorgung und Managed-Care im Krankenhaus, Trier.

Beckmann, H. (2004), Supply Chain Management – Strategien und Entwicklungstendenzen in Spitzenunternehmen, Berlin/Heidelberg/New York.

Bengel, J./Koch, U. (Hrsg.) (2000), Grundlagen der Rehabilitationswissenschaften: Themen, Strategien und Methoden der Rehabilitationsforschung, Berlin/Heidelberg/New York.

Beske, F./ Hallauer, J.F. (1999), Das Gesundheitswesen in Deutschland – Struktur-Leistung-Weiterentwicklung, 3. Auflage, Köln.

Bidder, B. (2006), Triste Aussicht, in: medbiz, Ausgabe 05/2006, S. 14-15.

Bihr, D. (1997), Pflegesatzgestaltung im Wandel?, in: Jeschke/Lang (1997), S. 305-308.

Binz, W. (2006), Kombi-Reha – eine Ergänzung im System der Anschlussrehabilitation, in: Die Rehabilitation, Jg. 45, S. 181-183.

Blatt, O. (2002), DRG-Systeme und die medizinische Rehabilitation aus Sicht des VdAK/AEV, Arbeitspapier des VdAK/AEV, Berlin.

Blecker, T. (1999), Unternehmung ohne Grenzen – Konzepte, Strategien und Gestaltungsempfehlungen für das strategische Management, Wiesbaden.

Bleicher, K. (1991), Organisation – Strategien, Strukturen und Kulturen, 2. Auflage, Wiesbaden.

Blum, K./Offermanns, M./Schilz, P. (2006), DKI – Krankenhaus Barometer - Umfrage 2006, Düsseldorf.
BMG (Hrsg.) (2006), Eckpunkte zu einer Gesundheitsreform 2006, Berlin.
Böcken, J./Butzlaff, M./Esche, A. (Hrsg.) (2003), Reformen im Gesundheitswesen, 3. Auflage, Gütersloh.
Böge, U. (2007), Der Markt für Krankenhausleistungen aus Sicht des Bundeskartellamtes, in: Klauber/Robra/Schellschmidt (2007), S. 35-48.
Böing, C. (2001), Erfolgsfaktoren im Business-to-Consumer-E-Commerce, Wiesbaden.
Borchert, J. E./Goos, P./Hagenhoff, S. (2004), Innovationsnetzwerke als Quelle von Wettbewerbsvorteilen, Arbeitsbericht 11/2004, Institut für Wirtschaftsinformatik, Göttingen.
Bortz, J./Döring, N. (2003), Forschungsmethoden und Evaluation für Sozialwissenschaftler, 2. Auflage, Berlin.
Bott, A. (2000), Konzeption eines strategischen Instrumentes zur Gestaltung effizienter Kooperationen in Unternehmensnetzwerken auf der Basis von Logistikkompetenz, Berlin.
BQS - Bundesgeschäftsstelle für Qualitätssicherung (Hrsg.) (2007), Gemeldete, zum 31. Dezember 2006 geltende Verträge zur Integrierten Versorgung, http://www.bqs-register140d.de/dokumente/20061231.pdf vom 20. Februar 2007.
Braun von Reinersdorff, A. (2002), Strategische Krankenhausführung - Vom Lean Management zum Balanced Hospital Management, Bern.
Braun, G. E. (2005), Zunehmende Prozessorientierung als Entwicklungstendenz im gesundheitspolitischen Umfeld des Krankenhauses, in: Braun/Güssow/Ott (2005), S. 13-23.
Braun, G. E./Güssow, J. (2006), Integrierte Versorgungsstrukturen und Gesundheitsnetzwerke als innovative Ansätze im deutschen Gesundheitswesen, in: Braun/Schulz-Nieswandt (2006), S. 65-93.
Braun, G. E./Güssow, J./Ott, R. (Hrsg.) (2005), Prozessorientiertes Krankenhaus – Lösungen für eine Positionierung im Wettbewerb, Stuttgart.
Braun, G. E./Schulz-Nieswandt, F. (2006), Liberalisierung im Gesundheitswesen – Einrichtungen des Gesundheitswesens zwischen Wettbewerb und Regulierung, Baden-Baden.
Brede, H. (2006), Ökonomische Wirkungen der Kooperation und Konzentration in der Krankenversorgung, in: Braun/Schulz-Nieswandt (2006), S. 95-110.
Breuer, R./Ekkernkamp, A./Richter, D./Zanders, H.-C. (2005), Integrierte Gesundheitsversorgung: Wie fit sind Kostenträger und Leistungserbringer, München.

Bronner, A. (2007), Der Blick über den Zaun ist schwierig – Sektor übergreifende Qualitätssicherung steht noch am Anfang, in: krankenhaus umschau, Ausgabe 2/2007, S. 93-95.
Bruckenberger, E. (1996), Kooperation zwischen den Leistungsanbietern im Gesundheitswesen, in: das Krankenhaus, Ausgabe 4/1996, S. 155- 160.
Bruckenberger, E. (1997), Sektorenübergreifende Kooperationen statt sektoraler Optimierung, in: krankenhaus umschau, Ausgabe 12/1997, S. 965-971.
Bruckenberger, E. (1999), Wende oder hektischer Stillstand, in: krankenhaus umschau, Ausgabe 5/1999, S. 322-329.
Bruckenberger, E. (1998a), Regionalisierung oder Europäisierung - der künftige Krankenhaus- und Reha-Markt, in: krankenhaus umschau, Ausgabe 11/1998, S. 820-827.
Bruckenberger, E. (1998b), Verzahnungsoffensive zwischen Krankenhaus und Rehabilitationsbereich, in: Eichhorn/Schmidt-Rettig (1998), S. 109-122.
Bublitz, T. (2004), Wo Reha draufsteht, muss auch Reha drin sein, in: krankenhaus umschau, Ausgabe 10/2004, S. 850-852.
Büchel, B./Prange, C./Probst, G./Rüling, C.-C. (1997), Joint Venture-Management – Aus Kooperationen lernen, Bern/Stuttgart/Wien.
Bühler, E. (Hrsg.) (2006), Überleitungsmanagement und Integrierte Versorgung – Brücke zwischen Krankenhaus und nachstationärer Versorgung, Stuttgart.
Bundesversicherungsanstalt für Angestellte (Hrsg.) (2001), Rehabilitation 2001 – Flexibilisierung – Fortschritte für die Rehabilitation, Berlin.
Burchert, H./Hering, T. (Hrsg.) (2002), Gesundheitswirtschaft - Aufgaben und Lösungen, München/Wien.
Bürger, W./Buschmann-Steinhage, R. (2000), Rehabilitative Angebotsstrukturen, in: Bengel/Koch (2000), S. 139-162.
Bürger, W./Dietsche, S./Morfeld, M./Koch, U. (2002), Ambulante und stationäre orthopädische Rehabilitation – Ergebnisse einer Studie zum Vergleich der Behandlungsergebnisse und Kosten, in: Die Rehabilitation, Jg. 41, S. 92- 102.
Büttner, S./Kunze-Neidhardt, K./Holden, A. (2006), Kennzahlen orientiertes Markt-Erfolgs-Management für das Gesundheitswesen – Warum und wie geht man vor?, in: Hellmann (2006b), Kapitel 4.2.1, S. 1-28.
Buzzell, R. D./Gale, B. T. (1989), Das PIMS-Programm, Strategien und Unternehmenserfolg, Wiesbaden.

C

Chung, W. H. (1998), Spezifität und Unternehmenskooperation: eine institutionenökonomische Analyse unter besonderer Berücksichtigung dynamischer Aspekte, Berlin.

Clade, H. (2005), Medizinische Rehabilitation/Krankenhausmarkt: „Die Deckelungspolitik der Kostenträger holt uns ein", in: Deutsches Ärzteblatt, Jg. 102, Heft 46, S. 3157.

Coase, R. H. (1937), The Nature of the Firm, in: Economica, 4. Jg., S. 386-405.

Coldewey, B. (2002), Strategisches Management von Unternehmensnetzwerken im Gesundheitswesen, Leipzig.

Conen, D./Rieben, E./Holler, T./Rehder, F. (2000), Patientenbehandlungspfade als strategischer Erfolgsfaktor für den Krankenhauswettbewerb – Ein integrativer Ansatz aus der Schweiz, in: KPMG (Hrsg.), S. 127-144.

Corsten, H./Stuhlmann, S. (Hrsg.) (1997), Kapazitätsmanagement in Dienstleistungsunternehmen, Wiesbaden.

Cortekar, J./Hugenroth, S. (2006), Managed Care als Reformoption für das deutsche Gesundheitswesen, Marburg.

D

Dahme, H.-J./Wohlfahrt, N. (Hrsg.) (2000), Netzwerkökonomie im Wohlfahrtsstaat, Wettbewerb und Kooperation im Sozial- und Gesundheitssektor, Berlin.

Damkowski, W./Meyer-Pannwitt, U./ Precht, C. (2000), Das Krankenhaus im Wandel: Konzepte, Strategien, Lösungen, Stuttgart/Berlin/Köln.

Dammer, I. (2005), Gelingende Kooperation („Effizienz"), in: Becker/Dammer/ Howaldt/ Killich/Loose (2005), S. 37-47.

Daschmann, H.-A. (1994), Erfolgsfaktoren mittelständischer Unternehmen: ein Beitrag zur Erfolgsfaktorenforschung, Stuttgart.

Deike, A. (2006), Erfolg von Unternehmenskooperationen – Grundlagen und Perspektiven für die Bewertung strategischer Allianzen, Saarbrücken.

Delbrück, H./Haupt, E. (1996a), Therapeutische Verfahren in der medizinischen Rehabilitation, in: Delbrück/Haupt (1996b), S. 115-127.

Delbrück, H./Haupt, E. (Hrsg.) (1996b), Rehabilitationsmedizin, Therapie- und Betreuungskonzepte bei chronischen Krankheiten, München/Wien/Baltimore.

Deutscher Caritasverband (Hrsg.) (2005), Versorgungskontinuität durch Entlassungsmanagement - Empfehlungen zur sektorübergreifenden Vernetzung von Krankenhäusern, ambulanten Pflegediensten und weiteren nachsorgenden Einrichtungen, Freiburg.

Devers, K. J./Shortell, S. M./Gillies, S. M./Anderson, R. R./Mitchell, D. A./ Morgan Erickson, K. L. (1994), Implementing organized delivery systems: An integration scorecard, in: Health Care Management Review, Vol. 19, S. 7-20.

Dietrich, M. (2005), Qualität, Wirtschaftlichkeit und Erfolg von Krankenhäusern – Analyse der Relevanz marktorientierter Ansätze im Krankenhausmanagement, Wiesbaden.

Dietrich, T./Henze, H./Biet, T. (2004), Integration von Rehabilitationsmaßnahmen, in: Riedel/Schmidt/Hefner (2004), S. X II 1-10.

DKG (Hrsg.) (2004), GKV-Modernisierungsgesetz: Neue Versorgungsformen im Krankenhaus – Orientierungshilfe, Düsseldorf.

DKG (Hrsg.) (2005), Beratungs- und Formulierungshilfe Kooperationsverträge, Düsseldorf.

DKG (Hrsg.) (2006a), Zahlen, Daten, Fakten 2006, Düsseldorf.

DKG (Hrsg.) (2006b), Bestandsaufnahme zur Krankenhausplanung und Investitionsfinanzierung in den Bundesländern (Stand: Januar 2006), Berlin.

DKG (2007), Konzept für die Ausgestaltung des ordnungspolitischen Rahmens ab dem Jahr 2009, in: das krankenhaus, Ausgabe 2/2007, S. 98-103.

DNQP - Deutsches Netzwerk für Qualitätsentwicklung in der Pflege (Hrsg.) (2004), Expertenstandard Entlassungsmanagement in der Pflege – Entwicklung, Konsentierung, Implementierung, Osnabrück.

Döhner, H. (Hrsg.) (2000), Versorgungsmanagement – eine Angelegenheit für Profis, Sankt Augustin.

Döhr, R. (2005), Patientenzufriedenheit als Einflussfaktor – Bericht über die Befragung in einem Krankenhaus, in: Fischer et al. (2005), Aufsatz 1970.

Donabedian, A. (1966), Evaluating the quality of medical care, in: Milbank Memorial Fund Quarterly, Vol. 44, No. 3, S.166-203.

Dreßler, M. (2000), Kooperationen von Krankenhäusern: Eine Fallstudienanalyse von Kooperationsprojekten, Berlin.

Drews, H. (2001), Instrumente des Kooperationscontrollings – Anpassung bedeutender Controllinginstrumente an die Anforderungen des Managements von Unternehmenskooperationen, Wiesbaden.

Drumm, S./Achenbach, A. (2005), Integrierte Versorgung mit Klinischen Pfaden erfolgreich gestalten – Praktische Tipps zum Prozess-, Kosten- und Erlösmanagement, Landsberg/Lech.

Drummond, M. F./Maynard, A. (1993), Purchasing and Providing Cost-effective Health Care, New York.

Dyer, J. H./Singh, H. (1998), The Relational View: Cooperative Strategy and Sources of Interorganizational Competetive Advantage, in: Academy of Management Review, Vol. 23, No. 4, S. 660-679.

E

Eichhorn, P. (2000), Unternehmensmanagement: Definition und Aufgaben, in: **Eichhorn/ Seelos/Schulenburg** (2000), S. 60-69.

Eichhorn, P./Seelos, H.-J./Schulenburg, J.-M. von der (Hrsg.) (2000), Krankenhausmanagement, München/Jena.

Eichhorn, S. (1975), Krankenhausbetriebslehre – Theorie und Praxis des Krankenhausbetriebs, Band I, 3. Auflage, Köln.

Eichhorn, S. (1997), Integratives Qualitätsmanagement im Krankenhaus, Stuttgart.

Eichhorn, S./Schmidt-Rettig, B. (2000), Perspektiven der Vernetzung des Krankenhauses mit Arztpraxen, Rehabilitationskliniken und Krankenkassen, in: Eiff/ Fenger et al. (2000), Teil 9-01.

Eichhorn, S./Schmidt-Rettig, B. (Hrsg.) (1998), Chancen und Risiken von Managed Care – Perspektiven der Vernetzung des Krankenhauses mit Arztpraxen, Rehabilitationskliniken und Krankenkassen, Stuttgart/Berlin/Köln.

Eiff, W. von (1996), Krankenhaus-Management: Qualität und Wirtschaftlichkeit als Managementherausforderung des Arztes, in: Zentralblatt für Chirurgie, 121. Jahrgang, 1996, S. 817-827.

Eiff, W. von (2000a), KMU-/Krankenhausstudie, Düsseldorf.

Eiff, W. von (2000b), Controlling als Führungsaufgabe, in: Eiff (2000c), S. 3-19.

Eiff, W. von (Hrsg.) (2000c), Krankenhaus Betriebsvergleich – Controlling-Instrumente für das Krankenhaus-Management, Neuwied.

Eiff, W. von (2000d), Outsourcing oder Re-Sourcing?, in: Medizintechnischer Dialog, Heft 8/2000, S. 82-86.

Eiff, W. von (2000e), Drehscheibe für Einkauf und Logistik – Ist das Konzept des „Integrated Delivery Network" ein Modell für Deutschland?, in: krankenhaus umschau, Ausgabe 9/2000, S. 794-797.

Eiff, W. von (2005a), Erfolgsfaktoren für Unternehmensverbindungen im Gesundheitswesen, in: Eiff/Klemann (2005), S. 17-38.

Eiff, W. von (2005b), Cluster-Management: Wettbewerbs- und Branchenstrukturen im Medizinproduktemarkt wandeln sich in Richtung regionaler Kompetenzzentren, in: Eiff/Klemann (2005), S. 147-160.

Eiff, W. von (2005c), Merger Management statt Merger Mania: Unternehmensverbindungen auf dem Prüfstand empirischer Erfolgsfaktoren, in: Eiff/Klemann (2005), S. 10-15.

Eiff, W. von/Fenger, H./Gillesen, A./Kerres, A./Mis, U./Raem, A. M./Winter, S. F. (Hrsg.) (2000), Der Krankenhausmanager: Praktisches Management für Krankenhäuser und Einrichtungen des Gesundheitswesens, Berlin/Heidelberg/New York.
Eiff, W. von/Klemann, A. (2006), Investition und Finanzierung im Krankenhaus, in: Ansorg et al. (2006), S. 18-35.
Eiff, W. von/Klemann, A. (Hrsg.) (2005), Unternehmensverbindungen - Strategisches Management von Kooperationen, Allianzen und Fusionen im Gesundheitswesen, 2. Auflage, Wegscheid.
Eiff, W. von/Klemann, A./Freese, D./Lewers, D. (2005), Problem Leistungsabgrenzung - Frührehabilitation zwischen Akutbehandlung und Reha, in: krankenhaus umschau, Ausgabe 10/2005, S. 820-824.
Eiff, W. von/Klemann, A./Henke, V. (2006), Leichte Bewegung in der Frühreha – Nutzen Akutkrankenhäuser die neuen Möglichkeiten?, in: krankenhaus umschau, Ausgabe 10/2006, S. 880-884.
Eiff, W. von/Klemann, A./Meyer, N. (2007), REDIA-Studie II – Auswirkungen der DRG-Einführung auf die medizinische Rehabilitation, Münster.
Eiff, W. von/Klemann, A./Middendorf, C. (2005), REDIA-Studie – Analyse der Auswirkungen der DRG-Einführung auf die medizinische Rehabilitation, Münster.
Eiff, W. von/Klemann, A./Middendorf, C./Richter, T./Schreyer, R. (2006), Ideenmanagement im Krankenhaus – Status Quo und Entwicklungsmöglichkeiten in der Praxis, in: das krankenhaus, Ausgabe 6/2006, S. 503-506.
Eiff, W. von/Stachel, K. (2006), Professionelles Personalmanagement – Erkenntnisse und Best-Practice-Empfehlungen für Führungskräfte im Gesundheitswesen, Wegscheid.
Eisele, J. (1995), Erfolgsfaktoren des Joint Venture-Management, Wiesbaden.
Eisenbarth, M. (2003), Erfolgsfaktoren des Supply Chain Managements in der Automobilindustrie, Frankfurt am Main.
Ellerkmann, F. (2003), Horizontale Kooperationen in der Beschaffungs- und Distributionslogistik: Entwicklung eines Gestaltungsleitfadens unter besonderer Berücksichtigung verhaltenstheoretischer Gesichtspunkte, Dortmund.
Enders, C. (1997), Rehabilitation kompakt, Berlin/Wiesbaden.
Enste, U./Jäckel, W./Ritzenthaler, J. (2003), Partner sorgfältig ausgewählt – Das Regionale Rehabilitationsnetz am Universitätsklinikum Freiburg, in: krankenhaus umschau, Ausgabe 10/2003, S. 929-932.
Evanschitzky, H. (2003), Erfolg von Dienstleistungsnetzwerken – Ein Netzwerkmarketingansatz, Wiesbaden.

F
Fischer, B. (2006), Vertikale Innovationsnetzwerke – Eine theoretische und empirische Analyse, Wiesbaden.
Fischer, H./Ulmer, H. U./Gerhardt, E.-P./Räpple, T./Schneider, E./Greulich, A./ Thiele, G. (Hrsg.) (Stand Dezember 2005), Management Handbuch Krankenhaus, Heidelberg.
Fleßa, S./Ehmke, B./Herrmann, R. (2006), Die vertikale Integration – Modellrechnung für den optimalen Verlegungszeitpunkt, in: krankenhaus umschau, Ausgabe 11/2006, S. 1018 - 1022.
Flintrop, J. (2007), Gesundheitswesen: Zunehmender Wettbewerb kostet viele Arbeitsplätze, in: Deutsches Ärzteblatt, Ausgabe 1-2/2007, S. 131.
Foit, K./Vera, A. (2006), Anreizorientierte Krankenhausvergütung mit Fallpauschalen, in: Gesundheitsökonomie und Qualitätsmanagement, Band 11, S. 245-251.
Fontanari, M. L. (1995), Voraussetzungen für den Kooperationserfolg – Eine empirische Analyse, in: Schertler (1995), S. 115-187.
Forgione, D. A./D'Annunzio, C. M. (1999), The use of DRGs in health care payment systems around the world, in: Journal of Health Care Finance, Jg. 26, Ausgabe 2, S. 66-78.
Franz, S. (2006), Integrierte Versorgungsnetzwerke im Gesundheitswesen, Münster.
Freytag, S./Elmhorst, D. (2006), Aufgaben eines strategischen Controllings am Beispiel der Entwicklung Integrierter Versorgung als Geschäftsmodell, in: Hellmann (2006b), Kapitel 4.2.2, S. 1-20.
Friedli, T. (2000), Die Architektur von Kooperationen, Bamberg.
Friedrich, J./Günster, C. (2006), Determinanten der Casemixentwicklung in Deutschland während der Einführung der DRGs, in: Klauber/Robra/Schellschmidt (2006), Stuttgart, S. 153-202.
Friese, M. (1998), Kooperation als Wettbewerbsstrategie für Dienstleistungsunternehmen, Wiesbaden.
Fritz, W. (1995), Marketing-Management und Unternehmenserfolg – Grundlagen und Ergebnisse einer empirischen Untersuchung, 2. Auflage, Stuttgart.
Fuchs, H. (2003), Konsequenzen der DRG-Einführung für die angrenzenden Versorgungsbereiche Rehabilitation und Pflege, in: Klauber/Robra/Schellschmidt (2003), S. 187- 210.
Fuchs, H. (2005), Frührehabilitation im Krankenhaus – Zur Begriffserklärung einer wichtigen Leistung, in: Soziale Sicherheit, Ausgabe 5/2005, S. 168- 174.
Fuchs, H. (2006), DRG-Einführung und Rehabilitationssysteme, in: Thiede/Gassel (2006), S. 331-346.

Fuchs, H./Garms-Homolová, V./Kardorff, E. von/Lüngen, M./Lauterbach, K. W. (2002), Entwicklung von Patientenklassifikationssystemen für die medizinische Rehabilitation, in: Arbeit- und Sozialpolitik, Ausgabe 3-4/2002, S. 22-28.
Fuchs, M. (1999), Integriertes Projektmanagement für den Aufbau und Betrieb von Kooperationen, Bern/Stuttgart/Wien.
Fuhrmann, S./Heine, W. (2005), Medizinische Rehabilitation im grenzüberschreitenden europäischen Dienstleistungsverkehr und Qualität der Leistungserbringung, Positionspapier DEGEMED, Berlin.

G

Gaede, K. (2006a), Rehakliniken: Laufen lernen, in: kma, Ausgabe 08/2006, S. 20-24.
Gaede, K. (2006b), Medical Wellness – Hoffnungsträger, in: kma, Ausgabe 08/2006, S. 25-27.
Georg, A. (2005), Kooperationsnetze in der Gesundheitswirtschaft, in: Becker et al. (2005), S. 107-118.
Gerdes, N./ Blindow, D./Follert, P./Jäckel, W. H./Karl, E.-L./Wehowsky, W. (2003), „Stellschrauben" des Zugangs zur Rehabilitation: Lösungsmöglichkeiten für das prognostizierte Budgetproblem der Rehabilitation durch die Gesetzliche Rentenversicherung, in: Physikalische Medizin, Rehabilitationsmedizin, Kurortmedizin, Band 13, S. 330- 338.
Gerkens, K./Schliehe, F./Steinke, B. (Hrsg.) (2006), Handbuch Rehabilitation und Vorsorge, Stand 11. Lieferung, Sankt Augustin.
Glatzer, U. (2006), Integrierte Versorgung: Der Durchbruch, in: kma, Ausgabe 03/2006, S. 24-27.
Goedereis, K. (1999), Finanzierung, Planung und Steuerung des Krankenhaussektors, Lohmar/Köln.
Goedereis, K. (2005), Synergiepotentiale im Krankenhausverbund, in: Eiff/Klemann (2005), S. 433-466.
Gohs, B. M. (2005), Kooperationen und Netzwerke in der Gesundheitswirtschaft der Region Ostwestfalen-Lippe, Paderborn.
Gorschlüter, P. (1999), Das Krankenhaus der Zukunft – Integriertes Qualitätsmanagement zur Verbesserung von Effektivität und Effizienz, Stuttgart/Berlin/Köln.
Gouthier, M. H. J. (2001), Patienten-Empowerment, in: Kreyher (2001), S. 53-82.
Grabow, J./Remmeke, A. (2005), Unternehmensbewertung und Due Diligence im Kooperations- und Fusionsprozess von Krankenhäusern, in: Eiff/Klemann (2005), S. 327-363.

Graf von Stillfried, D./Jelastopulu, E. (1997), Zu den Hintergründen des Themas „Verzahnung zwischen ambulanter und stationärer Versorgung" – Bestimmungsursachen der Schnittstellenproblematik, in: Arnold/Paffrath (1997), S. 21-34.
Greiling, D. (2000), Rahmenbedingungen des krankenhausbezogenen Unternehmensmanagements, in: Eichhorn/Seelos/Schulenburg (2000), S. 69-103.
Greulich, A. (2005), Balanced Scorecard im Rahmen eines strukturierten Prozessmanagements, in: Braun/Güssow/Ott (2005), S. 107-128.
Gronemann. J. (1988), Die Kooperation zwischen Krankenhäusern, Stuttgart/ Berlin/Köln.
Güssow, J. (2005), Potenzial und Aufbau eines (behandlungs-) prozessorientierten Wissensmanagements, in: Fischer et al. (2005), Aufsatz 2198.

H
Haaf, H.-G. (2002), Gesundheitsökonomische Analyse der Vergütung mit Fallpauschalen in der medizinischen Rehabilitation, in: Die Rehabilitation, Jg. 41, S. 14-30.
Haaf, H.-G./Badura, B./Bürger, W./Koch, U./Schliehe, F./Schott, T. (2002), Die wissenschaftliche Begleitung der Empfehlensvereinbarung von Kranken- und Rentenversicherung zur ambulanten Rehabilitation: Zielsetzungen, Rahmenbedingungen und Untersuchungsansatz, in: Die Rehabilitation, Jg. 41, S. 85-91.
Haaf, H.-G./Volke, E./Schliehe, F. (2004), Neue Vergütungs- und Versorgungsformen und ihre Auswirkungen auf die Rehabilitation, in: Die Rehabilitation, Jg. 43, S. 312- 324.
Haas, H./Fattroth, A./Wahle, L./Weismann, T. (2006), Ressourcen und Aufwand lassen sich exakt ermitteln – Klinischer Behandlungspfad: das Beispiel Knie-TEP, in: f&w, Ausgabe 6/2006, S. 663-667.
Hackhausen, W. (1999), Legitimationskrise und Zukunftsperspektiven der medizinischen und beruflichen Rehabilitation in der gesetzlichen Rentenversicherung, in: Heilbad & Kurort, 51. Jg., Heft 2, S. 44-51.
Hajen, L./Paetow, H./Schumacher, H. (2006), Gesundheitsökonomie – Strukturen-Methoden-Praxisbeispiele, 3. Auflage, Stuttgart.
Halbe, B./Schirmer, H. D. (Hrsg.) (2005), Handbuch Kooperationen im Gesundheitswesen, Heidelberg.
Harland, P. E. (2002), Kooperationsmanagement – Der Aufbau von Kooperationskompetenz für das Innovationsmanagement, Fischbachtal.
Hartmann, B. (2002), Krisenmanagement in der medizinischen Rehabilitation, Gütersloh.
Haubrock, M./Peters, S.H.F./ Schär, W. (1997b), Grundlagen des Gesundheitswesens, in: Haubrock/Peters/Schär (1997a), S. 1-66.

Haubrock, M./Peters, S.H.F./ Schär, W. (Hrsg.) (1997a), Betriebswirtschaft und Management im Krankenhaus, Berlin/Wiesbaden.
Haubrock, M./Schär, W. (Hrsg.) (2002), Betriebswirtschaft und Management im Krankenhaus, 3. Auflage, Berlin/Wiesbaden.
Haupt, T./Wahn, M./Helff, G. (2007), Wissen und Service für Patienten im Paket, in: f&w, Ausgabe 01/2007, S. 20-21.
Hawranek, F. (2004), Schnittstellenmanagement bei M&A-Transaktionen, Wiesbaden.
Hellmann, W. (Hrsg.) (2006a), Strategie Risikomanagement – Konzepte für das Krankenhaus und die Integrierte Versorgung, Stuttgart.
Hellmann, W. (Hrsg.) (2006b), Handbuch Integrierte Versorgung – Strategien, Konzepte, Praxis – Stand 2006, Landsberg/Lech.
Helmig, B. (2005), Ökonomischer Erfolg in öffentlichen Krankenhäusern, Berlin.
Hempel, H.-J. (2003), Ein Markt mit Zukunft, in: krankenhaus umschau, Ausgabe 10/2003, S. 904-907.
Henke, K.-D./ Rich, R. F./Stolte, H. (Hrsg.) (2004), Integrierte Versorgung und neue Vergütungsformen in Deutschland, Baden-Baden.
Herbst, C. (2002), Interorganisationales Schnittstellenmanagement: ein Konzept zur Unterstützung des Managements von Transaktionen, Frankfurt am Main.
Herzog, C. (2005), Integrierte Versorgung – Konzeption und Steuerung der Prozesse, in: Fischer et al. (2005), Aufsatz 1296.
Herzog, C./Koch, O. (2006), Prozessmanagement in der integrierten Versorgung - Grundlagen und Tipps zur Bewältigung der Herausforderungen im Bereich Koordination und Kooperation, in: Hellmann (2006b), Kapitel 6.1.2, S. 1-16.
Hildebrandt, H. (2005), Der Fortschritt ist eine Schnecke, in: ku-Sonderheft, Integrierte Versorgung, Ausgabe 9/2005, S. 6-9.
Hildebrandt, H./Hallauer, J./Döring, R. (2004), Zwischen Light und Full Size: Integrierte Versorgung – Übersicht der Vertragsformen, in: krankenhaus umschau, Ausgabe 7/2004, S. 615-617.
Högemann, B. (2006), Due Diligence – Prüfung und Unternehmensbewertung von Akutkrankenhäusern, Wegscheid.
Holtmann, C./Rashid, A. (2006), Mobile IT vernetzt Kliniken und Healthcare-Dienstleister, in: Krankenhaus-IT-Journal, Ausgabe 5/2006, S. 64-65.
Hoops, C./Nguyen, T. (2006), Kooperationen: Sinn und Zweck im Allgemeinen, in: Nguyen/Oldenburg (2006), S. 7-37.
Horvath, P. (2003), Controlling, 9. Auflage, München.
Huber, C./Plüss, A./Schöne, R./Freitag, M. (Hrsg.) (2005), Kooperationsnetze der Wirtschaft – Einführung, Bausteine, Fallbeispiele, Zürich.

Hurrelmann, K./Laaser, U. (Hrsg.) (1993), Gesundheitswissenschaften – Handbuch für Lehre, Forschung und Praxis, Weinheim/Basel.

J
Jäckel, W. H. (2006), Qualität muss sich für die Rehakliniken lohnen, in: f&w, Ausgabe 1/2006, S. 79-80.
Janssen, H.J. (2000), Kooperation und Vernetzung im Gesundheitssystem, in: Dahme/Wohlfahrt (2000), S. 201-215.
Janus, K. (2003), Managing health care in private organizations: transaction costs, cooperation and modes of organization in the value chain, Frankfurt am Main.
Janus, K./Amelung, V. E. (2004), Integrierte Versorgungssysteme in Kalifornien – Erfolgs- und Misserfolgsfaktoren der ersten 10 Jahre und Impulse für Deutschland, in: Gesundheitswesen, Jg. 66, S. 649-655.
Janus, K./Amelung, V. E. (2005), Integrated Health Care Delivery based on Transaction Cost Economics: Experiences from California and cross-national Implications, in: Savage/Chilingerian/Powell (2005), S. 117-158.
Jendges, T./Oberender, P./Jasper, M./Hacker, J. (2006), Integrierte Versorgung als Option in der räumlichen Versorgung, in: Klauber/Robra/Schellschmidt (2006), S. 67-79.
Jeschke, H. A./Lang, J. R. (Hrsg.) (1997), Rehabilitation im Umbruch: Entwicklungstendenzen und Zukunftsrisiken, Kulmbach.

K
Kabel, D./Durst, R./Mühlfelder, M. (1999), Voraussetzungen für unternehmensübergreifende Kooperationen, in: Luczak/Schenk (1999), S. 92-105.
Kahla-Witzsch, H. A. (2006), Organisatorische und personelle Rahmenbedingungen für erfolgreiche Pfadarbeit, in: Hellmann (2006b), Kapitel 8.1.1, S. 1-15.
Kaplan, R./Norton, D. P. (1997), Balanced Scorecard, Stuttgart.
Karoff, M. (1999), Rehabilitationsverfahren im „Ennepetaler Modell", in: Herz, Jg. 24, Supplement I, S. 67-72.
Killich, S. (2004), Kooperationspotenziale in bestehenden Netzwerken kleiner und mittelständischer Unternehmen der Automobilzulieferindustrie, Aachen.
Killich, S. (2005), Kooperationsformen, in: Becker et al. (2005), S. 13-22.
Killich, S./Luczak, H. (2003), Unternehmenskooperation für kleine und mittelständische Unternehmen – Lösungen für die Praxis, Berlin/Heidelberg/New York.
Klauber, J./Robra, B.-P./Schellschmidt, H. (Hrsg.) (2003), Krankenhausreport 2003 – Schwerpunkt: G-DRGs im Jahre 1, Stuttgart.

Klauber, J./Robra, B.-P./Schellschmidt, H. (Hrsg.) (2006), Krankenhausreport 2005 – Schwerpunkt: Wege zur Integration, Stuttgart.
Klauber, J./Robra, B.-P./Schellschmidt, H. (Hrsg.) (2007), Krankenhausreport 2006 – Schwerpunkt: Krankenhausmarkt im Umbruch, Stuttgart.
Kleinfeld, A. (2002), Menschenorientiertes Krankenhausmanagement, Wiesbaden.
Koch, U. (2002), Trendwende zur ambulanten Rehabilitation, in: Die Rehabilitation, Jg. 41, S. 73- 75.
Koch, U./Morfeld, M. (2004), Weiterentwicklungsmöglichkeiten der ambulanten Rehabilitation in Deutschland, in: Die Rehabilitation, Jg. 43, S. 284- 295.
Köhler, F. (2002), Auswirkungen des DRG-Systems auf Anschluss- und Rehabilitationsbehandlung in Sydney, New South Wales, Australien, in: Die Rehabilitation, Jg. 41, S. 10- 13.
Kolbeck, C. (2005), Sektorübergreifende Qualitätssicherung – Viele Köche verderben den Brei, in: kma, Ausgabe 05/2005, S. 24-25.
Kosiol, E. (1961), Erkenntnisstand und methodologischer Standort der Betriebswirtschaft, in: Zeitschrift für Betriebswirtschaft, Jg. 31, S. 129-136.
KPMG (Hrsg.) (2000), Wirtschaft und Krankenhausbetriebe in Metropolregionen – Wachstumsimpulse durch neue Wege der Zusammenarbeit, Berlin.
Kraege, R. (1997), Controlling strategischer Unternehmenskooperationen - Aufgaben, Instrumente und Gestaltungsempfehlungen, München/Mering.
Kreyher, V. J. (Hrsg.) (2001), Handbuch Gesundheits- und Medizinmarketing: Chancen, Strategien und Erfolgsfaktoren, Heidelberg.
Kubicek, H. (1975), Empirische Organisationsforschung: Konzeption und Methodik, Stuttgart.
Kühnle, S. (1999), Konzept für eine Lernende Healthcare Organisation: Erfolgsfaktoren von Lern- und Veränderungsprozessen in stationären Gesundheitseinrichtungen, Düsseldorf.
Kühnle, S. (2000), Lernende Organisationen im Gesundheitswesen, Wiesbaden.
Küpper, G./Haimann, A./Schubert, G./Wilhelm, M. (2006), Eine Balanced Scorecard für den Klinischen Sozialdienst zur Prozess-Steuerung und Qualitätssicherung, in: das krankenhaus, Ausgabe 2/2006, S. 129-132.
Kutschker, A. (2004), Customer Relationship Management (CRM) an der Schnittstelle Akut-Reha – Eine gesundheitsökonomische Analyse aus Sicht der Rehabilitation, Bayreuth.
Küttner, T./Rausch, A./Pühse, G./Hertle, L./Roeder, N. (2006), Entwicklung eines klinischen Behandlungspfades für die radikale Prostatektomie, in: das krankenhaus, Ausgabe 10/2006, S. 842-851.

L

Lamnek, S. (1995), Qualitative Sozialforschung – Band 1, 3. Auflage, Weinheim.
Lankers, C. H. R. (1997), Erfolgsfaktoren von Managed Care auf europäischen Märkten, Bonn.
Lettau, N. (2000), Schnittstellenproblematik und -management aus der Sicht der Gesundheitspolitik, in: Döhner (2000), S. 19-23.
Liebsch, B./Biet, T./Latz, V./Klitza, K./Hefner, H./Riedel, R. (2005), Kostenbetrachtung von Klinischen Pfaden, in: Riedel/Schmidt/Hefner (2005), S. XI 1-XI 6.
Liebsch, B./Henze, H./Schmidt, J./Pesch, C./Hefner, H./Riedel, R. (2005), Klinische Pfade im Rahmen der Integrierten Versorgung, in: Riedel/Schmidt/Hefner (2005), S. X 1-X 13.
Liestmann, V./Gill, C./Reddermann, A./Sontow, K. (1999), Kooperationen Industrieller Dienstleistungen, in: Luczak/Schenk (1999), S. 1-43.
Linden, M./Lind, A./Fuhrmann, B./Irle, H. (2005), Wohnortnahe Rehabilitation, in: Die Rehabilitation, Jg. 44, S. 82- 89.
Lingenfelder, M./Kronhardt, M. (2001), Marketing für vernetzte Systeme, in: Kreyher (2001), S. 313-338.
Lorenz, F. (2006), Integrierte Versorgung – Schneller fit durch Betreuung, in: kma, Ausgabe 08/2006, S. 16-17.
Luczak, H./Schenk, M. (Hrsg.) (1999), Kooperationen in Theorie und Praxis – Personale, organisatorische und juristische Aspekte bei Kooperationen industrieller Dienstleistungen im Mittelstand, Düsseldorf.
Lutzmann, T. (2006), Prozessleitlinien und ihre Konsequenzen für die Reha, in: krankenhaus umschau, Ausgabe 10/2006, S. 872-877.

M

Macharzina, K. (2003), Unternehmensführung – Das internationale Managementwissen, 4. Auflage, Wiesbaden.
Magin, V./Heil, O. P./Fürst, R. A. (2005), Kooperation und Coopetition: Erklärungsperspektive der Spieltheorie, in: Zentes/Swoboda/Morschett (2005), S. 121-140.
Mason, E. S. (1939), Price and production policies of large-scale enterprise, in: American Economic Review, Jg. 29, S. 61-74.
Meckl, R. (1994), Schnittstellenmanagement bei unternehmensübergreifender Zusammenarbeit, Regensburg.
MediClin (Hrsg.) (2006), Medizinische Leistungsübersicht MediClin, Frankfurt am Main.
Meffert, H./Bruhn, M. (1997), Dienstleistungsmarketing. Grundlagen – Konzepte – Methoden, 2. Auflage, Wiesbaden.

Melchert, O. (2006), Neue Geschäftsfelder für das Krankenhaus im Kontext der gesetzlichen Rahmenbedingungen für die Integrierte Versorgung, in: Hellmann (2006b), Kapitel 4.1.2, S. 1-24.
Mellewigt, T. (2003), Management von Strategischen Kooperationen – Eine ressourcenorientierte Untersuchung in der Telekommunikationsbranche, Wiesbaden.
Merschbächer, G. (2000), Unternehmensübergreifende Kooperation, in: Eichhorn/ Seelos/Schulenburg (2000), S. 141-159.
Messemer, J./Margreiter, V. (2002), Der Klinikmarkt für Rehabilitation – Wettbewerbsdynamik und Entwicklungstendenzen, in: Arnold/Klauber/Schellschmidt (2002), S. 147-160.
Meyer, M./Hönick, U. (2006), Sichere Telematikinfrastruktur im Gesundheitswesen, in: das krankenhaus, Ausgabe 6/2006, S. 507-513.
Middendorf, C. (2005), Klinisches Risikomanagement – Implikationen, Methoden und Gestaltungsempfehlungen für das Management klinischer Risiken in Krankenhäusern, Münster.
Mootz, U./Kahnert, B. (2004), Auf dem Vormarsch – wenn auch nur Schritt für Schritt, in: krankenhaus umschau, Ausgabe 10/2004, S. 846-849.
Mühlbacher, A. (2002), Integrierte Versorgung – Management und Organisation, Bern.
Mühlbacher, A. (2004), Die Organisation der „virtuellen" Integration von Versorgungsleistungen durch Unternehmensnetzwerke der Integrierten Versorgung, in: Henke/Rich/Stolte (2004), S. 75-114.
Mühlnikel, I. (2005), Integrierte Versorgung – Fehlende Spielanleitung, in: kma, Ausgabe 11/2005, S. 22-24.
Müller, J. (2001), Umfassendes und nachhaltiges Qualitätsmanagement im Krankenhaus, Nürnberg.
Müller, M. W. (1999), Erfolgsfaktoren und Management Strategischer Allianzen und Netzwerke – Gestaltungshinweise für erfolgreiche Kooperationen, München.
Müller, W./Weinert, W. (2006), Mitgestaltungsrolle des Qualitätsmanagements für die Integrierte Versorgung unverzichtbar – Anregungen aus den Waldburg-Zeil Kliniken, in: Hellmann (2006b), Kapitel 7.1.1, S. 1-8.
Müller-Fahrnow, W. (Hrsg.) (1994), Medizinische Rehabilitation – Versorgungsstrukturen, Bedarf, Qualitätssicherung, Weinheim/München.
Müschenich, M. (2005), Leitlinien und Clinical Pathways in der medizinischen Praxis – Verbindung zum Prozessmanagement, in: Braun/Güssow/Ott (2005), S. 158-181.

N

Neubauer, G. (2006a), Versorgungssteuerung über Vergütungsanreize: Braucht integrierte Versorgung integrierte Vergütung?, in: Klauber/Robra/Schellschmidt (2006), S. 37-54.
Neubauer, G. (2006b), Einfluss der DRG-Abrechnung auf die zukünftige Krankenhausstruktur, in: Thiede/Gassel (2006), S. 257-265.
Neubauer, G./Nowy, R. (2002), Das DRG-System erfordert Fallpauschalen in der Rehabilitation, in: f&w, Ausgabe 2/2002, S. 179-181.
Neuffer, A. B. (1997), Managed Care: Umsetzbarkeit des Konzeptes im deutschen Gesundheitssystem, Bayreuth.
Neumann, J. von/Morgenstern, O. (1961), Spieltheorie und wirtschaftliches Verhalten, 3. Auflage, Würzburg.
Nguyen, T./Oldenburg, J. (Hrsg.) (2006), Von der Einzelpraxis zum Versorgungszentrum – Aufbau und Management ärztlicher Kooperationen, Köln.
Niemojewski, C. (2005), Wissensmanagement und Unternehmenskooperationen – Die Strukturierung der wissensintensiven strategischen Allianz, Wiesbaden.
Nösser, G. (2005), Abgrenzung von stationärer Krankenhausbehandlung und medizinischer Rehabilitation, in: das krankenhaus, Ausgabe 10/2005, S. 879-881.

O

o. V. (2007), Joint Ventures bei Seniorenwohnheimen, in: kma@news, Ausgabe 81, vom 18.01.2007.
Oberender, P./Fleckenstein, J. (2005), Betriebswirtschaftliche Aspekte von Kooperationen der Leistungserbringer im Gesundheitswesen, in: Halbe/Schirmer (2005), Aufsatz E 1600.
Oelsnitz, D. von der (2005), Kooperation: Entwicklung und Verknüpfung von Kernkompetenzen, in: Zentes/Swoboda/Morschett (2005), S. 185-210.
Oesterle, M. J. (1995), Probleme und Methoden der Joint Venture-Erfolgsbewertung, in: Zeitschrift für Betriebswirtschaft, Jg. 65, S. 987-1004.
Oppermann, A./Funk, W. (2006), Informationstechnologie hilft neue Strukturreformen zu realisieren, in: Krankenhaus-IT-Journal, Ausgabe 6/2006, S. 46-48.

P

Pankau, E. (2002), Sozial-Ökonomische Allianzen zwischen Profit- und Nonprofit-Organisationen, Wiesbaden.
Pätz, O. (2005), Integrationsmanagement bei Klinikzusammenschlüssen – Eine Analyse am Beispiel privater Betreibergesellschaften in Deutschland, Bamberg.
Penrose, E.-I. (1959), The Theory of the Growth of the Firm, Oxford.

Peters, S.H.F./Preuß O. (1997), Das Krankenhaus als Betrieb, in: Haubrock/Peters/Schär (1997a), S. 67-107.
Peters, T. J./Waterman, R. H. (1984), Auf der Suche nach Spitzenleistungen, Landsberg/Lech.
Pflüger, F. (2002), Krankenhaushaftung und Organisationsverschulden, Berlin/Heidelberg/New York.
Pfohl, H.-C. (2004b), Grundlagen der Kooperation in logistischen Netzwerken, in: Pfohl (2004a), S. 1-36.
Pfohl, H.-C. (Hrsg.) (2004a), Erfolgsfaktor Kooperation in der Logistik: Outsourcing – Beziehungsmanagement – Finanzielle Performance, Berlin.
Picot, A./Dietl, H./Franck, E. (1999), Organisation: eine ökonomische Perspektive, 2. Auflage, Stuttgart.
Picot, A./Reichwald, R./Wigand, R. T. (1998), Die grenzenlose Unternehmung – Information, Organisation, Management, 3. Auflage, Wiesbaden.
Picot, A./Reichwald, R./Wigand, R. T. (2003), Die grenzenlose Unternehmung – Information, Organisation, Management, 5. Auflage, Wiesbaden.
Ploeger, A.-K./Jakobs, B. (2004), Rundum-Versorgung aus einer Hand, in: krankenhaus umschau, Ausgabe 1/2004, S. 34-37.
Plüss, A./Huber, C. (2005), Grundverständnis zu Kooperationsnetzwerken und Clustern, in: Huber/Plüss/Schöne/Freitag (2005), S. 3-20.
Porter, M. E. (1999), Wettbewerbsstrategie: Methoden zur Analyse von Branchen und Konkurrenten, 10. Auflage, Frankfurt am Main.
Porter, M. E. (Hrsg.) (1989), Globaler Wettbewerb, Wiesbaden.
Porter, M. E./Fuller, M. B. (1989), Koalitionen und globale Strategie, in: Porter (1989), S. 363-399.
Praeckel, P./Wittstock, M./Wybranietz, W. (2005), Die deutschen Akutkliniken im Spannungsfeld zwischen M&A und Privatisierung, in: Eiff/Klemann (2005), S. 55-74.
Prahalad, C. K./Hamel, G. (1990), The Core Competence of the Corporation, in: Harvard Business Review, No. 5/6, S. 79-91.
Prange, C./Probst, G./Rüling, C.-C. (1996), Lernen zu kooperieren – Kooperieren, um zu lernen: Plädoyer für eine lernorientierte Betrachtung von Unternehmenskooperationen, in: Zeitschrift für Führung und Organisation, 65. Jg., Ausgabe 1/1996, S. 10-16.
Prange, S./Zschemisch, A. (2006), Koordiniertes Entlassungsmanagement, in: krankenhaus umschau, Ausgabe 2/2006, S. 102-103.
Prettin, M. (2006), Marienbader Sparquelle, in: medbiz, Ausgabe 05/2006, S. 22-24.

R

Rachold, U. (2000), Neue Versorgungsformen und Managed Care – Ökonomische Steuerungsmaßnahmen der Gesundheitsversorgung, Stuttgart.

Rapp, B. (2005), DRGs in der Rehabilitation – Sinnvolles Abrechnungsinstrument oder administrative Zusatzbelastung?, in: krankenhaus umschau, Ausgabe 10/2005, S. 812-815.

Rapp, B. (2006), Eine Frage der Zeit – die Reha-DRGs kommen, in: das krankenhaus, Ausgabe 08/2006, S. 663-668.

Rasche, C. (1994), Wettbewerbsvorteile durch Kernkompetenzen – Ein ressourcenorientierter Ansatz, Wiesbaden.

Rautenstrauch, T./Generotzky, L./Bigalke, T. (2003), Kooperationen und Netzwerke – Grundlagen und empirische Ergebnisse, Lohmar/Köln.

Rauwolf, M. (1997), Fallpauschalen in der Rehabilitation und Anschlussheilbehandlung – eine erfolgsversprechende Vergütungsform?, in: Jeschke/Lang (1997), S. 69-78.

Regler, K. (1996), Das Akutkrankenhaus als eigenständiges Glied in der Rehabilitationskette, in: krankenhaus umschau, Ausgabe 5/1996, S. 222-228.

Reimann, A. (2003), Aktuelle Entwicklung im Bereich der Rehabilitation, in: DRV-Schriften, Band 48, S. 49-68.

Richard, S. (1993), Qualitätssicherung und technologischer Wandel im Gesundheitswesen – Eine institutionenökonomische Analyse, Baden-Baden.

Richter, R./Furubotn, E. G. (1999), Neue Institutionenökonomik – Eine Einführung und kritische Würdigung, 2. Auflage, Tübingen.

Riedel, R./ Schmidt, J./Hefner, H. (Hrsg.) (2005), Leitfaden zur Integrierten Versorgung aus der Praxis – Rechtliche Grundlagen, Pfaderstellung, Konzeption und Mustervertrag, Köln.

Rieser, S. (2006), Erst Schrecken, jetzt fast Alltag, in: Deutsches Ärzteblatt, Jg. 103, Ausgabe 36, S. A-2278.

Ringle, C. M. (2004), Kooperation in Virtuellen Unternehmungen – Auswirkungen auf die strategischen Erfolgsfaktoren der Partnerunternehmen, Wiesbaden.

Rische, H. (2006), Vor der Gesundheitsreform: Rehabilitation rechnet sich, in: f&w, Ausgabe 1/2006, S. 81-82.

Ritzenthaler, J. (2003), Rehabilitation von Akutpatienten in der Region Südbaden vernetzt, Pressemitteilung der Uniklinik Freiburg vom 19. September 2003, Freiburg.

RKI - Robert Koch Institut (Hrsg.) (2006), Gesundheit in Deutschland – Gesundheitsberichterstattung in Deutschland, Berlin.

Rochell, B./Roeder, N. (2002), DRGs als Grundlage der künftigen Krankenhausfinanzierung – Stand der Umsetzung und Einfluss auf die Rehabilitation, in: Die Rehabilitation, Jg. 41, S. 1- 9.
Röder, R. (2001), Kooperation an Schnittstellen, Frankfurt am Main.
Roeder, N. (2005), Anpassungsbedarf der Vergütung von Krankenhausleistungen für 2006, Münster.
Roeder, N./Fürstenberg, T./Heumann, M. (2004), Analyse der Auswirkung der Festlegung von Mindestmengen auf die Versorgungsstrukturen, in: das krankenhaus, Ausgabe 6/2004, S. 427-436.
Rolland, S. (2006a), Statistische Krankenhausdaten: Grund- und Kostendaten der Krankenhäuser 2003, in: Klauber/Robra/Schellschmidt (2006), Stuttgart, S. 237-263.
Rolland, S. (2006b), Statistische Krankenhausdaten: Grund- und Diagnosedaten der Vorsorge- oder Rehabilitationseinrichtungen 2003, in: Klauber/Robra/Schellschmidt (2006), Stuttgart, S. 301-324.
Rössl, D. (1994), Gestaltung komplexer Austauschbeziehungen, Wiesbaden.
Roth, G. (2004), IuK-gestützte Prozesskostenrechnung für Netzwerke von Krankenhäusern, Berlin.
Rotter, T./Kugler, J./Koch, R./Gothe, H. (2006), Behandlungspfade senken Verweildauer und Kosten – Zwischenergebnisse einer weltweiten Metastudie weisen positive Effekte nach, in: f&w, Ausgabe 6/2006, S. 656-659.
Röwekamp, J. (2006), Einer für alle, alle für einen – Markenstrategien für Unternehmen im Gesundheitswesen, in: ku-Sonderheft Integrierte Versorgung, Ausgabe 10/2006, S. 26-27.
Royer, S. (2000), Strategische Erfolgsfaktoren horizontaler kooperativer Wettbewerbsbeziehungen – Eine auf Fallstudien basierende erfolgsorientierte Analyse am Beispiel der Automobilindustrie, München/Mering.
Rudolph, H. (1996), Erfolg von Unternehmen – Plädoyer für den kritischen Umgang mit dem Erfolgsbegriff, in: Aus Politik und Zeitgeschichte, Beilage der Wochenzeitung „Das Parlament", Nr. 23, S. 32-39.

S

Salfeld, R./Wettke, J. (Hrsg.) (2001), Die Zukunft des deutschen Gesundheitswesens – Perspektiven und Konzepte, Berlin/Heidelberg/New York.
Saure, C. (2004), Akquisitionsmanagement im Krankenhauswesen, Frankfurt.
Savage, G. T./Chilingerian, J. A./Powell, M. (Hrsg.) (2005), International Health Care Management, Amsterdam.
Schäper, C. (1997), Entstehung und Erfolg zwischenbetrieblicher Kooperation: Möglichkeiten öffentlicher Förderung, Wiesbaden.

Schertler, W. (Hrsg.) (1995), Management von Unternehmenskooperationen – branchenspezifische Analysen; neueste Forschungsergebnisse, Wien.
Schillinger, H. (2001), Die Rehabilitation der BfA – Stand und Ausblick, in: Bundesversicherungsanstalt für Angestellte (2001), S. 45-63.
Schliehe, F./ Zollmann, P. (1994), Versorgungstrukturen in der medizinischen Rehabilitation der Rentenversicherung, in: Müller-Fahrnow (1994), S. 71- 85.
Schlosser, A. (2001), Unternehmenswertsteigerung durch Strategische Allianzen – Ein Ansatz zum wertorientierten Kooperationsmanagement, Bamberg.
Schlüchtermann, J. (1999), Stärken und Schwächen im Leistungsspektrum der Krankenhäuser: Imageanalyse als Instrument eines marktorientierten Krankenhausmanagements, in: f&w, Ausgabe 6/1999, S. 550-556.
Schlüchtermann, J./Albrecht, M. (2006), Private Konzerne als Schrittmacher für das Krankenhaus im Wandel, in: Hellmann (2006b), Kapitel 4.1.5, S. 1-23.
Schmidt, H. (2006), Anschlussheilbehandlung – Der Markt der Zukunft, in: kma, Ausgabe 08/2006, S. 26.
Schmitz, C. (2006), Strategisches Risikomanagement im Klinikbereich – Aufbau, Methodik und strategische Fragestellungen am Beispiel Integrierte Versorgung und Medizinische Versorgungszentren, in: Hellmann (2006a), S. 89-141.
Schmitz, C./Gruppe, F. (2007), Mit Change-Management die Ärzte ins Boot holen – Analytik und Fingerspitzengefühl entscheiden, in: f&w, Ausgabe 1/2007, S. 49-51.
Schneider, J. (2005), Akut und Reha unter einem Dach und aus einer Hand?, in: f&w, Ausgabe 03/2005, S. 295-296.
Schräder, W. F./Zich, K. (2006), Das Krankenhaus als Motor für Integration in der medizinischen Versorgung, in: Klauber/Robra/Schellschmidt (2006), S. 55-65.
Schrappe, M. (2007), Wandel der Berufsbilder im Krankenhaus: neues Umfeld, neue Aufgaben, in: Klauber/Robra/Schellschmidt (2007), S. 177-186.
Schröder, J.-P. (2000), Krankenhausinformationssysteme, in: Eichhorn/Seelos/Schulenburg (2000), S. 517-532.
Schuh, G./Friedli, T./Kurr, M. A. (2005), Kooperationsmanagement – Systematische Vorbereitung, Gezielter Auf- und Ausbau, Entscheidende Erfolgsfaktoren, München/Wien.
Schulte-Zurhausen, M. (1995), Organisation, München.
Schwaiberger, M. (2002), Case Management im Krankenhaus – Die Einführung von Case Management im Krankenhaus unter den geltenden rechtlichen Bestimmungen für stationäre Krankenhausbehandlung, Melsungen.
Schwarz, C. (2004), Erfolgsfaktoren im Post-Merger-Management – Zielorientierte Unternehmensintegration nach M&A mittels Integrationsscorecard, Stuttgart/Berlin.

Schwing, C. (2004a), Ein unkalkulierbares Risiko: Erlössituation in der ambulanten Reha kritisch, in: krankenhaus umschau, Ausgabe 1/2004, S. 49-51.
Schwing, C. (2004b), Erfrischende Legitimationskrise, in: krankenhaus umschau, Ausgabe 2/2004, S. 118-122.
Schwing, C. (2006a), Die Gesundheitshanse, in: Verlagsbeilage krankenhaus umschau, Ausgabe 9/2006, S. 1-3.
Schwing, C. (2006b), Klinische Pfade – Pfadfinder im Aufbruch, in: krankenhaus umschau, Ausgabe 11/2006, S. 1006-1009.
Seelos, H.-J. (1993), Die konstitutiven Merkmale der Krankenhausleistungsproduktion, in: f&w, Ausgabe 2/1993, S. 108-116.
Seelos, H.-J. (1997), Kapazitätsmanagement im Krankenhaus, in: Corsten/Stuhlmann (1997), S. 221-234.
Seitz, R. (2002), Sektorübergreifendes Rehabilitationsmanagement durch Managed Care – Ein Konzept für die Indikation „chronische Rückenschmerzen", Bayreuth.
Seitz, R./Wasem, J./Krauth, C. (2000), Ökonomische Evaluation der Rehabilitation: die Perspektive der Rentenversicherungsträger, in: Zeitschrift für Gesundheitswissenschaften, Jg. 8, Bd. 1, S. 58-77.
Sellemann, B. (2006), Papier adé? – Aktuelle Ergebnisse des IT-Reports Gesundheitswesen der Fachhochschule Osnabrück, in: ku-Special IT, Ausgabe 5/2006, S. 2-3.
Semlinger, K. (1993), Effizienz und Autonomie in Zulieferungsnetzwerken – Zum strategischen Gehalt von Kooperationen, in: Staehle/Sydow (1993), S. 309-354.
Specke, H. K. (2005), Der Gesundheitsmarkt in Deutschland – Daten-Fakten-Akteure, 3. Auflage, Bern/Göttingen/Toronto/Seattle.
Staehle, W./Sydow, J. (Hrsg.) (1993), Managementforschung, 3. Auflage, Berlin.
Statistisches Bundesamt (Hrsg.) (2006), Gesundheit – Ausgaben, Krankheitskosten und Personal 2004, Wiesbaden.
Staudt, E./Toberg, M./Linné, H./Bock, J./Thielemann, F. (1992), Kooperationshandbuch – Ein Leitfaden für die Praxis, Stuttgart/Düsseldorf.
Stausberg, J./Bürkle, T. (2006), Clinical Documentation Challenge der GMDS zur sektorübergreifenden Vernetzung, in: Krankenhaus-IT-Journal, Ausgabe 5/2006, S. 70-71.
Stibbe, R./Jusczak, J./Güsgen, J./Salomon, E. (2006), Prozesse ökonomisch bewerten – Clinical Pathways – Bedeutung, Gestaltung, Bewertung, in: ku-Special Controlling, Ausgabe 4/2006, S. 40-42.
Stock, S./Redaèlli, M./Lauterbach, K. W. (2005), Disease Management als Grundlage integrierter Versorgungsstrukturen, Stuttgart.
Storcks, H. (2003), Markenführung im Krankenhaus – Eine empirische Analyse am Beispiel eines regionalen Konkurrenzumfeldes, Hamburg.

Storcks, H. (2006), Gemeinsam klar im Markt positionieren – Markenführung in Versorgungsnetzwerken, in: ku-Sonderheft Integrierte Versorgung, Ausgabe 10/2006, S. 22-25.
Stüllenberg, F. (2005), Konzeption eines modularen Kooperationscontrolling, Herne/Berlin.
Stüve, M./Bischoff-Everding, C./Saade, P. (2006), Regelungen mit Sprengkraft - Eckpunkte der Regierungskoalition: Richtungsänderungen bei neuen Versorgungsformen, in: krankenhaus umschau, Ausgabe 08/2006, S. 662-665.
SVR - Sachverständigenrat für die Konzertierte Aktion im Gesundheitswesen (Hrsg.) (2001), Gutachten 2000/2001: Bedarfsgerechtigkeit und Wirtschaftlichkeit – Band I-III, Berlin.
SVR - Sachverständigenrat für die Konzertierte Aktion im Gesundheitswesen (Hrsg.) (2003), Finanzierung, Nutzerorientierung und Qualität, Berlin.
Swoboda, B. (2005), Erklärungsperspektiven grundlegender Theorien, Ansätze und Konzepte im Überblick, in: Zentes/Swoboda/Morschett (2005), S. 35-64.
Sydow, J. (1992), Strategische Netzwerke – Evolution und Organisation, Wiesbaden.
Sydow, J. (1999b), Management von Netzwerkorganisationen – Zum Stand der Forschung, in: Sydow (1999a), S. 279-314.
Sydow, J. (Hrsg.) (1999a), Management von Netzwerkorganisationen, Wiesbaden.

T
Thiede, A./Gassel, H.-J. (Hrsg.) (2006), Krankenhaus der Zukunft, Heidelberg.
Thier, U. (2003), Zusätzliche Optionen für Krankenhäuser – keine Bedarfszulassung mehr für die stationäre Rehabilitation, in: das krankenhaus, Ausgabe 5/2003, S. 378-380.
Tjaden, G. (2003), Erfolgsfaktoren virtueller Unternehmen: Eine theoretische und empirische Untersuchung, Wiesbaden.
Tophoven, C. (1995), Case-Management – ein Weg zu mehr Qualität im Gesundheitswesen, in: Sozialer Fortschritt. Unabhängige Zeitschrift für Sozialpolitik, Jg. 44, S. 162-166.
Trill, R. (2000), Krankenhaus-Management: Aktionsfelder und Erfolgspotentiale, 2. Auflage, Neuwied/Kriftel.
Trommsdorff, V./Wilpert, B. (1991), Deutsch-chinesische Joint Ventures – Wirtschaft, Recht, Kultur, Wiesbaden.
Tuschen, K. H./Rau, F. (2006), Wettbewerb ist kein Selbstzweck, in: f&w, Ausgabe 4/2006, S. 386-392.
Tuschen, K.-H. (2003), Fallpauschalenverordnung 2004 in Kraft getreten, in: f&w, Ausgabe 6/2003, S. 566-570.

Tuschen, K.-H. (2004), Abgrenzung der Bereiche Frühmobilisation, Frührehabilitation und Rehabilitation, in: Bundestag-Drucksache 14/5074, Anlage 1, Berlin.
Tuschen, K.-H./Quaas, M. (2001), Bundespflegesatzverordnung – Kommentar mit einer umfassenden Einführung in das Recht der Krankenhausfinanzierung, 5. Auflage, Stuttgart/Berlin/Köln.

V

Vincenti, A./Behringer, A. (2005), Kooperation ambulanter und stationärer Bereich, in: Fischer et al. (2005), Aufsatz 1400.
Voeller, H./Buhlert, H. (2005), Mehr Pflege in der Reha bei langem Akut-Aufenthalt, in: DEGEMED news, Nr. 15, November 2005, S. 3.

W

Walther, M. (2005), Auf der Suche nach operativer Exzellenz im Krankenhaus – Logistik als Rationalisierungsinstrument und strategischer Wettbewerbsfaktor in einem dynamischen Marktumfeld, Nürnberg.
Wandschneider, U./Hessel, T. (2006), Zum Beispiel: MediClin – Ressourcen effektiv nutzen, formale Barrieren überwinden, in: f&w, Ausgabe 05/2006, S. 538-539.
Wandschneider, U./Schmidt, H.-U./Riehle, M. E./Müller, B./Schote, D./Geilfuß, M. (2005), Kooperationsmodell „Integrierte Rehabilitation" – Kompetenzzentrum für Schlaganfallpatienten am Klinikum Offenbach und Reha-Zentrum Bad Orb, in: f&w, Ausgabe 01/2005, S. 41-43.
Weatherly, J. N./Seiler, R./Meyer-Lutterloh, K./Schmid, E./Lägel, R./Amelung, V. E. (2007), Leuchtturmprojekte Integrierter Versorgung und Medizinischer Versorgungszentren – Innovative Modelle der Praxis, Berlin.
Weber, J./Hirsch, B./Matthes, A./Meyer, M. (2004), Kooperationscontrolling – Beziehungsqualität als Erfolgsfaktor unternehmensübergreifender Zusammenarbeit, Vallendar.
Welti, F. (2001), Chance und Verpflichtung – Das neue Recht der Teilhabe und Rehabilitation (SGB IX), in: Soziale Sicherheit, Ausgabe 5/2001, S. 146-150.
Wermeyer, F. (1994), Marketing und Produktion – Schnittstellenmanagement aus unternehmensstrategischer Sicht, Wiesbaden.
Wettke, J. (2007), Deutscher Krankenhausmarkt im europäischen/internationalen Umfeld, in: Klauber/Robra/Schellschmidt (2007), S. 21-33.
Wiesinger, H. (2005), Markt der Möglichkeiten, in: krankenhaus umschau, Ausgabe 1/2005, S. 57-58.

Willebrand, E. (2005), Krankenhäuser: Kooperationen, Fusionen, Managementverträge, Privatisierungen, in: Halbe/Schirmer (2005), Aufsatz C 1700.
Williamson, O. E. (1985), The Economic Institutions of Capitalism, New York.
Winnefeld, M./Klosterhuis, H. (2002), Anschlussheilbehandlung – der direkte und unkomplizierte Weg in die Rehabilitation, in: Die Angestelltenversicherung, Ausgabe 10/2002, S. 1- 11.
Wohlgemut, O. (2002), Management netzwerkartiger Kooperationen – Instrumente für die unternehmensübergreifende Steuerung, Wiesbaden.
Wohlgemut, O./Hess, T. (1999), Erfolgsbestimmung in Kooperationen: Entwicklungsstand und Perspektiven, Arbeitsbericht der Abteilung Wirtschaftsinformatik II der Universität Göttingen, Nr. 6/1999, Göttingen.
Woratschek, H./Roth, S. (2005), Kooperation: Erklärungsperspektiven der Neuen Institutionenökonomik, in: Zentes/Swoboda/Morschett (2005), S. 141-166.
WSI - Wirtschafts- und Sozialwissenschaftliches Institut des deutschen Gewerkschaftsbundes GmbH (Hrsg.) (1971), WWI-Studie zur Wirtschafts- und Sozialforschung Nr. 20 – Gesundheitssicherung in der Bundesrepublik Deutschland – Analyse und Vorschläge zur Reform, 2. Auflage, Köln.
WSI - Wirtschafts- und Sozialwissenschaftliches Institut des deutschen Gewerkschaftsbundes GmbH (Hrsg.) (1975), Integrierte medizinische Versorgung – Notwendigkeit – Möglichkeiten – Grenzen, Köln.
Wurche, S. (1994), Strategische Kooperation, Wiesbaden.

Z

Zelle, B. (1998), Kooperationen von Krankenhäusern im Bereich der Patientenversorgung, Bayreuth.
Zentes, J./Swoboda, B./Morschett, D. (Hrsg.) (2005), Kooperationen, Allianzen und Netzwerke, 2. Auflage, Wiesbaden.
Ziegenbein, R. (2001), Klinisches Prozeßmanagement – Implikationen, Konzepte und Instrumente einer ablauforientierten Krankenhausführung, Gütersloh.
Ziegenbein, R./Hennes, H.-J./Engeln, M. (2006), Die Schnittstellen gestalten – Entlassungsmanagement als Schlüsselfaktor der Integrationsversorgung, in: ku-Sonderheft Integrierte Versorgung, Ausgabe 10/2006, S. 43-46.

V Rechtsquellenverzeichnis

Rechtsquellenverzeichnis

BEG Gesetz zur Ausgabenbegrenzung in der Gesetzlichen Krankenversicherung und zur Entlastung der Beitragszahler (Beitragsentlastungsgesetz - BEG) vom 01.01.1997 (BGBl. I, S. 1631).

BPflV Verordnung zur Regelung der Krankenhauspflegesätze (Bundespflegesatzverordnung) vom 26.09.1994 (BGBl. I, S. 2750), zuletzt geändert durch Art. 262 Achte ZuständigkeitsanpassungsVO vom 25.11.2003 (BGBl. I, S. 2304).

BStaG Gesetz über die Statistik für Bundeszwecke (Bundesstatistikgesetz - BStatG) vom 22.01.1987 (BGBl I., S. 462).

FPÄndG Erstes Gesetz zur Änderung der Vorschriften zum diagnose-orientierten Fallpauschalensystem für Krankenhäuser (Erstes Fallpauschalenänderungsgesetz - 1. FPÄndG) vom 17.07.2003 (BGBl I, S. 1461). Zweites Gesetz zur Änderung der Vorschriften zum diagnose-orientierten Fallpauschalensystem für Krankenhäuser (Zweites Fallpauschalenänderungsgesetz - 2. FPÄndG) vom 15.12.2004 (BGBl I, S. 3429).

GKV-WSG Gesetz zur Stärkung des Wettbewerbs in der gesetzlichen Krankenversicherung (GKV-Wettbewerbsstärkungsgesetz - GKV-WSG) in der Fassung vom 02.02.2007 (BT-Drucksache 75/07).

GMG Gesetz zur Modernisierung der gesetzlichen Krankenversicherung (GKV-Modernisierungsgesetz - GMG) vom 14.11.2003, (BGBl I, S. 2190-2258).

GRG Gesetz zur Reform der gesetzlichen Krankenversicherung (GKV-Gesundheitsreformgesetz - GRG) vom 22.12.1999 (BGBl. I, S. 2626).

GSG Gesetz zur Sicherung und Strukturverbesserung der gesetzlichen Krankenversicherung (Gesundheitsstrukturgesetz - GSG) vom 21.12.1992 (BGBl. I, S. 2266-2334), zuletzt geändert durch Gesetz vom 23.06.97 (BGBl. I 1997, S. 1520).

GWB	Gesetz gegen Wettbewerbsbeschränkungen (GWB) vom 26.08.1998 (BGBl. I, S. 2521), zuletzt geändert durch Gesetz vom 20.05.2003 (BGBl. I, S. 686).
KHEntgG	Gesetz über die Entgelte für voll- und teilstationäre Krankenhausleistungen (Krankenhausentgeltgesetz - KHEntG) vom 24.04.2002 (BGBl. I, S. 1412-1422), zuletzt geändert durch Gesetz vom 22.12.2006 (BGBl. I, S. 3439).
KHG	Gesetz zur wirtschaftlichen Sicherung der Krankenhäuser und zur Regelung der Krankenhauspflegesätze (Krankenhausfinanzierungsgesetz - KHG) in der Fassung vom 10.04.1991 (BGBl. I, S. 886), zuletzt geändert durch achte ZuständigkeitsanpassungsVO vom 25.11.2003 (BGBl. I, S. 2304).
KHG NRW	Krankenhausgesetz des Landes Nordrhein-Westfalen vom 16.12.1998 (GV. NRW, S. 696), zuletzt geändert durch Verordnung vom 23.04.2004 (GV.NRW, S. 233).
KHStatV	Verordnung über die Bundesstatistik für Krankenhäuser (Krankenhausstatistik-Verordnung - KHStatV) vom 10.04.1990 (BGBl. I, S. 730).
KonTraG	Gesetz zur Kontrolle und Transparenz im Unternehmensbereich (KonTraG) vom 27.04.1998 (BGBl I, S. 786).
NOG	Zweites Gesetz zur Neuordnung von Selbstverwaltung und Eigenverantwortung in der gesetzlichen Krankenversicherung (2. GKV-Neuordnungsgesetz - 2. NOG) vom 23.06.1997 (BGBl. I, S. 1520-1536).
SGB V	Sozialgesetzbuch (SGB) - Fünftes Buch (V) - Gesetzliche Krankenversicherung Art. 1 des Gesetzes vom 20.12.1988 (BGBl. I, S. 2477-2482), zuletzt geändert durch Gesetz zur Sicherung der nachhaltigen Finanzierungsgrundlagen der gesetzlichen Rentenversicherung (RV-Nachhaltigkeitsgesetz) vom 21.07.2004 (BGBl. I, S. 1791).

SGB VI	Sozialgesetzbuch (SGB) - Sechstes Buch (VI) - Gesetzliche Rentenversicherung - Artikel 1 des Gesetzes vom 18.12.1989 (BGBl. I, S. 2261 bzw. BGBl. 1990 I, S. 1337), zuletzt geändert durch das Gesetz zur Intensivierung der Bekämpfung der Schwarzarbeit und damit zusammenhängender Steuerhinterziehung vom 23.07.2004 (BGBl. I, S. 1842).
SGB IX	Sozialgesetzbuch (SGB) - Neuntes Buch (IX) - Rehabilitation und Teilhabe behinderter Menschen - vom 19.06.2001 (BGBl. I, S. 1046-1047), zuletzt geändert durch Gesetz vom 23.04.2004 (BGBl. I S. 606).
UStG	Umsatzsteuergesetz (UStG) vom 26.11.1979 (BGBl. I, S. 1953). Neugefasst durch Bekanntmachung vom 21.02.2005 (BGBl. I, S. 386), zuletzt geändert durch Gesetz vom 22.8.2006 (BGBl. I, S. 1970).
VÄndG	Gesetz zur Änderung des Vertragsarztrechts und anderer Gesetze (Vertragsarztrechtsänderungsgesetz - VändG) vom 22.12.2006 (BGBl I 2006 Nr. 66 vom 30.12.2006).
WFG	Gesetz zur Umsetzung des Programms für mehr Wachstum und Beschäftigung (Wachstums- und Beschäftigungsförderungsgesetz - WFG) in den Bereichen der Rentenversicherung und Arbeitsförderung vom 25.09.1996 (BGBl. I, S. 1461-1475).

VI Abkürzungsverzeichnis

Abs.	Absatz
AEV	Arbeiter-Ersatzkassen-Verband
AHB	Anschlussheilbehandlung
amb.	ambulant
AOK	Allgemeine Orts-Krankenkasse
AQMS	Abteilung für Qualitätsmanagement und Sozialmedizin (am Universitätsklinikum Freiburg)
AR-DRG	Australian Refined Diagnosis Related Groups
AWMF	Arbeitsgemeinschaft der Wissenschaftlichen Medizinischen Fachgesellschaften
BEG	Beitragsentlastungsgesetz
BG	Berufsgenossenschaft
BGBl	Bundesgesetzblatt
BIP	Bruttoinlandsprodukt
BMAS	Bundesministerium für Arbeit und Soziales
BMG	Bundesministerium für Gesundheit
BMGS	(ehemaliges) Bundesministerium für Gesundheit und Soziale Sicherung
BPflV	Bundespflegesatzverordnung
BQS	Bundesgeschäftsstelle für Qualitätssicherung
BSC	Balanced Scorecard
bspw.	beispielsweise
BStaG	Bundesstatistikgesetz
bzw.	beziehungsweise
CMI	Casemix-Index
DEGEMED	Deutsche Gesellschaft für Medizinische Rehabilitation
DGPMR	Deutsche Gesellschaft für Physikalische Medizin und Rehabilitation
DKG	Deutsche Krankenhausgesellschaft
DMP	Disease-Management-Programme
DNQP	Deutsches Netzwerk für Qualitätsentwicklung in der Pflege
DRG	Diagnosis Related Groups
DVFR	Deutsche Vereinigung für die Rehabilitation Behinderter
EBM	Evidenzbasierte Medizin (evidence based medicine)
EDIFACT	Electronic Data Interchange for Administration, Commerce and Transport
EDV	Elektronische Datenverarbeitung
eGK	elektronische Gesundheitskarte

ePA	elektronische Patientenakte
et al.	et alii
etc.	et cetera
evtl.	eventuell
f & w	führen und wirtschaften im Krankenhaus (Zeitschrift)
FIM	Functional Independence Measure
FPÄndG	Fallpauschalenänderungsgesetz
FRG	Functional Related Groups
GBA	Gemeinsamen Bundesausschuss
G-DRG	German Diagnosis Related Groups
GewO	Gewerbeordnung
ggf.	gegebenenfalls
GKV	Gesetzliche Krankenversicherung
GKV-WSG	GKV-Wettbewerbs-Stärkungsgesetz
GmbH	Gesellschaft mit beschränkter Haftung
GMDS	Deutsche Gesellschaft für Medizinische Informatik, Biometrie und Epidemiologie
GMG	GKV-Modernisierungsgesetz
GQH	Geschäftsstelle für Qualitätssicherung Hessen
GRG	Gesundheitsreformgesetz
GSG	Gesundheitsstrukturgesetz
GWB	Gesetz gegen Wettbewerbsbeschränkungen
HBA	Heilberufsausweis
HNO	Hals-Nasen-Ohren
Hrsg.	Herausgeber
i. d. R.	in der Regel
ICD	International Statistical Classification of Diseases and Related Health Problems
ICF	International Classification of Functioning, Disability and Health
IT	Informationstechnologie
IuK	Informations- und Kommunikationstechnologie
IV	Integrierte Versorgung
Jg.	Jahrgang
KAKR	Kooperationsaktivitätskostenrechnung
KH	Krankenhaus
KHEntgG	Krankenhausentgeltgesetz
KHG	Krankenhausfinanzierungsgesetz
KHG NRW	Krankenhausgesetz für das Land Nordrhein-Westfalen

KHStatV	Krankenhausstatistik-Verordnung
KIS	Krankenhausinformationssystem
kma	Das Magazin für die Gesundheitswirtschaft (Zeitschrift)
ku	krankenhaus umschau (Zeitschrift)
KVP	Kontinuierlicher Verbesserungsprozess
MBA	Master of Business Administration
MC	Managed Care
MDK	Medizinischer Dienst der Krankenversicherung
Mio.	Millionen
Mrd.	Milliarden
MVZ	Medizinisches Versorgungszentrum
NL	Niedergelassene (Ärzte)
NOG	GKV-Neuordnungsgesetz
NRW	Nordrhein-Westfalen
OECD	Organisation for Economic Cooperation and Development
OP	Operation
OPS	Operationen- und Prozedurenschlüssel
o. V.	ohne Verfasser
PPP	Public-Private-Partnership
RBG	Rehabilitationsbehandlungsgruppen
REDIA	Rehabilitation und Diagnosis Related Groups (Studienbezeichnung)
Reha	Rehabilitation
RKI	Robert Koch Institut
RMK	Rehabilitanden-Management-Kategorien
Rn.	Randnotiz
ROI	Return on Investment
RV	Rentenversicherung
S.	Seite
SGB	Sozialgesetzbuch
SMC	Secure Module Card
SVR	Sachverständigenrat für die Konzertierte Aktion im Gesundheitswesen
TEP	Totale Endoprothese
UKF	Universitätsklinikum Freiburg
UKM	Universitätsklinikum Münster
USA	United States of America
VÄndG	Vertragsarztrechtsänderungsgesetz

VdAK	Verband der Angestellten-Krankenkassen
VO	Verordnung
VPKA	Verband der Privatkrankenanstalten
vs.	versus
VSDD	Versichertenstammdatendienst
WFG	Wachstums- und Beschäftigungsförderungsgesetz
WHO	World Health Organisation
WWI/WSI	Wirtschafts- und Sozialwissenschaftliches Institut des Deutschen Gewerkschaftsbundes
WWW	World Wide Web
z. B.	zum Beispiel

VII Darstellungsverzeichnis

Darstellung 1-1:	Forschungsprozess	21
Darstellung 1-2:	Gang der Untersuchung	24
Darstellung 2-1:	Sektorale Trennung des deutschen Gesundheitswesens	30
Darstellung 2-2:	Vergleich der Leistungssektoren	32
Darstellung 2-3:	Gesundheitsausgaben 2004	34
Darstellung 2-4:	Betreiberstruktur Krankenhäuser sowie Vorsorge- und Reha-Einrichtungen	35
Darstellung 2-5:	Ausgewählte Kennzahlen des Krankenhaus-Bereichs	35
Darstellung 2-6:	Ausgewählte Kennzahlen des Vorsorge- und Reha-Bereichs	36
Darstellung 2-7:	Personalstruktur der Krankenhäuser	43
Darstellung 2-8:	Personalstruktur der Vorsorge- und Rehabilitationseinrichtungen 2004	52
Darstellung 2-9:	Beispielhafte Zusammensetzung eines interdisziplinären Rehabilitationsteams	55
Darstellung 2-10:	AHB-Einweisungsverfahren	65
Darstellung 2-11:	Dynamikfaktoren in der stationären Gesundheitsversorgung	70
Darstellung 2-12:	Entwicklung Rehabilitationsbedarf	72
Darstellung 2-13:	Kooperation als Koordinationsfunktion zwischen Markt und Hierarchie	88
Darstellung 2-14:	Morphologischer Kasten der Kooperationsdimensionen	92
Darstellung 2-15:	Ebenen von Grundsatzzielen	95
Darstellung 2-16:	Kooperationsrichtungen im Gesundheitswesen	97
Darstellung 2-17:	Kooperationsbereiche zwischen Akut- und Reha-Einrichtungen	99
Darstellung 2-18:	Theoretische Ansätze zur Erklärung von Kooperationen	101
Darstellung 2-19:	Verhältnis Transaktionskosten zu den Transaktionsvorteilen	112
Darstellung 2-20:	Kooperationsziele gemäß der theoretischen Erklärungsansätze	119
Darstellung 2-21:	Förderung integrierter Versorgungsstrukturen in der Gesetzgebung	121
Darstellung 2-22:	Ebenen der Integration	123
Darstellung 2-23:	Teilnahme an der Integrierte Versorgung nach Krankenhausgröße	126

Darstellung 2-24:	Vertragspartnerkombinationen auf Leistungserbringerseite (Stand 4. Quartal 2006)	128
Darstellung 2-25:	Entwicklung ausgewählter Vertragspartner-Kombinationen (Stand 4. Quartal 2006)	129
Darstellung 2-26:	Durchgängiger versus fragmentierter Behandlungsprozess	132
Darstellung 2-27:	Optimierungszone zwischen Akut- und Reha-Bereich	135
Darstellung 2-28:	Phasenmodell des Kooperationsmanagements	143
Darstellung 3-1:	Voraussetzungen funktionsfähiger Kooperationen	146
Darstellung 3-2:	Zielsystem zwischenbetrieblicher Kooperationen	153
Darstellung 3-3:	Produkt-/Markt-Matrix nach Ansoff	161
Darstellung 3-4:	Hemmnisse und Risiken von Kooperationen	164
Darstellung 3-5:	Motivationsverläufe bei Kooperationen	170
Darstellung 3-6:	Wertmäßiger Vergleich zwischen Kooperation und Alleingang	172
Darstellung 3-7:	Erfolgsbestimmung bei Kooperationen	181
Darstellung 3-8:	Beurteilung des Kooperationserfolgs	183
Darstellung 3-9:	Beispiele möglicher Erfolgskriterien und -indikatoren	189
Darstellung 3-10:	Determinanten des Kooperationserfolgs	191
Darstellung 3-11:	Anknüpfungspunkte des Kooperationsmanagements	200
Darstellung 3-12:	Phasenorientiertes Kooperationsmanagement	201
Darstellung 3-13:	Identifikation des Kooperationsbedarfs	205
Darstellung 3-14:	Kriterien zur Erstellung eines Anforderungsprofils	207
Darstellung 3-15:	Gestaltungsempfehlungen Initiierungsphase	210
Darstellung 3-16:	Suchspirale für die Partnerermittlung	211
Darstellung 3-17:	Ebenen der Suchstrategie	213
Darstellung 3-18:	Inhalte des Kooperationsgesprächs	215
Darstellung 3-19:	Gestaltungsempfehlungen Formierungsphase (Teil 1)	217
Darstellung 3-20:	Gestaltungsempfehlungen Formierungsphase (Teil 2)	224
Darstellung 3-21:	Bestandteile des Kooperationsvertrages	226
Darstellung 3-22:	Bestandteile des Integrationsversorgungsvertrages	228
Darstellung 3-23:	Gestaltungsempfehlungen Formierungsphase (Teil 3)	230
Darstellung 3-24:	Gestaltungsempfehlungen Durchführungsphase (Teil 1)	238
Darstellung 3-25:	Organisation eines sektorübergreifenden Qualitätsmanagements	243
Darstellung 3-26:	Sektorübergreifende elektronische Patientenakte	246
Darstellung 3-27:	Risikomatrix für sektorübergreifende Kooperationen	248
Darstellung 3-28:	Gestaltungsempfehlungen Durchführungsphase (Teil 2)	249

Darstellung 3-29:	Gestaltungsempfehlungen Durchführungsphase (Teil 3)	254
Darstellung 3-30:	Gestaltungsempfehlungen Auflösungsphase	259
Darstellung 4-1:	Reha-Partner im RehaNetz Freiburg	269
Darstellung 4-2:	Gesundheitszentrum Ingolstadt	289
Darstellung 4-3:	Managementgesellschaft als Dachorganisation	300
Darstellung 4-4:	Kooperationsarchitektur Offenbach	305
Darstellung 4-5:	Behandlungsverlauf im Kooperationsmodell „Integrierte Rehabilitation"	309
Darstellung 4-6:	Integrierte Schlaganfallversorgung Offenbach	316
Darstellung 4-7:	Beurteilung Kooperationsvoraussetzungen	317
Darstellung 4-8:	Vorgehen Kooperationsinitiierung im Überblick	319
Darstellung 4-9:	Vorgehen Kooperationsformierung im Überblick (Teil 1)	320
Darstellung 4-10:	Vorgehen Kooperationsformierung im Überblick (Teil 2)	321
Darstellung 4-11:	Vorgehen Kooperationsdurchführung im Überblick (Teil 1)	323
Darstellung 4-12:	Vorgehen Kooperationsdurchführung im Überblick (Teil 2)	325
Darstellung 4-13:	Vorgehen Kooperationsdurchführung im Überblick (Teil 3)	326
Darstellung 4-14:	Kooperationserfolg aus der Akutperspektive	328
Darstellung 4-15:	Kooperationserfolg aus der Reha-Perspektive	329
Darstellung 4-16:	Kooperationserfolg aus der Mitarbeiterperspektive	329
Darstellung 4-17:	Kooperationserfolg aus der Patientenperspektive	330
Darstellung 4-18:	Kooperationserfolg aus der Perspektive der Kostenträger	332
Darstellung 5-1:	Ausschnitt Flussdiagramm	344
Darstellung 5-2:	Ausschnitt Telematik-Infrastruktur	353
Darstellung 5-3:	Kooperations-Scorecard mit klassischen Perspektiven	358
Darstellung 5-4:	Ausschnitt Kooperations-Scorecard	360

Band 1

Wilfried von Eiff/Ansgar Klemann (Hrsg.)

Unternehmensverbindungen
Strategisches Management von Kooperationen,
Allianzen und Fusionen im Gesundheitswesen
1. Auflage August 2005
2. Auflage November 2005
576 Seiten • Euro 27,- • ISBN 3-9808398-7-7

Band 2

Wilfried von Eiff (Hrsg.)

Risikomanagement
Kosten-/Nutzen-basierte Entscheidungen
im Krankenhaus
1. Auflage Februar 2006
2. Auflage August 2007
672 Seiten • Euro 37,- • ISBN 978-3-9811053-4-6

Dieter M. Kampe, Karl-Heinz Bächstädt

Die Zukunft der Krankenhaus-Finanzierung

Mit Beiträgen von renomierten Praktikern,
Finanzexperten, Wissenschaftlern und Juristen
1. Auflage Mai 2007
320 Seiten • Euro 35,- • ISBN 978-3-9811053-2-2

Band 3

Bernd Högemann

Due Diligence
Prüfung und Unternehmensbewertung von
Akutkrankenhäusern
1. Auflage Juni 2006
416 Seiten • Euro 37,- • ISBN 3-9808398-9-3

Band 4

Wilfried von Eiff/Kerstin Stachel

Professionelles Personalmanagement
Erkenntnisse und Best-Practice-Empfehlungen für
Führungskräfte im Gesundheitswesen
1. Auflage August 2006
480 Seiten • Euro 35,- • ISBN 3-9811053-0-3

Bestellung direkt online unter www.wikom.net/shop oder
WIKOM GmbH • Karlhäuser 6 • 94110 Wegscheid
Tel.: 08592/93 57-0 • Fax: 08592/93 57-29 • info@wikom.net

Sektorenübergreifende Themen – journalistisch verständlich gemacht – sind die Herausforderungen an ein Magazin von Format.

kma zeigt Ihnen, wie man's macht.

Abonnementpreis pro Jahr:
Inland: 75 Euro (inkl. Porto und MwSt.)

Entscheider in der Gesundheitswirtschaft lesen kma:
Unabhängige Insider-Informationen aus der Branche – spannend und meinungsstark auf den Punkt gebracht.

WIKOM GmbH · Karlhäuser 6 · 94110 Wegscheid ·
www.kma-online.de